Paul Valéry and His Critics

Paul Valéry in his Paris study in 1939

PAUL VALERY AND HIS CRITICS

A Bibliography

French-Language Criticism
1890-1927

A. James Arnold
University of Virginia

HASKELL HOUSE PUBLISHERS Ltd.
Publishers of Scarce Scholarly Books
NEW YORK, N. Y. 10012
1973

THE UNIVERSITY PRESS OF VIRGINIA
© 1970 by the Rector and Visitors
of the University of Virginia

First published 1970

HASKELL HOUSE PUBLISHERS Ltd.
Publishers of Scarce Scholarly Books
280 LAFAYETTE STREET
NEW YORK, N. Y. 10012

Library of Congress Cataloging in Publication Data

Arnold, Albert James.
　Paul Valery and his critics.

　Reprint of the 1970 ed.
　1. Valéry, Paul, 1871-1945--Bibliography.
I. Title.
[Z8924.A73 1973]　　016.848'9'1209　　72-12808
ISBN 0-8383-1590-9

Copyright © 1970 by the Bibliographical
Society of the University of Virginia
Reprinted 1973 by Haskell House Publ.
Under Agreement With the Bibliographical
Society of the University of Virginia

Printed in the United States of America

for
W. T. BANDY
scholar, teacher, friend

A Note on Method

Critical bibliography as practised in this study does not pretend to reveal the meaning of all or any part of Paul Valéry's work.[1] In fact this is not primarily a literary study of Valéry but rather a chronological analysis of the reading (and writing) public's reaction to the work of a major French literary figure. Insofar as critical bibliography applies the methods of historical scholarship to the criticism of a given period, it can hope to contribute to the history of criticism as well as to a better historical grasp of the writer and his times.

At a period when some literary critics are calling into question the very notion of historical scholarship practitioners of traditional scholarly methods are reflecting on the intellectual and ideological foundations of their craft. Critical bibliography offers one means of bridging the chasm which currently separates the old and the new in French criticism. No method can illuminate more surely what Bernard Pingaud has termed the constancy of an author's work.

> La constance de l'oeuvre, c'est sa propre histoire. C'est cette capacité infinie de renouvellement qui nous permet, à tout moment, de la redécouvrir et de la ré-interpréter dans notre propre langage.[2]

The story of an author's work must eventually treat the very complex interplay between the creator and his creation. There are at least two valid and equally interesting approaches which Valéry himself recognized. On the one hand, the author can be viewed as a result (rather than as the cause) of his work. Valéry preferred this approach, at least in theory, although his practice in Variété frequently violated his own precepts. In "Note et digression" he wrote:

---

[1] Indeed, the present work posits the notion that the "meaning" or, more accurately, the resonance of Valéry's work will and does change. This change itself is a function of numerous, complex processes at work in any society at a given time.

[2] Bernard Pingaud, "Critique traditionnelle et nouvelle critique," La Nef, 24e année, no. 29 (janvier-mars 1967), p. 46.

> Toute la critique est dominée par
> ce principe suranné: l'homme est
> cause de l'oeuvre,--comme le cri-
> minel aux yeux de la loi est cause
> du crime. Ils en sont bien plutôt
> l'effet!³

This approach would prove invaluable in a thorough treatment of the relations between Valéry and Edmond Teste, by any measure the most fascinating of Valéry's creations.

On the other hand, one may choose to analyze the public figure of the author based upon reactions to his work. To use the same example, many critics simply identified Paul Valéry with Edmond Teste. This identification resulted from a reduction of the work (La Soirée avec Monsieur Teste) to the biography of the writer. This critical fallacy not infrequently coexists with the reverse procedure, which consists in attempting to "explain" the work in terms of known facts about the writer's life. Valéry denounced this critical attitude in the same "Note et digression": "...accumulez tous les détails que vous pourrez sur la vie de Racine, vous n'en tirerez pas l'art de faire ses vers" (Pléiade, I, 1231).

J. L. Borges summarized with uncommon lucidity the dynamics of the identification P.V.-Teste:

> Valéry created Edmond Teste; this char-
> acter would be one of the myths of our
> time if intimately we did not all judge
> him to be a mere Doppelgänger of Valéry.
> For us, Valéry is Edmond Teste. In other
> words, Valéry is a derivation of Poe's
> Chevalier Dupin and the inconceivable God
> of the theologians. Which fact, plausi-
> bly enough, is not true.⁴

Since the raw material of any bibliography is the published record of the author's life and work, this study will largely limit itself to

---

³Paul Valéry, "Note et digression," Oeuvres, Vol. I, ed. J. Hytier (Paris, 1957), p. 1231. (All subsequent references to this edition will be made in the text in the following manner: Pléiade, I, 1231.)

⁴Jorge Luis Borges, "Valéry as Symbol," Labyrinths (N.Y., New Directions, 1964), p. 198.

On Method

the second of the two approaches outlined above. It is the public history of Paul Valéry's work and the public record of Paul Valéry the man of letters which this bibliography will trace from the earliest recorded echo in 1890 through 1927, the year in which Valéry's literary career was offically consecrated by his reception at the French Academy.

Throughout the bibliography the reader will encounter the term "myth" used to designate the confusion between Valéry's biography and his work.[5] Valéry recognized the importance of this mythical element of his work when, in 1925, he wrote a preface to the second English translation of An Evening with Mr. Teste:

> Ce personnage de fantaisie dont je devins l'auteur au temps d'une jeunesse à demi littéraire, à demi sauvage ou... intérieure, a vécu, semble-t-il, depuis cette époque effacée, d'une certaine vie,--que ses réticences plus que ses aveux ont induit quelques lecteurs à lui prêter
> (Pléiade, II, 11).

One of the most curious aspects of the identification Valéry-Teste, amply documented in this bibliography, is the manner in which Valéry helped to propagate and reinforce the myth in the minds of his readers. There was therefore considerable coquetry on Valéry's part in pretending to have no part in the creation of this identification.

Occasionally the term myth will appear to designate a general attitude toward Valéry rather than a specific identification as in the case of P.V.-Teste.[6] The justification for this use of the term is to be found in the almost magical quality of Valéry's name in the later years which this study covers. T. S. Eliot had something of this order in mind when he wrote: "...we find Valéry to be a singularly interesting, enigmatic, and disturbing author, a poet who has realized in his

---

[5]This use of the term myth was suggested to me by Etiemble's monumental Le Mythe de Rimbaud to which the present study owes a considerable debt. Like Etiemble, I have adopted the mythoclastic attitude characteristic of historical scholarship. It is to be hoped that someone will undertake the study of Valéry as mythopoet.

[6]In the bibliography Valéry's name will be abbreviated to the initials P.V. which are in current usage among Valéry scholars.

life and work one conception of the role of poet so amply as to have acquired also a kind of mythological status."[7]

Another characteristic of "mythical" criticism is to make normative statements in the guise of descriptive statements. The critic usually accomplishes this by means of the loaded term. The common denominator of all such loaded terms is that they carry a specific connotation (approbatory or pejorative) regardless of what they are used to "describe." Insofar as literary journalism is a branch of normative aesthetics and has as its goal to establish values in contemporary literature, the writer must make normative statements. However, the systematic use of the loaded term reveals another aim. The writer who indulges in this form of criticism is in fact not discussing the work he pretends to be reviewing. He is rather using the given work as a pretext to valorize those very norms which his criticism presupposes.

One finds a striking example of this aesthetic valorization in the first article completely devoted to Paul Valéry's poetry. Paul Souchon chose to discuss Valéry's verse [49][8] because it provided him with an excellent pretext to condemn symbolism generally in the name of naturism. A close reading of Souchon's article reveals that a number of loaded terms which recur constantly in Valéry criticism through 1927 originated in a larger, albeit short-lived, literary quarrel. Seen in context Souchon's article makes perfect sense and can even be justified as an exercise in hortative language. However, when in 1903 in Le Mouvement poétique français de 1867 à 1900 [60] Catulle Mendès severed these loaded terms from their historical context, they lost their original signification and became susceptible of a mythical treatment of Valéry. To cite another example, in the 1900 Poètes d'aujourd'hui anthology [54] Souchon's loaded terms were taken as adequately describing Valéry's work without any examination of the facts. It is in this manner that the myth of Paul Valéry was born.

Although French-language criticism of Valéry printed outside metropolitan France was largely a reflection of trends emanating from Paris and therefore contributed few original insights, the reader will find in this bibliography references to all available criticism in

---

[7]T. S. Eliot, "Introduction," The Art of Poetry, Vol. VII of The Collected Works of Paul Valéry, ed. Jackson Mathews (N.Y., Pantheon Books, 1958), p. xxii.

[8]In the bibliography Arabic numerals enclosed in square brackets serve as cross references to other entries of related interest.

French regardless of place of publication. No foreign language criticism of Valéry has been included here, although after his election to the French Academy in 1925 Valéry was frequently the subject of articles in the foreign press. There are two reasons for these decisions.

It was obviously necessary to limit the scope of this bibliography in order to insure the economic feasibility of its publication. With this in mind I have thought in terms of including criticism in languages other than French in a subsequent volume or volumes which would follow Valéry's career through 1945, then analyze the vicissitudes of his reputation in the eras of existentialism and of "la nouvelle critique."

A secondary consideration which led to these decisions was a desire to include everything in French currently in the Valeryanum of the Bibliothèque Littéraire Jacques Doucet dating from the period 1890 to 1927. This bibliography thus provides the only catalogue of criticism contained in the volumes of press clippings of the Valeryanum. The Doucet library itself has catalogue numbers for the individual volumes, but no information on what they contain. These press clippings represent some thirty years of devoted effort on the part of Paul Valéry's friend and admirer Julien P. Monod, the originator of the Valeryanum.

One result of including everything Julien P. Monod collected concerning Valéry's work is that I have been obliged to mention a number of booksellers' advertisements and publishers' announcements which are of questionable literary significance. Their presence here is perhaps excused by the desire ultimately to catalogue the entire Valeryanum.

As a bibliophile, Monod collected numerous advertisements which indicate the prices asked, or offered, for specific editions of Valéry's works. This material might at first appear to be of interest only to other collectors. Late in 1927, however, Valéry's practice of publishing rare and limited editions almost exclusively drew heavy fire from many critics. Even these advertisements have a certain documentary value, insofar as they collectively support or refute the critics' charges.

The form of my entries follows roughly that of the French XX bibliography. Unusually frequent use of square brackets was necessitated by the nature of the material in the Valeryanum. Since Monod was not a bibliographer he was often content to have a press clipping and only an approximate indication of its origin. In those cases where I have had to rely on Monod's indications I have so indicated by using square brackets. When all information for an entry has been supplied by Monod, I have placed the sign ⌐M⌐ at the end of the entry, where page numbers would normally appear. For every entry which can be found in the Valeryanum, whether or not I originally discovered it there, I have included the appropriate catalogue number, which is merely an extension of the number used by the Doucet library. For instance, ⌈VRY Ms. 993, I, 120 bis⌋ reads Valeryanum, manuscript numbered 993, the first volume of clippings, between pages 120 and 121. In many cases Monod included the entire periodical in his collection. In all such cases I have simply reproduced the already existing call number of the Doucet library; for instance, ⌈VRY Pr. 15 in 4⌋ is periodical number 15 in quarto of the Valeryanum. The Valeryanum catalogue number immediately follows the bibliographical entry. On rare occasions when an article is known only through a reprint or a citation in a compte rendu the entry for the original includes the sign ⌈x⌋ where the page numbers would normally appear. A cross reference informs the reader of my source of information.

The sign / has been used to save space in citing lines of poetry. Thus, / appears immediately after the last sign (letter or punctuation mark) of one line and immediately before the first sign of the following line. // indicates a new strophe. In citing prose passages I have used // to indicate a new paragraph to avoid the needless loss of a line.

In the case of some names which occur frequently in this study there seems to have been no agreement as to their proper spelling. One such example is abbé Bremond's name which most critics wrote with an accent aigu. He himself, as a Provençal, never used the accent. For the sake of consistency I have followed Bremond's own practice. Consequently one may read Brémond in the text of a quotation and Bremond a few lines further on in my own commentary. Only in the case of Pierre Louÿs have I adopted two different spellings. The reason is that in the early nineties he had not yet begun to write Louÿs with a diaeresis. I have chosen to respect this historical accident.

Acknowledgements

I wish to express my gratitude to Prof. L. J. Austin of Cambridge University, who introduced me to Valéry; to Prof. J. R. Lawler of the University of Western Australia, and Prof. J. Hytier late of Columbia University, who offered valuable suggestions; to Prof. Claude Pichois of the University of Basel and Dean Bernard Gagnebin of the University of Geneva, who graciously provided me with documents; to Prof. Jackson Mathews of Wayne State University, late of the Bollingen Foundation, whose recommendation opened many doors and whose sympathetic reading has encouraged me to persevere in a sometimes arduous task; to M. François Chapon and his staff at the Bibliothèque Littéraire Jacques Doucet, who provided a most cordial atmosphere and ideal conditions in which to carry out my research.

I must especially thank my wife, who has helped immeasurably in the nearly five years it has taken to complete this book, and Mrs. Nancy Stagner, who has shown great patience in preparing the final draft.

The Research Committee of the University of Virginia has generously provided funds necessary to the completion of this project.

Mme Gisèle Freund contributed for the frontispiece her photograph of Paul Valéry in his study.

Mme Agathe Rouart-Valéry and the Centre National de la Recherche Scientifique have authorized the facsimile reproduction of passages from Paul Valéry's _Cahiers_.

Contents

A Note on Method	vii
Acknowledgements	xiii
Table of Illustrations	xvii
Introduction	xix
Paul Valéry and His Critics	3
Index	569

Table of Illustrations

facing page	source in Paul Valéry's Cahiers		refer to
36	VI, 632	June-Aug. 1917	⸢87⸣
37	VI, 633	June-Aug. 1917	⸢91⸣
60	XI, 434	June 1926	⸢972⸣
61	VII, 833	March 1921	⸢164⸣
61	X, 606	Jan.-April 1925	⸢164⸣
130	IX, 49	1922	⸢389⸣
130	XI, 168	Oct.-Nov. 1925	⸢389⸣
131	IX, 98	1922	⸢396⸣
134	X, 613	Jan.-April 1925	⸢399⸣
135	X, 650	Easter 1925	⸢400⸣
224	XI, 149	13 October 1925	⸢738⸣
224	XI, 185	Oct.-Nov. 1925	⸢738⸣
225	XI, 217	19 November 1925	⸢741⸣
225	XI, 220	23 November 1925	⸢763⸣
230	XI, 221	23 or 24 Nov. 1925	⸢763⸣
231	XI, 256	December 1925	⸢765⸣
278	XI, 564	July 1926	⸢940⸣
278	IX, 652	Sept.-Dec. 1923	⸢940⸣
279	X, 164	Aug.-Sept. 1924	⸢940⸣
304	XII, 70	12 Feb. 1927	⸢1008⸣
305	XI, 258	December 1925	⸢851⸣
305	XI, 712	September 1926	⸢1061⸣
402	XI, 283	December 1925	⸢1657⸣
402	XII, 291	June 1927	⸢1657⸣
403	XII, 270	17 June 1927	⸢1368⸣
403	XII, 391	18 July 1927	⸢1364⸣
494	XII, 358	July 1927	⸢1697⸣
494	XII, 468	November 1927	⸢1697⸣
494	XII, 543	December 1927	⸢1697⸣
495	XII, 510	December 1927	⸢1841⸣

Introduction

In December 1927 Paul Valéry was the most widely discussed writer in France. In a few short years he had emerged from almost total obscurity to become the literary man of the hour. His election to the French Academy in 1925 and his reception in 1927 mark the beginning of Valéry's public career as a semi-official representative of French poetry and thought. That a writer like Valéry should have achieved such a position at all is not the least paradoxical aspect of his career. It was, of course, no accident. In fact, Valéry's success was perhaps the most carefully prepared in the annals of French literary history.

Henri Mondor, on the day of his reception at the French Academy, where he had been elected to <u>fauteuil 38</u>, the very chair of Paul Valéry, explained how it all began:

"Cependant, entre 1918 et 1925, quelques éminents critiques,-- l'un [Edmond Jaloux] est près de moi--toujours indignés par la fureur et la sottise des injustices qui avaient blessé Baudelaire, Nerval, Mallarmé, décidèrent ensemble de ne pas tolérer, à l'égard d'un émule de ces aristocrates de la littérature, une aussi déshonorante obstruction. Ils unirent noblement leurs influences, s'engagèrent avec vivacité et ont hâté une acclamation que les chefs-d'oeuvre ne suffisent presque jamais à assurer et qui put paraître spontané. L'on ne doit pas négliger la part que, dans cette effusion de poésie et de consécration, surent prendre efficacement des lecteurs reconnaissants, combatifs et quelques femmes d'esprit."[1]

This bibliography contains many examples of generous, spontaneous criticism by grateful readers. Their role in Valéry's success was doubtless a considerable one, as Mondor suggests. The same must be said of certain women whose <u>salons</u> were still an important force in "making" literary reputations. Among them one would have to consider as the most important Mme Lucien Muhlfeld and Mlle Adrienne Monnier, whose influence on Valéry's career should not be discounted. Mlle Monnier, by reason of her review <u>Le Navire d'argent</u>, was also one of the critics whose efforts on behalf of Valéry eventually attracted the attention of a wider audience.

---

[1]Henri Mondor, "Discours de réception à l'Académie Française....," <u>Entretien au bord du fleuve</u> (Monaco, Editions du Rocher, 1947), p. 51.

The critics to whom Mondor referred, however, were some of the most authoritative voices in contemporary French letters: Jaloux, Paul Souday, and Albert Thibaudet. There were others, equally important in assuring Valéry's success, but whose motives were basically self-seeking. There is evidence that Lefèvre and Vandérem, to cite only the most glaring examples, used Valéry as a means to personal gain. Jaloux, Souday and Thibaudet soon had the active support of many writers who had known Valéry personally or who had admired his work in the waning years of the symbolist era: A. Lebey, A. Fontainas, C. Mauclair, F. de Miomandre, and to a lesser degree Paul Fort and Jean Royère. To this list one must add the name of Pierre Louÿs who, although he contributed no books or articles to the campaign, probably did more than anyone else, in the years immediately following the war, to further the literary fortunes of his old friend. Gide, too, through the NRF, contributed unobtrusively but vigorously to Valéry's success. This list could be extended substantially. In retrospect, the importance of this campaign is in its deliberate, concerted nature: a significant group of critics united, despite the issues which otherwise divided them, to impose upon the French public a writer whose work was never intended for a larger audience.

More than Baudelaire or Nerval, it was Mallarmé, whose tragic memory was still fresh in their minds, who inspired these critics to act. Indeed the shadow of Mallarmé looms large behind Valéry's entire career from 1890 through 1927. It is no exaggeration to state that in assuring Paul Valéry's election to the French Academy this determined group was avenging Mallarmé. It is equally true that many of the critics most hostile to Valéry saw in him an heir of Mallarmé. For them Valéry was more a dangerous influence to be combatted than a writer to be read. By attacking the obscurity they supposed to be at the heart of Valéry's work these critics were reaching out beyond the grave to kill the influence of Mallarmé.

At least two other phenomena combined to alienate many critics from Valéry. The first of these is the astonishing development of the myth of M. Teste. Progressively during the 1920's M. Teste became more and more closely identified with his creator, to such an extent that in reading some critics one has the impression that the lines between Valéry and Teste had become forever blurred. One of M. Teste's principal attributes was to be self-sufficient and thoroughly disdainful of the opinions of others. Of course, if Paul Valéry was Edmond Teste incarnate, then it followed quite logically that Paul Valéry was himself haughtily disdainful of his critics.

The critics who made this deduction in good faith reacted with righteous indignation against a writer whose work was, they thought, intentionally obscure and whose unparalleled success was a mockery of their own intelligence. Thus, the identification of Valéry with Teste combined with the memory of Mallarmé to create an atmosphere of volatile hostility.

It is a fact that Valéry's work continued through 1927 to be published almost exclusively in expensive, limited editions. There were few exceptions to this rule, with the result that the average reader found it impossible to buy a copy of Charmes or La Jeune Parque. An already aroused critical opinion seized upon this fact as proof of Valéry's disdain for the public. This was, in brief, the dominant attitude among literary critics in France when G. Téry struck the spark that caused a series of major explosions in the weeks following 19 October 1927.

Téry attacked Valéry as incomprehensible, then as anti-French (because obscure). André Rouveyre took advantage of the opportunity to publish a particularly vile attack in Le Crapouillot for November. The third major blast came from the Revue de France for 15 November where F. Vandérem honored Valéry with the creation of a neologism: "l'obscurisme." In Le Crapouillot for December J. Galtier-Boissière blamed Valéry's methods of publication and accused him of literary capitalism. By this time the air was so poisoned by invective that no amount of reasoning could prevail, although J. de Pierrefeu and Thibaudet reasoned admirably well. Thibaudet qualified this offensive against Valéry a Thermidorian reaction. Like the historical Thermidor it was the inevitable reaction to an intolerable state of affairs. It mattered little that the Valéry who was under attack was the mythical creation of the critics themselves. Since a real Paul Valéry did exist, he had to expiate the sins of the mythical Valéry.

It should be added, in recognition of the good faith of some of Valéry's critics, that Paul Valéry was also paying for the zeal and the good intentions of those very admirers who had assured his election to the French Academy. It was really too much to ask that the French people should recognize the excellence of a writer whose works were simply not to be had at a reasonable price. With Galtier-Boissière's December article Valéry's reputation became linked with a particularly objectionable form of bibliophilism: speculation on rare books. Galtier-Boissière pointed out, albeit somewhat unfairly, how much Valéry had profited by the unprecedented speculation on rare books which flourished in France during the 1920's. That Valéry took advantage of a situation which would permit him to live by his pen at a time when he had no other means of livelihood is a fact. It is also a fact that Valéry's talent was exploited by publishers who saw in him the possibility of handsome profits at the expense of greedy bibliophiles so-called. The instability of this speculation was revealed when, in the wake of Galtier-Boissière's article, the rare book market was suddenly flooded with "Valérys" which uneasy speculators attempted to unload before the bottom fell out of the market entirely. Whence the title of Galtier-Boissière's new article in Le Crapouillot for January 1928: "Le Krach Valéry."

Where Galtier-Boissière was wrong was in placing the full blame for this situation on Valéry. This was manifestly unjust. (See ᴄ1841ᴐ and ᴄ1923ᴐ.) It is a bitter irony that Paul Valéry, the proud heir of Mallarmé, should have contributed even inadvertently to the humiliation of literature through the success of a questionable commerce.

The reader will find no conclusion at the end of the bibliography. Any conclusion I might offer (I can imagine several possible ones) would merely repeat arguments I have formulated in detail in the bibliography itself. In another sense the reader should himself be left to conclude, since this study of Paul Valéry and his critics is presented not as an end but as a new point of departure.

To facilitate the reader's task in approaching a work of this scope not conveniently structured around familiar themes, I have prepared an index which catalogues rather carefully the themes and problems of Valéry criticism between 1890 and 1927. Titles of individual poems and prose pieces by Valéry are included, thereby permitting the reader to assemble rapidly all the materials relevant to his own immediate research interests. Students of Valéry will find here the texts of some occasional verse not included in J. Hytier's two volume edition of Valéry's works, as well as some poems offering variants from the texts presented by Hytier. Hopefully the subject entries in the index will have anticipated some of the problems to which other Valéry scholars will wish to address themselves.

The selections from Valéry's Cahiers, reproduced photographically throughout the bibliography, offer a representative sampling of Valéry's views on critics and criticism generally, as well as incisive comments on specific moments in his own career. Although by no means exhaustive, they demonstrate with what wit, and sometimes with what calculation, Valéry viewed his own rise to fame.

Paul Valéry and His Critics

1890

1. L.⌈éon⌉ D.⌈eschamps⌉: "Petit Courrier," <u>La Plume</u>, no. 34 (15 septembre 1890), ⌈inside front cover⌉.

In the "Numéro exceptionnel consacré aux Décadents" Deschamps wrote: "P.V. <u>Montpellier</u>.—Vos vers sont excellents: en ferons notre profit avant peu."
The poems in question are "Viol" and "Le Jeune Prêtre" which appeared in the special number, "Concours de sonnets," for 15 November 1890.
It is quite possible that P.V. never saw this note (the first printed criticism of his verse, to my knowledge) as he claimed not to be a reader of <u>La Plume</u> in 1890. According to Mondor, <u>Précocité de Valéry</u>, pp. 152-53, P. Louys learned of his friend's contribution to <u>La Plume</u> by way of this same note. Mondor questions whether P.V. submitted his sonnets specifically for the "concours" or whether Deschamps printed them there without P.V.'s consent. In a letter to Louys, P.V. affirms that it was Deschamps's doing. He adds: "Enfin ces vers de moi—là—m'ont fait une horreur! Ils ne valent rien, et s'apprécient facilement ainsi détachés de moi et noyés dans un tas..." However, in a letter to Deschamps on 25 January 1891 P.V. gives the impression that the initiative was his own. The matter is further complicated by a letter to Louys ⌈31 January 1891⌉ in which P.V. queries: "N'y a-t-il pas un <u>MOT</u> pour moi dans/la Plume ces jours-ci—?" This appears to be an allusion to the announcement of the "Résultats du scrutin..." on 15 January.

1891

2. Louys, Pierre: <u>Astarté</u>. P., Librairie de l'art indépendant, 1891. ⌈non paginé⌉.

Between the title page and the table of contents Louys (who had not yet added the diaeresis to his name) printed a poem of friendship entitled "A PAUL AMBROISE VALERY." (Je vous prendrai la main dans le silence, diacre....) Further on the poem "Les Stigmates" is dedicated "A Paul Valéry."
P. Louys' poem "A PAUL AMBROISE VALERY" is strikingly similar in theme, tone and form to P.V.'s "Le Bois amical" about which P.V. had written to Louys in December 1890. "Le Bois amical" was even then

dedicated to Gide. Was Louÿs attempting to outdo his friend?

3. Anon.: "Résultats du scrutin pour le concours de sonnets," La Plume, XLII (15 janvier 1891), 4.

"Mentions très honorables: ... Sonnet no. 65 (Le jeune prêtre) par Paul Valéry (119 points)."

"Le Jeune Prêtre" ranked eighth in the contest. Julien P. Monod added an interesting sidelight on the "concours" in a manuscript note in the Valeryanum dated 28-10-44. "Viol. Sonnet de P.V. envoyé au concours de sonnets⟨⟩ de la Plume et couronné ⟨he confuses "Viol" with "Le Jeune Prêtre"⟩--motive la délivrance à P.V. d'un brevet de poète signé Verlaine et Moréas, égaré depuis par le breveté." We may assume that Monod got this information directly from P.V., although no one else has ever mentioned the brevet. Mme Rouart-Valéry told me that she had never heard of it. The brevet, if it could be found, would certainly be a curious document for the literary history of the period.

4. Fanato: "Lou Felibrige a Paris," La Cigalo d'or, cinquenco annado, segoundo serio, numerò 45 (15 de Febrié 1891), p. 1. ⟨VRY Pr. 306 in 4⟩

La Cigalo d'or was a Provençal publication of the "félibrige." The following paragraph refers to the number of La Plume for 15 June 1891 ⟨9⟩.

"Aguelo pèço pareira lèu-lèu dius un numerò en preparacioun de la Plume, uno jouino e valènto revisto que n'es l'empremèire lou felibre Bossanne e lou secretàri lou felibre Redonnel, de Cournoun-Terrau, e mounte avèn legi de bono proso et de bello pouèsìo dóu Martegau Carle Maurras et de noste car Pau Valery, dau Clapas. Este numerò sara assouludamen counsacra i felibre, e fara lou sujèt d'uno de nòsti charradisso venènto."

The poems by "noste car Pau Valery, dau Clapas," were the sonnets "Viol" and "Le Jeune Prêtre." Note the name of Paul Redonnel, who was director of the review Chimère and a friend of P.V. Maurras was also a friend of the "félibrige" at this time. See ⟨30⟩.

5. ⟨Vielé-Griffin, Francis⟩: "Notes et notules," Entretiens politiques et littéraires. 2e année, II, no. 13 (avril 1891), 151.

An echo of the first two numbers of La Conque. Vielé-Griffin notes without comment the publication of P.V.'s "Narcisse parle" in the first number and his "Vierge incertaine" in the second.

6. S. [Henri Chantavoine]: "Au jour le jour--les très jeunes poètes," Journal des débats, 7 avril 1891, pp. 2-3. [VRY Ms. 943 (I)]

Chantavoine's article was the first significant commentary on P.V.'s poems published in La Conque, and its effect on the young poet appears to have been traumatic. Mondor wrote in Précocité de Valéry, 1957, p. 11: "...Paul Valéry en avait été si prodigieusement agité qu'il songea à renoncer." The importance of this article has been recognized since April 1946 when Mondor published "Paul Verlaine et Paul Valéry" in Arts et lettres. (Mondor apparently knew nothing of the "brevet de poète.") J. Hytier included a résumé of the incident, with the text of P.V.'s important letter to Gide concerning Chantavoine's article, in Pléiade, I, 1560. Citations from the article appear also in the Gide-Valéry Correspondance, p. 78. The Bibliothèque Littéraire Jacques Doucet recently published a letter P.V. wrote to P. Louys at about the same time as his letter to Gide; it confirms the impression given by the latter. (Paul Valéry Pre-Teste, P., 1966. Pp. 32-34.)

It is noteworthy that Chantavoine's article should have stressed the charge of obscurity (in "Narcisse Parle"!), the criticism most frequently made of P.V.'s poetry in later years. For his part, Chantavoine did not forget the "plus jeunes poètes," whom he mentioned as "les poètes de La Conque" in 1899 in the eighth volume of Petit de Julleville's Histoire de la langue et de la littérature françaises des origines à 1900.

In 1932, over forty years after the fact, P.V. again referred to Chantavoine's article in a conversation with Julien P. Monod. The following note accompanies a copy in Monod's hand of the 1891 article in the Valeryanum. P.V. related the incident to Monod in very strong terms: "Vous ne pouvez imaginer mon horreur, ma rage, mon ennui lorsque j'ai vu cet article: Horreur d'être mis sur la place publique--semblable à celle d'une femme qui se marie et dont [la nudité] est découverte (il a usé d'un mot plus libre)." (The square brackets and parentheses are Monod's.)

7. Grume, Pau: "Felibrejado de la Mantenenço de Lengado," La Cigalo d'or, cinquenco annado, segoundo serio, numerò 49 (15 d'Abriéu 1891), [p. 1 unpaginated]. [VRY Pr. 306 in 4]

"Pau Valéry" is listed as having been present at a celebration of "félibres" at Castelnau in honor of abbé Favre, a poet of the eighteenth century who wrote in <u>langue</u> <u>d'oc</u>.

8. ⌐Vielé-Griffin, Francis¬: "Notes et notules," <u>Entretiens politiques et littéraires</u>, 2e année, II, no. 15 (juin 1891), pp. 223-24.

An echo of the third number of <u>La Conque</u>. Vielé-Griffin quotes lines 9, 10, 12-14 of P.V.'s "Orphée," adding: "N'est-ce pas là le rêve de tout Poète contemporain?"
P.V. mentioned this comment in a letter to Gide in June. Vielé-Griffin's position in contemporary letters added considerable weight to this brief sentence, and doubtless flattered the poet's pride. If P.V. had been horrified, as he said, by Chantavoine's article, he accepted Vielé-Griffin's note two months later as a matter of course: "Vielé-Griffin daigne citer...." (See Hytier, Pléiade, I, 1540 and <u>Lettres à quelques-uns</u>, p. 44 or the Gide-Valéry <u>Correspondance</u>, pp. 91, 104.)

9. Blavet, Alcide: "Autres Félibres--les Languedociens," <u>La Plume</u>, 3ème année, no. 52 (15 juin 1891), pp. 223-25.

"Parmi les languedociens il faut citer encore... Paul Valéry, Gustave Fourment...et combien d'autres qui, sans compter les précurseurs du mouvement félibréen, ont suffisamment prouvé la vitalité et ta ⌐for la¬ fécondité de la langue d'oc.//A cette longue liste des félibres <u>felibrejont</u>, parlant et écrivant le dialecte de leur pays, il faut joindre les félibres <u>romanisants</u>...."
Blavet, who was in 1890 a close friend of P.V. and a fellow student at the Université de Montpellier, can scarcely be suspected of having listed P.V. among the "félibres <u>felibrejont</u>" by mistake. The question one must ask is whether P.V. did in fact write in <u>langue</u> <u>d'oc</u>. The only known example of a poem by P.V. in Provençal is "La Bello au bos que dor," translated by Joseph Loubet and published in <u>La Cigalo d'or</u>, with the French original, in June 1891. However, on ⌐16 July¬ 1890 P.V. had participated with the "félibres" of Montpellier in a celebration honoring Mistral (Pléiade, I, 18). Paul Grume mentions another such participation in <u>La Cigalo d'or</u> for April. Perhaps Blavet in this article intended only to indicate that P.V. had participated verbally in the activities of the "félibrige." His distinction between <u>felibrejont</u> and <u>romanisants</u> seems to imply more.
Having looked carefully in <u>La Cigalo d'or</u> for a possible

contribution by P.V., I think the following note may well have been written by him, although at present I have no positive proof. The text was published under the title "Biblıougrafìo" in the number for 1 April.

"Les Hommes d'aujourd'hui.--Louis-Xavier de Ricard.--Vèn de pareisse encò dau biblioupòli Vanier, la biougrafio dau felibre majourau Louis-Savié de Ricard per lou celèbre pouèto francés Pau Verlaine embé lou retra-cargo en coulou dau pintre Luque, biougrafio anounciado per la felibresso Faneto dins sa premièiro crounico sus lou Felibrige à Paris [see 15 February]. Nostes letous legiran embé grand plesi las regos frairalos qu'a escrichos l'autou de Sagesse sus lou pouèto francés, lou felibre lengadoucian, lou rouge patrioto qu'es noste ami Savié de Ricard; que s'entanchou dounc de croumpa acò bèu: costo que dous sòus."

This note was signed V. All other bibliographical notes in this number, and generally, were signed Lou Touto-Obro. Moreover, signing an article with an initial was very unusual in La Cigalo d'or. The article of 15 February to which V. refers mentions P.V.'s sonnets in La Plume. Might P.V. have written this brief review of a book by Verlaine to please his friends Redonnel and Blavet?

10. [Vielé-Griffin, Francis]: "Notes et notules," Entretiens politiques et littéraires, 2e année, III, no. 16 (juillet 1891), 40.

An echo of the fourth number of La Conque indicating the publication of P.V.'s "Sonnet."

11. P.[aul] R.[edonnel]: "Poste restante," Chimère, Montpellier-Paris, [no. 1] (août 1891), p. 16. [VRY Pr. 21 in 4]

"...P.V., Montpellier; ...[other initials of subscribers]: abonnements inscrits."
"Hélène, la reine triste..." appeared on page 10, signed M. Doris.

12. [Vielé-Griffin, Francis]: "Notes et notules," Entretiens politiques et littéraires, 2e année, III, no. 17 (août 1891), 79.

An echo of the fifth number of La Conque. Vielé-Griffin mentioned P.V.'s "Les Vaines Danseuses." A typographical error gives the title as "La..." There is no critical comment.

13. ⟨Vielé-Griffin, Francis⟩: "Notes et notules," <u>Entretiens politiques et littéraires</u>, 2e année, III, no. 18 (septembre 1891), 116.

   An echo of the sixth number of <u>La Conque</u>, indicating only that P.V. had contributed.

14. Anon.: "Echos--'Liminaires' et la press," <u>Chimère</u>, Montpellier-Paris, no. 3 (octobre 1891), p. 54. ⟨VRY Pr. 24 in 4⟩

   <u>Liminaires</u> is the title of the first book of poetry published by <u>Paul Redonnel</u>, the director of <u>Chimère</u>, who was doubtless responsible for having these echoes inserted. The second reads as follows:
   "...La nécessité d'un véritable livre de vers doit s'apprécier à l'inutilité parfaite qu'il manifeste: je veux dire qu'il ne peut et ne doit être que pour l'apparition d'une âme seule et retirée. Sa cause est en lui-même; la présence d'un rythme noble le dénonce.
   Le recueil que Paul Redonnel place au seuil de sa vie littéraire, est ainsi..
   ...Il me reste à constater une personnalité très précieuse dans l'oeuvre de Paul Redonnel, qui concerne une forme et un rêve original parmi les rédacteurs des <u>Ecrits pour l'art</u>.
   Paul Valéry (le Moniteur <u>Judiciaire du Midi</u>)."
   The above reprint was cited in <u>Paul Valéry Pré-Teste</u>, 1966, by M. François Chapon. M. Octave Nadal has found a second review of <u>Liminaires</u> by P.V. in the <u>Bulletin de l'Association générale des Etudiants</u>, Montpellier, for 1 November, one month later than this reprint. Neither M. Chapon nor M. Nadal gave a complete reference for the original publication in <u>Le Moniteur judiciaire de Midi</u>.
   On page 54 P.V.'s name also appears among the subscribers to a re-edition of <u>Adel</u>, a poem by Jean Lombard, the profits of which were to go to his widow and children. On page 56, among the anonymous "Echos," one reads: "Au sommaire du prochain numéro: Jean Richepin, Laurent Tailhade, André Gill (<u>inédit</u>)⟨.⟩" André Gill was, of course, P.V.

15. Anon.: "Bibliographie," <u>Le Moniteur judiciaire du Midi</u>, Montpellier, 3e année, no. 117 (25 octobre 1891), ⟨p. 3, unpaginated⟩.

   The "Sommaire" of <u>Chimère</u> for November is printed here. André Gill, whose "Pages <u>inédites</u>" are announced, is not identified

[18]

as P.V.

    16.   [Vielé-Griffin, Francis]: "Notes et notules," <u>Entretiens politiques et littéraires</u>, 2e année, III, no. 20 (novembre 1891), 180-1.

    Vielé-Griffin accords special attention to P.V. in this paragraph:

    "<u>La Conque</u> (7e livr.). Les 'plus jeunes poètes' avec leurs talents divers, leurs inégalités, leurs trouvailles, leurs hésitations nous ont valu chaque mois une preuve de jeunesse. Aux temps (pas très éloignés) où nous étions, nous, 'les plus jeunes poètes' d'étranges jalousies eussent sans doute germé si l'un de nous, à l'exclusion des autres, avait joui de quelque préférence, fût-ce, auprès du dernier des chroniqueurs. ...Eh bien! --le mot agréable qu'il nous serait facile de dire sur l'un et sur l'autre, qu'importerait-il? ... Que les jeunes auteurs de la <u>Conque</u> nous permettent donc d'exprimer notre sympathie pour l'un d'eux, M. Paul Valery [sic], que des pièces plus considérables ou mieux mûries nous ont permis d'apprécier: [there follows the text of "La Fileuse" with the epigraph written "Lilia... nequehent" and the accent aigu missing in the author's name]."

    Vielé-Griffin was by far the most attentive critic P.V. had in 1891, and the <u>Entretiens politiques et littéraires</u> probably called the attention of numerous readers to P.V.'s poems. This article was particularly significant as it was from here, I am quite sure, that the editors of <u>La Wallonie</u> reprinted "La Fileuse" in their number for January-February 1892. Vielé-Griffin's singling out P.V. among the contributors to <u>La Conque</u> certainly reflects well on his own critical judgement. Note that in 1896 P.V. dedicated "Eté" to Vielé-Griffin.

    17. Gide, André: <u>Le Traité du Narcisse</u>. P., Librairie de l'art indépendant, 1891. 28 p.

    Bears this dedication: "A mon ami Paul Ambroise Valéry avec qui j'ai fait un tel rêve."
    Note the change in the printing of the <u>Entretiens politiques et littéraires</u> [18].

1892

    18. Gide, André: "Le Traité du Narcisse--théorie du symbole,"

Entretiens politiques et littéraires, 3e année, IV, no. 22 (janvier 1892), 20-8. ⌐VRY Pr. 72 in 12⌐

    Dedicated "A Paul-Ambroise Valéry."

    19.   Bernard l'Ermite: "A travers les revues," L'Ermitage, 3e année, no. 1 (31 janvier 1892), p. 64. ⌐VRY Pr. 41 in 4⌐

    "Le Bulletin des Etudiants de Montpellier, publie de remarquables pages de Paul Valéry (Doris) parues ici même, Paradoxe sur l'architecte.."
    The "Paradoxe" appeared in the January number of the Bulletin; it had been published in L'Ermitage in March 1891.

    20.   Gide, André: "Lagunes," La Wallonie, 7e et dernière année (janvier-février 1892), p. 28.

    A poem dedicated: "à Paul-Ambroise Valéry." P.V. thanked Gide for the dedication, adding: "Je n'ai rien pour vous mériter ⌐Gide and Louys⌐, et c'est pourquoi il ne faut pas que vous soyez surpris si, moi, je ne vous ai rien dédié encore." (Correspondance, p. 152.) (Cf. ⌐2⌐.)

    21.   Anon.: "Notes," La Wallonie, 7e et dernière année (janvier-février 1892), p. 86.

    "Dans la Conque, la délicieuse page que voici: ⌐'La Fileuse'⌐."
    P.V.'s name is given as Paul VALERY and the epigraph is written Lilia...nequehent. However, on page 30 "Arion" appeared with the proper accent on P.V.'s name. These peculiarities indicate that the poem was in fact reprinted directly from the Entretiens politiques et littéraires for November 1891. See ⌐16⌐.

    22.   N. ⌐Thadée Natanson ?⌐: "Calendrier--les revues," La Revue blanche, nouvelle série, II, no. 5 (février 1892), 127.

    "--Décidément la Province donne. Même la Provence: d'Aix, une nouvelle et bien venue, la Syrinx, blanche et mince. Proses et vers, différents de ton et de valeur: Charles Maurras, Joachim Gasquet, Paul A. Valéry, Léon de Loth."
    "Episode" had appeared in the first number of La Syrinx in

₍26₎

January. This was not the first time P.V.'s name was printed beside that of Charles Maurras (see ₍4₎) nor was Maurras to forget his fellow contributor to La Syrinx (see ₍30₎).

23. ₍Roustoubique₎: "Les Petites Escoles de Roustoubique," Chimère, Montpellier-Paris, no. 8 (mars 1892), p. 16. ₍VRY Pr. 28 in 4₎

"Lire dans La Syrinx, de notre oublieux ami Charles Maurras, Pour Psyché; de notre collaborateur Paul Valéry (M. Doris), Episode, variation ad hoc."
In this same number of Chimère appeared P.V.'s "Glose sur quelques peintures," page 147, and his review of Léon Bloy's Christophe Colomb devant les taureaux, pages 153-54, signed M.D.

24. ₍Roustoubique₎: "Les Petites Escoles de Roustoubique," Chimère, Montpellier-Paris, no. 9 (avril 1892), p. 177. ₍VRY Pr. 29 in 4₎

"Je vous conseille d'y lire ₍in the Entretiens politiques et littéraires for March₎: Encore de M. Zola, par M. F.-V. Griffin, Purs Drames de M. Paul Valéry."
Was P.V. not encouraged to submit "Purs Drames" to Vielé-Griffin's review by the warm reception the latter had already given his poems?

25. Anon.: "A travers les revues," L'Ermitage, 3e année, no. 4 (15 avril 1892), p. 256. ₍VRY Pr. 41 in 4₎

"A Aix, la Syrinx, toujours des vers et point médiocres, certes, Guigou, Souchon, Valéry, tous Paul."
Apparently refers to the number for March in which "Arion" appeared. Concerning Paul Souchon, see ₍49₎.

26. Mauclair, Camille: "Pentacle," ₍place and date of publication unknown₎ ₍X₎.

P.V. wrote to Gide toward the end of April 1892: "C'est très sot. Mauclair me dédie un intense et noir sonnet: Pentacle et je ne sais que faire. Je n'ai rien à lui dédier et pas envie de lui répondre maintenant."

I assume the sonnet was published, but this is not certain, and I have not seen it. According to the Gide-Valéry Correspondance, Mauclair sincerely admired P.V. in 1891-92. See Mauclair's article in ₅215₃.

27. Féline, Pierre: "Tristan et Yseult," Chimère, Montpellier-Paris, no. 11 (juin 1892), p. 203. ₅VRY Pr. 31 in 4₃

A resolutely Wagnerian sonnet dedicated: "A Paul Valéry." Féline was a good friend of P.V. in Montpellier. In 1890 they lived in the same building, and it was Féline who guided P.V.'s musical education. This dedication may well reflect their discussions of Wagner's art. See Féline's "A Montpellier rue Urbain V, en 1890," in Paul Valéry vivant, Cahiers du Sud, 1946, pp. 42-48.

28. ₅Vielé-Griffin, Francis₃: "Notes et notules," Entretiens politiques et littéraires, 3e année, IV, no. 27 (juin 1892), 274. ₅VRY Pr. 77 in 12₃

"La onzième et avant-dernière livraison de La Conque, comporte des vers de M. de Regnier ₅sic₃, André Gide, Paul Valery ₅sic₃ et Pierre Louys. Elle annonce la prochaine, 'Lune' qui ne cessera jamais de paraître--considérons donc la vieillesse qui vient, avec moins d'appréhension et quelque assurance."

P.V. published "Le Bois amical," "Ensemble," and "Fragment" in this number, which was in fact the last, of La Conque. "Fragment" had previously been published, with some variants, in La Syrinx for January, with the title "Episode." See also:

29. Anon.: "Les Revues," La Plume, 4e année, no. 75 (1er juin 1892), p. 57. ₅VRY Pr. 322 in 8₃

Contains the same information as Vielé-Griffin's note above, but does not identify Claude Moreau with Pierre Louys nor André Walter with Gide.

30. Maurras, Charles: "Les Nouvelles Ecoles (suite)," Gazette de France, 262e année (mardi 21 juin 1892), pp. 1-2.

Maurras concludes an article begun on 24 May. "Mais, par certains endroits, M. Stuart Merrill se rapproche du Moréas des

Cantilènes. Il s'écarte d'autant de M. Mallarmé, de qui M. Paul
Valéry a su devenir le disciple intelligent; j'ai bien peur qu'il
ne soit le seul. Très jeune, M. Valéry est déjà fort habile. Ce
que j'ai vu de lui montre qu'il saura se servir de son art et
sortira de cette virtuosité pure où s'attardent tous ses amis."
Maurras grasped with extraordinary insight the nature of P.V.'s
position in French letters in 1892 and predicted accurately his
future career.

P.V. asked Gide, in a letter probably written on 27 June,
whether he had seen this article "où je suis perforé en huit lignes?
J'ai du reste fort bien compris où il veut en venir" (Correspondance,
p. 165). Was P.V. not attempting to avoid hurting the feelings of
his friend, obviously included among the young virtuosos? See [220].

31. Lazare, Bernard: "Le Mouvement littéraire--poésie,"
L'Evénement, 21e année, no. 7,430 (jeudi 28 juillet 1892), p. 1.

"Pour un volume de prose, dix volumes de vers paraissent,
des revues se fondent encore tous les jours, et ces revues sont
exclusives, elles n'admettent ni la critique, ni la polémique, ni le
conte même, ce sont de revues où seul le vers a place. Le plus curieux de ce[s] périodique[s] : la Conque, anthologie des plus jeunes
poètes, ne fut créée que pour cela, et elle nous a révélé trois écrivains excellents, trois purs artistes. Pierre Loüys [sic], son
fondateur, dont l'Astarté hiératique est un gage de grand talent,
André Gide qui écrivit les Cahiers d'André Walter, et Paul-Ambroise
Valéry, dont nous connaissons les bons poèmes et dont les volumes sont
attendus."

In a letter to P.V. in August, Gide cited the end of the article and added: "Tu n'as plus rien à faire que ça et des lettres pour
ton ami." Already on 2 March Gide had written: "Je crois Lazare puissamment interloqué par tes proses des Entretiens...." The following
day P.V. replied: "Pourquoi est-ce que Lazare est interloqué? Il m'a
envoyé son miroir [Le Miroir des légendes]." (Gide-Valéry Correspondance, pp. 148, 150, 170.)

32. [Vielé-Griffin, Francis]: "Notes et notules," Entretiens
politiques et littéraires, 3e année, V, no. 30 (septembre 1892), 160.
[VRY Pr. 80 in 12]

"La Syrinx no. 8, comporte quelques vers fins et mièvres de P.-
A. Valéry...." The poem in question is "Baignée."

33. Retté, Adolphe: "Chroniques--les poésies," L'Ermitage, 3e année, no. 11 (novembre 1892), pp. 315-16. [VRY Pr. 42 in 4]

In a review of P. Louys' Astarté Retté wrote:
"J'ai déjà indiqué--dans ma chronique de juillet--cette spéciale et caractéristique tendance des bons poètes du moment à recréer toute émotion selon la cérébralité pure, à choisir au conflit des apparences cela seulement qui est susceptible d'être transposé dans le Songe par un Moi impérieux. ... Et si je parle ici d'influence, je ne veux point entendre par là que nous avons fait école....--Non, j'entends que nous [nous autres qu'on ne peut plus guère traiter de 'tout jeunes'] avons ouvert la voie vers une Renaissance, désigné un radieux avenir où, sans doute, avec nous, ces jeunes poètes, la plupart n'ont pas encore vingt-deux ans,--ces rêveurs marqués du Signe divin: Gide, Louys, Valéry...d'autres encore édifieront un splendide palais à la clarté des étoiles d'un ciel nouveau et à la face fangeuse de l'Hydre réaliste expirante."

It was Retté the arch-symbolist who here enrolled P.V., Gide and Louys in the ranks of the pure artists. Four years later, however. Retté deserted the symbolists and violently attacked Mallarmé in La Plume. Both Gide and P.V. wrote letters to the Mercure de France in February 1897 defending Mallarmé against the renegade. The circumstances add considerably, in retrospect, to the interest of this article. See [45].

1894

34. Signoret, Emmanuel: "Les Destinées de l'idée poétique," La Plume, 6e année, no. 127 (1er août 1894), pp. 305-8.

Signoret dated his article "Paris, le 18 juillet 1894." He had high hopes for P.V.'s future. "Enfin les deux poètes sur lesquels je fondes [sic] les plus sublimes espérances sont Paul Valéry et Paul Souchon.//Le premier débuta par un Paradoxe sur l'Architecte, apaisa les Mânes de Narcisse par des vers d'une indicible beauté, et dispersa aux feuillets des Revues quelques sonnets: 'Puis j'aime cette grève où mon ombre s'allonge/Et cette Nuit, et cette lune au blanc halo/Et puis la murmurante et triste mer qui song!'" (p. 307) Signoret's choice of P.V. and Souchon appears strange in light of the latter's important article of 1896 [49].

Gide admired Signoret as much as Signoret admired P.V. In 1894 Signoret was twenty-two years old; he died in 1900. In a letter

to Gide early in 1898 P.V. cited a letter Signoret had written to
Mallarmé: "Valéry gracieux et pudique se tait...." (<u>Correspondance</u>,
p. 304)

1895

35. Pilon, Edmond: "Journaux et revues," <u>Mercure de France</u>,
XVI, no. 70 (octobre 1895), 117-19. ⌐VRY Pr. 388 in ¬12⌐

A substantial review of P.V.'s "Introduction à la méthode de
Léonard de Vinci" in <u>La Nouvelle Revue</u> for 15 August. Pilon cites
several passages of interest and compares P.V.'s work with a passage
by Barrès on Leonardo. He concludes in these terms:
"M. Valéry a parlé de la méthode du Vinci avec la lucidité
d'une intelligence profonde. Il a compris que le maître de la <u>Vierge
aux rochers</u> et du <u>St-Jean Baptiste</u> fut un visionnaire merveilleux, le
seul peut-être qui sut enclore, en une toile restreinte, des espaces
compris de paysages, le seul qui put réellement animer les visages de
la majesté d'une lumière et de la vie d'une pensée intérieure. Son
travail est une belle fenêtre ouverte sur les horizons bleutés de
l'artiste. On y apprend à en comprendre le décor et à en saisir la
beauté!"
All his reflections on painting indicate that Pilon missed
the main point of P.V.'s essay.

36. Pilon, Edmond: "Journaux et revues," <u>Mercure de France</u>,
XVI, no. 71 (novembre 1895), 265. ⌐VRY 137^3 in 8⌐

"Puis, à la livraison ⌐de la <u>Nouvelle Revue</u>⌐ du 15 septembre,
une importante <u>Critique de la Peinture</u>, par M. Camille Mauclair.
Après le travail de M. Valéry sur la méthode du Vinci, cette étude
dont il fut parlé ici la dernière fois et où semblèrent s'unir, pour
déjouer l'énigme du maître, la profondeur métaphysique d'un Wronski et
la précision d'un Hegel au concept architectural d'un Flaubert, ce
nouvel article ⌐de Mauclair⌐ nous semble arriver à son heure."
Pilon compounds the confusion of his earlier article. To my
knowledge, this is the only occasion on which P.V. was compared, in
the same sentence, to Wronski (who was quite popular at the time),
to Hegel, who is not, it seems to me, remembered for his precision,
and to Flaubert.

37. Pilon, Edmond: "Chroniques--l'année poétique," L'Ermitage, 6e année, ⌐no. 12¬ (décembre 1895), pp. 289-94.

"C'est avec indiscrétion que je citerai ce passage d'une lettre à nous adressée par M. Saint-Pol Roux://'...Certes, il faut réaliser viergement, comme la rivière coule, avec des libellules dessus et des poissons bariolés dedans. Ainsi nous deviendrons populaires, autrement dit, éternels. O les mots-brebis! ô les phrases troupeaux! avec de la brise sur le tout!....'//Je crois que ne l'entendent pas autrement MM. Signoret, Gérardy, de Bouhélier et maints autres qui, pour être des idéologues d'une acuité subtile n'en sont pas moins les jeunes promoteurs d'une cause commune: MM. André Gide, Camille Mauclair, Paul Valéry, etc... Déjà deux groupes distincts évoluent. D'une part, les uns ont la candeur de vierges et jeunes pasteurs dont la houlette enguirlandée de grappes se hausserait en torches d'automne vers la vie grandiose; les autres, imbus de métaphysique s'élèvent par degrés vers la divinité d'un dogme" (p. 294).

P.V. is included in the latter group, in terms not very different from those used by Retté in November 1892. At a time when P.V. had already ceased to publish poetry regularly he was considered by an influential critic as in the vanguard of the young and promising symbolists. If one considers that Vielé-Griffin had offered the most significant criticism of P.V.'s work in 1891, then 1895 was definitely Edmond Pilon's year, for better or for worse.

Concerning P.V. and the "naturistes," the first group listed by Pilon, see ⌐49¬.

1896

38. Anon.: "Chroniques--échos," L'Ermitage, 7e année, no. 3 (mars 1896), p. 216.

"A la fin de mars paraîtra le premier volume du Centaure, recueil de littérature et d'art rédigé par Henri Albert, André Gide, A. Ferdinand Hérold, André Lebey, Pierre Louÿs, Henri de Régnier, Jean de Tinan, P.V."

P.V.'s contributions to the first number of Le Centaure ("Eté" and "Vue") went entirely unnoticed except for R. de Souza's review in July and he chose not to divulge the name behind the initial V. We know from later testimony, however, that the poems not only were read but made a considerable impression on numbers of P.V.'s contemporaries.

⸢41⸣

What I find astonishing is that not a single review of "La Soirée avec Monsieur Teste" appeared at the time of its publication in Le Centaure. Yet Teste was P.V. for many of his contemporaries in the period from 1896 to 1917, and in some cases well after that date.

39. Verhaeren, Emile: "Dîner du Centaure," Mercure de France, XVII (mars 1896), 440-41. ⸢VRY Pr. 38^2 in 8⸥

The text of a letter from Verhaeren to H. de Régnier, who had signed a declaration in Verhaeren's honor. P.V. had also signed the statement and his name appears here among those of the other signers.

40. Souza, Robert de: "Journaux et revues," Mercure de France, XVIII (juin 1896), 455.

Answering R. Doumic's accusation (Revue des Deux-Mondes, 15 April 1896) that literary criticism is becoming impressionistic, Souza writes: "Il aurait vu qu'en divers essais, ...bien des écrivains nouveaux, tout poètes qu'ils étaient, appréciaient et ne faussaient point le rôle de la critique; l'étude sur Emile Verhaeren de M. Albert Mockel en témoigne, et la rigoureuse Introduction à la Méthode de Léonard de Vinci par M. Paul Valéry, dans laquelle les problèmes de la composition sont recherchés, étudiés conformément au scrupule scientifique."
An intelligent statement of P.V.'s intention in his essay. Compare the very different tone in ⸢366⸥.

41. Souza, Robert de: "Journaux et revues," Mercure de France, XIX (juillet 1896), 180.

A review of the long-awaited first number of Le Centaure. "Deux poèmes, dont le premier, Eté, à mon sens est une pure merveille; par exemple, l'originale création, l'expressive et rythmique image de ce quatrain ⸢the second⸥....//Ces vers sont signés de la majuscule énigmatique V...(Pourquoi le jeune poète, dont je respecte l'anonymat, et qui, à de trop rares éclairs entrevus, apparaît comme un des esprits les plus personnels, substantiels, de la neuve littérature, s'obstine-t-il à tant de silence? Certes il a raison de craindre la courante verbosité, et il faut encore le louer de savoir que le silence seul mûrit ⸢prophetic words indeed⸥; mais il y a un moment où il faut dire: tant pis! et l'on n'a rien à craindre quand on a donné tous les gages de l'attente)."

On the basis of these enthusiastic, although somewhat patronizing, comments no one could have imagined that in 1926, in the same review, Souza would undertake a thorough refutation of the poetics of P.V., Academician and man of the hour. R. de Souza was then an aging pedant attempting to defend the theories of his youth. See ⌐925⌐. Note that in the "Supplément" to volume I of <u>Le Centaure</u> the announcements of future articles included: "P... V...: Poe; Nietzsche." Neither article was ever written. See Hytier, Pléiade, I, 1759.

1897

42. Gide, André: <u>Les Nourritures terrestres</u>. P., Mercure de France, 1897, 213 p.

The following passage from Book III has often been referred to by critics. It is an evocation of Gide's first meeting with P.V. in December 1890: "A Montpellier, le jardin botanique. Je me souviens qu'avec Ambroise, un soir, comme aux jardins d'Académus, nous nous assîmes sur une tombe ancienne, qui y est tout entourée de cyprès; et nous causions lentement en mâchant des pétales de rose.// Nous avons, une nuit, vu⌐,⌐ du Pérou ⌐Peyrou⌐, la mer lointaine et que la lune argentait; auprès de nous s'ébruitaient les cascades du château d'eau de la ville; des cignes ⌐cygnes⌐ noirs frangés de blanc nageaient sur le bassin calme ⌐tranquille⌐" (p. 69). The ⌐ ⌐ enclose the changes made by Gide in the definitive version of <u>Les Nourritures terrestres</u>. In the following paragraph the use of the first person plural indicates that Ambroise visited Italy with Gide. P.V. did not. All the above paragraph was quoted by V. Larbaud in ⌐589⌐ and by A. Lafont in ⌐767⌐. In October 1917, on the occasion of a reprinting of <u>Les Nourritures terrestres</u> by the nrf, P.V. sent Gide five quatrains in remembrance of the already literary event of 1890. (<u>Correspondance</u>, p. 456.) Also in the Gide-Valéry <u>Correspondance</u>, p. 282, one reads that Gide intended Angaire in Book IV to represent P.V. This name appears only once, however, and seems to have no special significance.

43. Anon.: "Nos Collaborateurs," <u>L'Ermitage</u>, 8e année, no. 1 (janvier 1897), p. 66.

One finds P.V.'s name, rather unexpectedly, among the "...noms des écrivains et des artistes qui nous ont promis leur collaboration."

     Does this indicate a literary intention of P.V.'s which he
subsequently abandoned? In the same month P.V. answered the "enquête"
on the Academies in the <u>Mercure de France</u> with this Testian phrase:
"L'Académie n'est pas mon fort."

     44.   Davray, Henry-D.: "Lettres anglaises," <u>Mercure de France</u>,
XXI (février 1897), 418. ₍VRY Pr. 248 in 8₎

     A <u>compte rendu</u> of P.V.'s "La Conquête allemande": "La médio-
crité est le secret du succès: le succès étant dû à une même méthode,
née de la discipline, née elle-même de l'imitation; tel est le surprenant paradoxe, peu facile à contredire, que M. Paul Valéry soutient
brillamment dans <u>The New Review</u> de janvier. Et en confirmation de
sa thèse, il expose que l'Allemagne d'aujourd'hui, triomphante partout,
doit son actuelle situation à son manque d'initiative créatrice. Et
en terminant M. P. Valéry nous fait entrevoir, avec une tranquillité
à faire frémir, le ravissant avenir réservé à la race humaine après
la stricte application de l'organisation méthodique." See ₍84₎ in
which this last sentence is cited, heavier still with meaning, at
the outset of the first World War. The first number of <u>Conciliation
internationale</u> ₍85₎ in 1915 also cited Davray's criticism word for
word.

     45.   Anon.: "Echos," <u>Mercure de France</u>, XXI (février 1897),
429. ₍VRY Pr. 248 in 8₎

     Retté and Louis de Saint-Jacques, who had completely broken
with the symbolists, attacked Mallarmé in <u>La Plume</u>. In the <u>Mercure</u>
Gide published a long letter to Vallette giving an eloquent defense
of Mallarmé. Directly below Gide's letter one reads: "Mon cher
Vallette,//Je m'associe entièrement aux sentiments exprimés par mon
ami André Gide." These two lines are signed Paul Valéry. Following
P.V.'s note are three similar ones signed Marcel Schwob, Paul Fort
and Émile Verhaeren. The circumstances of this dispute are related
in the Gide-Valéry <u>Correspondance</u>, pp. 284-85. According to Gide's
letter to Mallarmé on the subject the signatures were to be "chacune
importante, non d'un critique, mais d'un artiste ou d'artistes très
<u>différents</u>"; the general effect was intended to surprise the oppo-
sition.

     46.   Fort, Paul: "Ballade pour enseigner au monde ce qu'il
ne faut pas penser de plusieurs excellents écrivains," <u>Mercure de</u>

France, XXI, no. 87 (mars 1897), 580.

A ballad, signed Quasi, whose refrain is: "Et Valéry sourit toujours." The following lines were quoted by Maurice Martin du Gard in his Impertinences, 1924 [408]: "Jean de Tinan, dans la cuisine/Du Centaure, à même le four,/Forge sa phrase sibylline,/Et Valéry sourit toujours."

47. Fort, Paul: [Letter to Alfred Vallette], Le Figaro, 43e année, 3e série (2 mars 1897), p. 5.

Paul Fort wrote in protest to the "manifeste de l'école naturiste" which had appeared in Le Figaro on 10 January. He concluded: "Je suis heureux de me rencontrer avec mes amis et comarades d'art:... [P.V.'s name appears in the long list which follows]." For the second time in a month P.V.'s name was publicly linked to a literary dispute. M. Décaudin discusses this affair in La Crise des valeurs symbolistes, 1960, pp. 66-70. P.V. was to be drawn into the quarrel between symbolists and naturists again in December, although Paul Souchon's article is seldom recognized as a part of this wide-ranging debate.

48. Beck, Christian: "Economie sociale," Mercure de France, XXII, no. 88 (avril 1897), 158. [See VRY Ms. 1002]

P.V. is cited as an expert on Nature: "(1) Note sur les concepts à pendant.--...Ne pourrait-on s'autoriser de ces intéressantes remarques de la vulgarisation scientifique pour substituer au terme Nature (dans son sens adjectival qui a donné naissance au terme naturel, à côté des autres sens d'Univers, d'Espace, et enfin, comme dit M. Valéry, d'éruption verte)...le terme solidarité..."
I haven't the slightest notion what P.V.'s name is doing here. Beck was one of the signers of P. Fort's letter in the Figaro [47].

49. Souchon, Paul: "Critique des poètes (suite)--M. Paul Valéry," Le Geste, Nîmes, 1ère année, no. 27 (du 12 au 19 décembre 1897), p. 7.

This is the first article entirely devoted to P.V.'s poetry and the only one--if one omits the "notices" of various anthologies--until June 1917. In 1900 Paul Léautaud recommended it in Poètes d'aujourd'hui and in 1903 it was the main source used by C. Mendès to present P.V. in Le Mouvement poétique français de 1867 à 1900. Souchon cites three poems by P.V.: "Pour la nuit," the version of the <u>Bulletin de l'Association générale</u> des étudiants de Montpellier; "Narcisse parle," lines 9-29 and 38 to the end (a seriously mutilated text); and "Episode," the version of <u>La Syrinx</u>. Both the first and third poems present variants with the versions Souchon cited.

In the following quotations from Souchon's text the square brackets correspond to passages which Mendès omitted when he cited the article in 1903. They demonstrate that through selective quotation Mendès stressed Souchon's opposition to P.V. They also show that Mendès singled out a number of formulae critical of P.V. which were in the future to haunt criticism of his work.

"[Mieux que M. Stéphane Mallarmé, dont il est le disciple aimé,] M. Paul Valéry est le représentant d'un art d'exception, d'une poésie restreinte à une élite et à l'expression de beautés mystérieuses [et raffinées.//M. Mallarmé se pose encore la fameuse question: 'à savoir s'il faudrait écrire'. M. Paul Valéry paraît l'avoir résolu; il n'écrit plus ou si peu! Et c'est dommage. J'avouerai en effet que j'aime beaucoup ses vers et qu'ils sont ordinairement aimables par leur grâce très distinguée et cependant quasi naturelle.]"
... Souchon here quotes from "Narcisse parle," then adds://"[Ce poème est le chef d'oeuvre de M. Valéri et la première manifestation du 'Narcissisme' qui, depuis, a fait tant de victimes. Il révèle une sensibilité exquise, maniérée, une compréhension poétique fort grande, le don de la beauté verbale. Mais, sentez-vous combien cette poésie s'éloigne de l'homme et de la vie? Sa première condition est l'ignorance de la réalité. Pour y suppléer elle use d'artifices: singularités de mots ou de syntases [sic: <u>syntaxes</u>], imprévu des images, bizarrerie et bizantinisme [sic: <u>byzantinisme</u>] des expressions.] ... M. Valéry est le joailler [sic: <u>joaillier</u>] des princes. Sa poésie restera comme un beau danger, <u>attirant</u> et fatal. On n'isole pas impunément de la vie l'essence de toute beauté.//Nous rêvons, je crois, d'un autre art, plus large, plus humain surtout, avec ses libres correspondances dans la nature et dans l'homme. La poésie doit nous exprimer tout entiers, passions, douleurs et joies mêlées, aspirations, désirs, actions confondus, dans les limites que lui marque le goût, faculté qui préside au choix, d'acte [Mendès read correctly: <u>l'acte</u>] esthétique par excellence.//M. Valéry fut doué d'un goût trop <u>étroit</u> qui, naturellement, l'éloigna de la poésie même. [Il crut le monde vide du moment qu'il en avait détourné ses yeux. De désespoir et très sincèrement M. Valéry, m'a-t-on dit, s'est jeté dans les abstractions et les spéculations mathématiques. Du sanctuaire des méthodes et des théorèmes, M. Valéry doit sans doute considérer ses vers comme un vain jeu de couleurs au soleil. Et pourtant, ce vain jeu de couleurs, c'est peut-être ce qu'il nous laissera de mieux.]//
Car de tous ces vers répandus avec détachement dans diverses Revues

et signés parfois de simples initiales par M. Paul Valéry, il se dégage un charme spécial et une originalité évidente. Le charme est bref, l'originalité précieuse et cherchée, mais ces qualités sont si rares chez les poètes qui entourent le trône de lassitude où M. Stéphane Mallarmé [Mendès wrote de Mallarmé] songe au symbolisme! [...]."

Although he took some of his critical terms from Chantavoine and Pilon, Souchon can be held largely responsible for propagating a number of the themes which contributed to the elaboration of a myth of P.V. between 1897 and 1917. The most important of these themes are: a poetry for the elite, as opposed to a humane, "natural" poetry ("artifices," "bizarreries," etc.); Narcissism (the very word a condemnation); preciosity; P.V.'s mysterious speculations during his period of silence (in themselves "proof" that P.V. did not have the nature of a "true poet"). The common denominator of these four themes is that each depends upon a loaded term or terms which the critic is careful not to define. Thus, by playing on the negative reactions to which these terms have conditioned his reader, the critic can be sure to turn them against P.V. Most remarkable, perhaps, is that in the period from 1920 to 1927 these terms were used by neo-romanticists and neo-classicists alike. After 1897 critics who read Souchon, usually referred to him by the Van Bever-Léautaud anthology, overlooked completely the context of this article, the quarrel between symbolists and naturists, and retained only the elements best suited to a mythical treatment.

1898

50. Anon.: "Au prochain numéro," La Coupe, Paris, Montpellier, 3e année, nouvelle série, no. 5 (mai 1898), [p. 88].

"Au prochain Numéro: André Gide, Max Elskamp, Paul Valéry, Louis Roucau, etc." P.V. had contributed "Valvins" to La Coupe in February. He did not, however, publish in the number for June as this writer expected.

1899

51. Gide, André: Philoctète. P., Mercure de France, 1899. 176 p.

In "Le Traité du Narcisse," pp. 67-91, the dedication has been changed to: "A Paul Valéry." See ᴄ18ᴐ.

52. Raitif de la Bretonne ᴄJean Lorrainᴐ: "Pall-Mall Semaine," <u>Le Journal</u>, 8e année, no. 2350 (dimanche 5 mars 1899), pp. 1-2.

Lorrain, writing from Marseilles, rather unexpectedly included the following at the end of his weekly column:
"<u>Lundi 27 février</u>.--Marseille, sur la jetée, devant la gloire en or d'un crépuscule de nacre enflammée et de soufre en fusion, gloire verte, orange et rose sur une Méditerranée violette, une mer allumée et moirée de reflets d'incendie, avec, à l'horizon, l'entrée du vieux port, le Faro et la tour Saint-Jean, devenus dans le prodige du soir des architectures de Vernet, un port de Sicile et de Grèce... Grecques aussi sont devenues les montagnes de Marseille, si rythmiques de lignes dans leur blancheur calcaire, dorée à cette minute par le soleil couchant.
Et, au milieu de cette féerie, se promener à pas lents sur le môle, et là, devant le cirque ouvert des collines de la Nerthe, au bruit des vagues déferlant, mais si douces, sur les énormes blocs de la digue, entendre réciter ce sonnet inédit ᴄsicᴐ de Paul Vallery ᴄsicᴐ, vivre cette épopée dans cette lumière d'Orient... <u>Hélène la reine triste</u>! ᴄLorrain prints the sonnet <u>in toto</u>.ᴐ//Bas-relief de <u>Phidias</u> rythmé par un génie de poète, et ce sonnet sublime fut ouvré par l'auteur à l'âge de dix-huit ans... Les poètes d'Hellas commençaient, eux aussi, à tourmenter la lyre, encore éphèbes... Marseille, colonie grecque!"

P.V. was almost twenty when "Hélène, la reine triste..." was published in <u>Chimère</u> (August 1891) and in <u>La Conque</u> (October 1891). The version Lorrain printed as an "inédit" was a hybrid of those two. Did he expect his readers would not recognize the poem? Certainly very few had seen it previously. Only one critic has ever mentioned Lorrain's article: Raoul Davray in <u>L'Eclair</u>, Montpellier, quoted all of the above, correcting the misspelling of P.V.'s name, and adding the following judgement: "Quant à la qualité littéraire de ces alexandrins et à leur grécité, il faut convenir que Lorrain ne s'est point trompé" (19 March 1929).

1900

53. Gourmont, Remy de: <u>Les Petites Revues</u>... P., Mercure de

France, 1900. 34 p.

R. de Gourmont mentions P.V. among the contributors to Le Centaure, whose first number he dates erroneously from April 1894. P.V. also figures among the contributors to La Wallonie. La Conque was not included in this partial bibliography.

54. Léautaud, Paul et Adolphe Van Bever: Poètes d'aujourd-'hui (1880-1900)...P., Mercure de France, 1900. 424 p. ⌐VRY 1 in 12¬

The following biographical sketch, signed P.L., was the source most frequently quoted by P.V.'s critics until the 1920's.

"M. Paul-Ambroise Valéry, qui est né à Cette (Hérault) le 30 octobre 1871, jusqu'ici n'a guère écrit que pour ses amis et dans des Revues fermées comme La Conque, de M. Pierre Louys, et Le Centaure, dont il fut l'un des fondateurs. La plupart des poèmes qu'on va lire ⌐"Hélène, la reine triste," "Narcisse parle," "Baignée," "La Fileuse," "Fragment," "Eté" and "Valvins"¬ et que leur auteur maintenant considère comme des plaisirs depuis longtemps décolorés, furent composés de 1889 à 1895 et parurent dans les diverses revues dont on trouvera plus bas la nomenclature. Depuis, M. Paul Valéry a plutôt peu écrit. C'est à peine si de temps à autre, dans le Mercure de France, on voit son nom au bas d'études dont le titre 'Méthodes' est significatif des abstractions et des spéculations mathématiques où s'est jeté son esprit. M. Paul Valéry, en effet, s'adonne depuis quelques années à des recherches extra-littéraires et qu'il est malaisé de définir, car elles semblent se fonder sur une confusion préméditée des méthodes des sciences exactes et des instincts artistiques. Mais ces recherches n'ont encore fait l'objet d'aucune publication de la part de leur auteur, et seules les Méthodes données au Mercure de France par M. Paul Valéry demeurent pour renseigner sur ses intentions d'écrivain."

In my opinion Léautaud's "notice" did much to propagate the myth of P.V.'s "mysterious" speculations, begun by P. Souchon in 1897. The Souchon article is the only reference Léautaud gives his readers as "A consulter." I suspect, however, that the average reader would have been unable to find a collection of Le Geste in 1900.

See the article signed "Intérim" in the Mercure de France in August 1917 ⌐91¬ as well as Léautaud's article in Les Nouvelles littéraires for 13 June 1925 ⌐678¬.

55. Anon.: ⌐Announcement¬, La Plume, no. 279 (1er décembre 1900), ⌐insert¬. ⌐VRY Pr. 323 in 8¬

On the "bulletin d'abonnement" accompanying this number one

reads: La Plume a pour collaborateurs...Paul Valéry...." In the same number P.V.'s "Anne" appeared on page 706. In the margin of the copy in the Valeryanum one reads in P.V.'s hand: "probablement écrite en 1899." In La Plume "Anne" was dated 1893.

1901

56. Lorrain, Jean: Monsieur de Phocas--Astarté. P., Ollendorff, 1901, 410 p.

On page 76 Lorrain printed a version of the first thirteen lines of "Narcisse parle" which follows generally that of La Conque. There are some variants, the most important of which must have been a misprint. Line three is given as: "Et vers vous, nymphes, nymphes de ces fontaines," which contains only eleven syllables and is quite unreadable. This passage is dated "Mai 1898." (See [52].) On page 77 M. de Phocas, accomplished esthete, remarks: "Et les beaux vers de Paul Valéry! Quel calme leur mélancolie nostalgique et sublime apportait en moi! A mon horrible mal ils substituaient, ces vers, la brûlure de Narcisse...." He bathes in the beauty of these lines and develops the image of the sapphire. ("Le sombre azur des saphirs surtout me calmait....")

In 1947 Henry Charpentier, writing in Le Portique, 2e trimestre, no. 5, aptly commented: "Monsieur de Phocas aima tout naturellement le Narcisse de Valéry, comme Des Esseintes avait aimé l'Hérodiade de Mallarmé." Charpentier might have added: as Valéry loved the Hérodiade of Mallarmé which he discovered through Huysmans' Des Esseintes. Nor is it impossible that other young readers discovered P.V. through M. de Phocas. In any event, it was the identification P.V.-Narcisse which, with P.V.-Teste, survived the years between P.V.'s literary début and the publication of La Jeune Parque. It was certainly not by mere coincidence that Paul Souday and Jean Royère, the first critics to review La Jeune Parque ([87], [88]), both stressed the "importance" of the Narcissus theme in the later poem, to P.V.'s chagrin.

57. Hirsch, Charles-Henry: "Revue du mois--mémento," Mercure de France, XXXVII (janvier-mars 1901), 202.

"La Plume (1er décembre), des poèmes de MM. P. Valéry ["Anne"], A. Fontainas...." Hirsch makes no comment but refers the reader to the poem.

1902

58. Kahn, Gustave: <u>Symbolistes</u> <u>et</u> <u>décadents</u>. P., Messein, 1902. 402 p.

In "La Littérature des jeunes et son orientation actuelle," Kahn claimed that: "L'apport le plus net du symbolisme, c'est le vers libre [which Kahn claimed to have invented, a much disputed point]." (p. 314). With "vers libre" seen as the major contribution of symbolism in poetry, it follows that P.V. should appear to be something of an outsider. "Parallèlement au mouvement symboliste [i.e., "verslibriste"], des artistes qui n'acceptaient point le vers libre participaient par certaines nuances fondamentales au groupe nouveau, tels Albert Samain, M. Pierre Quillard, M. Paul Valéry" (p. 316). P.V. found himself in odd company here, and I suspect he would not have thanked Kahn for his inclusion in the list.

59. Lebey, André: <u>L'Age</u> <u>où</u> <u>l'on</u> <u>s'ennuie</u>. P., Félix Juven, 1902. 353 p.

A novel dated "juin 1900-octobre 1901." Lebey dedicated this work of his youth "A Lucien Leuwen et à Paul Valéry." The epigraph on the title page reads: "'La force naît de contrainte et meurt par liberté'//L. de Vinci."
The epigraph may be a tribute to P.V.'s <u>Introduction à la méthode de Léonard de Vinci</u>. Lebey was a friend of P.V.'s and fellow contributor to <u>Le Centaure</u>. He alluded to this dedication in an article on 11 December 1926 [1119], but a printer's error left it quite unrecognizable: "A Lucien Lévixson et à Paul Valéry." (See also [165].)

1903

60. Mendès, Catulle: <u>Le Mouvement poétique français de 1867 à 1900</u>. P., Imprimerie Nationale, 1903. 340 p.

In the "Nomenclature chronologique des principaux poètes français du XIXe siècle" P.V.'s name appears under the year 1895. Note that P.V. published no poetry in 1895; but in December of that year in <u>L'Ermitage</u> Edmond Pilon considered P.V. in "L'Année poétique." Mendès doubtless took his lead from Pilon. In the "Dictionnaire bibliographique et critique des principaux poètes français du XIXe siècle"

Mendès lists as P.V.'s bibliography: "<u>Introduction à la méthode de
Léonard de Vinci</u> (1895).--<u>Poèmes</u> (dans les Jeunes Revues, de 1891 à
1897)." Under "Opinions" he reproduced the judgement of the Van
Bever and Léautaud anthology, thereby giving it official sanction
(Mendès' report was printed for the Ministry of Education). He also
quoted truncated passages from Souchon's article of December 1897
⌐49⌐. Although Mendès mentioned the <u>Introduction</u> he completely
ignored the "Soirée avec Monsieur Teste." Robert de Souza was quite
right in treating the Mendès report as pretentious and perfidious to
the symbolists ⌐65⌐.

    61. Retté, Adolphe: <u>Le Symbolisme--anecdotes et souvenirs</u>.
P., Messein, 1903. 276 p.

    P.V. is named once among Mallarmé's "familiers." (Cf. ⌐33⌐.)

                     1905

    62. Bernard, Jean-Marc: <u>La Mort de Narcisse</u>. Valence, Du-
cros, 1905. ⌐X⌐

    I have been unable to find a copy of this poem which M. Dé-
caudin calls a "...réplique à un thème cher aux années symbolistes
de Gide ou de Mauclair, peut-être au <u>Narcisse parle</u> de Valéry dont
certaines inflexions semblent n'avoir pas été oubliées du jeune
poète...." Décaudin adds: "Notamment dans le début: ...le décevant
mirage/De surprendre mon âme au reflet de mes yeux (v.2-3)" (<u>La
Crise des valeurs symbolistes</u>, p. 322). It is certainly possible
that P.V.'s poem inspired Bernard's later piece on the same eminently
symbolist theme.

    63. Gilbert de Voisins, Auguste, comte: <u>Sentiments</u>. P.,
Mercure de France, 1905. 264 p.

    "Le Kiosque vert près de l'étang," pp. 115-23, treats P.V.
as a paragon of symbolism and is the ultimate in admiring, impressionistic criticism.
    "Aujourd'hui, j'ai pris le dernier venu de ces livres ⌐mes
vrais livres de voyage⌐. Je l'ai formé avec des poèmes repris dans
ces revues que pour la plupart une même saison vit naître et mourir.
--Pages qui débordent les unes sur les autres, papiers divers,

caractères contrastés...tout cela est cartonné, tant bien que mal, avec ce titre: <u>Cinquante poèmes</u>. L'auteur: Paul Valéry. Je crois posséder au complet son oeuvre poétique.

Sa plus fine particularité est qu'on ne peut en lire dix vers sans être aussitôt transporté en d'étranges contrées" (p. 118). ... "Mais le lieu vers lequel les poèmes de Paul Valéry me conduisent le plus souvent est un bois très retranché du monde où dort un étang" (p. 119). ..."Près de cet étang, à demi réel, à demi enchanté, s'élève un petit kiosque vert (je ne sais pourquoi, mais je le vois toujours vert) ... kiosque vert qui me paraît être une figure tout à fait juste de l'oeuvre poétique de Paul Valéry" (p. 120). "Art volontairement restreint: art délicat. On dirait d'un panneau d'Orient où la disposition des couleurs et des laques sentirait son heure" (p. 121).

This unusual collection of P.V.'s poems certainly existed, and Gilbert de Voisins shared it with his friends. J.-L. Vaudoyer rappelled in 1922: "Nous nous souvenons des soirs lointains où Gilbert de Voisins nous lisait les vers de Paul Valéry dont il possédait une copie" [215].

64. Anon.: "A nos abonnés," <u>Vers et prose</u>, IV (décembre 1905-janvier, février 1906), 148. [VRY Pr. 641 in 8; Pr. 400 in 8]

P.V.'s name is included among the names of authors published in <u>Vers et prose</u> during its first year. His "Soirée avec Monsieur Teste" appeared in this number on pages 69-83, through the efforts of Paul Fort.

1906

65. Souza, Robert de: <u>Où nous en sommes--la victoire du silence</u>, [P]aris, Librairie H. Floury, 1906. 168 p.

<u>Où nous en sommes</u>... had first appeared in <u>Vers et prose</u>, I-II, 1905. In the notes added to this edition Souza quotes from "La Soirée avec Monsieur Teste" to prove a point. This is the first reference to "Teste" that I have found and it is reasonable to assume that R. de Souza was quoting from the text of <u>Vers et prose</u>.

66. Walch, G.: <u>Anthologie des poètes français contemporains</u>, t. III. P., Delagrave; Leyden, A. W. Sijthoff: 1906. Coll. "Pallas."

Walch's selections are P.V.'s "Narcisse parle" and "La Fileuse". He prints a note from P.V.: "Quant à mes poèmes, je n'en préfère aucun. Ils m'ont plu également avant de les faire, déplu à la fin;--maintenant je les ai oubliés" (p. 53). Walch then reprints the central passage of the "notice" from the Van Bever and Léautaud anthology [54]. He concludes with a quotation from Souchon's article [49], a passage fraught with terms of mythical significance: "Beautés mystérieuses.... Sa poésie... un beau danger, attirant et souvent fatal." P.V.'s own statement could be interpreted in terms of the mysterious speculations he was widely considered to be pursuing. If one considers that Walch's anthology, with Van Bever and Léautaud's, both of which were frequently reprinted, was the principal source of critical information on P.V. for most readers--including many critics --until after 1920, the importance these statements had in influencing subsequent criticism is clear. (P.V. wrote "L'Amateur de poèmes" expressly for this volume.)

1908

66 a. Mardrus, Dr. J.C. [V.], trans.: Le Livre des Mille Nuits et une nuit, t. I. P., Charpentier et Fasquelle, 1908. xxviii-351 p.

"Ce premier volume/je le dédie/A MON AMI PAUL VALÉRY [sic]/à cause d'[Edmond] T[este]" (p. xxv). I have been unable to find this dedication in the original, 1898, edition. This one would seem to be the first.

1909

67. A.[ndré] G.[ide]: "Notes--contre Mallarmé," NRF, I, no. 2 (1er février 1909), 96-98.

The note is in fact in defense of Mallarmé, who had recently been attacked anew by L. Bocquet and J.-M. Bernard (cf. [62]). Gide lists P.V. among those artists whose thought Mallarmé had influenced for so long. He adds that P.V., and all the others listed, necessarily moved away from Mallarmé's extreme position in aesthetics ("...je tiens Mallarmé pour un maître assez dangereux..."). The same expression was to be applied to P.V. by various critics in the 1920's.

1910

68.   Léautaud, Paul et Adolphe Van Bever: <u>Poètes d'aujourd-</u>
<u>'hui</u>...P., Mercure de France, 1910. 393 p.

The selection of P.V.'s poems is the same as in 1900, but this edition offers a brief and enigmatic comment on <u>La Soirée avec Monsi-</u>
<u>eur Teste</u>, qualified as "quelques pages brillantes et mystérieuses" (p. 272). Brilliance and mystery are of course both elements of P.V.'s myth and offer Léautaud a convenient substitute for a critical judgement.

1911

69.   Jarry, Alfred: <u>Gestes et opinions du docteur Faustroll</u>,
<u>pataphysicien</u>, <u>roman néo-scientifique</u>, <u>suivi de</u> "<u>Spéculations</u>". P.,
Fasquelle, 1911. 324 p.

One is somewhat astonished to find P.V. mentioned in a book by Jarry, who died in 1907. However, in Book IV, "Céphalorgie," chapter XXV, "De la marée terrestre et de l'évêque marin Mensonger," is in fact dedicated to P.V. In <u>André Breton, essais et témoignages</u>, edited by M. Eigeldinger, p. 158, <u>H. Pastoureau</u> claims that Breton saw Mensonger as related to P.V. If a caricature of P.V. was intended, it escapes me. In Book V, chapter XXX, the same Mensonger reads a text entitled "Mort de Latente Obscure," which, by a stretch of the imagination, might possibly be considered an allusion to Mallarmé, who had described Hamlet as "le seigneur latent qui ne peut devenir." Chapter XIX is entitled "De l'île de Ptyx/A Stéphane Mallarmé." None of these suppositions seems to me to give positive support to Breton's assertion as reported by Pastoureau. If Breton was right, then the P.V. of <u>La Soirée avec Monsieur Teste</u> must be considered an ancestor of "la pataphysique."

70.   Retinger, J.-H.: <u>Histoire de la littérature française du</u>
<u>romantisme à nos jours</u>. P., Grasset, 1911. 320 p.

Retinger mentions several writers who have felt the influence of Mallarmé. "Le premier ⸤P.V.⸥ et le dernier ⸤L.-P. Fargue⸥ ont publié trop peu pour qu'on se permette de les apprécier. Cependant il suffit de lire le fragment sur Durtal ⸤available only in the Mercure de France for March 1898⸥...ou l'<u>Introduction à la méthode de Léonard de Vinci</u> pour être persuadé qu'il ⸤P.V.⸥ est un des esprits les plus intelligents d'aujourd'hui, un des derniers à comprendre le mystère du fond de l'âme de l'artiste" (p. 216).

This is a remarkable judgement of P.V. in 1911; more remarkable still is the absence of any mention of his poetry, which Retinger either ignores or considers of very secondary importance.

71. Berrichon, Paterne: "Variétés--'Barbares'," <u>Mercure de France</u>, XCIII (16 octobre 1911), 888-90.

Berrichon had been called a "barbare" by <u>La Renaissance contemporaine</u>. In his counter-attack, he wrote: "<u>Barbares, vous êtes des barbares</u> sous la même enseigne, Jules Laforgue, Paul Valéry! Je suis un barbare affligé d'hystérie." Berrichon was careful to put himself in good company, but why P.V.?

72. Larbaud, Valery: "Le Mois du poète," <u>La Phalange</u>, 6e année, no. 66 (20 décembre 1911), pp. 498-504.

Larbaud wrote in a review of <u>Eloges</u> by Saintléger Léger: "Tout lecteur, sur ces fragments, aura aussitôt associé M. Léger à l'école d'Arthur Rimbaud, et l'aura apparenté aux successeurs directs de Rimbaud: Paul Valéry, L.-P. Fargue et Paul Claudel" (p. 500).

This was certainly not one of Larbaud's better critical judgements. One has difficulty imagining in what respect P.V. can be considered a "successeur direct de Rimbaud." Larbaud does point out an interesting similarity between "Et l'arbre, balancé,/Qui perd une pincée d'oiseaux" from <u>Eloges</u> and "Et toi, maison brûlante, Espace, cher Espace/Tranquille, où l'arbre fume et perd quelques oiseaux" from P.V.'s "Eté." Reprinted in Larbaud's <u>Oeuvres complètes</u>, VII, 366-75.

Larbaud also wrote an article on Fargue for <u>La Phalange</u> in 1912, but J. Royère refused it. The article, in which Larbaud mentioned Baudelaire, Rimbaud and P.V. on the same plane, appeared in the <u>Mercure de France</u> in June 1963.

73. Michel, Alexandre-Gaspard: "Le Masque de l'amour," <u>La Phalange</u>, 6e année, no. 66 (20 décembre 1911), pp. 486-87.

"Le Masque de l'Amour/en/L'Honneur/de/P.V." In "Les Premières Oeuvres de Paul Valéry," *Le Portique*, 2e trimestre, no. 5 (1947), pp. 1-18, Henry Charpentier identified P.V. with Valéry. Michel was one of many writers who had not forgotten P.V. in spite of his literary silence.

1912

74. Dornis, Jean ⸢Mme Guillaume Beer⸥: *La Sensibilité dans la poésie française contemporaine*, 1885-1912. P., Fayard, 1912. 357 p.

P.V. is mentioned twice in passing, without critical comment.

75. Gide, André: *Le Retour de l'enfant prodigue*. P., nrf, 1912. 235 p.

The dedication of *Le Traité du Narcisse*, pages 7-26, remained "A Paul Valéry" as in ⸢51⸥.

76. Thibaudet, Albert: *La Poésie de Stéphane Mallarmé--étude littéraire*. P., nrf, 1912. ix-385 p.

P.V. is considered in the chapter "L'Influence de Mallarmé" as an authentic spiritual descendant of Mallarmé. Thibaudet stresses P.V.'s preoccupation with the "problème mallarméen, formel et non matériel, de la Littérature" (p. 367). His comments on P.V. and Mallarmé are of excellent quality, considering the date of their publication. Thibaudet printed a "Lettre inédite de P. Valéry" on Mallarmé.

——————————————: *La Poésie de Stéphane Mallarmé--étude critique*. P., M. Rivière, 1912. ix-385 p.

77. Berrichon, Paterne: "Rimbaud blessé--le mystère de son silence," *Mercure de France*, XCV (1er février 1912), 449-75.

On page 472 one reads: "...il ⸢Rimbaud⸥ est, selon la définition de Paul Valéry, 'un feu, un acte pur de divination'." This is, to use Etiemble's term, a pure "Berichonnerie." Reprinted in:

78. Berrichon, Paterne: <u>Jean-Arthur Rimbaud le poète--poèmes,
lettres et documents inédits</u>. P., <u>Mercure de France</u>, 1912. 307 p.

79. MERCURE: "Echos--le 'point de vue' Stéphane Mallarmé,"
<u>Mercure de France</u>, XCVII (1er juin 1912), 671.

In a note concerning a point on the Seine named for Mallarmé
one reads: "C'est en effet à cet endroit du fleuve que le Maître,
seul ou en compagnie d'amis, se plaisait à glisser au fil de l'eau,
sur 'cette yole à jamais littéraire', chantée par Paul Valéry ["Valvins"]."

1913

80. Anon.: [prospectus]. P., nrf, 1913. 6 p. [VRY Ms. 993,
I, 3]

"La Nouvelle Revue Française a publié en outre:...des essais,
des études, des notes de...Paul Valéry...." Monod included this prospectus among his clippings.

81. Kahn, Gustave: "Art--le salon d'automne," <u>Mercure de
France</u>, CVI (1er décembre 1913), 645.

"Il n'y a aucune objection à faire au portrait de M. Paul
Valéry par M. Georges d'Espagnat. Cela apparaît fort vivant, équilibré, aussi exact que la nature, et puissant."
Kahn obviously thought more highly of P.V.'s portrait than of
his verse. See [58].

82. Thibaudet, Albert: <u>La Poésie de Stéphane Mallarmé--
étude littéraire</u>. P., M. Rivière, 1913. ix-385 p.

Identical to the 1912 printing by Rivière, except for the
minor change in title.

1914

83. Breton, André: "Rieuse et si peut-être," <u>La Phalange</u>, 9e année, no. 93 (20 mars 1914), p. 233.

M. Décaudin, writing on <u>La Phalange</u> in <u>La Crise des valeurs symbolistes</u>, p. 412, notes: "...il est plus curieux de trouver dans le numéro du 20 mars 1914, trois poèmes de facture symboliste, placés sous l'invocation de Valéry et de Vielé-Griffin, qui auraient pu être écrits en 1890: ils sont signés André Breton et sont, à notre connaissance, les premières oeuvres publiées du futur surréaliste." "Rieuse..." bears the dedication "A Paul Valéry." This dedication disappeared in the reprinting of "Rieuse" in <u>Mont de Piété</u>, 1919. In 1950, writing in <u>André Breton, essais et témoignages</u>, H. Pastoureau claimed that Breton then considered "Rieuse" a mere pastiche of Mallarméan poetry. In 1914, however, Breton was very much under P.V.'s influence, and the sincerity of his dedication is not to be doubted. On 2 March 1914 P.V. wrote to Breton concerning "Rieuse...." The tone is that of the "maître" encouraging his disciple (<u>Breton, essais</u>..., p. 143).

1915

84. N.D.L.R.: [Prefatory note to "La Conquête allemande"], <u>Mercure de France</u>, 26e année, CXII (septembre 1915), 51. [VRY Pr. 253 in 8]

A half-page note explaining the circumstances of the original publication of "La Conquête allemande" (see [44]) and the "prophetic message" it contained. The note concludes: "...il nous paraît intéressant de montrer que, vingt ans avant les événements actuels, des Français avaient pénétré la belle âme que les Allemands viennent de manifester devant le monde...émerveillé, et aussi parce que l'apparent paradoxe de la thèse de l'auteur se vérifie comme une vérité incontestable" (p. 51).
P.V. is thus presented as the prophet of the first World War, although it was a method, not the "German soul," that he had discerned and described.

85. N.D.L.R.: "[Note on] La Conquête allemande," <u>Conciliation internationale</u>, no. 1 (1915), pp. 83-84. [VRY Pr. 16 in 12]

"M. Henry-D. Davray, dans ses <u>Lettres anglaises</u> (<u>Mercure de France</u>, février 1897, no. 86, p. 418), a rendu compte de cette étude, où, en terminant, M. P. Valéry nous fait entrevoir, avec une tranquillité à faire frémir, le ravissant avenir réservé à la race humaine après la stricte application de l'organisation méthodique." (Taken word for word from [44].)

What no one could, or would, say in 1915 was that in writing his essay P.V. by no means condemned "l'organisation méthodique" as barbaric or inhuman. Indeed, he was attracted by it; but the important point in 1915 was the "patriotic" quality of an essay written with a very different concern in mind.

1917

86. Osmont, Mme Anne: Le Mouvement Symboliste. P., Maison du Livre, 1917. xv-168 p.

P.V. mentioned as one of Mallarmé's "familiers."

87. Royère, Jean: "Poésie," Les Solstices, 1ère année, no. 1 (1er juin 1917), pp. 14-16.

Royère's article is the first devoted to P.V.'s poetry in nearly twenty years, if one excludes the anthologies. It is also the first review of La Jeune Parque, appearing almost a month earlier than Souday's in Le Temps. Perhaps because it was published in a relatively obscure review (and in the first number) Royère's article went almost entirely unnoticed. He is generous in his praise and quite daring in the position he attributes to P.V. in French poetry.

"Car il y a bien vingt[-]cinq ans que les artistes honorent M. Paul Valéry comme un poëte des plus essentiels que notre langue ait produits et il n'y a guère moins longtemps qu'une élite salue en lui un maître."

Royère quotes from "Adieu, pensai-je, MOI" to "Que dispute ma race aux longs liens de fleurs!"; he wrongly supposes that La Jeune Parque is somehow associated with the mysterious Narcissa of Montpellier "...que M. Paul Valéry a longuement rêvée dans La Jeune Parque, pour semble-t-il, en accomplir la destinée...." This error is due in all probability to the success of the mythical P.V.-Narcissus identification. Royère's further comments clearly attempt to draw P.V. in the direction of his own neo-Mallarméan aesthetic. Nota bene: "Toutefois cette poësie [La Jeune Parque], archétype ou, mieux, participation de poësie pure [a use of the term radically different from that of either P.V. in 1920 or abbé Bremond in 1925₃, est au propre, l'art du langage, poësie dont les idées sont des expressions." In his conclusion Royère states quite accurately the function P.V. himself claimed to have filled in writing La Jeune Parque:

"La Jeune Parque de M. Paul Valéry 'l'égale et l'épouse du jour' est certes une raison que nous ayons de vivre ce temps cruellement glorieux. C'est un poëme quotidien qu'on épèlera vers à vers, avec autant de joie qu'on vit les jours d'à présent, heure par heure, avec tristesse."

   88. Souday, Paul: "Les Livres," Le Temps, 28 juin 1917, p. 3. ₍VRY Ms. 993, I, 1₎

   Better than half of Souday's column is devoted to a presentation of P.V. and a résumé of La Jeune Parque. Gide had called P.V.'s attention to this article in a letter dated 28 June. P.V. replied in these terms: "Ho visto il Souday. Il est ce qu'il pouvait être. Parfait! avec un peu trop de biographie approximative.//Ce qui m'agace, c'est ce water-proof de narcissisme qui me colle aux épaules...depuis le Jardin des Plantes. Ai-je pourtant jamais tant regardé mon nombril? ..." (Correspondance, p. 451).

   P.V.'s irritated reaction is proof enough of the vitality of the myth. The passage to which he objected is the following: "La révélation d'une Narcissa, moins connue assurément que le Narcissus dont Ovide nous a conté la métamorphose, semble avoir vivement frappé l'imagination de M. Paul Valéry, puisque après lui avoir inspiré il y a un quart de siècle des vers délicieux, aux molles et idylliques inflexions de flûte sicilienne, elle fournit encore l'élément premier du thème qu'il développe cette fois avec plus d'ampleur sur un mode plus altier et avec une conclusion plus humaine. ...La Jeune Parque appartient à tout un cycle de la rêverie du poète, longtemps hanté par ce même problème, mais elle le termine et le résout."

   I suspect Souday may simply have followed Royère's lead in bringing the identification P.V.-Narcissus to La Jeune Parque. He mentions Royère's review without naming its author. Souday's article was reprinted in Paul Valéry, 1927, pp. 7-13 ₍1189₎.

   89. Anon.: "Bibliographie," Revue méridionale des idées, Montpellier, 2e année, no. 10 (juillet 1917), pp. 545-46.

   The anonymous writer had read Royère's review of La Jeune Parque and here corrects his errors in describing the tomb of Narcissa. But of La Jeune Parque not a word. Local history and the renovation

Résumé de la critique connue. (Nisard, Bouve, Brunetière, Lemaitre et.)

———

— Ceci me plaît. Cela ne me plaît pas. J'aime le ris de veau, je n'aime pas l'oseille
— Je parie que ce livre sera totalement oublié dans dix ans.
Je le parie. Je le désire et je commence à le détruire aujourd'hui. ça si vous a.. p.. mon ami.
— Je vous enjoins de ne pas lire ce livre. Qu'est-ce que je deviendrais
et mes idées, s'il était lu et admiré ?
— Le livre serait plus beau s'il n'était pas ce qu'il est, mais — !
— Je vais vous prouver que ce qui vous plaît ne vous plaît pas.
— Ce poète est énorme, je vais trouver qu'il est bête. Cet homme
a de l'esprit. Il doit donc être léger. Celui-ci est profond, donc obscur.
— Je vais admirer en ergotignant pour ne pas avoir l'air d'un imbécile.
— Personne ne comprend et ne doit comprendre ce que je ne comprends pas.
— Cet homme a peut-être du génie... Mais qu'importe, s'il ne sait pas
que (un chose d'érudition) (ès signifie dans les) — Je le sais, moi !
— Mes sottises ne comptent pas. Mon style est d'un pourceau
Je ne sais pas le poids d'un vers. Mais je juge selon l'Esprit.
— Le personnage n'est pas logique. Il est vrai que les hommes ne le
sont guère.. Le vôtre est trop vrai.
— C'est un blasphème d'alterner ce grand écrivain que j'aurais lésé
ridiculisé avec délices s'il eût été mon contemporain.
— Je vais consulter mes autorités pour savoir si cette phrase est bien
française. Bien que je le saurai, j'écrirai que l'auteur ne le sait pas.

See [87]

— J'ai le droit d'ignorer ce que l'auteur ne dit pas. Ce qu'il implique.

— Puis-je vais reprocher à l'auteur l'absence de telles choses qu'il a expressément évitées, et d'avoir fait ce qu'il a voulu et que je ne veux pas qu'on veuille.

— Il est peut-être temps de louer cet auteur. Il s'obstine à se faire lire et aimer.

— Il faut avoir pour la même chose des noms très différents.

— Tout plutôt que l'essentiel ! Je parlerai de sa maîtresse, de ses ancêtres, de ses éditeurs, de ses placements, de ses lectures — Je ne parlerai pas des mots qu'il emploie et de ceux qu'il n'emploie pas, — de la structure des effets qu'il a cherchés, — du lecteur qu'il a supposé; — des sacrifices qu'il a faits pour à telle divinité qu'il a adorait comme la musique, celui-ci; ou la logique celui-là... — J'en suis bien incapable.

— Je dis : harmonieux comme Virgile, et je prononce ces vers comme un anglais ignorant notre langue, ferait ceux de Racine et ainsi je

— J'ai assassiné jusqu'à Boileau, en le plaçant parmi les poètes.

— Cet auteur qui me méprise, si j'en disais du bien, me trouverait quelque valeur. Il ne dépend que de moi d'être apprécié par les meilleurs.

— Tout le travail de mes pareils n'a servi de rien. Ils n'ont agi que sur des sots. Ceci me tranquillise sur mes propres conséquences. D'ailleurs ils ont bien vécu.

— Si je me trompais, où serait le mal ?

of the myth take precedence. See ⌐92⌐.

90. Hirsch, Charles-Henry: "Les Revues," <u>Mercure de France</u>, CXXII (1er juillet 1917), 139.

Reviewing the first number of <u>Solstices</u>, Hirsch notes the presence of an article on <u>La Jeune Parque</u> "...de M. Valéry, ce rare, ce profond, intelligent et harmonieux poète, l'un des très authentiques fils spirituels de Mallarmé." Four juxtaposed adjectives in the <u>Mercure</u> are not excessive praise for an authentic son of the divine Mallarmé. The <u>Mercure</u> remains faithful to its own.

91. INTÉRIM ⌐Paul Léautaud⌐: "Les Poèmes," <u>Mercure de France</u>, CXXII (août 1917), 493-94.

For Léautaud to have published this review of <u>La Jeune Parque</u> anonymously indicates that he was well aware of the perfidy of his act. After having contributed to the elaboration of the Valéryan myth during the poet's silence, Léautaud here strikes a low blow to an old friend. Most of the review is merely lifted from Léautaud's remarks on P.V. in ⌐68⌐. His comments on <u>La Jeune Parque</u>, however, seem to have been freshly written in bile:
"Ainsi, vingt ans et plus ont passé et M. Paul Valéry a gardé le même rêve ⌐Mallarmé's⌐. Les mêmes images habitent son esprit, la même beauté le retient, et il est resté, par excellence, <u>le fidèle</u>. ... C'est une belle chose, la fidélité. ... C'est une force, souvent. C'est peut-être aussi, en littérature comme en amour, la plus désastreuse des faiblesses."
In conclusion Léautaud notes his preference for C.-A. Cantacuzène's <u>Hypotyposes</u> over <u>La Jeune Parque</u>.
In a letter to Gide on 17 August P.V. wrote of this review: "Cela m'a affecté, si l'auteur est qui je devine. Ce serait alors une perfidie bien inattendue et sans cause. Donc, cela doit être" (<u>Correspondance</u>, p. 455). H. Mondor positively identified the author as Léautaud in <u>Précocité de Valéry</u>. (See also ⌐678⌐.)

92. Anon.: "Echos," <u>Les Solstices</u>, 1ère année, no. 3 (1er août 1917), p. 112.

"La <u>Revue Méridionale des Idées</u> qui se publie à Montpellier écrit dans son dernier numéro ce qui suit: ⌐reprints the July note⌐.// Nous rendons bien volontiers à Narcisse ce qui lui est dû et en même

temps qu'un hommage à l'érudition montpelliéraine." La Jeune Parque
had faded completely into the background.

93.   MERCURE: "Echos--Paul Valéry et André Lebey," Mercure de
France, CXXIII (16 septembre 1917), 384.

"Dans un salon littéraire ⌐Mme Aurel's⌐, le rare poète Paul
Valéry célébra dernièrement ⌐5 July⌐ son ami, le poète député André
Lebey. ... Mais Paul Valéry parla enfin et ceux qui étaient là furent sous le charme de la parole aisée du poète de la Jeune Parque,
dont le discours était émaillé de traits d'esprit parfois très profonds et qui touchaient à la vie même des poètes."
P.V.'s comments were published as the preface to ⌐94⌐.

1918

94.   Lebey, André: Coffrets étoilés. P., Renaissance du Livre,
1918. 347 p.

P.V.'s preface, "Quelques Mots," appeared on pages v-xix.
Lebey's "La Croix" is dedicated "A Mme Paul Valéry." "La Naissance
d'Aphrodite," (p. 96), a pale reflection of "Naissance de Vénus," is
dedicated to P.V. "A Paul-Ambroise Valéry," (p. 237), is a sonnet
written on the theme of friendship, like P. Louÿs' sonnet published
in Astarté ⌐2⌐. Lines three and four of the second quatrain obviously
allude to P.V.'s "La Fileuse": "Ta fileuse étincelle et, belle sur sa
laine,/Fait rayonner la rose au vitrail du foyer." In December P.V.
dedicated "Le Rameur" to Lebey.

95.   Catalogue de livres anciens, rares et curieux, poètes
français des XVIe et XVIIe siècles, etc., provenant de la bibliothèque
de M. Pierre Louÿs. P., H. Leclerc, 1918. 234 p.

P.V. contributor to La Conque; Louÿs sold a complete collection.

96.   Breton, André et Louis Aragon, "Treize Études," Sic, 3e
année, no. 29 (mai 1918), ⌐p. 3 unpaginated⌐.

Under the heading "Cherchez Monsieur...dans..." appear two

lists: thirteen names of writers and painters whom one is supposed to pair with thirteen words, phrases or names in the opposite column. Was one to pair "Valéry" with "Pensée"? I suspect so, in view of the tendency of the Dadaists to identify P.V. with Teste. This riddle was reprinted in <u>André Breton, essais et témoignages</u>, 1950. <u>Sic</u> for June corrected two of the words in column two; neither concerned P.V.

   97. Poizat, Alfred: "Mallarmé," <u>Revue de Paris</u>, XXV, no. 4 (1er juillet 1918), 171-202.

  P.V. is mentioned once on the last page. Signed "A. Poizat."

1919

   97a. Breton, André: <u>Mont de piété</u>. P., Au sans pareil, 1919.

[X].

  "MONSIEUR V" is dedicated "A Paul Valéry". Not a regular sonnet like "Rieuse," this poem testifies, I feel, to Breton's growing independence with regard to P.V. (Reprinted in <u>Clair de terre</u>..., 1966.)

   98. Le Goffic, Charles: <u>La Littérature française aux XIXe et XXe siècles</u>. P., Larousse, 1919. 2 vols.

  P.V. is a "recrue" of the "école romane". A. Billy repeated this absurd Moréas-P.V. filiation in [380].

   99. Poizat, Alfred: <u>Le Symbolisme--de Baudelaire à Claudel</u>. P., La Renaissance du Livre, 1919. 199 p.

  The original edition of Poizat's book mentions P.V. but once, as the interlocutor before whom Mallarmé, a few days before his death, compared the yellowed leaves in the forest of Fontainebleau to "Le premier coup des cymbales de l'automne" (p. 105). See the revised edition [411].

   100. Cocteau, Jean: "Carte blanche," <u>Paris-Midi</u>, 9e année,

no. 2,934 (lundi 31 mars 1919), p. 3. ⌐in VRY 730 in 12¬

"Carte Blanche devait être le titre d'une jeune revue qui vient de paraître. Pierre Reverdy le proposa. Paul Valéry l'emporte avec LITTÉRATURE pris dans un sens un peu subtil. 'Et tout le reste est littérature', dit Verlaine. Paul Valéry déclarant que la poésie est un exercice a raison de choisir ce titre; mais, sans vouloir que la jeunesse saute toutes les marches, prenne un cheval emballé pour un cheval qui court vite et coupe les ponts derrière et devant elle, on pouvait attendre des jeunes gens qui dirigent LITTÉRATURE un titre moins triste."

Much ink was spilled in vain over the choice of this title, and Cocteau's was only the first of many complaints and misunderstandings. Reprinted in 1920 as the first chapter of Carte blanche. What is undeniable is P.V.'s continuing influence on the avant-garde poets in 1919.

101. Duhamel, Georges: ⌐title unknown¬ ⌐unknown publication¬ ⌐after 12 April 1919¬.

Referring to this article in his speech Guerre et littérature the following year ⌐113¬, Duhamel wrote: "Comme il ⌐P.V.¬ me fait l'honneur de me porter de l'affection, il me fit le chagrin d'être peiné et peut-être blessé par mon article. Il fallut un échange de lettres et l'intervention d'un ami pour restaurer l'ordre dans les coeurs" (p. 37). Duhamel's article was occasioned by a reading of P.V.'s recent poems at the Maison des Amis des Livres, Adrienne Monnier's establishment, on 12 April 1919. I have been unable to find any trace of this article. On 15 December Duhamel attacked the "poètes de la tour d'ivoire" in general, but did not name P.V. (Mercure de France, CXXXVI, 577-99). Moreover, the date seems a bit late for this to have been the article in question.

102. Hirsch, Charles-Henry: "Les Revues," Mercure de France, CXXXIII (1er mai 1919), 129.

Reviewing the first number of Littérature (March 1919), Hirsch notes the presence of P.V.'s "Cantique des colonnes" and Fargue's "Ecrits dans une cuisine." He prints all of Fargue's poem, none of P.V.'s. If choice implies a normative judgement, then Hirsch chose badly.

⌐105⌐

103. Aragon, Louis: "Pour demain (x)," Littérature, no. 4 (juin 1919), p. 5.

   Four strophes of five lines in octosyllabic verse. At the bottom of the page one reads: "(x) Appartient à M. Paul Valéry." In 1919 Aragon was probably the most enthusiastically pro-Valéry of the group publishing Littérature. See ⌐106⌐.

104. André, Marius: "Le Mouvement littéraire--la poésie," La Minerve française, I, no. 4 (15 juillet 1919), 605.

   M. André calls to his readers' attention P.V.'s poems in the NRF, Littérature and Les Ecrits nouveaux: "...saluons le retour, au jardin des Muses, de M. Paul Valéry qui avait gardé le silence pendant de trop longues années. Mais ne peut-on lui appliquer ses propres vers par lesquels il chante le ⌐sic⌐ palme et la lente maturation de ses fruits? ⌐"Patience...Où l'on se jette à genoux."⌐... C'est la grande, la pure strophe ronsardienne. Merci, Valéry, et au plaisir de vous revoir!"
   P.V. thanked M. André for his generous praise in a warm letter published in Lettres à quelques-uns, p. 131. This article was noted by H. Talvart in La Fiche bibliographique française, 7e année, no. 16.

105. Blanche, Jacques-E⌐mile⌐: "Les Arts et la vie," Revue de Paris, 26e année, no. 15 (1er août 1919), pp. 621-41. ⌐VRY Pr. 588 in 8⌐

   J.-E. Blanche prints the fifth, eighth and ninth (final) strophes of "Palme" which had appeared in the NRF at the beginning of June. He introduces his quotation with this admiring comment: "La victoire nous cache ses secrets. Je vous engage à réciter tout bas à vous-même le magnifique poème de Paul Valéry: Palmes ⌐title given in NRF⌐." Further on Blanche draws an interesting parallel between the need, as he sees it, in contemporary painting, for a discipline to conquer the admiration of young artists "comme Palmes a conquis celle d'écrivains, jadis insensibles à Paul Valéry, ou ignorants de son oeuvre" (p. 633). Blanche the critic probably had in mind Blanche the painter as an adequate model. One can observe the results of his style in the portrait of P.V. which now hangs in the Valeryanum of the Bibliothèque Littéraire Jacques Doucet. Insofar as Blanche considered P.V. as essentially a constructor, he contributed a valuable notion to the criticism of P.V.'s work.

106. Aragon, Louis: "Livres choisis," Littérature, no. 7 (septembre 1919), pp. 24-26.

This review of La Soirée avec Monsieur Teste deserves to be quoted in toto and considered carefully. Everything about it is exceptional: the author, Aragon, then in the forefront of Dada; the review, Littérature, regarded with suspicion by the established critics; the date, that of the publication of the Soirée by the nrf, "achevé d'imprimer" dated 15 June. This is the only review I have seen of the 1919 publication of the Soirée.

"Il existe un royaume où tout n'est que limites. On ne s'y promène pas impunément. Cependant Monsieur Teste ne semble point redouter ces parages. Il pénètre en soi-même et ne s'étonne pas de ce qu'il y rencontre: ce chemin lui est connu, connu le point précis où l'on se perd si l'on poursuit plus loin (je ne puis m'empêcher de songer à Ptolémée devant la carte du monde). Ignore-t-il le danger qui le menace? Dans ces contrées où se forment les belles étoiles, les images poétiques, les idées de grandeur, il faut avoir le pied sûr et ne pas craindre le vertige. Sur une plaque, dans ces sombres lieux, on pourrait écrire les noms des plus hauts génies de l'humanité: c'est ici qu'ils s'abîmèrent, on montre encore aux étrangers la branche qu'ils saisirent vainement à la dernière minute. Mais Edmond Teste tient le système: quelle aisance il apporte à revenir sur ses pas!

Jadis on adorait comme des dieux les hommes qui sortaient vivants des enfers."

One need not search further, I think, the reason for P.V.'s surprising popularity in 1919 with the group of Littérature. P.V. was the creator of Teste, a pioneer of the mind with whom Aragon, Breton and others could at this time identify their own grand aspirations. Even J. R. Lawler, in Lecture de Valéry (PUF, 1963), calls the publication of "Cantique des colonnes" in Littérature "un hasard plaisant de l'histoire littéraire." Retrospectively this formula is accurate enough, but seen in context P.V.'s association with Littérature bears the sign of fate rather than chance. Lawler is of course perfectly right if we consider that the author of "Cantique des colonnes" is not the mythical P.V.-Teste with whom the Dadaists identified. Etiemble has shown how the myth of Rimbaud influenced the surrealists. The difference was that Rimbaud was dead and could not disappoint his worshippers. P.V. was very much alive and it was inevitable that sooner or later he would betray the myth of Teste. It was at that moment that relations became strained between P.V. and Breton's group.

The notion of a "royaume où tout n'est que limites" is curiously like one of P.V.'s preoccupations in Cahiers, I. Might this not have been an important topic of conversation when Aragon frequented

P.V. with Breton? (See J. Duchesne-Gullemin, <u>Etudes</u> <u>pour</u> <u>un</u> <u>Paul</u> <u>Valéry</u>, La Baconnière, 1964, pp. 33-35.)

107. Hirsch, Charles-Henry: "Les Revues--MEMENTO," <u>Mercure de France</u>, CXXXV (1er septembre 1919), 142.

Mentions the publication in the <u>NRF</u> of P.V.'s "La Crise de l'esprit."

108. M.[arcel] P.[révost]: "Poètes modernes--anthologie de pièces inédites," <u>Revue de Paris</u>, XXVI, no. 5 (15 septembre 1919), 262-84.

P.V. is the first poet in the anthology with "Fragments de Narcisse." Prévost gives a brief bibliography of P.V.'s publications since 1917 and invites readers, in a general introduction, to judge the poets "sans se laisser rebuter par des formes inaccoutumées, et en abandonnant avec une juste complaisance sa sensibilité au charme d'un art nouveau." The cautious approach one might expect from a staid review.

109. Hirsch, Charles-Henry: "Les Revues," <u>Mercure de France</u>, CXXXVI (1er novembre 1919), 132.

Merely mentions P.V.'s inclusion in [108].

110. Anon.: "Notre Enquête," <u>Littérature</u>, no. 10 (décembre 1919), p. 21.

To the question "Pourquoi écrivez-vous?" P.V. had replied: "Par faiblesse." His reply is printed last, indicating that <u>Littérature</u> considered it the best comment printed that month. Listing preferences in inverse order took the place of commentary on the texts. See Pléiade, II, 1485.

111. G.[uy] L.[avaud]: "Relatif à la poésie--la grande misère de la poésie française," <u>Les Marges</u>, 16e année, XVIII, no. 68 (15 décembre 1919), 310-11. [VRY Pr. 99 in 12]

Guy Lavaud, vexed that Dr. Bonniot had refused to allow <u>Un Coup</u>

de dés... to be staged, made some harsh remarks about P.V., but without naming him: "Mallarmé, ayant choisi pour son exécuteur testamentaire, un artiste éprouvé, a vu, si les morts voient encore, ce poète renouveler les exploits de Jean-Baptiste Rousseau..."

Lauvaud's note caused some stir in literary circles and P.V., although it was not his custom to do so, replied in a well-known letter to Eugène Montfort, printed, with Lavaud's final word, on 15 February 1920. P.V. replied point by point to Lavaud's accusations: "Artiste éprouvé: je ne me sens ni beaucoup plus infortuné, ni beaucoup plus expert qu'un millier d'autres. --Exécuteur testamentaire de Mallarmé, ceci est décisif: Mallarmé n'a pas fait de testament; jamais, ni par écrit, ni par institution verbale, je ne fus chargé de veiller à ses volontés. Reste J.-B. Rousseau... Que me voudrait-on avec ce Rousseau? J'en ai connu, jadis, quelques vers, conservés et perdus dans les recueils scolaires. J'ignore ses exploits." Had P.V. felt that a new element had just been added to his myth? Probably not, but it is a fact that from this date forward his bitterest attackers never failed to charge him with renewing the sterile neoclassicism of J.-B. Rousseau.

1920

112. Cocteau, Jean: *Carte Blanche*... P., Editions de la Sirène, 1920. 119 p. Coll. "Les Tracts." (2000 copies printed)

A reprint of ₅100₃.

113. Duhamel, Georges: *Guerre et littérature--conférence faite le 13 janvier 1920 à la Maison des amis des livres*. P., A. Monnier, 1920. 52 p. Coll. "Les Cahiers des Amis des Livres--Deuxième Cahier."

Without mentioning P.V. by name, but making perfectly clear to his audience whom he meant, Duhamel said, with reference to La Jeune Parque and the poems which were to constitute Charmes:
"Un poète, un grand poète que j'honore infiniment, est venu, l'hiver dernier, faire, à Paris, dans cette salle où nous sommes, une lecture de ses oeuvres récentes. J'assistai à cette lecture et je fus frappé par la paisible, l'harmonieuse inactualité des poèmes que j'entendis. A quelque temps de là, je publiai, sur l'olympienne sérénité de ce poète, quelques pages de réflexions, quelques pages où je disais, à peu de chose près, ce que je viens d'avoir l'honneur de dire devant

vous. J'ajoutais d'ailleurs que je me sentais personnellement trop impressionnable pour prétendre à ce calme miraculeux" (pp. 36-37).

Duhamel added that, although he would have been incapable of producing such a work (cf. his Civilisation 1914-1918), he considered it possible that "l'année de la paix soit d'abord, pour les écoliers futurs, l'année où aura paru en librairie un beau livre de poèmes."

This last sentence demonstrates beyond any doubt Duhamel's good faith and sincerity. For P.V.'s reaction to this speech, consult Lettres à quelques-uns, pp. 178-81 and ₍101₎. Duhamel honestly recognized how great a distance separated his own concept of literature from P.V.'s.

114. Dujardin, Edouard: De Stéphane Mallarmé au prophète Ezéchiel. P., Mercure de France, 1920. ₍x₎.

I have been unable to find a copy. There was no "dépôt légal" and there is no trace of this volume at the Bibliothèque Nationale. It was listed as "épuisé" in 1936 in Dujardin's Mallarmé par un des siens (Messein). A note in this later study of Mallarmé indicates that Dujardin used his 1920 essay in composing pages 15-62. De Stéphane Mallarmé au prophète Ezéchiel certainly mentioned P.V. as one of the "habitués" of Mallarmé's Tuesdays.

115. Raynaud, Ernest: La Mêlée symboliste (1890-1900), t. II. P., La Renaissance du Livre, 1920. 187 p. "Bibliothèque internationale de critique--lettres et arts."

"Mais un autre poète, l'un de ceux qui ont suivi avec le plus d'attention et avec le plus de révérence la leçon de Mallarmé, M. Paul Valéry, lui fait précisément mérite de ce dont M. Retté lui fait grief ₍son hermétisme₎, en nous expliquant la genèse d'une des pièces plus hermétiques du maître: Jamais un coup de dés n'abolira le hasard ₍sic₎. ₍Raynaud here quotes P.V.'s letter in Les Marges for 15 February₎ ... Ne souriez pas trop. ... Il se peut que M. Paul Valéry, croyant suivre Mallarmé, se soit égaré dans son propre rêve et n'ait réussi qu'à se traduire lui-même..." (pp. 164-65).

Raynaud had little esteem for P.V., doubtless for the same reasons for which he disparaged Mallarmé: the usual charge of "hermétisme," plus another, even more difficult to substantiate: "...avouons que Mallarmé est resté sous l'empire de Baudelaire et que son oeuvre, comme l'on dit, n'est qu'un appendice édulcoré des Fleurs du Mal"(p. 151). Raynaud is tendentious and manifestly unjust in these judgements.

116. Aragon, Louis: "Livres choisis," Littérature, 2e année, no. 12 (février 1920), pp. 27-28.

A full-page review of L'Introduction à la méthode de Léonard de Vinci. "L'ambition où nous voyons Léonard (je veux dire vous-même) de connaître la valeur absolue de son esprit, et pis, Dieu me pardonne, de l'esprit, me déçoit si je l'examine. Connais-toi toi-même est un conseil ironique, et qui souvent se pèse bien se connaît m'a toujours semblé un sophisme."
This is certainly a very different tone from Aragon's review of La Soirée avec Monsieur Teste only five months earlier ⌐106¬. Moreover, there is a contradiction between Aragon's "déception" over Léonard's exploits and his manifest enthusiasm for Teste's adventure in the same realm of the mind. Does this review signal a cooling of relations between Aragon and P.V.? In any event, this was the last number of Littérature to which P.V. contributed ("Ode secrète").

117. Hirsch, Charles-Henry: "Les Revues--MEMENTO," Mercure de France, CXXXVII (1er février 1920), 793.

Hirsch notes the publication of "L'Abeille" in the NRF for 1 December 1919.

118. Lavaud, Guy: "Controverse sur un poème de Mallarmé ⌐lettre à Eugène Montfort¬," Les Marges, XVIII, no. 70 (15 février 1920), 76-77.

G. Lavaud answers P.V.'s letter to Montfort in this same number of Les Marges: "Il se trouve qu'en portant sur M. Paul Valéry, poète, un jugement peut-être excessif je lui ai arraché à son grand désespoir une belle page sur Mallarmé. Je me félicite de mes torts puisque ces torts nous valent des souvenirs précieux et jusqu'ici trop jalousement gardés."
On 29 February P.V. wrote to Lavaud in these terms: "Royère m'ayant donné votre adresse, je puis enfin vous dire combien j'ai été sensible à la réponse galante et délicate que vous avez faite à la mienne dans les Marges." See Pléiade, I, 1717; ⌐121¬; and the Gide-P.V. Correspondance, page 478.

119. Tautain, Gustave-Louis: "La Pensée française--les 'groupements' littéraires," L'Europe nouvelle, 3e année, no. 9 (28 février 1920), p. 373.

"...M. Paul Valéry ne dédaigne pas d'y parler ⸢aux Marges⸣...." P.V. is named as a humanist whose collaboration is a credit to Les Marges.

120. Lebey, André: "De la poésie à notre époque," La Connaissance, 1ère année, no. 4 (avril 1920), pp. 368-77.

This article was to be published as a "Préface pour un recueil de poèmes anglais et français." The only reference to P.V. is in one sentence obviously dictated by Lebey's long friendship. "Après un silence dont ses amis seuls savaient le prodige, Paul Valéry, de sa Fileuse--ô jours lointains de la Conque!--à sa Parque, a poussé le style du vers, son arabesque comme sa concision, jusqu'à la limite de la merveille et du délice" (pp. 370-71).
  Abbé Bremond cited this passage in ⸢89⸣. See also ⸢59⸣, ⸢94⸣, ⸢165⸣, ⸢215⸣, and ⸢1119⸣ for other comments on P.V. by Lebey.

121. Hirsch, Charles-Henry: "Les Revues," Mercure de France, CXXXIX (1er avril 1920), 212-15.

A résumé of the recent dispute over Un Coup de dés... in Les Marges. Hirsch approves of the position taken by Dr. Bonniot and P.V., reprinting P.V.'s letter from ⸢118⸣.

122. Mauriac, François: "Les Digressions de M. Paul Valéry," Revue des jeunes, Organe de pensée catholique et française d'information et d'action, 10e année, no. 8 (25 avril 1920), pp. 158-68.

The "Digressions" of the title are the "Note et digressions" added to L'Introduction à la méthode de Léonard de Vinci in 1919. This article provides valuable information concerning Mauriac's early relations with P.V. "M. Paul Valéry que pourtant nous vîmes naguère à des conférences dominicaines sur saint Thomas d'Aquin..." (p. 161). "M. Valéry me racontait un jour l'éblouissement et presque la folie que lui donnèrent, à vingt ans, sur une route provençale, les 'Illuminations' d'Arthur Rimbaud..." (p. 164). Mauriac's tone is somewhat guarded; he proclaims his admiration for P.V. the writer while criticizing P.V. the "philosophe--au sens encyclopédiste." Quite naturally, Mauriac attacks P.V.'s judgement of Pascal in the "Note et digressions." Mauriac sees in Pascal the true universal man and writes of "l'échec de Léonard." "Au philosophe, j'ai fait des objections, mais au poète respectueux du verbe, et qui, en art du moins, ne veut

mettre aucune limite à la perfection, il est superflu de dire qu'au-dessus de lui je ne place aucun vivant" (p. 168).
Noted by Talvart, Fiche..., 7e année, no. 16; and by Mme Rouart-Valéry, Pléiade, I, 43.

123. Du Bos, Charles: "Sur l'Introduction à la méthode de Léonard de Vinci de Paul Valéry," NRF, XIV, no. 80 (mai 1920), 675-99. ⌐VRY Pr. 123 in 12¬

This long article by Du Bos is the second review of the 1919 publication of L'Introduction... (nrf) since Aragon's enigmatic page in Littérature for February. Unlike Aragon's review, which I have never seen cited, the Du Bos article was long retained and used as a reference by other critics. Du Bos introduced an important new element to the myth: the notion of P.V. the nihilist. "Dans l'order intellectuel, il n'est pas de spectacle empreint d'un tragique plus auguste que celui de la faculté de penser aboutissant par son acuité même au néant et à l'autonégation...." F. Lefèvre picked up this notion in ⌐713¬, as did Daniel-Rops in ⌐1143¬. It was of course the affective connotation of the term (i.e., its "mythical" potential) which popularized "nihilism" among P.V.'s critics. Some used nihilism to present P.V. as a tragic figure of the intellect; others, principally those Catholic critics hostile to P.V., used nihilism as a convenient term of reprobation. J. de Latour combatted the notion of P.V. the nihilist in Examen de Paul Valéry (nrf, 1935, pp. 120-25), and more recently Mrs. Judith Robinson demonstrated clearly that the notion of nihilism is not applicable to P.V. (L'Analyse de l'esprit dans les cahiers de Valéry, Corti, 1963, pp. 73-74).
Du Bos reprinted his article in Approximations, 1922, ⌐191¬.

124. Cousin, Charles: "Marginalia--notes sur la poésie symboliste," Rythme et synthèse, no. 7 (mai 1920), pp. 165-70.

Cousin's article is a rambling review of several books on the symbolist period. He praises and quotes liberally from P.V.'s "Avant-propos" to L. Fabre's Connaissance de la déesse. In passing, Cousin attacks Daniel Halévy's article of 1 May ("Je ne sais rien de plus détestable que de telles prétentions..."). He concludes on this note: "...M. Valéry est un pur poète, qui s'efforce d'exprimer, dans ses odes, ce que la philosophie elle-même ne peut atteindre. D'avantage ⌐sic¬: --l'émoi de la pensée, où le Désir s'inscrive" (p. 169).
Note that P.V.'s "Les Grenades" appeared on page 153 of this number.

125. Fargue, Léon-Paul: [statement attributed to..., by D. Halévy]: "De Mallarmé à Paul Valéry," La Revue universelle, I, no. 3 (1er mai 1920), 282.

   Fargue is supposed to have stated, in the course of a reading of P.V.'s verse at Adrienne Monnier's in April 1919: "De même qu'il a été impossible de philosopher après Kant comme on avait philosophé avant Kant, tout de même il est impossible (et Paul Valéry l'a compris) d'écrire en vers après Mallarmé comme on écrivait en vers avant Mallarmé...."
   Impossible is always a dangerous word in literary criticism.
See:

126. Halévy, Daniel: "De Mallarmé à Paul Valéry," La Revue universelle, I, no. 3 (1er mai 1920), 281-88.

   Most of the substance and some of the text of this article reappeared in 1921 in the Revue de Genève [175]. Halévy's judgements on P.V. were more daring here, however, and it was apparently to this article that subsequent critics referred in writing of Halévy's Kantian interpretation of P.V. Halévy had written: "Et voilà donc la songerie, empreinte du kantisme le plus diminuant, que M. Paul Valéry marie au souvenir de Léonard" (p. 287). Halévy was merely criticizing the liberties P.V. had taken with the historical Leonardo; his statement is clear in context and has precious little to do with Kant. This can scarcely be called a Kantian interpretation of P.V.'s work.
   Halévy recalls that Gide dedicated Le Traité du Narcisse to P.V., and he draws a parallel between P.V.'s career and Proust's. Associating P.V. with Racine, Fénelon, Virgil, Plato and Sapho, Halévy writes: "M. Paul Valéry est un décadent de grande race" (p. 286). In brief, this is an urbane article which never ventures beneath the surface to analyze the subject.

127. Souday, Paul: "Les Livres," Le Temps, 20 mai 1920, p. 3.

   In his review of L.Fabre's Connaissance de la déesse, Souday gives one paragraph to Fabre and more than half his entire "feuilleton" to P.V.'s preface. Not yet converted to P.V.'s cause, Souday tempers his praise with restrictions which in subsequent years will give way to unrestrained enthusiasm. Seeing P.V.'s preface as essentially dividing poetry into two periods, before and after Les Fleurs du Mal, Souday offers some valid objections to what he considers to be P.V.'s view of the development of poetry.

128. J.⌐oachim⌐ G.⌐asquet⌐: "Le Mouvement intellectuel," L'Amour de l'art, 1ère année, no. 2 (juin 1920), p. 62.

An excellent review of L'Introduction à la méthode de Léonard de Vinci containing a precious historical note:
"Cette pénétrante méditation, analyse de l'analyse, toute chargée de sucs, d'un style impeccable moulé sur le mouvement des idées qu'il ordonne, précise et vivifie, et qui plus que de Vinci nous parle de nous-mêmes, à travers l'esprit merveilleusement subtil de M. Valéry, avait jadis paru, pour la première fois, dans une vieille et très respectable revue toute étonnée de ces fulgurations. On en avait pourtant essayé un tirage à part, d'une centaine de brochures mises dans le commerce. Une seule fut vendue. Je l'ai entre les mains: elle est criblée de notes marginales, de l'écriture tantôt d'Emmanuel Signoret, tantôt de Mecislas Golberg. C'était eux qui l'avaient achetée et me racontait jadis Emmanuel Signoret, ils s'étaient mis à deux pour cela."
Gasquet notes that P.V. has enjoyed considerable favor since his reappearance on the literary scene. For his part, Gasquet was one of P.V.'s most active supporters until his death in 1921. P.V.'s "Dormeuse" was published on page 56 of this same number of L'Amour de l'art.
Concerning Signoret's admiration for P.V. see ⌐34⌐.

129. Anon.: "Lisons les revues," La Connaissance, 1ère année, no. 6 (juin 1920), p. 592.

"Dans Rythme et synthèse ⌐124⌐, Ch. Cousin publie quelques notes qui analysent, avec Mallarmé, Ed. Dujardin et Valéry, la poésie symboliste, ses caractères, sa philosophie: son étude est très élevée de pensée."

130. Anon.: "Littérature," Littérature, 2e année, no. 14 (juin 1920), ⌐front cover⌐.

"Littérature publiera au cours de l'année 1920 des textes inédits de...Paul Valéry...."
P.V. did not contribute to Littérature after February 1920.

131. Paulhan, Jean: "Si les mots sont des signes ou Jacob Cow le Pirate," Littérature, 2e année, no. 14 (juin 1920), pp. 5-7.

Dedicated "A Monsieur Paul Valéry." Does the following sen-

⌐136¬

tence, printed in parentheses by Paulhan, refer to P.V.? "De tel poète encore, nous savons qu'il est d'abord jeté parmi les mots, les presse, les épie, les attend." Reprinted as a volume in 1921 ⌐152¬.

132. Allard, Roger: "Notes--Connaissance de la déesse, par Lucien Fabre...," NRF, XIV, no. 81 (juin 1920), 914-17. ⌐VRY Pr. 124 in 12¬

Commenting on P.V.'s statement "La poésie absolue ne peut procéder que par merveilles exceptionnelles...," Allard concludes:
"C'est en somme l'aveu que cette poésie pure est une chimère d'alchimistes. L'idée d'un sublime ininterrompu en poésie est contraire à la nature. On peut dire qu'elle est inhumaine."
This was, I believe, what P.V. intended.

133. Fontainas, André: "Les Poèmes," Mercure de France, CXLI, no. 529 (1er juillet 1920), 189.

Another review of Fabre's Connaissance de la déesse. Fontainas praises P.V.'s preface. He mentions specifically the passage on "poésie pure" and stays close to P.V.'s meaning.

134. Hirsch, Charles-Henry: "Les Revues--MEMENTO," Mercure de France, CXLI, no. 529 (1er juillet 1920), 241.

Recommends the article by Du Bos in the NRF for 1 May ⌐123¬.

135. XXX: "MEMENTO," NRF, XV, no. 82 (juillet 1920), 158.

Reprints an eight-line passage of Halévy's article ⌐126¬. The passage cited compares P.V.'s "rhetoric" to Góngora's. This comparison was to be a favorite of critics seeking to discredit P.V. as a precious poet. Of course those who used this trick never troubled themselves to actually quote Góngora, nor, I am sure, to read him.

136. Vandérem, Fernand: "Les Lettres et la vie," Revue de Paris, XXVII, no. 4 (15 juillet 1920), 412-31.

Vandérem offers his readers a "mise au point" of the movements in contemporary poetry. He points out only his own incompetence in the matter. (Seven months earlier in this same column, in a review of Poizat's book on symbolism ⌐99¬ where he should logically have mentioned P.V., Vandérem appeared never to have heard of La Jeune Parque.) Of P.V.'s preface to Connaissance de la déesse Vandérem writes: "De ce bref extrait, retenez ces deux mots: poésie pure. Vous avez là, comme il y a trente ans, tout le programme des poètes nouveaux ...." This use of "poésie pure" is an early example of the total incomprehension which clouded the great debate begun by abbé Bremond in autumn 1925. Vandérem had completely missed the point. (Reprinted in Miroir des lettres, III, 1921, ⌐154¬.)

137. Boulenger, Jacques: "Feuilleton littéraire," L'Opinion, 13e année, no. 30 (24 juillet 1920), pp. 102-4.

Boulenger finds P.V.'s preface to Connaissance de la déesse interesting but claims that Lamartine's "musicality" goes as far as Baudelaire's in the direction of "poésie pure." He takes pains to note that "la poésie presque pure et la musique presque pure c'est presque la même chose"--whatever that may be. According to Boulenger many of Fabre's poems "montrent que M. Lucien Fabre a beaucoup lu son préfacier. Comme il a eu raison!" Many other critics subsequently claimed on the basis of Connaissance de la déesse that Fabre was an authentic disciple of P.V.

Marcel Boulenger stated in 1922 ⌐215¬ that this review introduced him to P.V. With a little effort he could have found a better introduction. J. Boulenger seems to have changed his opinion of P.V. for the better before publishing Mais l'art est difficile! in 1921.

138. Hirsch, Charles-Henry: "Les Revues--MEMENTO," Mercure de France, CXLI (1er août 1920), 818-19.

"La Nouvelle Revue Française (1er juin): 'Le cimetière marin', un admirable, un très grand poème de M. Paul Valéry."

This is, I believe, the first mention of Le Cimetière marin in print. Hirsch's judgement served him well here.

139. P.⌐aul¬ S.⌐ouday¬: "Sur Léonard de Vinci," Le Temps, 2 août 1920, p. 1.

This review of P.V.'s Léonard... contains the best and worst of Souday. One finds in his analysis the themes which attracted him to P.V. and which account for his long campaign in P.V.'s favor: intellectualism, disdain for "inspiration," and anti-mysticism. Just as his praise of P.V.'s study of Leonardo is generous and noble, so his bitter attack on Pascal is evidence of a sterile hatred. Souday may have been guilty of over-simplification in seeing P.V. as a kindred spirit but no one would question the quality of his loyalty. (Reprinted in Paul Valéry ⌐1189⌐.)

140. Lanux, Pierre de: "Le Connaisseur et son époque," Les Ecrits nouveaux, 3e année, no. 9 (septembre 1920), pp. 57-72.

("Réflexions après avoir relu, de M. Paul Valéry, 'La Crise de l'esprit' et divers autres fragments.")
A rather long and unfortunately vacuous article on P.V. and the contemporary world. Lanux admitted how little he understood either in a note on page 64: "J'ai beau retourner les propositions de Paul Valéry, au sujet de l'Europe, je ne puis me rendre à la probabilité bien considérable d'un bouleversement profond des foyers de puissance."

141. XXX: "MEMENTO," NRF, XV, no. 84 (septembre 1920), 487.

Reprints P.V.'s "Les Grenades" from Rythme et synthèse for May and recommends "Dormeuse" in L'Amour de l'art for June.

142. Fontainas, André: "Les Poèmes," Mercure de France, CXLII (1er septembre 1920), 447-49.

In his review of P.V.'s Odes Fontainas traces the history of the ode as a lyrical form in France. He declares P.V.'s poems a "rare aventure intellectuelle," a "route neuve," not, as some of his critics claimed, a repetition of Mallarmé. Fontainas gives this explanation of the controversial final strophe of La Pythie: "...La Pythie se tord d'horreur, d'angoisse sous la volonté des dieux et des prêtres; elle a beau faire, le destin s'accomplit, la force mystérieuse la dompte, elle 's'aventure dans le futur', et c'est ainsi l'arcane dévoilé du saint langage, l'haleine de la sagesse, la voix auguste qui tonne de l'abîme inconnu qu'est toute la nature, à travers un corps vil et quelconque et qui s'ignore." (Compare this passage with the interpretations of P.-O. Walzer, La Poésie de Valéry, Cailler, 1953 and J. R. Lawler, Lecture de Valéry, PUF, 1963.) Fontainas' review of Charmes ⌐250⌐ betrays a serious misunderstanding of P.V.'s poetics. See also his L'Allée des glaïeuls ⌐150⌐.

143. Vandérem, Fernand: "Les Lettres et la vie," <u>Revue de Paris</u>, XXVII, no. 5 (15 septembre 1920), 414-33.

Vandérem praises Fabre's <u>Connaissance de la déesse</u> (cf. ⊏136⊐) and P.V.'s <u>Odes</u>, "dont la seconde particulièrement, la <u>Pythie</u>, me paraît un des morceaux poétiques les plus remarquables de ces derniers mois." Everything about it recalls the Parnassians, he muses. "Seulement ce qui, au lieu de nous laisser froids, nous émeut ici, c'est la flamme intérieure dont brûle ce poème régulier, la substance poétique dont en sont chargés, à en craquer, tous les vers, le tour de main quasi michelangelesque dont ils sont tordus et pétris ensemble ...."
A solid evaluation, the Parnassian comment aside, with no mythical elements and a spark of critical intelligence. Reprinted in ⊏154⊐.

144. Hirsch, Charles-Henry: "Les Revues--MEMENTO," <u>Mercure de France</u>, CXLIII (1er octobre 1920), 233.

"<u>Les Cahiers de juillet</u> annoncent la constitution d'une nouvelle pléiade: '⊏cites the list of members⊐...auxquels il convient de joindre M. Paul Valéry, fils spirituel de Baudelaire et de Mallarmé....'"
I have been unable to locate the review in question. The "Nouvelle Pléiade" grouped seven poets whose only common denominator was to be "Méridionaux." They all advocated regular prosody as well, but this term was imprecise at best. The "Nouvelle Pléiade" was the creation of Joachim Gasquet. The publicity given the group in the press certainly helped P.V.'s reputation in the early 1920's.

145. Souday, Paul: "Les Livres," <u>Le Temps</u>, 12-13 novembre 1920, p. 3.

P.V. is merely mentioned as one of the poets who, since Moréas (the first divinity in Souday's pantheon), "se rattachent visiblement au symbolisme...."

146. Henriot, Émile: "Courrier littéraire--le retour du poète prodigue," <u>Le Temps</u>, 60e année, no. 21, 663 (mardi 23 novembre 1920), p. 3.

Henriot announces P.V.'s Album de vers anciens which had not
yet appeared. He gives a brief intellectual biography of P.V. and
prepares his readers for a poet he evidently admires. His chronology is faulty in placing "la révélation qu'il eut...de Mallarmé
précisément, et de Rimbaud" in 1893, but his description of P.V.'s
intellectual activities until his "retour" is quite accurate. Henriot gives the impression that P.V. is a true Renaissance man, but
he propagates the myth of the intellect excluding sensibility in
P.V.'s poems: "C'est un poète intellectualiste. On serait curieux
de savoir s'il s'entend avec M. Benda." The question, however, is
a good one. For a partial answer see [576], [661], [1134]. Listed
by H. Talvart in Fiche..., 7e année, no. 16, 1928.

147. Royère, Jean: "[Réponse à l'enquête sur] L'Influence
réciproque de la littérature française et des littératures étrangères," L'Europe nouvelle, 3e année, no. 44 (28 novembre 1920), p.
1760.

Royère's reply is of considerable interest because it ante-
dated the poésie pure debate by five years. Few if any critics have
observed that after Bremond's famous 1925 speech Royère angrily
claimed that the term "poésie pure" had been deformed by Bremond and
that he had himself used it for years to describe his own poetics.
Here Royère clearly states his opposition to P.V.'s use of the term
as well:
"En terminant, je veux mettre à part comme la plus féconde
et la plus haute influence, celle d'Edgar Poë, inventeur de cette
esthétique de poésie pure qui a surtout fleuri en France, maître de
Baudelaire, de Mallarmé, de John-Antoine Nau et de tous ceux qui,
sur leurs traces, se sont affirmés par leurs oeuvres les tenants
d'une poésie hautement humaine. Car contrairement à ce qu'affirme
M. Paul Valéry, dans la préface d'un livre récent [Connaissance de
la déesse], la poésie pure n'est pas un idéal abstrait et je n'y
vois pas davantage une région irrespirable que l'on ne peut que
traverser. Elle est la transcription, l'expression, des sentiments
fondamentaux, l'art de l'âme et de la vie."
Royère's own aesthetic mysticism, as expressed in Clartés
sur la poésie, Le Musicisme and Mallarmé (curiously enough prefaced
by P.V.), could scarcely have been further from P.V.'s aesthetics.
One wonders why, except for this very brief allusion, Royère never
published a serious criticism of P.V. Was it perhaps in deference
to their common heritage: Poe, Baudelaire, Mallarmé? See [1312].

148. [Doyon, René-Louis]: "Les Propos subservifs d'un

mandarin--élire 7 poètes," La Connaissance, 1ère année, no. 11 (décembre 1920), pp. 1045-47.

P.V.'s name is proposed in the list of forty-six poets from which the seven greatest living French poets are to be chosen. See ᴄ164ᴐ in which P.V. is declared the "winner."

1921

149. Boulenger, Jacques: Mais l'art est difficile!, Ière série. P., Plon-Nourrit, 1921. 260 p. Coll. "La Critique."

Reprints ᴄ137ᴐ. Boulenger also quotes in toto "L'Abeille," which he terms "...ce sonnet de cristal et de lin, où M. Paul Valéry brode le diamant et cisèle la mousseline" (p. 68). Another volume was published in 1922, ᴄ188ᴐ.

150. Fontainas, André: L'Allée des glaïeuls... P., Librairie de France, 1921. 32 p. Coll. "Les Poètes français." (100 copies printed) ᴄVRY 781 in 12ᴐ

On the title page one reads: "Cinq odes et un sonnet dédiés à Paul Valéry." The first ode is entitled "A Paul Valéry" and constitutes an evocation of P.V.'s poetry. The ode is composed of six strophes, each of ten lines of seven syllables. The last strophe reads: "Amant des mots et de rythmes/Qui nous enchantent, subtil/Déchiffreur de logarithmes,/Ainsi VALÉRY, soit-il:/Qu'une oeuvre de patience/Découvre par la science/Aux pages du rituel,/Dans ce jardin que l'air charge/D'un parfum de gloire large,/Notre accord spirituel." (Pages 12-13.) L'Allée des glaïeuls would have gone unnoticed but for an article by Ludmila Savitzky in ᴄ628ᴐ.

151. Miomandre, Francis de: Le Pavillon du mandarin. P., Emile-Paul, 1921. 271 p.

In "Paul Valéry," pp. 231-38, Miomandre relates P.V.'s return to literature in 1917 and calls La Jeune Parque "un véritable événement littéraire," certainly no exaggeration. Miomandre prints in toto "Baignée"--which he entitles "Baigneuse"--as an example of the "magnétisme spécial" of P.V.'s early poems. The error in the title indicates that Miomandre may have quoted from memory, and the variants in the text, except for a parenthesis and a few punctuation marks, resemble the version of Poètes d'aujourd'hui (1900) rather than the original version of La Syrinx (1892). Miomandre's criticism can only be termed enthusiastic. See his contributions to ɾ215ɿ and ɾ972ɿ. P.V. showed his gratitude by dedicating "L'Abeille" to Miomandre in the 1922 edition of Charmes.

152. Paulhan, Jean: Jacob Cow le pirate, ou si les mots sont des signes. P., Au sans pareil, 1921. 64 p.

A reprint of ɾ131ɿ.

153. Soulairol, Jean: La Poésie française aux pays d'oc. Béziers, Imprimerie de Barthe, Soueix, Bourdon et Rul, 1921. 48 p.

According to Soulairol, "Il n'y a pas certainement à cette heure, un vrai poète plus savant que lui ɾP.V.ɿ dans son art." However, the following reserves vitiate the preceding judgement: "...l'influence de Mallarmé rend ses vers trop secrets et trop hermétiques." In spite of the "hermétisme" he finds in P.V.'s poetry, Soulairol manages to give a perfectly trite interpretation of "Palme." The term "strophe malherbienne" which he uses is important to the myth and appears here for the first time. P.V.'s harsher critics frequently referred to the "strophe malherbienne"--without of course justifying their use of the term--when writing of P.V.'s Odes. (Cf. ɾ177ɿ.)

154. Vandérem, Fernand: Le Miroir des lettres, III. P., Flammarion, 1921. 251 p.

Reprints ɾ136ɿ and ɾ143ɿ.

155. Van Dooren, Jean: Anthologie des poètes français de France et de l'étranger... Verviers, Alb. Hermann, 1921. 1070 p.

The biographical sketch contains this variation on the "grand silence": "ɾP.V.ɿ A entièrement cessé de faire des vers de 1893 à 1913, pour se consacrer à des recherches que, faute d'un mot plus jeste, il appelle philosophiques" (p. 736). The only poem Van Dooren offers is "La Fileuse," giving only dates for P.V.'s recent verse and omitting entirely La Jeune Parque. Van Dooren mentions three other poems on the same theme as "La Fileuse": Grégoire Le Roy's "Le Passé qui file," G. Kahn's "File à ton rouet" et A. Mérat's "La Fileuse."

156. Anon.: <u>La Pléiade</u>. P., Librairie de France, F. Sant-Andrea et L. Marcerou, 1921. 237 p. ⌐VRY 397 in 8¬

Only the manifesto of the new Pléiade is anonymous, the rest of the volume being composed of contributions be members of the group: Comtesse de Noailles, Pierre Camo, Charles Derennes, Joachim Gasquet (the founder), Xavier de Magallon, Fernand Mazade and P.V. The manifesto is unsigned and mentions none of the group by name. (Marcel Raymond has claimed that J. Gasquet was sole author of the "discours-programme," as he calls the manifesto ⌐<u>De Baudelaire au surréalisme</u>, Corti, 1963 edition, page 94¬. I have been unable to confirm this claim.) The following passage, however, contains an obvious reference to P.V.'s preface to <u>Connaissance de la déesse</u>:

"Chez les meilleurs ⌐of the poets writing after 1870¬, le vers, après avoir voulu s'incorporer la philosophie et l'histoire, tente de ne plus se nourrir que de sa propre substance, de ne plus briller que de son intime cristal, de ne plus exprimer que l'ombre de la cadence et le parfum de l'expression, d'<u>isoler la poësie</u>, a écrit l'un de nous, <u>de toute autre essence qu'elle-même</u>. Dans cet effort du Symbolisme, l'excès du raffinement aboutit à l'évanescence" (pages 4-5).

Curiously enough, other passages of the manifesto can be shown to be in direct opposition to P.V.'s poetics. P.V. contributed "Fragments de la Jeune Parque," "Le Cantique des Colonnes," and "Fragment du Narcisse."

157. ⌐Doyon, René-Louis¬: "Les Propos subversifs d'un mandarin--élire 7 poètes," <u>La Connaissance</u>, 2e année, no. 12 (janvier 1921), pp. 1170-71.

Concerns the "election" of the greatest living French poet, the results of which were announced in ⌐164¬. The mandarin admits: "Le Mandarin a embarrassé beaucoup de lecteurs et nombre d'écrivains candidats ou non aux 7 couronnes. Si même le résultat est négatif, tant mieux; cela prouvera beaucoup en faveur des poètes." P.V. was one of those candidates embarrassed by the "election."

158. Anon.: "Une Lettre de M. Paul Valéry," <u>La Gerbe du quartier latin</u>, no. 8 (janvier 1921), p. 4. ⌐VRY Ms. 906¬

"Nous avions demandé à M. Paul Valéry, l'éminent poète dont notre collaborateur Perroy a parlé dernièrement, quelques vers pour la Gerbe. Il a bien voulu nous envoyer en réponse la charmante lettre que nous nous permettons de publier, persuadés qu'elle

intéressera nos lecteurs."
   I have been unable to find the number of La Gerbe containing Perroy's article.

   159. P.[aul] S.[ouday]: "Au sujet d'Adonis," Le Temps, 31 janvier 1921, p. 1.

   A review of P.V.'s article in the Revue de Paris for 1 February. Souday agrees that La Fontaine was a great poet and a conscious artisan, but refuses to conclude that he was therefore no dreamer. Souday also opposes P.V.'s consideration of the rules of French classical prosody as essentially arbitrary, and in this he is in agreement with R. de Souza. Finally, Souday criticizes P.V. for terming Adonis "un jeu abstrait et laborieusement frivole." What is important here is Souday's complete independence with regard to P.V. Reprinted in [118] with some slight changes in phrasing and punctuation.

   160. [Doyon, René-Louis]: "Les Propos subversifs d'un mandarin--élire sept poètes (et non pas neuf)," La Connaissance, 2e année, no. 1 (février 1921), p. 57.

   Here the mandarin explains why, for the purposes of his impending election, he excludes Urania and Calliope from the total of nine Muses. See [164].

   161. Fontainas, André: "Les Poèmes," Mercure de France, CXLVI (15 février 1921), 166-69.

   A review of Le Cimetière marin (Emile-Paul) and Album de vers anciens (A. Monnier). In Le Cimetière marin Fontainas is particularly sensitive to the personal quality of the poem; he notes also "..ce réalisme mouvant, sensible et cruellement pensif, ce sentiment profond, inhérent à l'être vivant qui s'observe et réfléchit ...." An excellent judgement without a word about obscurity or "hermétisme." Fontainas' review of the Album... is pure nostalgia about "les chères revues d'autrefois." Listed by Talvart, Fiche..., 7e année, no. 16, 1928. See also [150]. In January P.V. had dedicated "Au platane" to Fontainas.

   162. Boulenger, Jacques: "Opinion de Paul Valéry," Revue

critique des idées et des livres, XXXI, no. 183 (25 février 1921), 468-69.

Boulenger reviews "Au sujet d'Adonis": "un essai fort beau." Like Souday ⌐159¬, Boulenger doubts that "la versification régulière soit absurde et arbitraire." Noted by Talvart, Fiche..., 7e année, no. 16, 1928.

163. Anon.: "Liquidation," Littérature, 3e année, no. 18 (mars 1921), pp. 1-7.

"On ne s'attendait plus à trouver des noms célèbres dans Littérature. Mais, voulant en finir avec toute cette gloire, nous avons cru bon de nous réunir pour décerner à chacun les éloges qu'il mérite. A cet effet nous avons dressé la liste suivante et établi une échelle allant de -25 à 20 (-25 exprimant la plus grande aversion, 0 l'indifférence absolue). Ce système scolaire, qui nous semble assez ridicule, a l'avantage de présenter le plus simplement notre point de vue. Nous tenons, d'autre part, à faire remarquer que nous ne proposons pas un nouvel ordre de valeurs, notre but étant, non de classer, mais de déclasser."

P.V. received the following scores: Aragon, 12; Breton, 15; Gabrielle Buffet, 0; Drieu la Rochelle, 10; Eluard, -20; T. Fraenkel, 13; B. Péret, 0; G. Ribemont-Dessaignes, -7; Jacques Rigaut, 8; Soupault, 6; Tzara, -25. His cumulative average was this 1.09. T. Tzara's vote is not significant since he scored 125 other celebrities out of 191 at -25, including Jesus Christ and the marquis de Sade. Breton, on the other hand, gave only 25 scores higher than P.V.'s 15. Aragon placed 57 names higher than P.V.'s, while Eluard placed only 44 names lower. P.V.'s average score was 90th on the list (i.e., 101 other names scored lower than his).

The most significant information one can deduce from these statistics is that in March 1921 Dada was almost totally indifferent to P.V. If one considered only the opinions of Aragon, Breton and Drieu la Rochelle, P.V.'s score would appear quite respectable. It is curious to note that the only celebrities to achieve a perfect mean--total indifference, or 0.00--were Proust and Stravinsky. One could conclude that P.V. was in excellent company.

164. ⌐Doyon, René-Louis¬: "Referendum du mandarin," La Connaissance, 2e année, no. 2 (⌐17¬ mars 1921), pp. 196-99. ⌐VRY Pr. 339 in 12¬

"Voici donc un résultat://Parmi les poètes contemporains, sont

Copié par madame Février
55 rue Lhomond
Paris 5e

> une grande envie d'entendre réciter sa ballade à l'Odéon :
> « I long to hear about the Odeon — it would help me very much if my work was recited there. »
> XX Les lettres signées d'un pseudonyme sont assez rares. Outre celles de Wilde signées Sebastian Melmoth, il en existe de Paul-Ambroise Valéry signées Edmond Teste et qui portent un cachet et la devise : « La bêtise n'est pas mon fort » : mais il en existe peu.
> XX Petites et grandes nouvelles.

Écrit sur l'exemplaire du Capitole destiné à Madame Boylesve :

à Madame Boylesve

Rien ne m'a plus ému dans ma vie que de recevoir, trois jours après la mort de René Boylesve, les épreuves de l'article qu'il venait de faire sur pauvre moi. Cette prose si flatteuse pour moi, si élégante en elle même, me semble sortir de la tombe. Je fus saisi par cette voix que je n'attendais plus. Mon ami disparu me disait merveilleusement : Adieu ! et moi je ne pouvais pas lui répondre.

P. V.
juin 26

See ⸢972⸥

Gloire :

Ils m'ont élu le plus grand poète par 3145 voix. (Mais
or je ne suis ni grand, ni poète, ni eux 3000, mais
bien 4 dans quelque café.

Ils mettent à côté de mon nom, le subtil et profond
"Subtil" est dangereux ; "profond" est flatteur toujours.
La somme de ces épithètes fait qq. chose de distingué
Mon 1ᵉʳ est subtil ; mon 2ᵈ est profond. Mon tout est un
monsieur peu rassurant, dont il est bon de se méfier...
(— Quant à moi-même, il se définit de toute une autre
façon.)..

Gloire. un homme donne le la. Un homme donne des
choses faciles à retenir, à répéter.
Un homme devient symbole — son nom équivaut à
une épithète. Les phénomènes simples qui font la gloire.

Les faibles personnes le sont aussi contre elles-mêmes — surtout contre
elles-mêmes — et se détruisent bien plus qu'elles ne sont les mots

les plus grands parmi les grands: Par 3.241 à 3.225 suffrages: 1er Paul Valéry (maximum); 2e Henri de Régnier; 3e F. Vielé-Griffin; 4e Pierre Louys; 5e Louis Le Cardonnel; 6e Madame de Noailles; 7e Jules Romains, Jehan Rictus et Georges Fourest (ex aequo)."

See Pléiade, II, 1487 for the other names mentioned in the voting. P.V. wrote to Claudel on 25 September: "J'aurais saisi cette occasion pour vous dire à quel point m'a choqué le plébiscite imbécile de la 'Connaissance'." The occasion was S. Fumet's article [180], for which P.V. expresses his regrets, adding: "Je comprends merveilleusement les sentiments de M. Fumet devant cette niaiserie. Accepter cela, ce serait pour moi tout simplement le renversement de toute ma vie."

In his own notebook P.V. had written: "Gloire.//Ils m'ont élu le plus grand poète par 3145 voix [sic]. (Mars 1921.) Or je ne suis ni grand, ni poète, ni eux 3000, mais bien 4 dans quelque café./Ils mettent à côté de mon nom, le subtil et profond P.V. 'Subtil' est dangereux; 'profond' est flatteur toujours.//La somme de ces épithètes fait q.q. chose de distingué. Mon 1er est subtil; mon 2e est profond. Mon tout est un monsieur peu rassurant, dont il est bon de se méfier...//(Quant à soi-même, il se définit de tout une autre façon....)" (Cahiers, VII, 833).

In view of P.V.'s ironic judgement of the value of his "election" one can fully appreciate his polite reply to La Connaissance [167], in which each phrase can be read at its face value or as a mockery of the ridiculous situation to which P.V. had been subjected.

165. Lebey, André: "Jean de Tinan," La Connaissance, 2e année, no. 2 ([17] mars 1921), pp. 115-41. [VRY Pr. 339 in 12]

An article on a former contributor to La Conque, containing a plausible explanation of P.V.'s regrettable position in the Dreyfus affair. "Ce tourment salutaire...travaillait quelques-uns qui s'étaient placés ainsi à l'écart de leurs propres compagnons, Paul Valéry, par exemple, dont l'Introduction à la Méthode de Léonard de Vinci, qui venait de paraître à la revue de Mme Adam, tranchait le conflit en dressant au milieu, réalisé par l'harmonie d'une action continue où l'Art unissait la Science à la Pensée, l'Apollon maître des rayons, des lumières et des ombres, par son rayonnement même, qui lui suffisait. Peut-être son auteur omettait-il de chercher pourquoi cela n'avait pas suffi, justement, à la Renaissance, qui n'avait pas abouti, et de comprendre, même, que l'intérêt principal résidait dans la découverte des raisons d'un tel échec plus que dans une biographie intellectuelle idéalisée jusqu'au symbole type, érigé sur fond unique, tous les horizons sociaux dont elle est, pourtant, issue, en partie, et qui se profilent derrière son ombre, même très vivante, disparus, niés presque, mais rien de plus

rare et de plus absent alors, chez la plupart, que la notion du social;
à peine ceux-là avaient-ils gardé,--estompée dans leur mémoire,--la
théorie de Taine sur l'influence du milieu. Ils ne tranchaient jamais
le conflit par l'expresse volonté d'en extraire les solutions possibles
du fond des êtres et du fond des choses sociales; ils posaient d'abord
l'être, quelques-uns seulement, comme Valéry, y ajoutant l'étude des
choses naturelles. Il eut fallu les trois; on n'en relevait qu'une.--
Peut-être cela explique-t-il l'attitude de beaucoup quand intervint
l'affaire Dreyfus, dressant subrepticement, par la personnalité d'un
homme et d'un cas, sur la route où s'avançait, conquérante, cette délicieuse facilité, le problème moral de la Justice dans la Société--
chose inférieure, ainsi réduite à un individu, rétrograde, pensaient-
ils...."

Until it is possible to date positively P.V.'s letter published in Lettres à quelques-uns, pages 133-34, I suggest that P.V. probably wrote to Lebey regarding this article and not, as Hytier suggests
in Pléiade, II, 1488, Lebey's article of May 1922 ᴄ215ᴊ. Mme Rouart-
Valéry's note in Pléiade, I, 43, seems to support my conclusion.

166. Charpentier, Henry: "Connaître les poètes," La Connaissance, 2e année, no. 3 (avril 1921), p. 278. ᴄVRY Pr. 150 in 8ᴊ

Charpentier subtly charges P.V. with preciosity and with
attempting to pass off empty rhetoric as profound thought: admirable
example of the variety of criticism which dishonestly attacks the
writer for not being someone else. Curiously enough, this hostile
note appeared in the same number in which the "mandarin" announced
the enthusiastic reception of the news of P.V.'s "election" by the
press. (I personally found no reactions to this "election" in the
press and question whether the enthusiasm of La Connaissance was
justified.)

P.V. confided to his Cahier X, page 60, an excellent reply
to critics like Charpentier: "Bien des raisonnements critiques conduisent à ceci: 'Je vous reproche de n'être pas moi,--comme moi,--
conforme à moiᴄ.'ᴊ ᴄHe added:ᴊ On recule d'horreur devant cette
conséquence qui nous entoure de miroirs." A reflection which affords
an interesting, if not totally adequate, definition of criticism as
a "jeu de miroirs."

167. ᴄDoyon, René-Louisᴊ: "Referendum du mandarin," La Connaissance, 2e année, no. 3 (avril 1921), p. 320. ᴄVRY Pr. 150 in 8ᴊ

The mandarin joyfully announces that "...le nom de Paul Valéry dont la majorité a surpris certains confrères abstentionnistes a été salué avec beaucoup d'empressement par les jeunes littérateurs. Ce grand poète adresse à ses électeurs un témoignage d'étonnement et de gratitude digne d'un penseur et d'un vrai poète; le voici...." See ⌐166⌐ and ⌐164⌐.

168. Ghéon, Henri: "Chronique--la poésie," Les Ecrits nouveaux, VII, no. 4 (avril 1921), 59-70. ⌐VRY Pr. 464 in 8⌐

Ghéon writes of L'Album de vers anciens: "Du Mallarmé d'avant l'erreur, encore imbu de Baudelaire, voire de Racine...." In one of his few adverse criticisms of the poems of Charmes Ghéon reveals a serious misunderstanding of P.V.'s poetics, claiming that: "Il ⌐P.V.⌐ estime évidemment qu'un beau poème est un ensemble de beaux vers et il n'a de cesse que chacun de ses vers en soit aussi beau que possible." He mentions specifically Le Cimetière marin as an example of the "error" but, as L. J. Austin has demonstrated, P.V. carefully avoided this effect in composing the poem. Ghéon prefers P.V. to Mallarmé, whom he blames for what he calls inhumanity and, of course, obscurity. The charge of inhumanity is explainable in terms of Ghéon's Neo-Thomist ideology. P.V. objected to being admired at Mallarmé's expense (Pléiade, I, 44), but dedicated "Ebauche d'un serpent" to Ghéon in the NRF for 1 July.

169. Montherlant, Henry de: "Un Projet abandonné--une rubrique des sports...," L'Oeil de boeuf, no. 8 (avril 1921), pp. 39-54. ⌐VRY Pr. 231 in 12⌐

Montherlant wrote: "...C'est pourquoi elle (l'âme) se sépare du corps de si mauvaise grâce, et je crois bien que sa douleur et sa lamentation ne sont pas sans raison./Vinci/cité par Paul Valéry." The exact quote is: "Cet homme, qui a disséqué dix cadavres pour suivre le trajet de quelques veines, songe: l'organisation de notre corps est une telle merveille que l'âme, quoique chose divine, ne se sépare qu'avec les plus grandes peines de ce corps qu'elle habitait. 'Et je crois bien, dit Léonard, que ses larmes et sa douleur ne sont pas sans raison...'" ⌐"Note et digression," Pléiade, I, 1213⌐. In 1926 Guy Decoudun ⌐1075⌐ "discovered" this passage and took P.V. to be a Neo-Thomist apologist for the resurrection of the body. This was certainly not Montherlant's opinion.

170. Allard, Roger: "Notes--Album de vers anciens (1890-1900)

...," <u>NRF</u>, XVI, no. 92 (mai 1921), 618-19. ⸢VRY Pr. 127 in 12⸥

Allard uses this review to comment on P.V.'s poetic evolution, clearly preferring the poet of <u>La Jeune Parque</u> and <u>Odes</u> to the poet of the <u>Album</u>. He praises P.V. by contrasting him with <u>Mallarmé</u>, whose art "aboutissait aux <u>vers de circonstance</u>, aux improvisations d'album, à des adresses postales laborieusement rimées..." (p. 618). The criticism is unjust and the implication that P.V. spent years exercising his intellect because he recognized Mallarmé's failure is patently false. This kind of criticism became more and more common, however, indicating that many critics still felt it necessary to exorcize the spirit and influence of Mallarmé. Mentioned by Talvart, <u>Fiche</u>..., 7e année, no. 16, 1928.

171. Azaïs, Marcel ⸢"Revue des revues,"⸥ <u>Les Essais critiques</u> (1er mai 1921), ⸢X⸥.

Reprinted in <u>Le Chemin des Gardies</u>, ⸢848⸥. The collection of the review at the Bibliothèque Nationale can no longer be consulted because of deterioration. I have not been able to see the original.

172. Boulenger, Jacques: "La Littérature--poètes nouveaux," <u>L'Opinion</u>, 14e année, no. 20 (samedi 14 mai 1921), pp. 538-40.

Boulenger reiterates his doubt that "la prosodie régulière... ⸢soit⸥ arbitraire." (**Cf.** ⸢162⸥.) "Dès sa naissance notre prosodie a été régulière..."; thus it must necessarily be so by the very nature of the language. Spurious reasoning. Reprinted in ⸢188⸥.

173. Braga, Dominique: "Le Courrier de Paris--les lettres," <u>L'Europe nouvelle</u>, 4e année, no. 22 (28 mai 1921), pp. 695-96.

P.V. is named as an eventual contributor to the collection "Les Cahiers verts" recently inaugurated by Daniel Halévy.

174. XXX: "Les Revues," <u>NRF</u>, XVI, no. 93 (juin 1921), 760-62.

"La <u>Revue Universelle</u> du 1er Mai publie un fragment d'un poème en préparation de <u>Paul Valéry</u>, intitulé: <u>Narcisse</u>. Nous le reproduisons en rétablissant deux passages qui avaient paru antérieurement dans la <u>Revue de Paris</u>...." See J. Hytier's notes in Pléiade, I, 1655-56.

175. Halévy, Daniel: "Les Chroniques nationales--France," La Revue de Genève, no. 12 (juin 1921), pp. 872-89.

The substance of this article had been published in ⌐126⌐. Here his comments on P.V. are in the form of a "Lettre à une amie allemande." Halévy confides: "Comme bien vous pensez, on ne manque pas à dire autour de moi que Paul Valéry est le plus grand poète qui ait paru depuis Pindare. ... Les beaux jours de Claudel ⌐about whom the same statements were made ten years earlier⌐ sont passés, Valéry verra passer les siens...." No one could doubt the truth of this statement insofar as it applies to that most unstable form of glory, public favor.

176. Hirsch, Charles-Henry: "Les Revues--MOMENTO," Mercure de France, CXLVIII (1er juin 1921), 484.

Recommends P.V.'s "Narcisse" in La Revue universelle for 1 May.

177. Gasquet, Joachim: "Le Mouvement intellectuel," L'Amour de l'art, 2e année, no. 7 (juillet 1921), pp. 239-40.

Gasquet praises P.V.'s preface to Connaissance de la déesse as a "véritable monument de large et précise critique...définitive-- de l'aventure, du drame symboliste." He already considers L. Fabre as a disciple of P.V. "⌐qui⌐ se classe de la lignée des Valéry, des Mallarmé, des Baudelaire et des Vigny." This claim was repeated by F. Alary in ⌐215⌐. Gasquet attempts to refute the charge that P.V. owes much to Malherbe, a criticism he recognizes as potentially dangerous.

178. Vandérem, Fernand: "Les Lettres et la vie," Revue de France, I, no. 3 (15 juillet 1921), 356-81.

Pages 361-67 are devoted to P.V. Vandérem's criticism is a hodge-podge of misplaced emphasis. He lauds P.V.'s election as the greatest poet by La Connaissance ⌐164⌐, approves of his "vogue progressive" and concludes that P.V. is already a "chef d'école." His disciples, according to Vandérem, are Fabre, Gaspard Michel (Diane), and Roger Frène (Les Nymphes), the last two apparently of Vandérem's own invention. (Concerning Michel, see ⌐73⌐.) Vandérem's self-confidence is astounding. He does not hesitate to prophesy: he names six "recruits" who will be won to P.V.'s "school." In his only attempt at textual criticism Vandérem compares "Un Feu distinct," "Féerie," and "La Pythie" in order to demonstrate the poet's superior mastery of his art in the latter poem. His comments in part repeat ₍143₎.

179. Divers: "Les Revues--la résurrection de l'épigramme," NRF, 9e année, XVII, no. 95 (août 1921), 256.

This clever epigram is quoted from La Décade, a review I have been unable to locate: "N.R.F.//Ils consentent qu'on touche à Proust, à Gide même/Qu'on déprise Claudel ou Valéry-Larbaud ₍sic₎/ Mais ils s'insurgent tous et lancent l'anathème/Dès qu'on ne trouve pas de Valéry l'art beau."
Apparently the NRF took the jab good-naturedly.

180. Fumet, Stanislas: "Paul Valéry et la 'chose' poétique," Les Lettres, 3e série, I, no. 8 (1er août 1921), 271-77.

M. Fumet, subsequently notorious for his treatment of Notre Baudelaire, here attempts to annihilate P.V. by claiming his manifest inferiority to Claudel. Fumet was enraged that P.V. rather than Claudel was chosen poet of the hour by La Connaissance in March. He opens his attack with ironic comments on Halévy's mention of Claudel and P.V. in ₍175₎. According to Fumet, Claudel's verse possesses a mysterious res poetica (which he is careful not to define), whereas P.V.'s does not. This is his argument in substance. He concludes: "Mais Valéry, si je ne me trompe, ne sera jamais capable d'un cri vrai comme celui que Claudel pousse tout à coup dans la direction de Dieu... 'Utilisez-moi!'... Claudel représente la vie et Valéry la formule." Fumet's bilious criticisms demonstrate only their author's own bigoted attitude. P.V. was sufficiently disturbed by this article to write to Claudel in an attempt to repair the damage done their relations by Fumet's awkward zeal. See Lettres à quelques-uns, pages 135-36 and Pléiade, II, 1486. The only source to have noted this important article was Talvart's Fiche..., 7e année, no. 16, 1928.

181. Jaloux, Edmond: "La Vie littéraire--Paul Valéry," L'Eclair, 34e année, no. 11,844 (6 août 1921), p. 3.

Another important article which only Talvart has noted. Jaloux devotes five quarter-page columns to creating an atmosphere favorable to P.V.'s work. He reviews P.V.'s publications of the 1890's, La Jeune Parque, and the recently published poems, emphasizing "l'élément neuf qu'apporte Paul Valéry" and "la révolution opérée par Valéry." He concludes: "...nous pouvons saluer en lui, dès maintenant, un des grands poètes français!" This is one of Jaloux's early contributions to the concerted campaign in favor of P.V.'s work which Mondor mentioned in Propos familiers de Paul Valéry, 1957. It was Jaloux himself who revealed to Mondor that a number of journalists had decided, after P.V.'s return to literature, to use the press to ensure that P.V. would not suffer the same fate as Mallarmé during his lifetime.

182. Hirsch, Charles-Henry: "Les Revues--MEMENTO," Mercure de France, CL (1er septembre 1921), 512.

Recommends: "La Nouvelle Revue Française (1er juillet): 'Ebauche d'un serpent', très beau poème de M. Paul Valéry."

183. Lafargue, Marc: "La Nouvelle Pléiade," La Revue universelle, VI, no. 11 (1er septembre 1921), 607-13.

Lafargue hails the formation of the new Pléiade and the publication of their volume of poetry. "M. Valéry, avec une science unique, se sert de ces rimes jointes dont Racine et Chénier sont les grands maîtres; il n'a pas dû se lasser d'étudier la musique de Bérénice. S'il voulait être à peine un peu moins obscur.... Quelques-uns peuvent l'admirer; une race ne saurait l'entendre" (pp. 612-13). Lafargue made less of P.V.'s "obscurité" in ⊏230⊐.

184. Souday, Paul: "Les Livres," Le Temps, 13 octobre 1921, p. 3.

Souday's review of Le Cimetière marin takes up only about a sixth of his weekly column. It was in this review, however, that Souday initially justified the final image of the poem: "Ce toit tranquille où picoraient des focs!" Souday's explanation prompted P.V.'s amused reply printed in Lettres à quelques-uns. (Reprinted in ⊏1189⊐.)

185. Azaïs, Marcel: "La Pléiade," Les Essais critiques (1er novembre 1921), ⊏X⊐.

Reprinted in <u>Le Chemin des Gardies</u>, ₍848₎, q.v. Noted by Talvart in <u>Fiche</u>..., 7e année, no. 16, 1928.

186. Fontainas, André: "Les Poèmes," <u>Mercure de France</u>, CLI (1er novembre 1921), 747.

An uninspired review of <u>La Pléiade</u>.

187. Divoire, Fernand: "Rapport sur les tendances nouvelles de la poésie," <u>Revue mondiale</u>, CXLV, no. 6 (15 novembre 1921), 131-45.

Divoire includes P.V. among the "maîtres parfaits de la langue française" and adds that it is a partial judgement which takes into account only "la gymnastique subtile et sans musique de Paul Valéry!" Pure myth derived from other bad critics.

1922

188. Boulenger, Jacques: <u>Mais l'art est difficile!</u>, IIIe série. P., Plon-Nourrit, 1922. 243 p. Coll. "La Critique."

"Poésie nouvelle" is reprinted from ₍172₎.

189. Brillant, Maurice, Paul Archambault et al.: <u>Le Procès de l'intelligence</u>. P., Bloud et Gay, 1922. 306 p.

All the articles reprinted here originally appeared in the Catholic review <u>La Nouvelle Journée</u> between August 1920 and August 1921. In "L'Intellectualisme dans l'art et la littérature d'aujourd-'hui," pages 64-72, Brillant reinforces the current themes of Valéry criticism: "Ce poète, aujourd'hui prôné, adulé même, comme un chef de groupe, a eu un destin singulier." Brillant repeats the familiar <u>clichés</u>: "...silence pendant vingt ans, se livrant...à la géométrie avec une extrême passion.... Il a en vérité bien choisi son heure et il vient à point pour triompher. Car ses oeuvres...illustrent magnifiquement la doctrine ₍?₎ du 'retour à l'intelligence'." Brillant finds the Zeno strophe of <u>Le Cimetière marin</u> "pas absolument limpide" but he praises "L'Abeille" enthusiastically, apparently not troubled that it is "un pur sonnet de Mallarmé." (See ₍149₎.) Brillant must have read the preface to <u>Connaissance de la déesse</u> poorly. He claims that P.V. "explique la ruine du symbolisme."

    190. Cocteau, Jean: <u>Le Secret professionnel</u>. P., Stock, 1922. 79 p. Coll. "Les Contemporains."

    It is a pleasant surprise to discover Cocteau writing an apology of P.V.'s poetics:
    "Un vrai poète se soucie peu de poésie. De même un horticulteur ne parfume pas ses roses. Il leur fait suivre un régime qui donne à leurs joues et à leur haleine le maximum de couleur et de parfum. Paul Valéry, un noble poète, se vante d'être un versificateur, de se livrer à des exercices. Tant mieux pour nous s'il est poète. Mais ce mystère ne le regarde pas.
    Si, me direz-vous, le rôle du poète se borne à jouer avec soi-même une partie d'échecs, encore faut-il des règles. Valéry écrit en vers. Que prétendez-vous avec votre jeu à la marche duquel nous n'entendons rien? D'abord, plus je découvre les prestiges du lieu commun, plus j'incline à croire que l'excitation de l'esprit vient du petit nombre de moyens dont il dispose, et plus je me rapproche du vers, vieux costume pareil que chacun de nous déforme" (pp. 50-51).
    P.V. wrote in his <u>Cahier X</u>, p. 163, as if in echo of Cocteau: "Je me suis dit quelquefois <u>versificateur</u>, parce que ce mot est clair et que poète ne l'est pas."
Cocteau reprinted his essay in ⌐580¬.

    191. Du Bos, Charles: <u>Approximations</u>. P., Plon, 1922. 269 p.

    Du Bos reprints ⌐123¬.

    192. Goll, Ivan, ed.: <u>Les Cinq Continents: anthologie mondiale de poésie contemporaine</u>. P., La Renaissance du Livre, 1922. 310 p. "Collection littéraire et artistique internationale."

    Goll chose to include in "Groupe latin: France" one poem by P.V.: "Le Vin perdu." An unusual choice for an unusual anthology.

    193. Lafont, Aimé: <u>Les Humanités et la guerre</u> (discours prononcé à la distribution solennelle des prix faite aux élèves du lycée de Montpellier, le 13 juillet 1922). Montpellier, Roumégous et Déhan,

1922. 11 p. ⸤VRY 646 in 8⸥

In his final exhortation to the graduates, proclaiming the value of the years spent in school, Lafont said: "Si vous ne m'en croyez, écoutez du moins ce même poète que j'ai d'autant plus de plaisir à citer qu'il est sorti de cette province, qu'il fut élève dans ce lycée et que, unissant dans un culte fervent la plus haute science et l'antiquité classique, il rivalise par son art exquis avec Virgile et Platon. Paul Valéry vous dit: ⸤"Palme," strophe 7⸥."

It was apparently this plaquette which prompted P.V.'s letter to Lafont printed in Lettres à quelques-uns.

194. Lalou, René: Histoire de la littérature française contemporaine. P., Crès, 1922. 707 p. ⸤VRY 840 in 12⸥

Chapter VIII, section 9, pp. 470-506 is devoted to "Paul Claudel et Paul Valéry." Lalou considers that P.V.'s reputation was made between 1917 and 1921, a statement which reflects only Lalou's assessment of P.V.'s situation and gives undue weight to P.V.'s farcical "election" by La Connaissance in March 1921. He places P.V. at the pinnacle of contemporary literature: "Paul Valéry représente dans l'art contemporain la forme suprême, celle qui choisit." Lalou calls P.V. an "admirable prosateur" and adds: "Combien de siècles vaut le poète des strophes parfaites du Serpent ou du Cimetière marin ⸤which he considers P.V.'s masterpiece⸥? ... Il est le guetteur de ces minutes d'inspiration où l'homme se transcende... Il est enfin l'initiateur d'une nouvelle certitude, simple comme la vie de Descartes...simple de la complexe simplicité qu'ont les suprêmes vers du Narcisse...." Lalou's essay suffers from not adequately separating periods in P.V.'s thought, with the result that quotations from L'Introduction à la méthode de Léonard de Vinci and La Soirée avec Monsieur Teste occasionally provide questionable exegeses of the poems of Charmes.

There can be no doubt that Lalou's appreciation of P.V. reflects less P.V.'s actual position in French letters than a conscious attempt to influence his readers toward improving that position. This attitude brought Lalou some scathing comments from critics hostile to P.V. Indeed, Lalou's essay borders on critical hyperbole. Concerning the probable influence of Adrienne Monnier on the preparation of the volume, see ⸤592⸥. Lalou brought out a second edition in 1923, including corrections and additions; a third in 1928, offering a supplement; and a fourth in 1940, which was completely reworked.

195. Lebey, André: Jean de Tinan: souvenirs et correspondance.

₍198₎

P., H. Floury, 1922. 182 p.

Reprints ₍165₎.

196. Lang, André: <u>Voyage en zigzags dans la république des lettres</u>. P., La Renaissance du Livre, ₍1922₎. 364 p.

Lang quotes François Porché as naming P.V. among the "vrais poètes" of the day. Insignificant.

197. Massot, Pierre de: <u>De Mallarmé à 391</u>. Saint-Raphaël, Au bel exemplaire, 1922. ii-136 p.

P.V. is dispatched in short order among "Ceux de ses ₍Mallarmé's₎ adeptes qui ont essayé de le suivre avec trop de fidélité." (Cf. ₍91₎.) "Guillaume Apollinaire qui procède aussi de Mallarmé mais avec quelques effets nouveaux, avec des trouvailles personnelles nous séduit davantage ₍as compared to Régnier₎ quoique sa poésie, au point de vue purement mécanique, soit beaucoup moins pure, beaucoup moins 'décrassée' que ne l'est celle de M. Paul Valéry qui lui n'intéresse personne." A lovely paradox indeed.

198. Mauclair, Camille: <u>Servitudes et grandeurs littéraires</u>. P., Ollendorff, 1922. 256 p.

Mauclair, who at least had been present at Mallarmé's "mardis," says of P.V.: "Il y avait encore...Paul Valéry, qui, tout jeune étudiant arrivant de Montpellier, timide, doux, avec des yeux de mystique, osait à peine montrer quelques vers subtils." Mauclair, of course, was already an arch-symbolist. His description does not coincide with others which portray P.V. as one of the few disciples who dared interrupt the Master. Mauclair calls P.V. "l'héritier le plus direct de la pensée mallarméenne"--an attribute which is probably not entirely complimentary. Mauclair does admit that P.V.'s "poèmes et...essais profonds..., en ces deux années précédentes, lui ont assuré la gloire et le respect des jeunes" (p. 35). Mauclair does not hesitate to take part of the credit for launching P.V.'s early career: "Je l'engageai ₍Mme Edmond Adam₎ à révéler cette <u>Introduction à la méthode de Léonard de Vinci</u> que Paul Valéry avait écrite à vingt ans ₍!₎ et qui est une merveille de sagacité précoce" (p. 67). It is generally conceded that this was Léon Daudet's role, and I suspect Mauclair may have fabricated this detail himself.

199. Vandérem, Fernand: Le Miroir des lettres, IV. P., Flammarion, 1922. 286 p.

Vandérem reprints ⌐178¬.

200. Allard, Roger: "Notes--la poésie," NRF, XVIII, no. 100 (janvier 1922), 97-103.

A long review of La Fontaine's Adonis devoted almost exclusively to P.V.'s preface. Allard concurs enthusiastically with P.V.'s commentary on the poem, but objects that the regular prosody of Malherbe is "l'aboutissement logique d'une longue évolution conforme au génie de la langue." He finds P.V.'s attitude closer to that of the "rhétoriqueurs" than to what he takes to have been La Fontaine's, charging P.V. with "un grain de mosochisme" for accepting prosodic restrictions that he considers arbitrary. This position had already been stated by J. Boulenger ⌐162¬ and P. Souday ⌐159¬.

201. Ghéon, Henri: "Récents débuts de Jean de La Fontaine," L'Action française, 19 janvier 1922 ⌐x¬.

Ghéon describes P.V.'s preface to Adonis as "l'événement du jour, dans le monde fermé de la 'littérature pour elle-même'." Nothing on the debate on regular prosody. Reprinted in ⌐263¬. Noted by Talvart, Fiche..., 7e année, no. 16, 1928.

202. Mauriac, François: in "Les Revues," NRF, XVIII, no. 101 (février 1922), 252.

The NRF reprints a long passage from L'Université de Paris in which Mauriac criticizes an attack on Gide by Henri Massis in La Revue universelle (15 novembre 1921). The quotation ends on this odd note: "Il me souvient d'avoir entendu Gide défendre le Christ contre Valéry, avec une étrange passion: attendons le jugement de Dieu." See ⌐122¬.

203. Gauthier-Villars, Henry: "La Nouvelle Poésie gréco-païenne," Mercure de France, CLIV (15 février 1922), 289-318.

Two full pages on P.V., most of which is derived from Daniel Halévy and Emile Henriot. Gauthier-Villars appears unaware that Album de vers anciens had been published more than a year before his article. He quotes 13 lines of a fragment of "Narcisse," all of "La Grenade"

⌐sic¬, and calls La Jeune Parque "une plaquette de 514 ⌐sic¬ alexandrins à rimes plates...qui est un poème d'une qualité en quelque sorte magique" (p. 306). All in all, a sloppy job.

204. Braga, Dominique: "Le Courrier de Paris--les lettres," L'Europe nouvelle, 5e année, no. 8 (25 février 1922), p. 241.

Braga calls P.V. "parfait," a term whose derogatory connotation he clarifies in ⌐234¬.

205. XXX: "Les Revues," NRF, XVIII, no. 102 (mars 1922), 379-80.

Reprints a long passage of the "beau dialogue de Paul Valéry ⌐'L'Ame et la danse'¬, qu'a publié la Revue Musicale (1er décembre 1921)...." J. Hytier noted this reprint in Pléiade, II, 1406.

206. Breton, André: "André Gide nous parle de ses morceaux choisis," Littérature, nouvelle série, no. 1 (1er mars 1922), pp. 16-17.

Breton wrote: "Gide:--Ce que vous me dites est bien étrange, mais c'est de la faillite de l'humanité toute entière que vous avez le sentiment. Je vous comprends mieux que vous ne croyez et je vous plains. Comme nous le disions l'autre jour avec Paul Valéry: 'Que peut un homme?' et il ajoutait: 'Vous souvenez-vous de l'admirable question de Cervantès: 'Comment cacher un homme?'"
On 30 March 1966 "France Culture" broadcast this passage as a dialogue between Gide and Breton as part of a "Semaine André Gide--Les Nourritures gidiennes."

207. Hirsch, Charles-Henry: "Les Revues," Mercure de France, CLIV (1er mars 1922), 843-84.

Reviewing the first number of Intentions (January) Hirsch quotes "Le Sylphe" in toto, calling it "ce pur quatorzain."

208. Vandérem, Fernand: "Les Lettres et la vie," Revue de France, II, no. 2 (15 mars 1922), 386-405.

"...si nous jetons un coup d'oeil d'ensemble sur la production poétique des écoles nouvelles durant les douze derniers mois, et que nous voulions relever les succès marquants, les avantages décisifs et acquis à l'histoire littéraire, un seul nom se présentera...l'année 1921 aura été l'année de M. Paul Valéry" (p. 399). Vandérem's comments have the ring of Lalou's Histoire... ⌐194⌐. Writing of what he calls P.V.'s "retour aux mètres réguliers" ⌐a return from where?⌐, Vandérem mentions an attack on P.V. by R. de Souza. "Dans une suite d'articles dont la sincérité ne palliait qu'à demi la rigueur, il a intenté contre M. Paul Valéry un véritable procès de haute trahison, et il l'a dénoncé comme renégat aux justes fureurs des générations poétiques présentes ou futures" (p. 401). Reprinted in Le Miroir des lettres, V, 1924.

209. ⌐Doyon, René-Louis⌐: "Le Génie littéraire et l'université," La Connaissance, 3e année, no. 24 (avril 1922), p. 1144. ⌐VRY Pr. 340 in 12⌐

In this introduction to a new "enquête" to which P.V. replied the madarin names him among the literary geniuses "qui n'ont été que de mauvais élèves et n'ont pu ou voulu ou pensé subir les disciplines de l'Ecole Normale supérieure...." The formula is both false and idiotic in P.V.'s case.

210. Ghéon, Henri: "Etude sur les poètes catholiques," Les Lettres, 4e série, I, no. 4 (1er avril 1922), 587-632.

Ghéon alludes once only to P.V.'s work.

211. Charles, Gilbert: "Les Tendances de la jeune poésie," Le Figaro, supplément littéraire, nouvelle série, no. 157 (9 avril 1922), p. 1.

According to G. Charles, "La descendance de Mallarmé ⌐est⌐ assurée par M. Jean Royère, grand honnête homme de lettres, et magnifiquement illustrée par M. Paul Valéry." The formula is not bad, but Royère and P.V. could be said to represent two different "descendances."

212. Mauclair, Camille: ⌐title unknown⌐, Dépêche de Toulouse, 22 avril 1922, ⌐X⌐.

Henri Béraud had engaged a public controversy by attacking the

NRF. Here Mauclair takes up the cudgels for Béraud. "M. Paul Valéry est un poète délicieux, un artiste d'une sensibilité raffinée et d'une prenante intelligence... Devenu auteur de la maison [nrf], il a été, bon gré mal gré, travesti en intangible boudda, et on le rendrait ridicule à force de flagorneries de publicité, s'il pouvait l'être." Considered apart from the Béraud controversy, which was somewhat ridiculous, Mauclair's statement has merit. It is a fact that P.V. was often unjustly attacked because of his association with the NRF. The above text is quoted from Béraud's La Croisade des longues figures [394].

In the 1922 edition of Charmes P.V. dedicated "Air de Sémiramis" to Mauclair.

213. Béraud, Henri: [Open letter to L. Dumont-Wilden], La Nation belge, Bruxelles [after 27 April 1922], [x].

A letter in which Béraud absolves P.V. of any guilt in the literary machinations of which he accuses the NRF and the Gallimard publishing house. Reprinted in [394].

214. Delacour, André: "En marge--M. Paul Valéry," Belles-Lettres, 4e année, no. 35 (mai 1922), pp. 539-43.

Delacour's opening paragraph places P.V. solidly in the position of a "maître" for the youth of 1922. Unfortunately he gives no indication of which segment of the young writers he means. As the "enquête" in the Revue hebdomadaire later in the year demonstrated, it was the neo-classical revival which found in P.V. a "maître."

215. L'Hommage à Paul Valéry. Le Divan, 14e année, no. 79 (mai 1922), pp. 200-312. [VRY 635 in 12]

See contributions by F. Alary, L. Artus, J.-E. Blanche, M. Boulenger, L. Dubech, C. Du Bos, F. Eon, L. Fabre, A. Fontainas, H. Ghéon, A. Gide, E. Jaloux, A. Lebey, F. Le Grix, C. Mauclair, F. Mauriac, F. de Miomandre, A. Mockel, comtesse de Noailles, H. de Régnier, J.-L. Vaudoyer, F. Vielé-Griffin.

Alary, Fernand: "La Famille spirituelle de Valéry," in [215], pp. 279-84.
Alary proposes the following genealogy of poets: Vigny--Baudelaire--Mallarmé--Valéry--L. Fabre. He admits that J. Gasquet

had originally given him the idea in ⊏177⊐.

Artus, Louis: "Sur l'ébauche d'un serpent," in ⊏215⊐, pp. 257-62.

"Nulle part Valéry ne dénonce autant d'abondance par autant de retenue; nulle part il n'applique aussi bien l'austère méthode qu'il inventa. Il se révèle--puisque en même temps il s'y cache--mieux qu'ailleurs, dans la substance et dans la forme de ce merveilleux poème."
Artus amply justifies his high praise for a poem which has never been universally admired, even by critics favorable to P.V.

Blanche, Jacques-Emile: "L'Hommage d'un peintre," in ⊏215⊐, pp. 252-56.

P.V.'s portraitist, whose "portrait à la plume" opens this special number dedicated to P.V., reflects on P.V. in relation to the painter's art. Taken directly from ⊏105⊐.

Boulenger, Marcel: "Voici deux automnes...," in ⊏215⊐, pp. 219-21.

M. Boulenger recognized an important poet in the lines of "L'Abeille" cited by J. Boulenger in ⊏137⊐.

Dubech, Lucien: "La Source nocturne," in ⊏215⊐, p. 269.

A poem of five quatrains in octosyllabic verse; the last two lines are: "Valéry, tel est votre coeur:/Un chant dans une nuit divine." This could have been written about anyone else.

Du Bos, Charles: "Remarque sur les dialogues," in ⊏215⊐, pp. 229-42.

Du Bos prefers L'Ame et la danse to Eupalinos.... His comments are interesting but lack concision. Occasionally he hits upon an excellent formula: "Soliloque: discours d'un homme qui s'entretient avec lui-même; appliqué à Valéry, le terme décrit, par delà la sphère de la parole et même de la pensée, le rythme d'existence qui

lui est propre: c'est à l'intérieur pour ainsi dire du soliloque que s'opèrent chez lui et se maintiennent les séparations entre les divers 'modes de mouvement'. Aussi, en son cas surtout convient-il de ne pas fausser, en en majorant la portée, le passage du soliloque au dialogue."
Reprinted in ⌐1146⌐ and again in ⌐1226⌐.

Eon, Francis: "Le Palmier," in ⌐215⌐, pp. 285-86.

A poem dedicated "A M. Paul Valéry" which offers a curious interpretation of P.V.'s "Palme": "A Délos aux durs rivages/Que le flot retentissant/Cerne de ses vains ravages,/L'ombre d'un palmier descend./Une femme s'est enfuie;/A l'écorce elle s'appuie,/Pesante d'un dieu nouveau;/Soudain, vivante lumière,/Bondit aux cris de sa mère/Apollon porte-flambeau.//Richesse à jamais donnée!/Aux sables le fruit du ciel!/Toute poésie est née,/Et le rythme essentiel./Une aube éclatante honore/De beaux feux l'île sonore,/Tandis que par la vertu/Et l'ordre de la voix neuve,/Mourant aux berges du fleuve,/L'orage grossier s'est tu.//--Maître, votre geste calme/Nous désigne cet azur/Où se balance la palme/Lourde d'un travail obscur./Mais nos yeux quittent la cime:/Q'importe ⌐sic⌐ si le régime/Nous prépare un don vermeil,/Puisque déjà, de la souche,/Aux mots que dit votre bouche,/Le dieu jaillit au soleil."
This is probably the best commentary on "Palme" to date.

Fabre, Lucien: "La Démarche intellectuelle de Valéry," in ⌐215⌐, pp. 293-312.

Fabre can be said to have repaid a debt with this article in which he proves himself a worthy disciple of P.V., a role the critics generally had accorded him. Had Fabre's comments on P.V. been heeded by his contemporaries many misunderstandings could have been avoided: "Qui prétend donc ne connaître de Valéry que le poète ignore l'essentiel; qui prétend juger Valéry poète comme il jugerait Hugo, ignore totalement l'apport propre de Valéry à la culture intellectuelle; qui se plaint des obscurités de Valéry poète avoue n'avoir aucune idée de la jouissance nouvelle que nous révèle cet écrivain; jouissance prodigieuse, originale, intime et féconde par quoi se démontre le génie. ... Chaque mot, chaque son, chaque silence y est d'une densité inconnue; chaque lecture nouvelle est une découverte; aucun enivrement intellectuel n'est supérieur à celui-là."
In the 1922 edition of <u>Charmes</u> P.V. dedicated "Dormeuse" to Fabre; there was no dedication in the 1920 publication in <u>L'Amour de l'art</u>.

Fontainas, André: "Souvenirs," in ⌐215⌐, pp. 243-47.

Written in the same confidential tone as his "De Mallarmé à Valéry" ⌐1609⌐. Both articles, along with P.V.'s letter in reply to the latter, were reprinted as a volume in 1928. Two passages are worth retaining. P.V. reinforced the common notion that he had served as his own model in La Soirée avec Monsieur Teste by dedicating Fontainas' copy of the 1896 edition: "A André Fontainas, qui l'a entrevu ...." Fontainas also claims to possess a manuscript, partly in P.V.'s hand, it seems, which they had written together "par jeu, avec force allusions plus amusées que méchantes, tel drame-féerie (dont une première scène existe de son écriture, dans mes papiers), et où nous nous plaisions à animer d'une existence falote et imaginaire les travers ou quelques ridicules innocents de nos contemporains que nous aimions le mieux⌐.⌐"

I have seen no other mention of this mysterious manuscript.

Ghéon, Henri: "Petite Ode," in ⌐215⌐, pp. 250-51.

An ode in praise of P.V.'s poetry, composed of nine quatrains of seven-syllable verse and two tercets. Ghéon's criticism shares the Neo-Thomist ideology of Le Roseau d'or. (Cf. ⌐210⌐.) P.V. had dedicated "Ebauche d'un serpent" to him in 1921.

Gide, André: "La Conception esthétique de Valéry," in ⌐215⌐, pp. 205-11.

This testimony of an old friend was frequently used by critics and especially by editors of anthologies who reprinted (generally with no mention of their source) the quotations Gide had taken from P.V.'s letters for this article. Gide has an excellent paragraph on P.V.'s situation just before the publication of La Jeune Parque:

"Quiconque, au sortir de la guerre, eût voulu faire le recensement des ressources intellectuelles de la France, n'eût certes pas songé à nommer seulement Valéry. A peine avait-on gardé souvenir des poèmes de sa jeunesse. Quelques-uns connaissaient ce rêveur, ce songe-creux, mais n'attendant de lui plus aucune oeuvre, déploraient le si vain emploi de si beaux dons."

Reprinted in ⌐402⌐ with the title "Paul Valéry."

Jaloux, Edmond: "Le Romancier," in ⌐215⌐, pp. 212-18.

A very valuable article on <u>La Soirée avec Monsieur Teste</u> and P.V.'s creative method in general.

"De tout temps, Paul Valéry a été hanté par les méthodes de pensée; ce qui l'intéresse, chez un écrivain, c'est moins ce qu'il écrit que les procédés mentaux qui lui ont permis de l'écrire. Techniquement, un Paul Valéry a vite compris par quels moyens--style, langue, musique,--un Racine, un Edgar Poe ont obtenu ces résultats que nous voyons gravés sur le papier, ces arabesques ou ces raccourcis par lesquels ils se sont exprimés; mais il voudrait savoir par quelle démarche de leur esprit, quels détours, quel mécanisme, ils ont trouvé à la fois ces formes qui leur étaient nécessaires et surtout cette <u>grille</u> qu'ils ont appliqué sur le monde et grâce à quoi, dans de savantes réserves de blanc, leur sont apparues, nettes, isolées, définitives, différentes de toutes les autres, ces images qu'ils ont choisies, parmi des milliers, et qu'ils ont imprégnées de leur âme."

P.V. wrote in his <u>Cahier X</u> (1924), page 62: "Je ne demande aux écrivains que de m'apprendre quelque chose--des tours de notre métier."

Reprinted in <u>L'Esprit des livres</u>, I, ₍267₎.

Lebey, André: "Un Maître de l'esprit," in ₍215₎, pp. 248-49.

Lebey concludes: "A cette heure où son succès trop tardif, si nécessaire, s'affirme enfin, je suis heureux de me rappeler, à côté de ses nouveaux amis, le temps où Pierre Louÿs, ₍Jean de₎ Tinan et moi, avec quelques rares fidèles, étions les seuls à savoir, comme à aimer, la merveille que cachait sa modestie attentive, plus dévouée aux autres, et aux idées, qu'à lui-même."

Lebey cites the refrain of Paul Fort's ballad ₍46₎ "Et Valéry sourit toujours." On 19 May Lebey argued for official recognition of P.V.'s attainments ₍219₎.

Le Grix, François: "Sa Tristesse," in ₍215₎, pp. 287-92.

The title of the article refers to "la décevante ivresse du plaisir dionysiaque, et l'affaissement qui succède à toute exaltation." Le Grix does not sufficiently justify his use of the terms "l'ennui de vivre" and "désespoir" as he applies them to P.V.

Mauclair, Camille: "Notes," in ₍215₎, pp. 222-27.

Notes on the P.V. of 1892 whom Mauclair knew through Louys and Gide. (See ⌐198¬.) Concerning P.V.'s long period of literary inactivity, Mauclair writes: "J'étais de ceux qui jugeaient déplorable, et plus encore anormal, impossible, qu'un tel écrivain gardât le silence." For his part, P.V. did not always have the highest opinion of Mauclair's vast literary production. In a letter to Gide in May 1897 P.V. called L'Orient vierge ("Roman épique de l'an 2000") "le manuel de sottises le plus garni qu'il y ait..." (Correspondance, p. 295).

Mauriac, François: "L'Acte de foi," in ⌐215¬, pp. 276-78.

Mauriac has the highest praise for Charmes, which had not yet appeared. "Le livre qui réunira Le Cimetière Marin, Le Serpent, Palme, Narcisse, etc., marquera une date dans l'histoire de la poésie française; il sera l'étalon pour juger des fausses grandeurs. Fini de délirer."

His conclusion is pure Mauriac, but dubious criticism: "Valéry pourtant a écrit son acte de foi, lui aussi; cet admirable Cimetière Marin. Le poète croit en sa future fumée; il ne doute pas que sa sainte impatience meure aussi; il donne son consentement à l'argile. Un de nos jeunes camarades, émerveillé à la vue d'un athlète, s'écriait: 'Je crois en Dieu!' Il nous étonne que considérant les jeux de son esprit plus beaux que ceux d'un corps, Valéry ne jette le même cri et qu'il ne se croie redevable à personne de l'avoir fait créature si admirable."

Miomandre, Francis de: "Pensées & souvenirs," in ⌐215¬, pp. 263-68.

Miomandre recalls his introduction to P.V.'s verse: "Je me souviens. C'était à Marseille, un été, un de ces étés, où l'air est compact, torride, pesant comme celui qu'il a chanté.//Eté, roche d'air pur...//J'écoutais Edmond Jaloux qui, dans son jardin, au bruit d'une petite cascade brisant seule le silence de la nature, me récitait ces premiers poèmes extraits de la Petite Anthologie du Mercure ⌐Van Bever & Léautaud, 1900¬, les seuls que nous connaissions de Valéry. Et cet homme dont nous ne savions rien nous apparaissait comme quelqu'un de prodigieux, d'inaccessible...à cause de ces vers étranges, brillants et denses comme des minéraux, et qui rayonnaient d'une puissance de suggestion pareille à celle de Mallarmé, si différente pourtant. Nous étions éblouis, enthousiasmés. C'était la première fois peut-être que l'intellectualité se faisait charnelle,

et chaleureuse, et vivante, et entraînante...."
   One wonders if Miomandre did not embroider upon his recollections for the occasion.

   Mockel, Albert: "Le Poète et l'ami," in ⌐215¬, pp. 202-3.

   A page of excellent quality. "Une poésie si claire et si troublante, j'en cherche la raison dans l'esprit du poète, car elle en est l'image. Tout y est essentiel, et tout s'y cristallise. Elle s'ordonne comme les 'épures' d'une mathématique un peu sidérale. Et peut-être que Paul Valéry transpose dans le verbe le divertissement abstrait de créer selon les Nombres,--ou quelque Jeu divin de paraboles et d'ellipses dont les pierreries du langage figuraient les astres...."

   Noailles, ⌐Anna-Elisabeth Brancovan¬ comtesse de: "Hommage," in ⌐215¬, pp. 200-1.

   Mme de Noailles's contribution is the first in this volume in honor of P.V.: "Maître d'un chant nouveau, et par conséquent créateur d'un univers qui lui appartient et qu'il nous dispense, ce merveilleux possesseur des mots s'est attaché un dieu aérien, musical, visionnaire, qui s'amuse avec une aisance céleste à nous surprendre et à nous ravir par ses jeux capricieux et profonds."

   Régnier, Henri de: "Sonnet," in ⌐215¬, p. 204.

   "Celui chez qui nous nous connûmes,/Cher poète, Paul Valéry,/ A son exemple nous apprit/Le culte de l'encre et des plumes.//Dédaignant tomes et volumes/Où la main au hasard écrit,/Les richesses de ton esprit/Au vers rare, tu les résumes.//O toi qui sus unir si bien,/ Mariage racinien,/Hérodiade avec le Faune,//Souviens-toi de ce temps charmé/Où la chaise valait un trône,/Aux beaux Mardis de Mallarmé!"
   The first tercet is a nutshell criticism of <u>La Jeune Parque</u>.

   Vaudoyer, Jean-Louis: "Maître du chant gardien des lois," in ⌐215¬, pp. 270-75.

   Vaudoyer prints "Les Pas" which was not easily obtainable before the publication of <u>Charmes</u>. His commentary is a lightly veiled attack on Dada:

"A une époque où les novateurs se piquent de ne pas savoir écrire, et où il s'agit seulement, dans une langue qui n'est même plus le petit nègre, de fixer, le plus directement possible, la sensation sans la choisir, Paul Valéry joue le rôle d'un conservateur du métier et des lois. Cette poésie nouvelle n'est pas une poésie novatrice. On pourrait comparer le trait poétique de Paul Valéry au trait plastique de M. Ingres. Comme M. Ingres, Paul Valéry a appris son art dans la fréquentation des maîtres, et son art, ainsi envisagé, n'est pas un point de départ, mais une somme."

The forces of poetic order claim P.V. as their own; it was not long before other neo-classicists joined the chorus.

Vielé-Griffin, Francis: "Pensée," in [215], p. 228.

"A Paul Valéry//La gloire est le reflet d'un autre astre;/parfois,/Diane, qui seule sais la joie où tout aspire,/Tu tournes, vers ailleurs, tes regards purs et froids:/Et la nuit est obscure et notre honte est pire;/Car nous ne savons pas, qu'invisible à nos yeux,/Le rayon fraternel baigne d'amour ta face;/Et nous nions ta joie et le bonheur des dieux,/Et jusqu'à l'ombre où dort un rêve où tout s'efface.//Quel trouble envahira la nuit, aux mille feux/Egalitaires, si, d'un fin croissant, à peine,/Ton regard froid et pur, se détournant des dieux,/Réveille au vain remords la léthargie humaine?"

This poem could have been written by the Vielé-Griffin of 1891.

216. Allard, Roger: "Notes--la poésie," <u>NRF</u>, XVIII, no. 104 (mai 1922), 596-98. [VRY Pr. 129 in 12]

Allard writes of P.V.'s <u>Le Serpent</u> (nrf), calling it a "serpent hégélien" and chiding P.V. for préciosité: "M. Valéry connaît trop bien la fable pour n'avoir pas présent à l'esprit le destin de celui dont le funeste privilège fut de changer en or tout ce que touchaient ses mains."

The notion of Hegelianism, which Allard does not attempt to defend, was first linked to P.V. by E. Pilon [36].

217. Cattaui, Héli-Georges: "Chronique d'Egypte," <u>Mercure de France</u>, CLV (1er mai 1922), 827.

A review of the poetry of Ahmed Chawky bey. Cattaui claims

a "parenté" between Chawky and P.V. because "il a paru captivant de rechercher l'influence possible de l'Orient sur l'esthétique de cet adorable assembleur de rythmes et de sons, ce Valéry à qui Ma⌐r₃drus dédie le premier livre des <u>Mille Nuits et Une Nuit</u> ⌐66a₋. En s'inspirant des poètes arabes ⌐here in the plural!₋, Paul Valéry ne fait d'ailleurs que retourner aux sources mêmes de la poésie occidentale, puisque ce sont les Maures d'Espagne et les Juifs qui léguèrent à l'Europe cette <u>rime</u> ignorée des Grecs et des Latins."
This is the most irresponsible claim I have seen.

218. Hirsch, Charles-Henry: "Les Revues--MEMENTO," <u>Mercure de France</u>, CLV (1er mai 1922), 776-77.

Hirsch cites Ghéon on P.V. ⌐210₋, and mentions the publication of "La Ceinture" in <u>Les Ecrits nouveaux</u> for 3 March: "un bref et grand poème de M. Paul Valéry."

219. Lebey, André: "Les Hommes et les oeuvres--Paul Valéry," <u>L'Eclair</u>, vendredi, 19 mai 1922. ⌐VRY Ms. 993, I, 12₋

This long article elaborates certain themes of Lebey's contribution to ⌐215₋.
"Malgré que le succès et le monde aient, désormais, marqué mon ancien solitaire,--ce nom de diamant lui convient,--je me demande si on se rend assez compte de ce qu'on lui doit. A une heure où, trop souvent, l'étrangeté voulue, caudicante ou désordonnée, remplace le talent, tandis que ceux qui s'y plaisent donnent comme excuse que les mots, trop usés, à la façon de vieux sous, perdent leur effigie, personne n'a mieux montré qu'il n'en était rien. Par la manière dont il les présente, comme par l'emploi qu'il en fait, il leur vaut un relief inconnu. On dirait que son atelier d'écrivain les frappe neufs ou les recompose. L'originalité si caractéristique de son style répond à celle de sa pensée. Riche métal, déjà prêt pour les anthologies. Tout le monde s'en rend compte, sauf l'Etat."
Lebey does his best to present P.V. as a solid value in whom the state would do well to invest. When his wish had been granted Lebey reprinted the above passage in ⌐1119₋ on 11 December 1926. Talvart noted this article in <u>Fiche</u>..., 7e année, no. 16, 1928.

220. Maurras, Charles: "Qu'il y a deux Paul Valéry," <u>L'Action française</u>, 28 mai 1922. ⌐VRY Ms. 993, I, 11₋

The title refers to the author of the <u>Album de vers anciens</u> and the author of <u>Charmes</u>. In the first Maurras sees "le point extrême du Parnasse des Parnassiens" and adds: "Mais, dans les mauvais jours, les jours de critique et de hargne, il fallait bien se demander si ce genre de perfection ne relevait pas d'une calligraphie sublimée, ne ressortissait pas aux arts mécaniques enseignés par l'ermite de la rue de Rome, il y a trente ans...." Jumping back almost exactly thirty years to 21 June 1892 [30] one sees clearly "où il veut en venir," to quote P.V. Maurras had not budged an inch from his earlier position.

His judgement of the author of <u>Charmes</u> is no less questionable: "Et puis les énigmes de Valéry, fussent-elles décevantes, ont pour elles leur merveilleuse mélodie [<u>La Musique intérieure</u>, no doubt?]: dans les équipes d'aujourd'hui, autant que je puis en juger, ce poète me semble le chant incarné."

Maurras had originally intended this article for [215]. He reprinted it in <u>Poètes</u>, [270]. H. Rambaud cited Maurras in [241].

221. Clauzel, Raymond: "Première Introduction à Paul Valéry," <u>Le Monde nouveau</u>, 4e année, III, no. 12 (15 juin 1922), 305-11. [VRY Pr. 503 in 8]

The first of three essays on P.V., continued in July and concluded in May 1923. Here Clauzel considers P.V.'s method and intentions as seen through <u>La Soirée avec Monsieur Teste</u> and <u>Eupalinos</u>. "Eupalinos et M. Teste ont fait chacun leur retraite intérieure mais pas de même façon. Le nihilisme de M. Teste a pu marquer la première défaite de M. Valéry réduit au silence par l'élimination même de ses possibilités créatrices. Eupalinos peut-être, atteste-t-il une victoire définitive. M. Teste se détruit. Eupalinos construit hors de soi ses formes virtuelles."

Clauzel probably owes his faulty interpretation of Teste to Du Bos [123]. The myth of P.V.-Teste-the-nihilist was by this time considered a self-evident truth by many critics. (Noted by Talvart, <u>Fiche</u>..., no. 16, 1928.)

222. Mayr, W.: "Poètes d'aujourd'hui--Paul Valéry," <u>Le Gaulois</u>, 17 juin 1922. [VRY Ms. 993, I, 13]

An excellent article in which Mayr situates P.V. with respect to several of his illustrious predecessors: "Paul Valéry ne prend aucune attitude: il n'adore ni ne blasphème, il n'est ni un 'écho sonore', ni un 'prophète'; il ne chante pas 'comme l'oiseau chante'; il ne loge pas dans une 'tour d'ivoire' et ne danse pas sur les tréteaux de la 'plèbe carnassière'. C'est un intellectualiste, ou plutôt une intelligence qui applique à la poésie la devise: 'travaillons à bien penser'. Mais point de dualisme pascalien, pas d'éclair de foi dans l'abîme du doute: une subordination parfaite des éléments psychiques font de sa poésie une lumière pure."

Mayr also notes the sensual element, particularly in P.V.'s shorter poems, which most critics of this period missed completely. He praises the May number of Le Divan ᴄ215ᴐ. Noted by Talvart, Fiche..., 7e année, no. 16, 1928.

    223. J.M.: "Les Lettres," Le Journal du peuple, 7e année, no. 176 (lundi 16 juin 1922), p. 2.

Recommends Clauzel's article ᴄ221ᴐ. In a letter to his wife P.V. wrote: "Le Journal du Peuple (Jouhaux) me fait un beau panégyrique." Mme Rouart-Valéry (Pléiade, I, 45) dates this letter as following the publication of Charmes on 25 June. No such article appeared in Le Journal du peuple between 20 June and 21 July 1922.

    224. XXX: "Les Revues--Paul Valéry," NRF, XIX, no. 106 (juillet 1922), 124-25.

Reprints a page of Gide's contribution to Le Divan ᴄ215ᴐ.

    225. Hirsch, Charles-Henry: "Les Revues," Mercure de France, CLVII (1er juillet 1922), 191-92.

A review of the May number of Le Divan: "De cette couronne que mérite bien le poète, par la grandeur de son oeuvre et la perfection de sa vie, détachons ce fin sonnet orfévré par M. Henri de Régnier ᴄthe favorite son of the Mercureᴐ...."

    226. Lefèvre, Frédéric: "Paul Valéry poète," Les Hommes du jour (8 juillet 1922), ᴄXᴐ.

This number of Les Hommes du jour does not exist at the Bibliothèque Nationale. The collection of the Bibliothèque de Documentation Internationale Contemporaine was destroyed by the Nazis at the Château de Vincennes in 1944. Nor does a collection exist in any Swiss library. According to Talvart, Fiche..., 7e année, no. 16, this was probably the only article Lefèvre wrote on P.V. without the poet's collaboration.

227. [Garnier, A.-P.]: "L'Hommage à Paul Valéry," La Muse française, I, no. 5 (10 juillet 1922), 237.

Garnier praises H. Martineau and Le Divan for the May number in honor of P.V. He considers that this tribute "...confond les ennemis de la poésie, mine les théories subversives des prétendus novateurs et répond victorieusement aux objections de l'étranger [?] en honorant, dans l'auteur de Palme, du Serpent et de tant de purs poèmes, l'écrivain respectueux des traditions poétiques, l'artiste dédaigneux des faciles élucubrations et le penseur parfois subtil, toujours profond."
In short, another attack on Dada. Concerning "subtil" and "profond" see P.V.'s comment appended to entry [164].

228. V.B.: "Les Lettres," Le Journal du peuple, 7e année, no. 193 (vendredi 14 juillet 1922), p. 2.

Reviewing Le Monde nouveau, V.B. mentions "M. Raymond Clauzel[,] la deuxième partie se son étude si remarquée sur Paul Valéry." See:

229. Clauzel, Raymond: "Deuxième Introduction à Paul Valéry," Le Monde nouveau, 4e année, IV, no. 14 (15 juillet 1922), 127-32. [VRY Pr. 503_2 in 8]

This is a continuation of [221]. Clauzel pursues his analysis of P.V.'s aesthetics in terms of Eupalinos. The comparison is fruitful in that it permits Clauzel to stress the importance of the physical, the sensual, in P.V.'s work. Concluded in [302].

230. Lafargue, Marc: "Poètes d'aujourd'hui," La Revue universelle, X, no. 8 (15 juillet 1922), 224-30.

The first four pages are an excellent review of the May number of Le Divan [215]. Lafargue adds an important nuance to his judgement of P.V. in [183]. "Je ne peux me plaindre toujours de l'obscurité de certains passages de Paul Valéry; j'écoute sa merveilleuse musique, son chant où se devine une parfaite intelligence des lois du rythme poétique" (p. 225). It is evident that Lafargue had read Maurras, whose article for 28 May [220] he praises.

231. Clauzel, Raymond: "Les Idées, les sentiments et la beauté des livres," <u>Eve--journal féminin illustré</u>, 3e année, nouvelle série, no. 96 (30 juillet 1922), p. 10.

Clauzel was a critic who knew his readers. Ostensibly a review of <u>Charmes</u>, this article reads like a fairy tale for "snobinettes." The only poem cited is "La Fileuse," with whom the ladies were supposed to identify, no doubt. Talvart's <u>Fiche</u>..., 1928, listed the article.

232. Anon.: <u>Catalogue des livres illustrés--nrf</u>. P., nrf, 1922. 16 p. [Vry Ms. 993, I, 15]

This catalogue, dated August 1922, lists the original editions of <u>Odes</u> and <u>Le Serpent</u> as "épuisés," as well as the nrf edition of <u>Charmes</u>. <u>Odes</u> is described as "un essai de renouvellement du lyrisme malherbien" by P.V.'s own publisher. The prices given for <u>Eupalinos ou l'architecte précéde de l'Ame et la danse</u> are: "Japon à la forme.. 100fr.; Japon imp...75 fr.; Hollande..50 fr.; Pur fil..12 fr" (p. 12).
Note: the original edition of <u>Charmes</u> came off the presses on 25 June, and was sold out little more than a month later. Probably the majority of those volumes were still uncut in August, having been sold to bibliophiles and not to ordinary readers.

233. P.[aul] A.[rnaud]: "Le Jardin des sirènes, à la manière de M. Paul Valéry," <u>L'Ane d'or</u>, Montpellier, nos. 13-14 (août 1922), pp. 83-86. [VRY Pr. 408 in 8]

A long poem of the following composition: six strophes of eight decasyllabic lines; four strophes of seven septisyllabic lines; five strophes in which two Alexandrines alternate with two hexasyllabic lines; one septisyllabic strophe of ten lines. Arnaud mixed indiscriminately various themes and rhythms from <u>La Jeune Parque</u> and <u>Charmes</u>, as is indicated by a note preceding the poem. The result is a motley pastiche.

234. Braga, Dominique: "Le Courrier de Paris--les lettres," <u>L'Europe nouvelle</u>, 5e année, no. 34 (26 août 1922), pp. 1073-74.

Although brief, this article constitutes the most serious attack on P.V.'s poetics to date. Braga calls up a long list of accusations which had all served previously to damn Mallarmé: use of ellipsis and preterition; considering the intellect not as an instrument but as the subject of poetry; proceeding, in successive states of a poem, from "une certaine fluidité sensuelle" to "une musique ultra-sonore, accordée dans l'esprit, heureuse d'une lucidité parfois crispée, taillant aigu, coupant fin." His most serious charge is that for P.V. the poem is not one, a whole, but a series of interchangeable relations. (This he qualifies as nihilism; a new use for a borrowed term.) Braga's most damaging piece of evidence is line eight of the second strophe of "Palme" in which P.V. had originally written "Départage sans mystère" (NRF, 1 June 1919), changing the line in Odes (1920) to "Départage avec mystère." Braga notes with horror that the "meaning" of the line is completely changed, and concludes that P.V. is only "...un faiseur de beaux vers."

John Charpentier praised this naïve demonstration in his L'Evolution de la poésie lyrique, 1930. Numerous other critics have used the same line of attack, notably G. Téry in October 1927.

235. Souday, Paul: "Les Livres," Le Temps, 31 août 1922, p. 3. ⸤VRY Ms. 993, I, 14-15⸥

An important review of Charmes. Souday states that it was at the suggestion of Pierre Louÿs that he undertook to write a review ⸤88⸥ of La Jeune Parque. Louÿs certainly deserves the credit for that article. Here Souday is visibly attempting to draw public attention to a major poet. Reprinted in Paul Valéry, 1927, ⸤1189⸥.

236. Hytier, Jean: "La Doctrine du mouton blanc," Le Mouton blanc, Lyon & Maupré par Charolles, 1ère série, no. 1 (septembre 1922), pp. 14-16.

In 1922 M. Hytier, the future editor of P.V.'s Oeuvres in the Pléiade edition, felt that the curve of literary evolution passed through the work of Jules Romains, idol of the Mouton blanc.

"Fond et forme. Certains écrivains ont préparé ou préparent un âge classique, qui trop souvent ont manqué de plusieurs grandes vertus classiques; ils ont surtout exploré les nouveaux domaines. ... Tel l'admirable Paul Valéry, poète unique, qui rejoint, par Mallarmé, Chénier, La Fontaine et Racine. Hors de la courbe de l'évolution, il fleurit exceptionnellement."

Certainly a wiser judgement than that made by Vandérem and others who attributed any number of "recruits" and "disciples" to P.V.

237. Aragon, Louis: "Projet d'histoire littéraire contemporaine," Littérature, nouvelle série, no. 4 (1er septembre 1922), pp. 3-6.

There are three mentions of P.V. In "Du 1er août 1914 à la mort d'Apollinaire (10 novembre 1918)" Aragon lists as important events: "Paul Valéry fait paraître la Jeune Parque. ... Soirées chez Valéry. ..." Under "Dada (janvier 1920 à octobre 1921)": "Paul Valéry chez Miss Barney." No mention whatsoever of P.V. in "Après Dada...." The reason seems to be contained in:

238. Breton, André: "Clairement," <u>Littérature</u>, nouvelle série, no. 4 (1er septembre 1922), pp. 1-2.

The first hint of a public rift between P.V. and Breton & Co.
"Un courant romanesque, né de l'agitation <u>poétique</u> de ces dernières années, a dressé dernièrement [between August 1921 and August 1922] les uns contre les autres quelques individus qui jusqu'alors avaient exprimé leur commun désir ici-même et ailleurs. ... Un grand malentendu nous guette ici, la vie, telle que je l'entends, n'étant pas même l'ensemble des actes finalement imputables à un individu, qu'il s'en soit ressenti pour l'échafaud ou le dictionnaire, mais la manière dont il semble avoir accepté l'inacceptable condition humaine. ...
Bon gré, mal gré, il est des hommes aujourd'hui qui participèrent plus ou moins de cette angoisse. Leur grand souci est aujourd'hui de n'en rien laisser paraître: à les croire ils ont toujours exercé l'art comme un métier. ... Ils sont comme cela aujourd'hui une dizaine, les Valéry, les Derain, les Marinetti, au bout du fossé la culbute, qui reçoivent en plaisantant vos doléances et vous quittent après vous avoir donné sentencieusement rendez-vous dans dix ans."
See the <u>Manifeste</u> du <u>surréalisme</u> [396], in which Breton initiated what has probably been the most frequently employed formula concerning P.V.

239. Anon.: "C'est dans Littérature," <u>Littérature</u>, nouvelle série, no. 4 (1er septembre 1922), [back cover].

"C'est dans Littérature où vous avez trouvé...des 'Oeuvres', scandaleuses à divers titres, de MM. Apollinaire, Aragon, Auric, Breton...Tzara, Valéry, etc."
The same notice appeared in October, but it was already obvious that P.V. would contribute no more to <u>Littérature</u>.

240. Rivière, Jacques: "Paul Valéry poète," <u>NRF</u>, XIX, no. 108 (1er septembre 1922), 257-69.

Rivière's article opens on this now well known paradox: "Une grande intelligence inappliquée: tel m'apparaît d'abord Paul Valéry." Rivière's reservations are more striking than his praise: "Peut-être Valéry, comme M. Teste, se parle-t-il, parfois, un peu trop uniquement à lui-même." He mentions P.V.'s association with Breton in the early days of Dada, curiously enough at the very time when Breton announced his dissociation from P.V. It is very probable that the frequent attempts of the traditionalists to annex P.V. (or at least to draw him in their own direction) precipitated this falling out with Breton.

241. Rambaud, Henri: "La Poésie de Paul Valéry," La Revue critique des idées et des livres, XXXIV, no. 204 (10 septembre 1922), 518-34.

In general, an excellent introduction to P.V.'s poetry. Rambaud's preferences are, however, unusual. He held "Ebauche d'un serpent" to be the masterpiece of Charmes and also had high praise for "L'Abeille," "L'Insinuant," "La Ceinture," "Le Vin perdu" and "Le Sylphe." On the other hand, he found La Jeune Parque too exacting for the reader and Le Cimetière marin "un peu rugueux, faute de maturation [?]." This depreciation of P.V.'s major poems indicates that Rambaud was simply not prepared to make the sustained effort required by the long poem.
The Chronique des lettres françaises, I, 1923, reviewed this article but gave a faulty reference to Les Marges for 15 September. H. Talvart repeated this false reference in his Fiche..., 1928, no. 16.

242. Chaumeix, André: "Paul Valéry," Le Gaulois, supplément littéraire, 23 septembre 1922, [x].

Reviewing Charmes, Chaumeix attempts to explain P.V.'s current favor in literary circles. He compares P.V. to La Fontaine and Mallarmé, finding in P.V.'s poetry the grace and sensuality of the one and the cerebral imagery of the other. A very measured appreciation.
A résumé (from which I took this information) appeared in Chronique des lettres françaises, I, 1923, 254. Also listed by Talvart, Fiche..., 1928, no. 16.

243. Thérive, André: "Poètes--Paul Valéry," L'Opinion, 15e année, no. 39 (29 septembre 1922), pp. 1095-1108.

Thérive criticizes everything in P.V.'s poetry which reminds him of Mallarmé. Thus he considers La Jeune Parque "...d'une obscurité proverbiale, et dont je ne connais pas un seul déchiffreur." On the other hand, he approves of "cette vision métaphysique du concret" in Le Cimetière marin "qui est à mon goût son chef d'oeuvre et l'un de ceux de la poésie même." His criticisms spring from his own well-defined view of the nature of the French language. (Thérive was one of the founders of the Grammaire-Club with which J. Boulenger and Gide were also associated. See his Le Français, langue morte? ⌐275⌐.) It is noteworthy that Thérive's article opens on this admission: "M. Paul Valéry est parvenu à la gloire...." A superficial review appeared in Chronique des lettres françaises, I, 1923, 252-53.

244. Varillon, Pierre et Henri Rambaud: "Enquête sur les maîtres de la jeune littérature," Revue hebdomadaire, XXXI, no. 9 (30 septembre 1922), 549-73; no. 10 (octobre 1922), 66-86, 182-98, 311-25, 449-62; no. 11 (novembre 1922), 84-102, 441-54; no. 12 (décembre 1922), 328-52, 455-70, 592-609.

Reprinted as a volume in 1923, ⌐278⌐, q.v.

245. André-May, Pierre: "Les Lettres--Charmes," Intentions, 1ère année, no. 8 (septembre-octobre 1922), pp. 26-29.

André-May is not about to consider P.V. as a "maître" but as a peer whose work must be treated seriously. "Voluptueuse, mais raisonnable et précise, sa poésie satisfait à la fois les sens et l'esprit. Elle relève d'un art suprêmement 'civilisé'. Nous nous plaisons à voir synthétisées ses qualités définitives dans ce bref Intérieur où le poète se révèle 'tel qu'en lui-même enfin...'." A rather hasty apotheosis. Intentions also printed in this number an echo of ⌐240⌐.

246. M.F.: "Echos et notes," La Muse française, I, no. 8 (10 octobre 1922), 382.

M.⌐use⌐ F.⌐rançaise⌐ announces that the "Nouvelle Pléiade" has selected Tristan Derème to fill the place left by the death of its founder, Joachim Gasquet. P.V. is mentioned as one of the menbers.

247. Thérive, André: "Poètes--F. P. Alibert," L'Opinion, 15e

année, no. 41 (13 octobre 1922), pp. 200-208.

Contains a lucid explanation of P.V.'s position as the classic of the symbolists. Thérive notes that "...le magasin d'accessoires symbolards, qui, participant d'une mode (wagnérisme, héraldisme, etc.), a déchu avec elle. Mais chez un grand nombre de poètes, l'esprit symboliste règne plus que jamais. Et, par un hasard singulier, c'est chez ceux-là qu'on appelle 'classiques', de leur propre aveu. Tels sont justement Valéry et Alibert. Classicisme un peu surprenant pour la foule, car il n'a rien, si je puis dire, d'historique. Classicisme concevable pourtant, car il est proprement la négation de tout le lyrisme romantique, forme et fond."
Thérive has in fact distinguished the two principal uses of the terms "classique" and "romantique." Applying the concept in its ahistorical sense Thérive doubts that the classicism P.V. represents will ever be popular with the larger reading public. He concludes: "C'est pourtant cette esthétique-là qui semble aujourd'hui la plus séduisante aux plus raffinés, la plus avancée aussi. La fortune de Paul Valéry le prouve...."

248. J.[ean] R.[ivain]: "Revue des revues," <u>Revue critique des idées et des livres</u>, XXXIV, no. 205 (25 octobre 1922), 628-32.

A substantial <u>compte rendu</u> of [240]. Rivain denies Rivière's assertion that P.V. had been associated with Dada. A ridiculous claim. Talvart noted this article in <u>Fiche</u>..., 7e année, 1928, no. 16.

249. Azaïs, Marcel: "Charmes," <u>Les Essais critiques</u> (1er novembre 1922), [X].

Reprinted in <u>Le Chemin des Gardies</u>, [848], <u>q.v.</u> Listed by Talvart, <u>Fiche</u>..., 7e année, no. 16, 1928.

250. Fontainas, André: "Les Poèmes," <u>Mercure de France</u>, CLIX (1er novembre 1922), 739-42.

A long and enthusiastic review of <u>Charmes</u>. Fontainas reveals that one's friends are not necessarily one's best critics. He attributes to P.V. a distinctly un-Valéryan notion of poetic composition: "Ses poèmes élucident...la transe qu'il subit, et dont le vers en s'accomplissant, le délivre tout à coup" (p. 740). This statement

⌐253⌐

further elucidates Fontainas' interpretation of <u>La Pythie</u> ⌐142⌐. He reinforces his theory with a misreading of "Aurore."

251. Traz, Robert de: "Notes du jour--Paul Valéry," <u>Journal de Genève</u>, 93e année, no. 310 (samedi 11 novembre 1922), p. 1. ⌐VRY Ms. 993, I, 13⌐

Traz, who signed "Tz.," announces a speech by P.V. the same day at the Athénée in Geneva. P.V. was to speak on "Poésie et langage." R. de Traz urges his readers to attend and assures them that P.V. does not merit his reputation as "hermétique." "Elles ⌐ses pièces (qui) semblent obscures⌐ sont hermétiques à force de concision et de rigueur logique, je dirais presque à force de pureté. Or ce choix raffiné et exact du terme, ce resserrement de la syntaxe font naître une mélodie souveraine. Quand on l'a entendue et goûtée, tout autre vous semble prolixe. Valéry est un musicien constructeur, le musicien de l'esprit volontaire."

252. Aeschimann, Paul: "La Poésie," <u>Les Marges</u>, 19e année, XXV, no. 101 (15 novembre 1922), 212-13.

"Paul Valéry a des admirateurs qui chantent ses louanges soir et matin; il a aussi des adversaires qui ne désarment pas, même après l'apparition de <u>Charmes</u>. Les premiers ont raison, certes! mais les autres n'ont pas tout à fait tort. La vérité, c'est que Paul Valéry est un poète d'une réelle grandeur."

"Les autres" had made a distinct impression on Aeschimann, whose review of <u>Charmes</u> reflects a number of already familiar, and poorly reasoned, criticisms: P.V.'s supposed debt to Malherbe; his loyalty to Mallarmé; a philosophical rigor which chills the "humanité" ⌐?⌐ of his poems, etc. According to Aeschimann P.V.'s principal achievement would seem to be the renovation of the ode. Mentioned by Talvart, <u>Fiche</u>..., 7e année, 1928, no. 16.

253. Dumur, Louis: "Echos--la maison de Paul Verlaine à Londres," <u>Mercure de France</u>, CLX (15 novembre 1922), 283.

A note on the commemorative marker at the London house where Verlaine lived from October 1872 to May 1873. "M. Paul Valéry, auquel le Comité avait fait appel pour représenter la poésie française ⌐on the occasion of the commemoration⌐, remarqua, au cours d'un éloge digne en tous points de l'auteur de <u>la Jeune Parque</u> et de <u>Charmes</u>, le rôle que l'Angleterre a joué dans la vie ou l'oeuvre des trois héritiers spirituels de Baudelaire: Mallarmé, Verlaine et Rimbaud."

P.V. took a less dignified and literary view of the occasion in a letter to J.-M. Carré (<u>Lettres à quelques-uns</u>, pp. 239-40 and Pléiade, I, 1740).

254. Gagnebin, Marianne: "Courrier littéraire--Paul Valéry et la réhabilitation de la pensée," <u>La Suisse libérale</u>, Neuchâtel (vendredi 17 novembre 1922).

A long and enthusiastic article intended to introduce P.V. to the Swiss reading public, some of whom would have the opportunity to hear P.V. during his current speaking tour. Mme Gagnebin sees P.V.'s sudden success as resulting partially from the post-war intellectual climate; this is the meaning of her title. Not to be outdone by those who were attempting to link P.V.'s thought to specific philosophers, Mme Gagnebin suggests Plato, Kant, and Henri Poincaré, a rather curious combination. She mentions several of the most significant articles on P.V. published in recent months, praising Rivière's article in particular. Compare:

255. [Anon.]: "Conférence Paul Valéry," <u>La Suisse libérale</u>, Neuchâtel (mardi 21 novembre 1922).

P.V. had spoken in Neuchâtel since the publication of Mme Gagnebin's article. In Neuchâtel P.V.'s topic was Mallarmé and his work. "L'auteur de 'Charmes' est un causeur charmant." The reviewer refuses to follow Rivière in calling P.V. "un monstre" and a "poète idéologue."

256. A.G.: "Un Poète et un savant--Paul Valéry à Zurich," <u>Tribune de Genève</u>, 21 novembre 1922, p. 1.

A.G.'s comments on "la crise de l'esprit" are precisely what one would expect--a series of rhetorical questions on the future of western humanism. He was more interested in P.V. the "savant": P.V. "est aussi un savant qui a même poussé très loin l'étude des mathématiques et de la physique." This notion, which Van Bever and Léautaud put in circulation in 1900, usually appeared in a purely mythical context as an unjustified affirmation. Here, however, A.G. demonstrates that P.V. did indeed have an active interest in, and some knowledge of, contemporary physics: "Commettrai-je une indiscrétion

en rapportant que Paul Valéry trouva un plaisir tout particulier à
s'entretenir de hautes mathématiques avec un grand mathématicien de
notre ville, ami des lettres? J'ajouterai que, le lendemain, deux
Romands ayant à promener Paul Valéry dans la ville ne furent pas peu
surpris de voir qu'aux musées il préféra les laboratoires de physique
du Polytechnicum, et leur surprise augmenta encore quand ils le virent
discuter avec un savant physicien les problèmes les plus ardus de la
physique." Compare:

257. Anon.: "Chronique zuricoise," Journal de Genève, 93e
année, no. 321 (mercredi 22 novembre 1922), p. 1.

Refers to the same speech as the preceding entry: published in
Variété, 1924, as "Note (Extrait d'une conférence donnée à l'Université de Zurich le 15 novembre 1922)." The reviewer commented: "Il
m'est impossible de vous la résumer. M. Valéry est un cerveau en
ébullition d'où les idées jaillissent avec l'abondance d'un torrent
de lave; mais c'est en même temps une tête latine bien faite, aimant
les idées claires et les définitions exactes." (See Pléiade, I, 1770.)

258. Lalou, René: "Extraits de l'Histoire de la Littérature
Française Contemporaine," Le Mouton blanc, Lyon & Maupré par Charolles,
1ère série, no. 3 (novembre-décembre 1922), pp. 24-26.

Le Mouton blanc cites approvingly the following judgements on
P.V.: "Ses images fondent le concret et l'abstrait en un métal sans
paille [faille?].//Maître de la pure perfection racinienne...il y
réintègre la densité mallarméenne." These were qualities pleasing to
the theoreticians of "le classicisme moderne."

259. P[aul] S[ouday]: "Pascal et Renan," Le Temps, 22 décembre 1922, p. 1.

Writing on the occasion of the forthcoming centennial of Renan's
birth and the fourth centennial of Pascal's, Souday calls the latter:
"...rationaliste avec bien des réserves, jusqu'à déserter la science,
ce qui lui a valu les sévères reproches de M. Paul Valéry" [in "Note
et digressions," 1919]. Souday never missed a chance to use P.V.
against Pascal, his own "bête noire."

260. Reboux, Paul: [review of Lalou's Histoire de la littérature française contemporaine], Comoedia, 24 décembre 1922, [x].

"M. René Lalou, pourtant, loue quelquefois. Son indulgence s'éveille volontiers en l'honneur de poétaillons sans importance ou d'auteurs 'difficiles'. ... Claudel lui paraît sublime, et Paul Valéry suprême."

J. Hytier cited this passage in <u>Le Mouton blanc</u> for January 1923, adding: "Et honte à lui [Reboux] qui traite de 'poétaillons sans importance' ou 'd'auteurs difficiles', 'D'écrivains ténébreux et sans vie' Proust, Romains, Gide, Claudel, Valéry....."

1923

261. Aressy, Lucien: <u>La Dernière Bohème--Verlaine et son milieu</u>. P., Jouve, 1923. 261 p. [Only the 1944 edition was available to me.]

P.V. merits one idiotic comment: "L'un des meilleurs [des néoclassiques], Paul Valéry, a réalisé ce tour de force d'amalgamer Mallarmé avec Jean-Baptiste Rousseau."

262. Germain, André: <u>Têtes et fantômes</u>. P., Emile-Paul, 1923. 248 p. [VRY 797 in 12]

Chapter VI, "Un Hommage à Valéry," pages 113-19, is dated June 1920. It is an account of a party given by Natalie Clifford Barney in honor of P.V. Pierre Bertin recited "Palme," "Anne," "Aurore," and "[Fragments du] Narcisse." Germain prints the version of "Fragments du Narcisse--I" recited at Miss Barney's. It differs only slightly from the text in Pléiade, I, 123. Of the party Germain writes: "Quelle demeure eût été plus digne que ce pavillon de la Régence, endormi au bord des gloires anciennes, d'honorer le plus grand poète d'aujourd'hui?" Miss Barney alludes to her parties in <u>Pensées d'une Amazone</u>, 1920, pages 199-200. Concerning P.V. and Miss Barney, see also [237].

263. Ghéon, Henri: <u>Partis pris</u>. P., Nouvelle Librairie Nationale, 1923. 240 p.

Reprints [201].

264. Ghil, René: <u>Les Dates et les oeuvres--symbolisme et</u>

poésie scientifique. P., Crès, 1923. 338 p.

P.V. is merely mentioned (p. 253) as one of the thirty-one members of the "Ecole Symboliste." Ghil was much too busy establishing himself as the poet of the future to concern himself with the accuracy of such a designation.

----------: Another ed. P., Messidor, 1923.

265. Hytier, Jean: Le Plaisir poétique. P., PUF, 1923. 139 p. ⌐Doctoral thesis: Lyon¬

P.V. is mentioned or quoted four times to illustrate a point. Hytier notes, on page 120: "Mais les idées peuvent s'illustrer de jeux d'images particuliers où viendront se satisfaire des sentiments. Ainsi Paul Valéry imagine poétiquement sa pensée." A good observation. See:

266. Hytier, Jean: Les Techniques modernes du vers français. P., PUF, 1923. 73 p. ⌐Doctoral thesis (complémentaire): Lyon¬

P.V. is mentioned only once among the poets ("non des moindres") who have remained faithful to strict classical prosody. Hytier was much more interested at the time in the "vers classique-moderne." The influence of the Petit Traité de versification by Romains and Chennevière is very strong in this thesis. See ⌐273¬.

267. Jaloux, Edmond: L'Esprit des livres, I. P., Plon, 1923. 257 p.

"Paul Valéry, Romancier," pages 211-17, is a reprint of Jaloux's contribution to ⌐215¬.

268. Jarry, Alfred: Gestes et opinions du docteur Faustroll, pataphysicien. P., Stock, 1923. 126 p. Coll. "Les Contemporains--oeuvres et portraits du XXe siècle, 39."

A new edition of ⌐69¬.

269. Lièvre, Pierre: "Les Poètes du Divan," in Anthologie des poètes du Divan. P., Le Divan, 1923. 143 p. ("Cette Anthologie...

précédée d'une étude par Pierre Lièvre constitue le numéro 92 (septembre-octobre 1923) du <u>Divan</u>.") ⌐VRY 862 in 12¬

This is a "tirage à part" with different pagination. See ⌐360¬.

270. Maurras, Charles: <u>Poètes</u>. P., Le Divan, 1923. 110 p.

Reprints ⌐220¬. Reissued in 1924.

271. Monnier, Adrienne: <u>La Figure</u>. P., Maison des amis des livres, 1923. ⌐X¬.

The third poem, "A Paul Valéry," is introduced by this note: "qui dans le temps qu'on se préparait à lui/rendre hommage m'a dit: 'J'ai envie/d'écrire quelque chose contre moi et de le signer/d'un nom de femme.' Qu'il souffre que ce nom/soit le mien, et qu'il n'oublie pas que c'est lui-/même qui me contraint ici, par charme, à le/blesser plutôt qu'à le connaître." Cited in <u>Les Poésies</u> d'<u>Adrienne Monnier</u>, 1962. Mlle Monnier played an important role in advancing P.V.'s literary fortune at this time.

272. Pellerin, Jean: <u>Le Bouquet inutile</u>. P., nrf, 1923. 194 p.

"<u>Les Donneurs de sérénades</u>...," pages 55-56, is dedicated simply: "<u>P.V.</u>" I do not know that this P.V. was Paul Valéry.

273. Romains, Jules et G. Chennevière: <u>Petit Traité de versification</u>. P., nrf, 1923. 143 p. Coll. "Les <u>Documents bleus</u>--no. 2."

On pages 98-99 the authors give the third and fourth tercets of "La Fileuse" as good examples of the "tercet d'alexandrins." The punctuation of the fourth tercet is curious in that all commas have been omitted. See ⌐266¬.

274. Seylaz, Louis: <u>Edgar Poe et les premiers symbolistes français</u>. Lausanne, Imprimerie La Concorde, 1923. 184 p. ⌐Doctoral thesis: Lausanne¬

P.V. is mentioned on the final page as a neo-classical poet. In his concluding remarks, Seylaz wrote: "L'école symboliste est morte, nous l'avons montré, pour avoir faussé et exagéré les théories esthétiques de Poe." Had Seylaz understood the importance of Poe in the formation of P.V.'s own poetics--granting that P.V. was hardly among the "premiers symbolistes"--he would almost certainly have been obliged to revise his conclusions.

275. Thérive, André: <u>Le Français, langue morte?</u>...P., Plon, 1923. 277 p.

Thérive had already made his most significant comments on P.V. in [247]. He adds this excellent observation: "Quand un critique prétend retrouver dans Valéry ou Alibert [a favorite of Thérive's] du didactisme abstrait, qui lui rappelle Pompignan ou Sully-Prudhomme, c'est qu'il n'a pas d'oreille; c'est qu'il ne perçoit pas cette vibration indéfinissable que Mallarmé ordonne de faire sentir sous la trame des vers" (pp. 202-3).

276. Thibaudet, Albert: <u>Paul Valéry</u>. P., B. Grasset, 1923. 183 p. Coll. "Les Cahiers Verts, <u>25</u>."

A literary-historical study which undertakes to explain the uniqueness of P.V.'s poetry, while situating him in a literary "family" or "order." Already in 1923 Thibaudet could state: "Il est entendu que Valéry, comme Mallarmé, est...un grand poète" (p. 3). He approaches P.V.'s poetry after a general consideration of significant prose works from which he deduces P.V.'s principal concerns: poetry as just one manifestation of the mental activity of <u>homo faber</u>; the architect as the supreme human creator; the primacy of technique in the poet's craft; distrust of "inspiration"; the effort of the intellect to transform chance into an intentional construct--the poem; the poem as internal relation of its elements to one another, rather than a series of brilliant images or even perfect lines.

Using these concepts as aids in exegesis, Thibaudet comments incisively on selected poetic passages, touching briefly on <u>Album de vers anciens</u>, more extensively on <u>Charmes</u>, but explicating in detail <u>La Jeune Parque</u>, which he evidently deemed P.V.'s masterpiece. Thibaudet excels in explaining the cosmological aspect of the major poems. In calling <u>La Jeune Parque</u> a "metaphysical" poem he elaborates: "J'entends un poème dont l'idée, le mouvement, les figures, coïncident avec une genèse du monde, ... de l'intérieur, et en reproduisant par des images l'élan, le rythme de la création" (pp. 120-21). His references to philosophers are usually fruitful, and he tries not to "Bergsonize" P.V.--at least directly. In a letter to Thibaudet dated 1912 but unpublished until 1945 (Fontaine, no. 44) Valéry had written: "Je connais cette philosophie aussi mal que je puis. ... Il me semble, du reste, et sous la réserve de mon ignorance, que Bergson ne peut, à toute autre activité que la sienne, apporter d'éclaircissement." Thibaudet is visibly at pains in this work to satisfy both the poet's firm denial of "influence" and his own predilection for citing his favorite philosopher. (See Mrs. Judith Robinson, "Valéry critique de Bergson," Cahiers de l'Association internationale des études françaises, no. 17 (mars 1965), pp. 203-15.)

The term "poésie pure" recurs rather frequently but Thibaudet at least follows P.V.'s own use of the term in his preface to Connaissance de la déesse. In a well-chosen simile he compares "poésie pure" to pure physics or pure mathematics. He further claims that "le moi pur [est le] seul objet de la poésie pure, tous deux d'ailleurs identiques et ne comportant qu'une différence de point de vue..." (p. 96). Here Thibaudet is in error, although perhaps he had the excuse of P.V.'s own confusing use of the term "le moi pur" in his "Note et digressions" of 1919. As Mrs. Robinson has demonstrated in L'Analyse de l'esprit dans les cahiers de Valéry, Corti, 1963, pp. 73-74, 150-54, P.V.'s notion of "le moi pur" from about 1920 has nothing whatever to do with "conscience pure" but is rather "l'invariant suprême du groupe de transformations mentales le plus général possible" (p. 73)--a concept which clearly anticipates the science of cybernetics.

Thibaudet's book, the first devoted exclusively to P.V., caused quite a stir and served as a reference for both friendly and hostile critics for a long time. Moreover, Thibaudet was the first critic to claim any influence of Bergson on P.V.

277. Vaissière, Robert de la: Anthologie poétique du XXe siècle. P., Crès, 1923. 2 vols.

Except for P.V. and Mme de Noailles this anthology includes only poets not in the Van Bever and Léautaud anthology. The editor realized that both had given their best work in the past twenty years. P.V.'s poems which he includes are "L'Abeille" [a favorite for articles and anthologies], "Le Vin perdu," "La Fausse Morte," "Les Grenades," "Intérieur," "Le Sylphe" and "Palme," a wide choice. The "notice" devoted to P.V. contains no judgement whatever except this comment: "Après cette date [1898], M. Paul Valéry garde longuement le silence" (vol. II, 182). According to Lucien Dubech in Les Chefs de file de la jeune génération, 1925, page 120, Vaissière printed word for word the "notices" submitted by the poets themselves. If this is true, then

P.V. once more contributed to forging his own myth. There was an "édition augmentée" in 1924 which was reviewed in [488].

278. Varillon, Pierre et Henri Rambaud: Enquête sur les maîtres de la jeune littérature... P., Bloud et Gay, 1923. 351 p.

Reprinted from the Revue hebdomadaire, 30 September-December 1922. As Etiemble noted in Le Mythe de Rimbaud, I, 1954, this is an "enquête d'inspiration maurrassienne" (p. 152): the young writers consulted were by no means revolutionaries. The results indicate that, for those writers consulted, P.V. was definitely a "maître" in 1922. The principal "maîtres," named in order of importance, were: Baudelaire, Valéry and Maurras.

Mauriac replied that there could be no doubt as to the future of the "genres traditionnels" in the era of Proust and Valéry. P. Lièvre saw P.V. as the apogee of the return to regular prosody and predicted imminent anarchy. (Cf. [407].) Montherlant expressed admiration for Mme de Noailles and P.V. Pierre Camo, a member of the "Nouvelle Pléiade," stated: "Le symbolisme, enfin, met une marque éclatante sur notre époque avec l'oeuvre de Valéry" (p. 152). L. Fabre offered the best comment on P.V.'s work. He feared that P.V.'s "leçon de probité, de méthode, d'analyse et de synthèses concises" would be lost on his contemporaries who would not show a sufficient "dédain du temps et des contingences étranger à l'état présent de la stratégie littéraire" (p. 173).

Following the "enquête" the "maîtres" named were invited to offer their comments. Gide politely declined, stating: "L'exemple de Proust et Valéry, me permet de penser que les plus importants et intéressants jeunes hommes d'aujourd'hui ne laisseront connaître leur valeur que dans quelques vingt ans d'ici" (p. 305). A sage reply.

279. Billy, André: "Paul Valéry," L'Oeuvre, [exact date unknown] (1923), [M]. [VRY Ms. 993, I, 16]

Billy reflects the mood of the Varillon & Rambaud volume, noting that within the past four to five years the young writers have ceased to herald Claudel and now consider P.V. the greatest poet of the day. He personally prefers "Dormeuse" to P.V.'s other poems but adds that "Ebauche d'un serpent" and "La Pythie" are his most significant. Billy concludes: "Prince de la Jeunesse, tel est le titre qu'il semble opportun de restaurer pour l'en couronner...."

280. Favre, Pierre: "Place de Paul Valéry," Le Mouton blanc,

1ère série, no. 4 (janvier 1923), pp. 19-22.

A serious article which went completely unnoticed. Favre, like the other contributors to Le Mouton blanc, insisted on P.V.'s being "la floraison suprême et miraculeuse d'un classicisme mort." I fail to see the usefulness of such a notion except in terms of a questionable concept of evolution in literature. Favre also objects that certain of P.V.'s alliterations in "Fragments du Narcisse" are "précieuses," another term which in criticism has no objective connotation. Favre futher accuses P.V. of an "éléatisme..un peu sommaire" in Le Cimetière marin, thus attributing to the poet a philosophical intention which is absent from the poem. He goes so far as to warn P.V. against the fate of Sully Prudhomme. (Cf. ⌐420¬.) André Thérive's comment in ⌐275¬ applies perfectly here.

281. Hytier, Jean: "La Doctrine du Mouton Blanc," Le Mouton blanc, 1ère série, no. 4 (janvier 1923), pp. 11-13.

Hytier offers this appreciation of Mme de Noailles: "Elle achève le romantisme comme Valéry termine le classicisme ancien. Il y a entre eux la différence d'un art qui s'ignore à un art qui se connaît. Mais ni l'un ni l'autre n'appartiennent à notre temps." Hytier had explained why in ⌐266¬.

282. Gide, André: "En relisant Les Plaisirs et les jours," NRF, XX, no. 112 (janvier 1922), 123-26. ⌐VRY Pr. 131-32 in 12¬

"Tous deux ⌐Proust and P.V.¬, à bien peu de chose près, du même âge, publièrent à peu près en même temps leurs premiers écrits; puis se turent pendant quinze ans. Un recensement des forces intellectuelles françaises, un an avant la guerre, ne les eût même pas signalés, et pour cause." (Gide had used the same comparison in ⌐215¬.) "A notre époque impatiente quel bel exemple ils donnent, montrant à quelle subite gloire peut atteindre le dédain du succès, et de quelle domination devient capable un artiste qui sait attendre." (Here Gide echoes Fabre in ⌐278¬.)
Reprinted in ⌐402¬.

283. Aragon, Louis: "Correspondance privée," Littérature, nouvelle série, no. 8 (1er janvier 1923), p. 5.

Aragon's fourth letter reads: "Monsieur//Veuillez passer chez moi lundi matin. Je tiens à votre disposition tout un lot d'éditions originales de Paul Valéry, Léon-Paul Fargue, André Gide...desquelles quelques-unes avec dédicace."

Literary house cleaning? Aragon had not yet made a definitive break with P.V., or so one would suppose, since he published an "Introduction à la métaphysique du rêve" in no. 2 of Commerce (edited by P.V., Fargue and Larbaud), for Autumn 1924.

284. Vandérem, Fernand: "Les Lettres et la vie," Revue de France, III, no. 1 (15 janvier 1923), 375-98.

Vandérem continues to query whether P.V.'s success is the signal of a rebirth of classical prosody in France. He probably read Thérive's article ᴄ247ᴐ, since he calls Alibert a "frère d'esprit" or at least a "cousin de M. Paul Valéry." Vandérem seems determined to hitch all wagons, including his own, to P.V.'s star.

285. Souday, Paul: "Les Livres," Le Temps, 25 janvier 1923, p. 3.

Souday admits that his review of Charmes ᴄ235ᴐ was "un sujet qui m'était particulièrement cher."

286. Cabrillac, Henry: "La Revue des livres," L'Ane d'or, Montpellier, 2e année, no. 2 (février 1923), pp. 55-60. ᴄVRY Pr. 409 in 8ᴐ

Cabrillac seconds Lalou's judgement of P.V. in ᴄ194ᴐ.

287. Harlaire, André: "A propos de Paul Valéry--la poésie de l'intelligence," L'Ane d'or, Montpellier, 2e année, no. 2 (février 1923), pp. 31-41. ᴄVRY Pr. 409 in 8ᴐ

Harlaire is of a generation that did not experience the aesthetic battles of symbolism... His point of view is that of a new generation. Considering P.V. "l'héritier direct d'un symbolisme épuré," he is obliged to conclude: "Il n'est point un commencement, mais un aboutissementᴄ,ᴐ un splendide achèvement. Il n'est pas un créateur de valeur nouvelle. Ce qu'il y a de plus visible en lui est resté isolé et sans ramifications possibles. Seul un élément trouble d'inconscient mal révélé s'infiltre passagèrement au dehors,

--et seul peut-être Dada pourrait à juste titre s'en réclamer. Quoi qu'on dise, quoi qu'on ait pu espérer ⌐,⌐ ce n'est pas Valéry qui posera la première pierre d'un classicisme moderne."

Harlaire's talk of "un classicisme moderne" seems to place him in the camp of P. Favre and J. Hytier (cf. ⌐280⌐, ⌐281⌐). His comment on P.V. and Dada strikes the mark. See ⌐106⌐. In light of P.V.'s undeniable influence on Dada it is amusing to observe the neo-classicists, both poets and critics, hailing P.V. as their leader.

288. Gourmont, Jean de: "Littérature," <u>Mercure de France</u>, CLXI (1er février 1923), 749.

A review of <u>Approximations</u> by Du Bos ⌐191⌐: "...des études subtiles sur Paul Valéry."

289. Lefèvre, Frédéric: "Une Heure avec M. Henry Bordeaux," <u>Les Nouvelles littéraires</u>, 2e année, no. 17 (10 février 1923), pp. 1-2.

Bordeaux is quoted as saying: "Hélas! aujourd'hui nous manquons de poètes, c'est vraiment affligeant: il n'y a guère que Louis Mercier, Paul Valéry, un peu hermétique mais curieux...." And Louis Mercier?

290. Souday, Paul: "Les Livres," <u>Le Temps</u>, 22 février 1923, p. 3.

Reviewing Lalou's <u>Histoire de la littérature</u>... ⌐194⌐, Souday criticizes his "manie hyperbolique, qui lui fait déclarer Moréas plus mince et moins pur que M. Paul Valéry.... Mais il a bien raison de louer longuement Gide et Valéry...." In 1927 ⌐1522⌐ Souday admitted that his first allegiance in poetry had always been to Moréas. In 1923 P.V. still stood in second place for Souday.

291. P.⌐aul⌐ S.⌐ouday⌐: "Autour de Renan," <u>Le Temps</u>, 26 février 1923, p. 1.

Souday quotes from P.V.'s reply to the "enquête" on Renan in <u>Le Figaro</u>.

292. Rodrigue, G.-M.: "Paul Valéry à Bruxelles," <u>Le Thyrse</u>,

⌐296⌐

Bruxelles, 25e année, 4e série, XX, no. 5 (1er mars 1923), 85-86.

An enthusiastic compte rendu of P.V.'s talk on "la postérité de Baudelaire" in Brussels on 17 February at the invitation of the "Ecrits du Nord." "Il nous a montré chez Baudelaire les influences de Poë, Wagner, Delacroix, Stendhal, Joseph de Maistre et même Banville."

293. Garnier, A.-P.: "Remarques sur M. Paul Valéry," La Muse française, II, no. 3 (10 mars 1923), 138-49.

Garnier objects to P.V.'s reworking a poem like "Narcisse parle," apparently considering the "Fragments du Narcisse" to be later versions of the same poem. Similarly, La Jeune Parque is an "illisible...essai fatal et manqué de poésie pure, sans autre limite que ses propres moyens et les ténèbres." D. Braga had used these arguments in ⌐234⌐. Pompous.

294. Souza, Robert de: "Poétique," Mercure de France, CLXII (15 mars 1923), 795-801.

R. de Souza criticizes P.V.'s prefaces to Connaissance de la déesse and Adonis, with particular reference to "la phonétique" and "la physique de la poétique". See his attack on P.V. in ⌐366⌐.

295. P.⌐aul⌐ S.⌐ouday⌐: "Pascal et Renan," Le Temps, 19 mars 1923, p. 1.

Souday rewords his comments on P.V. and Pascal printed in ⌐259⌐.

296. Bongnie, Emile de: "A propos d'une visite," La Bataille littéraire, Bruxelles (⌐avril⌐ 1923), pp. 29-32.

P.V.'s visit to Brussels began on 14 February, according to Mme Rouart-Valéry (Pléiade, I, 46). Le Thyrse ⌐292⌐ had already reported on P.V.'s talk of 17 February. E. de Bongnie considers the more general subject of P.V.'s position in contemporary letters. He judged this position to be an elevated one. "Telles sont la hauteur de son oeuvre et l'autorité de sa doctrine, que Valéry ne peut désormais quitter son pays sans prendre figure d'ambassadeur extraordinaire des lettres françaises." See also F. Hellens in ⌐1151⌐.

296 a. Breton, André: "André Breton n'écrira plus," <u>Journal du peuple</u>, 7 avril 1923, ⌐X¬.

Breton casts P.V. into the outer darkness:
"Je considère la situation des choses que je défends comme désespérée. Je tiens même la partie pour absolument perdue. Mais il ne faut rien faire pour guérir cette plaie que représentent l'oeuvre de Cocteau, de Rivière, de Morand, les livres récents de Paul Valéry, 'Les Nouvelles littéraires', etc. Dites bien que je n'aurai jamais assez d'injures pour ces gens-là."
Cited by M. Sanouillet in <u>Dada à Paris</u>, P., J.-J. Pauvert, 1965, p. 377.

297. Souday, Paul: "Les Livres," <u>Le Temps</u>, 12 avril 1923, p. 3.

Another review of F.-P. Alibert's <u>Odes</u>. So many critics had mentioned P.V. in relation to Alibert that Souday admits, reticently, that Alibert may have been "influencé...peut-être un peu...par M. Paul Valéry."

298. Marlow, Georges: "Chronique de Belgique," <u>Mercure de France</u>, CLXIII (15 avril 1923), 509.

Marlow's is the third account of P.V.'s lectures in Belgium on "La Poésie pure" and "Baudelaire et sa postérité." Of P.V. he writes: "C'est la jeunesse d'aujourd'hui qui livre bataille autour de Marcel Proust et de Paul Valéry."

299. Souday, Paul: "Les Livres," <u>Le Temps</u>, 26 avril 1923, p. 3. ⌐VRY Ms. 993, I, 17-18¬

Souday's weekly column is entirely devoted to an article on <u>Eupalinos...</u>, <u>L'Ame et la danse</u> and <u>La Soirée avec M. Teste</u>. He gives free rein to his love of philosophical speculation and embroiders his own notions upon P.V.'s texts. This is certainly not Souday's best article on P.V., but it is probably his most important. It was here that Souday struck upon the formula: "Un prince de l'esprit s'avance..." which can be said to have gained mythical stature overnight. From this date "Un prince de l'esprit" adhered to P.V.'s name and recurred constantly. Souday reprinted the article in <u>Paul Valéry</u> ⌐1189¬ under the title "Eupalinos--La Soirée avec M. Teste." P.V.

⌐302⌐

wrote to Souday to thank him for the "étude si importante et si précieuse pour moi" (Lettres à quelques-uns, pp. 146-47). Noted by Talvart, Fiche..., 7e année, 1928, no. 16.

300. Lalou, René: "Deux Dialogues socratiques par Paul Valéry," Vient de paraître, 3e année, no. 18 (mai 1923), pp. 14-16.

A long compte rendu of L'Ame et la danse and Eupalinos..., largely descriptive, preceded by this excellent judgement of P.V.'s work: "Appeler Valéry un néo-symboliste ou un néo-classique, invoquer à son propos certains souvenirs d'Ingres ou le précédent de Baudelaire, voilà des approximations, utiles d'abord, vite insuffisantes: les clefs de son royaume, il les faut demander à lui seul. Car, de Racine à Mallarmé, aucun autre créateur d'arbitraire--de suprême réalité artistique--n'a enserré la pensée dans le réseau d'une analyse plus souple et plus exacte. Chacune de ses méditations remet en question l'univers intellectuel et le reconstruit afin qu'en puisse jaillir le chant libérateur, 'Honneur des Hommes, Saint Langage...'" (p. 14). Noted by Talvart, Fiche..., 7e année, 1928, no. 16.

301. Anon.: "Anthologie poétique de XXe siècle," Vient de paraître, 3e année, no. 18 (mai 1923), ⌐unpaginated⌐.

A publicity announcement for R. de la Vaissière's anthology ⌐277⌐ which asks this question: "...combien de lecteurs, hors d'un milieu privilégié, ont suivi et apprécié un Apollinaire, un Claudel, un Toulet, un Valéry?" This is an excellent argument in favor of such an anthology.

302. Clauzel, Raymond: "Troisième introduction à Paul Valéry," Le Monde nouveau, 5e année, III, no. 9 (1er mai 1923), 44-52. ⌐VRY Pr. 503 in 8⌐

The two preceding installments were published in ⌐221⌐ and ⌐229⌐. Here Clauzel treats P.V. the poet. His suspicion of any attempt to revitalize classical prosody leads him to prefer the Album de vers anciens to Charmes. "Mais l'Album de vers anciens révèle un poète artiste, un poète créateur de ses formes, dont je serais personnellement désespéré que Paul Valéry oubliât le prestige au profit d'un classicisme de formes suranné." His comments on Charmes are therefore somewhat distorted, but his appreciation of the earlier poems is good.

Reprinted in ⌐1142¬. Mentioned in the Chronique des lettres
françaises, I, 1923, 900.

303. P.⌐aul¬ S.⌐ouday¬: "Béraud contre Gide," Le Temps, 4
mai 1923, p. 1.

Writing of the current hostilities between Henri Béraud (Prix
Goncourt, 1923: Le Martyre de l'obèse) and the NRF-Gallimard, Souday
states: "Ainsi, d'après M. Henri Béraud, sont ennuyeux Claudel, Gide,
Paul Valéry, Jean Giraudoux, Paul Morand, Jules Romains...etc."
Souday was wrong, insofar as P.V. is concerned. See Béraud's
denial of any intention to involve P.V. ⌐213¬, and Gide's letter in
Les Nouvelles littéraires ⌐307¬.

304. Lefèvre, Frédéric: "Une Heure avec M. Charles Maurras,"
Les Nouvelles littéraires, 2e année, no. 29 (samedi 5 mai 1923), pp.
1-2.

Lefèvre places above his interview, in italics, a quote from
P.V. Maurras is supposed to have said: "Quand je pense qu'un lour-
daud faisait récemment l'exégèse des poèmes de Valery ⌐sic¬, un manuel
de philosophie à la main! L'essentiel du poème, voyez-vous, c'est la
qualité de l'accent. Or, la qualité des accents et les arabesques
rythmiques du Magicien de Charmes sont incomparables. ..." I suspect
Maurras had in mind Raymond Clauzel's article ⌐302¬ in which Clauzel
condemned neo-classicism, an attitude sure to incite the anger of
Maurras. Reprinted in ⌐405¬.

305. Berl, E.⌐mmanuel¬: "Le Courrier de Paris--la vie litté-
raire--les lettres," L'Europe nouvelle, 6e année, no. 19 (12 mai 1923),
pp. 591-92.

A very favorable review of Eupalinos... and L'Ame et la danse
in which Berl makes what is probably the first published comparison of
P.V. with Alain: "C'est un Alain qui ne se résignerait pas à déplorer
les empiètements du corps sur l'âme. Il en est fort gêné. Peut-être
Socrate moqué par M. Valéry qui se plaît à mettre dans sa bouche
des paroles si peu socratiques, se venge-t-il ironiquement de lui en
l'empêchant d'être bien d'accord avec soi-même."
"Un prince de l'esprit," says Berl of P.V., admitting that he
borrowed the phrase from Souday.

⊏309⊐

306. Vandérem, Fernand: "Les Lettres et la vie," <u>Revue de France</u>, III, no. 4 (15 mai 1923), 380-403.

"Pour en revenir au livre de M. Paul Valéry, sachez que les deux dialogues dont il se compose: <u>Eupalinos</u> <u>ou</u> <u>l'architecte</u> et <u>l'Ame</u> <u>et la Danse</u> rentrent dans la catégorie de ces ouvrages hermétiques, mentionnés par la notice ci-dessus ⊏taken from the Van Bever & Léautaud anthology⊐ et où s'entremêlent poésie, métaphysique et méditations. Je n'ai pas lu <u>Eupalinos</u>, préférant me réserver d'examiner à loisir si relève ou non de ma rubrique cette étude d'esthétique sur l'architecture comparée aux autres arts."

Could one imagine a more perfect example of critical incompetence? Vandérem none the less reprinted this ridiculous statement in ⊏601⊐.

307. Gide, André: "Pro Domo--lettre ouverte à M. T'serstevens," <u>Les</u> <u>Nouvelles</u> <u>littéraires</u>, 2e année, no. 32 (samedi 26 mai 1923), p. 1.

Gide accuses T'serstevens and H. Béraud of treating as "ennuyeux" P.V. and a number of other writers published by nrf. See ⊏303⊐, and ⊏394⊐.

308. ⊏Mlle⊐ J.⊏eanne⊐ L.⊏ichnerowicz⊐ et J.⊏oseph⊐ P.⊏lace⊐: "Le Mouvement des lettres--prix littéraires," <u>Chronique</u> <u>des</u> <u>lettres</u> <u>françaises</u>, I (mai-juin 1923), 482-83.

P.V. won the "Prix des Peintres" (15,000 fr.) by a vote of 15 to 4 "pour l'ensemble de son oeuvre." He is further mentioned as a member of the jury of the "Prix de la Pléiade" which awarded its first prize to the poet Jean Lebreau. The voting for the "Grand Prix de littérature" of the French Academy on 28 June was: François Porché--14; P.V.--9; Camille Mauclair--1. Several critics, Souday most notably, protested that P.V. should have won the prize.

309. André-May, Pierre: "Notes--la poésie," <u>Intentions</u>, 2e année, no. 16 (juin 1923), p. 27. ⊏VRY Pr. 491 in 8⊐

André-May reviews Mlle Monnier's <u>La Figure</u> ⊏271⊐. He mentions P.V. as one of the writers who frequent her book shop, which was one of the most influential literary circles of the day.

The column "Les Revues" in the same number recommends P.V.'s "Au sujet d'Eurêka" in the Revue européenne for May. Note that P.V. dedicated the article to Lucien Fabre.

310. Esquerré, Marthe: "Les Dialogues de Paul Valéry," Intentions, 2e année, no. 16 (juin 1923), pp. 24-26. ⸤VRY Pr. 491 in 8⸥

Marthe Esquerré offers some valuable comments on the relation of Eupalinos to Socratic dialogue: "Nous n'assistons point ici à la découverte progressive de la vérité par une série de déductions savamment conduites. L'auteur ne s'est point proposé de nous faire assister aux curieux détours d'une puissante et subtile dialectique qui traque la pensée trop débile de l'adversaire et, de concession en concession, l'oblige à reconnaître des propositions tout d'abord contestées. Aucun disciple ne finit par se soumettre à une opinion dont il avait commencé par nier la valeur, faute de vigueur et de lucicité. Le dialogue n'est pas ici discussion, mais il est constitué par les parties alternées d'un même mouvement oratoire. Il s'achemine vers le lyrisme bien plus que vers le drame, et nous rend témoins d'une effusion individuelle unique plutôt que de l'organisation profonde des personnages qu'il anime. Mais cette forme dialoguée permet au discours de se dérouler avec une variété et une grâce dignes de 'cette puissance légère qui est le propre de l'abeille comme elle est le souverain bien de la danseuse.'" (Cf. Du Bos in ⸤215⸥.)

311. x: "Dialogue des machines," Intentions, 2e année, no. 16 (juin 1923), pp. 15-23. ⸤VRY Pr. 491 in 8⸥

A dialogue between Palfer and Anor dedicated "A Paul Valéry."

312. XXX: "Les Revues," NRF, XX, no. 117 (juin 1923), 971-72. ⸤VRY Pr. 133 in 12⸥

This entire column is devoted to a reprint of part of the "étude sur l'Eurêka d'Edgard ⸤sic⸥ Poë, que Paul Valéry donne à la Revue Européenne (1er mai)...." Noted by J. Hytier, Pléiade, I, 1757.

313. Lalou, René: "Les Livres qu'il faut avoir lus," Vient de paraître, 3e année, no. 19 (juin 1923), pp. 35-36.

A review of La Figure ⌐271⌐; Lalou mentions Mlle Monnier's poem on P.V.

314. Lefèvre, Frédéric: "Une Heure avec M. Jean Giraudoux," Les Nouvelles littéraires, 2e année, no. 33 (samedi 2 juin 1923), pp. 1-2.

Giraudoux had been attacked by H. Béraud for supposedly doing favors for the authors of the Gallimard publishing house while in the Ministère des Affaires Etrangères. According to Lefèvre, Giraudoux commented: "Quand M. Hauser, professeur à la Sorbonne, revint d'Esthonie et de Lithuanie, il constata, par exemple, que les libraires avaient à leurs étalages les ouvrages d'André Gide, Paul Claudel, Marcel Proust, Paul Valéry et André Suarès. Mais ces livres y vont d'eux-mêmes et, à ma connaissance, sans aucune subvention." See ⌐307⌐. Reprinted in ⌐404⌐.

315. Delamarche, Léon: "Carnet d'un bibliophile," L'Eclair, 36e année, no. 12,510 (4 juin 1923), p. 3.

Delamarche reviews P.V.'s "Livres," which prefaced Gallimard's Catalogue de livres anciens et modernes, no. 3 (mai 1923), pp. 1-2. In the supplement to that volume a copy of P.V.'s Odes (1920) was offered at 300 fr. Delamarche reflects on P.V. and "le livre comme objet." His theme, which contains traces of the myth of P.V.-Teste, can be reduced to the naïve proposition: how bibliophilism saved a great writer from financial disaster.

316. Thibaudet, Albert: "La Poésie de Paul Valéry," Revue de Paris, XXX, no. 3 (15 juin 1923), 811-42.

This important article is the pre-original of approximately one third of Thibaudet's Paul Valéry, which was printed one month later. It corresponds almost exactly to pages 94-159 of the volume and contains the exegeses of La Jeune Parque and Charmes.

317. Maurras, Charles: "Les Nouvelles Générations de poètes," La Revue universelle, XIII, no. 6 (15 juin 1923), 657-69.

Maurras, named as one of their "maîtres" by the young writers who answered the Enquête sur les maîtres de la jeune littérautre, publishes here his comments on the survey. (These same comments were printed on pages 306-24 of ⸢278⸣.) Maurras was understandably pleased by the return to favor of neo-classical prosody and it is in this context that he praises P.V.'s achievement and his superiority over a former "maître"--Mallarmé. A résumé of this article appeared in Chronique des lettres françaises, I, 1923, 807-10.

318. Béraud, Henri: "Deux Histoires pour les incrédules," L'Eclair, 18 juin 1923, ⸢x⸣.

P.V.'s name once again serves as a buffer against the enemy in Béraud's campaign against the spirit and practice of the NRF and the Gallimard publishing house. Reprinted in ⸢394⸣.

319. Béraud, Henri: "Nouvelle Histoire pour les incrédules--une lettre, est-ce un faux?" L'Eclair, 26 juin 1923, ⸢x⸣.

Béraud reiterates that his attack is in no way concerned with P.V. Reprinted in ⸢394⸣.

320. Souday, Paul: "Les Livres--le troisième centenaire de Pascal," Le Temps, 28 juin 1923, p. 3.

Souday for the third time quotes P.V. against Pascal. See ⸢259⸣ and ⸢295⸣.

321. Lalou, René: "Ce qui se raconte--autres prix," Vient de paraître, 3e année, no. 20 (juillet 1923), p. 3.

According to Lalou, P.V. had won the "Prix des Peintres," donated by Ambroise Vollard, "à l'unanimité." This report conflicts with that of the Chronique des lettres françaises ⸢308⸣. The nineteen jurors, whose names had been published in Vient de paraître, were: Picasso, Albert Besnard, Sem, Forain, Abel Faivre, Vuillard, X.-K. Roussel, Maurice Denis, Gervex, Jean Puy, Van Dongen, Ernest Laurent, Vlaminck, Lucien Simon, Georges Rouault, Maxime Dethomas, Laprade, Henri Matisse, Pierre Bonnard.

322. Charpentier, John: "Paul Valéry," Le Crapouillot, 1er juillet 1923, ⸢x⸣.

⌐326┐

"A consulter" according to Talvart's Fiche..., 7e année, 1928, no. 16. Unfortunately, no such article exists in Le Crapouillot between June and August 1923.

323. Lalou, René: "Les Vivants et les morts," La Renaissance d'occident, Bruxelles, 4e année, VIII, no. 1 (juillet 1923), 129-32. ⌐VRY Pr. 565 in 8┐

Lalou's article is based on P.V.'s "trois leçons sur 'La poésie pure au 19me siècle'." (Cf. ⌐292┐, ⌐296┐ and ⌐298┐.) This had been the general topic of P.V.'s lectures in Belgium five months earlier. Lalou notes that the term "poésie pure" had aroused controversy since the publication of Connaissance de la déesse in 1920. He restates the concept in a paraphrase of P.V.'s own words. Lalou defends P.V. against the critics who charge him with intellectualizing poetry; he stresses P.V.'s "intellectualisme sensuel," a valuable notion he had already touched upon in his Histoire de la littérature... ⌐194┐. He cites the article ⌐315┐ by Delamarche. Noted by Talvart, Fiche..., 7e année, 1928 no. 16.

324. Souza, Robert de: "Poétique," Mercure de France, CLXV, no. 601 (1er juillet 1923), 224.

According to R. de Souza, Maurras had compared the strophic form used by P.V. to that of Malherbe or J.-B. Rousseau (in ⌐304┐). He comments: "La strophe de Jean-Baptiste Rousseau a été épouvantablement durcie et ossifiée par les rimes redoublées, ultra parnassiennes de M. Paul Valéry et sa 'gymnastique antimusicale', suivant le mot si juste de M. Fernand Divoire." It is perfectly obvious that Maurras had intended nothing like the condemnation of P.V. which Souza would have his readers accept. Moreover, Souza distorted the words used by Divoire in ⌐187┐, if not his meaning.

325. Anon.: "Echos--prix littéraires," Mercure de France, CLXV, no. 601 (1er juillet 1923), 282-83.

According to this source the "Prix des Peintres" had been awarded for the first and last time.

326. Fierens, Paul: "L'Eupalinos de Paul Valéry," NRF, XXI, no. 118 (1er juillet 1923), 5-12.

A long and enthusiastic review of Eupalinos... and L'Ame et la danse: "Nul ouvrage du poète ne me paraît aussi transparent que les dialogues où non seulement nous l'admirons qui pense, mais qui se regarde penser." A résumé of this review was printed by the Chronique des lettres françaises, I, 1923, 549-51.

327. Souday, Paul: "Les Livres," Le Temps, 5 juillet 1923, p. 3.

Souday turns P.V.'s defeat in the voting for the "Grand Prix de littérature" into a propaganda victory, and enjoys taunting the Academy at the same time: "Que celui-ci [P.V.] eût obtenu le prix des peintres, ce ne pouvait être un obstacle, puisque ce n'en a pas éte un pour M. de Chateaubriant d'avoir eu le prix Goncourt. En vérité, l'Académie se fait une étrange conception de la poésie. A moins pourtant, et ce serait la seule explication raisonnable de ce choix, qu'elle n'ait voulu signifier qu'un simple prix étant insuffisant pour l'auteur de la Jeune Parque, de Charmes et d'Eupalinos, elle lui réserverait prochainement un fauteuil."
Did Souday know that Hanotaux had urged P.V. to declare his candidacy for Delcassé's chair? Probably the majority of Souday's readers had no idea how serious he was about obtaining a chair at the Academy for P.V.

328. Farges, Abel: "La Poésie dans les revues," La Muse française, II, no. 7 (10 juillet 1923), 529.

Farges reprints twelve lines of "Etude pour Narcisse" from the NRF for 1 June. "Nous n'ajouterons rien aux pages sur Paul Valéry que M. A. P. Garnier a publiées dans La Muse Française du 10 mars [293] et qui ont été si remarquées." Not a particularly enthusiastic recommendation, given the tone of Garnier's article.

329. Souday, Paul: "Les Livres," Le Temps, 12 juillet 1923, p. 3.

"...il y a des clartés d'ordres différents, selon la valeur de la pensée à exprimer; la clarté d'un Shelley ou d'un Paul Valéry ne peut être celle d'un faiseur de romances." An elegant manner of combating the charge of "hermétisme." Souday always made too much of the "pensée à exprimer" in P.V.'s poetry and this may explain why he never successfully countered the charge of "hermétisme."

330. Boulenger, Jacques: "Paul Valéry et le grand prix de littérature," L'Opinion, 13 juillet, [x].

Boulenger echoes Souday's regret that P.V. did not receive the "Grand Prix de littérature," declaring him worthy of the De viris illustribus. He quotes "Dormeuse" in toto: "...peinture sensuelle et intellectuelle ensemble, ...exemple de la plus exquise musique de mots." Quoted in Chronique des lettres françaises, I, 1923, 518-19 and noted by Talvart, Fiche..., 7e année, 1928, no. 16.

331. Vandérem, Fernand: "Les Lettres et la vie," Revue de France, III, no. 4 (15 juillet 1923), 387-412.

Vandérem mentions P.V. largely to reinforce his remarks on "Ce regain de vogue dont bénéficient la rythmique et les modes malherbiens...." Since his article of 15 July 1921 he seems to have had second thoughts about calling P.V. a "chef d'école." He states with reference to Lucien Fabre: "Autre isolé que M. Lucien Fabre, car, pour étroit féal qu'il passe de M. Paul Valéry, on ne distingue rien en lui d'un obédient disciple."

332. P.[aul] S.[ouday]: "Vues sur Pascal," Le Temps, 23 juillet 1923, p. 1.

Souday has a good word for P.V.'s "Variation sur une 'Pensée'" in the Revue hebdomadaire for 14 July. This comes as no surprise.

333. Anon.: [Note], La Renaissance, 11e année, no. 30 (28 juillet 1923), p. 10.

This note is critical of P.V.'s "Variation sur une 'Pensée'." The anonymous author, who later identified himself as the Pascalian Fortunat Strowski, quoted the passage concluding "Je vois trop la main de Pascal." He added: "O métaphor! La main de Pascal!...//Cette pensée ne nous est point parvenue autographe; nous l'avons par une copie. Nous ne savons pas si ce n'est point une citation. Nous ne savons pas si Pascal ne la conservait pas comme un mouvement de sottise déclamatoire. Nous ne savons pas si Pascal ne la prêtait point à un correspondant imaginaire, à un 'provincial' avec qui il voulait débattre les preuves de la religion chrétienne.//Bref, nous ne savons rien de ce 'silence' et de ces 'espaces,' sinon que ce n'est pas de 'la main de Pascal'!//Belle chose, la rhétorique!"

334. P.⟨aul⟩ S.⟨ouday⟩: "Autres Vues sur Pascal," Le Temps, 30 juillet 1923, p. 1.

Souday cites Strowski's note ⟨333⟩, omitting only the sentence supposing a possible "sottise déclamatoire." He considers the anonymous critic's comments to be stupid, pointing out that P.V.'s "metaphor" has nothing to do with whether the "pensée" is literally "de la main de Pascal" and adding that P.V.'s statement was meant to cover Pascal's entire apologetic system. Souday, of course, was only too happy to engage a controversy in which he could attack Pascal behind the façade of a literary dispute. See ⟨342⟩.

335. F.F.: "Le Dîner du Divan," Le Divan, 15e année, no. 91 (juillet-août 1923), pp. 370-76.

F.F. relates the proceedings at a banquet given by the review for its director, Henri Martineau, on 2 July. "Enfin, il n'y eut que deux discours, mais ils étaient parfaits. Tristan Derème, de sa voix sonore, lut celui de Paul Valéry, empêché de venir...⟨P.V.'s text follows⟩" (p. 371).
Derème reprinted part of this speech in ⟨345⟩.

336. XXX: "Prix," NRF, XXI, no. 119 (août 1923), 256.

More on P.V. and the "Prix des Peintres." Insignificant.

337. Bocquet, Léon: "Lettre de Paris," La Renaissance d'occident, Bruxelles, 4e année, VIII, no. 2 (août 1923), 374-75. ⟨VRY Pr. 566 in 8⟩

Bocquet feels obliged to introduce to his readers the laureate of the "Prix des Peintres." He should not have bothered. His review of P.V.'s years of obscurity repeats the mythical elements found in the various anthologies. Bocquet refers to "ses admirateurs, qui sont devenus ajuourd'hui ses fanatiques...." He makes this startling comparison to Lucretius: "M. Paul Valéry n'est point Lucrèce et par ailleurs si ses concepts et son classicisme dépouillé et aride évoquent quelqu'un c'est Jean-Baptiste Rousseau." (M. Bocquet cannot be accused of not reading his colleagues' more ingenious criticisms.) He concedes to P.V. only "quelques vers descriptifs admirables et quelques impressions d'un symbolisme voisin du génie."

〚342〛

338. Lalou, René: "Les Vivants et les morts," La Renaissance d'occident, Bruxelles, 4e année, VIII, no. 2 (août 1923), 367-68. 〚VRY Pr. 566 in 8〛

Lalou merely repeats some of his chapter on P.V. in 〚194〛. He quotes the fifteenth strophe of "Ebauche d'un serpent" which he has chosen to illustrate the "fusion de l'abstrait et du concret, de l'intellectuel et du sensuel." By an amusing irony Bocquet on page 374 of this same number finds in "Ebauche d'un serpent" only a "jeu un peu vain des allitérations."

339. Anon.: "Ce qui se raconte," Vient de paraître, 3e année, no. 21 (août 1923), p. 3.

P.V. did not receive the French Academy's "Grand Prix de littérature": "...on a beaucoup polémiqué...." Gossip.

340. Régnier, Henri de: "Par Valéry vers Mallarmé," Revue de France, III, no. 4 (1er août 1923), 642-48.

Régnier wishes to make clear that he, for one, did vote for P.V. for the "Grand Prix de littérature." His article recalls a holiday he spent at Valvins in company of Mallarmé and Elimir Bourges. His comments on P.V. relate to P.V.'s student rooms in Paris and his presence at the literary gatherings of Heredia and Mallarmé. Reprinted in 〚598〛. Mentioned in the Chronique des lettres françaises, I, 1923, 900. Noted by Talvart, Fiche..., 7e année, 1928, no. 16.

341. P.〚aul〛 S.〚ouday〛: "Histoires de décorations," Le Temps, 3 août 1923, p. 1.

Souday had advance word that P.V. was to be named to the Légion d'Honneur.

342. P.〚aul〛 S.〚ouday〛: "Controverses sur Pascal," Le Temps, 6 août 1923, p. 1.

Fortunat Strowski in a recent article had admitted authorship of the note in La Renaissance 〚333〛. Souday continues the debate. In 1930 P.V. published notes on his "Variation..." which clarify his statement: "Je vois trop la main de Pascal." He had merely attributed a literary intention to Pascal (Pléiade, I, 464) which does not contradict the suppositions concerning Pascal's intent advanced by Strowski's original article. It is doubtful, however, that P.V.'s motives were purely literary. See ⸤352⸥.

343.   Souday, Paul: "Les Livres," Le Temps, 9 août 1923, p. 3.

In a review of Marcel Coulon's Le Problème de Rimbaud Souday relates Rimbaud's silence to P.V.'s: "Est-ce que M. Paul Valéry, d'ailleurs pour des raisons absolument différentes et dont la carrière n'offre aucune autre analogie avec celle de Rimbaud, ne s'est pas tenu à l'écart pendant une vingtaine d'années? Peut-être Rimbaud, lui aussi, après une longue période de retraite et de silence, eût-il fait, comme M. Valéry, une rentrée éclatante."

Had Etiemble included this review in Le Mythe de Rimbaud, I, 1954, he could have observed a curious phenomenon: the mutual contamination of two myths, P.V. the hero of the intellect and Rimbaud the "Poète maudit." For Souday, who by this date was actively engaged in advancing P.V.'s cause, any excuse was valid reason to vaunt his exploits. As Etiemble has amply demonstrated, elaboration of a myth is far more effective than a simple presention of the facts, and "Un Prince de l'esprit" was destined for a glorious future.

344.   Anon.: "Légion d'Honneur," Le Temps, 10 août 1923, p. 6.

This is the offical announcement of P.V.'s nomination as "chevalier."

345.   Derème, Tristan: "Enquête sur les meilleurs romans et poèmes 'méconnus'," L'Eclair, 36e année, no. 12,579 (12 août 1923), p. 1.

Derème cites an interesting passage of P.V.'s comments on "les petites chapelles" at the recent banquet of Le Divan ⸤335⸥. He makes no comment.

346.   ⸤Henriot, Emile⸥: "Histoire littéraire et variétés," Le Temps, 14 août 1923, p. 4.

"M. Albert Thibaudet va publier Paul Valéry, le jeu des idées et de la poésie pures." Had Thibaudet really proposed this absurd subtitle? If so, he did well to reconsider.

347. Derème, Tristan: "Paul Valéry--Chevalier de la Légion d'honneur," Le Figaro, supplément littéraire, nouvelle série, no. 228 (samedi 18 août 1923), p. 1.

P.V. and Malebranche, or, why P.V. is "tenu pour un poète hermétique.//Malebranche alléguait que, si durant de longues années, il s'était, chaque jour et dès quatre heures du matin assis dans sa bibliothèque afin de méditer, ce n'était point pour que l'on trouvât dans ses ouvrages des idées communes. On en pourrait, en quelque manière, dire autant de M. Paul Valéry...." Derème, in fact, reinforces the notion of "hermétisme" with this anecdote whose mythical potential is obvious. It would seem, moreover, that this anecdote originated with Hardouin, not Malebranche. (See Berne-Joffroy, Présence de Valéry, Plon, 1944, p. 60.)

348. P.[aul] S.[ouday]: "Petites Polémiques sur Pascal," Le Temps, 20 août 1923, p. 1.

Souday gloats at having discovered new "evidence" in his dispute with F. Strowski over P.V.'s commentary of "Le silence éternel de ces espaces infinis m'effraie." Strowski had written in L'Eclair for 19 June that this "pensée" was indeed authentic and revealed the "romantisme" of Pascal. But on 28 July Strowski raised several objections as to the authenticity of the passage. Souday considers that the objections of 28 July were invented solely to confound P.V. If Strowski's inconsistency is evident, so is Souday's malice. "Née de l'incompréhension, [la polémique] s'achève dans l'absurde" (E. Gaède, Nietzsche et Valéry, 1962, p. 384).

349. Aguettant, L.[ouis]: "Les Dialogues de Paul Valéry," La Revue critique des idées et des livres, XXXV, no. 215 (25 août 1923), 455-68. [VRY Pr. 573 in 8]

A good commentary of L'Ame et la danse and Eupalinos... in which Aguettant reveals a solid appreciation of P.V.'s work and of the central Valéryan themes. On L'Ame et la danse he quotes Mallarmé to advantage. Concerning Eupalinos... he makes this suggestive statement: "On n'aura pas la clé des préceptes d'Eupalinos à moins d'y lire une allusion continuelle à la poésie, objet indirect mais véritable du discours. ... Sous un voile étincelant, tout brodé de figures, un symboliste classique nous livre ses méditations 'de re poetica'."
In conclusion Aguettant writes: "M. Paul Valéry porte en ce jeu supérieur l'aisance d'un prince de l'esprit [Aguettant treats

Souday's expression ⌐as common property⌐, et la maîtrise d'un grand artiste des lettres. Sa prose, l'une des plus parfaites que depuis longtemps on ait pu lire, tour à tour 'se dénoue et se rassemble' avec un sens exquis de l'appropriation des moyens. ... Et les images qui s'y jouent, elliptiques ou déployées, font reconnaître le poète de Charmes: le Cimetière Marin n'a peut-être rien qui passe ce grand mot sur l'océan, 'tombe impénétrable aux mouvements de berceau'."
   Mentioned in Chronique des lettres françaises, I, 1923, 901; a résumé was printed in vol. II, 1924, 229-31. Abbé Bremond on 28 November 1925 called this "...un des meilleurs ⌐articles⌐ qui aient été publiés sur Valéry." Reprinted as a "plaquette" in 1926 ⌐845⌐.

   350. Gosselin, Pierre: "Paul Valéry, poète passionné," Arts et lettres d'aujourd'hui, 26 août 1923, ⌐x⌐.

   This reference appears in Talvart's Fiche..., 7e année, 1928, no. 16. However, the Bibliothèque Nationale can find no trace of a publication with this title in 1923.

   351. P.⌐aul⌐ S.⌐ouday⌐: "Divagations," Le Temps, 27 août 1923, p. 1.

   Souday criticizes harshly the Varillon & Rambaud Enquête... ⌐278⌐, mentioning P.V. only once with reference to L. Fabre's reply.

   352. XXX: "Les Revues--hommage à Pascal," NRF, XXI, no. 120 (septembre 1923), 381-83.

   On the commemorative issue of La Revue hebdomadaire (14 July). The NRF prints this comment on P.V.'s contribution: "Le génie tout méridional et tout 'mécanicien' de Valéry se trahit curieusement dans l'antipathie, à peine voilée, qu'il témoigne à travers tout l'article pour le génie sombre, passionné et complètement 'intraverti' de Pascal."
   The reasons behind P.V.'s attack were certainly more complex. Edouard Gaède in Nietzsche et Valéry, 1962, draws a fascinating comparison between Pascal and M. Teste: "Bref, il ⌐Teste⌐ figure une sorte de Pascal sécularisé--ou, autrement dit, Pascal est une sorte de M. Teste janséniste.//Avec la littérature en moins, toutefois. C'est pourquoi il était urgent d'imputer à Pascal le péché de littérature. ...//Singulier spectacle, à la vérité, que celui de Valéry, amant de la perfection et adorateur, sinon idolâtre, de la forme, blâmant un

écrivain pour la forme 'si accomplie' de ses écrits qu'elle 'falsifie la vraie Pensée'!" (p. 386). See ⌐342⌐.

353. Lalou, René: "Les Vivants et les morts," <u>La Renaissance d'occident</u>, Bruxelles, 4e année, VIII, no. 3 (septembre 1923), 675-76. ⌐VRY Pr. 567 in 8⌐

Lalou offers some valuable reflections on P.V.'s attack against Pascal: "Personne ne goûte plus que moi l'âpre attaque menée par Paul Valéry, mais je ne suis pas assez géomètre pour partager sa rancune. En Pascal il demeure malgré tout quelque chose d'irréductiblement intellectuel qui permet aux néo-thomistes...de la revendiquer pour un des leurs...." In the same column for July Lalou had written: "Mais les reproches de Valéry (dont la violence traduit surtout un regret) n'atteignent en Pascal que le philosophe et le savant" (p. 131). Lalou's notion of regret complements Gaède's analysis of P.V.'s motivation.

354. Anon.: "Ce qui se raconte," <u>Vient de paraître</u>, 3e année, no. 22 (septembre 1923), p. 5.

P.V. "chevalier de la Légion d'Honneur."

355. Braga, Dominique: "Le Courrier de Paris--la vie littéraire et artistique--les lettres," <u>L'Europe nouvelle</u>, 6e année, no. 36 (8 septembre 1923), pp. 1148-49.

Under the heading "Anniversaire de Mallarmé" Braga severely criticizes Mallarmé's supposed influence: "Mallarmé se place aux combles de l'art pour l'art, de l'absolu esthétique, et tout ceux qui suivent cette inclination, soit qu'ils la poussent aux extrémités où elle s'en va déliquescente et vagissante ⌐Dada⌐, soit qu'ils la condensent et la perpétuent en fins cristaux ⌐P.V.⌐, doivent descendre du 4e étage de la rue de Rome." This is but one of many such attacks which appeared on the occasion of the twenty-fifth anniversary of Mallarmé's death.

356. Rency, Georges: "La Vie littéraire--Paul Valéry," <u>L'Indépendance belge</u>, Bruxelles, 94e année, no. 252 (9 septembre 1923), p. 4.

Two long columns on Thibaudet's <u>Paul Valéry</u>. Generally good, although Rency claims that "Entre Valéry et Bergson, il n'y a que l'épaisseur d'une technique." He concludes that P.V. "<u>doit</u> être obscur et ne

saurait cesser de l'être sans cesser d'exister comme poète...." In
⌐377⌐ F. Vandérem drew the opposite conclusion.

357. P.⌐aul⌐ S.⌐ouday⌐: "Le Souvenir de Mallarmé," Le Temps,
10 septembre 1923, p. 1.

Souday commemorates the anniversary of Mallarmé's death, mentioning that P.V. had paid tribute to the "très admirable Stephanos"
⌐in Eupalinos...⌐.

358. E.⌐mmanuel⌐ B.⌐erl⌐: "Le Courrier de Paris--la vie littéraire et artistique--critique," L'Europe nouvelle, 6e année, no. 37
(15 septembre 1923), p. 1182.

Berl has one paragraph on Thibaudet's Paul Valéry. "Il lui
appartenait ⌐au premier de nos critiques⌐ de signaler au public le
premier de nos poètes."

359. Ed.⌐ouard⌐ J.⌐ulia⌐: "Sur Stéphane Mallarmé," Le Temps,
20 septembre 1923, p. 1.

Note the intrusion of the myth of P.V. the great mathematician:
"Le plus fervent de ses disciples, qui, d'ailleurs, dépasse son maître,
Paul Valéry, s'adonna longtemps à l'algèbre avant de poursuivre l'inspiration poétique." Hytier (Pléiade,II, 1671) identified the author as
Julia.

360. Lièvre, Pierre: "Les Poètes du Divan," Le Divan, 15e année
no. 92 (septembre-octobre 1923), pp. 413-54. ("Conférence faite au
Caméléon le 29 mai 1923...")

"Le Caméléon" was of course Alexandre Mercereau's Université du
Caméléon. Lièvre presented to his audience the work of the poets in
the anthology but mentioned P.V. only in passing, with reference to "la
strophe malherbienne...⌐que⌐ Paul Valéry...avait...remise dans le domaine commun." What Lièvre would have liked to say about P.V. could not
be stated in this context; he chose to remain silent. See his Paul
Valéry ⌐407⌐. There was a "tirage à part" of the Anthologie des poètes
du Divan ⌐269⌐.

361. Esquerré, Marthe: "Jules Romains, poète épique," Le

⌐365⌐

Mouton blanc, 2e série, no. 1 (septembre-octobre 1923), pp. 8-11.

This and the two succeeding articles appeared in a special number devoted to J. Romains, the hero of Le Mouton blanc. "Au début du XXe siècle, si l'on met à part les noms de Claudel, de Francis Jammes, de Paul Fort, de Paul Valéry, la poésie française n'était guère représentée que par des symbolistes repentis." (Enfin, Romains vint....)

362. Frank, Waldo: "La Vie américaine de Jules Romains," Le Mouton blanc, 2e série, no. 1 (septembre-octobre 1923), pp. 80-82. ⌐tr. Andrée Hytier⌐

"Bien des ouvrages que nous aimons en France sont hors de notre expérience: Gide, par exemple, ou Valéry ou Proust."
Much has changed in the more than forty years since W. Frank wrote these lines; notably the availability of good translations of these very authors.

363. Lalou, René: "Jules Romains dans son époque," Le Mouton blanc, 2e série, no. 1 (septembre-octobre 1923), pp. 40-42.

"Sa rigueur égale celle de Valéry, mais...." Lalou is at pains to praise Romains as highly as he had P.V. in ⌐194⌐.

364. Borel, Emile: "Eupalinos," La Revue du mois, 16e année, no. 142 (octobre 1923), p. 30. (Paginated consecutively and bound with Vient de paraître.)

E. Borel, de l'Institut, comes to P.V.'s defense:
"Dans un article ironique sur le 'Prix des Peintres', dont l'attribution à Paul Valéry a réjoui tous les amis de la Beauté, M. René Doumic se demandait pourquoi il n'y aurait pas aussi un prix des mathématiciens et insinuait que ceux-ci récompenseraient sans doute les vers bien connus sur le carré de l'hypothénuse. N'en déplaise à M. Doumic les mathématiciens ne sont pas tous aussi insensibles à la poésie que l'auteur de je ne sais quel Manuel de littérature française qui ignore Baudelaire et dédaigne Verlaine...."
So much for M. le secrétaire perpétuel de l'Académie française. Borel, himself a mathematician of note, reprinted part of this article in his contribution to ⌐972⌐.

365. Lalou, René: "Paul Valéry--poète de l'intelligence

sensuelle," <u>Vient de paraître</u>, 3e année, no. 23 (octobre 1923), pp. 20-22.

    Lalou attempts too much here and falls short of his goal. He had done much better in ⌐338¬.

    366. Souza, Robert de: "Les Poètes sous la toise--Paul Valéry et le narcissisme graphique," <u>Vient de paraître</u>, 3e année, no. 23 (octobre 1923), pp. 23-26.

    As was the case in August, Lalou's article is forced to share space with a nasty attack on P.V. R. de Souza, who had already opposé P.V.'s notions on regular prosody in the past, hastens to affirm that "...le vrai problème que pose la ferveur fanatique et condensée qui a cueille les poèmes de Paul Valéry est celui de la poésie même." Although he pretends to place the debate on a high level, Souza cannot conceal that his real motive is personal animosity toward Mallarmé and his continuing influence on French poetry. Taking P.V. as an example R. de Souza pretends that Mallarmé should be held responsible for debauching a promising young talent. Was it in recollection of his review of July 1896 ⌐41¬ that Souza decided to spare "Vue" and "Eté" from his scathing denunciation? Of "La Fileuse," too, he writes: "Jamais plus remarquable virtuosité n'avait été exercée par un jeune homme." Souza reveals his bad faith in writing of <u>L'Introduction à la méthode de Léonard de Vinci</u>: "--Le beau suicide!--m'étais-je écrié pour moi-même, lorsque, en 1894 ⌐sic¬, je reçus la mince plaquette bleue. Le suicidé est en effet celui qui n'a pu choisir entre l'oubli de son moi et l'acceptation des choses." There was, however, nothing of this in R. de Souza's original review ⌐40¬. Continuing in the same vein he sets up a straw man. Claiming P.V. to be an unrepentent narcissist he concludes <u>a priori</u>: "Paul Valéry ayant fait de son moi une abstraction pure, un clos désert, d'où il avait banni tous les éléments d'un édifice, ne pouvait être un constructeur en philosophie ou en mathématique⌐s¬. Son introspection analytique jusqu'à présent s'y oppose, toutes réserves prises sur ce que contiennent les cahiers de notes léonardesques dont nous parlent ses amis."
    The most extraordinary aspect of this article is that it was systematically overlooked by the press. To my knowledge it has never been mentioned.

    367. Anon.: "Les Livres qu'il faut avoir lus," <u>Vient de paraître</u>, 3e année, no. 23 (octobre 1923), p. 11.

    An uninteresting review of Thibaudet's <u>Paul Valéry</u> "...que l' ne pourra plus séparer de l'oeuvre qu'il commente."

368. Anon. ⌐Raoul Davray⌐: "Le Montpellier de 1890--impressions et souvenirs," La Vie montpelliéraine et régionale, 30e année, no. 36 (samedi 6 octobre 1923), p. 3. ⌐VRY Ms. 908⌐

These comments precede a full-page letter in which P.V. writes of his youth in Montpellier: "L'un des plus hauts et des plus purs poètes de ce temps a vu le jour dans la ville du Cimetière marin, à Cette, et sa jeunesse méditative s'est écoulée dans notre ville, où, sous couleur de vagues études de droit, il se retranchait du monde-- il avait, nous dit un de ses amis, tracé sur son seuil: Anycohere ⌐sic⌐ out of the word ⌐sic⌐, N'importe où, hors du monde!--avec, pour compagnons d'exil, Mallarmé et Egar ⌐sic⌐ Poë...." Now that P.V. had achieved fame in Paris, Montpellier would not let pass an opportunity to point out what P.V. owed to the city of his youth.

369. Revon, Maxime: "Sur Mallarmé et l'état actuel de notre poésie," La Muse française, II, no. 8 (10 octobre 1923), 570-76.

P.V. "...est assurément celui que Mallarmé engendra le plus sûrement et de qui l'on peut sans doute avancer qu'il affleure son génie." Revon seems confused, however, when he writes: "Il est bien évident que M. Paul Valéry se fut ⌐sic⌐ développé semblablement si Mallarmé n'avait pas existé; cependant il est difficile de croire qu'il eût ainsi trouvé, sans son antécédent, un lyrisme propre à exprimer ce développement, exactement comme il l'exprime maintenant."

370. Lefèvre, Frédéric: "Une Heure avec MM. Jacques Maritain et Henri Massis," Les Nouvelles littéraires, 2e année, no. 52 (samedi 13 octobre 1923), pp. 1-2.

On the subject of Charmes Maritain and Massis are quoted as saying: "M. Maritain.--...Je sens bien tout ce que ce poète ⌐P.V.⌐ a d'incomplet. Mais il y a chez lui une perfection formelle dont l'intelligence ne peut pas se désintéresser. Pourtant, l'inspiration reste pauvre.//M. Massis.--La substance manque...//M. Maritain.--...à cause, justement, de ce parti pris de ne pas considérer dans le poème que les règles formelles, les rapports formels.//M. Massis.--C'est une idée de mathématicien, une idée empruntée à Mallarmé, et, au fond, une erreur philosophique. M. Valéry veut à lui seul, et de lui-même, créer tout son univers. En tout, il y a un objet et un sujet. Ne rien vouloir

emprunter au monde extérieur, c'est condamner soi-même ses créations."
   Both Maritain and Massis, however, agree that "--Il y a, à l'heure actuelle, en France, un grand poète catholique: c'est Paul Claudel." Obviously, Claudel met both men's neo-Thomist requirements much better than did P.V.

   371. Maury, Lucien: "Les Oeuvres et les idées--la jeune littérature," Revue bleue, 61e année, no. 20 (20 octobre 1923), pp. 709-11.

   Maury reviews the Varillon & Rambaud Enquête.... He mentions P.V. only once in a quote of Gide's reply, which Maury presents as a note of prudent hesitation.

   372. Réjac, Pierre: "Paul Valéry," Démocratie nouvelle, 6e année, no. 1300 (27 octobre 1923), p. 3.

   A long review of Thibaudet's Paul Valéry. Réjac follows Thibaudet closely but ultimately says little. Noted by Talvart, Fiche, 7e année, 1928, no. 16.

   373. [Mlle] J.[eanne] L.[ichnerowicz]: "Stéphane Mallarmé," Chronique des lettres françaises, I (octobre-novembre 1923), 770-73.

   A brief commentary on P.V.'s contribution to Les Nouvelles littéraires commemorating the twenty-fifth anniversary of Mallarmé's death. Mlle Lichnerowicz claims that P.V. belongs to the third generation of symbolists, along with Gide, Mauclair and Louÿs.

   374. Fontainas, André: "Les Poèmes," Mercure de France, CLXVII (1er novembre 1923), 755.

   In a review of L. Fabre's Vanikoro Fontainas compares P.V.'s technique to Fabre's, to the disadvantage of the latter.

   375. Gohin, Ferdinand: "Histoire littéraire et critique," La Muse française, II, no. 9 (10 novembre 1923), 657-58.

   Gohin has unreserved praise for Thibaudet's Paul Valéry. This is somehow inconsistent with his recommendation of A. P. Garnier's article ⌐293⌐, which was unfavorable to P.V. Gohin notes that "Paul Valéry occupe beaucoup la critique...."

376. Martin-Chauffier, Louis: "Paul Valéry," <u>Nos Poètes</u>, no. 2 (15 novembre 1923), pp. 33-40. ⌐VRY Pr. 423 in 12⌐

An extraordinary article. Martin-Chauffier was the only critic to date who saw through the myth of P.V.'s "grand silence" and who grasped the real significance of P.V.'s activities during the years prior to 1917.

"Nous discernons, maintenant que nous en sommes curieux, la qualité de ce silence, le mouvement qui l'anime: période, non de stérilité ni de préparation,--d'activité muette d'un esprit qui visait à connaître et non à s'exprimer. Et si nous admirons les fleurs doubles et merveilleuses, tardivement jaillies d'une âme géniale, il faut y voir, non point le résultat de longtemps préparé, patiemment modelé, expressément voulu de ce labeur secret, mais la parure accidentelle d'un arbre à haute cime: toute son énergie tendue à s'assurer sur de fortes racines, à pousser sa croissance, s'il porte fleur, c'est par surcroît."

It is also significant that this lucid analysis in no way affected the myth of the "grand silence" (the most frequent expressions of which were P.V.-the-poet-philosopher and P.V.-the-great-mathematician). Noted by Talvart, <u>Fiche</u>..., 7e année, 1928, no. 16.

377. Vandérem, Fernand: "Les Lettres et la vie," <u>Revue de France</u>, III, no. 6 (15 novembre 1923), 377-400.

Vandérem writes favorably of Thibaudet's <u>Paul Valéry</u>, adding this comment: "Certains, et non des moindres, reprochent parfois à M. Valéry quelque obscurité. Aprés avoir lu M. Thibaudet, je doute qu'ils persistent dans ce grief."

Vandérem's bad faith did not become apparent until November 1927, when he attacked directly both P.V. and Thibaudet. See ⌐1707⌐.

378. P.⌐aul⌐ S.⌐ouday⌐: "<u>Candide</u> et <u>Micromégas</u>," <u>Le Temps</u>, 23 novembre 1923, p. 1.

Souday once again mentions P.V.'s "Variation sur une 'Pensée'."

379. Souday, Paul: "Les Livres," <u>Le Temps</u>, 29 novembre 1923,

p. 3.

In a review of L. Fabre's new novel Rabevel, ou le mal des ardents Souday mentions P.V.'s preface to Connaissance de la déesse (1920).

380. Billy, André: "Le Mouvement littéraire contemporain," A travers la librairie--causeries françaises (supplément à la Bibliographie de la France), no. 48 (30 novembre 1923), pp. 323-44.

Billy had given this talk before the Cercle de la Librairie on 22 June. His intention was to give a panoramic view of French letters since 1890 and P.V.'s part is understandably small. Billy sees P.V. as a terminal point, the closing of the circle of French lyrical poetry begun with Romanticism. Billy does consider P.V. among the present-day "très grands poètes." "Paul Valéry, en qui se réalise un compromis prestigieux du classicisme de Moréas et du symbolisme de Mallarmé."
Although no one has ever demonstrated an influence of Moréas on P.V., this formula (Moréas-Mallarmé) has recurred frequently. Marcel Raymond used it in his widely read De Baudelaire au surréalisme, Corti, 1963 edition, p. 64.

381. Arnaud, Paul: "Maxence," L'Ane d'or, Montpellier, 2e année, no. 12 (décembre 1923), pp. 337-48. ⌐VRY Pr. 410 in 8⌐

A humorous "conte" containing allusions to several contemporary writers. The female protagonist, Mlle Bajazé, a professor of literature, "discutait Valéry." One night she found herself the prey of voluptuous thoughts while reading "L'Abeille," quoted in part by Arnaud. She also considered that Thibaudet had stolen her own ideas on P.V., a trait which at least indicates the quality of her literary culture. Arnaud had published a pastiche of P.V.'s poetry in ⌐233⌐.

382. Gautier, Henri: "Simples Remarques sur le Valéry de M. Thibaudet," L'Ane d'or, Montpellier, 2e année, no. 12 (décembre 1923), pp. 349-51. ⌐VRY Pr. 410 in 8⌐

Gautier follows L. Fabre's review ⌐384⌐ of Thibaudet's book and recommends the December NRF to his readers. He particularly appreciated Fabre's criticism of Thibaudet's tendency to Bergsonize P.V. A very good review. An anonymous echo in the "Revue des revues" also mentions Fabre's article and refers the reader to Gautier.

383. Dermée, Paul: "Lettres--notices: Paul Valéry," L'Esprit nouveau, no. 19 (⌈décembre?⌐ 1923), ⌈p. 5 unpaginated⌐.

Dermée's judgement of P.V. has obviously been influenced by the myth of P.V.-the-great-mathematician.
"Valéry est seul de nos jours à avoir accompli le miracle d'une grande poésie intellectuelle. C'est qu'il y a une ivresse exquise de la pensée--jeu des idées! Très proche d'abord de Mallarmé, Valéry a poussé son art au terme d'une évolution valérienne. Géomètre et poète, comme Platon, il est le maître d'une danse elliptique et subtile où les Idées, tant légères, s'irisent du voile des apparences."
Dermée's praise of P.V. gains in flavor for having appeared in the principal review of "esprit nouveau," the official organ of the "panlyrisme" of Ozenfant and Jeanneret. In L'Esprit nouveau there was never a good word for neo-classicism. Dermée had clearly distinguished the uniqueness of P.V.'s poetry. "L'Esthétique du langage," also by Dermée, was printed on pages 33-48 of this number. Dermée used "Le Vin perdu" as an example in this article on aesthetics.

384. Fabre, Lucien: "Au sujet du Valéry d'Albert Thibaudet," NRF, XXI, no. 123 (décembre 1923), 662-76. ⌈VRY Pr. 135 in 12⌐

Fabre's article is more than a book review. He comments intelligently on Thibaudet's critical method and generally approves of his Paul Valéry. His is the first article, however, to seriously question the notion of a Valéry "bergsonisant" since Thibaudet put it in circulation. Fabre pointed out that in writing of Bergson in relation to P.V. Thibaudet revealed more about his own habits of mind than about P.V.'s. Fabre notes that Thibaudet is not alone in creating a Valéry after his own image: "M. Daniel Halévy s'est construit un Valéry kantien ⌈126⌐, M. Paul Souday un Valéry hegelien, M. Henri Rambaud conçoit, nous assure-t-il, un Valéry scolastique et je vois, pour ma part, fort bien un Valéry positiviste. Tout cela c'est de l'imagination et du jeu..." (p. 671). The Chronique des lettres françaises printed a résumé of Fabre's comments in vol. II, 1924, 232-34.

385. Johannet, René: "Les Différents Types de poésie à l'heure actuelle," Les Lettres, 5e série, II, no. 12 (1er décembre 1923), 913-33.

Johannet calls P.V. "le chef...de la 'perdurable école romane'...

qui représente un effort peu banal: l'infusion dans le classicisme des symbolismes et des tournures mallarméennes, quelque chose comme l'alliance de Malherbe et de Laforgue, de J.-B. Rousseau et de Verlaine."
Individual error, or collective ignorance? See A. Billy's similar treatment of P.V., Mallarmé and Moréas ⊏380⊐. Noted by Talvart Fiche..., 7e année, 1928, no. 16.

386. Lefèvre, Frédéric: "Une Heure avec M. Lucien Fabre," <u>Les Nouvelles littéraires</u>, 2e année, no. 60 (8 décembre 1923), p. 5.

Fabre's <u>Rabevel</u>... had won the Prix Goncourt for 1923. Lefèvre is quick to bring out his relationship with P.V., which accounted for Fabre's rapid success in 1920. In the course of the interview Fabre admitted that "<u>Daphné</u> doit la vie à une gageure avec Valéry...."

387. Souday, Paul: "Académie Française--prix littéraires et prix de vertu," <u>Le Temps</u>, 8 décembre 1923, p. 3.

Souday once again deplores that François Porché was chosen over P.V. for the "Grand Prix de littérature" offered by the Academy. As in his column for 5 July, Souday suggests that a chair at the Academy would be a more fitting reward for P.V.'s merit.

388. Durtain, Luc: "Chroniques--commémoration de Mallarmé," <u>Europe</u>, III, no. 12 (15 décembre 1923), 496-500.

P.V. could not attend a ceremony at Valvins since he was travelling in England at the time.

389. Charpentier, Henry: "La Poésie de Paul Valéry," <u>Les Marges</u> 20e année, XXVIII, no. 114 (15 décembre 1923), 245-66. ⊏VRY Pr. 386 in 12⊐

Charpentier had previously attacked P.V. in ⊏166⊐. In this article he adds to his arsenal the charge of nihilism as defined by D. Braga in ⊏234⊐: "Mais je m'étonne toujours de lire que la Palme 'Départage <u>avec</u> (ou <u>sans</u>) mystère L'attirance de la terre Et le poids du firmament.' La variante, ici capitale, témoigne d'une belle indifférence à l'égard du sens." Daniel-Rops, recalling this article in <u>Notre Inquiétude</u> ⊏1143⊐ defended P.V. on this point. Charpentier surpasses

Littérature.

Mon rêve littéraire eût été de construire un ouvrage à partir de conditions a priori.

Un poème à variantes, c'est un scandale pour l'opinion commune et vulgaire. Pour moi, c'est un mérite. L'intelligence définie par le nombre des variantes.

J'ai écrit dans Palme
    « l'or léger qu'elle murmure —
    comme au simple doigt de l'air »
et il me souvient que je n'ai pu mettre autre chose. Ce cas est assez favorable pour analyser la formation "symbolique".
    L'esprit de l'auteur est chassé de position en
                        de combinaison en combinaison
position jusqu'à la dernière et définitive momentanée par des conditions.

((Sont conditions   — attente
   Combinaisons   — actes.

Les conditions sont attentes — c. à d. cycles. sensibilité en α régénérée par sensation en h, et exclusions du reste.

                                        V. supra
_____

Nouveauté –
Ce qu'on n'a jamais entendu, – on ne l'entendra jamais

Romans
Si je dis : le marquis ferma la porte   ou bien
    Elise avait 30 ans.
        Personne n'y pourra contredire – Cela n'est ni
vrai ni faux, puisqu'Elise n'existe pas, le marquis n'a de porte
        Ce sont postulats.   ou sont.
Les romanciers essayent donc — de soutenir leurs postulats
par leurs conséquences.
        Conséquences réelles de postulats gratuits
Il s'agit de réaliser par l'accumulation de postulats c-à-d
par le mouvement
        une somme de propos arbitraires = un effet non arbitraire

Le roman représente la mémoire, et le poème "l'inspiration"
                                                          la chance
l'écriture dans le poème joue le rôle de partition –
l'essentiel n'est pas écrit.

Nous pouvons mettre des noms sur les choses, mais défense de
mettre des choses sous les noms existants

his previous efforts, however, when he writes, apparently in all seriousness: "Ayant étudié longuement les conditions de forme sur lesquelles les Parnassiens prétendaient élever, sans y réussir eux-mêmes, tout l'édifice poétique, ayant réduit ces conditions en lois, les ayant confrontés avec toutes les réussites antérieures des poètes français depuis les chanteurs de laisses jusqu'à Mallarmé et l'Ecole Romane, M. Valéry se plut donc à construire pour son usage personnel une merveilleuse machine (atlas, herbiers et rituels) qui, précise comme une machine à calculer, donne immanquablement le beau vers. C'est dans cette construction qu'apparaissent avec éclat sa science et sa volonté, car la machine en marche, il s'abandonne souvent à son allure, certain ou curieux du résultat."

In Les Créateurs (vol. XII of Les Hommes de bonne volonté, 1936) J. Romains used the same theme to write an amusing parody of P.V., calling his poet Marc Strigelius. Charpentier does not have the excuse of parody and his article is simply ludicrous.

Noted by Talvart, Fiche..., 7e année, 1928, no. 16.

390. Poizat, Alfred: "Quelques Réflexions sur la poésie moderne," Revue bleue, 61e année, no. 24 (15 décembre 1923), pp. 839-42.

Poizat considers P.V. in the group of "Mallarméens purs, qui a abouti aujourd'hui à Paul Valéry et qui, gardant comme Mallarmé, le vers parnassien, s'est efforcé, par des combinaisons syntaxiques neuves, par des assemblages obscurs de sons et de mots, de tirer du texte ainsi formé des significations ésotériques, d'en faire une musique qui parle directement à l'âme 'sa douce langue natale'" (pp. 842-43).

Poizat would have done well to read Thibaudet. A résumé of this article appeared in the Chronique des lettres françaises, II, 1924, 91-92.

391. Azaïs, Marcel: [anti-P.V. article, Les Essais critiques, [late 1923 or early 1924], [x].

E. Causse criticizes this article in [414]. I have been unable to consult the article because there seems to be no collection of Les Essais critiques available.

1924

392. <u>Anthologie</u> <u>de</u> <u>la</u> <u>nouvelle</u> <u>poésie</u> <u>française</u>. P., Kra-Sagittaire, 1924. 422 p.

The editor's introduction, pages 75-76, is anonymous. Was it not written by Philippe Soupault, who directed preparation of the volume? The concluding comment certainly reflects the opinion of P.V. held by Soupault and by the contributors to <u>Littérature</u>, although the latter had already expressed their disenchantment with P.V.: "Il faut remarquer toutefois que l'oeuvre de M. Valéry qui a exercé la plus grande influence sur les jeunes gens d'aujourd'hui, est, sans contredit, <u>La</u> <u>Soirée</u> <u>avec</u> <u>M</u>. <u>Teste</u>." This judgement is certainly valid for an important group of young writers. What the editor does not state, and very probably did not realize, is that Teste's undeniable influence had its origin in the myth of P.V.-Teste. P.V.'s contribution to the anthology was: "Anne," "La Jeune Parque (fragments)," "Le Cimetière marin" and "Etude pour Narcisse ʟIIᴣ," the latter presented as an "Inédit."

393. Bédier, Joseph et Paul Hazard: <u>Histoire de la littérature française illustrée</u>, vol. II. P., Larousse, 1924. 348 p.

Bédier and Hazard's description of P.V. is pure myth: "mathématicien et philosophe...dans certains de ses poèmes, Paul Valéry rejoint la manière de Malherbe. ... Artiste subtil et savant, il est familier avec le mystère des nombres..." (p. 316). According to <u>Les Nouvelles littéraires</u> for 21 June the writer of this passage was <u>André Chaumeix</u>. Whoever wrote it seems to have invented the notion of P.V. and the "mystère des nombres."

394. Béraud, Henri: <u>La Croisade</u> <u>des</u> <u>longues</u> <u>figures</u>. P., Editions du siècle, 1924. 158 p. Coll. "Les Pamphlets du siècle--1."

This is a résumé of Béraud's joust with the <u>NRF</u> in 1922-23. It is clear from the texts reprinted by Béraud that he never included P.V. in the charges he made against Gide, Gallimard and company.

395. Bremond, Henri: <u>Les Deux Musiques de la prose</u>. P., Le Divan, 1924. 117 p. Coll. "Les Quatorze--no. 7."

Bremond alludes only once to P.V. However, he betrays one year in advance the basic difference which separated him and P.V. in the debate over "poésie pure": "Autant dire que ce qu'on appelle le 'sens' d'un poème a peu d'importance. Qui l'a jamais nié, sauf Boileau, jadis, et qui pardonne à M. Thibaudet la trop intelligente brochure où il explique Paul Valéry?" (p. 81).

396. Breton, André: <u>Manifeste du surréalisme--poisson soluble</u>. P., Kra-Sagittaire, 1924. 191 p.

It was Breton who here originated the famous "La marquise sortit à cinq heures." His concluding comment indicates the already strained relations between him and P.V.: "Par besoin d'épuration, M. Paul Valéry proposait dernièrement de réunir en anthologie un aussi grand nombre que possible de débuts de romans, de l'inanité desquels il attendait beaucoup. Les auteurs les plus fameux seraient mis à contribution. Une telle idée fait encore honneur à Paul Valéry qui, naguère, à propos des romans, m'assurait qu'en ce qui le concerne, il se refuserait toujours à écrire: 'La marquise sortit à cinq heures'. Mais a-t-il tenu parole?"

397. Breton, André: <u>Les Pas perdus</u>. P., nrf, 1924. 222 p. Coll. "Les Documents bleus: 1re série, numéro 6."

<u>Les Pas perdus</u> is composed of reprints of articles, generally not dated, which Breton had written in the days when P.V.'s influence on him was still noticeable. On five occasions Breton mentions P.V. in support of his own arguments.

398. Charron, Pierre [coll. pseud.]: <u>Les Epigrammes du siècle</u> ... P., Editions du siècle, 1924. 189 p. [VRY 719 in 12]

There are two amusing epigrams devoted to P.V.: "Le Plumeur//Valéry, retroussant sa manche,/Tient un poulet qu'il va plumer;/Lors, le poulet, d'une voix blanche:/'Tu m'as donc pris pour Mallarmé?'" (p. 62) "Quatrain//Valéry de la Gloire avait les bras ouverts,/Son renom mérité volait de bouche en bouche/Jusqu'au jour où, piqué d'une imprudente mouche,/En un volume il fit disparaître ses vers.//Le Prix des peintres//Depuis longtemps déjà, de méchants écrivains/Inondaient les tableaux de leur littérature./Juste revanche après tant de propos si vains,/Dix peintres, par Vollard réunis d'aventure,/Ont sacré Valéry premier prix d'écriture!//Distique//Les peintres exploités vont sur le Boulevard/En criant: Au Vollard! Au Vollard! Au Vollard!//Causalité//Tous les vers que fait Valéry,/Paul Souday les avale et rit" (p. 149).

"Le Plumeur" was reprinted in <u>L'Eclair</u> for 14 October 1924.

399. Clouard, Henri: La Poésie française moderne des romantiques à nos jours. P., Gauthier-Villars, 1924. 402 p. Coll. "Science et civilisation, collection d'exposés synthétiques du savoir humain."

Clouard's comments on P.V. are among the most ridiculous to be found in any anthology. He affirms that one could only claim an influence of Mallarmé on P.V. "...par erreur, si l'on n'a pas soin de noter l'action au moins égale de l'Ecole romane, de Maurice du Plessys et de ce qu'il y eut de moins sincère chez La Tailhède" (p. 348). Clouard thus exaggerates the myth of the influence of Moréas on P.V. by adding new names to the list. He also stresses the notion of preciosity well beyond any previous claims: "Et j'imagine enfin qu'il s'est longuement exercé à faire passer dans notre langue Gongora.... Dans cette voie qui est celle de la plus subtile esthétique, non de la grande poésie, Paul Valéry, à mi-chemin de l'Ecole romane et de Mallarmé, devant une plaque indicatrice portant les noms des poètes chers aux Précieuses, a réalisé quelques réussites dont on n'exagère pas sans naïveté l'importance. Pour ses meilleures oeuvres, je donnerais volontiers à Paul Valéry le titre de traditionaliste intégral, je veux dire résumant toutes les réminiscences...." (In short, a malicious restatement of ⊏49⊐.) In conclusion Clouard qualifies P.V. as a "Delisle (read: Delille) métaphysicien"--apparently his original contribution to the myth --and a "Jean-Baptiste Rousseau nihiliste"--a juxtaposition of two mythical terms already in use. This tissue of misinformation was offered to students of literature as an "exposé synthétique du savoir humain."

400. Droin, Alfred: M. Paul Valéry et la tradition poétique française. P., Flammarion, 1924. 188 p. ⊏Printed in 1923; released in mid-1924.⊐

(See ⊏470⊐ for the details of Droin's well-prepared "offensive contre Paul Valéry," announced in the press as early as 5 January.) Droin apparently hoped in this attack to use P.V. as a whipping boy. By discrediting P.V. Droin could hope to rehabilitate his own very orthodox notion of classical prosody. In fact, Droin published a series of accusations against P.V. without attempting a serious analysis of his poetry in good faith. Droin's book reads like a catalogue of all the injurious accusations previously made by P.V.'s critics: liberties taken with classical prosody, inverted syntax, obscurity, lack of originality, philosophical and artistic pretentiousness, ridiculous or grotesque imagery, preoccupation with rhyme, preciosity, "angélisme" (exaltation of the intellect to the denial of the body and the "heart"), and outworn philosophy. That the above charges repeat and contradict one another seems not to have troubled Droin. He was so disdainful of

Dans les matières qui ne sont pas d'ordre pratique
on ne voit quelles limites assigner à la subtilité.
   cheveux coupés en 10ⁿ
matière subtile

Conscious—

L'opinion universelle n'est pas favorable à celui qui
prétend faire une œuvre déterminée consciemment a priori
ou les caractéristiques des effets.
  Je dis que tout dépend de la finesse et de la netteté de
l'analyse, de la valeur de la représentation psycho physiologique,
                                                     des effets
de celle de celle de l'objet conçu,
et de l'idée de la liaison des moyens de la machine
manœuvre, avec la vision de cet objet — ceci implique une
décomposition de cet objet ou transformation selon les moyens.
jugement et analyse des moyens et de leurs effets.
  Noter bien que cette précision revient à aboutir au
quantitatif. — qui est transcription des actes.
  Toujours le stéréo ! — L'idée serait la photographie double, l'une
serait le plan. —
  il faudrait voir l'idée doublement — Base. 2 station l'une
subjective, l'autre le tiers sujet.
   Une œuvre en soi n'a plus pas plus de signification qu'un
plan sans pays, et sans connaissance des conventions. Toute œuvre est
conventionnelle.

augmentation de le somme de maux qui sont dans le monde

Christ est venu donner une valeur à tout homme. Une certaine valeur qu'on peut dire infinie, car elle est indépendante de toute qualité d'un chacun. et la même dans tous.

Le travail de cette idée se poursuivant, se retourne contre ceux qui la propagent

obscur.

La lecture est un pis aller. Elle est aussi un minimum. Oser écrire des choses qui visent à ne pas s'ajuster à un minimum de tension, tout en ayant les apparences des minima accoutumés. (vers, etc) c'est une assez grande témérité. C'est déplacer le principe, changer le signe de l'acte de lire — mettre l'agueil ou l'accroissement pouvoir (du lecteur) à la place du loisir et de l'excitation, ou de la cause. etc.

L'habitude des critiques n'est pas de se placer au lieu même de l'auteur et de se mettre dans ses difficultés, ses conditions — etc

mais ils se mettent au point du lecteur. Mais ils ne veulent point s'y restreindre. Car le vrai lecteur ne se soucie pas du mérite, mais du plaisir. Le lecteur est hors des conventions.

German philosophers as to refuse to spell their names properly: "Les Shopenhaur ⌐sic⌐, les Shelling ⌐sic⌐, les Hegel sont les maîtres à penser de M. Valéry" (p. 109). Droin was very disturbed by P.V.'s success in Germany and by his friendships among the writers of the NRF, whom he all but calls traitors for their Europeanism. Droin names his own "maîtres à pensée": "Nos meilleurs critiques, ceux dont les jugements sont presque toujours inattaquables, les La Harpe, les Taine, les Renouvier, les Lemaître, les Faguet, ont fatigué le bois de la lyre" (p. 25). A most interesting list; Droin was unworthy of the better moments of any of them. His allusion to "la lyre" is intended to discredit Thibaudet who, not being a poet, must be excused his "exubérance" in praising P.V. (Droin was apparently unaware of the existence of Thibaudet's Cygne rouge.) Droin's attitude is summed up in this note: "On trouve dans la poésie de M. Valéry ce qu'on veut bien y mettre: un vase vide peut recevoir beaucoup d'offrandes" (p. 75).
That this volume was taken seriously by anyone, and it was, is a sign that many French critics were unprepared to cope with P.V.'s sudden success and were willing to use the slightest pretext to attack what they could not understand.
Reviewed by J. Place in ⌐529⌐.

401. Emile-Bayard, Jean: Le Quartier latin hier et aujourd'hui. ⌐P.⌐, Roman nouveau, 1924. 400 p.

Emile-Bayard mentions that P.V. is scheduled to speak at A. Mercereau's "Caméléon" in 1924.

402. Gide, André: Incidences. P., nrf, 1924. 214 p.

"Paul Valéry," pages 203-8, is reprinted from ⌐215⌐. "En relisant Les Plaisirs et les jours après la mort de Marcel Proust" immediately precedes "Paul Valéry." It first appeared in ⌐282⌐.

403. Gide, André: Le Retour de l'enfant prodigue, précédé de cinq autres traités. P., nrf, 1924. 235 p.

Le Traité du Narcisse, pages 7-27, first published in 1891, still bears the dedication to P.V.

404. Lefèvre, Frédéric: Une Heure avec..., I. P., nrf, 1924. 277 p. Coll. "Les Documents bleus--6."

Lefèvre reprints his interviews with H. Bordeaux ⌐289⌐ and J. Giraudoux ⌐314⌐, q.v.

405. Lefèvre, Frédéric: <u>Une Heure avec</u>..., II. P., nrf, 1924. 251 p. Coll. "Les Documents bleus--13."

Continuing this successful series, Lefèvre reprints his interviews with Charles Maurras ⌐304⌐, Jacques Maritain and Henri Massis ⌐370⌐, and René Boylesve ⌐463⌐, q.v.

406. Lièvre, Pierre: <u>Esquisses critiques</u>, 2e série. P., Le Divan, 1924. 221 p. Coll. "Les Quatorze--no. 6."

Lièvre mentions P.V. here only incidentally. He pretends that Mme de Noailles's success with classical prosody may account for P.V.'s "retour marqué à la strophe malherbienne..." (p. 54). R. Boylesve claimed ⌐463⌐ that P.V.'s poetry was in part a reaction against Mme de Noailles. Vandérem ⌐1307⌐ claimed that Mme de Noailles was influenced by P.V., contradicting Lièvre completely. None of the critics attempted to substantiate his claim.

Lièvre includes P.V. among "ces écrivains qui par quelque endroit tiennent tous à l'Ecole romane et qui s'en vantent..." (p. 159). He had a strong aversion for all such poets and P.V. in particular, as he was quick to point out in:

407. Lièvre, Pierre: <u>Paul Valéry</u>. P., Le Divan, 1924. 77 p.

Since it was published before Droin's, Lièvre's <u>Paul Valéry</u> qualifies as the second book devoted to P.V. As such this "éreintement" occupies an exceptional position. Apparently Lièvre met with considerable difficulty in finding a publisher, finally issuing his essay as a "tirage à part" at <u>Le Divan</u> where he was a regular contributor. (See ⌐490⌐.) Lièvre does, in fact, use all the lowest tactics to discredit P.V. the poet, including a comparison of his work with the poems of Taine and Littré. Lièvre's claims do not even attain the level of arguments. He does not hesitate to use innuendo: "...on sait bien que cet écrivain manque cruellement de puissance créatrice" (p. 53); "...on sait bien que c'est la prose son langage naturel" (p. 32). He calls P.V. "une suprême fleur singulière et fragile ⌐de⌐ la génération symboliste..." (p. 7), a clever use of damning epithets. P.V. is also presented as "ce pur cérébral" (p. 24), despite the successive arguments to the contrary by R. Lalou.

To ensure a future for his essay, which was not particularly well received by other critics, Lièvre reprinted it in <u>Esquisses critiques</u>, 2e série, 1929, pages 63-94.

408. Martin du Gard, Maurice: <u>Impertinences</u>. P., Camille Bloch, 1924. 152 p.

"Paul Valéry," pages 141-52, is a profile of P.V.'s career containing several factual errors. One bizarre sentence leads one to wonder whether Martin du Gard had ever read the works he mentions: "C'est ainsi qu'il composa l'Ame, la préface à <u>l'Adonis</u>, <u>l'Architecte</u>, son <u>Dialogue sur la Danse</u>" (p. 150)--thus presenting <u>L'Ame</u> et <u>la danse</u> as two separate works and omitting the name of Eupalinos entirely. Martin du Gard also lets pass this strange error: "<u>l'Introduction à la mémoire</u> ⌐sic¬ <u>de Léonard de Vinci</u>." He illustrates P.V.'s current "grande faveur" by relating anecdotes concerning G. Hanotaux, Marshal Joffre, Barrès and Giraudoux. He concludes: "On le pousse à l'Académie." On that score Martin du Gard should have been a responsible authority since his <u>Nouvelles littéraires</u> was the principal publication to advance P.V.'s public career after 1924.

409. Masson, Georges-Armand: <u>Georges-Armand Masson où le parfait plagiaire</u>. P., Editions du siècle, 1924. 252 p. ⌐VRY 879 in 12¬

A ridiculous parody of P.V.'s verse, entitled "Variations par quelques poètes sur un thème connu...Variation II par Paul Valéry. <u>Lento sostenuto</u>" (pp. 75-76).

410. Noblet, Albert Maurice: <u>La Poésie lyrique en France des origines à 1914</u>... London, Toronto, Paris: J. M. Dent & Sons; New York: Dutton; 1924. 496 p.

In a note on page 483 Noblet explains that P.V. is not studied in this volume because his success came after 1914.

411. Poizat, Alfred: <u>Le Symbolisme de Baudelaire à Claudel</u>. P., Bloud & Gay, 1924. 268 p. "Edition revue et augmentée."

Poizat places P.V. among those poets who "éprouvent le besoin de recommencer l'aventure et de refaire le Mallarmisme.//Mais ni le haut et subtil Paul Valéry, ni le noble et pur Jean Royère ne sont tout à fait Mallarmé. Leurs poèmes, obscurs et brillants comme les siens, profonds parfois, peuvent égaler ceux du Maître. Mais, quant à l'homme qu'il fut, aucun vivant ne le ressuscitera en lui..." (p. 107).

Aragon gave an adequate three-word critique of the original edition ⸢99⸣ in Littérature for December 1919: "En voilà assez."

412. Strowski, Fortunat: Tableau de la littérature française au XIXe et au XXe siècle. P., Mellottée, 1924. 722 p. ⸢VRY 956 in 12⸣

Strowski omits P.V. entirely from the contemporary poets, but includes him among "Les Critiques et les penseurs," chapter XIII:

"Après M. Maurras, après M. Bergson, nous avons d'autres conducteurs d'esprits, d'autres créateurs de système qui laisseront leur marque dans la littérature générale et dans l'esprit du nouveau siècle: ... M. Paul Valéry, poète au style magnifique et obscur, qui ne parvient pas à dégager son originalité quand il enferme sa pensée dans le moule de Mallarmé ou de Ronsard, mais qui écrit une prose subtile, harmonieuse et profonde lorsqu'il discute ou lorsqu'il médite" (pp. 675-76).

Strowski's personal experience with P.V.'s style "lorsqu'il discute" began with P.V.'s "Variation sur une 'Pensée'" on 14 July 1923. (See ⸢333⸣, and ⸢352⸣.) Strowski made his own significant contribution to P.V.'s myth in ⸢653⸣ and ⸢662⸣, affording a curious insight into his own notion of literary criticism.

413. Vandérem, Fernand: Le Miroir des lettres, V. P., Flammarion, 1924. 308 p.

Vandérem reprints ⸢208⸣. See also ⸢456⸣.

414. Causse, E.: "Revue des revues," L'Ane d'or, Montpellier, 3e année (janvier 1924), p. 395. ⸢VRY Pr. 411 in 8⸣

"Quelle indulgence, Marcel Azaïs, attendez-vous? Les prophéties de Charles Maurras sur Mallarmé vous les pétrissez tant et si bien dans vos derniers Essais critiques ⸢391⸣ qu'avec du mortier pris à Le Révérand vous en faites un bastion d'attaque contre Paul Valéry. Il est vrai que vous êtes bien amusant. On polémique beaucoup à Pignan..."

Gaston Le Révérand wrote "Divertissements littéraires" for L'Ane d'or. I have been unable to consult the Azaïs article which Causse attacks here.

415. La Rédaction: "Monsieur Paul Valéry à Montpellier," L'Ane d'or, Montpellier, 3e année (janvier 1924), p. 367. ⸢VRY Pr. 411 in 8⸣

(The article is signed "L'Ane d'Or," but the table of contents gives "La Rédaction.")
P.V.'s friends and admirers are invited to attend his lecture on "Baudelaire et sa postérité" in Montpellier on 22 January. The writer notes: "...nous savons que M. Paul Valéry a souri avec indulgence à l'irrévérence de certain pastiche...." See ⸢233⸣.

416. Souza, Robert de: "Poétique," Mercure de France, CLXIX (1er janvier 1924), 228-29.

A harsh review of the Petit Traité de versification by Romains and Chennevière ⸢273⸣. R. de Souza uses the occasion to criticize P.V.'s adoption of "cette sempiternelle erreur scolaire de l'obligation abstraite." He seems to have intentionally quoted a passage of "Au sujet d'Adonis" out of its context in order to create confusion over P.V.'s meaning.

417. Les Treize: "Les Lettres," L'Intransigeant, 43e année, no. 15855 (mercredi 2 janvier 1924), p. 2.

Les Treize announce a new edition of Fabre's Connaissance de la déesse prefaced by P.V.

418. Anon.: "Le Courrier de Paris--informations littéraires," L'Europe nouvelle, 7e année, no. 307 (5 janvier 1924), pp. 16-17.
"On annonce une offensive prochaine contre Paul Valéry." See ⸢470⸣.
"Paul Valéry parle aujourd'hui de l'Esprit de la Pléiade, dans le cycle de conférences organisé à la gloire de Ronsard." On 10 February in La Muse française P.V. published an article on Pontus de Tyard. (This article was reprinted in Pléiade, I, 443-45.)

419. Farges, Abel: "Histoire littéraire et critique," La Muse française, III, no. 1 (10 janvier 1924), 64.

Farges recommends L. Fabre's article on Thibaudet's Paul Valéry ⸢384⸣. "M. Lucien Fabre est l'ami et passe pour être le disciple de

Paul Valéry."

420. Poizat, Alfred: "Paul Valéry," <u>La Vie montpelliéraine et régionale</u>, Montpellier, 31e année, no. 50 (samedi 12 janvier 1924), p. 3. ⸢VRY Ms. 993, I, 97⸥

Poizat, who was asked to write this article, finds himself in the awkward position of being obliged to praise a poet he does not particularly like. (Cf. ⸢411⸥.) Unable to avoid criticizing P.V. altogether, he concludes on this disparaging note: "Le poème philosophique est bien dangereux. Sully-Prudhomme s'y est perdu. Paul Valéry ne serait-il pas le Sully-Prudhomme du symbolisme?"

421. Durtain, Luc: "Notes: Paul Valéry.--<u>Eupalinos ou l'architecte</u>, précédé de <u>La Danse</u> ⸢sic⸥," <u>Europe</u>, IV, no. 13 (15 janvier 1924), 125-26.

A very brief review, appreciative but undistinguished.

422. Anon.: "Paul Valéry à Montpellier," <u>La Vie montpelliéraine et régionale</u>, Montpellier, 32e année, no. 51 (samedi 19 janvier 1924), p. 5.

Announces a lecture by P.V. in Montpellier on 23 January and another in Nîmes on 31 January. On the cover of this number there is a picture of the port of Sète, "La Ville natale de Paul Valéry," "...ce paysage que Paul Valéry a immortalisé dans les vers admirables de son <u>Cimetière Marin</u>."

423. Anon.: "Chronique de Nimes--la conférence 'Paul Valéry'," <u>Le Petit Provençal</u>, Marseille, 49e année, no. 17,149 (jeudi 24 janvier 1924), p. 3.

P.V.'s lecture in Nîmes is sponsored by the 'Cinq à Six Nimois': "...un des plus grands poètes français vivants est méridional, languedocien: c'est le Cettois Paul Valéry."

424. Anon.: "Chronique de Nimes--conférence Paul Valéry," <u>Le Petit Provençal</u>, Marseille, 49e année, no. 17,150 (vendredi 25 janvier 1924), p. 3.

"La Conférence que devait donner M. Paul Valéry est remise à une date ultérieure, par suite d'une indisposition du conférencier."

425. Anon.: "Chronique de Nimes--aux Cinq à Six littéraires," Le Petit Provençal, Marseille, 49e année, no. 17,151 (samedi 26 janvier 1924), p. 4.

"Un contre-temps fâcheux, tout à fait imprévu, a empêché Paul Valéry de répondre jeudi à l'appel des Cinq à Six Nimois. D'autant plus désolé qu'il apprit le départ pour Nimes de bons amis de Cette, Montpellier et Lunel, il nous pria d'exprimer à tous ses bien vifs regrets et d'annoncer de façon ferme qu'il sera là jeudi prochain, 31 janvier, à l'heure habituelle."
But La Vie montpelliéraine had already announced on 19 January that P.V.'s lecture in Nîmes was scheduled for 31 January. Local communications were somewhat confused.

426. Aubès, Gabriel: "Le Grand Poète Paul Valéry," La Vie montpelliéraine et régionale, Montpellier, 32e année, no. 52 (samedi 26 janvier 1924), [front cover]. [VRY Ms. 10034]

A large drawing of P.V. with this caption: "Le grand poète Paul Valéry qui a parlé, Mardi, à Montpellier, de Baudelaire." See:

427. Davray, Raoul: "Quelques notes prises en écoutant Paul Valéry," La Vie montpelliéraine et régionale, Montpellier, 32e année, no. 52 (samedi 26 janvier 1924), p. 5. [VRY Ms. 993, I, 96-97]

Davray's notes permit us to specify which were the "cinq ou six [vers] d'une incontestable faiblesse" in Baudelaire's "Recueillement," according to P.V. At Montpellier P.V. apparently designated as weak the third and fourth lines of the first quatrain and the first three of the second quatrain. P.V. presumably omitted this detail in his lecture at Monaco on 19 February which served as the basis for the definitive version of "Situation de Baudelaire."
(Note that P.V. had spoken in Montpellier on 22 January, not the following day as announced in [422].)

428. Lafont, Aimé: "Paul Valéry parle de Baudelaire," La Vie montpelliéraine et régionale, Montpellier, 32e année, no. 52 (samedi 26 janvier 1924), p. 3. [VRY Ms. 993, I, 98]

Lafont adds another valuable detail concerning P.V.'s lecture, which was given in the Salle Pathé. P.V. had made a very colorful comparison between "romantiques" and "classiques" which did not appear in "Situation de Baudelaire." Lafont writes: "J'ai fort goûté son apologue des sauvages qui s'emparent à la hache d'abordage de je ne sais quelle île lointaine: ils s'enfoncent dans une forêt sombre et touffue, aux végétations excessives, aux fruits étranges, dont la gamme va de l'exquis au vénéneux; ils brisent tout, saccagent tout, font des trouées à travers lianes et buissons, vers des régions inconnues, abattent les arbres pour se rassasier des fruits savoureux et des fruits maléfiques indistinctement. Ces sauvages, ce sont les romantiques.

Après eux, viennent des explorateurs civilisés, avec leurs ingénieurs, leurs architectes, leurs dessinateurs, etc., qui remettent en place ce que les autres avaient saccagé, dressant des clôtures pour changer en parc la forêt illimitée, font partout de l'order et de la clarté. Ce sont les classiques.

Le premier et le plus grand de ces nouveaux classiques fut Baudelaire...."

Although these are not P.V.'s words, we can be sure that he made a comparison which closely resembles that given here by Lafont. R. Davray in his notes on the lecture mentions the same comparison. The omission of this passage from "Situation de Baudelaire" is probably a sign of the care with which P.V. gradually revised a lecture he intended for publication. The imagery and schematic clarity of the comparison were sure to please an audience already well disposed toward the speaker, but as a document of literary history the comparison would have been of dubious value.

429.   Miaou: "Griffes et pattes de velours," La Vie montpelliéraine et régionale, Montpellier, 32e année, no. 52 (samedi 26 janvier 1924), p. 4.

The gossip column had the following comment on P.V.'s lecture: "On aurait pu se passer, semble-t-il, du marchand de sucre de pomme."
How undignified....

430.   Anon.: "Un Poème oublié de Paul Valéry," La Vie montpelliéraine et régionale, Montpellier, 32e année, no. 52 (samedi 26 janvier 1924), p. 3. ⌐VRY Ms. 909¬

"Notre distingué collaborateur Edouard Perrin...nous communique une pièce que M. Paul Valéry a publiée, en février 1898, c'est-à-dire à l'âge de vingt-cinq ans ⌐P.V. was then between 26 and 27¬ environ, dans la Coupe."

The following was probably written by Perrin: "Paul Valéry donna, en 98, à la Coupe, ce sonnet ⸢"Valvins"⸣ sur la maison de campagne de Stéphane Mallarmé, au bord de la Seine, à Fontainebleau...."
The version of "Valvins" printed by La Coupe was arranged like an Elizabethan sonnet. That printed here has the customary two quatrains and two tercets. There are two other variants: 1st quatrain: 4th line: no ⸢.⸣ at the end; 2nd quatrain: 1st line: no ⸢,⸣ at the end. Nor does this version correspond to any of the others listed by Hytier in Pléiade, I, 1563-64.

431. Anon.: "Chronique de Nimes--aux Cinq à Six nimois," Le Petit Provençal, Marseille, 49e année, no. 17,153 (lundi 28 janvier 1924), p. 3.

P.V. will indeed speak in Nîmes on 31 January about "ses souvenirs sur ses relations littéraires avec les grands poètes à peine disparus, dont il est aujourd'hui l'illustre continuateur."

432. Anon.: "Chronique de Nimes--Paul Valéry et ses 'Souvenirs Littéraires'," Le Petit Provençal, Marseille, 49e année, no. 17,155 (mercredi 30 janvier 1924), p. 3.

Praises P.V.'s lecture in Montpellier and assures that he will speak in Nîmes the following day.

433. Rivière, Jacques: "La Crise du concept de littérature," NRF, XXII, no. 125 (février 1924), 160.

"Si l'on interroge Paul Valéry sur le sens de son activité, il s'efforce aussitôt de la montrer transcendante par rapport à la littérature, la forme écrite qu'il lui donne n'étant, pour sa pensée, qu'un accident."
Rivière considers P.V. as representative of "une tendance générale...à n'écrire que par pis-aller, ou tout au moins, à donner à l'écriture, à la création littéraire des fins extrinsèques." Although a bit schematic, this description of P.V.'s literary activity agrees in substance with his own statements.

434. Procope: "Le Mois littéraire--courrier des lettres," L'Esprit nouveau, no. 21 (⸢février⸣ 1924), ⸢p. 15 (unpaginated)⸣.

"Quels sont les poètes qui font partie de la Nouvelle Pléiade

(excuser du peu)? Ce sont: La comtesse de Noailles, MM. Xavier de Magallon, Pierre Camo, Tristan Derème, Charles Derennes, Léon Vérane, Fernand Mazade.
Maurice du Plessys n'en faisait pas partie, pas plus que n'y figurent Valéry, Maurras, Muselli, Henry Charpentier, pourtant savants mainteneurs des splendeurs du vers classique. Toujours les proscriptions!..."

A strange error. P.V. of course was a member of the Nouvelle Pléiade, but Léon Vérane was not. T. Derème had taken the place of the late J. Gasquet, the founder of the group. Procope apparently thought the group should have been more "roman" and his inclusion of P.V.'s name among the other "proscrits" is amusing in that light.

435. Vauvrecy, A.: "Livres nouveaux--Clair de Terre, par André Breton," L'Esprit nouveau, no. 21 (₁février₂ 1924), ₁p. 4 (unpaginated)₂.

"...à côté des poètes de cristal compassés comme le parfait Valéry, il y a bien la place pour ceux qui tâtonnent avec des hésitations de médiums dans les profondeurs de notre inconnu...." Among the latter Vauvrecy names Breton, Reverdy, Dermée, Cocteau, Aragon, Eluard and others. L'Esprit nouveau was one of the few reviews in which P.V. was praised alongside the future surrealists.

436. Anon.: "Chronique de Nimes--conférence Paul Valéry," Le Petit Provençal, Marseille, 49e année, no. 17,157 (vendredi 1er février 1924), p. 3.

Promises for the following day a compte rendu of P.V.'s lecture in Nîmes. See:

437. Valmont, Jean: "Chronique de Nimes--conférence Paul Valéry," Le Petit Provençal, Marseille, 49e année, no. 17,158 (samedi 2 février 1924), p. 4.

According to Valmont (a pseudonym of M. Sales), P.V.'s recollections of Mallarmé in Nîmes (31 January) were related in much the same terms as in his lecture of 17 January 1933 (cf. Pléiade, I, 1719). Valmont devotes a long half-column to a detailed description of P.V.'s lecture.

438. Davray, Raoul: "Paul Valéry à Nimes," La Vie montpellié-

⸢442⸣ 145

raine et régionale, Montpellier, 32e année, no. 53 (samedi 2 février 1924), p. 4. ⸢VRY Ms. 993, I, 99⸣

Davray relates anecdotes concerning P.V.'s lecture in Nîmes. Directly above this article there is a drawing of P.V. by Géo Yrrab.

439. Les Treize: "Les Lettres," L'Intransigeant, 45e année, no. 15,887 (dimanche 3 février 1924), p. 2.

Note the element of myth in this announcement concerning P.V.'s "cahiers": "Il se confirme que M. Paul Valéry n'écrira plus de vers. Lui-même en avertit les plus familiers de ses admirateurs. En revanche, il va continuer de se vouer à des recherches de pure esthétique littéraire. Il va partir pour l'Italie, où l'on va entendre, après l'Angleterre, ses conférences sur le lyrisme français.....--('L'Opinion')."

440. Crevel, René: "Après Dada," Les Nouvelles littéraires, 3e année, no. 69 (9 février 1924), p. 5.

"M. Rivière ⸢433⸣ rappelle l'enquête de la revue Littérature: pourquoi écrivez-vous? Personne ne se vanta d'écrire pour écrire. Parmi les réponses très diverses, la plus courageuse fut celle de Valéry: Par faiblesse." P.V.'s reply had been published in ⸢110⸣.

441. Lefèvre, Frédéric: "Une Heure avec M. André Bellessort," Les Nouvelles littéraires, 3e année, no. 69 (9 février 1924), pp. 1-2.

Bellessort excels here in the use of paradox: "...le vers ⸢de Paul Valéry⸣ est d'une limpidité et d'une transparence admirable. J'admire ce vers de cristal, mais je regrette souvent son hermétisme." This transparent obscurity is a real find. Further, "j'oserais presque dire que je considère 'L'Ame et la Danse' comme le poème le plus parfait de Paul Valéry." Naturally.

442. Davray, Raoul: "Paul Valéry parle de Mallarmé," La Vie montpelliéraine et régionale, Montpellier, 32e année, no. 54 (samedi 9 février 1924), p. 3. ⸢VRY Ms. 993, I, 95 & 100⸣

Another résumé of P.V.'s lecture on Mallarmé in Nîmes on 31 January. See ⸢437⸣.

443. Miaou: "Griffes et pattes de velours," <u>La Vie</u> <u>montpelliéraine</u> et <u>régionale</u>, Montpellier, 32e année, no. 54 (samedi 9 février 1924), p. 2. ⌐VRY Ms. 993, I, 100¬

Concerns a meeting between P.V. and Henri Gautier of <u>L'Ane</u> <u>d'or</u> on the "terrasse du Peyrou." Gossip.

444. V.M.: "Le Départ de Paul Valéry," <u>La Vie</u> <u>montpelliéraine</u> et <u>régionale</u>, Montpellier, 32e année, no. 54 (samedi 9 février 1924), p. 6. ⌐VRY Ms. 993, I, 100¬

Everyone regrets P.V.'s departure from Montpellier...

445. Robertfrance, Jacques: "Notes: Charles Maurras--<u>Poètes</u>" <u>Europe</u>, IV, no. 14 (15 février 1924), 250-51.

"...se voir contraint, en 1922 ⌐220¬, de reconnaître à Paul Valéry 'ce culte de l'encre et des plumes' qui est bien l'extrême pierre de touche du Parnasse des Parnassiens...voilà qui témoigne d'une persistance dans l'erreur à la vérité assez commune dans les milieux que hante M. Maurras."
Robertfrance was no friend of <u>L'Action</u> <u>française</u>, where Maurras' article first appeared before being reprinted in <u>Poètes</u> ⌐270¬.

446. Anon.: "Monaco--société des conférences," <u>Le Petit Niçois</u>, Nice, 45e année, no. 52 (jeudi 21 février 1924), p. 4. ⌐VRY Ms. 993, I, 95¬

An intelligent <u>compte</u> <u>rendu</u> of P.V.'s lecture on "Baudelaire et sa postérité" given at 5:00 p.m. on 19 February in Monaco at the personal invitation of Prince Pierre. It was this lecture which served as the basic text for "situation de Baudelaire." The writer praises P.V. "dont la maîtrise s'est définitivement imposée au public lettré."
Reprinted in <u>La Vie</u> <u>montpelliéraine</u> et <u>régionale</u> for 1 March.

447. Le Régionaleux: "Notes et notules--M. Paul Valéry est-il Corse?" <u>Bastia-Journal</u>, Bastia, 29 février 1924, p. 1. ⌐VRY Ms. 602¬

The writer queries whether P.V. is indeed a Corsican, on the basis of his preface to Diane de Cuttoli's <u>L'Enchantement</u> <u>multiple</u>. He notes: "M. Paul Souday...s'accorde volontiers, avec M. Charles Maurras, pour reconnaître en M. Paul Valéry le meilleur poète français de notre temps." Maurras had written "dans les équipes d'aujourd'hui, autant que je puis en juger, ce poète me semble le chant incarné" (Poètes, 1923, p. 64). The formulae are not equivalent, and Maurras certainly never gave P.V. such unreserved acclaim although he did remain loyal to P.V. through 1927. (Monod identified the writer of this article as M. de Mari.)

448. Gautier, Henri: "L'Image de Paul Valéry," L'Ane d'or, Montpellier, 3e année (mars 1924), pp. 443-46. ⸢VRY Pr. 412 in 8⸥

The "image" is a one-color portrait of P.V. with monocle and heavy overcoat, drawn by Pierre Waton. Gautier sums up P.V.'s character in a word: "le guetteur." Gautier writes his own word portrait of P.V. using exclusively marine imagery. The result is a striking passage on the theme "le guetteur" which could be used as a composite caption for two photographs of P.V. published in Gabriel Faure's Paul Valéry Méditerranéen (1954, Pl. 10-11). Faure's photographs are the objective equivalent of the traits Gautier, another Mediterranean, had seized with his pen.

449. Schloezer, Boris de: "Réflexions sur la musique--musique et littérature," Revue musicale, V, no. 5 (1er mars 1924), 271-74.

"Tourner un commutateur ⸢change energy from one form into another⸥--c'est à cela en somme que se réduit l'action d'un Proust, d'un Stravinsky, d'un Valéry, c'est là toute l'ambition de ce qu'on nomme 'l'esprit moderne', en poésie, en musique, en peinture" (p. 274).
B. de Schloezer touches here on an important idea in P.V.'s poetics. The poet transcribes certain psychic relations into another network of relations: the poem.

450. Anon.: "Paul Valéry à Monaco," La Vie montpelliéraine et régionale, Montpellier, 32e année, no. 57 (samedi 1er mars 1924), p. 6. ⸢VRY Ms. 993, I, 95⸥

Reprints ⸢446⸥.

451. Les Treize: "Les Lettres," L'Intransigeant, 45e année, no. 15,929 (dimanche 16 mars 1924), p. 2.

Les Treize cite P.V.'s preface to Kikou Yamata's Sur des lèvres japonaises.

452. Billy, André: "L'Oeuvre littéraire--les livres de la semaine," ⌐L'Oeuvre¬, 23 ou 24 mars 1924⌐, ¬M¬. ⌐VRY 656³ in 12¬

Billy reviews P. Lièvre's Esquisses critiques, deuxième série and his Paul Valéry. His comments are perfectly inept: "Une des études les plus importantes contenues dans la seconde série des Esquisses critiques a trait à Jean Moréas. Elle fit scandale, lors de sa première publication dans le Divan, par l'opposition très nette et très réfléchie qu'elle marquait à l'intransigeance des admirateurs du poète. Il n'y est pas une ligne à laquelle je ne souscrirais, et j'en puis dire autant de l'étude sur Paul Valéry, que M. Pierre Lièvre a fait imprimer dans un petit format, comme pour se mieux assurer qu'elle passerait tout à fait inaperçue. M. Lièvre ne se cache pas de préférer aux vers de M. Valéry sa prose ⌐a remarkable example of critical litotes¬. C'est aussi mon sentiment."

453. Anon.: "Hors-Paris," Les Nouvelles littéraires, 3e année, no. 76 (29 mars 1924), p. 6.

"Belgique//M. Paul Valéry a fait, mardi, une remarquable conférence sur 'Léonard de Vinci', sous les auspices de Ceux de demain et dans les locaux de la Fondation Universitaire où il fut reçu le même jour par le Club des Ecrivains belges."
Le Thyrse reviewed these lectures on 15 April.

454. Treich, Léon: "Les Pastiches ⌐et¬ La Fileuse," Almanach des lettres françaises et étrangères, 1ère année (samedi 5 avril 1924), pp. 17-18.

Treich quotes the pastiche "Mon âme éteint ses lumières..." from ⌐409¬. He also prints "La Fileuse" with a sketch of P.V.'s career.

455. Perdican: "Poésie et politique," La Vie montpelliéraine et régionale, Montpellier, 32e année, no. 63 (samedi 5 avril 1924), p. 3.

A mention of "notre Paul Valéry, de la moderne Pléiade."

456. Treich, Léon: "Le Miroir des lettres (II)," Almanach des lettres françaises et étrangères, 1ère année (lundi 7 avril 1924), p. 26

Only the title indicates that Treich is quoting directly from

Vandérem's <u>Miroir des lettres</u> (vol. V, not II) as he does not mention Vandérem: "<u>Les plus fines analyses esthétiques de M. Paul Valéry lui ont valu certainement moins d'admiration que la moindre de ses belles odes.</u>" Vandérem had written "moins d'admirateurs" in ₍208₎. Treich and Vandérem may be right, but between 1920 and 1924 more ink flowed in criticism of P.V.'s theories (real or supposed) than of his poems.

457. ₍Marsan, Eugène: "Remarques sur les lettres contemporaines," <u>Bulletin des cours professés à l'Institut d'Action française</u> (before 8 April 1924), x₎

The above information appeared in L. Treich's <u>Almanach des lettres</u> for 8 April, p. 30. Marsan is supposed to have distinguished between "classiques de principe" (Moréas) and "la postérité de Mallarmé" (Rimbaud), assuming a conciliation possible. "C'est ce que Moréas a déjà réussi dans les <u>Stances</u>. ... Il faudra nommer Paul Valéry, celui du <u>Serpent</u>."
Marsan at least attempted to substantiate his claim that P.V.'s poetry is "romane."

458. Treich, Léon: "Ici et là," <u>Almanach des lettres françaises et étrangères</u>, 1ère année (lundi 14 avril 1924), p. 58.

Treich cites a review of R. de la Vaissière's anthology ₍277₎ which appeared in the <u>Times</u> of London: "A la question: Quel est le plus grand poète français contemporain? il ne peut, dit-il ₍the critic of the <u>Times</u>₎, donner de réponse et il hésite à décerner ce titre à M. Paul Valéry: 'Un grand poète est infiniment varié, M. Valéry ne l'est pas.'"
Many French critics took precisely this view.

459. Périer, Gaston-Denys: "Paul Valéry sous le masque de Léonard," <u>Le Thyrse</u>, Bruxelles, 4e série, 26e année, no. 8 (15 avril 1924), pp. 168-70. ₍VRY Pr. 636 in 8₎

Périer writes of P.V.'s lecture on Leonardo in Brussels on 25 March. According to Périer, P.V. delivered his reflections on Leonardo in a relaxed, personal manner. He also indulged in some speculations regarding philosophy: "Comme l'a fort bien affirmé M. Paul Valéry, pour sauver la philosophie, il la faut considérer comme une oeuvre artistique."

460. Anon.: "Informations--Toulon," <u>Les Nouvelles littéraires</u>,

3e année, no. 79 (19 avril 1924), p. 6.

"La série de conférences organisées par Mme Emile Ripert a pris fin, mais on attend M. Paul Valéry qui parlera de la Renaissance italienne et de Léonard de Vinci."
P.V. gave this lecture on 2 May on his return from Italy.

461. Anon.: "Informations," Les Nouvelles littéraires (1924), [M]. [VRY Ms. 993, I, 16 bis]

I have been unable to find this note in Les Nouvelles littéraires; it must have been published after 20 April.
"M. Paul Valéry, au cours de son voyage en Italie, vient d'être l'hôte, à Gardone, de Gabriele d'Annunzio. Il a été reçu également par Mussolini, à Rome, où il a fait une conférence très applaudie sur Baudelaire."
According to Mme Rouart-Valéry (Pléiade, I, 47) P.V. gave his lecture on Baudelaire in Rome on or after 20 April. He gave another on Leonardo.

462. Les Treize: "Les Lettres," L'Intransigeant, 45e année, no. 15,966 (mardi 22 avril 1924), p. 2.

"M. Paul Valéry a fait une conférence sur Baudelaire au Cercle littéraire de Rome."

463. Lefèvre, Frédéric: "Une Heure avec M. René Boylesve," Les Nouvelles littéraires, 3e année, no. 81 (3 mai 1924), pp. 1-2. [VRY Ms. 993, I, 15]

This interview offers an example of Lefèvre's questionable procedures in publishing his Une Heure avec.... On 3 May Lefèvre printed as Boylesve's opinion (square brackets mine):
["Je ne vous apprendrai pas que notre époque a deux grands poètes: la comtesse de Noailles et Paul Valéry.] L'oeuvre de Valéry [, que je ne comprends pas continuellement,] est très séduisante et marque--que son auteur le veuille ou non--une réaction contre l'exubérance dyonysiaque [sic] de Mme de Noailles."
However, when Lefèvre reprinted this "interview" in Une Heure avec... vol. II [405], all the material in square brackets above disappeared completely, radically altering Boylesve's statement. The reason for this change was probably a letter Boylesve subsequently published in Les Nouvelles littéraires in which he protested: "Mais je

ne pensais qu'à l'antithèse et je n'ai pas eu le loisir de vous livrer mon opinion complète sur la poésie contemporaine. Si je l'avais pu faire, je n'aurais pu manquer de vous dire que le poète qui correspond le mieux à mes intimes préférences est Henri de Régnier." It is the existence of such discrepancies which substantiates the charges made against Lefèvre by J. Boulenger's Entretiens avec Frédéric Lefèvre ⌐849⌐.

464. Anon.: "Faits divers--histoire et poésie," Les Nouvelles littéraires, 3e année, no. 81 (3 mai 1924), p. 2.

Questioned on the value of his La Poésie française moderne..., H. Clouard gave a reply which explains his cavalier treatment of P.V.: "Il n'y a point, dit-il ⌐Clouard⌐, à mon avis, de réels poètes à l'heure présente. ...Après lui ⌐Claudel⌐, je ne vois plus personne auprès de qui je sois tenté de m'arrêter."
This being the case, would not silence be preferable to malice?

465. Fabre, Lucien: "La Poésie française en Roumanie," Les Nouvelles littéraires, 3e année, no. 83 (17 mai 1924), p. 1. ⌐VRY Ms. 993, I, 9⌐

"Le poète le plus universellement admiré et compris est Valéry. Il est rare de trouver des lettrés qui ne connaissent pas quelqu'un de ses poèmes par coeur. Il s'est emparé de son public sans heurt et sans lutte; pour qui a suivi la carrière de ce grand homme en France, il y a là quelque chose de saisissant. On se plaint partout, bien entendu, de l'impossibilité où se trouve le lecteur roumain d'acheter les oeuvres de ce poète; je ne connais à Bucarest aucun exemplaire de la Jeune Parque...."
"Saisissant," to be sure. One wonders whether Fabre had not exaggerated a bit for the purposes of advancing P.V.'s career in France.

466. Les Treize: "Les Lettres," L'Intransigeant, 45e année, no. 15,996 (jeudi 22 mai 1924), p. 2.

"M. Paul Valéry a donné à la résidence des étudiants de Madrid une conférence sur 'Baudelaire et sa postérité', et mardi à l'Institut français une deuxième conférence sur 'l'esprit de la Pléiade'."
Mme Rouart-Valéry (Pléiade, I, 48) dates P.V.'s lecture in Madrid as 17 May (April is printed by mistake).

467. Souday, Paul: "Les Livres," Le Temps, 22 mai 1924, p. ⌐3⌐.

⌐VRY Ms. 993, I, 8-9⌐

Souday reviews Gide's <u>Incidences</u> ⌐402⌐. He quotes two passages on P.V., both of which are chosen to stress the intellectualist aspect of his work.

468. Treich, Léon: "Le Concours des dix écrivains," <u>Almanach des lettres françaises et étrangères</u>, 1ère année (mercredi 28 mai 1924), p. 233.

P.V.'s name had appeared in the fourth of ten lists proposed to the readers of <u>La Renaissance</u> d'occident. From these lists the readers were to choose their ten favorite authors. Another ridiculous plebiscite.

469. Les Treize: "Les Lettres," <u>L'Intransigeant</u>, 45e année, no. 16,004 (vendredi 30 mai 1924), p. 2.

"M. Paul Valéry, à Barcelone, a donné une conférence: <u>Mes Souvenirs</u> littéraires. --(Dep. part.)"
P.V. had previously given two lectures in Madrid. See ⌐466⌐.

470. Droin, Alfred: "La Tradition poétique française et M. Paul Valéry," <u>Le Flambeau</u>, Bruxelles, 7e année, no. 5 (31 mai 1924), pp. 108-18.

Droin had prepared his offensive against P.V. with great care. This article constitutes the pre-original of pages 42-60 of his <u>Paul Valéry et la tradition poétique française</u>, which had been printed in 1923 but was not released until after this article had given publicity to his campaign. A "chapeau" preceding the article announces:
"M. Paul Valéry est un excellent prosateur: personne ne pense à le contester ⌐not even Lièvre or Billy⌐. Mais certains critiques, en France, et des plus considérables, tels que MM. Lasserre, Bellessort, Massis, se sont demandé récemment s'il a vraiment quelque valeur comme poète ⌐Massis: 11 October 1923; Bellessort: 9 February 1924; I have not seen any article by Lasserre concerning P.V.⌐. Or M. Alfred Droin examine objectivement...l'oeuvre lyrique de M. Valéry.... M. Valéry, aimé des dadaïstes autant que de Charles Maurras, représente dans la poésie française contemporaine le gongorisme et la préciosité. Rien n'est plus anticlassique."
This introduction accurately situates Droin's campaign. He invokes the authority of Lasserre, Bellessort and Massis, three of the

foremost dogmatists of integral neo-classicism. Dada began to fall away from P.V. between 1921 and 1922. At the same time the neo-classicists did their best to claim P.V. as one of their own. Droin's article is the first firm indication that the "right wing" of neo-classicism will in turn excommunicate P.V.

Thibaudet intelligently defended P.V. against Droin in ⌐491¬; A. Castagnou replied to Droin in ⌐527¬.

471. Anon.: "Informations--A Toulon," <u>Les Nouvelles littéraires</u>, 3e année, no. 85 (31 mai 1924), p. 6.

"--M. Paul Valéry, de passage à Toulon, a fait une conférence sur Léonard de Vinci. Il a parlé beaucoup moins du peintre que du philosophe, de l'homme de science, de l'ingénieur déjà tourmenté par le problème du vol." P.V.'s lecture had been announced in this column on 19 April.

472. ⌐Mlle¬ J.⌐eanne¬ L.⌐ichnerowicz¬ et J.⌐oseph¬ P.⌐lace¬: "Le Mouvement des lettres--prix littéraires," <u>Chronique des lettres françaises</u>, II (mai-juin 1924), 451.

P.V. is named as a member of the jury for the "Prix Blumenthal."

473. Desson, André: "L'Art naît de contrainte," <u>Accords</u>, no. 2 (juin 1924), pp. 34-37.

According to Desson, "le classicisme de Mallarmé et de Valéry" is somehow opposed to the "classicisme de Racine, de Pascal, d'André Gide...." Utter confusion.

474. Procope: "Le Mois littéraire--courrier des lettres," <u>L'Esprit nouveau</u>, no. 25 (⌐juin?¬ 1924), ⌐p. 9 (unpaginated)¬.

A note identical to that of <u>L'Intransigeant</u> for 22 May ⌐466¬. On page 11 Procope announces the first number of <u>Commerce</u> whose title he finds "sans doute ironique."

475. Treich, Léon: "On dit que...," <u>Almanach des lettres françaises et étrangères</u>, 1ère année (samedi 7 juin 1924), p. 273.

...P.V. had been employed at the Ministère de la Guerre.

476. Treich, Léon: "Les 'Fiches' de J. M. Lopez Pico," <u>Almanach des lettres françaises et étrangères</u>, 1ère année (samedi 14 juin 1924), p. 306.

Treich quotes from López Picó's <u>Entre la critique et l'idéal</u> this passage which had been published in the <u>Journal littéraire</u>: "Paul Valéry: Son <u>Introduction à la méthode de Léonard de Vinci</u> fut faite avec les deux mains, comme travaillent les maçons. Comme eux [sic], son travail en plein vent et en plein air s'accompagne de chansons."
This is probably a faulty translation of the Catalan original.

477. Anon.: "Le Courrier de Paris--informations littéraires," <u>L'Europe nouvelle</u>, 7e année, no. 330 (14 juin 1924), p. 767.

P.V. is mentioned as a possible choice for this year's "Grand Prix de littérature." Thibaudet, who had the backing of Bergson, was the leading contender.

478. Vandérem, Fernand: "Les Lettres et la vie," <u>Revue de France</u>, IV, no. 3 (15 juin 1924), 834-58.

In a review of Reverdy's <u>Self Defense</u> Vandérem writes: "Ecoutez plutôt sur l'art, sur la poésie, ces maximes qui, par la fermeté du ton et du style, rappellent souvent et même égalent les meilleures de M. Paul Valéry...."

479. Treich, Léon: "L'Offensive contre Paul Valéry," <u>Almanach des lettres françaises et étrangères</u>, 1ère année (vendredi 20 juin 1924), p. 328.

Treich reviews P. Lièvre's <u>Paul Valéry</u> without pronouncing in favor of either side. He says of J.-M. Renaitour's "Paul Valéry ou l'incohérence prétentieuse" [493]: "Il est difficile d'aller plus loin." Renaitour enthusiastically endorsed Droin's attack on P.V. Treich concludes that Lefèvre's "Une Heure avec M. Paul Valéry" [537] "nous donnera certainement l'autre son de cloche...."

480. Crémieux, Benjamin: "Les Lettres françaises," <u>Les Nouvelles littéraires</u>, 3e année, no. 88 (21 juin 1924), p. 7.

Crémieux chides A. Chaumeix for having written "Paul-Valéry-

Larbaud" in the Bédier & Hazard Histoire de la littérature française...
⌐393⌐. It was inevitable that someone should eventually confuse the
two names.

481. Faÿ, Bernard: "Panorama de la littérature française depuis 1880--Paul Valéry ou la voix du silence," Les Nouvelles littéraires, 3e année, no. 88 (21 juin 1924), p. 4. ⌐VRY Ms. 993, I, 20-21⌐

Faÿ accepts completely the myth of P.V.-Teste and uses it to explain all of P.V.'s work. It is evident in reading Faÿ that for him the myth has really replaced the writer. Faÿ stresses P.V.'s "grand silence" during which he supposedly perfected his intellect in the manner of M. Teste. "Quand, en 1917, Valéry prit la parole, ce fut donc simplement la voix du silence qu'il fit entendre, l'expression directe de son esprit sans aucune prétention à rien autre qu'à suivre fidèlement le mouvement de cet esprit façonné par tant d'efforts. ... Ainsi tout pénétré d'un ordre, d'une intelligence qu'il ne raisonne plus et qu'il n'a plus même besoin de vouloir, Valéry produit, poète pur, libre de tout asservissement, sauf celui qui résulte de cette pleine possession de soi-même par son esprit...." In his conclusion Faÿ adds the myth of the serene nihilist: "Il a réussi ce que l'on n'avait encore vu dans aucune littérature: la voix et l'intelligence de l'homme s'élevant seules et sereines au-dessus du monde qu'elles comprennent et qu'elles renient."
This fantastic interpretation of P.V.'s work had a long life and considerable influence. It formed a chapter of Faÿ's Panorama de la littérature française contemporaine ⌐583⌐ and remained unchanged through numerous reprintings at least until 1929.

482. Guéguen, Pierre: "Les Prix Blumenthal," Les Nouvelles littéraires, 3e année, no. 88 (21 juin 1924), p. 2.

Paul Valér ⌐sic⌐ is listed as a member of the jury.

483. Anon.: "Paul Valéry à Barcelone," Les Nouvelles littéraires, 3e année, no. 88 (21 juin 1924), p. 6. ⌐VRY Ms. 993, I, 31⌐

A report on two receptions in honor of P.V. in Barcelona, one offered by the "Amis de la Poésie," the other a banquet organized by the P.E.N. club of Catalonia. There is a résumé of P.V.'s remarks on both occasions.

484. Les Treize: "Les Lettres," L'Intransigeant, 45e année, no.

16,031 (jeudi 26 juin 1924), p. 2.

"M. Alfred Droin va publier chez Flammarion un ouvrage intitulé Paul Valéry et la tradition poétique française." See ⊏470⊐.

485. Les Treize: "Les Lettres," L'Intransigeant, 45e année, no. 16,032 (vendredi 27 juin 1924), p. 2.

Announces the first number of Commerce. P.V. is named as an editor and as a contributor to the first number. This announcement was repeated on 14 July.

486. Anon.: "Echos," La Vie montpelliéraine et régionale, Montpellier, 32e année, no. 74 (samedi 28 juin 1924), p. 10. ⊏VRY Ms. 993, I, 95⊐

Recommends Faÿ's article ⊏481⊐ and mentions P.V.'s recent lectures in Barcelona.

487. Dujardin, Edouard: "La Vivante Continuité du symbolisme," Mercure de France, CLXXIII (1er juillet 1924), 55-73.

Dujardin writes of P.V.: "...qu'il soit issu du symbolisme, nul n'en doute; qu'il y soit demeuré pour l'essentiel, c'est ce qu'il ne serait pas difficile de prouver" (p. 71).
A comment sure to please the old guard at the Mercure.

488. Pierrefeu, Jean de: "Les Poètes du XXe siècle," Journal des débats, 2 juillet 1924, ⊏x⊐.

Pierrefeu reviewed R. de la Vaissière's anthology ⊏277⊐, according to the Chronique des lettres françaises, II, 1924, 770-72. He mentioned P.V.

489. Faÿ, Bernard: "Panorama de la littérature française depuis 1880--l'état présent de la poésie en France," Les Nouvelles littéraires, 3e année, no. 90 (5 juillet 1924), p. 6.

Faÿ's hyper-intellectualist orientation permeates his commentary of Charmes. See ⊏481⊐.

490. Les Treize: "Les Lettres," L'Intransigeant, 45e année, no. 16,046 (vendredi 11 juillet 1924), p. 2.

Beneath the title "Le critique n'est pas enchaîné" one reads this account of the publication of Lièvre's Paul Valéry ⊏407⊐: "M. Pierre Lièvre...va faire paraître aux éditions du 'Divan', une brochure sur Paul Valéry. M. Lièvre ne cache pas que cette étude, la première de la troisième série des Esquisses critiques devait, comme les précédentes, paraître dans un périodique. Or, aucune des revues auxquelles M. Lièvre l'a soumise n'ayant voulu prendre la responsabilité de la présenter, l'auteur s'est trouvé, dit-il, 'dans l'obligation de la publier en un tirage à part'." This account is probably accurate and seems to reflect information given Les Treize by Lièvre himself.

491. Thibaudet, Albert: "Le Courrier de Paris--les lettres," L'Europe nouvelle, 7e année, no. 334 (12 juillet 1924), pp. 895-96.

Thibaudet entitles his article "L'Offensive contre Valéry." He defends P.V. against Droin's attack in Le Flambeau ⊏470⊐. Thibaudet exchanges insults with Droin, calling him "un officier colonial poète." Thibaudet admits that an attack like Droin's was inevitable; he adds that it can only increase P.V.'s popularity and cites the example of Gide whose reputation was actually enhanced by the violent diatribes of Henri Massis. The argument is a good one. Thibaudet makes short work of destroying Droin's cherished "tradition poétique française" represented by "les Parnassiens de droite" (p. 895). He concludes with the comment that he prefers P.V.'s prose, particularly the dialogues, and suspects that the "cahiers" are more important still. There is irony here since Thibaudet was considered by P.V.'s detractors to be the foremost partisan of his poetry.

492. Les Treize: "Les Lettres," L'Intransigeant, 45e année, no. 16,049 (lundi 14 juillet 1924), p. 2.

Les Treize reprint a paragraph of the preceding article with the intention of enrolling Thibaudet among P.V.'s detractors. A very dishonest trick.

493. Renaitour, Jean-Michel: "Paul Valéry ou l'incohérence prétentieuse," La Griffe, 5e année (15 juillet 1924), p. 1. ⊏VRY Ms. 993, I, 21⊐

Ah, Droin, how right you are! One wonders how M. Thibaudet

could have been taken in by this obscure and pretentious Valéry. "Il nous laisse entendre sans cesse qu'il a fait des études austères, qu'il s'occupe de mathématiques transcendentales, qu'il est un savant bien avant d'être un poète, et qu'il n'écrit en vers que pour couler dans le marbre la substantielle moelle de ses spéculations définitives." But we will not be dupes. "Nous avons appris la poésie dans la fluidité lamartinienne. Avec Mallarmé, Valéry, et leurs granits impénétrables, nous ne nous sentons pas dans notre élément...."
It is significant that Renaitour actually attempts to make P.V. responsible for elements of the myth that had been fabricated by other critics. Reprinted in Mes Coups de griffe ⊏599⊐.

494. Anon.: "Courrier des lettres--l'offensive contre Paul Valéry," L'Eclair, 20 juillet 1924, ⊏M⊐. ⊏VRY Ms. 993, I, 18⊐

This is a review of the offensive to date. The reviewer prints several passages from Lièvre's Paul Valéry without commenting on the harshness of the criticisms. He also cites Renaitour's article, adding only: "Il est difficile d'aller plus loin" (cf. ⊏479⊐). This reviewer, who may well have been L. Treich, ignores Thibaudet's rebuttal and notes that Lefèvre will surely present the other side of the debate in Les Nouvelles littéraires.

495. Les Treize: "Les Lettres," L'Intransigeant, 45e année, no 16,057 (mardi 22 juillet 1924), p. 2.

"M. Paul Valéry est en province, comme à son habitude, sans que ses amis ne sachent où il est ni ce qu'il fait. Il va réunir en volume un certain nombre de proses détachées, sous ce titre: Variétés ⊏sic⊐." Les Treize mention that Lièvre's book is "assez sévère de ton."

496. Cougnard, Jules: "Les Livres," Journal de Génève, 95e année, no. 202 (jeudi 24 juillet 1924), p. 2. ⊏VRY Ms. 993, I, 22⊐

An enthusiastic review of Droin's M. Paul Valéry et la tradition poétique française: "M. Alfred Droin..dénonce le nébuleux et l'inexplicable des poèmes de M. Valéry, si encensés, il est vrai, outre Rhin. ... La flèche est décochée. Réussira-t-elle à transpercer le bouclier de l'adversaire?..."
There seems to have been no lack of critics who took Droin's ravings seriously. (Monod mistakenly dated this article October 1924.) (Cougnard signed "Cd.")

497. Gourmont, Jean de: "Littérature," Mercure de France, CLXXIII (1er août 1924), 738.

Gourmont reviews Thibaudet's Paul Valéry, apparently oblivious to the "offensive" which was raging. He generally approves of Thibaudet's book but quibbles over P.V.'s "poésie métaphysique" which he finds "trop lourde de pensée sous son voile symbolique pour reproduire en un mouvement inconscient le rythme de la création." The final phrase was Thibaudet's.

498. Boissard, Maurice: "Chronique," Les Nouvelles littéraires, 3e année, no. 94 (2 août 1924), p. 2.

An ironic comment on P.V.'s brief appreciation of Paul Adam: "Il vécut pour les plus grandes choses." Boissard adds: "M. Paul Valéry a-t-il acquis, en vieillissant, l'admiration du pathos?" The remark was probably justified.

499. Droin, Alfred: "L'Offensive contre Valéry," L'Europe nouvelle, 7e année, no. 338 (9 août 1924), pp. 1022-23.

Droin writes to Thibaudet in reply to the latter's article [491]. Droin courteously but firmly restates his belief in something he calls French poetic tradition, the cardinal virtue of which is clarity. Droin writes nostalgically of the seventeenth and eighteenth centuries: "...ces temps heureux où l'expressivité à outrance, les comparaisons incohérentes et l'hermétisme sonore étaient nommés galimatias et non, comme aujourd'hui, 'littérature pure'." See similar nostalgic musings by Renaitour, one of Droin's most outspoken allies [493].

500. A[lbert] T[hibaudet]: "Le Courrier de Paris--les lettres," L'Europe nouvelle, 7e année, no. 338 (9 août 1924), pp. 1021-22.

Thibaudet prints an introductory note to Droin's letter: "En même temps que l'Europe Nouvelle met ce morceau d'une lettre de M. Alfred Droin au dossier de l'Offensive contre Valéry, elle rapporte que M. Pierre Lièvre, critique d'ordinaire avisé et fin, vient de publier un Paul Valéry qui fait partie, dans une certaine mesure, de la même vague d'assaut. ... Le lecteur joindra donc cette plaquette au même dossier qui reste ouvert, sous l'oeil sans doute ironique et lointain du poète."

501. Anon.: "Le Courrier des lettres--informations littéraires," L'Europe nouvelle, 7e année, no. 338 (9 août 1924), p. 1023.

Announces the publication of Variété by the nrf. L'Introduction à la méthode de Léonard de Vinci is said to be currently out of print.

502. Rouveyre, André: "Les Lettres dans l'époque," Les Nouvelles littéraires, 3e année, no. 95 (9 août 1924), p. 4.

"Sans doute la volonté de Mallarmé fut belle, mais il l'a réalisée comme à l'envers...//C'est ce que comprit parfaitement Paul Valéry, dont on ne dira jamais assez l'intelligence pratique. Lorsqu'il composa sa manière, si elle pivota sur le mystère mallarméen, il ne manqua pas d'y joindre l'essentiel de Ronsard, de La Fontaine, et du Moréas des Poèmes et Sylves."
In a moment of distraction Rouveyre neglected to add Malherbe and J.-B. Rousseau, without whom any list of poets P.V. "adapted" and "condensed" must surely be considered incomplete.

503. Strowski, Fortunat: "Un Poète philosophe--M. Paul Valéry et ses contradicteurs," Rennaissance politique et littéraire, 12e année no. 32 (9 août 1924), pp. 18-20.

Strowski approves of Lièvre's Paul Valéry and if he hesitates over Droin's book it is only because Droin condemns symbolism in general, not because his accusations against P.V. are unjust. He adds, in chorus with Lièvre and André Billy: "Quant à Eupalinos, c'est tout parfait." Without expressly recalling his dispute with Souday over P.V. and Pascal, Strowski quotes a paragraph of L'Introduction à la méthode de Léonard de Vinci in which P.V. "assomme ⌐Pascal⌐ au passage, --parce que Pascal a eu des ambitions analogues à celles de M. Valéry ...." Here Strowski was certainly right. See ⌐352⌐.

504. ⌐Anon.⌐: "Courrier des lettres," L'Eclair, 10 août 1924, ⌐M⌐. ⌐VRY 3496 in 8⌐

Cites P.V.'s article on Proust in the NRF for January 1923.

505. Lamandé, André: "Histoire littéraire et critique," La Muse française, III, no. 8 (10 août-10 octobre 1924), 712-14.

Lamandé praises the courage of Lièvre and Droin who, like modern Davids, have attacked a literary Goliath. He has special praise for Droin's book. In the course of his article Lamandé admits to being a partisan of "vers libre," which he would like to see freer still. Considering that this attitude is at the opposite pole from Droin's, one is led to suspect that Lamandé may have had a personal interest in any attack that would weaken P.V.'s great favor in the literary world. This is the very worst kind of opportunism.

Reviewed by J. Place in Chronique des lettres françaises, II, 1924, 799.

506. Souday, Paul: "Les Livres," Le Temps, 14 août 1924, p. 3.
[VRY Ms. 993, I, 19-20]

Souday's entire feuilleton is devoted to P.V. and was reprinted in his Paul Valéry [1189], pages 57-67, under the title "Variété." Besides Variété Souday reviews a new edition of Baudelaire's translation of Eurêka prefaced by P.V.; a reprinting of Thibaudet's Paul Valéry, the Bergsonian thesis of which he flatly rejects; Droin's and Lièvre's books, which he mentions only "à titre documentaire" with the explanation that a poet like P.V. cannot please everyone.

Noted by Talvart, Fiche..., 7e année, 1928, no. 16.

507. Hirsch, Charles-Henry: "Les Revues," Mercure de France, CLXXIV (15 août 1924), 245-46.

Hirsch cites P.V.'s "Caractères de l'esprit européen" (La Revue universelle for 15 July): "C'est là un fragment très médité qu'il parachèvera certainement, qui est riche en idées, en rapports nouveaux d'idées."

508. Les Treize: "Les Lettres--les projets de M. Paul Valéry," L'Intransigeant, 45e année, no. 16,083 (dimanche 17 août 1924), p. 2.

A brief note announcing the publication of Variété.

509. Souday, Paul: "Les Livres," Le Temps, 22 août 1924, p. 3.

Souday merely mentions P.V. in a review of Giraudoux's Juliette au pays des hommes among those writers the difficulty of whose works is justified by their hidden beauties.

510. Fabre, Lucien: "Chronique de la poésie," Les Nouvelles littéraires, 3e année, no. 97 (23 août 1924), p. 4. ⊂VRY Ms. 993, I, 128 bis⊃

Fabre has recourse to P.V. in explaining Anabase by Saint-John Perse. He also refers to Fargue and Mallarmé.

511. Thibaudet, Albert: "Le Courrier de Paris--les lettres," L'Europe nouvelle, 7e année, no. 341 (30 août 1924), pp. 1140-41.

Thibaudet gives a glowing review of Variété in which he particularly praises "La Crise de l'esprit" and, commenting on "Au sujet d'Adonis," he regrets that P.V. has not devoted more of his talent to literary criticism. Recalling that Droin had accused P.V. of being unfamiliar with La Fontaine and Racine, Thibaudet draws a comparison between three lines of La Fontaine and a passage of "Fragments du Narcisse--I."

512. Anon.: "Le Courrier de Paris--informations littéraires," L'Europe nouvelle, 7e année, no. 341 (30 août 1924), pp. 1141-42.

P.V. is mentioned as an editor of Commerce.

513. Crémieux, Benjamin: "Une Année littéraire--récapitulation," Les Nouvelles littéraires, 3e année, no. 98 (30 août 1924), p. 1. ⊂VRY Ms. 993, I, 23⊃

Crémieux explains why he chose Eupalinos as one of the four best works published in France in 1923. "La sensualité de l'intelligence, voilà sans doute le principal secret de Valéry poète et prosateur." R. Lalou had settled on a similar formula in 1923 ⊂323⊃.

514. Crémieux, Benjamin: "Notes--littérature générale," NRF, XXIII, no. 123 (septembre 1924), 356-58. ⊂VRY Pr. 136 in 12⊃

Crémieux gives P. Lièvre's Paul Valéry the treatment it deserves: "La poésie de Valéry est située en dehors du cercle de son intelligence poétique, ne rentre pas dans la définition a priori de la poésie qu'il nous fournit loyalement. Il en conclut que Paul Valéry n'est pas poète. C'est conclure un peu vite. La place nous manque pour discuter point par point les négations hâtives, péremptoires et assez vaines de M. Lièvre."

515. X: "Les Revues--Caractères de l'esprit européen," NRF, XXIII, no. 132 (septembre 1924), 387-88. ₍VRY Pr. 136 in 12₎

Reprints a full page of P.V.'s article published on 1 July.

516. Les Treize: "Les Lettres," L'Intransigeant, 45e année, no. 16,098 (lundi 1er septembre 1924), p. 2.

"M. Paul Valéry va publier prochainement dans la 'Revue de France': Situation de Baudelaire." In the number for 15 September, to be exact.

517. P.₍aul₎ S.₍ouday₎: "Un Commerce agréable," Le Temps, 1er septembre 1924, p. 1.

A front page article publicizing Commerce and largely devoted to P.V.'s "Lettre." Souday further publicizes Commerce, but without specific mention of P.V., in his column for 4 September and on page one for 8 September.

518. Les Treize: "Les Lettres," L'Intransigeant, 45e année, no. 16,104 (dimanche 7 septembre 1924), p. 2.

A note printed originally by Candide gives the impression that on page 116 of Variété P.V. had plagiarized Adrien Hébrard. Scandal!

519. Borel, Emile: "Tribune libre--la crise de l'esprit," L'Information, 11 septembre 1924, ₍M₎. ₍VRY Ms. 993, I, 24₎

Borel's article concerns his own reflections on the state of Europe. He says of P.V.'s article, from which he took his title: "...ses pages sur la Crise de l'Esprit et sa conférence de 1922 à Zurich qui les complète doivent être lues par tous ceux qui désirent essayer de comprendre la signification de la période historique où nous vivons." (Cf. ₍364₎.)

520. Les Treize: "Les Lettres--ce que les autres ont appris," L'Intransigeant, 45e année, no. 16,108 (jeudi 11 septembre 1924), p. 2. ₍VRY Ms. 993, I, 16 bis₎

Les Treize report that the founding of Commerce reflects a

schism within the NRF: "On ne publiera dans ce recueil ni la prose de M. Gide, ni celle de M. Rivière.//Et l'on prétend que la nouvelle revue française ne fera plus paraître d'oeuvres de MM. Valéry, Fargue et Larbaud.--('Le Journal Littéraire')." More scandal!

521. Souday, Paul: "Les Livres," Le Temps, 11 septembre 1924, p. 3.

"Le mot intellectuel est d'acception si vaste et parfois si vague, que M. Paul Valéry hésite à le comprendre...." Souday dixit.

522. Mayr, W.: "Variété," Journal littéraire, no. 21 (13 septembre 1924), p. 6.

Mayr devotes most of this review to the "Variation sur une 'pensée'," which he admires. He considers P.V.'s attack on Pascal to be a manifestation of the "lutte du sensualisme ᴄde P.V.ᴐ contre le mysticisme ᴄde Pascalᴐ." (Cf. ᴄ352ᴐ.)

523. xxx: "Chronique de la quinzaine--M. Paul Valéry," La Revue universelle, XVIII, no. 12 (15 septembre 1924), 773-77.

Situates accurately the state of P.V. criticism in September 1924: "M. Paul Valéry, qui naguère encore n'obtenait partout que des louanges, commence à être furieusement malmené par la critique ᴄLièvre, Droin, and 'de moindres seigneurs'ᴐ. ... Il n'en garde pas moins ses fidèles, qui le tiennent pour un des quatre ou cinq grands poètes de ce temps, et sa prose pour l'une des plus riches de pensée et des plus sonores qui aient paru."
Other remarks denote a distinctly Maurrasian orientation on the part of this writer; no surprise, given the review in which the article appears. (Noted by Talvart, Fiche..., 7e année, 1928, no. 16.)

524. Chaumeix, André: "Paul Valéry et l'avenir de la civilisation," Le Gaulois, supplément littéraire (20 septembre 1924), ᴄMᴐ. ᴄVRY Ms. 993, I, 24-25ᴐ

Chaumeix reviews in detail P.V.'s "La Crise de l'esprit" in Variété, concluding with this appreciation of P.V. as a Renaissance man in the manner of Leonardo: "Il me semble que l'auteur de Charmes serait également mathématicien, géomètre, inventeur, romancier. Par

contre je ne l'imagine pas homme d'action. Il est né avec toutes les
possibilités dans son cerveau, dans son imagination créatrice. Cela
suffirait à expliquer, même s'il n'excellait pas dans tout ce qu'il
écrit, le prestige qui l'accompagne, secret, mystérieux, et dont la
puissance se multiplie."
  There is doubtless an element of myth in Chaumeix' judgement,
which none the less corresponds rather well to the P.V. of the <u>Cahiers</u>.
(Noted by Talvart, <u>Fiche</u>..., 7e année, 1928, no. 16.)

  525. Les Treize: "Les Lettres," <u>L'Intransigeant</u>, 45e année,
no. 16,117 (samedi 20 septembre 1924), p. 2.

  A review of <u>Variété</u>, longer than is customary in this column,
containing hasty and hostile judgements:
  "<u>La Crise de l'Esprit</u> est une étude de circonstance. Elle
est très--et beaucoup trop--pessimiste [the war did <u>not</u> cause irrepar-
able damage to intellectual life in Europe, according to Les Treize].
... Les pages sur <u>Euréka</u> sont les meilleures du recueil. Mais il n'est
pas exact que 'notre poésie ignore et redoute le pathétique de l'intellect'. La vérité est que la grande poésie dépasse ce pathétique [be-
cause emotion is 'la seule matière purement poétique']. ... <u>L'Intro-
duction</u> est curieuse. ... Elle contient plusieurs vues très justes et
témoigne d'une connaissance informée des oeuvres de ce grand esprit."
Les Treize have spoken.

  526. P.[aul] S.[ouday]: "La Poésie va-t-elle disparaître," <u>Le
Temps</u>, 26 septembre 1924, p. 1.

  "Ni Moréas, ni Mme de Noailles, ni Henry [sic] de Régnier, ni
Paul Valéry n'ont réduit leurs libraires à l'hôpital."
  A perfectly harmless statement in 1924, but in November 1927
Souday will be obliged by P.V.'s critics to justify such utterances.

  527. Castagnou, André: "Paul Valéry--note à propos d'un article
récent," Le <u>Flambeau</u>, Bruxelles, 7e année, no. 9 (30 septembre 1924),
pp. 99-101.

  A letter of protest against Droin's article of 31 May, which
Castagnou rightly calls "un réquisitoire." His intention is to offer
"une plaidoirie" on P.V.'s behalf. He attempts to demonstrate similarities in style or tone between P.V.'s verse and that of Chénier, La
Fontaine and Ronsard--all of whom Droin considers "maîtres". An effective piece of polemical writing. Droin would not admit defeat; he replied in [564].

528. Bouvier, E.: "En écoutant Paul Valéry," Les Cahiers libres, Toulouse, I, no. 3 (septembre-octobre 1924), 3-6. ⸢VRY Pr. 440 in 8⸥

Notes taken at P.V.'s lecture in Montpellier on 22 January:
"Valéry jeune, net, visage précis, aisé. Pas du tout 'cher maître'. Essaie de 'causer', mais un peu raide:... Aucun souci historique. Relativité des questions littéraires. Envisagera Baudelaire du point de vue de l'auteur, puis du lecteur."
According to Bouvier, P.V. used the term "poésie pure" quite freely in his lecture. (See ⸢427⸥ and ⸢428⸥.) Noted by Talvart, Fiche..., 7e année, 1928, no. 16.

529. Place, Joseph: "Les Livres," Chronique des lettres françaises, II (septembre-octobre 1924), 798-800.

This is a case in which apparently descriptive criticism is used to induce the reader to make a value judgement in accord with the reviewer's own, unstated, judgement. J. Place reviews P.V.'s Variété, Lièvre's Paul Valéry, Droin's book and Lamandé's article ⸢505⸥. He confirms that Lièvre's essay had been refused by all the reviews to which Lièvre had submitted it (cf. ⸢490⸥). Place prints without comment some of Lièvre's criticisms of P.V. Moreover, M. Place accepts uncritically Droin's charge of preciosity and the damaging statements made by Lamandé. He does so without accepting any responsibility for the views he presents (to the exclusion of all others), a serious weakness of the "objective" style adopted by the Chronique....

530. Anon.: "Le Problème des musées," Chronique des lettres françaises, II (septembre-octobre 1924), 773-74.

A brief résumé of P.V.'s article on this subject in Le Gaulois for 4 April 1923.

531. X: "Les Revues--Commerce," NRF, XXIII, no. 133 (octobre 1924), 513-14.

The NRF prints a full page of descriptions of, and selections from, the first number of Commerce, including a passage of P.V.'s "Lettre." This should have killed the rumor begun by Les Treize in ⸢520⸥.

532. Hirsch, Charles-Henry: "Les Revues," Mercure de France,

CLXXV (1er octobre 1924), 228.

Another review of <u>Commerce</u>, containing this excellent note: "Pour ce premier cahier, M. Paul Valéry a écrit une 'Lettre' que l'on tiendra pour l'une de ses oeuvres en prose les plus heureuses. Il y répond avec la plus claire finesse au reproche d'obscurité que lui vaut son succès soudain, l'un des moins discutables de ce temps-- où il convient de n'avoir ni mesure, ni bon sens, ni générosité d'esprit, pour être un artiste de lettres."

533. Commerce: "Note de la direction," <u>Commerce</u>, II (automne 1924), 7.

A very amusing page, immediately preceding the "Emilie Teste: Lettre," describing the circumstances in which one of the editors (unidentified) obtained the letter and stating his doubts as to its authenticity. In the opinion of the editors this letter could well be a hoax perpetrated by the inscrutable M. Teste himself. P.V. never claimed authorship of this note by including it in subsequent publications of the "cycle Teste." Reprinted by Hytier in Pléiade, II, 1393.

534. Prévost, Jean: "Les Livres du mois--Variété," <u>La Revue européenne</u>, 2e année, no. 20 (1er octobre 1924), pp. 79-81.

An excellent review of <u>Variété</u>, although Prévost by no means finds P.V.'s essays of equal value. He praises "Au sujet d'<u>Adonis</u>" and "L'Introduction à la méthode de Léonard de Vinci" but does not hesitate to write: "Quant aux explications cosmogoniques d'<u>Au sujet d'Euréka</u>, elles ne sont nullement dignes du reste du livre." For his part, Prévost was suspicious of Poe and criticized P.V. in 1926 for having exaggerated Poe's importance. He quite accurately qualifies <u>Variété</u> "les fragments cristallisés d'une vaste méditation errante."

535. Crémieux, Benjamin: "Nouvelles de Rome," <u>Les Nouvelles littéraires</u>, 3e année, no. 103 (4 octobre 1924), p. 1.

"Paul Valéry est sans doute, de tous nos écrivains, celui dont le nom revient le plus souvent dans une conversation littéraire à Rome. Cet alliage de modernisme aigu et de classicisme répond à une des préoccupations les plus actuelles de la littérature italienne."
Beginning in 1924 <u>Les Nouvelles littéraires</u> echoed P.V.'s name from all points of Europe <u>via</u> the columns of their correspondents

abroad. One suspects that MM. Martin du Gard (Maurice) and Lefèvre (Frédéric) had intimated that P.V.'s name would provide good copy.

536. Jaloux, Edmond: "L'Esprit des livres," Les Nouvelles littéraires, 3e année, no. 103 (4 octobre 1924), p. 3. ⊏VRY Ms. 993, I, 33⊐

This is an important review of Variété, which Jaloux finds of very high quality. He takes exception to P.V.'s reflections on Pascal, concluding: "Du moins, ce dédain à l'égard de Pascal, s'il ne nous convainc pas, nous renseigne sur les frontières que M. Valéry entend établir autour de son royaume."

537. Lefèvre, Frédéric: "Une Heure avec M. Paul Valéry," Les Nouvelles littéraires, 3e année, nos. 103, 104, 105 (4, 11, 18 octobre 1924), pp. 1-2 (I), 4 (II), 6 (III). ⊏VRY Ms. 999, I, 26-31⊐

This interview in three parts formed the body of Lefèvre's Entretiens avec Paul Valéry ⊏862⊐. The material from the interviews was reprinted in the volume in the order outlined here: I. 4 October: "Un Prince de l'esprit s'avance..." (note the formula) became "Ses Idées et leur forme," pp. 157-58; "L'Ame et la danse," under the same title, appeared on pp. 159-67 and "Eupalinos ou l'architecte" on pp. 168-80. II. 11 October: "Eupalinos..." (cont.), pp. 180-84; "Variété," which in 1926 included "Introduction à la méthode de Léonard de Vinci" as well, appeared on pp. 185-92 (with important additions to the latter section); "Charmes ou poèmes" became "Les Grenades," pp. 349-53. III. 18 October: The beginning of this interview became in 1926 "Henri Bergson et la philosophie," pp. 77-79 and "Les Disputes littéraires," pp. 25-28; "Ma Rencontre avec Pierre Louys" appeared on pp. 29-32 and "Chez Mallarmé" on pp. 33-34. The following section became in 1926 "Chez Heredia," pp. 53-56. "Naissance de 'La Jeune Parque'" appeared on pp. 57-63 and "Poésie pure?" on pp. 65-68. "Et Rimbaud?" appeared on pp. 69-72. "Chez Meredith" reappeared as part of "En Angleterre," pp. 17-18. "Les Livres capitaux," last heading of the third interview, was reprinted on pp. 75-76.

On 4 October Lefèvre had written: "Créer et non imiter, les dadaïstes n'ont jamais proclamé autre chose et cette affinité suffirait à expliquer qu'ils n'aient pas hésité, au grand étonnement de plusieurs, à saluer en Paul Valéry l'un des maîtres d'aujourd'hui." Did P.V. in 1926 prefer that those days be forgotten? Lefèvre omitted this interesting passage from his book. The conclusion of the third article, concerning P.V.'s current popularity, was also dropped, probably considered too topical and unbecoming to a member of the French

Academy. In preparing the 1926 text Lefèvre took many liberties with his material, adding passages and changing the order of quotes attributed to P.V. Several of Lefèvre's colleagues accused him of dubious methods in composing his interviews; some affirmed that the interviews were in fact written by the person "interviewed" ⌐849⌐. In the opinion of H. Talvart (La Fiche bibliographique française, 7e année, 1928, no. 16) Lefèvre's interviews with P.V. could also be included among P.V.'s "collaborations et éditions pré-originales" (cf. ⌐817⌐).
 The charge that P.V. wrote at least a part of these articles raises some important questions, especially since Lefèvre's articles of 1925 were, in my opinion, among the most important in grooming P.V. for election to the Academy. Unfortunately, I have been unable to find correspondence or a manuscript that would confirm Talvart's claim and I hesitate to conclude on the basis of accusations made by journalists, many of whom had reason to be jealous of the success of Lefèvre's series of Une Heure avec....
 Note that nearly half the material from the interview of 18 October was reprinted in the Revue universelle for 1 August 1925, and in the Revue de France on 15 September 1925, just before P.V.'s election, without any indication that it had been published previously.

538. Souday, Paul: "Les Livres," Le Temps, 9 octobre 1924, p. 3.

Souday reviews Lefèvre's Une Heure avec..., II. He admits that he greatly prefers P.V.'s poetry to Claudel's. Could any of his regular readers have thought otherwise?

539. Lefèvre, Frédéric: "Une Heure avec M. Paul Valéry," Les Nouvelles littéraires, 3e année, no. 104 (11 octobre 1924), p. 4.

See ⌐537⌐.

540. Martin du Gard, Maurice: "Opinions et portraits--le surréalisme? André Breton," Les Nouvelles littéraires, 3e année, no. 104 (11 octobre 1924), pp. 1-2. ⌐VRY Ms. 993, I, 32-33⌐

This passage, except for the bizarre confusion of Isidore Ducasse with C. Auguste Dupin, states rather well the nature of P.V.'s influence on Breton and his friends: "Mais Valéry, en 1913, était inconnu; il n'avait point renoué avec ses amis anciens, il ne s'en était pas concilié de nouveaux et, perpétuant sa retraite, il ne semblait s'en distraire qu'au bénéfice du jeune homme qui ne voyait en lui que l'auteur de la Soirée avec Monsieur Teste. André Breton prend à la lettre le personnage de Teste, réplique à l'Isidore ⌐sic⌐ Dupin d'Edgar Poe, et que Valéry, pour son disciple de l'instant, n'a pas cessé d'habiter." See ⌐106⌐ and ⌐396⌐.

541. Leguay, Pierre: "Critique et histoire littéraires," Les Marges, XXXI, 21e année, no. 124 (15 octobre 1924), 113-15.

Leguay reviews Lièvre's Paul Valéry, which he considers excellent. "On ne saurait trop louer chez M. Pierre Lièvre son excellente information et son extrême modération." He notes that Droin's book is frequently in agreement with Lièvre's, but admits: "S'il faut tout dire, il ⌐Droin⌐ n'inspire pas parfaitement confiance." In fact, Leguay does not object to Droin's conclusions but to his excessively polemical style. (Cf. ⌐503⌐.)

542. Thibaudet, Albert: "Le Courrier de Paris--les lettres," L'Europe nouvelle, 7e année, no. 348 (18 octobre 1924), pp. 1399-1401.

"Valéry souhaite que, sur le modèle de Léonard de Vinci, un écrivain de genre donne une Comédie Intellectuelle au sens où Dante appelle son poème la Divine Comédie." This note appeared in an article honorant Anatole France.

543. Lefèvre, Frédéric: "Une Heure avec M. Paul Valéry," Les Nouvelles littéraires, 3e année, no. 105 (18 octobre 1924), p. 6.

See ⌐537⌐.

544. Loewel, Pierre: "La Vie littéraire," L'Eclair, 22 octobre 1924, ⌐M⌐. ⌐VRY Ms. 993, I, 34⌐

A review of Variété by P.V. "dont la prose comme les vers recèl beaucoup de suggestions imprécises et beaucoup d'hermétisme...." Even P. Lièvre was willing to grant that P.V.'s prose was perfectly understandable.... (And how would one measure "hermétisme"?)

545. Guilac, H.⌐enri⌐: ⌐Cartoon without title⌐, Les Nouvelles littéraires, 3e année, no. 106 (25 octobre 1924), p. 2.

A classroom for writers featuring a wall map entitled "Cours de stratégie--carte du monde littéraire." On the map "Valéry's Bar" is in the same region as the "Salon Muhlfeld," which borders on the "Académie française." A very astute observation.

546. ₍Lefèvre, Frédéric: "Une Heure avec M. l'abbé Bremond," Les Nouvelles littéraires, 25 octobre 1924₎, ₍X₎.

Reprinted in ₍591₎, q.v.

547. Anon.: "Informations--à Vienne," Les Nouvelles littéraires, 3e année, no. 106 (25 octobre 1924), p. 6.

"Le 30 octobre, M. Hans Jacob fera à Berlin une conférence sur André Gide, Marcel Proust, Valery Larbaud, Paul Valéry."

548. Coster, Laurent: "Une Heure avec Paul Valéry," La Vie montpelliéraine et régionale, Montpellier, 31e année, no. 1,570 (samedi 25 octobre 1924), p. 8. ₍VRY Ms. 993, I, 101₎

Coster praises Lefèvre's interviews of 4, 11 and 18 October and announces the publication of the text in a "plaquette" to be printed by "les éditions du Pigeonnier, à Lyon" under the title Entretien avec Paul Valéry. The "plaquette" is said to be "en souscription." I have found no evidence that it was ever printed. Coster also reviews briefly P.V.'s Variété. In the center of the page appeared a "Croquis de Paul Valéry, par A. Eloy-Vincent fait à Nimes, en janvier 1924, après la conférence: Mes Souvenirs Littéraires (Ce dessin a été tiré par les soins de M. Jo Fabre, éditeur, Nimes, à 25 exemplaires, sur Chine et Japon, signés par le poète et par l'artiste.)"

549. Desson, André: "La Statue patinée," Accords, nos. 3-4 (octobre-novembre 1924), pp. 67-69.

In the course of this "monologue du prince détrôné" Desson quotes Socrates in Eupalinos..., acknowledging his source in a note: "Consentirai-je, comme Socrate,'à périr un seul lorsque je suis né plusieurs'?"
This is certainly the review Gide sent to P.V. on 11 January 1925. His letter refers to "cet article, paru dans une revue un peu spéciale, où paraît également le premier article un peu sensé sur Corydon..." (Correspondance, p. 500). A review very favorable to Corydon was published on pages 85-86, signed by Desson and A. Harlaire.

550. Boudry, Robert: "Une Heure contre--épître," <u>Images de Paris</u>, 5e année, nos. 58-59 (octobre-novembre 1924), ⸢pp. 1-6 (unpaginated)⸣. ⸢VRY Pr. 373 in 12⸣

Beneath this title manifestly taken from Lefèvre, Boudry prints a violent article against P.V., whose poetry he calls "du Benserade amélioré par Mallarmé. ... Dans ce classicisme désuet et cru mort que ressuscite, après l'école romane, M. Paul Valéry, je retrouve cette doctrine fameuse qui fit couler tant d'encre, celle de l'imitation, destructrice de tout art créateur."

Benserade seems to be Boudry's original contribution to the list of poets whom P.V. is supposed to have copied. Marcel Sauvage quoted this article approvingly in ⸢876⸣.

551. Richard, Elie: "Le Jardin des supplices--Frédéric Lefèvre le curieux," <u>Images de Paris</u>, 5e année, nos. 58-59 (octobre-novembre 1924), ⸢pp. 27-30 (unpaginated)⸣. ⸢VRY Pr. 373 in 12⸣

Richard reviews the first volume of Lefèvre's <u>Une Heure avec</u>.... He notes that: "Dans <u>Une heure avec</u>... on parle beaucoup de <u>métaphysique</u>, de <u>dogmatisme</u>, de <u>néo-classicisme</u>, de <u>thomisme</u>, de Freud, d'Einstein, de Valéry, de Proust, de Stendhal, de <u>Barrès</u>, de Gide." The thematic unity of the interviews was due of course to Lefèvre's careful questioning. This was particularly true of the frequent mentions of P.V.

552. Hytier, Jean: "Préface à l'avenir," <u>Le Mouton blanc</u>, dernier numéro (novembre 1924), pp. 1-9.

Hytier calls P.V.: "Valéry, le moins poète des grands poètes. Valéry est bien plus classique par sa prose que par ses vers. <u>Teste</u> est capital après <u>Une Saison</u>." A perfectly justifiable opinion.

553. X: "Les Revues--un poème ancien de Paul Valéry," <u>NRF</u>, XXIII, no. 134 (novembre 1924), 642-43.

The <u>NRF</u> reprints "Pour la nuit" which was first published in the <u>Revue indépendante</u> in October 1890.

554. Guy-Grand, Georges: "Paul Valéry et la crise de l'esprit," <u>Revue hebdomadaire</u>, XXXIII, no. 11 (1er novembre 1924), 5-17. ⸢VRY Pr. 458 in 12⸣

Guy-Grand centers his review of Variété on P.V.'s political writings. His comments are largely descriptive. Part of this article had previously appeared in Paris-Midi but Guy-Grand does not give the date. Between the two printings P.V. had written to the author: "Je ne veux point tout analyser. Mais je sens profondément qu'il ne faut pas se laisser manoeuvrer. Voilà tout."
Mentioned in the Chronique des lettres françaises, vols. II, III. Noted by Talvart, Fiche..., 7e année, 1928, no. 16.

555. Les Treize: "Les Lettres--le hasard des lectures," L'Intransigeant, 45e année, no. 16,160 (dimanche 2 novembre 1924), p. 2.

Les Treize have made another stunning **discovery**: "Dans une intervie [sic] de M. Paul Valéry par Frédéric Lefèvre, le poète dit: 'J'ai eu le malheur d'écrire...les mots de poésie pure qui ont fait une sorte de fortune.' Mais le 23 octobre 1909, c'est-à-dire 11 ans auparavant, M. Robert de Souza a prononcé au Salon d'Automne une conférence qui tournait précisément autour de ces deux mots poésie pure."
The term of course dates from much earlier; finding the first use of "poésie pure" had already become an erudite game. Marcel Sauvage, who had contributed the above information, recalled this article in [876].

556. Les Treize: "Les Lettres--la 'poésie pure'," L'Intransigeant, 45e année, no. 16,163 (mercredi 5 novembre 1924), p. 2.

Neither P.V. nor R. de Souza coined the phrase "poésie pure": "cette 'poésie pure'...était propre au symbolisme et à l'entourage de Mallarmé." See [558].

557. Les Treize: "Les Lettres," L'Intransigeant, 45e année, no. 16,164 (jeudi 6 novembre 1924), p. 2.

"Le critique littéraire du Times parle, dans son dernier article, de Paul Valéry et du livre de M. Droin, Paul Valéry et la tradition poétique française." Les Treize were favorable toward Droin's enterprise.

558. Les Treize: "Les Lettres," L'Intransigeant, 45e année, no. 16,165 (vendredi 7 novembre 1924), p. 2.

P.V. is <u>definitely</u> not the originator of "poésie pure": "M. Tancrède de Visan nous fait remarquer qu'il a, lui aussi, employé ce terme à plusieurs reprises, notamment dans son <u>Essai sur le symbolisme</u>, avant 1904." On 8 November Les Treize announce that Heredia had used the term in his preface to <u>Les Trophées</u> in 1893.

559. Lefèvre, Frédéric: "Une Heure avec M. A. Meillet, de L'Institut," <u>Les Nouvelles littéraires</u>, 3e année, no. 108 (8 novembre 1924), pp. 1-2. ⸢VRY Ms. 993, I, 13⸣

Lefèvre managed to allude to P.V.'s supposed views on Latin. Insignificant.

560. Les Treize: "Les Lettres," <u>L'Intransigeant</u>, 45e année, no. 16,167 (dimanche 9 novembre 1924), p. 2.

P.V. is named as a member of the "comité...qui s'est constitué en faveur des oeuvres sacrifiées, c'est-à-dire des ouvrages de science ou de philosophie, essais, poèmes, etc...."

561. Robertfrance, Jacques: "Notes: Frédéric Lefèvre.--<u>Une Heure avec</u>...," <u>Europe</u>, VI, no. 23 (15 novembre 1924), 376-79.

<u>Variété</u> is a "livre capital pour l'intelligence de notre époque."

562. Lefèvre, Frédéric: "Une Heure avec M. Henri de Régnier," <u>Les Nouvelles littéraires</u>, 3e année, no. 110 (22 novembre 1924), pp. 1-2. ⸢VRY Ms. 993, I, 18 bis⸣

H. de Régnier is reported as saying: "Paul Valéry...est une admirable intelligence, un esprit de premier ordre. C'est un ami de jeunesse, un ami qui m'est resté très cher. Avec les admirables dialogues d'<u>Eupalinos</u>, avec <u>Variété</u>, il a définitivement conquis l'audience sympathique du grand public lettré. Personne ne s'en réjouit autant que moi."--But of P.V.'s poetry not a word. In the same article Lefèvre announced that P.V. would be a candidate for the seat of the late comte d'Haussonville at the French Academy. P.V. subsequently withdrew his candidacy, having declared himself, in the last days of the campaign, a candidate for the seat formerly occupied by Anatole France.

563. Lefèvre, Frédéric: "Une Heure avec M. Paul Hazard--l'inventeur de la littérature comparée," Les Nouvelles littéraires, 3e année, no. 111 (29 novembre 1924), pp. 1-2. ⌐VRY Ms. 993, I, 66 bis¬

P. Hazard has the highest praise for P.V., whom he calls "un des maîtres de la littérature d'aujourd'hui." "Je ne connais guère de plus haut, de plus noble effort de pensée, pour ouvrir l'accès d'un monde nouveau, où son intelligence se joue avec une souplesse et une richesse infinies. Après la lecture de La Soirée avec M. Teste, ou de l'Introduction à la méthode de Léonard de Vinci, il semble qu'on ait les yeux dessillés et qu'on aperçoive la possibilité d'une vie spirituelle insoupçonnée. De même, je ne connais pas, à l'heure présente, de poésie plus puissante, plus évocatrice, plus musicale que la sienne. Il est le 'poète' dans le sens propre du terme: créateur de pensée; créateur de beauté."
This is an opinion which would be sure to influence favorably P.V.'s candidacy at the Academy.

564. Droin, Alfred: "Paul Valéry," Le Flambeau, Bruxelles, 7e année, no. 11 (30 novembre 1924), pp. 358-59.

Droin defends his article of 31 May against Castagnou's "plaidoirie" for P.V. on 30 September. He dares claim that in his book Castagnou would find "...que je suis un Valéryste méconnu et que j'apprécie, dans les Charmes, ce qu'on doit apprécier." There is a good bit of malice in Droin's use of "devoir" here. He also cites F. Strowski as qualifying P.V.'s poems as "pastiches souvent mal réussis." A ridiculous exhibition of bad taste.

565. Caillard, Maurice et Charles Forot: "Les Revues d'avant-garde," Belle-Lettres, 6e année, nos. 62-66 (décembre 1924), pp. 97-105. ⌐VRY Pr. 7 in 8¬

This is a preface to an "enquête" on "les revues d'avant-garde." The only review with which Caillard and Forot associated P.V. was L'Ermitage in which they claimed he had begun his literary career. This was a serious oversight since P.V. had himself replied to the "enquête": "Ma première collaboration suivie fut exigée de moi, et aisément obtenue, par Pierre louys quand il fonda cet élégant et mince recueil de poèmes qui parut en 1891 sous le nom de La Conque." Moreover, any reader of the NRF already knew that P.V. had contributed to the Revue indépendante in 1890 (see ⌐553¬).

566. Mazel, Henri: "Les Revues d'avant-garde," <u>Belles-Lettres</u>,
6e année, nos. 62-66 (décembre 1924), pp. 167-69. ⌐VRY Pr. 7 in 8¬

It was doubtless due to Mazel's error that Caillard and Forot
made their mistaken claim. Mazel declared: "C'est chez nous ⌐à <u>L'Ermi-
tage</u>¬ que...Paul Valéry et Louis Mercier firent leurs premières armes."

567. Anon.: "Les Livres de demain--notice," <u>Le Figaro</u>, supplément <u>littéraire</u>, nouvelle série, no. 296 (samedi 6 décembre 1924),
p. 3. ⌐VRY Ms. 698¬

"M. Paul Valéry va publier, sous le titre: <u>Une Conquête métho-
dique</u>, un petit ouvrage qui paraîtra dans la 'Collection des Amis
d'Edouard'. L'éminent écrivain l'a fait précéder d'une notice, dont
on admirera l'ampleur de vue et la rare pénétration d'esprit.//Nous
sommes heureux d'en offrir la primeur à nos lecteurs:..."
The text of P.V.'s "notice" follows.

568. Scheler, Lucien: "Paul Valéry," <u>Revue sincère</u> (15 décembre 1924), ⌐x¬.

This information was provided by Talvart, <u>Fiche</u>..., 7e année,
1928, no. 16. The Bibliothèque Nationale has no listing of this review.

569. Anon.: "Le Courrier de Paris--informations littéraires,"
<u>L'Europe nouvelle</u>, 7e année, no. 357 (20 décembre 1924), pp. 1716-18.

On 15 December at the Ecole des Sciences Politiques, Lucien
Romier, director of the <u>Journée industrielle</u>, had prefaced his speech
on post-war France with a quotation from <u>Variété</u>. Later M. Henry de
Jouvenel, who was presiding, also quoted from "La Crise de l'esprit."
P.V.'s political writings were reaching a large audience and being
well received.

570. Derème, Tristan: "Courrier des lettres," <u>L'Eclair</u>, ⌐(exact date unknown) 1924¬, ⌐M¬. ⌐VRY 6564 in 12¬

Derème cites a review of Lièvre's <u>Paul Valéry</u> which Bernard
Savigny had published in <u>La Ligue</u>. Savigny had concluded that "M.
Pierre Lièvre, tout en souhaitant le plus de bien possible à M. Paul
Valéry, craint pour lui, sinon l'oubli dans lequel sont tombés Pom-
pignan, Lebrun, J.-B. Rousseau, qui, pourtant, furent les délices de

leur époque, du moins un demi-oubli et, en définitive, l'agonie de sa gloire.
  Bornons-nous modestement à déclarer que nous tenons M. Pierre Lièvre pour un critique excellent, mais M. Paul Valéry pour un grand poète."
  Derème comments, pertinently: "Voilà pourquoi je vous demande où est la vérité. Car si les grands poètes ont accoutumé de durer, comment leur gloire peut-elle être vouée à l'agonie." Moreover, if P.V. is a great poet, how can Lièvre be considered an excellent critic in view of this book? Derème also makes sport of the obvious pun on Lièvre's name.

  571. Treich, Léon: "Petites Coupures," L'Eclair, ⌐(exact date unknown) 1924¬, ⌐M¬. ⌐VRY 3494 in 8¬

  Several long quotations from Variété ("Au sujet d'Adonis," "Avant-propos à la Connaissance de la déesse," "Au sujet d'Eurêka"). There is no critical commentary.

  572. ⌐Anon.¬: "Courrier des lettres--'Impertinences'," L'Eclair, ⌐(exact date unknown) 1924¬, ⌐M¬. ⌐VRY Ms. 993, I, 34¬

  A reprint of a passage in M. Martin du Gard's Impertinences ⌐408¬ containing anecdotes on P.V. and salon society.

  573. ⌐Author and date of publication unknown¬, Le Figaro, ⌐1924¬, ⌐M¬. ⌐VRY Ms. 993, I, 10¬

  An insignificant mention of P.V., included here only because Monod had pasted it into his collection of press clippings.

  574. ⌐Anon.¬: "Et le prix des peintres?" ⌐place and date of publication unknown¬, ⌐M¬. ⌐VRY Ms. 993, I, 16 bis¬

  Monod claimed this article appeared in Les Nouvelles littéraires, but I was unable to find it there. The writer regrets that the "Prix des peintres" will not be awarded in 1924. "On se rappelle que, par dix-neuf voix sur vingt-quatre, Paul Valéry se vit attribuer ce fameux prix des peintres." This is the third account I have seen of the voting for the prize; each gives a different tally. See ⌐321¬.

575. ⌐Anon.?⌐ ⌐Title missing⌐, Les Nouvelles littéraires,
⌐(exact date unknown) 1924⌐, ⌐M⌐. ⌐VRY Ms. 993, I, 126⌐

Monod was sure only that this clipping was taken from Les
Nouvelles littéraires. The article relates a gathering of Les Amis
d'Edouard ⌐Champion⌐ at which P.V. told of his travels in Spain,
particularly around Saragossa. Since P.V. had lectured in Spain in
1924, it is probable that the article was published in that year.

1925

576. Benda, Julien: Lettres à Mélisande pour son éducation
philosophique. P., Le Livre, 1925. 145 p.

In chapter IV, "Du particulier et du général," Benda treats
with irony the "renversement des valeurs" at the close of the nine-
teenth century which proclaimed the unique and the non-generalizable
to be the proper object of philosophical speculation. Benda has in
mind Bergson (cf. his Belphégor and Sur le succès du bergsonisme).
He informs his pupil, Mélisande, that this reversal of values is perhaps not definitive.
"Le vent, depuis M. Paul Valéry, n'est-il pas au mépris de
l'émotion et à l'adoration de la pure intelligence?"
Benda was clearly a victim of the myth of P.V.-Teste and
hoped to find in P.V. an ally of his dogmatic intellectualism. Benda repaired his error in a violent attack on P.V. in La France byzantine, 1945.
R. Lalou cited the passage concerning P.V. in the NRF for
November. In ⌐1143⌐ Daniel-Rops wrote that Benda had wanted to present P.V. as "un membre de sa 'famille morale'." See also Benda's
"interview" with Lefèvre ⌐661⌐.

577. Boschot, Adolphe: Chez nos poètes. P., Plon, 1925. 237
p.

Boschot cites P.V. in order to prove the influence of Wagner
on Mallarmé. P.V. is said to be a "disciple de Mallarmé." Insignificant.

578. Bremond, Henri: La Poésie pure, lecture faite à la
séance publique des cinq Académies le 24 octobre 1924. P., Champion,

₅584₃

1925. 35 p. Coll. "Les Amis d'Edouard--90." ₅VRY 605 in 12₃ (only 200 copies)

See Le Temps for 25 October ₅717₃.

579. Charron, Pierre: Les Nouvelles Epigrammes du siècle. P., Editions du siècle, 1925. 158 p. ₅VRY 720 in 12₃

"Aboli Bibelot/d'inanité sonore...//(Valéry)x/Est un ptyx."
This is far better than the epigrams devoted to P.V. in ₅398₃. (Pierre Charron was a collective pseudonym.)

580. Cocteau, Jean: Le Secret professionnel, auquel on a joint Les Monologues de l'oiseleur. P., Au Sans Pareil, 1925. 105 p.

This is a reprint of ₅190₃.

581. Daudet, Léon: Le Roman et les nouveaux écrivains. P., Le Divan, 1925. 111 p. Coll. "Les Quatorze--no. 11."

P.V. is mentioned only as occupying an important place in contemporary letters. In the columns of L'Action française Daudet was not particularly kind to P.V.

582. Dubech, Lucien: Les Chefs de file de la jeune génération. P., Plon, 1925. 241 p.

In a chapter reprinted from L'Eclair (date unknown) Dubech considers L. Fabre's debt to P.V. He regrets that P.V. does not possess the clarity of a Jean Aicard, a trait which would make him, says Dubech, the greatest poet-philosopher since Lucretius. Worthless.

583. Faÿ, Bernard: Panorama de la littérature française contemporaine. P., Kra-Sagittaire, 1925. 215 p. ₅VRY 777 in 12₃

See the pre-original in Les Nouvelles littéraires ₅481₃ and ₅489₃.

584. Fernandat, René ₅abbé Louis Genet₃: Méditation sur M. Valéry et le Cimetière marin. Saint-Etienne, Edition des "Amitiés

Foréziennes et Vellaves," 1925. 18 p. ⸤VRY 626 in 8⸥ (very limited edition)

An essay of a very general nature in which Fernandat attempts to reconstruct P.V.'s philosophical position from the text of the poem. The result reflects the critic's own training and rarely convinces the critical reader. Fernandat calls Lièvre's book ⸤407⸥ "un précieux petit livre d'une onduleuse souplesse." All but the first three paragraphs and the final sentence were reprinted in Paul Valéry, essai ⸤1147⸥.

585. Gide, André: Les Faux-Monnayeurs. P., nrf, 1925. 503 p.

Gide's novel appeared in late 1925 although the dépôt légal is dated 27 February 1926. On two occasions the name Paul-Ambroise appears, a veiled reference to P.V. In the first instance it is Olivier who introduces an opinion he received from Passavant "...qui lui-même l'avait cueillie sur les lèvres de Paul-Ambroise, un jour que celui-ci discourait dans un salon." Later it is Edouard who cites a maxim of Paul-Ambroise. In both cases the opinion of Paul-Ambroise is the center of a discussion on the nature of art, first between Olivier and Bernard, then between Edouard and Bernard. P. Souday identified Paul-Ambroise as P.V. in Le Temps for 4 February 1926 ⸤928⸥.

586. Guilac, Henri: Prochainement ouverture...de 62 boutiques littéraires. P., Kra, 1925. ⸤64 p. (unpaginated)⸥ ⸤VRY 817 in 12⸥

Sixty-two cartoons in color representing the shops Guilac has imagined for as many literary figures of the hour. P.V.'s "Variété" shop sells only trinkets and knick-knacks. As cartoonist of Les Nouvelles littéraires and Le Canard enchaîné Guilac frequently published cartoons in which P.V. appeared.

587. Guillot de Saix: "Paul Valéry," in L'Ami du lettré: année littéraire et artistique. ⸤P., Crès, 1925.⸥ Pp. 146-49. ⸤VRY Pr. 313 in 12⸥

P.V. is considered among "Les Hommes--consécrations." Guillot de Saix reviews books and articles on P.V. which he finds significant: Lalou's judgement on P.V. in ⸤192⸥ is "ivre d'enthousiasme," while Lièvre's book ⸤407⸥ is "une étude fort lucide." Of Droin's volume ⸤400⸥ he writes: "...cette attaque vaudra plus d'amis au poète qu'à son détracteur...." Guillot de Saix repeats Rivière's formula: "une grande intelligence inappliquée" ₍240₎ and quotes a passage by Souday on a "Fragment du Narcisse." His documentation was very faulty and he gives wrong dates for original editions of P.V.'s works. "La Fausse Morte" becomes here "La Jeune Morte," a strange metamorphosis.

588. Lalou, René: Les Ecrivains chez eux. 30 portraits par Serge Czerefkow avec préface et 30 allusions de... P., Michel Kornfeld, 1925. ₍unpaginated₎ Coll. "La Vie contemporaine." ₍VRY 362 in 4₎

P.V.'s portrait is the last in the volume and Lalou's "allusion" is a pastiche of a monologue à la P.V. on the theme: "Entrer à l'Académie?" P.V. is made to conclude: "L'économie de la pensée est un état d'âme d'académicien." Lalou's pastiche is quite amusing. The "achevé d'imprimer" is dated 7 October, more than a month before P.V.'s election to the Academy.

589. Larbaud, Valery: Septimanie. Montpellier, Editions de L'Ane d'or, 1925. 24 p. ₍VRY 844 in 12₎

A lyrical evocation of the region. In "Cette," pp. 10-12, Larbaud mentions P.V. without naming him:
"Ville où est né un grand poète, ville éclairée pour l'éternité. Et le 'cimetière marin' là-haut: ses visiteurs, désormais, aux siècles des siècles."
And in "Montpellier," pp. 16-22, he writes: "La poésie des Jardins de Montpellier, c'est Paul Valéry qui l'a exprimée dans deux ou trois de ses poèmes."
The volume was printed in 100 numbered copies, for Ronald Davis, plus 5 copies "hors commerce." The copy in the Valeryanum belonged to Adrienne Monnier and bears the dedication: "A Adrienne Monnier ces pages sur le pays de notre Poëte. Valery Larbaud." Monod wrote on the dust jacket: "vente Monnier 16/5/26. 125 (+19 o/o)." This represents the price Monod paid for the copy. See also Larbaud's contribution to ₍972₎.

590. Lebey, André: "Le Captif immortel," in Le Tombeau de Pierre Louÿs. P., Editions du monde moderne, 1925. 258 p. ₍VRY 408 in 12₎

Lebey writes of P.V. and the "mercredis" of P. Louÿs. See ₍678₎. Lebey did not mention the "mercredis" in Les Nouvelles littéraires for 13 June, where his contribution was entitled "Tel qu'en lui-même enfin..."

591. Lefèvre, Frédéric: Une Heure avec..., III. P., nrf, 1925.
285 p. Coll. "Les Documents bleus--25."

Abbé Bremond, in an interview dated 25 October 1924, gave the
impression that he found P.V.'s poetry perfectly clear. Lefèvre quotes
him as saying of Thibaudet: "Il trouve des mystères jusque dans Valéry!"
(p. 28). (Cf. ⸢395⸣.)

Joseph Delteil, whose statement is dated 16 May 1925, claimed
that: "Un vers de Valéry me vaut un roman de Hardy" (p. 196). He objected, however, to P.V.'s preference for the poem as a project, as process of creation, over the finished work.

Lefèvre also reprints ⸢563⸣, ⸢644⸣, and ⸢647⸣.

592. Les Trois: L'Initiation de Reine Dermine. P., Fasquelle,
1925. 222 p. ⸢VRY 969 in 12⸣

An epistolary novel satirizing literary salons and literary
lions of the day. The heroine, Reine Coën, tries to gain a foothold
at the NRF in order to have her verse published. "Il me faut les bonnes grâces d'André Gide et de Paul Valéry qui sont les plus puissants
seigneurs littéraires du moment" (p. 115). She meets them "chez Mlle
M⸢onnier⸣... Sa librairie n'est pas seulement le salon de La Nouvelle
Revue Française, elle est le centre d'un petit cénacle qui a une influence propre. On a pu le voir récemment quand parut, chez l'éditeur
Crès, cette Histoire de la littérature contemporaine ⸢by R. Lalou, 1922,
q.v.⸣, dont on a tant parlé. Les auteurs préconisés par Mlle M... y
sont mis au pinacle" (p. 116).

The novel contains three very interesting judgements of La Jeune
Parque reflecting three different currents of interpretation. P.V. himself is made to say of his poem, speaking to the protagonist: "Quant à
l'intelligence de la pensée et la compréhension du symbole, vous m'avez
simplement stupéfié. Aucune de mes intentions ne semble vous avoir
échappé, et vous avez montré que vous perceviez les sous-entendus voluptueux. C'est ici le mythe d'une Narcissa. Je l'ai imaginé, mais non
mon héroïne, qui aurait existé, si j'en crois une inscription lue jadis
sur une fontaine du jardin public de Montpellier: Narcissae placandis
manibus. Narcissa est aussi l'expression quintessenciée de cet Éros
honoré à Mitylène."

The second interpretation follows immediately: "--Tu m'étonnes,
dit Gide. Ton poème pour moi est simplement une fresque et une symphonie verbales; intérieurement, j'y vois la méditation d'un idéalisme subjectif" (p. 128). Both these interpretations were stated explicitly
in Royère's review of the poem ⸢87⸣. Royère's text is copied down to
this erroneous detail: Royère had mentioned "cette inscription..sur
une fontaine d'un jardin public de Montpellier: Narcissae placandis

manibus [sic]." Only the allusion to Mitylene did not appear in Royère's article.

A third interpretation, that of P.V. the intellectualist (P.V.-Teste), is offered in a letter to the heroine from her regular correspondent, Philippe: "Vous m'avez bien étonné...en m'apprenant que M. Paul Valéry acceptait que l'on prête un sens érotique à La Jeune Parque... Toute sensualité me paraît absente de ce poète qui n'offre pas non plus la moindre mysticité. Rien de plus abstrait que cet art d'une virtuosité suprême et d'une merveilleuse réussite verbale. Paul Valéry est le génie le plus cérébral de notre époque. Il est intelligence pure et c'est l'explication de son universel prestige car l'intelligence, même en art, demeure la reine du monde" (p. 172). One might qualify this opinion as "ultra-valéryste" in the intellectualist camp. There were many critics who shared it, especially among P.V.'s detractors.

On 28 March L. Treich identified Les Trois as Pierre Devoluy, Albert Lantoine and Robert Randau. However, on his copy of the novel, now in the Valeryanum, Monod wrote the name Jean Royère, as if to attribute authorship to him. Internal evidence points to someone other than Royère who copied his 1917 review of La Jeune Parque.

593. Martino, Pierre: Parnasse et symbolisme (1850-1900). P., A. Colin, 1925. 220 p.

"Paul Claudel et Paul Valéry se disent les continuateurs de Rimbaud et de Mallarmé... Mais il s'agit, en réalité, d'un symbolisme très différent de celui qu'on avait voulu créer à la fin du XIXe siècle: un symbolisme chargé de bien autres préoccupations et qui, malgré son 'surréalisme' et sa somptueuse imagerie, se manifeste surtout comme une réaction traditionaliste, classique, rationaliste" (p. 215). Martino does not seem to have had an adequate grasp of his subject. In attempting to say too much here, he said nothing at all.

594. Mauclair, Camille: Le Génie d'Edgar Poe. P., Albin Michel, 1925. 318 p.

Mauclair's comments on P.V. in chapter XXIV, "La Lignée française," pages 285-88, are reprinted from the Revue belge for 1 July with only very minor changes in punctuation and wording.

595. Montfort, Eugène et al.: Vingt-cinq ans de littérature française, t. I. P., Librairie de France, 1925. 389 p.

The chapter on "La Poésie" was written by Paul Aeschimann. The

"Bibliographie de la poésie" was prepared by Jean Bonnerot. Aeschimann's brief presentation of P.V. avoids the myth completely and is of considerably greater value than Martino's: "Sans se préoccuper du présent, ni de la réalité quotidienne, elle ⌐P.V.'s poetry¬ crée un univers à part avec des images choisies, mais que suggère la contemplation de notre vie terrestre. Et c'est, sans doute, la raison pour laquelle les poètes les plus avancés, les dadaïstes, ont salué Valéry comme un maître. Ils ont deviné en lui un surréaliste" (p. 25).

The "naturiste" orientation which pervades this survey of recent literature is not evident here. Aeschimann had expressed a quite different opinion of P.V.'s poetry in ⌐252¬.

596. Paillet, Léo: <u>Dans la ménagerie littéraire (histoires bouffonnes)</u>. P., Baudinière, 1925. 285 p. Coll. "Littérature et art français."

Questioned about Poe, C. Mauclair supposedly stated: "Valéry d'ailleurs, après Villiers de l'Isle-Adam, est son pur disciple." See ⌐594¬.

In "Une Heure avec...Frédéric Ier (Frédéric Lefèvre)," the king of the literary interview proclaims P.V. the highest ranking officer of the contemporary literary army. He adds: "D'ailleurs, je prépare un important ouvrage sur Valéry." The manner in which Lefèvre was "managing" P.V.'s **career** was already attracting ironic comments, although his <u>Entretiens avec Paul Valéry</u> did not appear until 1926.

597. Pourtalès, Guy de: <u>La Vie de Franz Liszt</u>. P., nrf, 1925. 303 p. Coll. "Vies des hommes illustres--1." ⌐VRY Ms. 916¬

On the title page one reads: "La grandiose Musique est/l'ecriture de l'homme complet./Paul VALÉRY."

598. Régnier, Henri de: <u>Proses datées</u>. P., Mercure de France, 1925. 263 p.

Régnier reprints "Par Valéry vers Mallarmé" from ⌐340¬.

599. Renaitour, Jean-Michel: <u>Mes Coups de griffe</u>... P., Ed. de "La Griffe," 1925. 137 p.

"Paul Valéry ou l'incohérence prétentieuse" is a reprint of ⌐493¬.

600. Sandre, Thierry: "Le Plus Pur Silence," in Le Tombeau de Pierre Louÿs. P., Editions du monde moderne, 1925. 258 p. ⌐VRY 408 in 12¬

Sandre wrote: "Paul Valéry a rendu témoignage du tourment de Pierre Louys." P.V.'s moving "témoignage" had appeared in the special number of Les Nouvelles littéraires ⌐678¬ devoted to Pierre Louÿs and was reprinted in this volume on pages 23-31. P.V. had written: "C'est que l'amitié de Pierre Louys fut une circonstance capitale de ma vie. ... Et c'est lui qui m'a présenté quelque soir à Stéphane Mallarmé." Sandre's comment had not appeared in ⌐678¬.

601. Vandérem, Fernand: Le Miroir des lettres, VI. P., Flammarion, 1925. 311 p.

Vandérem reprints ⌐284¬, ⌐306¬, ⌐331¬, and ⌐377¬.

602. Catalogue de la bibliothèque Paul Adam. P., G. Andrieux, 1925. 46 p. ⌐VRY 430 in 8¬

A copy of the original edition of Eupalinos was for sale with a letter from P.V. to Mme P. Adam (17 June 1920) concerning her husband.

603. Catalogue des livres et manuscrits provenant de la bibliothèque de M. André Gide. P., Champion, 1925. 72 p.

The catalogue describes issues of the Entretiens politiques et littéraires, the Recueil pour Ariane and La Conque containing poems or prose contributions by P.V. Gide also sold a copy of La Pléiade, 1921, and P. Louÿs' Astarté, 1891, the latter containing a manuscript note and a drawing by P.V. With the collection of La Conque (7 numbers only) Gide sold a letter from Louÿs containing this comment: "J'ai reçu un extraordinaire Narcisse, signé Valéry, qui ouvrira le premier numéro de la Conque."

604. Faÿ, Bernard: "Lautréamont et son public," Le Disque vert (⌐exact date unknown¬ 1925), pp. 4-9. ⌐VRY Pr. 69 in 12¬

P.V. is an "écrivain immortel." (Cf. ⌐481¬.)

605. Périer, Odilon-Jean: "Opinions ⌐sur¬ Le Cas Lautréamont,"

Le Disque vert (⌐exact date unknown¬ 1925), p. 96. ⌐VRY Pr. 69 in 12¬

"Il n'y a pas de 'cas Lautréamont' puisqu'il s'agit de poésie. Mais un cas Valéry, un cas Barrès, un cas Gide--où il s'agit de Littérature."
P.V. is relegated among the reactionaries of "Littérature," here a pejorative word.

606. Cassou, Jean: "Propos sur le surréalisme," NRF, XXIV, no. 136 (janvier 1925), 31.

"M. Paul Valéry, selon M. Breton ⌐396¬, se serait déclaré incapable de jamais écrire: 'La marquise sortit à cinq heures.' Mais le même M. Valéry se faisait fort, un jour, de distinguer divers mathématiciens au style selon lequel ils développaient leurs équations."
P.V. had in fact proposed that the more beautiful an equation the more likely it is to be correct, a notion supported by some mathematicians of the present day.

607. Anon.: "Le Courrier de Paris--informations littéraires," L'Europe nouvelle, 8e année, no. 359 (3 janvier 1925), pp. 23-25.

Mentions P.V.'s contribution to the number of the NRF in honor of Joseph Conrad.

608. Guilac, H.⌐enri¬: "Jouets et étrennes," Les Nouvelles littéraires, 4e année, no. 116 (3 janvier 1925), p. 2. ⌐VRY Ms. 993, I, 34¬

A cartoon proposing for P.V.'s New Year's gift "une panoplie d'académicien," complete with a "discours." Les Nouvelles littéraires backed its candidate on every occasion.

609. Lefèvre, Frédéric: "Une Heure avec M. Etienne Gilson," Les Nouvelles littéraires, 4e année, no. 116 (3 janvier 1925), pp. 1-2. ⌐VRY Ms. 993, I, 34 bis¬

Gilson reinforced the Cartesian image of P.V. which P.V. himself did much to propagate. Gilson stated:
"En ce qui concerne Paul Valéry, je m'entretiens bien souvent de lui non seulement avec mes collègues, mais même avec mes étudiants.
Quoi de plus profitable à méditer que telles pages de Note et

Digressions ou de la Soirée avec M. Teste?
 Elles sont lourdes de substance philosophique. Valéry travaille en pleine tradition cartésienne et française, soucieuse de s'enfermer dans la pensée beaucoup plutôt que de se répandre dans les choses et préférant à la métaphysique une sorte de métapsychologie."
 Note how easily the notion of P.V. the methodical Cartesian (Gilson's last sentence is particularly good) can be assimilated to the myth of P.V.-Teste.

 610. Les Alguazils: "Courrier des lettres," Le Figaro, 71e année, 3e série, no. 9 (vendredi 9 janvier 1925), p. 3.

 Les Alguazils announce that Variété is under consideration for the "Prix sans nom," to be awarded the following day. On 12 January they indicate that Variété received no votes. Perfectly inane.

 611. Borel, Emile: "Tribune libre--méthode allemande et génie français," L'Information, 9 janvier 1925, ᴄMᴐ. ᴄVRY Ms. 993, I, 35ᴐ

 Very similar in tone to Borel's article of 11 September 1924 ᴄ519ᴐ. Here he uses Une Conquête méthodique as a springboard to his own reflections. Borel considers P.V.'s essay the best analysis of the "qualités et défauts du génie allemand." (Compare the different language used to describe the essay in 1915, ᴄ84ᴐ and ᴄ85ᴐ.)

 612. Anon.: "Le Courrier de Paris--informations littéraires," L'Europe nouvelle, 8e année, no. 360 (10 janvier 1925), pp. 51-52.

 Praises the first two numbers of Commerce and especially the "Lettre de Madame Emilie Teste" ᴄsicᴐ in number two for Autumn 1924.

 613. Anon.: "Le Suicide est-il une solution?" La Révolution surréaliste, 1ère année, no. 2 (15 janvier 1925), p. 13. ᴄVRY Pr. 206 in 4ᴐ

 "Vous souvenez-vous de M. Teste? Il lit parfois les revues, notre enquête l'a frappé le temps nécessaire qu'il y réponde. Il y répond."
 P.V.'s reply to the "enquête" followed this note, signed: M. E. Teste. This signature, combined with the recent "Emilie Teste: Lettre" in Commerce, could only give renewed vigor to the myth of P.V.-Teste among the surrealists. One must conclude that P.V. enjoyed

the game.

614. Thérive, André: "S'il y a une tradition en poésie française," <u>Revue hebdomadaire</u>, XXXIV, no. 1 (17 janvier 1925), 277-98.

Thérive's title recalls Droin's recent book attacking P.V. Thérive, however, both proclaims the merits of tradition and enrolls P.V. among the poets who have rejuvenated French poetry by a "retour en arrière...la démarche la plus neuve et la plus audacieuse." His view of traditional prosody in fact has nothing in common with Droin's. See ⸢275⸥.

615. Guyot, Charly: "L'Art poétique de M. Paul Valéry," <u>La Semaine littéraire</u>, Genève, 33e année, no. 1,620 (17 et 24 janvier 1925), pp. 25-27, 43-45. ⸢VRY Pr. 221 in 4⸥

This is a valuable article which could have inaugurated an entirely new trend in Valéry criticism had Guyot himself made the most of his ideas. He objects to the common practice of many critics who analyze the ideas they find in P.V.'s poems, almost always to the detriment of their specifically poetic qualities. Guyot sees as the focal point of P.V.'s "art poétique": "les combinaisons du langage, ces associations d'idées imprévues ⸢with the stress on <u>associations</u>, not <u>idées</u>⸥, ces liaisons surprenantes de termes en apparence irréductibles. ... Ces associations d'images ont une prodigieuse force expressive; elles déclenchent dans l'esprit un ensemble d'idées abstraites, de visions du réel indissolublement liées; elles saisissent, en un raccourci vigoureux, les termes extrêmes de toute une série d'opérations intellectuelles, que l'intelligence discursive peut chercher à reproduire, mais dont l'enchaînement logique ne produira certes jamais l'effet de ce vigoureux resserrement" (p. 44).

Only recently the best of P.V.'s critics have undertaken successfully the program outlined here. It is predictable that Guyot should criticize sharply both Lièvre and Droin for their refusal to consider P.V.'s poetry in these terms. Guyot's criticism of Thibaudet, too, is justifiable in the framework of his very different approach. "M. Thibaudet nous paraît être l'un des premiers à avoir appliqué cette bizarre méthode d'interprétation ⸢par les idées⸥ aux vers de M. Valéry. Dans ⸢son <u>Paul Valéry</u>⸥..., n'a-t-il pas cru indispensable de faire intervenir au milieu de ses commentaires de la <u>Jeune Parque</u> et de <u>Charmes</u> toute la métaphysique bergsonienne?" (p. 26).

Guyot's comment is equally relevant to all critics who attempt to impose upon P.V.'s text a system of interpretation foreign to the texts themselves. The great merit of Maurice Bémol's books on P.V. is to prove that Valéry must be interpreted in terms of Valéry. See ⌐653⌐.

616. Anon.: ⌐announcement⌐, La Patrie, 20 janvier 1925 ⌐?⌐, ⌐M⌐. ⌐VRY 471 in 12⌐

Announces the future publication of Croisières (Editions de la Renaissance) by A. Levinson, with a preface by P.V. The volume appeared in 1927, ⌐1165⌐.

617. Lubin, Georges: "Lettres et arts--Paul Valéry," Le Centre républicain, Châteauroux, 21 janvier 1925, ⌐M⌐. ⌐VRY Ms. 993, I, 199⌐

An enthusiastic review of L'Ame et la danse and Eupalinos.... Lubin confesses that the only other work by P.V. which he has been able to read is Variété. His comments on P.V.'s reputation in the provinces are interesting: "Un des plus grands poètes d'aujourd'hui ⌐here Lubin must be relying on his colleagues' opinions⌐ n'est pas connu en province. ...nombreux y sont ceux qui, comme moi, attendent avec impatience le recueil depuis longtemps annoncé de ses poèmes que nous avons pu lire, distillés au compte-gouttes, dans des revues."
A simple calculation of the number of copies of P.V.'s collected poems already printed (with their prices) would rapidly substantiate Lubin's claim that it had been impossible in the provinces to appreciate P.V. as a poet. By March 1927 the situation had not noticeably improved, and at that time Lubin provided the best analysis of P.V.'s career to date. (Cf. ⌐1262⌐.)

618. Souday, Paul: "Les Livres," Le Temps, 22 janvier 1925, p. 3.

Souday reviews Fragments sur Mallarmé, Situation de Baudelaire, Une Conquête méthodique, Eupalinos... (a reprint) and the "Emilie Teste: Lettre" in Commerce, II. Souday calls P.V. "trop baudelairien," an expression which must be considered a criticism, given Souday's well known reservations regarding Baudelaire. Reprinted, with no substantial changes, in Paul Valéry ⌐1189⌐, pages 69-75. Noted by Talvart, Fiche..., 7e année, 1928, no. 16.

619. Vermeil, Edmond: "Paul Valéry," L'Alsace française, Strasbourg, 5e année, no. 5 (31 janvier 1925), pp. 97-99. ⌐VRY Pr.

154 in ⌐4¬

M. Vermeil, a professor at the Université de Strasbourg, announces a lecture by P.V. in Strasbourg on 9 February, on the topic "la crise de l'esprit européen." His article on P.V. appears to have been taken directly from Thibaudet's Paul Valéry.

620. Anon.: "Le Courrier des lettres--informations littéraires," L'Europe nouvelle, 8e année, no. 363 (31 janvier 1925), pp. 145-46.

P.V. and Commerce: "Il n'y a pas, dans la librairie française, de publication plus fermée, plus confidentielle, plus dédaigneuse de la vente et du succès." Commerce is said to deal only in "littérature pure," i.e. "invendable." --Whence the irony of the title: Commerce.

621. Roux, François de: "Notes," NRF, XXIV, no. 137 (février 1925), 232-33.

A belated review of Lefèvre's Une Heure avec..., II ⌐405¬. F. de Roux cites Maurras on P.V.

622. Thibaudet, Albert: "Réflexions sur la littérature--le problème de l'ange," NRF, XXIV, no. 137 (février 1925), 211.

"...Descartes est, presque au même titre que Léonard, l'homme de Valéry, qui ne pardonne pas à Pascal de n'avoir pu pardonner à Descartes."
This is a roundabout explanation of P.V.'s attack on Pascal in 1923. Thibaudet returned to this question in ⌐654¬.

623. Loewel, Pierre: "La Vie littéraire," L'Eclair, 38e année, no. 13,128 (11 février 1925), p. 2. ⌐VRY Ms. 993, I, 40¬

A brief, descriptive review of Situation de Baudelaire published by Marcelle Lesage. Of no importance.

624. Bauër, Gérard: "Les Sources de 'l'esprit moderne'," L'Echo de Paris, 42e année, no. 15,685 (12 février 1925), p. 4.

In a review of the Anthologie de la nouvelle poésie française

₍392₎, Bauër criticizes the anonymous editor for refusing to identify or define "esprit moderne," the criterion in terms of which he established the anthology. His point is well taken. Bauër's one comment on P.V. is based on his theory that Mallarmé's obscurity is the result of his use of English syntax in his poetry. "Notons que son plus grand fils poétique, M. Paul Valéry, qui figure, il s'entend bien, dans ce recueil, est, lui aussi, très rompu à la langue et à la littérature anglaises." This is an ill-intentioned insinuation which explains nothing. A résumé appeared in the Chronique des lettres françaises, III, 1925, 525-26.

625. Anon.: "Le Courrier des lettres--informations littéraires," L'Europe nouvelle, 8e année, no. 365 (14 février 1925), pp. 221-22.

L'Europe nouvelle quotes from the edition of Cahier B, 1910 published by Champion in facsimile in November 1924. The "pensées" quoted are given as "presque inédites" since only 130 copies of this edition were printed.

626. Derème, Tristan: "La Recherche de la poésie," Conferencia, 19e année, no. 5 (15 février 1925), pp. 222-38. ₍VRY Pr. 444 in 8₎

A lecture given at the Université des Annales on 12 December 1924. Derème devotes the first three pages to P.V., who was originally supposed to speak on that date. The article is what one expects of the Annales: light, pleasant, and insignificant.

627. Hirsch, Charles-Henry: "Les Revues--MEMENTO," Mercure de France, CLXXVIII (15 février 1925), 220.

"Commerce (no. 2, automne): Une lettre d'Emilie Teste, la femme de M. Teste avec qui M. Paul Valéry passa une soirée en 1895."
This is an excellent example of the confidential tone noted by L'Europe nouvelle on 31 January.

628. Savitzky, Ludmila: "André Fontainas dans la poésie actuelle," Mercure de France, CLXXVII (15 février 1925), 20-32.

"'Hermétiques', a-t-on dit de ces poèmes ₍L'Allée des glaïeuls ..., 1921₎. Oui, si hermétique aussi est l'art de Mallarmé, qui, par chacun de ses mots, écarte le battant d'une porte de lumière; oui, s'il y a volonté de réclusion dans l'art initiateur de Paul Valéry, à qui sont dédiés ces cinq odes et ce sonnet" (p. 27).

It would take more than this, however, to disarm those critics who dismissed Mallarmé, P.V. and Fontainas (when they bothered to mention the latter) as "hermétiques." The charge of "hermétisme," never totally absent from discussions of P.V.'s work, came to the fore in autumn of 1927. A résumé of this article appeared in the Chronique des lettres françaises, III, 1925, 524-25.

629. T.[ristan] D.[erème]: "Courrier des lettres--à la manière de...," L'Eclair, 38e année, no. 13,144 (27 février 1925), p. 2. [VRY Ms. 993, I, 40]

Derème prints two distichs à la Vacquerie (Auguste): "P comme potamos et V comme victoire/Beau fleuve triomphant, tu coules dans la gloire./Et si le jeu vous paraît doux, encore un autre,/voulez-vous?/ P comme passerelle et V comme verdure,/Pont de lianes sur le gouffre,-- mais qui dure."

The comparison with Hugo was certainly intended as sincere praise by Derème, who excelled at turning a clever rhyme.

630. Anon.: "Jeux de poète," Les Nouvelles littéraires, 4e année, no. 124 (28 février 1925), p. 2. [VRY Ms. 658]

"Certains courriers littéraires des quotidiens ayant reproduit fort aimablement, mais avec quelques inexactitudes, le quatrain que M. Paul Valéry, grippé avait griffoné sur un exemplaire de Variété pendant une interview de M. Frédéric Lefèvre, nous rétablissons ci-dessous le texte exact: 'Attentif profil de Lefèvre/Je vous vois, l'oreille aux propos/Que d'un esprit voilé de fièvre/Tire une gorge sans pipeaux.'"

This quatrain should doubtless be added to the "petits vers" printed in the notes of Pléiade, I, 1681-86. I have seen none of the other printings alluded to in this anonymous note.

631. Jaloux, Edmond: "La Lumière vient-elle de l'Orient?" Les Cahiers du mois, nos. 9-10 ([février-mars] 1925), pp. 22-29. [VRY Pr. 6 in 12]

This number of the Cahiers du mois is entirely devoted to "Les Appels de l'Orient." P.V.'s brief contribution, "Puissance de choix de l'Europe," appeared on pages 16-17. The essential theme of Jaloux's article is based on P.V.'s reflections on Orient and Occident in

Variété. Several other contributions also mentioned P.V. (See below.) Gabriel Audisio, J. P. Palewski, and Sédir all mention P.V. in passing, assuming that the reader will be familiar with his ideas on the problem of East and West.
Desson and Harlaire cited P.V. to support their notion of the European. R. Lalou was alone in mentioning P.V. in a purely literary context: "...les deux révélations d'après-guerre ont été Valéry et Proust..." (p. 288).
None of these articles is significant in itself, but together they imply that the reader of the Cahiers du mois could be expected to have read Variété.

   Audisio, **Gabriel**: "Equilibre," in ⊂631⊃.

   Desson, André et André Harlaire: "Notre Humaine Richesse," in ⊂631⊃.

   Lalou, René: "Les Appels de l'Orient," in ⊂631⊃.

   Palewski, J. P.: "L'Esprit européen et l'esprit oriental," in ⊂631⊃.

   Sédir: "Les Deux Mysticismes," in ⊂631⊃.

  632. Thibaudet, Albert: "Réflexions sur la littérature--du surréalisme," NRF, XXIV, no. 138 (mars 1925), 340.

  "La place occupée aujourd'hui par Mallarmé et Valéry nous montre qu'une partie du public qui lit est entrée en mathématiques spéciales et consent à voir les problèmes littéraires sous une figure d'abstraction, de limite théorique, d'épure."
  This is the second article in two months to relate P.V.'s mathematical preoccupations to the activities of the surrealists. See ⊂606⊃.

  633. Poizat, Alfred: "Paul Valéry," Les Lettres, I, no. 3 (1er mars 1925), 381-402.

  A remarkably bad article. Poizat treats P.V. throughout as a living legend, giving himself the role of the farseeing observer of P.V.'s earliest literary efforts. He pretends to have seen at Mallarmé's "Mardis" that P.V., Régnier and Gide were "marqués...au front de son signe." P.V. in particular "...volontiers eût consacré sa vie à travailler avec le Maître...." Pure myth, of course. Poizat also

claims that "le fameux 'coup de dé ⌐sic¬'" was written expressly for P.V. In his few critical judgements of P.V.'s own work Poizat follows P. Lièvre point by point. He calls <u>La Jeune Parque</u> "une sorte de poème didactique ⌐où P.V.¬ parvient à ajouter de l'obscurité au plus obscur des problèmes." Poizat was unable even to cite P.V.'s titles accurately, writing twice of the <u>Initiation à la méthode de Léonard de Vinci</u> and once of the <u>Dialogue sur la danse</u>, which he saw as taken directly from Mallarmé's <u>Divagations</u>.
    Noted by A. Farges in <u>La Muse française</u> for 10 April and by Talvart, <u>Fiche</u>..., 7e année, 1928, no. 16.

    634. Marès, Roland de: "Alfred Droin et la tradition poétique française," <u>Revue bleue</u>, 63e année, no. 5 (7 mars 1925), pp. 173-75.

    The title necessarily calls to mind Droin's violent attack on P.V. in 1924. Marès, however, merely alludes to "un livre de combat, assez dur de ton, consacré à M. Valéry et la tradition poétique française...."
    Since Marès is concerned here with Droin as "un des écrivains les mieux doués de la génération qui approche aujourd'hui de la cinquantaine⌐,¬" he has the greatest indulgence for Droin the critic.

    635. Souday, Paul: "Les Livres," <u>Le Temps</u>, 19 mars 1925, p. 3.

    Only the "poètes ou artistes...géomètres, de nos jours Paul Valéry..." are capable of attaining true excellence in their work. One of Souday's favorite themes which happens to coincide with the myth of P.V. the great mathematician.

    636. P.⌐aul¬ S.⌐ouday¬: "De quelques comités," <u>Le Temps</u>, 27 mars 1925, p. 1.

    P.V. is on a committee formed to recommend the best of recent French publications.

    637. Treich, Léon: "Les Trois," <u>Les Nouvelles littéraires</u>, 4e année, no. 128 (28 mars 1925), p. 2.

    An excellent review of <u>L'Initiation de Reine Dermine</u> ⌐592¬ and an identification of the authors of the novel.
    "Les Trois fréquentent le salon de Mme Aurel, mi-sévères,

mi-sympathiques; ils se montrent extrêmement mordants pour la Nouvelle Revue Française, et surtout pour deux de ses principaux auteurs: MM Gide et Valéry, tout en rendant, d'ailleurs, hommage à leur talent; très mordants aussi pour la petite librairie de la rue de l'Odéon (notons, cependant, que Mlle Adrienne Monnier est la seule héroïne du livre qui ne soit nommée que par une initiale: Mlle M...)...."
   The authors were, according to Treich, Albert Lantoine, Robert Randau and Pierre Devoluy. I have been unable to authenticate this attribution.

   638. Guilac, H.[enri]: "Bonshommes de lettres," Les Nouvelles littéraires, 4e année, no. 129 (4 avril 1925), p. 4.

   A cartoon with the caption "Vers la Coupole" shows P.V. at the door of François de Curel. "Dans Vient de paraître, Gaston Picard nous apprend incidemment au cours d'une interview prise à François de Curel, que Paul Valéry a commencé ses visites académiques. ... Ces entretiens avec l'auteur de Variété ne doivent pas manquer de...charme." See [608].

   639. Anon.: "Les Appels de l'orient," Les Nouvelles littéraires, 4e année, no. 129 (4 avril 1925), p. 4.

   Reprints P.V.'s contribution to [631].

   640. Thérive, André: "La Poésie de Charles Maurras," L'Opinion, 19e année, no. 14 (4 avril 1925), pp. 15-18.

   Thérive makes this strange assertion: that there is "une splendeur abstraite [que Maurras] a léguée à Paul Valéry, son cadet...." Note, in the following quotation, the passage in brackets which was reprinted in Le Navire d'argent for 1 June: ["Je ne sais si l'on se récriera; mais je trouve Valéry limpide comme eau de roche au prix de Maurras poète.] Il est facile dans Valéry de démontrer le procédé de style, les figures mallarméennes ou classiques, les 'tropes', si vous voulez." Mlle Monnier certainly would not approve of this pedestrian, rhetorical approach to "notre Poëte" [589]. Better then to drop the second sentence in Le Navire d'argent.

   641. Farges, Abel: "Histoire littéraire et critique," La Muse française, IV, no. 4 (10 avril 1925), 313.

"Alfred Poizat.--Paul Valéry (Les Lettres, mars.) Traite de
l'influence considérable de Mallarmé sur Valéry, 'homme du premier
rang', d'ailleurs, 'grand penseur et grand écrivain.'" And poet?
See ⊏633⊐.

642. Fontainas, André: "Les Grandes Figures de la poésie:
Narcisse," La Muse française, IV, no. 4 (10 avril 1925), 274-83.

Fontainas consecrates the legend of Narcissus as an offical
Valéryan symbol, suitable for adoration:
"Miroir qui s'offre à soi-même en miroir, miroir où une fuite
se poursuit, où l'âme d'un glissement continu se révèle dans sa constance presque insaisissable non moins qu'en sa complexe fugacité,
l'ardeur qu'elle met à se chercher ne cessera-t-elle enfin, lasse de
ses ressources répétées et de ses poursuites sans cesse déçues? Hélas,
Narcisse a compris, par la réponse d'Echo invisible, qu'à se déprendre
même de son amour qui le trouble, son destin désormais n'en saurait
être que pire" (p. 282).
These lines could have been written in the 1890's.

643. Kasterska, Marya: "Les Poètes lyriques français en Pologne," La Muse française, IV, no. 4 (10 avril 1925), 284-89.

This is a review of a recent anthology of French poets in
Polish translation, edited by Leopold Staff. P.V.'s Narcisse (which
one?) is said to be included in a translation by C. J. Kozlowski.

644. Lefèvre, Frédéric: "Une Heure avec M. Marcel Prévost,"
Les Nouvelles littéraires, 4e année, no. 130 (11 avril 1925), pp. 1-2.
⊏VRY Ms. 993, I, 41⊐

"Valéry n'est pas obscur; il est riche. Il nous donne dans
ses poèmes le fruit de longues et fécondes méditations. ... Valéry a
la clarté d'une des plus belles intelligences de ce temps. La Jeune
Parque, Ebauche d'un serpent, Fragments du Narcisse sont des poèmes
immortels. Dans cinquante ans, on les étudiera au collège."
Prévost's estimate was extremely conservative, on the one
hand; on the other, I have never heard a "collégien" laud the clarity
of La Jeune Parque. Reprinted in ⊏591⊐.

645. Saurat, Denis: "Contre Paul Valéry," Les Marges, 22e
année, XXXII, no. 130 (15 avril 1925), 243-49. ⊏VRY Pr. 387 in 12⊐

Saurat ought to have signed this article: Q.E.D., as it is in the manner of a geometrical proof. Among Saurat's axioms are: inspiration is the very stuff of which poetry is made; <u>forme</u> must result from an inspired <u>fond</u>; there are masters whose work is a touchstone for measuring good <u>art</u> (among them Pascal, Rousseau and Nietzsche, prose writers all); only great depth of thought can ensure the excellence of art. It is then no surprise to read that: "Sa ⸤P.V.'s⸣ poésie dépendra pour ses effets de réussites de forme, non de découvertes de fond, et donc sera vide et ennuyeuse." Nor is it surprising that, using such a method, Saurat never tests the merits of P.V.'s poetry itself. A demonstration in a vacuum.

646. Guilac, H.⸤enri⸣: "Bonshommes de lettres," <u>Les Nouvelles littéraires</u>, 4e année, no. 131 (18 avril 1925), p. 4.

Cartoons on the theme: <u>les appels</u> d'orient (cf. ⸤631⸣). P.V. is seen stepping out of a huge "cahier" and declaring: "L'orient n'est pas simple. C'est un sujet plein de variété." Guilac's puns were usually of this same mediocre quality.

647. Lefèvre, Frédéric: "Une Heure avec M. Paul Claudel," <u>Les Nouvelles littéraires</u>, 4e année, no. 131 (18 avril 1925), pp. 1-2, 6. ⸤VRY Ms. 993, I, 41⸣

"J'aime beaucoup Paul Valéry et j'ai la plus grande admiration pour tout ce qu'il écrit. Notre amitié date de loin. Je l'avais rencontré chez Mallarmé et dès ce moment-là, j'avais vu qu'il était quelqu'un."
Claudel adds that he and P.V. were probably the only recipients of copies of <u>Un Coup de dés</u>... on page proofs. (Cf. ⸤633⸣.) Reprinted in ⸤591⸣.

648. Melchior-Bonnet, Christian: "Paul Valéry en Angleterre," <u>Les Nouvelles littéraires</u>, 4e année, no. 131 (18 avril 1925), p. 6.

An enthusiastic review of Captain Mark Wardle's translation of <u>Le Serpent</u> including translations of some passages of T. S. Eliot's introduction. Melchior-Bonnet paraphrases <u>Situation de Baudelaire</u>: L'oeuvre de Paul Valéry...a dépassé nos frontières."

649. Anon.: "Le Courrier de Paris--informations littéraires," <u>L'Europe nouvelle</u>, 8e année, no. 375 (25 avril 1925), pp. 555-56.

P.V. is mentioned as figuring in B. Fay's Panorama.... (See ⌐583⌐.) L'Europe nouvelle reports P.V.'s candidature for d'Haussonville's chair at the French Academy. The other candidates were Tancrède Martel, Duc de la Force and P. Lasserre. This announcement was repeated in number 401 for 24 October. P.V. did not declare himself a candidate for A. France's chair until November.

650. Lefèvre, Frédéric: "Une Heure avec M. Henri Barbusse," Les Nouvelles littéraires, 4e année, no. 132 (25 avril 1925), pp. 1-2, 4. ⌐VRY Ms. 993, I, 11⌐

Lefèvre claims that in the course of this interview, conducted on the Mediterranean coast, he and Barbusse simultaneously recited lines from Le Cimetière marin. The scene as Lefèvre describes it is not convincing at all and appears to have been invented for effect.

651. Saurat, Denis: "Lucilius," Marsyas, Le Caïlar (Gard) (mai 1925), pp. 245-46. ⌐VRY Ms. 993, I, 36 bis⌐

An effort worthy of Saurat's article of 15 April ⌐645⌐. Here his weapon is systematic ridicule. He writes of Charmes: "Cette oscillation de la préciosité la plus condamnable ⌐demonstrated by isolated phrases and lines⌐ à la vulgarité la plus évidente me terrifia. Ici encore ⌐in Le Cimetière marin⌐, de jolis vers, mais clairsemés, et rien qui vaille, en beau, le succès de 'présence poreuse' en ridicule. Poésie pour femmes savantes."
Saurat treats similarly Eupalinos... and the Introduction à la méthode de Léonard de Vinci. One comment, however, does strike the mark: "Bref, Paul Valéry est dieu (dans une certaine mesure) et M. Frédéric Lefèvre, des Nouvelles littéraires, est son prophète." Lefèvre probably deserved this slap; in any case he received many more like it for the apparently opportunistic manner in which he used P.V.'s career to advance his own. The same might have been said of F. Vandérem and a number of others, but Lefèvre was simply too glaring an example.

652. Anon.: "Les Revues," NRF, XXIV, no. 140 (mai 1925), 956. ⌐VRY Pr. 141 in 12⌐

The NRF cites a new review with an old title: L'Ermitage. One of the directors, a M. Heitz, wrote: "'De nos grands poètes, Henri de Régnier est sans doute le plus complet'.//Et ceci, qui n'est pas moins curieux: 'Trois noms peuvent aujourd'hui prétendre à l'honneur de représenter le nouveau classicisme: Francis Jammes, Henri de Régnier,

Paul Valéry. Par eux trois, à des titres divers, le symbolisme a triomphé.'" Curious indeed and requiring explanation, at the very least.

653. Strowski, Fortunat: "Le Valérysme contre le roman," La Renaissance politique, littéraire, artistique, 13e année, no. 18 (2 mai 1925), pp. 16-18 (3936-38 in cumulative pagination).

P.V. has in fact nothing to do with this article. Strowski has coined a term, "Valérysme," in much the same manner that J. de Gaultier wrote of "Bovarysme." "Valérysme," claims Strowski, would destroy not only the novel but "tout genre où il y aura de l'imagination et de la musique, de l'inspiration et du sentiment."
It is easy to see that this notion originated in the myth of P.V.-Teste. Strowski probably had in mind Breton's anecdote in the Manifeste du surréalisme as well as the Soirée avec M. Teste. Strowski's term implies the attitude expressed by Philippe in L'Initiation de Reine Dermine ₅592₃. It is significant, I think, that Strowski felt no need to define his term; he explained why on 23 May in this same review.
Apparently unaware of Strowski's use of the term, Maurice Bémol elected to qualify as "valérysme" P.V.'s egocentric view of the world (in Paul Valéry, 1949, La Méthode critique de Paul Valéry, 1950, and in subsequent volumes entitled Variations..., 1952, 1959). Bémol, like Strowski, traced the source of "valérysme" to La Soirée avec M. Teste. His important contributions to P.V. criticism will be treated in an eventual continuation of the present volume.
Noted by Talvart in Fiche..., 7e année, 1928, no. 16. Talvart gave a faulty reference to L'Opinion for this date.

654. Thibaudet, Albert: "Le Courrier de Paris--les lettres," L'Europe nouvelle, 8e année, no. 377 (9 mai 1925), pp. 618-19.

Thibaudet returns to the subject he touched on in ₅622₃. "Valéry, avec son fanatisme anti-pascalien, voit dans son héros Léonard un esprit bien éloigné du prétendu abîme de Pascal. Un abîme, dit-il, ferait songer Léonard à un pont. Mais il en est exactement de même de Pascal." Thibaudet thus denies the claims made by Souday in the 1923 dispute over Pascal, this time turning the charge of fanaticism against P.V. See ₅352₃.

655. F.₅ormont, Maxime ?₃: "La Poésie et la philosophie," Nos Poètes, no. 20 (15 mai 1925), pp. I-IV. ₅VRY Pr. 425 in 12₃

The writer admits that: "Un lecteur, peu familiarisé avec la théorie des Eliates, aura tout de même l'imagination saisie par ces vers du <u>Cimetière marin</u>: 'Ah! le soleil! quelle ombre de tortue/Pour l'âme, <u>Achille immobile à grands pas</u>!'" It is difficult to see how he can consider <u>Le Cimetière marin</u> an example of "poésie didactique." Maxime Formont was the director of <u>Nos Poètes</u>.

656. Embiricos, Alexandre: "La Galerie des contemporains," <u>La Revue nouvelle</u>, 1ère année, no. 6 (15 mai 1925), pp. 27-32. ⌐VRY Pr. 617 in 8¬

Compare the following passage with the very similar, but more banal, statement made by E. Gilson to Lefèvre ⌐609¬: "ainsi, la pensée éminemment créatrice de Valéry, s'allégeant du lest des choses existantes, se dégageant des principes sur lesquels nous basons notre conception du monde, faisant en un mot table rase de tout l'acquit humain, se déploie dans des régions où rien de connu ne subsiste et, de raisonnement en raisonnement, se soumettant ce vide, elle lui impose un ordre et un rythme tout personnels." This description corresponds remarkably well to P.V.'s own view of his intellectual and creative activity. Embiricos also combats intelligently the charge that P.V.'s poetry is devoid of any emotive element. A very good article. (Cf. P.V.'s letter to Gide concerning Descartes and "le roman moderne," <u>Correspondance</u>, p. 213.) Presumably Embiricos meant <u>acquis</u>, not <u>acquit</u>, <u>above</u>.

657. Braga, Dominique: "Le Courrier de Paris--les lettres," <u>L'Europe nouvelle</u>, 8e année, no. 378 (16 mai 1925), pp. 652-53.

P.V. is mentioned as president of the international P.E.N. Clubs, soon to meet in Paris (21-23 May).

658. Lefèvre, Frédéric: "Une Heure avec M. Joseph Delteil," <u>Les Nouvelles littéraires</u>, 4e année, no. 135 (16 mai 1925), ⌐x¬.

See ⌐591¬.

659. Téry, Simone: "Kikou Yamata romancière japonaise," <u>Les Nouvelles littéraires</u>, 4e année, no. 135 (16 mai 1925), p. 1. ⌐VRY 499₁₁/₁₁ in 12¬

Kikou Yamata recounts her meeting with P.V. in the <u>salon</u> of Mme Muhlfeld. P.V. had prefaced her <u>Sur des lèvres japonaises</u> the previous year.

    660. Souday, Paul: "Les Livres," Le Temps, 21 mai 1925, p. 3.

    A review of Régnier's Proses datées ₍598₎. Souday praises Régnier for having given his vote to P.V. in the contest for the "grand prix de littérature que la majorité de l'Académie décerna à M. François Porché."
Souday had made quite an issue of this minor event in 1923.

    661. Lefèvre, Frédéric: "Une Heure avec M. Julien Benda," Les Nouvelles littéraires, 4e année, no. 136 (23 mai 1925), pp. 1-2. ₍VRY Ms. 993, I, 22 bis₎

    Benda observed: "On s'est vivement ému, il y a trois ans, d'entendre M. Paul Valéry à peu près avouer qu'il n'avait pas lu Proust. Je voudrais bien qu'on me montrât en quoi la connaissance de ce génie de l'innombrable eût enrichi le dévot de l'essentiel qu'est le maître de la Jeune Parque? Je croirais volontiers qu'un esprit ne peut profiter d'un autre esprit que s'ils sont de même famille."
    J. Boulenger wrote of this interview in ₍849₎: "...je mettrais ma tête à couper que dans l'Entretien avec Julien Benda, qui a été 'tiré à part' et dont je possède un exemplaire orné d'une aimable dédicace de Lefèvre, il n'y a pas un mot de celui-ci..." (pp. 9-10). The manuscript of the original interview was sold at the Hôtel Drouot on 21 or 22 February 1927. The manuscript was signed F. Lefèvre but was written by J. Benda. In the printed catalogue of the sale ₍VRY 437 in 8₎ a photocopy of part of the manuscript appeared on page 2 with this comment: "La tête de M. Boulenger ne court heureusement aucun danger, son pronostic étant pleinement réalisé!"
    This well-documented case of an "interview" written for Lefèvre by the person "interviewed" raises the question of the nature of Lefèvre's "criticism" of P.V. See ₍537₎.

    662. Strowski, Fortunat: "Pour le valérysme," La Renaissance politique, littéraire, artistique, 13e année, no. 21 (23 mai 1925), pp. 12-13 (3996-97 in cumulative pagination).

    Strowski explains his use of the term "Valérysme" in ₍653₎:
"Il y a des noms qui sont plus que des dénominations. Ils jouent un rôle symbolique; ils permettent aux esprits de s'unir, sans les arrêter dans les limites étroites d'une idée. ... Ce mot, ce nom,

il m'a semblé que je devais le prendre au rayonnement qui entoure l'oeuvre et la personne de M. Paul Valéry. De là le VALÉRYSME."

Strowski openly admits that he has taken his term not from any part of P.V.'s work, but directly and consciously from the myth which has been built up around the man. It is astonishing to see a university professor of Strowski's stature knowingly use the myth of P.V.-Teste to invent a term which he intends as a tool for serious criticism.

Surely this phenomenon amply demonstrates the vitality of the myth.

663. P.[aul] S.[ouday]: "Une Enquête sur la poésie," Le Temps, 25 mai 1925, p. 1.

Souday cites P.V.'s reply to Robert de Flers's "enquête" in Le Figaro for 22 May. On the same topic, see:

664. Guilac, H.[enri]: "Bonshommes de lettres--Figaro-salon," Les Nouvelles littéraires, 4e année, no. 137 (30 mai 1925), p. 4. [VRY Ms. 699]

Another commentary on R. de Flers's "enquête." P.V. is shown seated in a barber's chair about to be shaved by R. de Flers, while H. de Régnier looks on solicitously. A sign on the wall advertises the "Friction Académique." R. de Flers says: "Avec moi être enquêté devient un plaisir." The message is quite clear.

665. Prévost, Jean: "Sur la soirée avec M. Teste par Paul Valéry," Le Disque vert, P.-Bruxelles, 3e année, 4e série, no. 3 ([juin] 1925), pp. 1-4. [VRY Pr. 347 in 12]

A very good article on Teste, not contaminated by the myth. Prévost remarked: "M. Teste est le cas limite de l'originalité." He added this interesting comment: "La conclusion de la Soirée avec M. Teste, le premier, si l'on veut, des 'monologues intérieurs', mais qui reste une oeuvre d'art dans sa forme plus resserrée, lente dégradation de la force et de l'allure d'un entendement, ne saurait guère être dépassée: impossible de rien écrire de plus solide sur la fluidité."

The following passage was prominently exhibited at the Exposition Jean Prévost of the Ecole normale supérieure, rue d'Ulm, in October 1965:

"M. Teste, dessiné du dehors, c'est l'un de ces hommes au-dessus du génie. Impossible de rendre compte du contenu de ses pensées: le mieux que l'on puisse entrevoir, et l'essentiel pour nous d'ailleurs, c'est sa méthode" (p. 1).

Lefèvre cited this article in ᴄ862ɔ. Prévost reprinted this article, with an important letter from P.V. concerning the birth of Teste, in ᴄ872ɔ.

666. Prévost, Jean: "'Le Cahier B. 1910' de M. Paul Valéry," Le Navire d'argent, no. 1 (1er juin 1925), pp. 30-38. ᴄVRY Pr. 104 in 12ɔ

A good review. Prévost compares P.V.'s "cahiers" to Mallarmé's "fiches." Prévost also reprinted this article in ᴄ872ɔ. In his letter to Prévost, P.V. wrote: "Les carnets, ou plutôt les fiches de Mallarmé, dont nous ne savons pas ce qu'elles contenaient, je soupçonne que c'était une sorte de jeu de cartes: chacune contenait quelque élément d'une idée: il les combinait, de son choix ou au hasard, pour tenter des réussites originales. Un jour, en barque à Valvins, je le vis écrire une de ces notes, et voulus la lire, pour me dérober son secret, il préféra la jeter au fil de l'eau."
The Chronique des lettres françaises, IV, 1926, pages 44-46 printed a résumé of Prévost's article.

667. Anon.: "Opinions--littérature générale," Le Navire d'argent, no. 1 (1er juin 1925), p. 69. ᴄVRY Pr. 104 in 12ɔ

This column became a regular feature of Mlle Monnier's review throughout its too brief existence. P.V.'s name frequently appeared here. In this number there is a quote from a review by A. Billy in L'Oeuvre: "...N'empêche que la poésie, telle qu'à la suite de Baudelaire et Mallarmé la conçoit M. Royère, telle qu'il la réalise dans ses Poésies, telle aussi que la pratique M. Paul Valéry, marque le plus haut point atteint par l'homme dans la passion et l'enivrement du verbe. C'est à ce titre au moins qu'elle mérite l'existence...et le respect."
Billy was not ordinarily favorable to a Mallarméan aesthetic. See ᴄ452ɔ and ᴄ1135ɔ.
It was in this same number that Mlle Monnier distorted the meaning of A. Thérive's comments on P.V. in ᴄ640ɔ.

668. Thibaudet, Albert: "Réflexions sur la littérature--les poétes d'Aix," NRF, XXIV, no. 141 (1er juin 1925), 1038-47.

Thibaudet draws P.V. into this article because of his relations with a number of Aixois: J. Royère, abbé Bremond, J. Gasquet, P. Souchon, Marius André and others, all of whom wrote on P.V. at one time or another. Thibaudet notes that in Royère's Clartés sur la poésie there is not one allusion to P.V. in the discussion of "poésie pure," calling this "une originalité qu'on prisera...." Thibaudet, a former contributor to Royère's Phalange, certainly knew why Royère chose not to mention P.V. (See ⊏147⊐.) He notes, too, that Bremond will preface Lefèvre's Entretiens avec Paul Valéry. Thibaudet has no illusions concerning a unity of views on "poésie pure." He relates an anecdote in which Bremond compared P.V. to "le Père Gaucher, qui se damne pour son couvent."

669. Vandérem, Fernand: "Les Lettres et la vie," Revue de France, V, no. 3 (1er juin 1925), 541-68. ⊏VRY Pr. 342 in 8⊐

"Voyez l'aventure de M. Paul Valéry, dont pendant tant d'années, la critique ne se douta pas et aujourd'hui les adulations qu'elle lui prodigue. C'est que maintenant M. Paul Valéry constitue une valeur poétique de tout repos, avalisée par les plus hautes cautions et sur laquelle on ne risque plus rien de miser. Mais, avant sa hausse, comment les critiques eussent-ils deviné ce qu'il représentait, jusqu'où il irait?" (556-57) This treatment of the writer as a stock market value gives an adequate picture of Vandérem's own approach to P.V. Of course several critics, among the best, were aware all along of P.V.'s merit; Vandérem was not among them. See ⊏136⊐, written "avant sa hausse." Reprinted in Le Miroir des lettres, VII-VIII, 1929.

670. Souday, Paul: "Les Livres," Le Temps, 4 juin 1925, p. 3.

P.V. addressed the banquet of the P.E.N. Clubs in Paris.

671. Anon.: "Le Courrier de Paris--informations littéraires," L'Europe nouvelle, 8e année, no. 381 (6 juin 1925), pp. 743-45.

Memtions J. Prévost's review of the Cahier B. 1910 in ⊏666⊐.

672. Guilac, H.⊏enri⊐: "Bonshommes de lettres--déplacements," Les Nouvelles littéraires, 4e année, no. 138 (6 juin 1925), p. 4.

A cartoon representing P.V. seated in a gondola called the "Emile Borel." "...Paul Valéry cingle en croisière vers Naples et Venise." The cartoon can be explained by Mme Rouart-Valéry's note in Pléaide, I, 49: "--12 juin: Répondant à la proposition d'Emile Borel, alors ministre de la Marine, Paul Valéry se met en route avec l'escadre sur le cuirassé Provence pour un voyage en Méditerranée." For Borel's criticism of P.V., see ⌐364¬, which he wrote in a most unministerial style.

673. Lefèvre, Frédéric: "Une Heure avec M. Jacques de Lacretelle," Les Nouvelles littéraires, 4e année, no. 138 (6 juin 1925), pp. 1-2. ⌐VRY Ms. 993, I, 41¬

J. de Lacretelle supposedly exclaimed, with reference to "Emilie Teste: Lettre" in Commerce, II: "Ah! ce sont des pages immortelles! Je crois que tout le monde doit être d'accord là-dessus...." This passage rings false when one considers that in the preceding paragraph Lefèvre attributes to Lacretelle an exclamation praising his own (Lefèvre's) prodigious memory. See also ⌐650¬ and ⌐661¬.

674. Touzot, Charles: "Fritz von Unruh publie les 'Souvenirs' de son voyage à Paris," Les Nouvelles littéraires, 4e année, no. 138 (6 juin 1925), p. 6. ⌐VRY Ms. 993, I, 35¬

An anecdote concerning P.V. as observed by F. von Unruh. The meeting in question had been mentioned by M. Martin du Gard in Les Nouvelles littéraires for 28 June 1924.

675. Droin, Alfred: "Lettre ouverte à M. Charles Maurras," Revue bleue, 63e année, no. 11 (6 juin 1925), pp. 383-85.

An asinine comment on P.V. by the author of M. Paul Valéry et la tradition poétique française ⌐400¬. The letter specifically concerns La Musique intérieure by Maurras.

676. Flers, Robert de: "La Modestie et l'orgueil de Camille Mauclair," Le Figaro, 72e année, no. 164 (samedi 13 juin 1925), p. 1. ⌐VRY Ms. 993, I, 10¬

R. de Flers quotes an insignificant anecdote concerning P.V. from Mauclair's Servitudes et grandeurs littéraires ⌐198¬.

677. Cassou, Jean: "Le Souvenir de Pierre Louÿs," Le Figaro, supplément littéraire, nouvelle série, no. 324 (samedi 13 juin 1925),

p. 3.

P. Louÿs had died the previous week. His death occasioned many articles in his memory, a number of them referring to his friendship for P.V. Cassou writes: "L'affection qu'il portait à ses amis était sans bornes. Il fut très ému un jour que l'un d'eux lui récitât par coeur un poème de Paul Valéry qui venait de paraître."

678. Hommage à Pierre Louÿs, Les Nouvelles littéraires, 4e année, no. 139 (13 juin 1925). ᴄVRY Ms. 657ᴐ

The weekly edition of Les Nouvelles littéraires was a commemorative number in honor of Louÿs. See below for individual contributions:

Blanche, Jacques-Emile: "La Jeunesse de Pierre Louÿs...," in ᴄ678ᴐ, p. 2.

Blanche mentions the publication of "La Fileuse" in La Conque. Reprinted in Le Tombeau de Pierre Louÿs, 1925, under the title "Au-dessus de son temps."

Canqueteau, J.: "Pierre Louÿs--La Conque et le Centaure," in ᴄ678ᴐ, p. 4.

Canqueteau relates the glorious days of La Conque and Le Centaure. He cites the same letter from Louÿs to Gide which appears in ᴄ603ᴐ. Canqueteau dates the letter 8 February 1891, which must have been soon after the date on which P.V. sent to Louÿs the version of "Narcisse parle" published in La Conque. ("Narcisse parle" was still unfinished on 31 January, according to P.V.'s letter of that date to Louÿs. The letter was published in Paul Valéry Pré-Teste, p. 15.)
Canqueteau's article was not reprinted in the Tombeau....

Jaloux, Edmond: "L'Esprit des livres--Pierre Louÿs," in ᴄ678ᴐ, p. 3.

Jaloux distorted P.V.'s quip on the inanity of the novel as related by Breton in the Manifeste du surréalisme: "On rapportait dernièrement ce mot de Paul Valéry: 'Il me semble tout à fait impossible d'écrire: 'La marquise rentra chez elle à cinq heures'." (Cf. ᴄ396ᴐ.)
Jaloux's article appeared in his weekly feuilleton and was not reprinted in the Tombeau....

Léautaud, P.⟨aul⟩: "Mes Souvenirs de Pierre Louÿs," in ⟨678⟩, p. 3.

"Quant à la place donnée, dès le premier jour, à Paul Valéry dans les <u>Poètes d'aujourd'hui</u> ⟨54⟩ (ce qui me valut bien des étonnements) je ne crois pas--tout cela est si loin--que Pierre Louys y fut pour rien. J'étais lié avec Valéry. Nous passions alors presque toutes nos soirées ensemble (souvent nos dimanches) en promenades et en conversations, parcourant Paris dans tous les sens, installés sur l'impériale d'un omnibus pris au hasard, ou allant prendre des <u>bavaroises</u> chez le glacier Prévost, en face le Gymnase. Je connaissais ses vers, alors bien peu connus, et <u>la Soirée avec Monsieur Teste</u>, dont j'ai toujours un exemplaire, feuillets arrachés par Valéry, pour me les donner, à un volume du <u>Centaure</u>, avec une dédicace au-dessus du titre. Je savais quel esprit extrêmement particulier il était. Je n'avais pas besoin d'aucun avis, et quand Pierre Louys m'en parla--s'il m'en parla?--j'en avais déjà décidé."

It was precisely because of this old friendship that P.V. was so shocked by Léautaud's anonymous article in the <u>Mercure de France</u> for August 1917 ⟨91⟩. This article was not reprinted in the <u>Tombeau</u>....

Lebey, André: "Tel qu'en lui-même...," in ⟨678⟩, pp. 1-2.

Lebey mentions that Louÿs had dedicated the first sonnet of <u>Astarté</u> ⟨2⟩ to P.V. Reprinted in the <u>Tombeau</u> as "Le Captif immortel" with some changes. See ⟨590⟩.

Martin du Gard, Maurice: "Mais pour ceux-là qui respectent les nuits...," in ⟨678⟩, p. 1.

Martin du Gard mentions P.V.'s visit to d'Annunzio's estate in 1924. Reprinted in the <u>Tombeau</u>... as "Ce Grand Faune endormi." P.V.'s "Pierre Louÿs" also appeared on page 1 of this special number.

Monzie, A. de (Ministre de l'Instruction publique): "L'Hommage du gouvernement," in ⟨678⟩, p. 2.

Monzie's funeral oration for P. Louÿs, pronounced at Notre-Dame-de-la-Miséricorde in Passy. He merely mentions P.V. as a contributor to the first number of <u>La Conque</u>. Reprinted in the <u>Tombeau</u>... as "D'un filleul de Ronsard...."

679. Derème, Tristan: "⟨Réponse à⟩ Notre Enquête sur la poésie

contemporaine," Le Figaro, 72e année, no. 165 (dimanche 14 juin 1925), p. 1. ₅VRY Ms. 993, I, 115₅

Derème quotes the first four lines of the eighth strophe of "Palme," comparing them with four lines by Ivan Goll. He intends to demonstrate that in poetry, too, there is nothing new under the sun. Insignificant.

680. Braga, Dominique: "La Poésie du temps," Europe, VIII, no. 30 (15 juin 1925), 229-33.

A stupid attack on P.V. Braga hates the symbolist movement and considers P.V.'s poetry its most recent expression. "Paul Valéry porte à son comble cet art crépusculaire peuplé de lucioles. Il règne sur les régions lointaines et perdues qu'on a appelées celles de 'la poésie pure', où un ensemble de figurations magiques remplace le langage oublié des profanes sur la route. Vraiment cet homme a des accointances divines."
Braga's article resembles many others in which the writer nostalgically regrets the absence in P.V.'s poetry of qualities he calls "l'émotion," "le coeur," or "l'humain"--all of which betray a sentimental neo-romanticism.

681. M.₅arcel₅ P.₅révost₅: "Sur la crise de l'intelligence," Revue de France, V, no. 3 (15 juin 1925), 617. ₅VRY Pr. 342 in 8₅

A paragraph introducing P.V.'s reply to the "enquête" on "la crise des professions libérales." P.V.'s text was printed on pages 617-36. A résumé of P.V.'s article was published by the Chronique des lettres françaises, IV, 1926, 46-49. An anonymous clipping in the Valeryanum ₅VRY Ms. 993, I, 40₅ contains a reprint of two paragraphs of P.V.'s article.

682. P.₅aul₅ S.₅ouday₅: "Commentaires sur Pierre Louÿs" Le Temps, 15 juin 1925, p. 1.

Souday mentions P.V.'s "Pierre Louÿs" in ₅678₅.

683. Anon.: "L'Enseignement du voyage," L'Echo de l'escadre, ₅on board the Provence₅, 2e année, no. 14 (17 juin 1925), pp. 1-2. ₅VRY Ms. 910₅

[687]

An unusual document. L'Echo de l'escadre was printed on board the Provence, the ship on which P.V. had just taken a Mediterranean cruise. (See [672].) This introductory note to P.V.'s "Impressions d'un voyageur" calls P.V. "notre grand poète français."

684. Lefèvre, Frédéric: "Une Heure avec M. Victor Bérard," Les Nouvelles littéraires, 4e année, no. 140 (20 juin 1925), pp. 1-2. [VRY Ms. 993, I, 41]

Bérard is quoted as saying: "Quand je veux montrer à mes fils ce qu'est, à mon gré, de bonne histoire littéraire à la française, claire, complète, érudite et sentie, nous lisons et relisons ensemble le chapitre sur Adonis dans Variété de Paul Valéry." Bérard also claimed that Eupalinos... is superior to a Platonic dialogue in translation for teaching "les 'humanités' grecques." A questionable judgement.
Just five months later P.V. defeated Bérard in the contest for the chair of A. France at the French Academy. In June, however, P.V. was still a candidate for the chair left vacant by the death of d'Haussonville.

685. P.[aul] S.[ouday]: "Eloge de la bêtise," Le Temps, 26 juin 1925, p. 1.

"Il est vrai que l'existence n'est qu'un défaut dans la pureté du non-être, comme l'enseigne M. Paul Valéry."
Souday then considers "Ebauche d'un serpent" a didactic poem. It is true that this is an "éloge de la bêtise...."

686. Aveline, Claude: "Le Mouvement des lettres--cérémonies et commémorations," Chronique des lettres françaises, III (juin-juillet 1925), 448.

P.V. and the international congress of P.E.N. Clubs, held in Paris in May.

687. Anon.: "Pierre Louÿs," Chronique des lettres françaises, III (juin-juillet 1925), 450-52.

Reviews P.V.'s "Pierre Louÿs" in [678] and stresses the influence Louÿs had on P.V.'s early career.

688. Davis, Ronald et Raoul Simonson: "Bibliographie des oeuvres de Paul Valéry," <u>Plaisir de bibliophile</u>, 1ère année, no. 3 (juillet 1925), pp. 163-74; no. 4 (novembre 1925), pp. 231-44. ⌐VRY Pr. 241-42 in 12⌐

"Au premier rang des écrivains contemporains, l'admiration fervente d'une élite lettrée place l'auteur de <u>Charmes</u> et d'<u>Eupalinos</u>."
A brief biographical notice completes the introduction to this first attempt at a bibliography of P.V.'s works. The authors consider twenty-one titles plus "préfaces et notices" and "ouvrages collectifs." For the principal entries they indicate: presentation of title page, description, pre-original publication, "tirage," and other observations concerning the volume (illustrations, etc.).
This bibliography was certainly intended for bibliophiles, as the circumstances of its publication indicate. The need for such a study is an indication of the intense speculation on P.V.'s works by bibliophiles at this time. Note that Davis and Simonson were booksellers who stood to profit from P.V.'s current favor among bibliophiles.
Reprinted in ⌐972⌐ and as a separate volume ⌐852⌐. Noted by Talvart, <u>Fiche</u>..., 7e année, 1928, no. 16.

689. Anon.: "Revue de la critique--la poésie," <u>Le Navire d'argent</u>, no. 2 (1er juillet 1925), p. 218. ⌐VRY Pr. 105 <u>in</u> <u>12</u>⌐

P.V.'s reply to the "enquête" on poetry in <u>Le Gaulois</u> is reprinted here, as is that of Mme de Noailles.

690. Mauclair, Camille: "L'Influence d'Edgar Poe en France," <u>La Revue belge</u>, 2e année, III, no. 1 (1er juillet 1925), 29-48.

Mauclair has a very interesting paragraph in explanation of P.V.'s rapid success. "Familier de Mallarmé vers 1891, il publia quelques courts poèmes, un ou deux morceaux de prose ⌐an unnecessary depreciation of <u>L'Introduction</u> <u>à</u> <u>la</u> <u>méthode</u> <u>de</u> <u>Léonard</u> <u>de</u> <u>Vinci</u> and <u>La</u> <u>Soirée</u> <u>avec</u> <u>M.</u> <u>Teste</u>⌐, puis se tut pendant vingt-cinq ans ⌐also an unnecessary exaggeration of the "grand silence"⌐. Bien que quelques amis et lecteurs, à peine, eussent conservé le souvenir de ces débuts, et que les idéaux littéraires se fussent plusieurs fois transformés, il suffit que M. Valéry se décidât en 1921 ⌐why this date?⌐, à révéler quelques-uns de ses travaux, continués en silence, pour que son nom passât brusquement de l'obscurité à la célébrité avec une rare unanimité dans l'approbation ⌐another exaggeration⌐, des milieux académiques et mondains aux partis extrêmes des indépendants et des novateurs.

Paul Valéry, issu de Mallarmé, lui ressemblant par un idéalisme absolu [?], une poésie concentrée et abstruse, une vie difficile et effacée, semble promis à recueillir les bénéfices d'une gloire dont son maître fut privé, et le temps à [sic: for a] travaillé en leur faveur à tous deux à un tel renversement de l'opinion que nul n'oserait avouer son incompréhension de l'art poétique, si hermétique, de Valéry [a perfectly false statement], alors que maints de ses admirateurs ne comprennent encore pas plus Mallarmé qu'ils l'avouaient sans gêne autrefois. La filiation mallarméenne de la poésie de Valéry n'est point niable. Mais il vient beaucoup plus d'Edgar Poe, et il semble que son oeuvre soit le résultat d'un état 'poesque' filtré par l'état mallarméen" (p. 38).

In spite of the obvious faults of this article, Mauclair is right in his assertion that P.V. was about to harvest the fruits of Mallarmé's sacrifice. What he did not state is that P.V.'s present favor was much more the result of an intense campaign on the part of critics favorable to him (occasionally including Mauclair himself) than it was the result of the passing of time. Witness the violent attacks on Mallarmé--and P.V.--in September 1923 on the occasion of the twenth-fifth anniversary of Mallarmé's death. (Reprinted in [594], pages 285-88.)

691. E.[mmanuel] S.[iblik]: "Informations--en Tchécoslovaquie," <u>Les Nouvelles littéraires</u>, 4e année, no. 142 (4 juillet 1925), p. 5.

"Notre correspondant tchécoslovaque, M. Emmanuel Siblik, vient de traduire en tchèque <u>Eupalinos</u>, de Paul Valéry, qui va paraître en automne à Prague dans une édition fort soignée avec des dessins du sculpteur Bernard."

If one is to judge by the initials with which this article is signed, M. Siblik offered himself some free publicity.

692. Désorges, Pierre: "Histoire littéraire et critique," <u>La Muse française</u>, IV, no. 7 (10 juillet 1925), 548.

An article favorable to R. Fernandat's <u>Méditation sur M. Valéry et le Cimetière marin</u> [584]: "Il [Fernandat] décèle l'écueil d'un art tout de pensée et de volonté qui ne laisse rien au rêve, au sentiment [the myth of P.V.-Teste]. En M. Fernandat l'esprit chrétien s'effraye comme si un tel art cotoyait le néant. Mais tel est en P. Valéry le génie poétique qu'il se libère des entraves de l'idée, et qu'en un poème tourmenté la mer lui permet l'enthousiasme et la flamme intérieure."

Abbé Bremond, who also liked Fernandat's essay, fell into the same identification of P.V. with Teste. (See ⊏765⊐ and ⊏797⊐.) He embroidered on the myth by adding Mme Teste for good measure.

693. P.⊏aul⊐ S.⊏ouday⊐: "Pour qui écrit-on?" Le Temps, 27 juillet 1925, p. 1.

Commenting on G. Picard's "enquête" on the subject "Pour qui écrit-on?", Souday quips: "Il eût été piquant que M. Paul Valéry répondît: 'Pour le plus grand nombre!' et M. Pierre Benoit ⊏a particularly popular novelist⊐: 'Pour moi!'."

694. P.⊏aul⊐ S.⊏ouday⊐: "M. Clément Vautel et l'impôt," Le Temps, 31 juillet 1925, p. 1.

"Tout le monde ne peut faire sa nourriture habituelle de Parménide ⊏Plato's no doubt⊐ ou d'Eupalinos." This remark was intended for Clément Vautel, the self-proclaimed protector of "bourgeois" values in art, who became notorious for attacking Baudelaire, Stendhal and P.V. with equal incomprehension.

695. Anon.: "Revue de la critique--littérature générale," Le Navire d'argent, no. 3 (1er août 1925), p. 339. ⊏VRY Pr. 106 in 12⊐

Reprints four paragraphs of P.V.'s "Pierre Louÿs" from ⊏678⊐.

696. Lefèvre, Frédéric: "Entretiens ⊏avec⊐ Paul Valéry. Propos recueillis par...," Revue universelle, XXII, no. 9 (1er août 1925), 257-70. ⊏VRY Pr. 378 in 8⊐

All of this material eventually found its way into Lefèvre's Entretiens avec Paul Valéry ⊏862⊐. Two sections of this article had already been published in ⊏543⊐ under the titles "Naissance de 'La Jeune Parque'" and "Poésie pure?". The opening section subsequently reappeared in ⊏707⊐ and corresponds to pages 11-12 of the 1926 volume. Lefèvre acknowledged none of these reprintings and duplications. The remainder of the article corresponds to pages 105-14 and 129-42 of the Entretiens.... Its principal value at this time was to keep the public in a state of mind conducive to P.V.'s election to the Academy. A résumé was printed in the Chronique des lettres françaises, IV, 1926, 41-44.

697. Anon.: "Le Courrier de Paris--informations littéraires,"

L'Europe nouvelle, 8e année, no. 391 (15 août 1925), pp. 1080-81.

Recommends P.V.'s preface to the Ronald Davis translation of An Evening with M. Teste as it appeared in Commerce, IV. M. Teste is called "une chimère de la mythologie intellectuelle," an apt formula.

698. P[aul] S[ouday]: "Le Problème des trois livres," Le Temps, 17 août 1925, p. 1.

A passing allusion to P.V.: "grand poète."

699. Lefèvre, Frédéric: "Une Heure avec M. Henri Ghéon," Les Nouvelles littéraires, 4e année, no. 149 (22 août 1925), pp. 1-2, 4.

Ghéon relates the details of P.V.'s dedicating "Ebauche d'un serpent" to him:
"Ce poème, à mon sens, est un signe de l'inquiétude religieuse, qui perce sous la conception mécaniste dont nous avons parlé. Valéry n'est pas tranquille dans son jeu.... Aussi bien, son Ebauche d'un serpent est un poème théologique. Quand il l'eut achevé, il me le fit connaître et me demanda si je ne craignais pas d'être compromis par la dédicace qu'il m'en ferait. A quoi je répondis que le diable ne saurait parler autrement ni exposer avec plus de force et de subtilité les arguments de l'adversaire."
Thus, for Ghéon P.V. is a "chrétien malgré lui" in much the same manner that for abbé Bremond he became a "mystique sans Dieu" and a "poète malgré lui." Writing of the same poem on 26 June, Souday felt justified in claiming that P.V. "enseigne...que l'existence n'est qu'un défaut dans la pureté du non-être." P.V. was rapidly becoming all things to all men.

700. Souday, Paul: "Les Livres," Le Temps, 27 août 1925, p. 3.

Souday reviews B. Fay's Panorama... [583]: "...il a des indications assez justes sur Proust, Gide et Valéry." The three writers on whom Souday published books in 1927.

701. Anon.: "Le Courrier de Paris--informations littéraires," L'Europe nouvelle, 8e année, no. 393 (29 août 1925), pp. 1148-49.

"M. Frédéric Lefèvre consacre un livre intitulé Entretiens aux récits des conversations qu'il eut avec M. Paul Valéry. Un très beau

fragment de ce livre a été publié ce mois-ci par la Revue Universelle."
See the entry for this "très beau fragment": ⊏696⊐.

702. Camo, Pierre: "Vers pour Paul Valéry," Le Monde nouveau (août-septembre 1925), pp. 543-44.

Eight quatrains of octosyllabic verse which contain evident allusions to several of P.V.'s poems. Of no real significance. This number contained contributions by the members of the Nouvelle Pléiade. Camo's poem is one of these. P.V.'s "Anne" was signed Paul-Valéry.

An unidentified reprint of Camo's poem is in the Valeryanum ⊏VRY Ms. 993, I, 40⊐.

703. XXX: "Les Revues," NRF, XXV, no. 144 (septembre 1925), 380-81.

Reprints a long passage of Lefèvre's article for 1 August ⊏696⊐. The NRF offers no comment, undoubtedly approving of Lefèvre's campaign.

704. Prat, René de: "O. V. de L. Milosz," Revue européenne (1er septembre 1925), ⊏x⊐.

A résumé of this article appeared in the Chronique des lettres françaises, IV, 1926, 373-77. R. de Prat compared P.V.'s study of Poe's Eurêka to the Epître à Storge by Milosz and concluded that the latter's reflections on universal relativity and the space-time continuum are superior to P.V.'s. An odd comparison. I read Milosz's text and found no similarity to P.V.'s.

705. Berge, François et André: "Le Décade Orient-Occident à L'abbaye de Pontigny," Les Nouvelles littéraires, 4e année, no. 152 (12 septembre 1925), pp. 1-2. ⊏VRY Ms. 993, I, 42⊐

The organizers of the number of the Cahiers du mois for February-March had continued their research on Orient and Occident in a seminar at Pontigny. "Paul Valéry avait l'impression qu'à côté du maximum de besoins matériels, créé par notre civilisation, l'orient représentait un maximum de besoins spirituels, aussi artificiels d'ailleurs que les nôtres. L'Europe, toujours en mouvement vers le machinisme et l'industrialisation, s'opposerait à l'Orient, immobile dans son extase: **Mais pourquoi arrêter la catastrophe vers laquelle nous semblons marcher à grands pas? Nous tentons une expérience qu'il serait beau de pousser à bout."** A number of new elements have been brought into play since P.V. is supposed to have made this statement. One wonders what his conclusions would be in light of present-day situations.

706. Anon.: "Revue des revues et revue de la presse," Les Nouvelles littéraires, 4e année, no. 152 (12 septembre 1925), p. 5.

Reprints a long passage of Lefèvre's article for 15 September ⌐707¬. Considering that much of it was originally printed in Les Nouvelles littéraires ⌐543¬, this must be considered a re-reprint. After all, why not take maximum advantage on one's own newspaper?

707. Lefèvre, Frédéric: "Paul Valéry. Propos et souvenirs recueillis par...," Revue de France, V, no. 5 (15 septembre ⌐et¬ 1er octobre 1925), 201-16; 401-17. ⌐VRY Pr. 343 in 8¬

The initial pages of the article for 15 September are identical to a passage of Lefèvre's article for 1 August ⌐696¬. The material under the sub-headings "Les Disputes littéraires," "Ma Rencontre avec Pierre Louys," "Chez Mallarmé," "Chez Heredia," "Et Rimbaud?" and "Les Livres capitaux" is identical in all respects to passages of Lefèvre's interview published the previous autumn ⌐543¬. The only new material in this article corresponds to the following pages of the Entretiens avec Paul Valéry: "Huysmans et Mallarmé," 35-38; "Huysmans," 39-45; and "Edgar Degas," 47-51.

All of the article for 1 October appears to be new material with the exception of "A propos de philosophie," which had also been published in ⌐543¬. The remainder corresponds to the following pages of the 1926 volume: "Pascal," 81-85; "Conférences," 87-89; "A Zurich," 91-94; "Classique et romantique," 115-20; "Symbolisme," 121-27; and "Le Monde, ses avantages et ses périls," 143-51. A few changes in titles and wording and some additions occurred before the definitive version of 1926 was printed.

Lefèvre's "interviews" with P.V. had multiplied to the proportions of a flood of propaganda. The last section of the article for 1 October, for instance, had no other purpose than to combat the argument of snobism which might have hurt P.V.'s chances of election to the Academy. Read in the 1926 edition it seems pointless. Other critics had become so inured to Lefèvre's "interviews" that not even the most hostile to Lefèvre noticed any of the repetitions of material described above.

708. Souday, Paul: "Les Livres," <u>Le Temps</u>, 18 septembre 1925, p. 3.

"...si j'enviais quelqu'un, ce serait Anatole France, Porto-Riche ou Paul Valéry..." Strange company for P.V.

709. Le Progrès Civique ⌐Maurice Charny¬: "Le 'Progrès civique' ouvre une vaste enquête littéraire... et nous vous demandons: Comprenez-vous ça? --Aimez-vous ça?" <u>Le Progrès civique</u>, 7e année, no. 318 (19 septembre 1925), pp. 8-9.

The "Journal honnête pour les honnêtes gens" sets out to demonstrate that the "littérature d'avant-garde" is incompréhensible. Eighteen lines of "Fragments du Narcisse--II" ⌐"Mais moi, Narcisse aimé..." to "Un désir sur soi-même essayer son pouvoir!"¬ is quoted here under the title "Narcisse à la fontaine" and without the author's name. See 10 October ⌐714¬ for the first reply mentioning P.V.'s poem.

710. Lefèvre, Frédéric: "Une Heure avec M. Paul Souday," <u>Les Nouvelles littéraires</u>, 4e année, no. 154 (26 septembre 1925), pp. 1-2. ⌐VRY Ms. 993, I, 43¬

The dialogue is predictable: "--Si l'on veut dégager du chaos de la production les plus grands noms de la littérature contemporaine, on ne doit guère tarder tout de même, entre lettrés ayant le sens des valeurs, à se mettre d'accord sur deux noms: Claudel et Paul Valéry. Il serait intéressant de comparer le mystique Claudel et l'intellectualiste Valéry. Je me promets de le faire depuis longtemps." (Souday)
Given Souday's dislike for Claudel, one wonders whether his name here is not the work of Lefèvre. Reprinted in ⌐1163¬.

711. ⌐Anon.¬: ⌐Les Revues¬, <u>Mercure de France</u>, CLXXXIII (1er octobre 1925), 216.

Quotes from P.V.'s contribution to the "Hommage à Albert Samain" in the <u>Mercure de Flandre</u> for August: "Il est mort un peu avant l'heure de sa renommée et je doute s'il faut l'en plaindre." Did P.V. have in mind (by anticipation) the inconveniences of "la gloire"?

712. Orion: "Carnet des lettres, des sciences et des arts," <u>L'Action française</u>, 18e année, no. 281 (jeudi 8 octobre 1925), p. 4.

Orion signed this column regularly in L'Action française. M. Pascal Pia states that at various times Lucien Dubech, Eugène Marsan, Jacques Tournoël, Pierre Varillon, and possibly Thierry Maulnier wrote under the name Orion.

Here Orion mentions P.V.'s contributions to Le Tombeau de Pierre Louÿs, recommended by the "comité littéraire des sélections Sequana," of which P.V. was himself a member.

713. Lefèvre, Frédéric: "Paul Valéry," Le Correspondant, CCCI, nouvelle série, CCLXV (10 octobre 1925), 37-61.

This article corresponds to pages 157-234 of the Entretiens avec Paul Valéry, 1926, except for some later additions on pp. 206-10, 218-20, 231, 233-34. Note that all the material printed here and corresponding to pages 157-206 had originally appeared in ⌐537⌐. As was his custom, Lefèvre neglected to mention that any of this material had already been published, and once again no one seemed to recognize the dishonesty of his procedure. See also ⌐707⌐. A résumé of this article was published by the Chronique des lettres françaises, IV, 1926, 35-41.

714. Tisserand, Ernest: ⌐Letter⌐, Le Progrès civique, 7e année, no. 321 (10 octobre 1925), pp. 20-21.

Tisserand demonstrates the stupidity of the "enquête" begun by M. Charny in ⌐709⌐. In passing he paraphrases Mallarmé's celebrated reply to Degas, which he claims to have heard from P.V.: "Mais la poésie, ce n'est pas des idées, c'est des mots."

715. Jeuge: ⌐Letter⌐, Le Progrès civique, 7e année, no. 322 (17 octobre 1925), p. 28.

Another reply to Charny's "enquête." M. Jeuge from Nantes "aime ça." "Il y a dans cette analyse de superégoïsme une adoration du soi finement exprimée. Le tableau est fin, très idyllique; c'est à la fois Virgile et Watteau!" (Cf. Chantavoine's review of "Narcisse parle" ⌐6⌐.) However, Jeuge had no idea who had written the poem.

716. Bremond, Henri: "La Poésie pure," Journal des débats, XXXII (25 octobre 1925), ⌐M⌐. ⌐VRY 703 in 12 6/7⌐

The Journal des débats prints selected passages of Bremond's speech, given the previous day at the annual assembly of the "Cinq Académies." For the integral text see:

717. Bremond, Henri: "La Poésie pure," Le Temps, 25 octobre 1925, ₍M₎. ₍VRY Ms. 993, I, 44-45₎

This is the text of the speech which touched off the long and wide-ranging debate over the nature of poetry. Bremond's title was of course taken from P.V.'s preface to Connaissance de la déesse (1920), but, as Bremond later admitted: "Valéry n'est venu là que comme prétexte. Je voulais son succès qu'il fallait préparer. ... En fait, toutes mes petites idées se sont formées en dehors de son influence-- et de celle de Mallarmé, Baudelaire, etc., etc. ...--Je n'ai lu plus de 200 vers de Valéry, et je ne le relis pas." These are Bremond's own words in a letter to R. de Souza in December. In another letter, written just before P.V.'s election to the Academy, Bremond states still more clearly why, on 24 October, he wished to give the impression that he was in complete agreement with P.V.: "...à cause de cette élection prochaine--et à laquelle je tiendrais beaucoup pour bien des raisons, je suis obligé de doser et surtout de pâlir mes réserves." Thus, when he stated on 24 October: "les modernes théoriciens de la poésie pure, Edgar Poe, Baudelaire, Mallarmé, M. Paul Valéry, ne sont pas les dangereux novateurs que parfois l'on semble croire," Bremond was intentionally confusing his listeners. This confusion, born of Bremond's manoeuvre in favor of P.V.'s election, persisted throughout the years of public debate over "poésie pure," and Bremond's best efforts never entirely dispelled it.

In recent years the debate has again been the subject of considerable interest on the part of scholars. An American, Henry W. Decker, devoted a monograph to the subject in 1962 (Pure Poetry, 1925-1930: Theory and Debate in France. Univ. of California Publications in Modern Philology, vol. 64). In 1967 a Canadian scholar, Clément Moisan, published Henri Bremond et la poésie pure (P., Minard, Bibliothèque des Lettres Modernes--11). Both originated as doctoral dissertations. During the Bremond centennial of 1965-66 Georges Mounin, of the Faculté des Lettres et Sciences Humaines d'Aix, delivered a stimulating and controversial "Relecture de 'La Poésie pure'" at the Colloque Bremond held in Aix. This very valuable paper was published in Henri Bremond (1865-1933): Actes du Colloque d'Aix (19 et 20 mars 1966). This volume appeared in 1967 in the collection Publications des Annales de la Faculté des Lettres d'Aix-en-Provence, nouvelle série, no. 58.

718. P.₍aul₎ S.₍ouday₎: "La Poésie pure," Le Temps, 26 octobre

1925, p. 1. ⸢VRY Ms. 993, I, 45⸣

Souday replied immediately to Bremond and the great debate was on. He quotes the passage of P.V.'s preface to <u>Connaissance de la déesse</u> beginning at: "J'aime ces amants de la poésie qui vénèrent trop lucidement la déesse pour lui dédier la mollesse de leur pensée et le relâchement de leur raison." The attack was well calculated. Bremond was not a man to accept such severe criticism without a fight. His counter-attack came in:

719. Bremond, Henri: "La Poésie pure--Eclaircissements I. M. Paul Souday ou le Martyr de la Poésie-Raison," <u>Les Nouvelles littéraires</u>, 4e année, no. 159 (31 octobre 1925), p. 1.

Exchanging insult for insult, Bremond goads Souday with: "La critique littéraire n'est pas son rayon. Nous sommes tous d'accord là-dessus." Bremond's conclusion promises: "Quant à Valéry, nous le sommerons, le couteau à la main, la prochaine fois, de choisir entre Edgar Poe et Souday."

720. Guilac, H.⸢enri⸣: "Bonshommes de lettres," <u>Les Nouvelles littéraires</u>, 4e année, no. 159 (31 octobre 1925), p. 8. ⸢VRY Ms. 993, I, 47⸣

In this cartoon P.V. kneels before abbé Bremond, his hands clasped in supplication, and says: "Un petit fauteuil, s.v.p." The caption reads: "<u>Séance plénière à l'Académie</u>. L'Abbé Brémond salue en Paul Valéry l'un des meilleurs 'novateurs de la poésie pure,' cette 'aspiration à rejoindre la prière...'." This cartoon is both ludicrous and an apt commentary on the position in which Bremond's speech placed P.V. in the eyes of the public.

721. Aubert-Connille, P.-L. et René Sartre: ⸢Letters⸣, <u>Le Progrès civique</u>, 7e année, no. 324 (31 octobre 1925), pp. 22-24.

Two more replies to Charny's "enquête" begun in ⸢709⸣. M. Aubert-Connille "aime ça." Furthermore, he identifies P.V. as the author of "Narcisse à la fontaine." M. René Sartre, from Cholet, "aime ça" as well. He does not recognize the author, but praises "son vocabulaire racinien et sa pensée un peu 'Précieuse'."

722. P.⸢aul⸣ S.⸢ouday⸣: "Encore la poésie pure," <u>Le Temps</u>, 2 novembre 1925, p. 1. ⸢VRY Ms. 993, I, 48⸣

Souday notes that in his article for 31 October Bremond failed to reply to Souday's quote from the "Avant-Propos" to Connaissance de la déesse. ⸢718⸣. Souday quips: "il ne répond pour le moment que par de vagues menaces." "M. Bremond nous fait penser aux fétichistes nègres ou aux derviches tourneurs." Bremond replied on 7 November ⸢727⸣.

723. Naussanne, Henri de: "Le Combat de la poésie pure," Comoedia, 19e année, no. 4,699 (mardi 3 novembre 1925), p. 1.

Less than two weeks after the beginning of the debate Naussanne manages to turn it into a farce. He pretends that Bremond and Souday have met in single combat: "M. Paul Valéry, bon gré mal gré, s'est trouvé mêlé à la bataille et bien surpris de cette aventure, car il est de moeurs bénignes. Il a été atteint par ricochet, comme ces témoins malchanceux, dans un duel au pistolet où les tireurs s'épargnent et massacrent ce qui les environne. ... M. Paul Souday...a étourdi M. Henri Bremond d'un Paul Valéry qu'il lui a 'asséné' en pleine figure ⸢718⸣. C'est du moins lui qui le dit ⸢722⸣." An excellent commentary.

724. Anon.: "Académie française," L'Action française, 6 novembre 1925, ⸢M⸣. ⸢VRY Ms. 993, I, 48⸣

"L'Académie a reçu une lettre de M. Paul Valéry qui pose sa candidature au fauteuil d'Anatole France, tout en maintenant celle qu'il avait déjà posée au fauteuil du comte d'Haussonville. Les autres candidats au siège d'Anatole France sont M. Léon Bérard et M. Victor Bérard." P.V. subsequently withdrew from the contest for comte d'Haussonville's chair.

725. Anon.: "Gazette académique," L'Oeuvre, 6 novembre 1925, ⸢M⸣. ⸢VRY Ms. 993, I, 48⸣

"Un candidat sur deux fauteuils." See preceding entry.

726. Anon.: "Le Courrier des lettres--informations littéraires, L'Europe nouvelle, 8e année, no. 403 (7 novembre 1925), pp. 1479-80.

Announces Lefèvre's forthcoming book on P.V. "dont la Revue de France a publié deux chapitres." (See ⸢707⸣.) The critic wholeheartedly approves of Lefèvre's project.

727. Bremond, Henri: "La Poésie pure--Eclaircissements II.
Le Témoignage des poètes," Les Nouvelles littéraires, 4e année, no.
169 (7 novembre 1925), pp. 1, 4. [VRY Ms. 993, I, 48-50]

There is only one allusion to P.V. Bremond indicates that he
will have "une prochaine rencontre avec Valéry." Reprinted in La
Poésie pure, [851], pages 50-59, with some changes and additions.
Bremond quotes a letter from Pierre Mille who relates his youthful
experience of "La fille de Minos et de Pasiphaé." Bremond and Souday
both subsequently claimed that this testimony supported their own
theories. Utter confusion.

728. Guilac, H.[enri]: "Bonshommes de lettres," Les Nouvelles littéraires, 4e année, no. 160 (7 novembre 1925), p. 7.

Guilac's cartoon shows Souday ecstatically playing a harp and
P.V., seated at a writing table, frantically turning out copy. The
caption reads: "On verrait Paul Souday lâcher sa ferule de critique
pour se convertir à la poésie pure et Paul Valéry écrire une suite à
Mon Curé chez les pauvres [a novel by Clément Vautel]." This falls
short of his comments on "poésie pure" in [720].

729. Boulenger, Jacques: "La Poésie pure," L'Opinion, XIX
(7 novembre 1925), 14-18.

Boulenger suspects that P.V. will take issue with Bremond's
statement of 24 October that "poésie, musique, c'est même chose." He
assumes, however, that Bremond's theory of "poésie pure" is a commentary on P.V.'s notion as expressed in the preface to Connaissance de
la déesse and is somehow analogous to it. Thus he fails to recognize
that Bremond meant to be taken literally in comparing the poetic art
to the mystical experience and "poésie pure" to prayer. He helps to
spread the confusion that was inherent (and intentional) in Bremond's
speech. (Reprinted in Le Touriste littéraire, 1928.) Bremond mentioned this article on 14 November. It was cited in Chronique des
lettres françaises, IV, 1926, 24.

730. P.[aul] S.[ouday]: "Les 'éclaircissements' de M. Henri
Bremond," Le Temps, 9 novembre 1925, p. 1. [VRY Ms. 993, I, 50-51]

Souday claims that Poe and P.V. are solidly in his camp and
he declares victory over abbé Bremond. It is true that to date

Souday's quotations from P.V. and especially from Poe are far more convincing than Bremond's counter-arguments. "Quant à Valéry, M. Bremond parle dans son second Eclaircissement d'une 'armure' qu'il va revêtir pour le combattre." Bremond had written of a "rencontre," not a "combat."

731. ⌐Prévost, Ernest: "La Poésie pure," La Victoire, 9 novembre 1925⌐, ⌐X⌐.

A résumé was printed by the Chronique des lettres françaises, IV, 1926, 21-23. According to the résumé Prévost added nothing to the debate. He did, however, consider P.V. to be allied with Souday against Bremond. It would appear that for some critics at least Bremond's attempt to feign agreement with P.V. had failed.

732. Bremond, Henri: "La Poésie pure--Eclaircissements III. Paul Valéry," Les Nouvelles littéraires, 4e année, no. 161 (14 novembre 1925), pp. 1, 4. ⌐VRY Ms. 993, I, 51-53⌐

Bremond states that it was P.V.'s preface to Connaissance de la déesse which suggested to him the theme of "poésie pure." What he neglects to tell his readers is even more significant. (Cf. his letters to R. de Souza cited in ⌐717⌐.) Note that this article appeared only six days before P.V.'s election to the Academy. When this "éclaircissement" was reprinted in ⌐851⌐ all the campaign propaganda disappeared. In this same number Les Nouvelles littéraires reprinted Bremond's speech of 24 October.

733. Crémieux, Benjamin: "Les Lettres françaises--art et démocratie," Les Nouvelles littéraires, 4e année, no. 161 (14 novembre 1925), p. 5. ⌐VRY 703 in 12 5/7⌐

An article concerning M. Charny's "enquête" in Le Progrès civique. Crémieux feels that Charny was justified in presenting the passage of "Fragments du Narcisse--II" under a false title and without the author's name. Charny's "enquête" "ne tend à rien de moins qu'à poser le problème des rapports de l'art et de la démocratie." However important this problem may be (and I believe it to be very important), Charny's experiment certainly proved very little. The problem arose again, with pressing urgency for P.V. and his supporters, in October 1927. (See ⌐1657⌐.)

734. Anon.: ⌐Letter⌐, Le Progrès civique, 7e année, no. 326

(14 novembre 1925), pp. 25-26.

It is unfortunate that Charny did not identify the author of this letter in reply to his survey. The writer paraphrases T. S. Eliot and cites A. Fontainas' article of 10 April ⊂642⊐. He recognizes P.V. as the author of "Narcisse à la fontaine."
On 28 November, in one of his first publications as a member of the Academy, P.V. himself wrote to Charny, praising his "idée très ingénieuse." He blamed the schools for not preparing their students to read contemporary literature. This is an idea P.V. expressed on several other occasions, sometimes before gatherings of educators. See ⊂1192⊐.

735. Rousseaux, André: "Les Lettres--discussions sur la poésie," Revue universelle, XXIII, no. 16 (15 novembre 1925), 479-85.

Rousseaux offers a valuable comment on the debate concerning "poésie pure." He notes that P.V. and most of the principal participants in the debate formed their ideas about poetry between 1880 and 1890. The conflicting opinions in the debate can all be traced to various camps within the symbolist movement. Bremond's speech merely provided the impetus necessary to renew the hostilities which had never completely ceased. Rousseaux aligns himself with Souday's camp by offering a rational explanation of "Orléans, Beaugency..."--a line Bremond had used to support his own theory.

736. Orion: "Carnet des lettres, des sciences et des arts," L'Action française, 18e année, no. 323 (jeudi 19 novembre 1925), p. 4.

Orion gives an amusing twist to Charny's survey in Le Progrès civique. He comments on Crémieux's article ⊂733⊐, giving the entire debate a decided political cast. According to Orion, the mediocrity of the replies to the survey are an argument in favor of monarchism. He mentions P.V. in passing.

737. Souday, Paul: "Les Livres," Le Temps, 19 novembre 1925, p. 3. ⊂VRY Ms. 993, I, 53⊐

Souday reviews the Ronald Davis translation of An Evening with Mr. Teste. He concludes: "...qu'il ⊂P.V.⊐ est actuellement au moins aussi admiré à l'étranger qu'en France, et l'un des écrivains qui maintiennent le plus efficacement le prestige de notre littérature chez les connaisseurs de monde entier." This was certainly written to impress those members of the Academy who might still be uncertain how to cast their vote on 19 November. (Reprinted in ⌐1189¬, pages 137-38; also mentioned by Talvart, Fiche..., 7e année, 1928, no. 16.)

738. Anon.: "Sous la Coupole: trois nouveaux académiciens ont été élus aujourd'hui," ⌐unidentified newspaper¬, ⌐19 novembre 1925¬, ⌐M¬. ⌐VRY Ms. 6294¬

P.V., Duc de la Force and Louis Bertrand had just been elected to the French Academy. Gives a breakdown of the voting results.

739. Anon.: "Les Nouveaux Académiciens," L'Action française, 18e année, no. 324 (vendredi 20 novembre 1925), p. 2.

"⌐M. Paul Valéry¬ a raconté lui-même qu'elle ⌐sic¬ influence décisive Pierre Louys et Stéphane Mallarmé ont eu sur sa carrière littéraire." The allusion is to P.V.'s contribution, entitled "Pierre Louÿs," in ⌐678¬.

740. Anon.: "Sous la Coupole--les trois élus--MM. Louis Bertrand, le duc de La Force et Paul Valéry," L'Avenir, 8e année, no. 2,808 (20 novembre 1925), p. 1.

L'Avenir gives a breakdown of the voting on the various ballots for the three seats at the Academy; otherwise insignificant. (Noted by Talvart, Fiche..., 7e année, 1928, no. 16.) On page 2 appeared "Leurs biographies," preceded by:

741. Espiau, Marcel: "Cinq Minutes chez les Immortels," L'Eclair, 32e année (20 novembre 1925), p. 2. ⌐VRY Ms. 6294¬

Espiau published this interview in both L'Avenir and L'Eclair for 20 November. He had interviewed P.V. at home immediately after announcement of his election. P.V. mentioned that René Boylesve had informed him of his election as he strolled in front of the "gare d'Orsay." Espiau's interview also accompanied a biographical sketch of P.V. in L'Eclair; this one claimed that: "M. Paul Valéry, qui est surtout un essayiste, n'a publié qu'un très petit nombre de volumes. Un poème, la Jeune Parque, paru en 1917, n'eut qu'un tirage à part de la Nouvelle Revue française." One suspects that the writer was not among P.V.'s supporters.

× — Et l'académie ? —

Ma foi j'ai trop d'ennuis dans la tête, et assez de belles questions, pour que la pensée de l'académie y soit égarée. Elle est sans doute parmi les choses auxquelles on pourrait penser, mais qui ne se font point remarquer. Mon point sensible ne va presque jamais par là.

Visite à Lyautey. Pluie.
Je cherche sa porte dans l'escalier.
Un monsieur interrogé qui en sort me l'indique
C'est Weygand en cache-nez.
 Accueil. agité. Thé. il attend Philippe B.
Chamford au mur. Blois. Milleran; Repully = Syphilis.
Les sentiments sur Action Française.
Son Bordeaux. —
Entrée de Pholipp[e]
 Impression ?

29 nov. Jour d'élection academ... Quelle drôle de chose
2h   d'être ici et là-bas; ballotté là-bas ; ici ....

          Je corrige une épreuve de la Jeune Parque, à cette même
          place et table où je l'ai tant travaillée il y a 10 ans –

          –Bayleisme– lieu singulier d'où il me saisit souvent
          que m'annonce que j'en suis.

Le 20 visite – Barthou . excellent –

Ce novembre à évènements
              évènements .   Y.

          vu Bergson. & conversation très longue.
          poésie qui l'intrigue – et peinture –
          Me dit peu connaître Wagner.
          Je lui dis Causes choses. Mozart.
          Il dit qu'il n'y avait jamais songé.

                    See ⸢741⸥

Lundi 23
    visite . Foch .
          Bourget et Baudrillart le sollicitent de voter
pour Béran (Il leur dit, Je me fous des humanités !
au nom des
"humanités" – Je mets les pieds dans le plat, moi
            (il n'entend rien à leurs comités, –
            C'est mon genre !"
          Puis raconte son voyage en Amérique
sa parole est désendormie, loustolée, – Il voit l'avenir
des grands pays. L'amérique de 300, 400 millions d'habitants
Sa pipe s'éteint . "C'est une maladie, il me manque
toujours du tabac ou des allumettes." Je rallume son calumet
avec mon briquet

                    See ⸢763⸥

742. Anon.: "Une Séance d'élections à l'Académie Française," L'Eclair, Montpellier, 44e année, no. 17,543 (vendredi 20 novembre 1925), p. 2.

P.V. "...est surtout un essayiste." The writer also commits this curious error in reporting two of P.V.'s titles: "'Eupalinos, ou l'architecte et l'âme' et 'La Danse'...."
On page 1 P.V.'s election is announced among the "Nouvelles du jour." On 21 November P.V.'s photograph by Manuel appeared prominently on page 1.

743. Anon.: "Trois Nouveaux Immortels," Excelsior, 20 novembre 1925, pp. 1, 3. ⌐VRY Ms. 6294¬

An announcement of P.V.'s election and a photograph of the Immortal at home. Insignificant.

744. Dauzats, Ch.⌐arles¬: "Trois Elus à l'Académie française-- une visite à M. Paul Valéry," Le Figaro, 72e année, no. 324 (vendredi 20 novembre 1925), p. 1. ⌐VRY Ms. 6294¬

"Avec M. Paul Valéry entre à l'Académie cette 'poésie pure' que, depuis quelque temps, M. l'abbé Brémond défend contre les partisans de la seule raison."
Dauzats had been thoroughly duped by Bremond. (See ⌐717¬.) Dauzats quotes P.V. as telling him: "Ce n'est qu'en 1917, après plus de vingt-cinq ans de silence, que je fis paraître La Jeune Parque, qui marque le début de ma carrière officielle." Statements like this one contributed greatly to the myth of the "grand silence."

745. Les Quarante-Cinq: "Triple Election à l'Académie française," Le Gaulois, 20 novembre 1925, p. 1. ⌐VRY Ms. 6294¬

"Au double titre de poète et d'essayiste, M. Paul Valéry est célèbre, et il n'est pas célèbre seulement en France, mais en Europe; et il n'est pas célèbre seulement en Europe, mais à Buenos-Aires comme à San-Francisco, à Calcutta comme au Caire." (And at the North Pole, no doubt.) Souday cited this extravagant passage in ⌐758¬.

746. Anon.: "Trois Elections à l'Académie française," L'Intransigeant, 20 novembre 1925, ⌐M¬. ⌐VRY Ms. 993, I, 54¬

An insignificant announcement.

747. Anon.: "Un Cettois, Paul Valéry, est élu membre de l'Académie française," Le Petit Méridional, Montpellier, 49e année, no. 18,126 (vendredi 20 novembre 1925), p. 1.

P.V. is a Montpelliérain and a Cettois. Mentions the Jardin des Plantes at Montpellier in connection with P.V. and "Narcisse"; Le Cimetière marin and the family cemetery at Cette. Also mentions "Madame Emilie Teste: Lettre" in Commerce, II. Gives a breakdown of the voting.

748. Nys, Raymond de: "La Triple Election académique," Le Petit Parisien, 50e année, no. 17,797 (20 novembre 1925), p. 1. ₅VRY Ms. 993, I, 53-54₃

R. de Nys prints a gossipy biographical sketch of P.V. Noting that two anthologies had given conflicting birth dates for P.V., he prints two lines of a poem which Tristan Derème (whom R. de Nys does not name) sent to P.V. on discovering the confusion: "Comme Homère se plut à naître dans sept villes/Valéry naquit en deux ans...." P.V. replied: "Tristan, votre coeur est de bronze/ Je compte plus de jours que de biens je n'acquis,/Depuis le jour que je naquis:/Trente octobre soixante et onze...." This quatrain was printed in Histoires littéraires (published by Gallimard in 1926), and in Le Gaulois for 29 April 1927, before A. Berne-Joffroy quoted it in Présence de Valéry (1944). (In Pléiade, I, 1681 Hytier gives the first known printing as Berne-Joffroy's in 1944.)

749. Anon.: "Académie française," Le Temps, 20 novembre 1925, ₅M₃. ₅VRY Ms. 993, I, 53₃

An official notice of the elections: bio-bibliographical notes on the new members of the Academy and a breakdown of the results of the various ballots.

750. Giron, Roger: "Chez M. Léon Bérard," L'Avenir, 8e année, no. 2,809 (21 novembre 1925), p. 1.

Léon Bérard, defeated by P.V. in the contest for A. France's chair, declared to Giron: "Paul Valéry, ₅qui m'a battu d'une tête,₃ est mon ami, et je suis et demeure son admirateur. Cela le dit-on aussi?" In the sub-title to his article Giron omitted the clause placed in brackets here.

751. Lefèvre, Frédéric: "Un Immortel--Paul Valéry," <u>L'Avenir</u>, 8e année, no. 2,809 (21 novembre 1925), p. 1.

Lefèvre obviously wrote this article himself for the occasion. It is worthless. Noted by Talvart, <u>Fiche</u>..., 7e année, 1928, no. 16.

752. Bremond, Henri: "La Poésie pure--Eclaircissements IV. Paul Valéry ou le poète malgré lui," <u>Les Nouvelles littéraires</u>, 4e année, no. 162 (21 novembre 1925), pp. 1, 4. ⸤VRY Ms. 993, I, 59-60⸥

This article contributed an important element to P.V.'s myth. Bremond applies to P.V. his own judgement of Leonardo: "Il abandonne les débris d'on ne sait quels grands jeux." Note the relation of the "poète malgré lui" to P.V.-Teste: "C'est le drame assez fréquent dans l'ordre religieux, beaucoup plus rare chez les poètes...du poète né, qui veut tuer en soi le poète, et qui, pour notre bonheur, ne réussit jamais qu'imparfaitement dans ses tentatives de suicide. ... Valéry ou le poète malgré lui: ces deux mots dégagent, me semble-t-il, son originalité la plus profonde." It is not surprising that Bremond considers Thibaudet one of P.V.'s "mauvais anges." Bremond develops his theme in ⸤765⸥ and ⸤797⸥. This article was reprinted <u>in toto</u> in ⸤862⸥, Bremond's preface to Lefèvre's <u>Entretiens</u>, and in part in ⸤851⸥, his own <u>La Poésie pure</u>.

Bremond had written his article before P.V.'s election to the Academy and subsequently makes no allusion to P.V.'s success, which he had himself so carefully prepared.

753. Anon.: "Les Nouveaux Académiciens," <u>Les Nouvelles littéraires</u>, 4e année, no. 162 (21 novembre 1925), p. 1. ⸤VRY Ms. 660⸥

A large photograph of P.V. with this caption: "Paul Valéry dont l'élection, qui honore aujourd'hui l'Académie française, est accueillie avec enthousiasme par l'élite européenne et réjouit particulièrement les 'Nouvelles littéraires'.
A notre collaborateur et ami, nous renouvelons l'expression de notre affectueuse admiration."
<u>Les Nouvelles littéraires</u> had reason to rejoice. P.V.'s election provided the paper with a great deal of copy. On the same page appeared an official announcement of the election results with a breakdown of the vote. ⸤VRY Ms. 993, I, 57⸥

754. Davray, Raoul: "Louis Bertrand et Paul Valéry à l'Académie française," L'Eclair, Montpellier, 44e année, no. 17,545 (dimanche 22 novembre 1925), p. 3. [VRY Ms. 993, I, 88]

Davray cheers the election of P.V., "notre compatriote."

755. Le Masque de Fer: "Echos," Le Figaro, 72e année, no. 326 (dimanche 22 novembre 1925), p. 1.

A sonnet by P. Mortier composed of the names of the forty "Immortels" of the French Academy. Quite ridiculous.

756. Billiau, Charles: "Académie française," Journal officiel de la république française, 22 novembre 1925, [M]. [VRY Ms. 993, I, 54]

Gives the results of the voting at P.V.'s election of 19 November.

757. Sereno, Pierre: "Lettre de Paris," Le Petit Méridional, Montpellier, 49e année, no. 18,128 (dimanche 22 novembre 1925), p. 1.

One paragraph on P.V., "un des enfants de notre beau Midi," relative to his election.

758. P.[aul] S.[ouday]: "Paul Valéry à l'Académie," Le Temps, 23 novembre 1925, p. 1. [VRY Ms. 993, I, 54-55]

"La journée du 19 novembre 1925 restera l'une des plus mémorables dans les fastes académiques..." This election, a triumph for the Academy even more than for P.V.--says Souday--is a disaster for Clément Vautel. Souday recalls with pride his own campaign in favor of P.V., and he cites the exuberant article in Le Gaulois for 20 November.
Reprinted in Paul Valéry, [1189], pages 115-19.

759. Les Alguazils: "Le Courrier des lettres," Le Figaro, 72e année, no. 329 (mercredi 25 novembre 1925), p. 2.

"On va publier en fascicules de grand luxe à raison de deux par an, un Journal de Paul Valéry." (See [761].)

760. Le Masque de Fer: "Echos," Le Figaro, 72e année, no. 329

(mercredi 25 novembre 1925), p. 1.

"Jusqu'à ces derniers temps, M. Paul Valéry, le nouvel académicien, ne figurait pas sur les catalogues de la Bibliothèque nationale. Pour trouver ceux de ses ouvrages qui sont dans les collections, il fallait chercher à Teste. Ce nom était celui du célèbre personnage imaginé par M. Paul Valéry. Le rédacteur du catalogue en était resté là."
--Along with many of P.V.'s critics. One might call this the institutionalization of the myth of P.V.-Teste.

761. Orion: "Carnet des lettres, des sciences et des arts," L'Action française, 18e année, no. 330 (jeudi 26 novembre 1925), p. 4.

Under the heading "Les Carnets de Paul Valéry" Orion publicizes a publishing venture of A. A. M. Stols. None of the "fragments inédits des cahiers de Paul Valéry" were to be sold directly; all were to be subscribed in advance by the "amis connus ou présumés de son esprit." In short, by wealthy bibliophiles interested in a sound investment. Orion comments: "Il sera passionnant, d'ainsi connaître, d'ainsi percevoir dans tous ses principaux mouvements la vie de cet esprit, la vie intellectuelle de ce poète à la fois géomètre et physicien, comme le voulaient les Grecs."
This project did not fail to attract criticism.

762. Noailles, comtesse [Anna] de: "Lettre de Madame de Noailles à Monsieur Paul Valéry," Candide, 26 novembre 1925, [M]. [VRY Ms. 993, I, 55-56]

An open letter intended for the readers of Candide. Mme de Noailles praises P.V. in glowing terms, concluding with comparisons to Jammes, Claudel and Maurras. Mme de Noailles makes a traditionalist of P.V.: "Admettre vos lois, c'est saluer la justesse des traditions poétiques, vénérer les trésors acquis et conservés, consentir à observer que le don suprême n'est pas une bifurcation irraisonnée, une embardée dans le mystérieux éther." Quoted in La Muse française, V, 1926, 74.

763. Anon.: "Autour des élections," Candide, 26 novembre 1925, [M]. [VRY Ms. 993, I, 55]

Contains some amusing anecdotes on the elections at the Academy. "--Joffre est pour Valéry. --Il a lu Les Charmes? --Non, mais

Foch est pour Bérard."
    And this one, interesting in terms of P.V.'s 1927 "discours de remerciement" provided it is authentic:
    "Quelqu'un a dit à l'auteur du Narcisse: --Vous voilà donc engagé à faire l'éloge d'Anatole France? M. Valéry a répondu d'une voix ferme et glacée: --Je ferai l'éloge de la poésie d'Anatole France. Puis, il a ajouté: --Du reste, France a été très gentil pour moi. Il m'a fait compliment, un jour, d'avoir bien parlé de Racine. --Anatole France et vous aurez donc trouvé en Racine votre lieu géométrique? --Pouvais-je demander davantage?"

764. Véran, Jules: "Sous la Coupole," L'Eclair, Montpellier, 44e année, no. 17,550 (vendredi 27 novembre 1925), p. 1.

    Véran devotes one quarter of a column to a personal statement of his pleasure at P.V.'s election.
    "J'ai été tout joyeux du succès de M. Paul Valéry, qui est un beau poète, un noble poète, et qui aime bien son pays. La veille, nous causions de sa candidature avec notre vieil ami commun, le Montpelliérain Fourment, aujourd'hui sénateur du Var, et nous étions assez sceptiques sur les chances qu'elle pouvait avoir."
    This is the same Gustave Fourment with whom P.V. exchanged an important correspondence, edited by M. Octave Nadal (P., Gallimard, 1957).

765. Bremond, Henri: "La Poésie pure--Eclaircissements V. Paul Valéry et la lettre de Mme Emilie Teste," Les Nouvelles littéraires, 4e année, no. 163 (28 novembre 1925), pp. 1, 5. ⌐VRY Ms. 993, I, 61-63⌐

    Abbé Bremond pushed the identification P.V.-Teste to the limit in this article. Using the "Emilie Teste: Lettre" (published in Commerce, II) as a key, Bremond claimed that he himself was the abbé Mosson of the "Lettre," thus presenting the "cycle Teste" as an autobiographical novel "...un seul poème, et qu'il faut placer, me semble-t-il, parmi les chefs d'oeuvre de la littérature introspective." Bremond leads one to believe that if he is abbé Mosson, then Mme Teste must be Mme Valéry. Mme Teste had qualified her husband a "mystique sans Dieu," a phrase which abbé Mosson repeats in the "Lettre." To complete the syllogism one has only to conclude that Teste is P.V., who is then a "mystique sans Dieu." Bremond's article was widely read and many critics immediately made the necessary identification. A new element of the myth was born. Strangely enough, on 5 December Bremond, using another syllogism, claimed that Mme Teste was not Mme Valéry but another

~~Discours France~~

Si vos riches
            rayons
                                    veulent
Parsqu'~~il voudrait~~ ~~manquent~~ mes vers obscurs
Voici ces ténèbres qu'on voulut faire purs
    que j'ai   plutôt qu'un
    Mais qui l'eût dit, Donnay, que vous manquiez de Charme
    Vous n'êtes point de ceux qui m'ont élu
                des yeux fermés, sans qu'ils, et qui m'ont mis la
    Sans m'avoir ~~éclairé~~ ~~ai~~ sans m'avoir lu
(S'ils l'eussent fait, je serais dans les larmes.')

    2 Voici pour   mus
                        les tomes et les armes
le voici,

(Si vos riches rayons veulent mes vers obscurs
                2 qui font l'ornement de vos murs
  1 Pour rehausser l'éclat de ces tomes   et des armes ;
  3 Voici ces ténèbres.   qu'on pensait faire   purs !
                                                Charmes
—

Discours. A F.
Affaire Dreyfus. Le considérer comme
            transf. d'une affaire éternelle
            C'est ici qu'il faut reconnu il t Philosophe
— Ce qui manquait à Fr.
        pas de profondeur, pas de vision

Poésie "pure" –

Quel débat ces mots innocents ont engendré !
– Voici encore une interprétation – peut-être
~~le plus~~ ~~~~~~~ plus intéressante – de ce
rebus. (Ce n'est pas le seul sens possible.)

J'ai prêté du ~~~~~ soutenu devant moi-même il
y a qq. années que ce qu'on nomme ornement
se pouvait rapporter à une sorte de création
«spontanée», locale des organes des sens, –
de ceux du moins qui sont assez riches en
déterminations distinctes et qui sont liés assez
nettement à nos facultés motrices – ouïe, vue,
etc. –

Alors les jeux de ces récepteurs devenus sont émissions.
La rétine libre – l'oreille désoccupée –
les produisent ce qu'ils aiment de consommer
et en qq. sorte arrivent à une activité propre
de se contempler – ceci implique une
liaison entre leurs états à contrastes, mélos –
développements propres – périodiques.

En somme ou je pense que tout système
de cette espèce est aussi capable de fournir
que de recevoir – ces 2 termes étant les
extrêmes d'une même chose, qui se
répondent. – Impossible d'écouter sans
entendre quelque chose, ni de regarder dans le noir
sans voir.

La vision ordinaire et l'audition – sont des
perceptions interrompues par l'action extérieure. –
laquelle fait appel à l'ensemble de l'être – en quoi
elle est "extérieure", et invoque le réel.

Il y aurait donc une conscience pure.

aspect of P.V.'s own personality. No one at the time seemed to notice the obvious inconsistency. This article was reprinted in toto in the preface to Lefèvre's Entretiens [862] and in part in La Poésie pure [851], chapter IV.

766. Anon.: "Une Préface de Paul Valéry," Les Nouvelles littéraires, 4e année, no. 163 (28 novembre 1925), p. 2. [VRY Ms. 660]

A note introducing P.V.'s preface to Le Promeneur sympathique by Maurice Courtois-Suffit: "les dernières lignes écrites par M. Paul Valéry avant son élection à l'Académie française.... Il y précise encore sa position devant le genre romanesque...."
"La Fausse Morte" also appeared in this number.

767. Lafont, Aimé: "Paul Valéry," La Vie montpelliéraine et régionale, Montpellier, 33e année, no. 1,627 (samedi 28 novembre 1925), p. 3. [VRY Ms. 993, I, 87 & 103-4]

An intelligent article, largely composed of evocations of P.V.'s association with the region: the "cimetière marin," in Cette, and the "Jardin botanique," in Montpellier. Lafont quotes the appropriate passage from Les Nourritures terrestres [42], which today one may read as an inscription on a plaque next to the "tombeau de Narcissa." He repeats Souday's claim [758] that P.V.'s election was a greater honor for the Academy than for P.V. See also [800] for P.V.'s reaction to this article.

768. R.[aoul] D.[avray]: "Paul Valéry Cettois," La Vie montpelliéraine et régionale, Montpellier, 33e année, no. 1,627 (samedi 28 novembre 1925), p. 5. [VRY Ms. 993, I, 104]

Concerns P.V.'s family. Davray concludes with an evocation of P.V.'s first meeting with P. Louÿs at Palavas on 20 May 1890.

769. Miaou: "Griffes et pattes de velours--Paul Valéry aux vitrines," La Vie montpelliéraine et régionale, Montpellier, 33e année, no. 1,627 (samedi 28 novembre 1925), p. 5. [VRY Ms. 993, I, 104]

The gossip columnist congratulates Montpellier's booksellers for displaying P.V.'s works prominently since his election to the Academy. Local pride or self-interest?

770. Davray, Raoul: "Livres et revues," L'Eclair, Montpellier, 44e année, no. 17,552 (dimanche 29 novembre 1925), p. 3.

Davray praises Lefèvre's interview of 15 September ₅707₅.

771. Les Alguazils: "Le Courrier des lettres," Le Figaro, 72e année, no. 334 (lundi 30 novembre 1925), p. 2.

A reprint of part of P.V.'s preface to Le Promeneur sympathique. See ₅766₅.

772. Anon.: "Trois Nouveaux Académiciens," ₅unidentified press clipping apparently from November 1925₅, ₅M₅. ₅VRY Ms. 6294₅

Insignificant announcement.

773. Saint-Prix, Pierre de: "Le Mouvement des lettres--les Académies," Chronique des lettres françaises, III (septembre-octobre 1925), 740-44.

M. de Saint-Prix notes that in abbé Bremond's speech of 24 October P.V. had a prominent place, adding: "et l'on n'ignore pas que l'auteur de Charmes est candidat au fauteuil d'Anatole France." He had apparently grasped Bremond's intent in speaking of "poésie pure." P. de Saint-Prix promises to relate the "grandes lignes" of the Bremond-Souday debate in the first issue of 1926. In a footnote obviously entered after the rest of the article he mentions P.V.'s election to the Academy on 19 November.

774. Franc-Nohain: "Les Livres nouveaux," ₅unidentified clipping from late November or December 1925₅, ₅M₅. ₅VRY Ms. 6294₅

In a review of Mauclair's Le Génie d'Edgar Poe ₅594₅, Franc-Nohain writes: "Il semble que l'heureuse élection de M. Paul Valéry à l'Académie Française soit venue tout à point pour illustrer l'hommage de M. Camille Mauclair au génie d'Edgar Poe." See ₅690₅.

775. Anon.: "La Ruée sur les autographes," Les Annales, décembre 1925, ₅M₅. ₅VRY Ms. 993, I, 75₅

"A la dernière vente, quarante-deux feuillets ₅the Ms. of

Eupalinos?⸥ de M. Paul Valéry ont été ajugés pour 21.000 francs."

776. Truc, Gonzague: "A travers la quinzaine--la poésie pure," <u>Grande Revue</u>, CXIX (décembre 1925), 331-33.

Truc summarizes Bremond's position in the debate. P.V.'s name occurs only incidentally. Truc understood that P.V. and Mallarmé were at best uncertain allies of Bremond.

777. XXX: "Notes," <u>NRF</u>, XXV, no. 147 (décembre 1925), 763. ⸤VRY Pr. 142 in 12⸥

"Les amis de la <u>Nouvelle Revue Française</u> se réjouiront avec nous de l'élection de Paul Valéry à l'Académie Française."

778. Doumic, René: ⸤title unknown⸥, <u>Revue des Deux Mondes</u> (décembre ⸤?⸥ 1925), ⸤x⸥.

This brief note unfortunately appeared on a paper cover or leaf which disappeared in binding collections of the review. I have been unable to find it. See Orion in ⸤805⸥ for a criticism of this comment by Doumic, who apparently found it difficult to give P.V. any credit at all.

779. Anon.: "M. Paul Valéry," <u>Vie latine</u>, décembre 1925, ⸤M⸥. ⸤VRY Ms. 993, I, 58⸥

Beneath a photograph of P.V. <u>Vie latine</u> offered its readers this unique appreciation of the new Academician: "On lui doit un volume sur l'auteur de <u>Madame Bovary</u>, une édition avec notes de version restées inédites jusqu'à lui de <u>la Tentation</u> de <u>saint Antoine</u> et de l'<u>Education sentimentale</u> et une étude, parue à la <u>Revue des Deux Mondes</u>, sur <u>Flaubert et Coleridge</u>.//Le nouvel académicien est encore un historien à qui l'on doit une remarquable biographie de <u>Saint Augustin</u> et un volume sur <u>Louis XIV</u>.
Hadn't some newspapers called P.V. "surtout un essayiste"?

780. Giraud, Philippe: "Réflexions sur une méthode," <u>Zodiaque</u>, Port-Louis (Ile Maurice), I, no. 1 (décembre 1925), 29-37. ⸤VRY Pr. 482 in 12⸥

Giraud reviews L'Ame et la danse and Eupalinos... but says very
little, finally, about P.V.'s "méthode," which he seems to equate with
Leonardo's "Hostinato rigore." Zodiaque was some months behind the literary scene in Paris, but Giraud had read P.V.'s critics: "On a beaucoup
commenté cette méthode. Devenue une thèse que soutinrent quelques esprits remarquables de notre époque, tour à tour la voici kantienne,
hégélienne et bergsonienne. Néanmoins la solution positiviste semble
triompher avec MM. Charles Maurras et Lucien Fabre [384], tandis que
MM. Pierre Lièvre et Alfred Droin se sont ingéniés à ruiner les idées
de M. Valéry."
The myth seems not to have reached the Ile Maurice.

781. Anon.: [advertisement], [unnamed periodical] (décembre
1925), [M]. [VRY Ms. 993, I, 77]

According to this announcement, P.V. was to publish a "Dialogue sur les choses divines" in the Revue de Paris in 1926. P.V. had
in fact considered publishing such an article, but never did so.

782. Peyras, Claude: "L'Esprit montpelliérain et Paul Valéry,"
L'Eclair, Montpellier, 44e année, no. 17,554 (mardi 1er décembre 1925),
p. 1.

Concerns a group of Montpelliérains who met regularly to discuss
Montpellier and writings relative to the city. "Depuis plusieurs semaines, et sur le bruit fait par un discours académique récent, ils dis-
putaient avec passion sur 'la poésie pure'. Et l'autre soir, ils ont
adressé leur hommage à Paul Valéry. ... Je ne dirai pas la forme qu'ils
ont donné--en dialecte montpelliérain--à cet hommage: car il faut être
Montpelliérain comme eux pour comprendre ce que l'apparence ironique et
les mots choisis exprès un peu verts peuvent, à l'initié, révéler d'émotion discrète et de ferveur reconnaissante."
Peyras affirms that his "deux douzaines de Montpelliérains...
ont lu Paul Valéry." It would have been interesting to read their "hommage."

783. Rouchon, Ulysse: "Un Prédécesseur de M. Paul Valéry à
l'Académie--Jean Baudouin," Journal des débats, 137e année, no. 333
(mardi 1er décembre 1925), p. 2.

Rouchon gives the history of "fauteuil 38" from J. Baudouin
(1634) to P.V. Noted by Talvart, Fiche..., 7e année, 1928, no. 16.

784. Lefèvre, Frédéric: "La Poésie de Paul Valéry," Les Lettres, III, no. 12 (1er décembre 1925), 603-20.

This is a section of the exegeses which form the second part of Entretiens avec Paul Valéry ⌐862¬. There is no reason to believe that these exegeses were not entirely Lefèvre's own work; they are very uneven. Here Lefèvre considers several poems from Album de vers anciens, "Ebauche d'un serpent," "Cantique des colonnes" and other poems from Charmes. On the same date Lefèvre published another section of his forthcoming book in the Revue mondiale ⌐787¬.

Lefèvre obviously had no scruples about using and perpetuating the myth. The following passage shows no improvement over the articles of Chantavoine and Souchon: "N'est-elle pas la pensée valérienne, cette Jeune Parque attentive et comme Narcisse, constamment penchée sur elle⌐-¬même, scrutant d'un regard pénétrant et sagace les changements successifs de sa conscience, les émois naissants de sa sensibilité et les premiers frissons de sa chair? Et M. Teste, ne se confond-il pas souvent pour nous avec Paul Valéry?" (p. 618)

Lefèvre dixit. Noted by Talvart, Fiche..., 7e année, 1928, no. 16. Talvart entered all of Lefèvre's articles on P.V.

785. A.⌐drienne¬ M.⌐onnier¬: "La Gazette," Le Navire d'argent, no. 7 (1er décembre 1925), pp. 367-76. ⌐VRY Pr. 110 in 12¬

Mlle Monnier describes the copy of La Jeune Parque which P.V. gave to J.-P. Daragnès, the illustrator of a new edition of the poem. She recalls the recitation L.-P. Fargue gave of La Jeune Parque in the salon of Arthur Fontaine on 29 April 1917. P.V. had composed the following lines for the occasion: "Vu que la vie incertaine/A déjoué tous devins,/Il ne faut dire: 'Fontaine,/Je ne boirai pas tes vins!'/Me voici l'hôte de marque/Qui joue à la Jeune Parque/L'Heure des colorados./Il serait meilleur peut-être/Sans les vers et sur le dos,/De se livrer au non-être."

And these lines for Fargue: "Hèle-moi ce trois-mâts barque,/Ebène et sombre pavois,/'La Parque!'/A rugi le porte-voix.//Sans la barre il prend le largue,/S'il cède au souffle savant,/Si Fargue/Me le campe au lit de vent!"

J. Hytier printed these two quatrains in Pléiade, I, 1682, reading "Sous" instead of "Sans" in the latter.

786. J.-N. F.-B: "Vers de circonstance," ⌐unidentified newspaper¬, ⌐1er décembre 1925¬, ⌐M¬. ⌐VRY Ms. 5953³⁶¬

This anecdote, whose origin is a mystery to me, and the two

accompanying poems, seem never to have been printed elsewhere:

"Un journal du soir ayant organisé, il y a six ans, un concours: Qui nommeriez-vous à l'Académie française? M. René Chalupt, le subtil poète des Soirées de Pétrograd, désigna M. Paul Valéry et fut, alors, le seul électeur de l'académicien d'aujourd'hui,//Se souvenant d'un sonnet qu'il avait eu entre les mains et que cette circonstance avait inspiré à M. Paul Valéry, un de nos confrères, un de nos amis, M. Paul Brach, en parla récemment à M. René Chalupt, qui lui communiqua, en réponse, des vers qu'il avait composés le jour de l'élection, où M. Paul Valéry obtint les 17 voix nécessaires à l'immortalité. Voici ces poèmes qui, avec toute leur valeur personnelle, se pare d'une piquante actualité.

Remerciement à l'électeur//A moi-même dans un miroir/Superbement los et salut!/Voici donc un jour qui valut/Qu'on brandît le journal du soir!//Quel solitaire et beau pouvoir/Exercez-vous, René Chalupt,/De qui la voix seule m'élut?/Le fauteuil tremble de m'asseoir!//Mais il y faut mettre du sien,/Et très pur académicien,/Entre palmes dire: messieurs,//Je reprends l'exorde ancien:/Celui qui règne dans les Cieux/Moins que Chalupt est gracieux... 17 janvier 19. Paul Valéry."

This certainly reads like authentic P.V. Here is Chalupt's reply:

"REPONSE//Prince délégué sous le Dôme/Par mon suffrage singulier/Déjà près la Place Vendôme/S'affaire plus d'un atelier//Pour que sur votre habit superbe/Une apparence de printemps/Verdoie en apparence d'herbes/Qui défieront la faux du temps//Cependant qu'en hâte l'on forge/L'épée à ceindre à vos côtés,/Prête à se plonger dans la gorge/De vos rivaux déconcertés. René Chalupt."

787. Lefèvre, Frédéric: "Paul Valéry," Revue mondiale, CLXVIII, no. 6 (1er décembre 1925), 245-54.

More of Lefèvre's "Petits Essais d'exégèse." Here Lefèvre studies "Narcisse parle" and "Fragment du Narcisse." An editor's footnote reads: "Nous sommes heureux de publier dans La Revue Mondiale ces pages remarquables de M. Frédéric Lefèvre, un des premiers critiques de notre temps, sur l'un de nos plus grands poètes que l'Académie Française vient de recevoir en son sein, en un geste qui l'honore et l'illustre à la fois."

Lefèvre may have been the most enterprising critic of his day, but he was far from being a great one. See ᴄ784ᴐ.

788. Véran, Jules: "M. Paul Valéry ou le premier fils illustre d'une cité," Comoedia, 19e année, no. 4,728 (mercredi 2 décembre 1925),

p. 1. ⌐VRY Ms. 993, I, 103⌐

Véran argues that P.V. is the first authentic "fils illustre" of Cette. He adds that he has in his possession several poems dating from P.V.'s youth which the poet will not allow him to publish. I assume that these are the same poems which Véran published in Les Nouvelles littéraires on 1 May 1952. (For details see Pléiade, I, 1587-88.) One of these, "A Alcide BLAVET," was printed in a somewhat different form in La Chronique mondaine in Nîmes on 19 December 1925. It is possible that two manuscripts exist of "A Alcide BLAVET," particularly since it was Jean des Sauges, not J. Véran, who was responsible for the 1925 printing. Reprinted in toto in La Vie montpelliéraine... on 5 December. Two paragraphs of Véran's article also appeared in L'Action française ⌐790⌐.

789. Les Alguazils: "Le Courrier des lettres," Le Figaro, 72e année, no. 336 (mercredi 2 décembre 1925), p. 4.

Les Alguazils print the lines P.V. wrote for C.-A. Cantacuzène in 1919 when the latter published his Réalités roses: "on y voit que M. Paul Valéry sait, à l'occasion, badiner comme Voltaire." This version differs from that given by Hytier in Pléiade, I, 1685, which he dates 1918. The version printed by Hytier was marked "authentique P.V." in the poet's hand on a copy in the Valeryanum ⌐VRY Ms. 5953^{32}⌐.

"Mardi//Pour qui ⌐par⌐ la grippe alité,/Trouverait la saison mêchante,/Charle⌐s⌐ Cantacuzène chante/Quelque rose réalité,//Il en trouve sans nul malaise/Jusque dans le Père-Lachaise,//Et cette Muse danserait/Dans les plus sombres atmosphères.../La mort même n'a de secret/Pour tel subtil chargé d'affaires...."

The first line was corrected by Les Alguazils on 13 December. This version was reprinted by:

790. ⌐Anon.?⌐: "Paul Valéry, ses amis, ses 'pays'," L'Action française, ⌐décembre 1925 ?⌐, ⌐M⌐. ⌐VRY Ms. 5953^{8}⌐

Reprints P.V.'s poem to Cantacuzène ⌐789⌐ and two paragraphs of J. Véran's article ⌐788⌐. Also cites Peyras' article ⌐782⌐.

791. Anon.: "Carnet méridional--Paul Valéry à l'Académie," L'Eclair, Montpellier, 44e année, no. 17,556 (jeudi 3 décembre 1925), p. 3.

"M. Paul Valéry se trouve dans l'impossibilité de répondre

nominalement à toutes les personnes qui lui ont écrit ou envoyé des cartes de félicitations, à l'occasion de son élection à l'Académie Française. ..."

792. Anon.: "La Vie méridionale--Paul Valéry à l'Académie," Le Petit Méridional, Montpellier, 49e année, no. 18,139 (jeudi 3 décembre 1925), p. 4.

Le Petit Méridional prints a note identical to the one in L'Eclair above. I suspect these were the very words of a letter P.V. sent to the two newspapers.

793. Arbellot, Simon: "La Vie parisienne," L'Eclair, Montpellier, 44e année, no. 17,557 (vendredi 4 décembre 1925), p. 1.

Under the heading "Les petits dessous de l'Académie" one reads: "C'est ainsi que le trop naïf M. Paul Valéry se fit, malgré lui, le complice d'une mauvaise action. Sur les instances de son protecteur, le diabolique abbé Bremond, le subtil poète d'Eupalinos passa, quinze jours avant l'élection, du fauteuil d'Haussonville à celui d'Anatole France. Les voix se trouvant divisées c'en était fait de Léon Bérard et peut-être même aussi de Paul Valéry. On escomptait un ballotage.... On connaît le résultat: M. Paul Valéry qui eut [sic] été élu tout aussi bien au fauteuil du comte d'Haussonville le fut à celui d'Anatole France et M. Léon Bérard s'en alla mordre la poussière...."
Arbellot was evidently a partisan of L. Bérard's candidacy. According to Mme Rouart-Valéry (Pléiade, I, 49), it was Marshal Foch, and not the "diabolique abbé Bremond," who suggested this manoeuvre to P.V. The latter explanation also contradicts an anecdote concerning P.V. and Foch in [763].

794. Dauzats, Ch.[arles]: "Académie française," Le Figaro, 72e année, no. 338 (vendredi 4 décembre 1925), p. 2.

Dauzats predicts that P.V.'s reception at the Academy will take place after May 1926.

795. Zyromski, Ernest: "Le Génie méditerranéen," Le Figaro, 72e année, no. 339 (samedi 5 décembre 1925), p. 1.

Zyromski invokes P.V. as an authority as he warns against "les menaces qui se préparent dans les régions asiatiques du déchaînement...

(Cf., a statement attributed to P.V. in ⊏705⊐.)

796. Lalou, René: ⊏title lacking⊐, Le Journal littéraire, 5 décembre 1925, ⊏M⊐. ⊏VRY Ms. 993, I, 58⊐

The Stols publication of Analecta, first mentioned in ⊏761⊐, aroused considerable criticism in France. Lalou, who cannot be accused of prejudice against P.V., comments: "...depuis quelques années, les plaquettes de Paul Valéry sont devenues inaccessibles pour tous ceux--amateurs sans fortune, étudiants ou écrivains--qui furent ses premiers admirateurs. Il y a quelque chose de vraiment pourri dans une organisation où l'argent peut nous séparer par cette barrière matérielle de l'homme qui incarne le mieux à nos yeux la recherche du seul dieu authentique: l'Esprit."
Lalou was right, but it was not until J. Galtier-Boissière published a major article in December 1927 ⊏1841⊐ that the general public became conscious of the nature of the situation. Even then most critics, including Galtier-Boissière, insisted on placing the blame squarely on P.V. rather than where it belonged--on the system which created this most unhealthy situation.

797. Bremond, Henri: "La Poésie pure--Eclaircissements VI. Animus et Anima--M. et Madame Teste," Les Nouvelles littéraires, 4e année, no. 164 (5 décembre 1925), pp. 1, 5. ⊏VRY Ms. 993⊐

Bremond quotes extensively from Claudel's now famous parable of Animus and Anima (published in the NRF of 1 October 1923), concluding: "...qui n'a reconnu déjà dans ce ménage aux noms latins le ménage Teste? Animus, c'est M. Teste, Anima, Emilie Teste."
But in terms of Bremond's previous interpretation of the "cycle Teste" as a sort of autobiographical novel, it is contradictory to claim that Mme Teste represents another aspect of P.V.'s own personality. Thus, Bremond's explanation of P.V.'s work as a combat between "Superanimus" and "Animula" is weakened by the very ingenuity of his article of 28 November ⊏765⊐.
Bremond praises highly Charles Du Bos' interpretation of P.V.-Teste-the-nihilist ⊏123⊐. He uses Lièvre's Paul Valéry ⊏407⊐ as an example of the criticism levelled against P.V.'s poetry. (Reprinted in toto in the preface to Lefèvre's Entretiens ⊏862⊐.)

798. Véran, Jules: "M. Paul Valéry ou le premier fils illustre d'une cité," La Vie montpelliéraine et régionale, Montpellier, 33e année, no. 1,628 (samedi 5 décembre 1925), p. 5. ⊏VRY Ms. 993, I,

103₃

This is a reprint of ₍788₎. The editors have corrected two minor errors in a footnote. See also:

799. Maffre de Baugé: "A Paul Valéry de l'Académie française," La Vie montpelliéraine et régionale, Montpellier, 33e année, no. 1,628 (samedi 5 décembre 1925), p. 5.

"Thau est ressuscité!//Le Narcisse penché, qui, bien plus qu'il se mire,/Veut du miroir des eaux le Moi de son désir,/Tel est le sens profond, sous des fleurs de délire,/Que ton art, au courant fluide, offre à saisir.//Plus souvent ta magie élève, sur le faîte/De la montagne rose où je croyais, enfant,/Voir les coquilles d'or d'un pèlerin géant,/Un choeur uranien de colonnes en fête...//Ton Narcisse m'émeut du chant triste et divin/Disant l'illusion d'obtenir, de la vie,/Malgré l'effort vaillant et la route suivie,/Plus qu'une vision d'idéal non atteint.//Mais voilà qu'au Saint-Clair, dont s'aimante ma voile,/Tes colonnes ont les reflets d'un fier destin/Et ma voile en reçoit comme une ₍sic₎ rayon soudain.../Dans notre ciel latin brille ta pure étoile!"
Note the identification in this poem of P.V.'s art with a Narcissus in search of his "Moi." The Narcissus/Narcissa element of the myth was particularly well entrenched in Montpellier. The poem contains allusions to the history and geography of Cette which can be explained in terms of Véran's article ₍798₎, reprinted on the same page.
Thau: "L'étang de Thau...fait partie de ce chapelet de miroirs d'eau que sont les étangs de Mauguio, Pérols, Maguelone, Palavas, Vendres, Capestang, etc. Au milieu de l'étang se dressait, dit-on, dans les temps anciens, le Tau, qui est le nom provençal taureau, image du taureau trigéranien que les habitants de ces bords avaient offerte à Mithra, symbole du Soleil invincible, Sol invictus, de la Lumière victorieuse des Ténèbres."
l. 13--au Saint-Clair (which is also the "montagne rose" of l. 6): "Cette montagnette de Saint-Clair est un grand bouquet de verdure, d'où émergent, comme des fleurs blanches, les villas, que les Cettois appellent des 'baraquettes'. Certains soirs d'été, quand les villas s'éclairent, les fleurs blanches de la journée se changent en fleurs de feu et le bouquet tout entier s'illumine."

800. R.₍aoul₎ D.₍avray₎: "Les Remercîments de P. Valéry," La Vie montpelliéraine et régionale, Montpellier, 33e année, no. 1,628 (samedi 5 décembre 1925), p. 5.

"Notre éminent compatriote a bien voulu avoir recours à mes bons offices pour communiquer à la presse régionale la note que voici ⌐identical to the text of ⌐791⌐ and ⌐792⌐⌐." "Le Maître ajoute, dans sa lettre d'envoi: 'Mais veuillez remercier personnellement et très chaudement M. Lafont de son article dont j'ai été très touché.'" P.V. refers to ⌐767⌐.

    801. M. Teste: "Les Heures et les jours--...M. Teste, Mme Teste, et l'abbé Bremond⌐:⌐ le lycéen Paul Valéry," <u>La Vie montpelliéraine et régionale</u>, Montpellier, 33e année, no. 1,628 (samedi 5 décembre 1925), p. 3. ⌐VRY Ms. 993, I, 102⌐

"M. Teste," a regular contributor to this newspaper, corrects an error in Bremond's article of 28 November. <u>La Soirée avec M. Teste</u>, he claims, probably following P.V.'s own indication in an interview with Lefèvre, was written in 1895, not 1905, the date given by Bremond. He further denies that the <u>Soirée</u> can be read as a "roman à clef," as Bremond had implied. The remainder of the article concerns P.V.'s days at the lycée in Montpellier. A note signed N.D.L.R. reads: "La clé de l'énigme nous a été donnée par le Docteur Albigès qui nous a dit avoir fait, au Collège de Cette, sa philosophie avec pour camarade de classe le futur Immortel."
    On the clipping in the Valeryanum one reads, in P.V.'s hand, "false." On 12 December Jules Valéry cleared up this point.

    802. Anon.: "Echos," <u>La Vie montpelliéraine et régionale</u>, Montpellier, 33e année, no. 1,628 (samedi 5 décembre 1925), p. 8.

    The text of the address sent to P.V. by the "Conseil Municipal de la ville de Cette" on the occasion of his election to the Academy.

    803. A.Z.: "La Maison de Maurras," <u>L'Eclair</u>, Montpellier, 44e année, no. 17,560 (lundi 7 décembre 1925), p. 2.

    "Le poète Valéry, en prenant séance à l'Académie où son mérite et la juste admiration de ses pairs vient de l'élever, quel beau discours il pourrait faire, s'il n'en faisait pas."
    According to A. Z., only Maurras was worthy of the chair of Anatole France. He must have been doubly vexed on hearing (or reading) P.V.'s "discours de réception."

    804. Peyras, Claude: "Des Académiciens, et nous," <u>L'Eclair</u>, Montpellier, 44e année, no. 17,561 (mardi 8 décembre 1925), p. 1.

Following publication of his article of 1 December ⸤782⸥, Peyras had received a letter from a reader claiming that not even Le Cimetière marin owes its Mediterranean inspiration solely to Cette. P.V. is a Montpelliérain! Peyras refers to "ce Jardin des Plantes de Montpellier, où il ⸤P.V.⸥ a rencontré Monsieur Teste...."--an error apparently due to a faulty reading of "Emilie Teste: Lettre" in Commerce, II.

805. Orion: "Carnet des lettres, des sciences et des arts," L'Action française, 18e année, no. 344 (jeudi 10 décembre 1925), p. 4.

"--Valéry jugé par Doumic.//Le dernier numéro de la Revue des Deux-Mondes porte au verso de sa couverture une note sur les dernières élections académiques. ... Doumic trouve donc Paul Valéry digne de tenir à l'Académie la place de Jean Aicard. Quelle gloire pour l'auteur de Charmes! Quelle haine recuite de la poésie chez Doumic! Cet ancien admirateur de Rostand est resté fidèle à lui-même."
See ⸤778⸥, and E. Borel's criticism of Doumic in ⸤364⸥.

806. Anon.: "Le Banquet Paul Valéry," Candide, 10 décembre 1925, ⸤M⸥. ⸤VRY Ms. 993, I, 97⸥

Gossip concerning the banquet offered in P.V.'s honor by the Association de la Critique Littéraire. See ⸤812⸥.

807. Les Alguazils: "Courrier des lettres," Le Figaro, 72e année, no. 344 (jeudi 10 décembre 1925), p. 4.

"Dans la collection didactique inédite...vont paraître... Philosophie des lettres, de Paul Valéry, de l'Académie française...."
Did P.V. ever propose such a title?

808. Souday, Paul: "Les Livres," Le Temps, 10 décembre 1925, p. 3.

Souday devotes half of his review of Courtois-Suffit's Le Promeneur sympathique to P.V.'s preface. He makes a jab at abbé Bremond in passing.

809. Dupuy, Jean: "Paul Valéry à Montpellier," Le Petit Méridional, Montpellier, 49e année, no. 18,146 (vendredi 11 décembre 1925),

[813]

p. 1.

Concerns P.V.'s first encounter with P. Louÿs at Palavas. The material is taken directly from Lefèvre's article of 18 October 1924 [543]. The notes accompanying P.V.'s reply on 21 January 1926 [907] are of interest.

810. Bremond, Henri: "La Poésie pure--Eclaircissements VII. Résistances," Les Nouvelles littéraires, 4e année, no. 165 (12 décembre 1925), pp. 1, 5. [VRY Ms. 993, I, 65-66]

Bremond mentions P.V. here only to defend him against charges of snobism. Bremond had already ceased to claim P.V. as an ally in his campaign. R. de Souza had warned Bremond of the dangers involved, and he had heeded the warning, although he should have done so much sooner.

811. Valéry, Jules: in "Paul Valéry lycéen," by V. M., La Vie montpelliéraine et régionale, 33e année, no. 1,629 (samedi 12 décembre 1925), p. 6. [VRY Ms. 993, I, 101]

See [801]. P.V.'s elder brother writes to correct an error in that article. "En 1887, au mois de mars, Paul et moi nous eûmes la douleur de perdre notre père.//Paul a fait sa philosophie au Lycée et il eut, comme vous l'indiquez, pour professeur l'excellent M. Bernard, plus tard proviseur au Lycée Charlemagne, avec qui il continua à avoir d'excellentes relations.//Les souvenirs du Docteur Albigès l'ont donc induit en erreur. Au surplus, il est probable qu'en 1888, il devait avoir quitté depuis longtemps les bancs du Collège de Cette où je l'avais connu, ainsi que son frère ainé."
V.M. offers this letter as proof that P.V. is an authentic Montpelliérain.

812. Anon.: "Cinq Minutes avec M. Paul Valéry," Aux écoutes, 13 décembre 1925, [M]. [VRY Ms. 993, I, 67]

More gossip from the banquet of the Association de la Critique Littéraire. The writer calls P.V. "...poète du mystère et de l'inexprimable," a phrase which recalls Bremond's "ineffable." He adds: "C'est à la demande de M. Louis Barthou que les maréchaux [Foch et Lyautey] votèrent pour M. Valéry." Concerning P.V. and Foch, see [793].

813. P.[aul] S.[ouday]: "André Beaunier," Le Temps, 14 décembre

1925, p. 1.

In this obituary notice for the literary critic of the Revue des Deux Mondes Souday pushed his admiration for P.V. to the limits of poor taste: "...il n'avait encore jamais dit un mot de Paul Valéry."

814. Magallon, Xavier de: "Paul Valéry," Le Monde nouveau, 7e année, no. 10 (15 décembre 1925), pp. 959-72. ⸢VRY Pr. 504 in 8⸥

P.V.'s colleague in the Nouvelle Pléiade defends him against several poorly reasoned criticisms: sterile intellectualism, imitation of Mallarmé, and the confusion of P.V.'s poetics with Bremond's "poésie pure." P.V.'s "Notre poésie ignore ou même redoute tout l'épique et le pathétique de l'intellect" (preface to Connaissance de la déesse) had been widely misunderstood and Magallon comments pertinently: "...c'est cette étrangeté même ⸢de l'aventure humaine⸥ qui intéresse Valéry, et c'est à la concevoir qu'il se porte plutôt qu'à s'en émouvoir. ... La passion de comprendre, voilà la flamme du génie de Valéry." Unfortunately, Magallon has the impression that since P.V. is a "Méridional" like himself his poetry must necessarily be comprehensible--a very inadequate treatment of the charge of "hermétisme."

815. Vandérem, Fernand: "Les Lettres et la vie," Revue de France, V, no. 6 (15 décembre 1925), 759-83.

Vandérem declares himself a partisan of Bremond's "poésie pure, at the same time heralding P.V. as the greatest practitioner of this doctrine--proving thereby that he had understood neither Bremond nor P.V. Vandérem further admits the motive behind his frequent comments on P.V. since 1919: "Lorsque, en effet, en 1919, j'entrepris de débrouiller la situation poétique et d'y montrer les tendances nouvelles, je ne tardai pas à me convaincre des difficultés de ma tâche. ... Après mûre réflexion, je me rendis donc compte que, pour incarner la poésie pure, pour en faire pénétrer la notion chez les lecteurs, mon homme, si je puis dire, c'était M. Paul Valéry. ... Aussi, dès lors, M. Paul Valéry ne cessa-t-il de former mon principal soutien dans toutes les études que je consacrai à la poésie nouvelle et desquelles, sans lui, qui sait si je me serais jamais tiré? Ce sont là de ces services qu'on n'oublie pas et dont je **suis** heureux d'adresser au nouvel académicien mes remercîments publics" (pp. 763-64).
This testimony is positively fascinating in light of Vandérem's violent attack on P.V. in November 1927. See ⸢1707⸥.

816. Flament, Albert: "Tableaux de Paris," Revue de Paris

(15 décembre 1925), 929-31. ⌐VRY Ms. 993, I, 84 bis⌐

Flament relates anecdotes concerning P.V. and describes the poet for his readers. Worthless. (Reprinted in La Vie montpelliéraine... for 19 December, and in Les Nouvelles littéraires for 26 December.)

817. Lefèvre, Frédéric: "Paul Valéry et 'le Cimetière marin'," Revue des cours et conférences, XXVII, no. 1 (15 décembre 1925), 78-90.

This article corresponds to pages 275-76, and 279-302 of Lefèvre's Entretiens avec Paul Valéry ⌐862⌐. His exegesis of Le Cimetière marin, which he analyzes strophe by strophe, was the only one of its kind at this date and therefore attracted considerable attention. Lefèvre's interpretation subsequently reappeared in other critics' articles. A. Farges cited Lefèvre in La Muse française, V, 1926. Lefèvre himself drew on R. Fernandat's Méditation sur M. Valery et le Cimetière marin ⌐584⌐ in elaborating his own interpretation.
Following his entry for this article in La Fiche bibliographique française, no. 16 for 1928, Hector Talvart wrote: "à part l'article des Hommes du Jour ⌐226⌐, les interviews et études signées Lefèvre, écrites sous la dictée de Paul Valéry⌐,⌐ rédigées en grande partie, ou directement inspirées par celui-ci, peuvent être comptées aussi bien parmi les collaborations et éditions pré-originales mentionnées plus haut." In November 1927 L. Daudet also accused P.V. of having written the Entretiens avec Paul Valéry ⌐1692⌐. Neither Daudet nor Talvart offered positive proof of his charges.

818. Orion: "Carnet des lettres, des sciences et des arts," L'Action française, 18e année, no. 351 (jeudi 17 décembre 1925), p. 4.

Orion quotes a thoroughly ridiculous paragraph from an article by Mathilde Pomès in La Renaissance for 28 November: "Paul Valéry chez lui." Any excuse was good for mentioning P.V. in the press.

819. Sauges, Jean des: "Sur un sonnet inédit de Paul Valéry," La Chronique mondaine, littéraire et artistique, Nîmes, 24e année (samedi 19 décembre 1925), p. 1. ⌐VRY Ms. 993, I, 106⌐

The sonnet in question is "A Alcide BLAVET," written in 1890 and published here, it seems, for the first time. (J. Hytier in Pléiade, I, 1587, gave 1 May 1952 as the date of the first publication of the poem.) The introductory notes concern P.V.'s friendships in 1890

and are of no value, but the poem offers variants from the version
printed by Hytier: "A Alcide BLAVET//ALCIDE!//Tu rappelles ces grands
enfants frais et naïfs,/D'abeilles amoureux et de légers distiques../
Dont la flûte attirait aux lisières antiques/Les nymphes en amour qui
s'enlaçaient aux ifs.//Tu leur ravis quelqu'un de ces hymnes furtifs/
Sur leurs lèvres mêlés au miel aromatique,/Mais tu surpris aussi le
sourire érotique/Dont s'éclairait le bas de leurs masques pensifs!//
...Et c'est pourquoi, mon tendre Alcide, quand tu chantes/Sur tes
lèvres souvent des lèvres de Bacchantes/Nous dérobent tes vers pour
ton baiser sucré.//La dryade que nul poète n'effarouche/A traversé
parfois, le soir, le bois sacré/Et de sa lèvre d'or, elle a scellé ta
bouche.//Montpellier, 1890   Paul Valéry."

820.   R.[aoul] D.[avray]: "Paul Valéry et ses concitoyens,"
L'Eclair, Montpellier, 44e année, no. 17,572 (samedi 19 décembre 1925),
p. 3. [VRY Ms. 993, I, 67]

Davray prints P.V.'s reply to a letter from the mayor of Cette
on the occasion of his election to the French Academy. (Cf. [802].)
Davray concludes his introduction to P.V.'s letter with these comments:
"Un critique littéraire [Souday] a nommé, un jour, Paul Valéry 'un
prince de l'esprit'. Ce sont jeux de prince, en effet, que ce grand
style et cette prestigieuse transformation d'une banale lettre de remercîments en une grande page qui restera comme un document décisif
pour l'histoire littéraire de notre temps et l'illustration de nos
paysages méditerranéens." (Clipping included in Cahiers, XI, 311.)
The original of P.V.'s letter is now on display in the Salle
Paul Valéry of the Musée de la Ville de Sète.

821.   Dorsenne, Jean: "La Poésie pure à...Tahiti," Le Figaro,
supplément littéraire, nouvelle série, no. 350 (samedi 19 décembre
1925), p. 3.

P.V. is mentioned in passing. According to Dorsenne, "poésie
pure" had reached Tahiti centuries before its discovery by abbé Bremond.

822.   Bremond, Henri: "La Poésie pure--Eclaircissements VIII.
Résistances (suite)," Les Nouvelles littéraires, 4e année, no. 166
(19 décembre 1925), pp. 1, 5. [VRY Ms. 993, I, 68]

Bremond mentions P.V. only incidentally, but he quotes from a
letter by the poet Fagus (Georges Faillet): "Paul Valéry croit à

l'inspiration, au vers initial jeté comme un coup de dés par le hasard des dieux. Les dieux ne nous donnent rien. On leur arrache." The traditional defenders of inspiration had frequently used P.V.'s passage on the "don des dieux" to query: if the "gods" offer one line, why not the entire poem? In spite of this difference with P.V. over poetics, in February 1928 when an anti-P.V. campaign was it its height, Fagus came to P.V.'s defense in Le Divan. The quote from Fagus was reprinted by Bremond in La Poésie pure, ⌐851¬, page 88.

823. Lavaud, Guy: "Les Nouveaux Académiciens--Paul Valéry," Revue bleue, 63e année, no. 24 (19 décembre 1925), pp. 794-98. ⌐VRY Pr. 208 in 4¬

Lavaud comes to bury P.V., not to praise him: in his odes Lavaud sees "la forme détestable de Lefranc de Pompignan"; P.V. is a sterile poet, like Mallarmé; his admirers are uncomprehending snobs; but Thibaudet's exegesis "...alourdit inutilement d'une érudition universelle les vues les plus ingénieuses." P.V.'s prose, however, is matchless. In short, Lavaud adapts P. Lièvre's Paul Valéry ⌐407¬ for the occasion. Noted by Talvart, Fiche..., 7e année, 1928, no. 16.

824. Billy, André: "A côté--autographes," L'Oeuvre, 20 décembre 1925, ⌐M¬. ⌐VRY Ms. 993, I, 70¬

Billy relates the sale of the manuscript of "...l'Eupalinos de M. Paul Valéry, l'auteur contemporain dont les manuscrits se vendent le plus cher." Eupalinos... brought 21,000 fr. See ⌐775¬.

825. Orion: "Le Carnet des lettres, des sciences et des arts," L'Action française, 18e année, no. 356 (mardi 22 décembre 1925), p. 4.

According to Orion, M. de La Valette-Monbrun had recently addressed the Amis de Pascal on the theme: "Pascal et ses plus récents ennemis." P.V. was solemnly declared to be an enemy of Pascal.

826. Orion: "Le Carnet des lettres, des sciences et des arts," L'Action française, 18e année, no. 357 (mercredi 23 décembre 1925), p. 4.

Orion mentions P.V. in a long compte rendu of A. Rousseaux's article of 15 November ⌐735¬. Orion derisively alludes to "Miss Harriett Bremond." On 24 December in this same column he again mentioned this article and added that J. Boulenger was accepting contributions from P.V.'s friends in order to present him with an "épée d'académicien."

827. Bremond, Henri: "La Poésie pure--Eclaircissements IX. Sur un article américain de M. Paul Souday," Les Nouvelles littéraires, 4e année, no. 167 (26 décembre 1925), pp. 1, 5. ⌐VRY Ms. 993, I, 71-72¬.

Bremond replies to Souday's article in the New York Times Book Review for 29 November. Again Bremond mentions P.V. only incidentally.

828. Anon.: ⌐advertisement¬, Les Nouvelles littéraires, 4e année, no. 167 (26 décembre 1925), ⌐p. 7¬. ⌐VRY Ms. 993, I, 73¬

An advertisement for subscriptions to the volume entitled Paul Valéry to be published by the review Le Capitole and including the names of the expected contributors. Among these names are Mme de Noailles, Jean Paulhan, and M. Martin du Gard, none of whom contributed to the volume. (See ⌐972¬.) Missing from the list are the names of B. Crémieux, R. Davis and R. Simonson, who did contribute. This list appeared less than two months before the scheduled date of publication.

829. Boisson, A.: "Placandis Narcissae Manibus," La Vie montpelliéraine et régionale, Montpellier, 33e année, no. 1,631 (26 décembre 1925), p. 1. ⌐VRY Ms. 993, I, 105¬.

Boisson presents a full-page drawing of "Le Tombeau de Narcisse au Jardin des Plantes." The inscription necessarily recalls P.V.'s "Narcisse parle." See:

830. Amy, Pierre: "La Tombe de Narcissa," La Vie montpelliéraine et régionale, Montpellier, 33e année, no. 1,631 (samedi 26 décembre 1925), p. 5. ⌐VRY Ms. 993, I, 106¬

This article concerns the grave of Narcissa, whom Amy takes to be not Edward Young's daughter, as the legend would have it, and who, according to him, was buried in Lyons, but another daughter born out of wedlock. "Elle inspire les poètes. Paul Valéry, passant là un matin clair de sa jeunesse, y cueillit les trois mots latins de l'inscription ⌐which Amy distorts as "Narcissae placandis manibus"¬ et en fit une épigraphe au précieux poème qu'il dédia au beau garçon Narcisse épris de sa propre image. A-t-il connu la véritable histoire de Nar-

cissa? Non, sans doute, car il eût délicieusement chanté la destinée
de la frêle enfant. A moins qu'elle ne se soit présentée à lui sous
les traits de la Jeune Parque, et lui ait tendrement chuchoté son
obscur regret de la vie...." (Cf. ⌐87¬.) See also P.V.'s "Sur les
'Narcisse'," Pléiade, I, 1556-57: P.V. remained faithful to the local
tradition.

831. Anon.: "Un Sonnet inédit de Paul Valéry," La Vie montpelliéraine et régionale, Montpellier, 33e année, no. 1,631 (samedi 26 décembre 1925), p. 7. ⌐VRY Ms. 595³⁵¬

A reprint of ⌐819¬. An introductory note mentions "l'époque studieuse ⌐1890¬ où le poète cettois se délectait à traduire ⌐a phrase used by J. des Sauges¬ à livre ouvert...l'Après-Midi d'un Faune." M. des Sauges had also made the strange claim that "Anatole France...fut, autant que Stéphane Mallarmé⌐,¬ son maître aimé et vénéré."
The poem has changed somewhat in the reprinting. In the title "BLAVET" becomes simply "Blavet" and the exclamatory "ALCIDE!" disappears entirely. Line 2: no italics and no ⌐.¬. Lines 10 and 14: no italics. There are still several minor variants from the text in Pléiade, I, 1588. On the clipping in the Valeryanum P.V. authenticated this printing in his own hand: "authentique: P.V."

832. Orion: "Le Carnet des lettres, des sciences et des arts," L'Action française, 18e année, no. 361 (dimanche 27 décembre 1925), p. 4. ⌐VRY Ms. 993, I, 95¬

"Guy Lavaud ⌐823¬ montre aussi quelque impatience de l'empressement et du zèle tardif des académiciens et des snobs. Bon! Voulait-il que les salons découvrissent Valéry avant lui, avant nous? Quelle utopie! Quel optimisme!" An excellent reply.

833. Portail, Jean: "Votre Voeu?" L'Intransigeant, 46e année, no. 16,581 (lundi 28 décembre 1925), p. 2. ⌐VRY Ms. 993, I, 108 bis¬

To the question "Si vous pouviez renaître--Est-il une personnalité dont le destin vous tenterait particulièrement?" P. Souday replied, predictably: "Mais aujourd'hui, le seul qui me paraisse enviable est Paul Valéry."

834. Arbellot, Simon: "La Vie parisienne," L'Eclair, Montpellier, 44e année, no. 17,583 (jeudi 31 décembre 1925), p. 1.

Concerns the provocation which resulted in a duel between François Richepin and Pierre Brisson: "Coquin de sort! comme on dit au pays des olives, cinquante mille vers c'est quelque chose et M. Paul Valéry serait bien embarrassé pour en montrer autant." Arbellot seems to consider that Academicians should be judged on the volume of their published work. An excellent argument in favor of Ponson du Terrail or Paul de Kock.

835. Anon.: "Carnet méridional--l'épée académique de Paul Valéry," L'Eclair, Montpellier (décembre 1925), ⌐M¬. ⌐VRY Ms. 993, I, 82 & 107¬

J. P. Monod entered this clipping in his collection twice, first dating it as above, then dating it March 1926. The note mentions J. Boulenger's subscription for P.V.'s academic sword and plans by the "Anciens Elèves du Collège de Cette" to offer a gift to P.V. Insignificant.

836. ⌐Author unknown¬: "Nos Hôtes--Randolph W. Hughes, essayiste anglais," Les Nouvelles littéraires, ⌐M¬. ⌐VRY Ms. 993, I, 132 bis¬

I cannot find such an article in Les Nouvelles littéraires for 1924, 1925, 1926, or 1927, and it is doubtful (considering the volume in which Monod entered his clipping) that it appeared later than 1927. Hughes claimed that P.V. was, with P. Claudel, "le plus grand écrivain français vivant...."

837. Anon.: "A Cette," Les Nouvelles littéraires (1925 ?), ⌐M¬. ⌐VRY Ms. 660 & Ms. 595³⁸¬

This clipping presents difficulties identical to the preceding one. The text appears to be a reprint of ⌐820¬.

838. P. S.: "Une Enquête sur les auteurs d'avant-garde," ⌐place and date of publication unknown¬, ⌐1925¬, ⌐M¬. ⌐VRY Ms. 993, I, 115¬

This appears to be an article by Souday, but I have not found it in Le Temps for 1925, where he frequently signed P. S. It concerns M. Charny's "enquête" in Le Progrès civique. P. S. judged "Narcisse à la fontaine" to be identifiable, but questioned the value of such an exercise.

839. Seymour, Michel: ⌐unidentified clipping¬, ⌐1925¬, ⌐M¬.
⌐VRY Ms. 993, I, 60¬

Concerns P.V.'s unfinished preface to an unnamed work in two volumes.

840. Anon.: ⌐title lacking¬, L'Action française, ⌐1925¬, ⌐M¬.
⌐VRY Ms. 59538¬

"M. Charles-Adolphe Cantacuzène donnera bientôt un volume de vers: Glyptiques elliptiques....//Et voici, à propos du prince Cantacuzène, des vers absolument inédits que lui adressa, en 1916, M. Paul Valéry: 'Hypotypose//Kant accuse ici-bas une si fauve haine,/(L'écho répond: Cantacuzène)/Qu'il est doux de se fondre à ta fine syrinx// Diplomate discret, mais fantasque larynx/Soufflant au frac brodé l'âme syracusaine/(L'écho redit: Cantacuzène).'" It is unfortunate that this clipping is not positively identified since it may be an earlier printing of these lines than that listed by Hytier, Pléiade, I, 1685.

841. ⌐Unidentified clippings: probable date, 1925¬, ⌐M¬. ⌐VRY 3694-5 in 8¬

Two clippings, both announcing P.V.'s contribution to Les Amitiés languedociennes (1926) as: "Souvenirs du Jardin des Plantes de Montpellier..." P.V.'s article was merely a reprint of the concluding passage of "Emilie Teste: Lettre" in Commerce, II.

842. Crémieux, Benjamin: "Dernières Publications italiennes et sur l'Italie," L'Europe nouvelle, ⌐1925¬, ⌐x¬. ⌐Quoted in VRY Ms. 999, VII, 208 bis¬

"Ils ⌐les écrivains italiens les plus raffinés d'aujourd'hui¬ rêvent...d'un mélange de sensualité et d'intelligence, comme Paul Valéry aime à nous l'offrir."
This information appeared in the "Courrier littéraire" of ⌐843¬. The probable date, judging by the place of this clipping in Monod's collection, is 1925.

843. Anon.: "Courrier littéraire," ⌐unidentified publication¬,

⌐1925¬, ⌐M¬. ⌐VRY Ms. 999, VII, 208 bis¬

Concerns the R. Davis translation of <u>An Evening with Mr. Teste</u>. The writer says of P.V.'s preface: "Cette préface montre une fois de plus combien M. Paul Valéry possède le goût des idées et comme ce qu'il exprime le suscite chez son lecteur."

1926

844. Abry, Émile, C. Audic et P. Crouzet: <u>Histoire illustrée de la littérature française</u>. P., Didier, 1926. 746 p.

The first edition of this survey of literature dates from 1912, but P.V. was first mentioned in 1926 (after his election to the Academy) The one paragraph devoted to him is insignificant. By 1953, however, P.V. commanded four rather good pages.

845. Aguettant, Louis: <u>Les Dialogues de Paul Valéry</u>. Saint-Félicien-en-Vivarais, Au Pigeonnier; P., Maison du Livre Français, 1926 30 p. Coll. "Variétés du Pigeonnier (nouvelle série), 2." ⌐VRY 593 in 12¬ (Only 756 copies printed.)

Reprinted from ⌐349¬.

846. <u>Anthologie de la nouvelle prose française</u>. P., Kra-Sagittaire, 1926. 401 p. ⌐VRY 4 in 12¬

The problem of the authorship of the introduction is the same as for the Kra poetry anthology of 1924 ⌐392¬. The texts P.V. contributed were: "Sur la peinture," "Fragments de <u>Tante Berthe</u>," and "Sur l'ordre," which was part of P.V.'s preface to <u>Les Lettres persanes</u>. The editor wrote a very good account of P.V.'s rise to fame from <u>La Jeune Parque</u> to the French Academy. He exaggerated seriously, however, in writing that after "La Crise de l'esprit" (1919) "...l'admiration fut unanime."

847. Aragon, Louis: <u>Le Paysan de Paris</u>. P., nrf, 1926. 252 p. ⌐VRY 678 in 12¬

Aragon mentions P.V. in "Le Passage de l'Opéra," page 27, immediately after a dialogue between the narrator and a concierge: "Je désirais savoir s'il existait toujours dans son domaine ₋celui du concierge₋ une bizarre institution de laquelle m'avait jadis entretenu Paul Valéry: une agence qui se chargeait de faire parvenir à toute adresse des lettres venues de n'importe quel point du globe, ce qui permettait de feindre un voyage en Extrême-Orient, par exemple, sans quitter d'une semelle l'extrême-occident d'une aventure secrète. Impossible de rien apprendre: le concierge n'avait jamais entendu dire... Après tout, que sait un concierge? Et peut-être, qu'il y a plus de vingt ans que Valéry usait de semblables supercheries."

848. Azaïs, Marcel: <u>Le Chemin des Gardies</u>. Mayenne, Imprimerie Floch; P., Nouvelle Librairie nationale, 1926. 511 p.

This volume is composed of essays reprinted posthumously from <u>Les Essais critiques</u>, a review which Azaïs had edited. On 1 May 1921 Azaïs ridiculed P.V.'s election in the plebiscite of <u>La Connaissance</u>. He cited R.-L. Doyon's article of 17 March ₋164₋, adding "Nous avons un prince de plus: M. Paul Valéry est sacré par le vote de <u>La Connaissance</u>: le premier <u>des plus grands parmi les grands</u> poètes. C'est à donner le vertige et nous osons espérer que l'auteur de Palmes ₋sic₋ aura la tête assez solide pour résister à cette accumulation de gloire."

On 1 November 1921 Azaïs reviewed <u>La Pléiade</u> ₋156₋. His treatment of P.V. was less justifiable here. He called "Cantique des colonnes" a "chant des mirlitons" and "Au platane" "...impénétrable." He admitted, however, that <u>Le Cimetière marin</u> contains "des beautés de premier ordre" and found "Fragment de Narcisse" to be truly "de la belle poésie."

Azaïs considered P.V.'s reputation to be that of a "maître de chapelle."

By 1 November 1922, when he reviewed <u>Charmes</u>, Azaïs was forced to admit that there was considerable temerity in attacking a poet as strongly supported by the critics as P.V. He persists in accusing P.V. of being "empoisonné à sa source" by "les faux dogmes mallarméens." Unfortunately it was Azaïs, an otherwise intelligent critic, who was "empoisonné" by his own dislike for Mallarmé.

849. Boulenger, Jacques: <u>Entretien avec Frédéric Lefèvre</u>. P., Le Divan, 1926. 89 p.

Boulenger attacks Lefèvre's interviewing technique as dishonest. He alleges that Lefèvre changes the text of many interviews, and that he had done so with Boulenger's own interview published in <u>Les Nouvelles littéraires</u> on 16 January 1926. According to Boulenger, Lefèvre makes

such changes to put himself in a better light.
    In other cases Boulenger claims that the entire interview was written by the person "interviewed." One such case has been documented. See ⌐661¬. Boulenger relates another incident which concerns P.V. directly.
    "Une des victimes de Lefèvre m'avait en effet narré comment, lui ayant envoyé ses déclarations écrites, elle avait été assez indignée de voir qu'une des questions ajoutées après coup formait un réquisitoire adipeux contre un livre d'elle...et que...Lefèvre lui prêtait froidement des propos fort désobligeants pour Paul Valéry, qu'il avait pourtant tenus lui-même (car en ce temps-là il reprochait à l'auteur du <u>Cimetière marin</u> d'avoir, en quelque sorte, calé la gloire de Muselli)" (p. 12).
    It is most unfortunate that Lefèvre's article in <u>Les Hommes du jour</u> ⌐226¬ cannot be found. It is probable that Lefèvre was less than enthusiastic about P.V. This in turn would corroborate the frequent charges that Lefèvre's "devotion" to P.V. was sheer opportunism.

    850. Braunschvig, Marcel: <u>La Littérature française contemporaine étudiée dans les textes</u> (1850-1925). P., A. Colin, 1926. 357 p. ⌐VRY 701 in 12¬

    From <u>Le Cimetière marin</u> Braunschvig has selected strophes 10-15 and 17-19. Although he claims to have given "les strophes les moins obscures," Braunschvig has omitted the sixteenth, without a doubt one of the most easily comprehensible. I suppose he considered the eroticism of strophe 16 unseemly for "les classes de Première et de Philosophie." His presentation is unsatisfactory. See Souday's review of the volume ⌐1028¬.

    851. Bremond, Henri: <u>La Poésie pure</u>. P., Grasset, 1926. 321 p. ⌐VRY 703 in 12¬

    This volume is composed of Bremond's "Avant-propos," pp. 9-12; "La Poésie pure," pp. 15-27; "Eclaircissements," pp. 31-163; a "Post-Scriptum," pp. 164-66 and concludes with R. de Souza's "Avertissement," pp. 169-70 and "Un Débat sur la poésie," pp. 171-318.
    Although P.V. figures prominently in the book there is in fact no new material concerning him except in the part of R. de Souza's "Débat" which had not already appeared in the <u>Mercure de France</u> ⌐925¬. Souza attempts a complete refutation of P.V.'s poetics, but he had already done as much, and in somewhat the same terms, in ⌐366¬. Bremond's friendship for R. de Souza gave the latter an excellent opportunity to vent his spleen against P.V. It was quite dishonest of him to have blamed the confusion in the "poésie pure" debate on P.V.'s use of the

term in his preface to <u>Connaissance de la déesse</u>. R. de Souza knew
full well that Bremond had adopted P.V.'s term in a conscious attempt
to confuse his listeners in his speech of 24 October 1925. See ⌐717⌐.

852. Davis, Ronald et Raoul Simonson: <u>Bibliographie des oeuvres
de Paul Valéry</u> (1895-1925). P., "Plaisir de Bibliophile," 1926. 42 p.
⌐VRY 554 in 8⌐ (Only 310 copies printed.)

 Reprinted from <u>Plaisir de Bibliophile</u> for July and November 1925
⌐688⌐. This volume contains some new material: part I--"Livres" has
24 entries instead of 21. Part IV--"Editions illustrées" has been added.
This bibliography was reprinted again in <u>Le Capitole</u> for 15 April ⌐972⌐.
 J. Hytier lists as publisher of this volume "Au sans pareil."
No such indication appears on the copy in the Valeryanum.

853. Davis, Ronald: ⌐catalogue⌐, ⌐1926⌐, ⌐M⌐. ⌐VRY Ms. 993, I,
144⌐

 Davis offers for sale several volumes by P.V., mostly original
editions, and <u>La Jeune Parque</u> illustrated by Daragnès on "papier vergé
d'Arches." He asked 1,650 fr. for this volume.

854. Derème, Tristan: <u>Guirlande pour deux vers de Gérard de
Nerval</u>. Saint-Félicien-en-Vivarais, Au pigeonnier; P., Maison du Livre,
1926. 80 p.

 Derème mentions P.V. once. He points out that the Kra poetry
anthology of 1924 proved the impossibility of defining "l'esprit moderne."

855. Fagus ⌐Georges Faillet⌐: <u>Clavecin</u>. P., La Cité des
Livres, 1926. 83 p.

 Two epigrams concern P.V.: "--Dis-nous, Fagus, sous quel pré-
texte/Tu refuses d'entendre un seul petit/morceau/De Valéry?--Du Valéry?
moi?/quelque sot!/Tant qu'à subir J.-B. Rousseau/Je l'aime encore mieux
dans le texte!" (p. 71) The second is no better: "--Quand j'étais
petit/Je n'étais pas grand,/J'trouvais du talent/Même à Valéry;//
Maint'nant je suis grand,/C'est encor plus beau:/Je trouv' du génie/
Même à Jean Cocteau!"
 Fagus had contributed to the "poésie pure" debate in ⌐822⌐.

856. Florian-Parmentier: "René Ghil et son influence," in Hommage à René Ghil. P., Editions Rythme et synthèse, 1926. 179 p. ⌐VRY 392 in 8¬

Florian-Parmentier notes in his contribution to this special number of Rythme et synthèse that in the Kra poetry anthology ⌐392¬: "les plus jeunes revendiquent Baudelaire, Mallarmé, ...Valéry...et font sur René Ghil un sépulcral silence." They should of course have admitted the influence of Ghil, according to Florian-Parmentier. Very few contemporary critics agreed. P.V. contributed to this volume, pages 44-45.

857. Fort, Paul et Louis Mandin: Histoire de la poésie française depuis 1850. P., Flammarion-Didier; Toulouse, Ed. Privat, 1926. 392 p.

Fort and Mandin devote three pages to P.V. Their comments are generally sound; they stress the fortune P.V. has had among neo-classicists. "Cette réconciliation d'un certain symbolisme avec un certain classicisme est un des faits littéraires les plus curieux de ces dernières années" (p. 335). An accurate observation, and particularly curious in P.V.'s case. Fort and Mandin reprint "Les Grenades." (Their study originally appeared in an unnamed pedagogical journal.)

858. Gillouin, René: Esquisses littéraires et morales. P., Grasset, 1926. 250 p.

Reprinted from ⌐899¬.

859. Lacombe, M.: Discours prononcé à la distribution des prix du lycée Corneille de Rouen, le 11 juillet 1926. S.l.n.d. 4 p. ⌐VRY Ms. 1051¬

M. Lacombe offered his "discours" to P.V. "en témoignage de la résonance de son oeuvre." One wonders whether M. Lacombe's young listeners could possibly understand what he had to say. Lacombe's grasp of P.V.'s notion of "poésie pure" was excellent: "Rien ne se fait tout d'un coup et la poésie pure de Valéry continue le mouvement qui, de Charles Baudelaire et d'Edgar Poë à Stéphane Mallarmé, a progressivement éliminé du vers les éléments prosaïques. Valéry est la pointe extrême d'une tradition qui fait résider l'essence de la poésie dans la recherche de la poésie même. Mais la poésie pure n'est pas une réalité; elle est un horizon, une simple limite du monde poétique,

comme le vide parfait ou le zéro absolu sont les limites du monde physique."
Why could the professional critics not write as well?

860. Lalou, René: Défense de l'homme (intelligence et sensualité). P., Kra-Sagittaire, 1926. 251 p. Coll. "Série documentaire orange."

Lalou seems to have taken the subtitle for his book from a formula he had frequently applied to P.V. (See especially ⊏338⊐.) Here he takes advantage of the current debate to include a chapter on "L'Idée de poésie pure en France," pp. 55-114. It is difficult to imagine how in 1926 Lalou could write that a passage from P.V.'s preface to Connaissance de la déesse (1920) was "le premier texte où ait été employée l'expression 'poésie pure'" (p. 91). Lalou must not have been a reader of L'Intransigeant in November 1924. (See ⊏555⊐.) One wonders, too, why Lalou chose to call P.V. "notre Keats français" (p. 111), although the English poets were certainly in vogue since Bremond's speech of 24 October 1925.

861. Larbaud, Valery: Paul Valéry et la Méditerranée. Maestricht, Stols; P., Aveline, 1926. 5-12 p. ⊏VRY 572 in 8⊐ (Only 350 copies printed for sale.)

This essay originally appeared as Larbaud's contribution to the special number of Le Capitole in honor of P.V. ⊏972⊐.

862. Lefèvre, Frédéric: Entretiens avec Paul Valéry, précédés d'une préface de Henri Bremond, de l'Académie Française. P., Le Livre, 1926. 376 p. ⊏VRY 654-55 in 12⊐

For the original printing(s) of Lefèvre's material see: ⊏537⊐, ⊏539⊐, ⊏543⊐, ⊏696⊐, ⊏707⊐, ⊏713⊐, ⊏784⊐, ⊏787⊐, and ⊏817⊐.

As an example of how oblivious most critics have been to Lefèvre's tactics, note that as recently as 1962 H. W. Decker in Pure Poetry, 1925-1930, page 1, assumed that the chapter "Poésie pure?" was P.V.'s reply to the Bremond-Souday debate. "Poésie pure?" was first printed in Les Nouvelles littéraires on 18 October 1924, more than a year before Bremond's speech, and was reprinted on 1 August 1925.

Putting aside the question of Lefèvre's journalistic ethics, no one can doubt that this book had a tremendous impact on Valéry criticism. Although Lefèvre's exegeses of P.V.'s work are no longer commonly cited, his report of P.V.'s own "propos" still serves as a basic reference in recent studies of P.V. Indeed, there is no reason to doubt their authenticity.

As for Bremond's preface, it was scarcely more original than Lefèvre's text, being composed for the most part of reprinted "Eclaircissements." Bremond teased P.V. with "Heureux Valéry dont le nom reste associé à la notion de Poésie pure! Il ose s'en plaindre, l'ingrat!" (p. vii). Bremond once again reinforced the identification P.V.-Teste: "Du fond de l'abîme où il vient, sous nos yeux, de rouler avec son ami, M. Teste, qui le sauvera?" (p. xxvii). P.V. the nihilist, the "mystique sans Dieu," the "poète malgré lui," all the more recent elements of the myth are included for the edification of present and future generations.

863. Lefèvre, Frédéric: Entretiens avec Paul Valéry... P., Flammarion, 1926. 376 p. ᴄVRY 653 in 12ᴐ

Another edition; identical in all respects to ᴄ862ᴐ.

864. Lefèvre, Frédéric: Entretien avec M. Julien Benda. ᴄ1926ᴐ ᴄXᴐ.

According to J. Boulenger ᴄ849ᴐ, there was a "tirage à part" of Lefèvre's interview with J. Benda, published on 23 May 1925 ᴄ661ᴐ. I have not seen a copy.

865. Louÿs, Pierre: Poësies. P. Crès, 1926. 167 p. Coll. "Le Musée du livre--3." ᴄVRY 866 in 12ᴐ

Poësies contained the poems of Astarté, 1891, ᴄ2ᴐ. Another edition was printed in 1927. The 1927 edition had 156 pages.

866. Maus, Madeleine Octave: Trente Années de lutte pour l'art, 1884-1914. Bruxelles, L'Oiseau bleu, 1926. 511 p.

Writing of Adrien Mithouard, Mme Maus notes: "La pensée semblait être son air comme celui de Paul Valéry..." (p. 275). Mme Maus refers to the lectures of "Libre Esthétique" in Brussels in 1902. Jarry created a panic by beginning his with a resounding: "Merdre!" (Reviewed in ᴄ1249ᴐ.)

867. Maynial, Edouard: Précis de littérature française moderne

et contemporaine, 1715-1925. P., Delagrave, 1926. 268 p. ᴄVRY 887 in 12ᴐ

"La pensée de Paul Valéry, plus que son art si hautain et si difficile, domine aujourd'hui toute la jeune littérature. C'est dans l'Introduction à la Méthode de Léonard de Vinci (1895) et dans la Soirée avec M. Teste (1896) que ses disciples vont chercher aujourd'hui l'origine d'une doctrine à laquelle les récents dialogues, Eupalinos, l'Ame et la Danse (1923), ont donné sa pleine signification..." (p. 238).

"Toute la jeune littérature" is certainly an exaggeration, and P.V. had very few real "disciples." "Doctrine" reveals traces of the myth. Otherwise, Maynial's statement is accurate enough.

868. ᴄMercereau, Alexandreᴐ: ᴄInvitationᴐ. P., Université Alexandre Mercereau (Au Caméléon), 1926. ᴄVRY Ms. 993, I, 117ᴐ

This is a printed invitation announcing a lecture by the poet Yvanhoë Rambosson on 11 June 1926. P.V. was to preside.

869. Paul Valéry. P., Editions de la revue Le Capitole, 1926. 187 p. Coll. "Les Contemporains--2." ᴄVRY 572-580 in 8ᴐ

This volume is a special number of Le Capitole for 15 April. See ᴄ972ᴐ.

870. Porché, François: Paul Valéry et la poésie pure. P., M. Lesage, 1926. 73 p.

Porché traces various uses of the term "poésie pure" since Baudelaire's translation of Poe. This alone should have sufficed to end the argument that "poésie pure" designated one particular sort of poetry, Bremond's poetry of the "ineffable," for instance. The ineffable disappears after intelligent analysis, claims Porché, and he demonstrates this with a virtuoso performance on "L'insecte net gratte la sécheresse." Unfortunately, he exaggerated the beauty of this particular line but his lucid demonstration of its qualities is a joy to read. Porché cites P.V.'s "Au sujet d'Adonis" as a model of criticism. Porché placed too much emphasis on P.V. the philosopher and on the poet's preciosity, but his essay is otherwise excellent. Reprinted in Poètes français depuis Verlaine, 1929. See also:

871. Porché, François: La Vie douloureuse de Charles Baudelaire. P., Plon, 1926. 304 p. Coll. "Le Roman des grandes existences--6."

"...M. Paul Valéry nous semble aller beaucoup trop loin, lorsqu'il représente l'oeuvre baudelairienne comme une sorte d'application des formules et recettes de l'auteur américain" (p. 170).
   This is very probably true, for the reason that P.V. was more interested in Poe's "formules et recettes," and their tremendous impact in France--due, of course, to Baudelaire--than he was in Baudelaire's own work. One sees this clearly in the more schematic passages of <u>Situation de Baudelaire</u>.
   A typed copy of the above quote is in the Valeryanum ⌐VRY Ms. 996, IV, 151⌐.

   872. Prévost, Jean: <u>La Pensée de Paul Valéry</u>. Nîmes, A L'enseigne de la fantaisie, chez Jo Fabre, 1926. 49 p. Coll. "Cahiers du Capricorne, no. 6." ⌐VRY 685 in 8⌐

   "Les Carnets intimes: Le Cahier B 1910," pages 11-24, is reprinted from ⌐666⌐. "Sur la Soirée avec M. Teste," pages 25-29, is reprinted from ⌐665⌐. "Note sur l'art de s'employer," pp. 31-32, contains a quote from <u>La Recherche de la vérité</u> by Malebranche relative to M. Teste. "Les Idées de Valéry--à propos des 'Entretiens'," pp. 33-46, was first published in ⌐927⌐. In his preface, pp. 8-9, Prévost printed a letter from P.V. concerning the first two essays in the volume. P.V. dissociated himself from the myth of Teste in one sentence: "Hélas ou heureusement, je ne fus et ne suis que l'interlocuteur...." (Cf. Hytier in Pléiade, II, 1380.) Note, however, this comment by Prévost: "...je me borne à indiquer en passant ce que doit à cette partie de M. Teste ⌐son allure et...sa mémoire de l'individuel⌐ la manière descriptive des surréalistes et celle en particulier de Louis Aragon." The same year M. Sauvage called Breton "petit-fils de M. Teste...." Both Sauvage and Prévost were very close to the truth of the matter.

   873. Rageot, Gaston: <u>Sens unique--circulation des idées</u>. P., Plon, 1926. 244 p.

   Rageot paraphrases one of P.V.'s fundamental notions concerning inspiration: "Paul Valéry est allé jusqu'à dire--ou à peu près--non seulement que le poète voyait la poésie dans la technique, mais que les difficultés mêmes de cette technique créaient l'inspiration et qu'il était nécessaire de se proposer des obstacles pour provoquer l'élan nécessaire à les franchir" (p. 48).
   Rageot probably had in mind a passage from "Au sujet d'<u>Adonis</u>" in <u>Variété</u>. His repetition of the word "nécessaire" is a curious error. It was precisely P.V.'s refusal to regard classical prosody as néces-

saire," rather than as a salutary influence on the poet, which incurred the wrath of R. de Souza and other purists.

874. Renard, Jules: <u>Journal inédit, 1896-1899</u>; <u>Les Oeuvres complètes</u>, XII. P., Bernouard, 1926.

"28 janvier 1897. Valéry, un prodigieux causeur. Du <u>Café de la Paix</u> au <u>Mercure de France</u>, il montre de surprenantes richesses de cerveau, une fortune. Il ramène tout aux mathématiques. Il voudrait faire une table de logarithmes pour les littérateurs. C'est pourquoi Mallarmé l'intéresse tant. Il y cherche une syntaxe de précision. Il voudrait faire pour chaque phrase ce qu'on n'a fait que pour les mots: une genèse. Il méprise l'intelligence. Il dit que la force a le droit d'arrêter l'intelligence et de la f... en prison. Trop d'intelligence dégoûte d'elle" (p. 467).

With extraordinary lucidity Renard noted the essential qualities that a careful observer would find in P.V. in 1897, shortly after the publication of <u>La Soirée avec Monsieur Teste</u>. This passage was frequently quoted in 1926 and 1927, when another edition of Renard's <u>Journal</u> appeared. This profile reinforced the myth of P.V.-Teste.

875. Rivière, Jacques et Alain-Fournier: <u>Correspondance, 1905-1914</u>, I. P., nrf, 1926. 351 p.

J. Rivière to Henri Fournier (February 1906): "Voici les noms du no. IV [de <u>Vers et prose</u>] qui a l'air plus intéressant [que les précédents]: ...Paul Valéry (cf. <u>Poètes d'Aujourd'hui</u>)" (p. 264). This is the only allusion to P.V. in the correspondence, although Rivière regularly offered lengthy criticisms of what he had read in <u>Vers et prose</u>. Apparently <u>La Soirée avec Monsieur Teste</u> had made no impression on him, or a very slight one, for P.V. to merit only this passing mention. See Rivière's 1922 article on P.V. [240].

876. Sauvage, Marcel: <u>Poésie du temps</u>. Marseille, Cahiers du Sud, 1926, 165 p. "Collection critique--4."

Sauvage considers P.V. among the "Hommes du jour" with these disparaging remarks: "...Valéry, premier prix d'écriture de l'Académie Française.//Don Juan de la Connaissance, non point philosophe, mais encore grand poète, en dépit d'un Gongora de légende." And the characteristics of the "grand poète"? "Du 'Benserade amélioré'--du Racine sans jamais la tendresse de Racine, --du Mallarmé sans jamais le mystère mallarméen" (pp. 107-8). The only sensible statement Sauvage makes concerning P.V. is to call Breton "petit-fils de M. Teste" (p. 127). Here, too, considerable qualification is necessary.

877. Thérive, André: **Le Retour d'Amazan ou une histoire de la littérature française.** P., Le Livre, 1926. 388 p.

Thérive mentions P.V. once as one of the greats of the day (p. 34).

878. Thibaudet, Albert: **La Poésie de Stéphane Mallarmé--étude littéraire.** P., nrf, 1926. 471 p.

Thibaudet's comments on P.V. have not changed since 1912, except for a new chapter on "La Place de Mallarmé." Here Thibaudet points out that "...par delà le Mallarmé réel dont j'ai tenté l'analyse, on pense invinciblement au Mallarmé idéal dont il ne serait que le signe, le Précurseur. Et certes beaucoup des pages qui précèdent, et celles aussi de M. Paul Valéry, doivent s'entendre de ce Mallarmé hyperbolique" (p. 463).

879. Vaillant, Jean-Paul: **Les Ardennais...** Charleville, Ed. de la bruyère, 1926. 247 p.

"...Paul Valéry et Francis Jammes...se rattachent à la lignée des septentrionaux dont les maîtres sont Verlaine et Rimbaud."
P.V., or the "Ardennais malgré lui."

880. Walch, G.: **Anthologie des poètes français contemporains,** III. P., Delagrave, 1926. 526 p. [VRY 5 in 12]

This edition marks the first change in material on P.V. since the original in 1906. Walch omitted the quotation from Souchon's article, replacing it with lengthy quotations from Thibaudet's Paul Valéry [276], a significant improvement. He added "Le Vin perdu," "Dormeuse," and "Le Cimetière marin," of which he wrote: "[C'est] l'un des poèmes les plus abscons et les plus discutés de M. Paul Valéry... Comme c'est, en même temps, celui qui est en passe de devenir le plus célèbre de ses poèmes publiés jusqu'à ce jour, nous avons tenu à le mettre sous les yeux de nos lecteurs, afin qu'ils puissent juger le procès en connaissance de cause."
Was this irony accidental? Without a doubt many readers did first study P.V.'s "célèbre" poem in this volume, having found it

impossible to read the complete text elsewhere. In the bibliography of P.V.'s works which he appended to his commentary, Walch made the curious error of including "Dialogue sur les choses divines" (<u>Revue de Paris</u>, 1926), apparently on the faith of an announcement. (See ₍781₎.) This article never appeared.

881. ₍Anon.₎: ₍Catalogue de la librairie Dechenne.₎ Bruxelles, Librairie Dechenne, ₍1926₎. ₍M₎. ₍VRY Ms. 993, I, 153₎

On pages 32-33 several editions of works by P.V. are offered for sale. The <u>Album de vers anciens</u> (deuxième édition originale) published by Stols in 1926 is offered on "papier de Hollande" for 700 fr.

882. ₍Anon.₎: ₍Catalogue Kra.₎ P., Kra, 1926. ₍M₎. ₍VRY Ms. 993, I, 153₎

Kra has for sale four letters signed by P.V. dating from 1901, 1902, 1921 and one to Paul Fort, undated. None of them is of any particular interest. Kra asks 60 francs each for three of them and 80 francs for the 1921 letter in which P.V. explains that he has nothing to offer for publication at the moment. See Thibaudet's article of 23 October ₍1085₎ concerning the traffic in autographs of living authors.

883. ₍Anon.?₎: "Ici et là," in <u>Histoires littéraires</u>. P., Gallimard, 1926. ₍M₎. ₍VRY Ms. 996, IV, 191₎

Reprints the exchange of verse between P.V. and Tristan Derême concerning the date of P.V.'s birth. See ₍748₎. (According to Etiemble, <u>Le Mythe de Rimbaud</u>, I, 1954, entry 644 <u>bis</u>, Léon Treich compiled this volume.)

884. Massis, Henri: "Paul Valéry et sa pensée," <u>Le Roseau d'or</u>, no. 10 (₍exact date unknown₎ 1926), pp. 53-56. ("Deuxième Numéro de Chroniques.")

See the entry for his contribution to <u>Le Capitole</u> for 15 April ₍972₎. I have been unable to ascertain which was the original printing.

885. Guénot, H.: "De Pierre Corneille à Paul Valéry," <u>Revue</u>

pédagogique, LXXXVIII (janvier-juin 1926), 265-78.

A most unusual article. Guénot undertakes a comparison of Corneille and P.V. in terms of "l'héroïsme valéryen," which is aesthetic, not moral. "La tâche de l'artiste est de vaincre, et, comme dans le domaine moral, la valeur se mesure au nombre et à la force des difficultés vaincues..." (p. 275). Guénot's method is to juxtapose texts by Corneille and P.V. (poems, dialogues, "cycle Teste," and <u>Cahier B. 1910</u>), and he builds an admirable case in favor of the artist-moralist. The article has definite pedagogical value.

886. Anon.: "Un Membre d'honneur de la 'Salvator Viale'," <u>U Fucone</u>, Bastia, 1ère année, no. 1 (1er trimestre 1926), pp. 8-9. ⌐VRY Pr. 395 in 8¬

"Le 22 Novembre 1925, la Salvator Viale a adressé à notre éminent compatriote Paul Valéry, élu à l'Académie française, le télégramme suivant.//Paul Valéry, Académie française,//Paris,//'Fiers votre élection Académie Française, où, Corse et Bastiais, succédez Anatole France, membres Société littéraire régionaliste Corse 'La Salvator Viale', siégeant Bastia, vous adressent sur proposition poète Vecchini, hommage respectueuse admiration et vous prient accepter titre membre d'honneur Société'.//Signé: Santu Casanova, <u>président</u>.// M. Paul Valéry a répondu à Santu Casanova en ces termes: ⌐text of P.V.'s reply follows¬."
P.V. was apparently a "Corse et Bastiais" by birth, since he had spent only a few days in Corsica when he was four years old.

887. Johannet, René: "La Vie littéraire," <u>Les Lettres</u>, 13e année, I, no. 1 (janvier 1926), 82-114.

Six pages are devoted to P.V. in the form of a dialogue between Lui and Moi (Johannet). Lui is so adamantly anti-P.V. that the very reserved appreciation of Moi appears favorable. The dialogue covers P.V.'s election to the Academy, a review of <u>Cahier B. 1910</u>, and vague reflections on "La complexité de Valéry.--Afféterie et banalité.--Virtuosité et puérilité.--Tours de force et préciosité..." The subtitles set the tone.

888. Thibaudet, Albert: "Réflexions sur la littérature--poésie," <u>NRF</u>, XXVI, no. 148 (janvier 1926), 104-13.

Thibaudet enters "le tournoi dit de la poésie pure." He dis-

tinguishes between the two current notions of "poésie pure," Bremond's--
to which he relates Lamartine, Vigny, and Hugo--and P.V.'s--related to
Poe and Mallarmé. (One might well question to what extent Bremond's
theory could be illustrated by any given poet's work.) He expresses
his desire that Bergson deliver the speech receiving P.V. into the
French Academy.

"On liquiderait alors la question du bergsonisme de Valéry,
pour lequel, de Lucien Fabre à Paul Souday, je fus repris sévèrement
par des confrères, et nullement défendu par l'intéressé. Mais je crois
bien que le débat sur la poésie pure a apporté de l'eau à mon moulin."

Thibaudet lists his arguments, which do not convince me. It
is unfortunate, however, that Bergson did not receive P.V. at the Academy. See Bremond's reply to Thibaudet ₍905₎. A résumé of this article appeared in the Chronique des lettres françaises, IV, 1926, 377-78.

889. XXX: "Notes," NRF, XXVI, no. 148 (janvier 1926), 127-28.

"Une suite de fascicules, contenant des fragments inédits ou
des extraits des Cahiers de Paul Valéry, va paraître par les soins de
M. Alexandre Stols, imprimeur éditeur à La Haye, 16, Pijnboomstraat.//
Paul Valéry écrit, en préface à ces Analecta://L'Auteur à ses Amis"
(p. 127). The NRF prints a full page of P.V.'s text. Already in
1925 several newspapers and reviews had publicized the publication of
the Analecta.

890. Delbeke, Dr. René: "Paul Valéry," Vient de paraître
(janvier 1926), ₍M₎. ₍VRY Ms. 993, I, 82₎.

"L'Académie Française devait à Mallarmé cette réparation d'accueillir Paul Valéry."

This was a very commonly held explanation of P.V.'s election.
Dr. Delbeke reveals, however, that he has not followed closely the
current debate when he writes of P.V. as a representative of "La Poésie
pure."

891. ₍Anon.?₎: "Paul Valéry...," Vient de paraître (janvier
1926), ₍M₎. ₍VRY Ms. 993, I, 81₎.

Another announcement of P.V.'s Analecta: "Il n'y aura pas plus
d'exemplaires que de souscripteurs. Ces précautions n'ont pas pour
but de favoriser une entreprise de bibliophilie, mais d'assurer à M.
Paul Valéry le caractère de communication personnelle que doivent avoir
ces cahiers. Ainsi ses Analecta ne seront lues que par des amis et des

amis riches." <u>Vient de paraître</u> would have us believe that P.V. was very careful in choosing his friends.

892. Thérive, André: "Au dossier de la poésie pure," <u>Revue mondiale</u> (1er janvier ⌐1926?⌐), pp. 7-17. ⌐VRY Ms. 1001, IX, 22 bis⌐

Thérive calls "Au sujet d'<u>Adonis</u> ⌐le⌐ plus bel éloge de la forme, ⌐la⌐ plus belle défense du <u>principe parnassien</u>." A questionable statement.

893. Thibaudet, Albert: "Le Courrier de Paris--les lettres," <u>L'Europe</u> <u>nouvelle</u>, 9e année, no. 411 (2 janvier 1926), p. 17.

"La question de la poésie pure fut saisonnière. En parler après le 15 janvier vous disqualifiera."
Bremond apparently did not get the message. He directed his comments of 16 January directly to Thibaudet.

894. Anon.: "Le Courrier de Paris--informations littéraires," <u>L'Europe</u> <u>nouvelle</u>, 9e année, no. 411 (2 janvier 1926), pp. 17-19.

This note follows Thibaudet's article. It carries another announcement of the <u>Analecta ex Manuscriptis Pauli Valerii</u> ⌐sic⌐, "...les notes qu'il jette sur ses carnets tous les matins, depuis trente ans."

895. Bremond, Henri: "La Poésie pure--Eclaircissements X. Renforts," <u>Les Nouvelles littéraires</u>, 5e année, no. 168 (2 janvier 1926), ⌐M⌐. ⌐VRY Ms. 993, I, 74-75⌐

Bremond mentions P.V. incidentally. On 9 January he does not mention P.V. at all.

896. ⌐Lefèvre, Frédéric: "Une Heure avec M. Francis de Miomandre," <u>Les Nouvelles littéraires</u>, 5e année, no. 169 (9 janvier 1926)⌐, ⌐X⌐.

Reprinted in ⌐1163⌐.

897. Anon.: "Entretiens avec Paul Valéry," <u>Les Nouvelles littéraires</u>, 5e année, no. 169 (9 janvier 1926), ⌐M⌐. ⌐VRY Ms. 993, I, 77⌐

According to this announcement, Lefèvre's book was never to be reprinted in its original form. (There was a second edition, identical to the first, published by Flammarion in 1926 ⌐863¬.) A new edition is announced, without Bremond's preface, to contain two new chapters of exegesis and one of "entretiens." Lefèvre must have given up this project; I know of no such edition.

898. Anon.: "Librairie René Férault...," Les Nouvelles littéraires, 5e année, no. 169 (9 janvier 1926), ⌐M¬. ⌐VRY Ms. 993, I, 77¬

The Librairie René Férault advertises for sale several original editions of P.V.'s works, including "Eupalinos é.o. 125 fr. s. Lafuma 325 fr."

899. Gillouin, René: "Causerie littéraire--poésie pure et poésie-prière," La Semaine littéraire, Genève, 34e année, no. 1,671 (samedi 9 janvier 1926), pp. 13-15.

Gillouin centers his article on Bremond and his theories; P.V. is mentioned in passing. Gillouin saw the futility of the entire debate, which was nourished only by "l'incroyable misère de la capacité logique chez nos contemporains." He notes that Bremond's articles would be better termed "Obscurcissements." He had a good point. (Reprinted in ⌐858¬.)

900. Lacretelle, Jacques de: "La Vie littéraire--le foyer de la poésie pure," Revue hebdomadaire, XXXV, no. 1 (9 janvier 1926), 234-37.

Lacretelle comments on J. Boulenger's article in L'Opinion for 7 November 1925. Lacretelle is more confused than Boulenger about what Bremond meant by "poésie-musique," which he claims to prefer to "poésie-raison." Lacretelle interprets "état mystique" in the broadest possible sense, thus refusing the literal interpretation Bremond intended. He follows Bremond and Boulenger in placing P.V. in the camp of "poésie-raison." Lacretelle illustrates perfectly the aptness of Gillouin's comment ⌐899¬. (Reprinted, less the first paragraph, in Aparté ⌐1155¬.)

901. Farges, Abel: "Histoire littéraire et critique," La Muse française, V, no. 1 (10 janvier 1926), 74.

Farges quotes the open letter from Mme de Noailles to P.V. in

‹762›. The traditionalists of La Muse française heartily agreed with the terms of the letter.

902. H.‹enri› L.‹ardanchet›: "Chronique générale--le mercantilisme et la librairie," Bulletin des libraires, ‹no. 448 (15 janvier 1926)›, p. 12. ‹VRY Ms. 993, I, 58 bis›

Lardanchet's article explains the many announcements of P.V.'s Analecta in the French press. He reprints a prospectus which Stols circulated among French booksellers, inviting them to organize, without remuneration, the subscription for the series. He adds: "Nous sommes persuadés que l'écrivain dont le nom s'associe à de pareils calculs, en fut parfaitement innocent. Mais il est bon qu'il les connaisse, et sache que le florin de Hollande a aussi deux faces, comme un simple jeton français.//Quant aux libraires compatriotes de M. Valéry, je pense qu'il est bien inutile de leur indiquer leur devoir."
Did protests like this one contribute to the failure of the enterprise? In any event, only the first volume of the proposed series of Analecta was published.

903. Hirsch, Charles-Henry: "Les Revues," Mercure de France, CLXXXV (15 janvier 1926), 485-87.

Hirsch sharply criticizes G. Lavaud's article of 19 December 1925:
"Il est souverainement injuste d'attribuer au snobisme le succès rapide de M. Paul Valéry. ...la vraie poésie, M. Paul Valéry la 'pratique' vraiment."
The Mercure of course saw in P.V.'s success the just triumph of symbolism in poetry. (With some reservations: see R. de Bury on 1 February ‹924›.) Referring to P.V.'s anticipated speech of "remerciements" at the Academy, Hirsch writes: "...nous aurons du moins un éloge d'Anatole France digne de ce grand modèle et, dans quelque coin du portrait, mais en pleine lumière, un Stéphane Mallarmé peint avec amour et intelligence."
Many others made the same prediction; nearly all were perplexed by P.V.'s speech of 23 June 1927.

904. Chatelain, U.-V.: "Y a-t-il une poésie pure?" Revue des poètes, 28e année, XXI, no. 226 (15 janvier 1926), 3-9.

"...la poésie pure de M. l'abbé Bremond est un rêve, un rêve dangereux.... Ce qu'est la poésie des anges, je ne le sais pas: jusqu'où peut aller la poésie humaine, dois-je l'apprendre de M. Paul Valéry, ou dois-je l'apprendre des poètes, quels qu'ils soient, qui ne font pas profession de mépriser ma raison?"

M. Chatelain apparently considered that P.V. scorned his intellectual capacity. Judging by the value of this article, I suspect M. Chatelain's intellect was not equal to the task he undertook.

905. Bremond, Henri: "La Poésie pure--Eclaircissements XII et dernier. Le Pan-mysticisme d'Albert Thibaudet," Les Nouvelles littéraires, 5e année, no. 170 (16 janvier 1926), p. 5. [VRY Ms. 993, I, 78-80]

Bremond replies to Thibaudet's article [888]. He sets himself up as an authority on the creative process, and the result is quite ridiculous:

"Que cherchent-ils l'un et l'autre, Lamartine et Valéry, quand ils écrivent? Quel est l'enjeu des ratures, ou clairsemées, ou innombrables qu'ils griffonnent? Ils cherchent la solution d'un conflit intérieur qui les tourmente, une sorte de libération.... Dans n'importe quel poème, inspiration, fabrication, cela ne fait qu'un. Que le poète le sache ou non [this is pure Bremond], définir, peindre, émouvoir, choisir et disposer ses mots, tout cela n'est pour lui qu'un moyen de se libérer de la force mystérieuse qui le possède, de s'approprier la réalité d'ailleurs ineffable que l'inspiration lui a offerte."

One is tempted to repeat after Gillouin [899]: "Obscurcissements."

906. Perrine, André de la: "Note en marge du débat sur la poésie pure," La Vie des lettres, XXI ([after 16 January] 1926), 85-88.

Perrine attempts a résumé of the debate after Bremond's final "Eclaircissement." He writes that Bremond "1° Considère Valéry comme le poète par excellence...." This is a false premise which distorts Perrine's view of the debate. One should add in his defense that at this date Bremond had done nothing to clear up the confusion he had created in the minds of many critics. He did so in La Poésie pure [851].

907. Anon.: "L'Influence des milieux méditerranéens sur l'oeuvre de Paul Valéry," Le Petit Méridional, Montpellier, 50e année, no. 19,184 (jeudi 21 janvier 1926), p. 1.

"Notre collaborateur, Jean Dupuy, a reçu de Paul Valéry la lettre suivante. Nos lecteurs en goûteront la délicieuse fraîcheur et l'émotion. Et ils verront, par elle, quelle influence les milieux méditerranéens ont sur l'oeuvre du prince de la 'Poésie pure' ⊏note the odd mixture of Souday and Bremond in this qualification⊐...."
P.V.'s letter is in reply to ⊏809⊐. He reprinted it in Réponses.

908. Souday, Paul: "Les Livres," Le Temps, 21 janvier 1926, p. 3. ⊏VRY Ms. 993, I, 83-84⊐

Souday devotes his entire feuilleton to P.V. and Lefèvre. He criticizes Doumic and the Revue des deux mondes, "qui l'a obstinément ignoré et ne le considère encore que comme un succédané de Jean Aicard...." (See ⊏805⊐.) Souday exults that at last Bremond admits (in ⊏862⊐) the profound difference between his own and P.V.'s notions of "poésie pure." He also notes with satisfaction that in an "entretien" P.V. refused the label of "bergsonisme." (See ⊏888⊐.) Souday has the highest praise for Lefèvre's book, noting that his exegeses of the various "Narcisse" are excellent. Probably the only point on which Souday agreed with both Bremond and Lefèvre was the identification P.V.-Teste:
"M. Teste est Valéry lui-même, ou du moins un moment de Valéry fixé dans une formule et poussé à la limite géométrique."
Souday is pleased that in the series of Une Heure avec... not only men of letters but "presque tous les universitaires interviewés par M. Lefèvre ont parlé de Valéry avec enthousiasme." Souday must surely have known that much of this enthusiasm was either solicited or written by Lefèvre himself. (Reprinted in ⊏1189⊐.) Noted by Talvart, Fiche..., 7e année, 1928, no. 16 (with the date given erroneously as 26 February).

909. Des Gachons, Jacques: "René Boylesve jeune homme--simples notes," Les Nouvelles littéraires, 5e année, no. 171 (23 janvier 1926), p. 2.

Boylesve had recently died; this number of Les Nouvelles littéraires was dedicated to him. Des Gachons notes that Boylesve (René Tardivaux) was in part responsible for P.V.'s being published in L'Ermitage; Boylesve was "secrétaire général" in 1892. Boylesve had also been one of P.V.'s strongest supporters for election to the Academy. P.V.'s own "Souvenir" was printed on page 1.
On page 5 in "A propos de René Boylesve--souvenirs de jeunesse," Edouard Ducoté also recalled P.V.'s publications in L'Ermitage, of which

Ducoté became director in 1896.

910. Anon.: "Revue des revues et revue de la presse," <u>Les Nouvelles littéraires</u>, 5e année, no. 171 (23 janvier 1926), p. 8.

Reprints the second and third paragraphs of P.V.'s contribution to <u>L'Europe nouvelle</u> for 16 January: "Il faut créer une bourse des valeurs littéraires...."

911. [Anon.]: [title lacking], <u>L'Action française</u>, 24 janvier 1926, [M]. [VRY Ms. 993, I, 83]

Reprints P.V.'s letter to J. Dupuy in [907]. (<u>L'Action française</u> erroneously gave the date of publication of the letter as 2 January. Cf. [916].) This note follows: "Les Méridionaux sont heureux de constater qu'un de leurs illustres compatriotes n'a point, dans la fièvre et sous le ciel brumeux de la capitale, oublié les vastes horizons de son pays natal." This sentence reappeared in [916] with no designation of its origin.

912. Anon.: "Bourse," <u>Candide</u>, 28 janvier 1926.

The following is given as a reprint from <u>Les Marges</u>: "La tendance du marché [bibliophilique] est bonne. Affaires nombreuses.// Fermeté du Valéry. Le Gide bien orienté. Le Claudel est discuté. Le France soutenu."

913. P.[aul] S.[ouday]: "Le 'Manuscrit autographe'," <u>Le Temps</u>, 29 janvier 1926, p. 1. [VRY Ms. 993, I, 70]

Souday comments on P.V.'s contribution to the first number of <u>Le Manuscrit autographe</u>: "Paul Valéry a une écriture charmante, mais toute naturelle et spontanée, qui montre combien son oeuvre parfois un peu ardue est, comme on dit, sincère." A bizarre explanation of P.V.'s "hermétisme." (Cf. [1071] for the opposite conclusion.) Souday adds that some of P.V.'s manuscripts had recently brought large sums at auction.

914. [Thiers, A.]: "Propos sur une naissance," <u>Le Caractère</u> (Bulletin de la société d'études du caractère humain), Lyon, no. 2 [1926], pp. 36-39. [VRY Pr. 432 in 8]

The birth in question is that of J. Royère's Le Manuscrit autographe, the first number of which appeared in January. Thiers quotes from P.V.'s article on the value of the manuscript, refusing to judge P.V. and bowing before "la supériorité intellectuelle de M. Paul Valéry."
A. Thiers was editor-in-chief of this bulletin and is the probable author of this compte rendu.

915. Anon.: "Le Courrier de Paris--informations littéraires," L'Europe nouvelle, 9e année, no. 415 (30 janvier 1926), pp. 143-44.

"M. Jean de la Coulisse publie dans Les marges, une petit côte de la bourse des éditions originales et des tirages restreints. Voici son dernier bulletin:...." (Identical to ⊏912⊐.)

916. Anon.: "A Montpellier," Les Nouvelles littéraires, 5e année, no. 172 (30 janvier 1926), p. 6. ⊏VRY Ms. 595₃₆⊐

Reprints P.V.'s letter to J. Dupuy which first appeared in ⊏907⊐. Les Nouvelles littéraires, however, copied the text from ⊏911⊐.

917. Les Alguazils: "Courrier des lettres--échos," Le Figaro, 73e année, no. 31 (dimanche 31 janvier 1926), p. 4. ⊏VRY Ms. 698⊐

Another reprint of P.V.'s recent article on "Le Manuscrit" in Le Manuscrit autographe, no. 1. P.V. himself reprinted "Le Manuscrit" in Réponses, 1928, under the title "Sur l'écriture."

918. Anon.: "A l'Académie Française," France: supplément mensuel de France-Amérique, XXI, no. 170 (février 1926), planche VI.

A photograph presents P.V. as a new member of the French Academy. "M. Paul Valéry, essayiste et philosophe, est avant tout un poète." Similar formulae were used by many critics to present P.V. to their readers immediately after his election.
Talvart (Fiche..., 73 année, 1928, no. 16) noted an article on P.V. in France-Amérique for 3 January. See the quotation from this article in ⊏924⊐.

919. Beaujard, Paul: "Paul Valéry," Le Grenier, Orléans, no. 12 (février 1926), pp. 265-70. ⊏VRY Pr. 485 in 8⊐

Bremond's P.V.-Teste identification was very successful. Note the assimilation: "J'avoue d'ailleurs ne connaître des oeuvres consacrées à l'étonnant M. Teste que ce qui en apparaît dans les éclaircissements hebdomadaires que l'abbé Bremond donne aux 'Nouvelles littéraires'."

False modesty, no doubt. M. Beaujard had certainly read L. Fabre's article ┌384┐ in order to paraphrase him so well here.

920. Zay, Jean: "Chronique," <u>Le Grenier</u>, Orléans, no. 12 (février 1926), pp. 261-63. ┌VRY Pr. 485 in 8┐

"Paul Valléry ┌sic┐" is a member of the left wing of the French Academy. P. Souday had put this expression in circulation.

921. Anon.: "Revue des revues et revue de la presse," <u>Les Nouvelles littéraires</u>, 5e année, no. ┌unknown┐ (février 1926), ┌M┐. ┌VRY Ms. 993, I, 86┐

"<u>L'Ane d'or</u> qui paraît à Montpellier salue Paul Valéry académicien."

922. Rouveyre, André: "Frédéric Lefèvre ou l'art d'écrire avec les jambes," <u>Vient de paraître</u>, février 1926, pp. 66-67.

Rouveyre's criticisms of Lefèvre resemble J. Boulenger's in ┌849┐. Rouveyre writes of P.V.: "...celui qui l'a reçue ┌Lefèvre's visit┐ avec le plus d'enthousiasme et qui a donné à l'Homme-Affiche le plus gros paquet de copie sur lui-même est M. Valéry: celui-ci a remis 150 pages de livre! La farce est bonne! Il est ainsi devenu la plus grosse et la plus tapageuse créature de Lefèvre, qui l'a particulièrement 'chauffé' pour l'Académie, appuyant en cela l'abbé Bremond ce spirituel petit énervé, et la toute brillante et ironique Mme Lucien Muhlfeld."

Rouveyre's comments on P.V.'s campaign for election to the Academy are accurate--epithets aside--but his claim that P.V. wrote all the <u>Entretiens</u> himself is rash, to say the least. Rouveyre specialized in <u>éreintements</u> and in November 1927 he attacked P.V. viciously in ┌1697┐.

923. ┌Anon.┐: "Les Nouveautés et les nouvelles littéraires," <u>Vient de paraître</u>, février 1926, p. 60. ┌VRY Ms. 993, I, 94┐

"Nous aimons beaucoup M. Paul Valéry, mais nous n'aurions pas donné 21.000 francs pour le plaisir de posséder les 42 feuillets manuscrits de l'Eupalinos." In ⊂913⊃ Souday reacted with undisguised pleasure to the same news. P.V.'s popularity with bibliophiles was to cause him some very embarrassing moments in late 1927 and early 1928.

924. Bury, R. de: "Les Journaux," Mercure de France, CLXXXV (1er février 1926), 751.

R. de Bury quotes a statement P.V. reportedly made for France-Amérique of 3 January: "...j'ai toujours été, dans ma propre pensée, simplement celui qui vient représenter, à l'Académie Française, un mouvement littéraire actif, extraordinairement développé et extrêmement différencié...qui n'avait, jusqu'ici, jamais eu l'honneur d'entrer à l'Académie Française."
R. de Bury's comment is pertinent: "S'il s'agit du symbolisme, il me semble que M. Henri de Régnier le représentait déjà, avec majesté, à l'Académie. Que M. Valéry nous dise le mouvement 'extrêmement différencié' qu'il symbolise, et qui n'avait jusqu'à lui 'jamais eu l'honneur...'." P.V. could have been more courteous to Régnier, who had supported him at the Academy.

925. Souza, Robert de: "Un Débat sur la poésie," Mercure de France, CLXXXV (1er février 1926), 594-622.

R. de Souza gives the first clear explanation of abbé Bremond's intent in his speech of 24 October 1925. He knew better than anyone else what role P.V. played in Bremond's theory of "poésie pure." (See ⊂717⊃.)
"Grand admirateur littéraire de M. Paul Valéry, pour détourner de la marche au fauteuil l'obstacle que son candidat rencontrait dans le reproche d'obscurité qui lui était fait généralement, il tint à rattacher toute sa défense mystique du lyrisme à l'auteur même de Charmes."
R. de Souza was soon to edit Bremond's "éclaircissements" for publication in La Poésie pure, which appeared in October, one year after Bremond's already historic speech. Souza expanded this article for inclusion in that volume ⊂851⊃, adding a number of severe criticisms of P.V.
A brief compte rendu of this article appeared in La Muse française, V, 1926, 235.

926. A.⊂drienne⊃ M.⊂onnier⊃: "La Gazette," Le Navire d'argent,

no. 9 (1er février 1926), pp. 89-96. ⸢VRY Pr. 112 in 12⸣

Mlle Monnier quotes from memory a statement in which P.V. distinguished his notion of art from Mallarmé's.

"Moi, je n'ai jamais donné à l'art, littéraire ou autre, une importance essentielle, je ne l'ai jamais mis au-dessus des autres manifestations de la vie; pour moi, c'est un jeu" (p. 89).

She also quotes from a letter Pierre Klossowski had written concerning Rilke's translations of P.V.'s poems. According to Klossowski, "Il semble...que celui-ci ⸢P.V.⸣ ait marqué de son empreinte certains poèmes des Elégies et surtout Orpheus." In conclusion, Klossowski calls Rilke's relationship with P.V. "une affinité élective."

927. Prévost, Jean: "Sur une exégèse de Paul Valéry," NRF, XXVI, no. 149 (1er février 1926), 173-81.

Prévost writes a long and enthusiastic review of Lefèvre's Entretiens avec Paul Valéry. He completely approves of Lefèvre's interviewing technique and lauds his exegeses of P.V.'s poems, La Jeune Parque in particular. Strangely enough, Prévost deplores what he considers to be P.V.'s exaggerated admiration of Poe. His reasons are not clear. He is quite wrong in claiming that P.V. invented the term "poésie pure." (Cf. Les Treize in L'Intransigeant throughout November 1925.) Later in 1926 Prévost reprinted this article in ⸢872⸣. Les Nouvelles littéraires cited this article (good publicity for Lefèvre) on 13 February. A résumé appeared in the Chronique des lettres françaises, IV, 1926, 504-5.

928. Souday, Paul: "Les Livres," Le Temps, 4 février 1926, p. 3.

In his review of Les Faux-Monnayeurs ⸢585⸣ Souday accurately identifies the Paul-Ambroise "⸢qui⸣ apparaît...dans les intermèdes idéologiques" as P.V. Souday recognizes that Gide admires P.V., but doubts that he understands him. The criticism is rash, for it is probable that Gide simply took the opinions he attributed to Paul-Ambroise directly from P.V.'s own letter to him or from P.V.'s published reflections on aesthetics.
Reprinted in ⸢1189⸣, pages 95-105.

929. Tundianu, B.: "En Roumanie," Les Nouvelles littéraires, 5e année, no. 173 (6 février 1927), p. 6.

"Un grand poète roumain, M. Jean Minulesco.--...M. ₵Lucien₎ Fabre se fit le plaisir de présenter M. Minulesco, de passage à Paris, à Paul Valéry et à ses amis." (This was in 1925, according to Tundianu.)

930. Farges, Abel: "Histoire littéraire et critique," La Muse française, V, no. 2 (10 février 1926), 153.

Echoes of: Lefèvre's article ₵817₎; Chatelain's article ₵904₎.

931. P.₵aul₎ S.₵ouday₎: "Un Accès d'hugophobie," Le Temps, 12 février 1926, p. 1.

"...l'on sait que le nom de Paul Valéry n'y avait point paru ₵à la Revue des deux mondes₎ avant son élection à l'Académie française, au lendemain de laquelle il y fut comparé à Jean Aicard."
Souday, like the proverbial elephant, never forgets.

932. Soulairol, Jean: "Architecture ou Paul Valéry et Saint-Thomas d'Aquin," Vie catholique en France et à l'étranger, 3e année, no. 72 (13 février 1926), pp. 5-6.

Soulairol relates an interesting anecdote told to him by Pasteur Vallery-Radot. Before the war P.V. is supposed to have attended regularly a series of lectures on St. Thomas Aquinas given by a Dominican priest in the home of Louis Rouart. Soulairol himself discussed the Summa theologica with P.V. "Paul Valéry, tout en me parlant de la Somme, se défendait d'être philosophe et affirmait qu'il n'apportait qu'un témoignage d'artiste. ... Voici qu'un auteur qui semble la suprême fleur de la poésie la plus raffinée, tout nourri des disciplines les plus intellectuelles, de Léonard de Vinci à Mallarmé, affirme la beauté lumineuse des écrits de l'Angélique. ... Chez saint Thomas, me disait-il encore, la forme esthétique se confond avec la forme logique. La beauté du langage est celle même de la pensée, à ce point qu'un commentateur médiocre et prolixe le montre presque malgré soi."
This statement could only contribute to P.V.'s favor among the neo-Thomists of Le Roseau d'or. The "Maître Général des Frères Prêcheurs" (Dominicans) himself wrote on P.V. in February 1927 ₵1237₎. Mauriac corroborated Soulairol's claim that P.V. had attended this series of lectures: "M. Paul Valéry que pourtant nous vîmes naguère à des conférences dominicaines sur saint Thomas d'Aquin..." ₵122₎. Talvart noted Soulairol's article in Fiche..., 7e année, 1928, no. 16.

933. Maurois, André: "Entretiens avec Paul Valéry," Journal de Genève, numéro littéraire et économique, 97e année, no. 45 (lundi 15 février 1926), p. 1. ⌐VRY Ms. 993, I, 85¬

Another enthusiastic review of Lefèvre's book. Maurois's appreciation of P.V. contains traces of the myth of P.V. the nihilist.

934. Rambaud, Henri: "Les Lettres--Entretiens avec Paul Valéry," La Revue universelle, XXIV, no. 22 (15 février 1926), 484-92. ⌐VRY Pr. 619 in 8¬

Very favorable to Lefèvre. A long passage was quoted in Les Nouvelles littéraires on 27 February, for obvious reasons. "Orion" wrote a compte rendu of this article in ⌐936¬ and Talvart noted it in Fiche..., 7e année, 1928, no. 16.

935. P.⌐aul¬ S.⌐ouday¬: "Le Point de vue de Sirius," Le Temps, 15 février 1926, p. 1. ⌐VRY Ms. 993, I, 85¬

Souday mentions P.V. in this review of Lefèvre's Entretien avec M. Julien Benda ⌐864¬, which was in fact entirely written by Benda.

936. Orion: "Le Carnet des lettres, des sciences et des arts," L'Action française, ⌐after 15 February¬ 1926, p. 6. ⌐VRY Ms. 993, I, 151¬

Orion praises Rambaud's article ⌐934¬. He concludes: "Il faudrait qu'un jour quelqu'un tirât au clair les deux sens extrêmes et contradictoires en apparence donnés à la notion de poésie pure. Côté miss Harriette ⌐Bremond¬: effusion mystique. Côté Valéry (à la limite): fabrication souveraine, triomphe de l'art poétique." L'Action française was no more friendly to Bremond than was Le Temps.

937. Clément-Janin: "L'Amour du livre--L'Ame et la Danse et les lithographies de Raphaël Drouart," Candide, 18 février 1926, ⌐M¬. ⌐VRY Ms. 993, I, 86¬

A review of the limited edition of L'Ame et la danse published by Le Livre contemporain with lithographs by Drouart. Clément-Janin praises both text and lithographs. An anonymous note on the same page of Monod's collection, clipped from Candide for the same date, relates an anecdote concerning P.V.'s attendance at Emile Picard's reception

at the Academy.
"M. Paul Valéry, lui, est un nouveau. Quand il est entré, accompagné de Mme Valéry, personne ne l'a reconnu. Les huissiers l'ont laissé se débrouiller, et, dans la salle déjà bondée, il a eu grand'peine à trouver une place. 'Je ne me plains pas, disait-il, la seule fois où je suis venu ici, on m'avait casé au fond d'une tribune; je me suis fait écraser et je n'ai rien vu du tout'."
P.V.'s days of incognito at the Academy were numbered.

938. Souday, Paul: "Les Livres," Le Temps, 18 février 1926, p. 3.

Souday accuses Jammes in Ma France poétique of "borrowing" an image from P.V. Jammes wrote in "Le Bas-Armagnac" of "les gourdes de leurs seins" which Souday sees as taken from P.V.'s "la gourde belle" in "L'Abeille." The accusation is gratuitous, although the comparison is interesting.

939. Anon.: "A Lyon," Les Nouvelles littéraires, 5e année, no. 175 (20 février 1926), p. 6. [VRY Ms. 993, I, 86]

"Paul Valéry a fait samedi dernier, salle du Conservatoire, une conférence. Il a égrené ses souvenirs sur Mallarmé, Pierre Louys, Huysmans, Degas et Monet."
To my knowledge there were no other echoes of this lecture in the Parisian press.

940. Loewel, Pierre: "La Vie littéraire," L'Avenir, 24 février 1926, [M]. [VRY Ms. 993, I, 89-90]

This is an important article of four long columns. Loewel raises intelligently the question of snobism as an element in P.V.'s recent election to the Academy. Unlike his colleagues who merely made the accusation without considering its relevance, Loewel adds a pertinent comment.
"Nous ne saluons en ce succès qu'une forme ironique de la vie allant brusquement chercher dans sa retraite, avec un cortège bruyant de coryphantes zélés, un penseur qui ne pensait pas à elle."
Thibaudet made substantially the same comment, pointing out the dangers of public favor for a writer like P.V. [1540]. Loewel queried whether the snobs who had "made" P.V.'s reputation would not be his downfall. P.V. himself was characteristically lucid about the nature of his success, and he knew better than his critics on whom to

Les grandes œuvres sont celles qui deviennent grandes, et poussent comme des plantes dans le temps, et non nécessairement dans toutes les têtes dont il en est qui leur sont comme de pierres sont aux racines que les racines contournent.

C'est dire que les grandes œuvres prennent leur substance et leur accroissement dans l'espace, leurs auteurs mènent comme de graines mais

Les auteurs les éditeurs se disputent le lecteur. Voilà le principe et la fin de la littérature. L'excellence du produit, la vanité de d

Rien ne sert de masquer ce point fondamental. Pour un auteur, le lecteur est source de profit, fontaine de compliments, accroissement de sa personne extérieure, miroir qui avantage, écho qui amplifie institution qui conserve, et gage d'un in sæcula sæculorum. Il considère le public comme ses vaches et ses trompettes. Mais encore doit-il se faire illusion sur ce public.

Peu d'auteurs se refusent un lecteur incapable de résistance.

Mais qu'importe un lecteur incapable d'effort ?

See ⌐940⌐

Le Vieux de la Montagne.

Tactique littéraire et autre.

L'expérience enseigne l'importance capitale d'acquérir le dévouement d'une poignée de gens choisis. Qui n'a pas une brigade de fanatiques n'a rien. Le mieux est que ces hommes soient divers, spontanément gagnés, qui et surtout qu'ils se sentent augmentés, distingués, anoblis par leur amour de leur idole. Ce sont ces petites troupes qui font traverser les annuels et les modes de l'opinion à une œuvre ou à une idée. La marche de l'Évangile est l'acte de quelques individus. Les ouvrages qui percent le temps sont de ceux qui se copient à la main et qui se retiennent dans les mémoires.

La sottise des historiens, (et singulièrement de ceux de la littérature), est grande, qui ne voit pas ces choses et qui prétend juger in abstracto (et Dieu sait avec quelles abstractions! ce qui a vie concrète et certaine.

C'est pourquoi le singulier le rare le difficile est souvent plus durable que son contraire, car il se distingue ceux qui le goûtent. Ils s'y consacrent

count for the continued prestige of his work. He noted in August 1924, at about the time when his candidacy for the French Academy became a serious possibility: "Le Vieux de la Montagne. Tactique littéraire et autre.

L'expérience enseigne l'importance capitale d'acquérir le dévouement d'une poignée de gens choisis. Qui n'a pas une brigade de fanatiques n'a rien. Le mieux est que ces hommes soient divers, spontanément gagnés, et surtout qu'ils se sentent augmentés, distingués, annoblis par leur amour de leur idole. Ce sont ces petites troupes qui font traverser les années et les modes de l'opinion à une oeuvre ou à une idée. La marche de l'Evangile est l'acte de quelques individus. Les ouvrages qui percent le temps sont de ceux qui se copient à la main et qui se retiennent dans les mémoires.

La sottise des historiens, (et singulièrement de ceux de la Littérature), est grand, qui ne voit pas ces choses, et qui prétend juger in abstracto (et dieu sait avec quelles abstractions![)] ce qui a vie concrète et certaine.

C'est pourquoi le singulier[,] le rare[,] le difficile est souvent plus durable que son contraire, car il distingue ceux qui le goûtent." (Cahiers, X, 164).

Those who would make of P.V. an ivory tower poet, as well as those who cried "snobism!", could learn much from this brilliant page in which P.V. outlined the present and future prospects of his work.

Talvart noted Loewel's article in Fiche..., 7e année, 1928, no. 16.

941. Soulairol, Jean: "Cinq Minutes avec Frédéric Lefèvre," Candide, 25 février 1926, [M]. [VRY Ms. 993, I, 90]

P.V. is mentioned incidentally.

942. Aumont, Gérard: [title lacking], Le Petit Matin, Tunis, [25] février 1926, [X].

A compte rendu of a lecture Frédéric Lefèvre gave in Tunis the previous day. "La conférence de M. Frédéric Lefèvre, ...sur le grand poète Paul Valéry, a obtenu un succès d'une qualité rare et peut être considérée comme un événement en ce sens qu'elle a dévoilé une personnalité profonde, un enthousiasme impérieux et un orateur au talent dramatique et original mis au service d'un des plus grands poètes du monde, du premier poète français contemporain."

Quoted, quite naturally, by Les Nouvelles littéraires for 6 March. Lefèvre could not have written it better himself.

943. Patin, Jacques: "Le Carnet du bouquiniste," Le Figaro, supplément littéraire, nouvelle série, no. 360 (samedi 27 février 1926), p. 3.

Lefèvre's Entretiens avec Paul Valéry judged an "important ouvrage." A long review with numerous citations.

944. Guilac, H. ꞏenriꞏ: "Mannequins," Les Nouvelles littéraires, 5e année, no. 176 (26 février 1926), p. 8.

Guilac proposes dress styles named for contemporary works: "Couleur du temps, Le Bon Plaisir (de Henri de Régnier) ou Charmes (Paul Valéry) pour de gracieux déshabillés?" Insipid.

945. Jaloux, Edmond: "L'Esprit des livres," Les Nouvelles littéraires, 5e année, no. 176 (27 février 1926), p. 5. ꞏVRY Ms. 993, I, 91ꞏ

Jaloux writes an enthusiastic review of Entretiens avec Paul Valéry by Lefèvre, his editor-in-chief....

946. Anon.: "Revue des revues et revue de la presse," Les Nouvelles littéraires, 5e année, no. 176 (27 février 1926), p. 7.

More publicity for Lefèvre in the form of a long quotation from H. Rambaud's review of his book ꞏ934ꞏ.

947. Monsieur Teste: "Les Heures et les jours," La Vie montpelliéraine et régionale, Montpellier, 33e année, no. 1,640 (samedi 27 février 1926), p. 3. ꞏVRY Ms. 993, I, 107ꞏ

"Teste" relates the conversation at a dinner of "littérateurs" in Paris in autumn 1925. Lefèvre was present and later took the others to visit P.V. at home. P.V.'s remarks to the group, as reported by "Teste," are suspiciously similar to passages of Lefèvre's Entretiens...

948. Bocquet, Léon: "Lettre de Paris--la querelle de la poésie pure," Renaissance d'Occident, Bruxelles, 7e année, XVII, no. 2 (mars 1926), 186-90.

Bocquet recalls the first violent exchanges between Bremond and

[952]

Souday in October 1925. He concludes: "Si tout ce bruit n'a pas été provoqué pour l'unique défense et illustration de la poésie de M. Valéry, il faut convenir que ç'a **été** cette querelle, un beau coup d'épée dans l'eau. Un coup d'épée d'académicien." Well said.

949. [author and title unknown], Vient de paraître, mars 1926, [M]. [VRY Ms. 993, I, 109]

A note praising the new edition of La Jeune Parque with engravings by Daragnès, published by Emile-Paul.

950. J.[ean] P.[révost]: "Revue de la critique--opinions--les essais," Le Navire d'argent, no. 10 (1er mars 1926), p. 219. [VRY Pr. 113 in 12]

Prévost reprints a full page of P.V.'s article in honor of René Boylesve, which appeared in Les Nouvelles littéraires for 23 January. He omits only the first 3 1/2 and the last 2 paragraphs of the original printing. Prévost calls it "une admirable page." On page 213 Prévost also mentioned P.V. in a review of Giraudoux's Bella. Adrienne Monnier, in her monthly "Gazette," page 230, also mentioned P.V. incidentally.

951. P.[aul] E.[luard]: "Le Cas Lautréamont--d'après le 'Disque Vert'," La Révolution surréaliste, 2e année, no. 6 (1er mars 1926), p. 3.

"A propos de Tout comme à propos de Rien, les poussiéreux époux de la Bêtise se donnent rendez-vous. Désignons-les une fois de plus. ...
M. Paul Valéry, le Prédestiné-Ridicule, en arrive tout de même à parler comme ses pairs: 'Il y a un temps infini (sic)...j'avais dix-neuf ans.'"
The three dots supplied by Eluard separate two unrelated statements in P.V.'s text (Pléiade, I, 1737). A rather underhanded trick. Eluard was undoubtedly angered by P.V.'s lack of reverence for the principal god in the Surrealist pantheon. His comments were reprinted in Paul Eluard: le poète et son ombre, Seghers, 1963, pages 117-18.

952. Mauclair, Camille: "L'Idolâtrie de 'l'état pur' dans l'art moderne," Revue de France, VI, no. 2 (1er mars 1926), 41-69. [VRY Pr. 344 in 8]

In a section on "'L'Etat pur' dans la poésie" Mauclair undertakes an explanation of Bremond's and P.V.'s use of the term "poésie pure." On the whole he merely paraphrases P.V.'s own statements on the subject, but in conclusion he attempts to reconcile the two very different concepts by subsuming both under "la musique elle-même, que la poésie moderne ne cesse de cotôyer" (p. 52). Mauclair thus confuses the debate still further. Note that the third generation of symbolists and Mauclair in particular persisted in the symbolist ideal of a fusion of the arts. This tendency could only be harmful in a discussion where a clear definition of terms was required. Maurice Brillant made this point in Le Correspondant for 25 March; he did not mention P.V.

953. Anon.: "Le Courrier des lettres--informations littéraires," L'Europe nouvelle, 9e année, no. 420 (6 mars 1926), pp. 302-3.

Cites a passage of P.V.'s "Retour de Hollande" from the Revue de France for 1 March; there is a short paragraph on P.V. and Descartes.

954. Eymieux, Paul: "'Les Nouvelles littéraires' en Tunisie," Les Nouvelles littéraires, 5e année, no. 177 (6 mars 1926), p. 2. ⊏VRY Ms. 993, I, 94-95⊐

Eymieux quotes from an article in the Dépêche tunisienne concerning Lefèvre's lecture on P.V. in Tunis on 24 February. P.V. is called "...une gloire de la pensée française, de la pensée occidentale...." Eymieux also cites G. Aumont's article on Lefèvre's lecture. See ⊏942⊐.

955. Anon.: "Revue des revues et revue de la presse," Les Nouvelles littéraires, 5e année, no. 177 (6 mars 1926), p. 7.

"--Nous avons eu la joie de lire deux essais de Paul Valéry ces jours-ci, l'un qui est signé Edmond Teste est une suite de pensées, de réflexions sur les sujets les plus divers, il a paru dans Commerce."
P.V. had entitled his article in Commerce, VI, for winter 1925: "Edmond Teste: Extraits de son Log Book." The significance of the title is to be found in the material of the article, all of which P.V. took from his own "cahiers" for 1896, the year of Teste. P.V. had found that his identification with Teste in the eyes of the public could be turned to advantage.
The second article mentioned above was "Le Retour de Hollande."

956. Anon.: "Revue des revues et revue de la presse," <u>Les Nouvelles littéraires</u>, 5e année, no. 178 (13 mars 1926), p. 5.

"--Verhylle a donné en tête de la <u>Mutualité des Arts</u> deux grands articles consacrés à Frédéric Lefèvre et à ses deux récents ouvrages: <u>Une heure avec</u>...(3e série) et <u>Les Entretiens avec Paul Valéry</u>...."
Lefèvre is said to be an important influence in contemporary letters. The writer, of course, worked for him....

957. Vautel, Clément: "Mon Film," <u>Le Journal</u>, 21 mars 1926, [M]. [VRY Ms. 993, I, 94]

Vautel attacks the Comité France-Amérique and the Comité Séquana which had instituted lists of recommended French books for American readers. P.V., whose <u>Variété</u> was so listed, is the fourth author Vautel berates: "Un recueil de bavardages de M. Paul Valéry, auteur bien fait pour décourager, rebuter et dégoûter tous ceux qui ont pris la peine d'apprendre la langue de Voltaire...."
Only Vautel's name was clement.

958. [G.-L. Manuel Frères]: "[Cliché de] Paul Valéry de l'Académie française," <u>Lisez-moi</u>, nouvelle série, no. 94 (25 mars 1926), [cover]. [VRY Ms. 993, I, 108 bis]

More a document of iconography than of criticism, this portrait appeared on the cover of the number in which "Anne" was reprinted.

959. Picq-Fevez, Louis: "Propos impromptus de M. Stick sur Paul Valéry," <u>L'Essor</u>, Dijon, 1ère année, no. 7 (avril 1926), pp. 3-10. [VRY Pr. 172 in 4]

Picq-Fevez presents an excellent apologia of P.V.'s poetry in the form of a dialogue between M. Stick, an ardent admirer, and M. Dubourg, an unabashed Philistine.

960. Métérié, Alphonse: "La Poésie," <u>Revue hebdomadaire</u>, XXXV, no. 4 (avril 1926), 385-89.

Mentions the epigrams concerning P.V. in <u>Clavecin</u> by Fagus [855]. Métérié notes the comparison of P.V. with J.-B. Rousseau.

961. Colette: "Réplique de Mme...," *Conferencia*, 20e année, no. 8 (1er avril 1926), pp. 377-82. ⸢VRY Pr. 445 in 8⸥

Paul Reboux (see ⸢962⸥) questioned Colette on her literary preferences. Asked to say something about P.V., she replied: "J'aimerais bien vous dire quelque chose... J'aimerais même vous dire des vers de Paul Valéry... Mais j'en connais si peu!... C'est magnifique. Pourtant, il y a là une sorte de magnificence figée, une... C'est comme ces presse-papiers de la Restauration ou du second Empire, un de ces presse-papiers de verre... C'est d'une couleur, d'une forme particulière... C'est enfermé dans une matière translucide... Personne ne sait très bien ce que cela représente, ni avec quoi c'est fait... Par conséquent, cela garde son mystère... Et par conséquent, cela a chance de durer."

It took the charm of Colette to turn an embarrassing question into a flattering compliment. This was certainly the first time P.V. had been compared to a paper-weight.

962. Reboux, Paul: "Comment ils écrivent, de Marcel Proust à Jean Cocteau," *Conferencia*, 20e année, no. 8 (1er avril 1926), pp. 368-82. ⸢VRY Pr. 445 in 8⸥

The text of a speech given at the Université des Annales on 4 December 1925. Reboux's statements were intended to be amusing, but his conclusion on P.V. is pure burlesque: "Il est égocentrique, philosophique, bergsonien, géomètre, abstrait, psychique, métaphysicien, irradiant... tels sont les termes employés par ses admirateurs. Voilà qui va le mieux du monde. Croyons-les sur parole. Inclinons-nous. Elevons nos âmes vers ce poète invisible comme Dieu, et, comme lui, impénétrable en ses desseins. Et gardons-nous, n'est-ce pas, de nous laisser ranger au nombre des Philistins, des Béotiens, des Barbares, en préférant quelque misérable chanson populaire...."

How much more dignity there was in Colette's reply to Reboux.

963. Hirsch, Charles-Henry: "Revue de la quinzaine--les revues, *Mercure de France*, CLXXXVII, no. 667 (1er avril 1926), 196.

"*Commerce* (numéro d'hiver):... --Extraits du *Log Book*, de M. Edmond Teste, de l'Académie française, sans doute?" See ⸢955⸥.

964. Monnier, Adrienne: "La Gazette," *Le Navire d'argent*, no. 11 (1er avril 1926), p. 325. ⸢VRY Pr. 114 in 12⸥

An anecdote concerning P.V.'s current popularity among the snobs.

"Certes [says Mlle Monnier], il n'y a pas une fille bien née, actuellement, qui ferait semblable réponse [designating Paul Géraldy as her favorite poet]. Elle nommerait sûrement Valéry ou Saintléger-Léger, et ceux-là n'en seraient pas tellement fiers." See [940].

965. Prévost, Jean: "Revue de la critique--opinions," Le Navire d'argent, no. 11 (1er avril 1926), p. 307. [VRY Pr. 114 in 12]

Prévost quotes from E. Jaloux's review of the Entretiens avec Paul Valéry: "...En dehors de l'admiration que nous avons pour lui, nous devons être fort reconnaissants à M. Paul Valéry d'avoir réintégré la notion de poésie dans un certain esprit public et de contribuer à répandre la lumière sur un des plus beaux, des plus purs et des plus grands phénomènes de la vie spirituelle." Prévost does not give the source of the review: [945].

966. Pierre-Quint, Léon: "Lectures," Revue de France, VI, no. 2 (1er avril 1926), 531-52. [VRY Pr. 579 in 8]

Pierre-Quint judges Lefèvre's Entretiens... an excellent introduction to P.V.'s work. He follows P. Lièvre in ranking P.V.'s prose far higher than his poetry. Thus he considers Thibaudet's Paul Valéry an "étude curieuse, mais sans nécessité, trop théorique et obscure." La Soirée avec M. Teste, of course, "est son oeuvre la plus importante." Pierre-Quint sees P.V.'s international fame as based on "un effort intellectuel tendu vers une perfection sublime...." In other words, an intellectualism born of the myth of P.V.-Teste.

967. Anon.: "A Florence," Les Nouvelles littéraires, 5e année, no. 181 (3 avril 1926), p. 6.

"Voici le programme que la section florentine de l'Alliance Française développe, cette année, devant un public très choisi, au Palazzo di Parte Guelfa: 16 avril, Le Roman à couverture jaune, conférence par Mme Camille Mallarmé; 23 avril, Poésie pure (d'André Suarès à Paul Valéry), conférence par Mme Camille Mallarmé...."
The title does not promise a particularly lucid treatment of the subject.

968. Anon.: "Les Livres nouveaux," La Petite Illustration, no.

282; Roman, no. 121 (10 avril 1926), p. 66.

Mentions P.V.'s contribution to the Tombeau de Pierre Louÿs ⌐600¬.

969. Fontainas, André: "Dans l'imbroglio de la poésie pure," La Muse française, V, no. 4 (10 avril 1926), 250-64.

An amusing article in which Fontainas compares the factions warring over "poésie pure" to Guelphs and Ghibellines. He states accurately that P.V.'s preface to Connaissance de la déesse, which, via Bremond, triggered the hostilities, has been left well behind the front lines.
When Fontainas attempts to analyze the import of P.V.'s preface, however, his claims are not entirely accurate. He writes of an "indéfinissable" in poetry, by which he probably means the "élément musical" but which resembles too closely Bremond's "ineffable."

970. Gouhier, H.: "En écoutant Valéry et Lefèvre," Revue des jeunes, organe de pensée catholique & française d'information & d'action, 16e année, no. 6 (10 avril 1926), pp. 34-40.

Seven unimportant pages praising Lefèvre's Entretiens avec Paul Valéry. Lefèvre was a contributor to this review. Noted by Talvart, Fiche..., 7e année, 1928, no. 16.

971. Charny, Maurice: "Sur la zone d'influence de quelques oeuvres littéraires modernes," Les Cahiers de la république des lettres, des sciences et des arts, 1ère année, no. 1 (15 avril 1926), pp. 62-66. ⌐VRY Pr. 320 in 12¬

The first number of this review was devoted to an "enquête" with the bizarre title: "De l'art pour tous à l'art pour l'art, Valéry ou Boileau?" In his contribution M. Charny recalled his own "enquête" in Le Progrès civique, begun on 19 September 1925. He merely mentioned P.V. in passing. See the next five entries:

Espezel, Pierre d': "Conclusion--les écrivains, les artistes et le public...," in ⌐971¬, pp. 88-96.

"Spectacle démoralisant ⌐the commercial manoeuvres of authors¬ et qui déroute les juges les plus avertis: lequel de nos académiciens

⊏971⊐ 287

disait hier que la littérature contemporaine reposait sur trois bluffs: Claudel, Prous ⊏sic⊐ et Valéry? ... Ainsi les valeurs les plus réelles et les plus sûres se trouvent obscurcies."
   P. d'Espezel's point is well taken.

        G.⊏eorges⊐ B.⊏runon⊐ G.⊏uardia⊐: "De la façon de faire comprendre et goûter les auteurs modernes," in ⊏971⊐, pp. 67-71.

   Apparently the best method is not to let on that the authors are modern. G. B. G. quotes Giraudoux as saying: "Je connais une jeune fille à qui des amis ont fait lire, de but en blanc, Paul Valéry, comme s'il s'agissait de la poésie la plus classique, la plus courante. Dépourvue de préjugés, de la déformation que lui eût donnée une culture préalable suffisante, elle s'y est mise le plus naturellement du monde...."
   A very dubious principle, it seems to me.

        Lhote, André et André Thérive: "Un Procès en divorce-- l'art et le public (dialogue)," in ⊏971⊐, pp. 8-51.

   "M. Thérive. --...M. Paul Valéry n'a jamais admis qu'il y eût une seule clef à 'la Jeune Parque', même pas l'interprétation bergsonienne de M. Thibaudet; c'est pourquoi nous autres, gens vulgaires, nous ne comprenons rien à ce poème.
   M. Lhote. --Plus il y a de clefs dans une oeuvre, plus il peut y avoir de publics capables de s'intéresser à cette oeuvre. Valéry, ici, m'apparaît comme un fastueux portier du mystère" (p. 48).
   The approach taken by both critics was sure to lead to misunderstanding. How can one reasonably speak of "clefs" with reference to a work like La Jeune Parque? Thérive was usually above this very pedestrian treatment of P.V.; in the past he had occasionally written well of P.V. On page 14 Thérive noted as significant that P.V. had been the object of the "sarcasmes ⊏des⊐ grands quotidiens, de l'Oeuvre au Journal..." In 1927 G. Téry and G. de la Fouchardière in L'Oeuvre and C. Vautel in Le Journal redoubled the sarcasms against P.V. in a concerted effort to discredit him. All of these critics had been disappointed in not finding the "clef" they had expected.

        Marsan, Eugène: "Le Rôle des meilleurs," in ⊏971⊐, pp. 57-61.

   Marsan in effect answers Thérive: "Le suffrage des plus délicats a suivi jusqu'à l'Académie un poète aussi clos que l'auteur de Charmes." The others, of course, could not and would never follow him anywhere.

   Mauclair, Camille: "L'Oeuvre d'art et le public," in
⊏971⊐, pp. 54-56.

   Mauclair's comments on P.V. are taken directly from his Le
Génie d'Edgar Poe ⊏594⊐. This "enquête" appeared on the same day as
the following important volume dedicated to P.V.

   972. **Paul Valéry**. Le Capitole, numéro spécial (15 avril 1926),
pp. 11-187. ⊏VRY 572-580 in 8⊐

   See below the entries for contributions by E. Borel, R. Boylesve, B. Crémieux, R. Davis and R. Simonson, R. Fernandat, V. Larbaud,
F. Lefèvre, H. Massis, F. de Miomandre, H. Rambaud, A. Rousseaux and
P. Souday.

   Borel, Emile: "Paul Valéry et la méthode scientifique,"
in ⊏972⊐, pp. 49-55.

   Borel had been a defender of P.V. since at least 1923 (cf.
⊏364⊐), and, as a member of the Académie des Sciences, he was well
placed to treat this topic. He notes that in the modern world the
non-specialist can scarcely hope for more than "...la joie de comprendre les idées nouvelles, et de les exprimer en un langage personnel.
Paul Valéry a connu cette joie plus profondément peut-être qu'aucun
de nos contemporains. ... Le savant résout des problèmes qui lui sont
posés, ou qu'il se pose à lui-même; ces problèmes doivent être résolus
avec certains moyens matériels et sous une forme déterminée. Qu'il
écrive en prose ou en vers, Paul Valéry résout, lui aussi, un problème
et il trouve sa satisfaction, comme le savant, dans l'acte même par
lequel il surmonte les difficultés."
   An excellently stated comparison. Concerning Borel's relationship with P.V. see ⊏672⊐.

   Boylesve, René: "Préface--de l'idée pure à la fiction,"
in ⊏972⊐, pp. 11-17.

   Boylesve's preface appeared posthumously, although this detail
is not noted in Le Capitol. The preface is very vague and contains an
unfortunate number of typographical errors.

Crémieux, Benjamin: "Environs de Valéry," in ⸢972⸣, pp. 59-63.

"Il n'est pas dans toute la littérature française de poésie plus sensuelle que celle de Valéry. Sensualité chaude, distincte, avide, effrénée, méridionale pour tout dire d'un mot et qui ne laisse rien hors de son atteinte. Ce qui, chez Valéry, me touche le plus pleinement, le plus directement, c'est ce qu'il introduit de sensualité dans la pensée. L'abstrait chez lui est sensuel. Il réussit à traiter l'abstrait comme du concret, à lui conférer un aspect, un goût, une odeur, une forme, une couleur. C'est un érotique de l'esprit."
Except for the closing formula, which is superb, Crémieux's theme had already been treated many times by R. Lalou. V. Larbaud in this same volume makes substantially the same point in different terms. Later in the year Claudel, in Commerce, ⸢1072⸣, called P.V. "un voluptueux." Claudel has frequently been credited with "discovering" this very important aspect of P.V.'s work, doubtless because his article has continued to be accessible to the critics.

Davis, Ronald et Raoul Simonson: "Bibliographie des oeuvres de Paul Valéry," in ⸢972⸣, pp. 175-87.

Reprinted from ⸢852⸣.

Fernandat, René: "Eupalinos," in ⸢972⸣, pp. 67-97.

Fernandat's essay is the lengthiest contribution to the volume. Fernandat clearly demonstrates the differences between P.V.'s Eupalinos and Socrates, on the one hand, and their historical models on the other. In Fernandat's opinion P.V. took too many unnecessary liberties with these models; the relevance of this argument is unclear. Moreover, Fernandat often strays far from P.V.'s Eupalinos is search of original comments. For critical excellence this essay cannot compare with L. Aguettant's article of 1923 ⸢349⸣. Fernandat reprinted his contribution in Paul Valéry, essai ⸢1147⸣, pages 21-38.

Larbaud, Valery: "Paul Valéry et la Méditerranée," in ⸢972⸣, pp. 101-6.

Larbaud clearly establishes the importance of P.V.'s Mediterranean heritage, a theme he touched on in Septimanie ⸢589⸣. He probably intended to combat the charge of sterile intellectualism. Like B. Crémieux he points out the sensual element in P.V.'s poetry, La Jeune

Parque in particular, using personal recollections and anecdotes concerning reactions to the poem. Larbaud by no means concocted this article for the occasion. In his Journal he wrote specifically of La Jeune Parque at least five times between May 1917 and August 1919. On 18 May 1917 he noted: "It ⌐La Jeune Parque¬ has taken possession of me, and I know much of it 'par coeur' already. It is not poetry, it is magic, 'hechicería.' I believe that nothing equals, in any language, the beauty of some passages, such as this one, for instance, on the shadow of the human body ⌐from "à mes pieds, l'ennemie" to "Glisse! barque funèbre..."¬."

Larbaud drew directly on this entry in his Journal in composing his contribution to Le Capitole. He reprinted the article in ⌐861¬, and returned to the subject in Jaune Blanc Bleu ⌐1160¬.

Lefèvre, Frédéric: "Paul Valéry--l'inspiration et la poésie pure," in ⌐972¬, pp. 109-18.

Lefèvre claims to find in "Palme" "la véritable réponse de Paul Valéry à l'enquête sur la poésie pure, ouverte par M. Henri Bremond" (p. 118). The statement is anachronistic at best. Moreover, Lefèvre's analysis of "Palme" is unconvincing.

Massis, Henri: "Paul Valéry et sa pensée," in ⌐972¬, pp. 121-24.

Massis takes a neo-Thomist approach to P.V.'s thought. (This essay also appeared in Le Roseau d'or ⌐884¬.) He feigns astonishment at what he considers to be P.V.'s passive stance before a chaotic universe. Massis queries how it is that P.V. never gave an adequate reply to the situation he analyzed in "La Crise de l'esprit."

I suspect Massis already had in mind his own essay on the decline of the west and the oriental peril, which created quite a stir in 1927. As a Catholic, Massis finds P.V.'s thought incomplete: "sensualité de l'esprit, sensualité quasi mystique ⌐Bremond's influence?¬ dont la tristesse a le son mat de ces instruments d'or qui ne chantent plus d'hosannah!" (p. 56)

Note that Massis, like Crémieux and Larbaud, admits that "le plus intellectuel de nos poètes me semble aussi le plus profondément sensuel...." M. S. Gillet cited this article in ⌐1149¬; several other critics have mentioned it.

Miomandre, Francis de: "Paul Valéry--souvenirs," in ⌐972¬ pp. 127-31.

Miomandre's contribution is composed entirely of recollections and anecdotes. It closely resembles the chapter entitled "Paul Valéry" in Le Pavillon du mandarin ⌐151⌐. It is charming and well written.

Rambaud, Henri: "Esquisse d'une introduction à la méthode de Paul Valéry," in ⌐972⌐, pp. 135-51.

Rambaud keeps his commentary within reasonable bounds and does not attempt to offer a "key" to the life and works of his author. He carefully avoids the danger of reducing P.V. the man to what may be directly or indirectly deduced from his works. Although Rambaud's comments, intelligent as they are, have been surpassed since the publication of P.V.'s Cahiers, they were in 1926 a valuable aid to appreciating P.V.'s work in perspective.

Rousseaux, André: "Intelligence et musique," in ⌐972⌐, pp. 155-62.

Rousseaux's contribution is entirely devoted to an analysis of one line of Le Cimetière marin: "Zénon, cruel Zénon, Zénon d'Elée." One may well disagree with Rousseaux's claim that this is one of P.V.'s most beautiful lines, but his metric analysis is very well executed. Rousseaux does succeed in demonstrating that P.V.'s poetry is by no means "poésie philosophique," since poetry and philosophy have different, and often hostile, ends. Rather: "Son oeuvre ose transmettre par une expression toute musicale ce qui est toute intelligence."

Souday, Paul: "La Poésie et la pensée de Paul Valéry," in ⌐972⌐, pp. 165-70.

Souday retreats from a former identification of P.V. with Teste ⌐908⌐, an identification he probably did not mean to be taken literally.
"M. Teste, farouche idéaliste, se renferme silencieusement dans sa pensée solitaire et refuse de passer à l'acte, qui diminue et dégrade. M. Teste est une limite géométrique. Mais Eupalinos construit et fait même admettre à Socrate la supériorité de l'art sur la science pure et simple... L'homme complet, ce fut, au XVIe siècle, Léonard de Vinci, héros de la connaissance et grand artiste. On m'approuvera certainement de conclure que, de nos jours, c'est le mathématicien, philosophe et poète Paul Valéry."
Souday is guilty of exaggeration on "mathématicien" and "philosophe," terms which P.V. himself would have refused. E. Borel made

this same point without exaggeration in more reasonable and convincing terms. Souday reprinted his contribution in ⸤1189⸥, chapter XII.

973. Hirsch, Charles-Henry: "Revue de la quinzaine--les revues," Mercure de France, CLXXXVII, no. 668 (15 avril 1926), 441.

Hirsch hopes that Tristan Derème will be elected to the French Academy. "Après le succès de M. Paul Valéry, ce serait fort admirable." Perhaps, but the connection is vague at best.

974. Lefèvre, Frédéric: "Une Heure avec Georges Bernanos--romancier," Les Nouvelles littéraires, 5e année, no. 183 (17 avril 1926), pp. 1, 2, 7.

Lefèvre's determined efforts to bring P.V. into the interview are quite amusing: "Paul Valéry, à qui il faut toujours revenir dès qu'il s'agit des plus délicats problèmes d'esthétique... Qui d'ailleurs s'occupe de Satan en dehors de M. Paul Valéry?" Reprinted in ⸤1163⸥.

975. Anon.: "Revue des revues et revue de la presse," Les Nouvelles littéraires, 5e année, no. 183 (17 avril 1926), p. 8.

A compte rendu of H. Gouhier's article ⸤970⸥. Among the long quotations is a passage in praise of Lefèvre's method of interviewing. Elsewhere on page 8 appeared an advertisement for the first number of the Cahiers de la république des lettres ⸤971⸥, which Monod included in his collection ⸤VRY Ms. 993, I, 99⸥.

976. Monda, Maurice: "La Bibliothèque de Pierre Louys--3e vacation," Le Figaro, 73e année, no. 108 (dimanche 18 avril 1926), p. 2. ⸤VRY Ms. 993, I, 107⸥

"Les ouvrages de M. Paul Valéry furent fortement disputés: ...." Monda prints a list of P.V.'s titles sold and the prices they brought. I have been unable to find a catalogue of this sale, although one must have existed. It may have contained interesting material on P.V. and Louÿs.

977. Segond, Joseph Louis: "L'Esthétique du sentiment--I. Les divers aspects d'une esthétique du sentiment," Revue des cours et con-

férences, XXVII, no. 10 (30 avril 1926), 97-110.

Segond refers to P.V. and abbé Bremond as "amants de la poésie pure," without distinguishing between their concepts of pure poetry. A very slipshod piece of work for an aesthetician. Reprinted in ₍1185₎.

978. Orion: "Le Carnet des lettres, des sciences et des arts," L'Action française, ₍avril ou mai 1926₎, p. 4. ₍VRY 305 bis ³ in 12₎

"Par l'extrait ₍de Rhumbs₎ qu'en publie le Divan dans son numéro d'avril, on peut juger du tout. Fortune de Valéry: cette quadruple parenté avec Descartes et Malherbe d'une part (nous maintenons: Malherbe); avec La Rochefoucauld, dans son robuste pessimisme; avec Léonard, et son double génie abstracteur et plastique; enfin, avec Gongora, et son lyrisme andalou, perlé, endiamanté: la monture était donnée par l'humanisme."

Orion was, I believe, the first critic to compare P.V. to La Rochefoucauld. He was also the first to use the comparison with Gongora as a term of approbation. Others did so later.

979. XXX: "Les Revues," NRF, XXVI, no. 152 (mai 1926), 638. ₍VRY Pr. 144 in 12₎

Reprints P.V.'s poem dedicated to L.-P. Fargue from Le Navire d'argent ₍785₎.

980. Monnier, Adrienne: "La Gazette," Le Navire d'argent, no. 12 (1er mai 1926), pp. 443-54. ₍VRY Pr. 115 in 12₎

Mlle Monnier proposes the following definition of mysticism: "Tendance à concevoir le Bien ou un Bien suprême et à s'identifier avec lui." From this she concludes: "--Valéry est un mystique, plus mystique même que Claudel au point de vue strictement poétique" (p. 447). She concedes that, when asked his opinion of her definition, P.V. wished to substitute "ressentir" for "concevoir." But what does it mean to be a mystic "au point de vue strictement poétique"? Mlle Monnier does not say. This new concept of P.V. the "mystique sans Dieu" makes even less sense than Bremond's. There is more mystification than mysticism in all this.

Mlle Monnier announces that a study of P.V. appeared in the Argentine review Proa. She also states that the financial difficulties of Le Navire d'argent will force her to sell her personal library. This was, in fact, the final number of Le Navire d'argent.

981. Prévost, Jean: "Désir de poésie," Le Navire d'argent, no. 12 (1er mai 1926), pp. 396-403. ⸢VRY Pr. 115 in 12⸣

Prévost has an excellent paragraph on P.V.:
"Valéry a surmonté la même difficulté ⸢that of intimacy between poet and reader⸣, tantôt en évitant le sentiment normal, en incorporant de fortes pensées en des sentiments nouveaux et rares, tantôt en évitant d'être un poète contemporain. Tantôt il se rattache à Mallarmé, tantôt son application souple et sa sonorité perlée le place auprès de La Fontaine; tantôt il semble avoir réalisé les rêves de Chénier, la pensée païenne et moderne de l'Hermès avec plus de subtilité et de souplesse. Ses plus beaux poèmes ne peuvent se dater; inhumains par là peut-être: une pensée qui accepte un destin périssable, de périr avec son auteur, de faire partie de ce tout qui va sous terre et rentre dans le jeu nous touche de plus près--plus bas peut-être, moins purement--que ces oeuvres sorties du jeu et entrées, dès leur naissance, dans l'éternité" (p. 400).

982. Lefèvre, Frédéric: "Une Heure avec André Maurois--fragments," Les Nouvelles littéraires, 5e année, no. 185 (1er mai 1926), pp. 1-2.

Maurois quotes P.V. on Descartes and on the nature of man.

983. Anon.: "Revue des revues et revue de la presse," Les Nouvelles littéraires, 5e année, no. 186 (8 mai 1926), p. 8.

Under the title "Valéry ou Boileau" there is a compte rendu of the first number of the Cahiers de la république des lettres ⸢971⸣. The reviewer supposes that the title of this "enquête" was not intended to oppose P.V. and Boileau, but to designate two "grandes tendances." It was never quite clear why P.V.'s name was used, and this reply, too, is unsatisfactory.

984. ⸢Anon.⸣: "Si j'ai tort veuillez me l'écrire," Le Quotidien 12 mai 1926, ⸢M⸣. ⸢VRY Ms. 993, I, 199⸣

"Que nos agitations sont souvent vaines!//'Rien de plus rare, écrit M. Paul Valéry, que de ne donner aucune importance aux choses qui n'ont aucune importance.'//Et il en est beaucoup." Including this colum

985. Bauër, Gérard: "Les Délices de Pierre Louÿs," L'Echo de

[988] 295

Paris, 13 mai 1926, [X].

Bauër notes that Louÿs played an important role in encouraging P.V. as a poet, and in presenting his work to the public. Banal. A résumé appeared in the Chronique des lettres françaises, IV, 1926, 557-58.

986. Anon.: "Le Courrier de Paris--informations littéraires," L'Europe nouvelle, 9e année, no. 430 (15 mai 1926), pp. 694-96.

"Mlle Adrienne Monnier, amie des livres, vend ses livres, ses âmes, comme dirait Jean Cocteau. Cela est, sans doute, dommage pour elle, mais heureux pour les bibliophiles. Relevons ces dédicaces de Paul Valéry: Sur le faux titre de la Soirée avec M. Teste: 'Il y eut aussi quelques soirées/Chez Mademoiselle Monnier,/Après quoi nos têtes dorées/Eurent besoin de timonier.'//Et celle-ci, sur la page de garde de Madame Emilie Teste [sic]: 'A Adrienne Monnier/pour son édification, et afin que les propos/purs et naïfs de Madame Teste/lui adoucissent l'âcreté des/apophtegmes de Monsieur.'"
This second dedication, in which P.V. playfully assumes the roles of both M. and Mme Teste (Animus and Anima, according to Bremond), could have contributed to Adrienne Monnier's notion of P.V. as mystic. See [980].

987. Charensol: "Chez Adrienne Monnier--pourquoi, mademoiselle, vendez-vous vos livres?" Les Nouvelles littéraires, 5e année, no. 187 (15 mai 1926), p. 2.

Mlle Monnier intended to sell her books for lack of funds, obviously. She mentions that P.V. "m'a donné un précieux ouvrage spécialement pour cette vente...." Charensol reprints P.V.'s dedication to Mlle Monnier in a copy of La Soirée avec M. Teste. See [986].

988. Anon.: "A Prague," Les Nouvelles littéraires, 5e année, no. 187 (15 mai 1926), p. 6.

An echo of a talk given recently at the Alliance française in Prague by Mme Junis Letty. "Un record d'attention et de compréhension de la part du public fut marqué par des lectures de Paul Valéry, goûtées et ressenties de façon toute particulière!"
In the "Revue des revues..." of this same number appeared an echo of the selections of Rhumbs which had been published in Le Divan for April.

989. Vandérem, Fernand: "Les Lettres et la vie," Revue de France, VI, no. 3 (15 mai 1926), 350-77.

"Pour des raisons qu'il serait inopportun et trop long d'analyser ici, visiblement avec M. Paul Valéry le public a voulu faire la part de la haute poésie comme on fait celle du feu. Mais, cette haute poésie, s'il la révère, au fond il ne la comprend ni l'aime. Et maintenant, la concession faite, il y en a bien pour une dizaine d'années de restrictions, sinon plus, durant lesquelles la haute poésie pourra se mettre la ceinture" (p. 353).
In the above paragraph one should substitute for "le public" "Fernand Vandérem." As for P.V., Vandérem "ne [le] comprend ni l'aime." He made this quite clear in [1707]. As for P.V.'s restricting influence on poetry, Vandérem was simply oblivious to the revolution currently being carried out by the surrealists. He was certainly unaware of the experimentation of Saintléger Léger, whom P.V. can scarcely be said to have restricted. Reprinted in Le Miroir des lettres, VII-VIII, 1929, 201-3.

990. Boulenger, Marcel: "Visite à Gabriele d'Annunzio," Le Figaro, 73e année, 16 mai 1926, p. 1. [VRY Ms. 993, I, 88 bis]

Concerning d'Annunzio's preferences in French letters, Boulenger writes: "Il cite quelques noms...mais Paul Valéry surtout, pour lequel son goût est extrême et profond." P.V. had visited d'Annunzio at Gardone in April 1924. The two men were mutually struck with one another, to the point that P.V., who was not given to excessive familiarity, used the "tutoiement" in addressing d'Annunzio. (See Pléiade, I, 47.)

991. Bainville, Jacques: "La Tradition de 'l'obscurité' dans la poésie française," Candide, 20 mai 1926, [M]. [VRY Ms. 993, I, 111-12

Commenting on the chapter "Intelligence et sensualité" in Lalou' Défense de l'homme [860], Bainville demonstrates that an aspiration toward "poésie pure" is by no means a contemporary phenomenon. He considers P.V. as the most recent representative of a long tradition inherent to French poetry. Bainville's historical approach, for all his hedging on the meaning(s) of "poésie pure," has the advantage of setting the debate in a broader context.

992. Souday, Paul: "Les Livres," Le Temps, 20 mai 1926, p. 3. [VRY Ms. 993, I, 113]

⌐996¬

Souday reviews Rhumbs, published by Le Divan, and a reprinting of Charmes by Gillimard. Souday quotes amply from Rhumbs and his comments are enthusiastic. His only reservation concerns P.V.'s treatment of critics, which was less than gentle. "S'il m'est permis de le dire, j'ai été moi-même beaucoup plus mordu ⌐par les roquets-critiques¬ que Valéry, qui n'a pas eu tant à se plaindre...." It is true that Souday had often been attacked for his fidelity to P.V., but Souday was not one to avoid a fight. Reprinted in ⌐1189¬ less the paragraph on Charmes. A résumé appeared in the Chronique des lettres françaises, IV, 1926, 776-78. Talvart noted Souday's article in Fiche..., 7e année, 1928, no. 16.

993. Anon.: "Le Courrier de Paris--informations littéraires," L'Europe nouvelle, 9e année, no. 431 (22 mai 1926), pp. 721-22.

A list of the prices of various manuscripts sold from the collection of P. Louÿs at the Hôtel Drouot on 14 May: "sept poésies de Paul Valéry ont trouvé acquéreur à 9.000 francs."

994. Souday, Paul: "Les Livres," Le Temps, 27 mai 1926, p. 3.

Souday mentions "Cantique des colonnes" and Rhumbs in a review of Saint Juin de la Primevère by André Saurès.

995. Miomandre, Francis de: "Le Courrier de Paris--les lettres," L'Europe nouvelle, 9e année, no. 432 (29 mai 1926), pp. 756-57.

Miomandre writes of "Rhumbs et la pensée de M. Paul Valéry." "M. Paul Valéry est--avant toutes choses, un Méditerranéen." This point had been made very strongly in Le Capitole for 15 April, to which Miomandre had contributed. After this date the theme of P.V. the Mediterranean, which the newspapers of Montpellier had already propounded without influencing the Parisian critics, became a commonplace of P.V. criticism.

996. ⌐Chabaneix, Philippe¬: ⌐Catalogue de la¬ Bouquinerie Philippe Chabaneix, juin 1926, ⌐M¬. ⌐VRY Ms. 993, I, 124¬

Chabaneix offers for sale six original editions of works by P.V., a second edition of L'Introduction à la méthode de Léonard de Vinci, and the number of the Revue musicale containing the pre-original of "L'Ame et la danse."

997. Bibes, Jacques: "Témoignage sur Paul Claudel," Les Cahiers du mois, nos. 21-22 (juin 1926), pp. 175-81. ᴄVRY Pr. 322 in 72ᴐ

Bibes raises an interesting question concerning P.V. and Claudel. He recognizes how great a distance separates their thought in general and their poetics in particular, yet he appreciates them both. Commenting on Claudel's "Cantique de la rose," he writes: "L''état de rareté' transpose ainsi la moindre sensation: O 'grenades' de Valéry, et de Mallarmé la 'grappe vide'! ... D'où vient, dans l'âme de Claudel, cette haine de l'homo faber que célèbre au contraire une fois de plus, dans Amsterdam, Valéry à travers Descartes ᴄhe quotes from "Le Retour de Hollande"ᴐ. ... Claudel, semble-t-il, le poursuit (insequitur), l'attaque, le dépiste avec une clairvoyance souveraine dans la poésie: 'Réflexions et Propositions sur les vers français'."
Bibes was one of the few critics of the time who could praise Claudel without damning P.V., or vice versa. See the following four entries:

Cabrillac, Henry: "Pari pour un classicisme nouveau...," in ᴄ997ᴐ, pp. 218-25.

Cabrillac quotes from P.V.'s "La Crise de l'esprit" and "Caractères de l'esprit européen" as authoritative sources.

Daniel-Rops, H.: "Sur Charles Maurras," in ᴄ997ᴐ, pp. 199-201.

"Remarquons que l'attitude intellectuelle d'un Maurras est fort différente de celles d'un Benda ou d'un Valéry. Elle n'est pas inhumaine comme celle de l'auteur de Belphégor, elle accepte de s'intéresser à notre terre, ce n'est pas le point de vue de Sirius. ... Son attitude est encore plus humaine que celle de Valéry, mais ici nous prenons humain non plus dans le sens de sympathique, mais dans celui d'accessible. Car la réussite d'un Valéry est un tour de force d'équilibre, de mesure et de génie. L'exemple de Valéry est absolument inutile aux hommes, sinon en ceci qu'il leur montre que le génie est inimitable."
Would not the P.V. of L'Idée fixe have called the epithet "humain" simply another "énorme perroquet"? As a critical term it is worthless; with it Daniel-Rops "proves" the point of view nearest his own. See ᴄ1143ᴐ.

Soupault, Philippe: "Déposition," in ᴄ997ᴐ, pp. 149-61.

"Nous ⌐Soupault, Breton, Aragon¬ décidâmes un beau jour de publier une revue dont le titre nous fut proposé par Paul Valéry: Littérature. Il suffit de feuilleter une collection de cette revue pour assister à notre évolution littéraire."
    The evolution of their attitude with respect to P.V. is not the least interesting aspect of such a perusal.

      Vogüé, Arnaud de: "Paul Valéry et son temps," in ⌐997¬, pp. 212-17.

    Like the authors of the four preceding articles, Vogüé replied to a general "Examen de conscience" of young writers proposed by the Cahiers du mois. P.V. was evidently in the thoughts of many of them. Vogüé is no exception in finding La Soirée avec M. Teste to be P.V.'s most influential work. Indeed, there can be no doubt that it was. In Vogüé's statement P.V.-Teste appear(s) as a "maître" whose influence is beyond question:
    "Que peut l'exemple de M. Teste sur une jeunesse avide de plaisirs intenses? Ce monstre bizarre l'attire, qui brûle d'activité intellectuelle sous une écorce morte. Il lui enseigne à se détacher de tout ce qui peut être pour nous un lien d'esclavage, doctrines ou habitudes, et à chloroformer tous nos goûts à proportion de leur vigueur. La grandeur du sacrifice avait de quoi plaire. Cette destruction de soi-même formait un programme bien séduisant. ... Jointe à celle d'autres maîtres la leçon de M. Teste a lavé notre époque de quelques petitesses. Il s'est formé une confrérie de la littérature pure qui professe le désintéressement des soucis matériels. A ce point de vue la jeune génération marche absolument la tête parmi les étoiles. Elle cherche à se libérer des limites qui blessent et à dominer les choses exactes, dans un bel élan vers le ciel. Chacun se heurte alors aux mêmes problèmes qui s'étaient posés déjà auparavant pour le créateur de M. Teste."
    Moreover, Vogüé's statement absolutely contradicts that of Daniel-Rops concerning the impossibility of P.V.'s active influence, as does Soupault's "Déposition."

    998. Dujardin, Edouard: "L'Anti-poésie," Les Cahiers idéalistes, nouvelle série, no. 14 (juin 1926), pp. 3-13. ⌐VRY Pr. 17 in 8¬

    The "anti-poésie" under attack by Dujardin is the poetry of the "fantaisistes": Toulet, Derème, Jacob, Radiguet, Raymond Roussel, and whose work was included in the Kra poetry anthology of 1924. Dujardin presents P.V. as a master of true poetry, quoting from his preface to Connaissance de la déesse and praising his poetics as set forth in Lefèvre's Entretiens avec Paul Valéry. The only other mention

of P.V. in the "enquête" was made by R. Crevel in a paraphrase. Both
P.V. and Bremond replied to the "enquête" and their statements were
printed in Les Nouvelles littéraires on 26 June.

999.   Bremond, Henri: "La Poésie pure," Chronique des lettres
françaises, IV (ᴄafter Mayᴐ 1926), 5-15.

A reprint of Bremond's "Discours...à la séance publique annuelle des Cinq Académies, le 24 octobre 1925." See ᴄ717ᴐ.

ᴄMlleᴐ J.ᴄeanneᴐ L.ᴄichnérowiczᴐ: "Paul Valéry et la
poésie pure," "Autour de la poésie pure," in ᴄ999ᴐ, 16-24.

A compte rendu of several documents in the pure poetry debate.
Under her first title Mlle Lichnérowicz reviews four of Bremond's "Eclaircissements" (III-VI). Under the second she reports the content of
articles by: E. Prévost in La Victoire for 9 November 1925 ᴄ731ᴐ: P.
Mille in Les Nouvelles littéraires for 7 November ᴄ727ᴐ and J. Boulenger on the same date in L'Opinion ᴄ729ᴐ.

ᴄMlleᴐ J.ᴄeanneᴐ L.ᴄichnérowiczᴐ: "Chronique des revues--
actualités littéraires: Paul Valéry," in ᴄ999ᴐ, 35-50.

Here Mlle Lichnérowicz reviews several articles dealing exclusively with P.V.: Lefèvre, ᴄ696ᴐ and ᴄ713ᴐ; J. Prévost, ᴄ666ᴐ; and D.
Saurat, ᴄ645ᴐ. On pages 46-49 she condenses P.V.'s "La Crise de l'intelligence" which appeared in the Revue de France for 15 June 1925.
The presentation of these articles is the dullest imaginable,
in keeping with the policy of the Chronique... not to pass judgement
on the material it presents. All in all P.V. fairly dominated the
first fifty pages of this number.

Rivain, Jean: "L'Art et ses nombreux visages," in ᴄ999ᴐ,
440-45.

The text of Rivain's speech follows that of P.V.'s "Sur la
diction des vers" in the order in which they were given at the annual
dinner of the Revue critique on 28 May. Rivain there made a penetra-
ting statement concerning the myths of P.V.:
"Mais Paul Valéry a déjà son personnage mythique. Il est entré
tout vif dans la légende. Bien des Paul Valéry courent déjà à travers
le monde que le plus vivant de tous ne reconnaîtrait pas au carrefour
des idées. Il regarderait, amusé, je crois, comme autant de passants

un peu simiesques tous ces profils perdus" (p. 440).
Rivain's comment is the only one I have seen between 1890 and 1927 to stress this important element of Valéry criticism.

Saint-Prix, Pierre de: "Le Mouvement des lettres--les Académies," in [999], 28-29.

Saint-Prix specifies that P.V. was elected to the French Academy only on the fourth ballot. He defeated Léon Bérard by the narrow margin of 17 to 14 with one abstention. Saint-Prix gives a brief list of P.V.'s publications, making several errors in the titles.

Anon.: "Bibliophilie--la bibliothèque de Pierre Louys," in [999], 425-26.

Lists the works by P.V. sold at auction on 14-16 April (cf. [976]). Among them was an "édition originale sur japon de La Jeune Parque" with this autograph note: "A Pierre Louys, l'ami, ce poème qui ne lui est pas dédié. Mais tout le travail de ce poème... Hasards, hésitations, reprises. Tout ce qui est caché. En mémoire de notre affection, et comme pour les noces d'argent d'une telle amitié." The volume was sold for 6,100 fr.
On page 554, under the title "Bibliophilie--quelques autres ventes," appears the list of P.V.'s works sold at Adrienne Monnier's auction on 14-15 May. All were original editions. The prices are given.

1000. Hain, Georges: "Réflexions sur M. Paul Valéry," Les Nouveaux Essais critiques, 1ère année, no. 1 (juin 1926), pp. 12-18.

Hain's article is a futile attack on P.V. The author is most concerned with discrediting his poetry which he finds "le sublime de la préciosité. C'est dire qu'elle est souvent le sublime du mauvais goût."
Hain is particularly hostile to P.V.'s Mallarméan heritage; thus, P.V.'s poetry is "un mallarmisme réussi, s'il est vrai--ce dont conviendra, je pense, toute tête bien faite--que Mallarmé fut impuissant à se réaliser." Furthermore, "Sa poésie donne souvent l'impression d'un extraordinaire exercice de versification. Elle tombe souvent dans le galimatias, simple ou double. ... Elle est toujours sauvée par on ne sait quelle spécieuse profondeur."
Hain repeats most of the charges which Droin had developed in more detail in 1924. As one might expect, he had an axe to grind. According to Hain, "toute grande poésie s'achève en mysticisme" and reveals

"le souffle du divin." He gives new life to the myth of P.V. the nihilist: "C'est au néant qu'à force de se refuser à l'objet, aboutit la pensée de M. Valéry. Et c'est justice: on ne refuse pas impunément la Création."
     --Q.E.D. "Valéry a préféré les déserts de l'intelligence pure ⌈to the certitude of a Pascal⌋. Il n'est peut-être pas sans signification qu'il ait été adopté d'enthousiasme par le groupe de la Nouvelle Revue Française, ces gens qui, à force d'intelligence inutile, finiront par nous dégoûter de l'intelligence." Nor is it without significance that the NRF cited Hain in "Les Revues" of the July number, page 128.

     1001. Rouveyre, André: "Paul Valéry ou les embarras de l'ambition," Vient de paraître, 6e année, no. 55 (juin 1926), pp. 288-89. ⌈VRY Pr. 227 in 4⌋

     A malicious attack on P.V.'s character and on the nature of his reputation. Rouveyre claims that P.V.'s election to the French Academy was entirely due to his assiduity in frequenting the salon of Mme Muhlfeld, which he places "parmi les quatre ou cinq réduits où la crême de nos aristocrates fraye familièrement avec les juifs-catholiques...."
     This remark sets the tone of Rouveyre's criticism. As for P.V.'s work: "Poésie, cette laborieuse confiserie d'éléments étrangers, hétérodoxes, monstrueusement amalgamés et comprimés?--Allons donc! Disons: acrobatie." In November 1927 Rouveyre attacked P.V. again, on a grander scale, and found his public more attentive than in 1926. See ⌈1697⌋.

     1002. Fontainas, André: "Les Poèmes," Mercure de France, CLXXXVIII (1er juin 1926), 418.

     Fontainas notes that Gallimard has published a new edition of Charmes and hopes that this one will be "à la portée du lecteur ordinaire." Fontainas was not alone in this hope.

     1003. Monda, Maurice: "Les Grandes Ventes praisiennes--autographes et documents," ⌈Le Figaro ?⌋, ⌈2 juin 1926⌋, ⌈M⌋. ⌈VRY Ms. 993, I, 107⌋

     Monda reports that the previous day, at the Hôtel Drouot, "un fragment du commencement de La Jeune Parque, composé de huit feuillets, fut adjugé 7.430 francs...." And "une lettre de quatre pages de l'auteur d'Eupalinos, enrichie de seize vers et d'un croquis, fut payée

2.020 francs." (Cf. ⌐1008⌐.)

1004. Billy, André: "A côté des vers," L'Oeuvre, 4 juin 1926, ⌐M⌐. ⌐VRY Ms. 993, I, 112⌐

Billy announces the death of French poetry.
"Pratiquement, la poésie française n'existe plus. ... Je sais, il y a la comtesse de Noailles, Paul Claudel, Paul Valéry, Paul Fort... Quel âge ont-ils? La poésie, c'est la jeunesse. Où est la jeune poésie française contemporaine?"
Billy was apparently not reading the right reviews.

1005. Anon.: "Sur la diction des vers," Le Figaro, supplément littéraire, nouvelle série, no. 374 (5 juin 1926), p. 1. ⌐VRY Ms. 700⌐

Le Figaro littéraire reprints P.V.'s speech as he gave it at the dinner of the Revue critique and La Petite Scène on 27 May. An elegant chapeau in praise of P.V. precedes the text.

1006. Anon.: "Un Discours de Paul Valéry," Les Nouvelles littéraires, 5e année, no. 190 (5 juin 1926), p. 2. ⌐VRY Ms. 993, I, 115⌐

Les Nouvelles littéraires reprints passages of "Sur la diction des vers," adding some of J. Rivain's remarks introducing P.V. Significantly, none of the extraordinary paragraph on the mythical figures of P.V. was included. (See Rivain in ⌐999⌐.)

1007. ⌐Anon.⌐: "Des lectures d'histoire littéraire," L'Oeuvre, 6 juin 1926, ⌐M⌐. ⌐VRY Ms. 993, I, 116⌐

P.V. had given a lecture before the Société d'histoire littéraire de la France on 4 June. His topic was "Histoire de la littérature et vie littéraire comparées." According to L'Oeuvre, "⌐il⌐ raconta des souvenirs de sa vie littéraire, aux derniers temps du symbolisme, puis au commencement de l'époque claudélienne."

1008. Espiau, Marcel: "Autographes dispersés aux enchères--ce que pense M. Paul Valéry de la vente de ses lettres," L'Avenir, 8 juin 1926, ⌐M⌐. ⌐VRY Ms. 993, I, 118⌐

At the Hôtel Drouot on 1 June an autograph of an early draft of La Jeune Parque was sold for 7,430 francs. Some of P.V.'s letters to P. Louÿs were sold, and P.V. made a strong statement to Espiau concerning this sale.

"Est-il juste, aujourd'hui, que sans mon consentement, sa veuve disperse aux caprices des enchères et de la mode une correspondance aussi particulière?...⌜containing over 3,000 letters to Louÿs, according to P.V.⌝. Je réponds: non. ... ...qu'à cette même vente on ait mis aux enchères des lettres essentiellement personnelles concernant la publication des poésies de Stéphane Mallarmé, est, à mon sens une infamie."

P.V. rarely made public statements of this nature and his indignation is an accurate reflection of his feelings in the matter. A résumé of this article appeared in Chronique des lettres françaises, IV, 1926, 558; Talvart noted it in Fiche..., 7e année, 1928, no. 16. Les Nouvelles littéraires reprinted part of P.V.'s statement on 12 June ⌜1011⌝.

1009. Souday, Paul: "Les Livres," Le Temps, 10 juin 1926, p. 3.

Souday compares P.V. to R. de la Tailhède in a review of the latter's Poésies. Unimportant.

1010. Anon.: "Le Courrier de Paris--informations littéraires," L'Europe nouvelle, 9e année, no. 434 (12 juin 1926), pp. 816-17.

Confirms the announcement in ⌜1003⌝ and ⌜1008⌝ of the price paid for an autograph manuscript of a draft of La Jeune Parque. The following note introduces a passage from "Tante Berthe": "M. Paul Valéry a écrit un bel avant-propos au catalogue de l'exposition d'aquarelles, de pastels, et de dessins de Berthe Morisot...."

1011. Anon.: "Revue des revues et revue de la presse," Les Nouvelles littéraires, 5e année, no. 191 (12 juin 1926), p. 7. ⌜VRY Ms. 993, I, 117⌝

Reprints selected passages of P.V.'s recent contributions to the NRF and the Revue européenne: "du meilleur Valéry." Under the same general heading "Quelques idées de Paul Valéry" appear two paragraphs of P.V.'s statement to M. Espiau in ⌜1008⌝.

1012. Royère, Jean: "Paul Valéry esthéticien philosophe," La

12.2.27.

On me fait l'honneur de me traiter en mort.
on vend mes lettres publiquement. et j'en trouve
un de catalogues, reproduites.- lettres toutes familières

Le Cardonel à vendre pour 22 500 f — 72 lettres à Davis
Fontainas   —   "   " —   " 3
Mazel   —   "¹   4' —   Champion
18 lettres à Pierre vendues 20000 à M qui me les
a rendues et j'ai refusé
autres lettres à Pierre vendues à G. Day.

   Traité avec les mêmes honneurs et le même
sans gêne qu'il est d'usage pr les morts.

   le véritable "Esprit des Lois"
Rançon –   n'occupe de ceux qui

les libraires font leur métier –
les veuves vendent –
Entre les libraires et les veuves – les courtiers.

La poésie not ne peut arriver au pur absolu — car elle entraîne des idées, des images de choses qui ne peuvent que difficilement et par instants être prises pour unités complètes [vis les mêmes, en conduisant émission réception] musique

Le schéma complet est
        demande   réponse
émission – réception = réception émission

See ⌐851⌐

Il n'y a pas de véritable sens d'une œuvre produite, et l'auteur ne peut lui le révéler plus légitimement et sûrement que quiconque. C'est une autre œuvre qu'il ferait alors. Ce qu'il a donné ne restitue pas plus que chacun ne lui donne. Il ne faut donc pas se tourner vers l'auteur, mais demeurer sur l'œuvre et essayer de lui faire rendre ts les sens que soi-même on est capable d'atteindre au moyen d'elle.

Car une œuvre n'est qu'une sorte de relation de chacun à soi-même par le moyen des dispositifs créé puis utilisé par un tiers.

Elle n'est qu'un ordre imposé à des éléments de son et donc une machinerie qui transporte le son d'un état à un autre

See ⌐1061⌐

Vie, 15e année, no. 12 (15 juin 1926), pp. 183-84.

There was considerable pretentiousness in giving such a title to a two-page note. Royère states what he considers to be P.V.'s debt to Mallarmé in the realm of aesthetics. Banal. Noted by Talvart, Fiche..., 7e année, 1928, no. 16.

   1013. Clément-Janin: "Causerie bibliophilique," Les Nouvelles littéraires, 5e année, no. 192 (19 juin 1926), p. 3. ⌐VRY Ms. 993, I, 118⌐

Clément-Janin praises the new edition of Variété published by Claude Aveline. Insignificant.

   1014. Lefèvre, Frédéric: "Une Heure avec Raymond Poincaré," Les Nouvelles littéraires, 5e année, no. 192 (19 juin 1926), pp. 1-2, 5. ⌐VRY Ms. 993, I, 118⌐

Poincaré is quoted as saying: "Un pays qui peut s'enorgueillir en même temps d'un Henri Bergson et d'un Paul Valéry demeure sans contredit le vrai foyer de la haute culture internationale." He offered no comment, however, on P.V.'s merit as a writer.

   1015. Anon.: "A propos de 'La Chercheuse d'amour'," Les Nouvelles littéraires, 5e année, no. 192 (19 juin 1926), p. 2. ⌐VRY Ms. 664⌐

Les Nouvelles littéraires printed part of a letter from P.V. to Artus concerning the latter's novel La Chercheuse d'amour. "Il nous a paru que l'intérêt serait double de connaître les pensées qu'inspira au plus profond poète et subtil analyste de ce temps, l'ouvrage peut-être le plus achevé du grand romancier catholique."

   1016. Pierrefeu, Jean de: "La Vie littéraire--Entretiens avec Paul Valéry," Le Quotidien, 21 juin 1926, p. 2. ⌐VRY Ms. 993, I, 119⌐

More than a review of Lefèvre's Entretiens..., Pierrefeu's article reveals a sound comprehension of P.V.'s work. He judges that "il nous faut, de gré ou de force, le considérer aujourd'hui comme notre gloire nationale." Pierrefeu realized that many critics remained hostile to P.V. When the Thermidorian reaction broke out in 1927 he proved himself one of P.V.'s most intelligent and effective defenders ⌐1754⌐.

1017. P.⸢aul⸣ S.⸢ouday⸣: "Pourquoi le roman vieillit-il?" Le Temps, 21 juin 1926, p. 1.

Souday repeats R. Poincaré's statement printed in ⸢1014⸣.

1018. Boylesve, René: "La Dernière Page écrite par René Boylesve--de l'idée pure à la fiction," Les Nouvelles littéraires, 5e année, no. 193 (26 juin 1926), p. 1. ⸢VRY Ms. 993, I, 121-22⸣

Reprinted from ⸢972⸣, without acknowledgement of the previous publication. In this same number on page 8 the "Revue des revues..." reprinted P.V.'s reply to Dujardin's "enquête" in ⸢998⸣. ⸢VRY Ms. 993, I, 120 & 124 bis⸣

1019. Lalou, René: "Le Courrier des lettres," Le Progrès de Lyon, 26 juin 1926, ⸢M⸣. ⸢VRY Ms. 993, I, 185⸣

A good review of Rhumbs, which Lalou calls, a bit exaggeratedly perhaps, "le dramatique bréviaire de l'intelligence contemporaine."

1020. Segond, Joseph Louis: "L'Esthétique du sentiment. V. Les équivalences et les correspondances," Revue des cours et conférences, XXVII, no. 14 (30 juin 1926), 509-20.

A continuation of ⸢977⸣. Segond places P.V. among the "... très grands esprits chez lesquels nous voyons coïncider, d'une part, la pratique de l'art le plus pur, les images symboliques par lesquelles la poésie pure proprement dite se manifeste réellement, et puis, d'autre part, cette ténacité de l'esprit critique qui ne s'arrêtera jamais à un état d'âme sans essayer de le disséquer" (512).
Segond did not sufficiently clarify his notion of "poésie pure." R. de Souza, however, in ⸢851⸣, approved of Segond's use of the term. According to Souza, Segond originally presented these articles as lectures at the Université de Lyon. He reprinted them in ⸢1185⸣.

1021. Godchaux, Georges: "Eupalinos, par Paul Valéry," Journal d'Anvers (⸢juillet⸣ 1926), ⸢M⸣. ⸢VRY Ms. 1002, X, 41⸣

A review of Eupalinos... on the occasion of a reprinting by Gallimard. The same review appeared in the Journal de Bruges and in Lausanne artistique, with minor changes in the closing paragraph. Here Godchaux wrote: "Quelle rare et belle prose française, quel ⸢sic⸣ élégance dans le maniement de la langue et les images présentées. Eupalinos est un très beau livre." See:

1022. Godchaux, Georges: "Eupalinos, par Paul Valéry," Journal de Bruges ([juillet] 1926), [M]. [VRY Ms. 1002, X, 41]

In this variation of the above review, Godchaux closed on this insipid note: "N'est-ce pas merveilleux de pouvoir écrire de la sorte?"

1023. Godchaux, Georges: "Les Livres--Eupalinos," Lausanne artistique ([juillet] 1926), [M]. [VRY Ms. 1002, X, 41]

Godchaux varied his conclusion in the Swiss version of his review with: "Quelle rare et belle façon de s'exprimer, quelle élégance dans la présentation des images. 'Eupalinos' est un très beau livre."
This review certainly did not merit three printings.

1024. Guéguen, Pierre: "Entretiens avec Paul Valéry, par Frédéric Lefèvre," Larousse mensuel, VII, no. 233 (juillet 1926), 169-70. [VRY Pr. 180 in 4]

Guéguen is very favorable to Lefèvre's book, which he considers of value to P.V.'s present and future critics. Les Nouvelles littéraires reviewed this compte rendu on 28 August, taking exception to several specific points. Was Lefèvre never satisfied?

1025. Anon.: [Examination for the "Baccalauréat de philosophie" given at the Faculté des Lettres de Lyon], Lyon (juillet 1926), [M]. [VRY Ms. 993, I, 126]

Question III. "Commenter ces mots de Paul Valéry: 'J'estime philosophe tout homme, de quelque degré de culture qu'il soit, qui essaye de temps à autre de se donner une vision d'ensemble, une vision ordonnée, de tout ce qu'il sait, et surtout de ce qu'il sait par expérience directe, intérieure et extérieure. On peut concevoir un philosophe de très grand style qui n'aurait point de connaissances scientifiques, et ce serait un personnage bien intéressant. Peut-être même bien important....'"
A curious question in that the definition invites one to consider P.V. as a "philosophe," a label he elsewhere refused vigorously. On the page facing this clipping Monod included a letter from his cousin,

professor Henri Delacroix, who related having given quotations from
P.V. as dissertation topics to his candidates for the "licence" at
the Sorbonne between 1923 and 1926. P.V. had achieved an unusually
rapid success among some members of the university community. Note,
however, the continuing reluctance of F. Strowski to join P.V.'s
admirers.

1026. Rambaud, Henri: "Notes--littérature générale," NRF,
XXVII, no. 154 (juillet 1926), 94-97. ⌐VRY Pr. 147 in 12⌐

A long, descriptive review of Rhumbs. Very favorable but un-
interesting. Noted by Talvart in Fiche..., 7e année, 1928, no. 16.
In the section "Les Revues," page 128, appeared a quotation from G.
Hain's article ⌐1000⌐ attacking both P.V. and the NRF.

1027. Vandérem, Fernand: "Les Lettres et la vie," Revue de
France, VI, no. 4 (1er juillet 1926), 135-60. ⌐VRY Pr. 580 in 8⌐

Vandérem combines his reviews of J. Renard's Journal inédit...
⌐874⌐ and P.V.'s Rhumbs, preferring the style and content of the former. He cites Renard's judgement of P.V., which dates from 1897. Reprinted in Le Miroir des lettres, VII-VIII, 1929.

1028. Souday, Paul: "Les Livres," Le Temps, 1er juillet 1926,
p. 3. ⌐VRY Ms. 993, I, 124⌐

Souday reviews M. Braunschvig's La Littérature française contemporaine... ⌐850⌐. His criticism of Braunschvig's treatment of P.V. is
excellent. "Paul Valéry est convenablement loué, mais proclamé bergsonien parce que M. Albert Thibaudet en a décidé ainsi. Ce n'en est pas
moins une méprise totale. M. Braunschvig cite quelques strophes du
Cimetière marin, qui est un des plus beaux poèmes de Valéry, mais à
propos de ces vers ⌐2-4 of strophe XI⌐ voici une drôle de note: 'Le
blanc troupeau des tombes que fait paître le poète, c'est la troupe des
pensées qui se lèvent en lui au spectacle des tombes.' Or, on sait bien
que Valéry ne manquera jamais une occasion de penser; mais ici l'image
est d'abord pittoresque et visuelle, et c'est bien des blanches pierres
tombales qu'il s'agit, dans leur réalité, avant toute méditation et tout
symbole...." Souday's reading is far superior to Braunschvig's.
On 8 July Souday mentioned P.V. in a review of P. Morand's Rien
que la terre. The allusion is of no importance.

1029. Brisson, Pierre: "Chronique théâtrale," Le Temps, 5

juillet 1926, p. 3. ⌐VRY Ms. 993, I, 124⌐

"Deux événements ont marqué le concours de tragédie ⌐au Conservatoire⌐: la présence de M. Paul Valéry parmi les membres du jury et la furie étrange de M. Fainsilber dans le rôle d'Oreste. On n'attendait guère de rencontrer ici l'auteur de la Jeune Parque et de la Soirée avec M. Teste. Le divertissement que sa curiosité éminente est venu chercher dans cette assemblée nous vaudra certainement quelque page précieuse: 'C'est un accès de racinium tremens', aurait dit M. Paul Valéry, en contemplant M. Fainsilber. Cette parole aussitôt recueillie volait de bouche en bouche."
I do not know that anyone other than Brisson has ever noted this anecdote.

1030. Anon.: "Le Courrier des lettres--informations littéraires," L'Europe nouvelle, 9e année, no. 438 (10 juillet 1926), pp. 955-57.

P.V. is named as a founding member of the Société Huysmans. P. Lièvre had been elected treasurer.

1031. Fontainas, André: "Histoire littéraire et critique," La Muse française, V, no. 7 (10 juillet 1926), 544-46.

Another enthusiastic review of Lefèvre's Entretiens....

1032. J.L.: "A Prague," Les Nouvelles littéraires, 5e année, no. 195 (10 juillet 1926), p. 6. ⌐VRY Ms. 993, I, 125⌐

J.L. states that P.V. will be present in Prague for the gymnastic demonstration of the Sokols from 4 to 8 July. He adds that P.V. will probably be greeted by the P.E.N. club of Prague. (The notice was obviously printed late.) In the same number, on page 8, appeared a compte rendu of Vandérem's article for 1 July ⌐1027⌐.

1033. P.⌐aul⌐ S.⌐ouday⌐: "Un Peu de Valéry," Le Temps, 15-16 juillet 1926, p. 1. ⌐VRY Ms. 993, I, 125⌐

Souday devotes three-quarters of a column on page 1 to P.V.'s Cahier B. 1910 (Gallimard), his preface to Les Lettres persanes (Terquem), and to the number of Le Capitole ⌐972⌐ in P.V.'s honor. He concludes with a passage P.V. published in the latter, hoping thereby

to further taunt abbé Bremond. The great debate was far from over for
Souday. Souday, who was by this time a personal friend of P.V., owned
an autograph copy of the Cahier B. 1910, no. XLVII hors commerce of
662 copies printed on Rives. This copy is now in the Valeryanum. Talvart noted this article in Fiche..., 7e année, 1928, no. 16.

1034. Botrot, Jean: "Marchands d'autographes," Paris-Soir, 23
juillet 1926, ⌐M⌐. ⌐VRY Ms. 993, I, 130-31⌐.

"Rien qu'en écrivant n'importe quoi sur n'importe quel papier,
Valéry et Claudel pourraient faire fortune--si ce n'était déjà fait.
Décidément, la mode a du bon."
P.V. certainly profited from the sale of expensive, limited
editions of his works and, to some extent, from the sale of autograph
manuscripts. To my knowledge, however, P.V. never made a fortune in
this manner, and he drew a sharp distinction between manuscripts of
his works and personal letters to friends. See his comments on this
subject in ⌐1008⌐.

1035. P.⌐aul⌐ S.⌐ouday⌐: "'Lettres au Patagon'," Le Temps,
23 juillet 1926, p. 1.

Souday quotes from the Cahier B. 1910 with reference to French
opinion against oratory since the time of Buffon. Insignificant.

1036. Lefèvre, Frédéric: "Une Heure avec R.-M. Rilke," Les
Nouvelles littéraires, 5e année, no. 197 (24 juillet 1926), pp. 1, 2.
⌐VRY Ms. 993, I, 128⌐.

Lefèvre reports that P.V. was responsible for the publication
of Rilke's Vergers by Gallimard. He writes of Rilke's "traduction en
vers des Poèmes de Paul Valéry qui a vu le jour voici quelques mois
⌐et qui⌐ est un monument à la fois verbal et lyrique dont on a pu
écrire qu'elle est le 'fruit magnifique d'une affinité élective'."
(Lefèvre borrowed this expression from ⌐926⌐.)
P.V. contributed to the special number of the Cahiers du mois
honoring Rilke, and their names were again associated early in January
1927 after Rilke's death.

1037. Anon.: ⌐title lacking⌐, Sur la riviera normande, ⌐place
of publication unknown⌐ (25 juillet 1926), ⌐M⌐. ⌐VRY Ms. 993, I, 131⌐

Monod classed this squib as an "écho malveillant":
"Pourquoi M. Paul Valéry ne fait-il pas de services de presse de ses volumes? Nous ne voulons point croire les raisons que nous chuchotent certains petits écrivailleurs, fort jaloux du poète de Charmes, de l'essayiste de Rhumbs."

1038. Camp, Jean: "Pour comprendre le Poète," Septimanie, Narbonne, 4e année, no. 33 (25 juillet 1926), pp. 1-4. [VRY Pr. 222 in 4]

A favorable review of Lefèvre's Entretiens.... J. Camp considers Lefèvre's best chapter to be "Le Poète." He adds: "Nous aimerions, nous, Méditerranéens, voir étudié plus profondément ce qu'il y a de proprement latin et méridional dans l'expression valéryenne." Some "Méditerranéens" had already seriously considered this aspect of P.V.'s art. See [972].

1039. P.[aul] S.[ouday]: "Examen de conscience," Le Temps, 26 juillet 1926, p. 1.

Souday mentions P.V. in this review of the June number of the Cahiers du mois [997]. He stresses the impact of music on poets of P.V.'s generation.

1040. Lamandé, André: "Prudhomme et Valéry," Le Temps, 28 juillet 1926, [X].

No such article exists. This reference appears in Talvart's Fiche..., 7e année, 1928, no. 16. The correct reference is:

1041. Tisserand, Ernest: "De Sully Prudhomme à Paul Valéry," Candide, 29 juillet 1926, [M]. [VRY Ms. 993, I, 129]

The title of the article reveals Tisserand's intention: a superficial comparison of the careers of Sully Prudhomme and P.V. in order to disparage P.V. He argues that P.V. has been elected the official representative of French poetry in the same manner as Sully Prudhomme, and will subsequently have the same fate.
"La raison du succès de Paul Valéry tient en ceci qu'il a vulgarisé l'obscurité. Cette obscurité, dont on a tant fait reproche aux symbolistes, il l'a, pour ainsi dire, mise à la portée de tous. Il l'a rendu bon enfant, accessible, aimable. Il l'a truffée de science nou-

velle et de philosophie à l'ordre du jour. Rien d'étonnant que chacun se couronne avec lui. Sa gloire est légitime parce que, selon tous les sens du mot, temporelle. ... Mièvres tous les deux, raffinés, un peu maniaques, ils tiennent le même pôle dans des civilisations très dissemblables."
See Souday's indignant reaction in ⊏1043⊐.

1042. Souday, Paul: "Les Livres," Le Temps, 29 juillet 1926, p. 3.

In a review of Les Cahiers de Malte Laurids Brigge Souday mentions Rilke's translations of P.V.'s poems. He lost no time in replying to Tisserand:

1043. P.⊏aul⊐ S.⊏ouday⊐: "Sully Prudhomme et Valéry," Le Temps, 30 juillet 1926, p. 1. ⊏VRY Ms. 993, I, 130⊐

"Quel rapport avec Valéry? Car tout ce préambule ⊏on Sully Prudhomme⊐ n'a pour but que d'assimiler Valéry à Sully Prudhomme, et de présenter la renommée de l'auteur de Charmes comme aussi excessive et fragile que celle de cet aîné. C'est de la folie."
Souday was, of course, quite right, although many critics secretly agreed with Tisserand. Souday reprinted this article in ⊏1189⊐, pp. 133-36.

1044. Jouanne, Pierre: "Bibliographie," Revue des cours et conférences, XXVII, no. 16 (31 juillet 1926), 764-67.

A review of Lefèvre's Entretiens.... Jouanne quotes and paraphrases, but does not criticize. Uninteresting.

1045. ⊏Anon.⊐: "Quelques livres de luxe récents," Vient de paraître, juillet-août 1926, ⊏M⊐. ⊏VRY Ms. 993, I, 132⊐

"Il ne faut pas juger M. C. Beltrand sur son Eupalinos. Le graveur d'interprétation est en lui très supérieur au créateur. ... Ses compositions pour l'oeuvre de Valéry le desserviront plutôt."
Insignificant.

1046. Anon.: "Informations," Revue d'histoire littéraire de la France, 33e année, XXXIII (juillet-septembre 1926), 496. ⊏VRY Ms.

993, I, 116₃

"M. Paul Valéry a fait à la Société ₍le 4 juin₎ le très grand honneur d'évoquer quelques souvenirs de sa vie littéraire et d'exposer quelques-uns des desseins profonds qui lui ont fait tenter de renouveler l'inspiration et les moyens d'expression de la poésie. Sa causerie, merveilleusement vivante, a été applaudie avec enthousiasme."
    Merely a polite thank you. Another echo of this lecture appeared in ₍1007₎.

    1047. Benoist-Méchin, J.: "Lettre sur Rilke," <u>Les Cahiers du mois</u>, nos. 23-24 (août 1926), pp. 48-51. ₍VRY Pr. 9 in 12₎

    "J'imagine volontiers, que ce qui a dû séduire le plus Rilke dans l'oeuvre de Valéry qu'il a si magistralement traduite, c'est le poème intitulé <u>Aurore</u> et plus particulièrement ces trois vers: 'Tout m'est pulpe, tout amande/Tout calice me demande/Que j'attende pour son fruit.'//Chez l'auteur du 'Livre d'heures', en effet comme chez celui du 'Cimetière Marin', tout nous incite à accroître sans répit notre moisson spirituelle."
    See the other contributions to this "Reconnaissance à Rilke" which mention P.V.:

            Bertaux, Félix: "Image du poète," in ₍1047₎, pp. 39-43.

    "Alors qu'autour de lui ₍Rilke₎ les regards étaient rivés à l'utile, il a avec Gide retrouvé la gratuité, qui est une forme de l'idéalisme, et avec Valéry distingué des valeurs par delà l'horizon où s'arrête la vue commune."

            Marichalar, Antonio: "Trace dans le ceil (traduit de l'espagnol par J.C.)," in ₍1047₎, pp. 86-88.

    "En résumé: Rilke qui aurait pu rencontrer en France les lecteurs de Maeterlinck, a trouvé la faveur de ceux de Valéry."
    Marichalar is quite right, and certainly a bibliography of Rilke in France in the 1920's would include many of the names which appear in this one.

            Rimestad, Christian: "Témoignages étrangers--Rilke, Jacobsen et Obstfelder," in ₍1047₎, pp. 83-84.

"Malgré Régnier, Valéry et Claudel, malgré les grands poètes lyriques de l'Allemagne, de l'Autriche, de la Suède et du Danemark ⸤Rimestad is Danish⸥..., le Livre d'Heures est peut-être dans la poésie contemporaine l'oeuvre qui touche et fait vibrer les cordes les plus profondes."

Presumably Rimestad is speaking only for Denmark. P.V.'s own contribution to the "Reconnaissance à Rilke," "A Rainer Maria Rilke," appeared on pages 9-10. In 1927 Rimestad published a Baudelaire in Danish which contains three good pages on P.V.

1048. Anon.: "Revue des revues et revue de la presse," Les Nouvelles littéraires, 5e année, no. 199 (7 août 1926), p. 2.

A review of the first segment of Gide's Journal des Faux-Monnayeurs in the NRF containing this judgement: "Sur l'inspiration et ses limites, la pensée de Gide est parente de celle de Paul Valéry. Pour tous deux, l'inspiration se mérite par l'étude et la méditation."

1049. Jaloux, Edmond: "L'esprit des livres," Les Nouvelles littéraires, 5e année, no. 200 (14 août 1926), p. 3. ⸤VRY Ms. 993, I, 133⸥

A good review of Rhumbs. Jaloux says of P.V.: "...M. Valéry à qui l'on a reproché souvent d'être obscur, est bien l'homme le plus passionné de clarté que je connaisse,--mais il n'entend pas le mot clarté dans le sens de paresse du lecteur."

A well-intentioned but not very effective argument. Jaloux also reviews Fonction de X. by Gilbert Mauge, pseudonym of the duchesse de la Rochefoucauld. "Mme Gilbert Mauge appartient évidemment à ce petit groupe d'écrivains qui ont été influencés par la pensée qui règne sur l'oeuvre de M. Valéry."

In recent years the duchesse de La Rochefoucauld has contributed to the dissemination of P.V.'s work with a Paul Valéry (Editions universitaires, 1954) and her analysis of the Cahiers: En lisant les cahiers de Paul Valéry (Editions universitaires, 3 vols., 1964-67). Selected chapters of these three volumes appeared originally in the Revue de Paris.

1050. P.⸤aul⸥ S.⸤ouday⸥: "Qu'est-ce que le génie?" Le Temps, 20 août 1926, p. 1. ⸤VRY Ms. 993, I, 134⸥

Souday quotes P.V.'s comment on the distinction between genius and talent in Le Capitole for 15 April ⸤972⸥. "Ce paradoxe sur le géni

a certainement contribué à la barbarie contemporaine. Edgar Poe, qui en avait constaté les funestes prodromes, avait réagi de son mieux, et Valéry continue le combat avec force. Ces deux grands poètes intellectualistes vont presque à un autre excès, en insistant tellement sur le rôle de l'intelligence dans l'art--lequel est certes éminent--qu'ils en oublient presque de mentionner le don."
    For his part, Souday was guilty of exaggerating the intellectualist in P.V. at the expense of the sensual element in his work. P.V. was far less intellectualist in practice than in theory.

    1051. Jaloux, Edmond: "L'Esprit des livres," <u>Les Nouvelles littéraires</u>, 5e année, no. 201 (21 août 1926), p. 3.

    A column devoted entirely to Rilke. Jaloux cites P.V.'s contribution to ₍1047₎.

    1052. Anon.: ₍caption below a photograph₎, <u>Le Quotidien</u>, 23 août 1926, ₍M₎. ₍VRY Ms. 993, I, 132₎

    "M. Paul Valéry...et M. Robert de Flers qui figurent sur la prochaine promotion de la Légion d'honneur." See:

    1053. Anon.: "Légion d'honneur," <u>Le Temps</u>, 26 août 1926, ₍M₎. ₍VRY Ms. 993, I, 132₎

    P.V. has been promoted to the rank of Officier de la Légion d'honneur. He is listed as an "homme de lettres."

    1054. Anon.: "Le Courrier de Paris--informations littéraires," <u>L'Europe nouvelle</u>, 93 année, no. 446 (28 août 1926), pp. 1222-23.

    Légion d'honneur.

    1055. Treich, Léon: "Les Lettres à l'honneur--une belle promotion," <u>Les Nouvelles littéraires</u>, 5e année, no. 202 (28 août 1926), p. 2.

    P.V. "notre collaborateur et ami" and the Légion d'honneur. In the "Revue des revues..." of this number there is a <u>compte rendu</u> of P. Guéguen's article in the <u>Larousse mensuel</u> for July ₍1024₎. More grist for Lefèvre's journalistic mill.

1056. P.⌊aul⌉ S.⌊ouday⌉: "Deux Consultations de M. Strowski," Le Temps, 30 août 1926, ⌊M⌉. ⌊VRY Ms. 993, I, 135⌉

Souday cites Strowski's reply to an "enquête" in L'Opinion for 23 August: "C'est Proust qu'on lit le plus. Valéry a une forte influence; son nom, lorsque je le prononce, frappe toujours l'esprit de mes élèves. Quant à Gide, on le lit moins."
Strowski's opinion is of particular interest since he could hardly be suspected of favoritism with regard to P.V.

1057. Guilac, H.⌊enri⌉: "On rentre... On rentre...," ⌊place and date of publication unknown⌉, ⌊M⌉. ⌊VRY Ms. 993, I, 140⌉

A cartoon apparently published at the beginning of a literary season, perhaps in 1926. The cartoon shows several men of letters on a train with still others standing on the platform. The caption identifies the three men in one car as P.V., Souday and abbé Bremond. Bremond is reading Le Temps and smiling broadly, an obvious allusion to the "poésie pure" debate.

1058. Germain, André: "Paul Valéry," Revue européenne, 4e année, no. 43 (1er septembre 1926), pp. 11-20. ⌊VRY Pr. 456 in 12⌉

A. Germain considers P.V. "⌊le⌉ poète le plus noble et le seul essayiste," and places him in the company of Yeats, d'Annunzio, Stefan George and Gorki, who together constitute the glory of literary Europe. Germain's comments on P.V.'s life should have silenced any further charges of snobism. "Depuis dix ans ⌊the chronology is somewhat faulty⌉, depuis que sa brusque célébrité lui a imposé le dilemme de défendre avec effort sa solitude ou bien de s'abandonner à tous, il a décidé d'accepter toutes les invitations et d'aller partout. ... Les richesses de sa vive parole, il les laisse tomber, sans tenir compte des convives, entre les roses et la verrerie. Et pourtant quand il rentre chez lui, il n'abandonne à ces snobs, à ces crétins en smoking et à ces belles épaules distraites qui ont cru l'adopter nul droit sur ses pensées, nulle lueur sur lui-même" (p. 12).
A résumé of this article appeared in Chronique des lettres françaises, IV, 1926, 775-76. Les Nouvelles littéraires cited Germain's article on 11 September.

1059. Giraud, Philippe: "Paul Valéry poète," Zodiaque, Port-Louis (Ile Maurice), I, no. 4 (1er septembre 1926), 308-16. ⌊VRY Pr. 483 in 12⌉

Giraud's comments are brief and quite general. He shares L. Fabre's reservations with regard to P.V.'s "bergsonisme" and has obviously read Lefèvre's <u>Entretiens</u>.... Mentioned in the "Revue des revues..." of <u>Les Nouvelles littéraires</u> for 22 January 1927.

1060. Royère, Jean: "Naissance du jour," <u>Zodiaque</u>, Port-Louis (Ile Maurice), I, no. 4 (1er septembre 1926), 281. [VRY Pr. 483 in 12]

A poem of three four-line strophes in Alexandrine verse dedicated "à Paul Valéry." One is tempted to ask: why?

1061. Etienne-Souriau: "Pour M. Jules Romains," <u>Le Temps</u>, 3 septembre 1926, [M]. [VRY Ms. 993, I, 135]

An open letter to Souday and J. Romains concerning an article Romains had published in <u>Le Temps</u>, in which he had used the expression "les beaux-arts...créateurs d'objets." Etienne-Souriau insists that "les beaux-arts sont essentiellement 'créateurs de choses'," adding: "Avec Objet, on risque d'importer tout le problème de l'objectivité ou de la subjectivité de l'oeuvre d'art entre ses deux pôles: Paul Valéry et Benedetto Croce. En disant <u>chose</u>, on insiste moins sur l'extériorité que sur la permanence substantielle."
This note is far from clear. In Monod's volume of press clippings a line is drawn in ink from the reference to P.V. to two question marks in the margin. Next to the clipping, in Monod's hand, one reads: "N.B. Les points d'interrogation sont de la main de Paul Valéry (Anthy [?] Sept. [?] 1926)." It would seem that P.V. did not understand the note either.
P.V. had spent August and September with his family as the guest of J. P. Monod in Anthy. Rilke visited P.V. there on 13 September (cf. Pléiade, I, 50).

1062. Anon.: "Revue des revues et revue de la presse," <u>Les Nouvelles littéraires</u>, 5e année, no. 203 (4 septembre 1926), p. 2. [VRY Ms. 665]

"Montesquieu et Paul Valéry ou Paul Valéry écrivain politique" is the title of a series of reflections on recent publications by P.V. The longest contains substantial quotes from P.V.'s preface to <u>Les Lettres persanes</u>. "Jamais la pensée d'un grand écrivain n'avait atteint une telle plénitude. Jamais l'expression de cette pensée n'avait été aussi belle, aussi simple, aussi directement accessible à tous."

The reviewer also mentions Analecta and Le Retour de Hollande.

1063. Anon.: "Le Courrier de Paris--informations littéraires," L'Europe nouvelle, 9e année, no. 448 (11 septembre 1926), 1284-85.

Two long quotations: a) from P.V.'s preface to Les Fleurs du mal (Payot); b) from his preface to Les Lettres persanes (Commerce, été 1926).

1064. Guilac, H.₍enri₎: "Notre grand concours de problèmes littéraires," Les Nouvelles littéraires, 5e année, no. 204 (11 septembre 1926), p. 6. ₍VRY Ms. 993, I, 137₎

Contestants were to write captions for the cartoons proposed by Guilac. In this last cartoon-problem of the series Guilac shows P.V. and Tristan Bernard each holding a fold of Les Nouvelles littéraires which they appear to be reading together. The names of the winners and the verse they submitted were revealed on 16 October. Pierre Humbert won first prize with: "De l'étouffant désert jusqu'au pôle attristant/Tous lisent le journal qui lit ₍lie ?₎ Paul à Tristan." Mme Mathilde Pouillot won second prize with: "Aux deux également il faut rendre les armes/L'un a plus de malice et l'autre plus de Charmes." On 11 December the readers of Les Nouvelles littéraires were told, for their edification, that: "M. Pierre Humbert...est professeur à la Faculté de Montpellier, mais il n'est pas, comme on pourrait le croire, professeur de littérature, c'est la chaire de mathématiques pures qu'il occupe à la Faculté des sciences de la ville chère à Paul Valéry." By 1926 P.V.'s face, if not his poetry, was easily identified by the reading public.

1065. Anon.: "Informations," Les Nouvelles littéraires, 5e année, no. 204 (11 septembre 1926), p. 2. ₍VRY Ms. 993, I, 125₎

Mentions that P.V. will probably speak on behalf of French writers at the final session of the third annual general assembly of the Féderation des Unions Intellectuelles to be held in Vienna on 18-20 October.

1066. Hirsch, Charles-Henry: "Les Revues," Mercure de France, CLXC (15 septembre 1926), 713-14.

A review of "Au sujet des Lettres persanes." Hirsch writes of

P.V.'s commentary on the age of Montesquieu: "Il le décrit avec amour, et des traits les plus fins, qui égratignent un peu notre moins aimable époque...."

1067. Lefèvre, Frédéric: "Une Heure avec la comtesse de Noailles," Les Nouvelles littéraires, 5e année, no. 205 (18 septembre 1926), pp. 1, 2, 4. ⌐VRY Ms. 999, I, 138-39 & 202⌐

Mme de Noailles proclaims her great admiration for P.V. whom she sees as "traditionnel et rattaché à Malherbe." She does criticize P.V.'s harsh treatment of Musset: "dans la grâce et l'aisance...le poète des poètes." Mme de Noailles provoked the ire of R. de Souza in ⌐851⌐ because of her interpretation of Bremond's theories, which disagreed with M. de Souza's.

1068. Prévost, Jean: "L'Humanisme à Pontigny," Les Nouvelles littéraires, 5e année, no. 205 (18 septembre 1926), p. 3. ⌐VRY Ms. 993, I, 148 bis⌐

Prévost relates the events of the recent "décade sur l'humanisme ...à Pontigny." He states that: "Une intéressante et éloquente communication féminine expliqua l'oeuvre de Valéry par les sentiments; quelques interventions masculines l'expliquèrent par l'intelligence. Dans notre admiration perçait le regret qu'il ne fût pas, cette fois-ci, parmi nous."
Prévost does not name the authors of these papers on P.V.

1069. Anon.: "Revue des revues et revue de la presse," Les Nouvelles lettéraires, 5e année, no. 205 (18 septembre 1926), p. 5.

Reviews A. Germain's article ⌐1058⌐ and an article by Maurice Brillant in Le Correspondant concerning Lefèvre. According to Brillant, Lefèvre was preparing the second edition of his Entretiens avec Paul Valéry which, to my knowledge, was never published.

1070. Souday, Paul: "Les Livres," Le Temps, 30 septembre 1926, ⌐M⌐. ⌐VRY Ms. 993, I, 139⌐

Souday calls P.V. to his aid in a joust with Mauriac and Pascal.

1071. Jammes, Francis: "Graphologies," Le Manuscrit autographe,

1ère année, no. 5 (septembre-octobre 1926), pp. 21-22.

"Paul Valéry. Ce pur poète a le plus modeste des Caractères. Il écrit au petit-point; chacune de ses lignes a le même nombre de mailles, et son crochet ferme toutes les boucles (Hermétisme, les o)₌·₌
   S'il avait fréquenté Pénélope, elle eût cru rêver d'avoir défait sa toile, car il l'eût réparée, durant la nuit, sans le lui dire."
For Jammes, P.V.'s writing reveals his "hermétisme." How this can be remains unclear. Souday considered that P.V.'s handwriting revealed his sincerity in ₌913₌.

1072. Claudel, Paul: "Le Poète et le shamisen," Commerce, IX (automne 1926), 5-40.

In this dialogue with a Japanese setting the Shamisen's exclamation--"Iles!"--causes the poet to recall the passage of La Jeune Parque beginning: "Salut, divinités par la rose et le sel,/Iles!..." The poet offers his now famous objection to any consideration of P.V. as an intellectual: "Quelle bêtise! Valéry est avant tout un voluptueux et tout son art est une attention voluptueuse. C'est l'esprit attentif à la chair et l'enveloppant d'une espèce de conscience épidermique, le plaisir atteint par la définition, tout un beau corps gagné, ainsi que par un frisson, par un réseau de propositions exquises" (pp. 16-17). Reprinted in L'Oiseau noir dans le soleil levant, nrf, 1929. Cited by E. Noulet in ₌1353₌. It is noteworthy that, contrary to a commonly held opinion, Claudel was by no means the first to stress this important aspect of P.V.'s art. See B. Crémieux in ₌972₌.

1073. L.M.: "Conférence--sur la poésie," Bulletin de Saint-Cloud, Alençon, no. 3 (octobre 1926), pp. 5-7. ₌VRY 706 in 12₌

The Bulletin de Saint-Cloud is the "Organe trimestriel de la Société Amicale des Anciens Elèves de l'Ecole Normale Supérieure d'Enseignement primaire." L.M. gives a résumé of a lecture P.V. had delivered in this establishment on 23 June. From L.M.'s résumé it appears that the lecture of 23 June was very similar to the one P.V. delivered at the Sorbonne on 27 September. L.M. writes: "Ce poète trouve sacrilège--ce n'est pas tout à fait pour nous--que l'on utilise Virgile pour mesurer les capacités intellectuelles ou linguistiques d'un candidat. La poésie ne gagne pas à être cultivée ainsi; elle a le droit d'être traitée pour la volupté, c'est-à-dire, ajoute-t-il, respectueusement. Il continue par une déclaration qui est à souligner: 'ce qu'il faut apprendre aux élèves, c'est la caractéristique propre de la poésie"
Note L.M.'s use of the term "volupté," which P.V. himself had

probably used in his lecture. It echoes Claudel's definition of his work.

1074. Prévost, Jean: "Réfutation du pari de Pascal," <u>NRF</u>, XXVII, no. 157 (octobre 1926), 409-12.

Prévost's reason for dedicating this article "A Paul Valéry" is quite obvious.

1075. Decoudun, Guy: "A propos de 'Variété'--réflexions," <u>La Revue littéraire et artistique</u>, 20e année, no. 8 (octobre 1926), pp. 4-6. ɼVRY Pr. 292 in 4ɔ

The author is a twenty-year-old student who relates the circumstances of his first reading of <u>Variété</u>.
"Nous étions, il y eut tantôt un an, dans la Salle Fustel de Coulanges de la Faculté des Lettres de Strasbourg, alors que notre éminent maître M. Gustave Cohen faisait une conférence sur Rabelais... M. Cohen nous avait conseillé de lire, dans le livre inconnu pour nous de Paul Valéry, 'Variété,' certaines pages magnifiques...
Le lendemain, un événement se produisit dans notre vie, car c'est en ce jour mémorable que nous frottâmes notre cervelle, pour parler comme Montaigne, à l'oeuvre de Paul Valéry, prince de l'esprit, génie incomparablement charmeur, mage qui sait si bien créer l'eurythmie et l'atmosphère poëtique avec les moyens du plus enivrant et du plus suave intellectualisme."
One wonders whether Decoudun understood the "génie incomparablement charmeur" of P.V., when, on the basis of a passage in the "Note et digression," he makes of P.V. an apologist of the resurrection of the body.
Cited in ɼ1080ɔ. See also H. de Montherlant in ɼ169ɔ.

1076. ɼMaublanc, Jean-Danielɔ: "Une Lettre de Paul Valéry," <u>La Revue littéraire et artistique</u>, 20e année, no. 8 (octobre 1926), pp. 1-2. ɼVRY Pr. 292 in 4ɔ

"Le Maître Paul Valéry, de l'Académie Française, dont la récente promotion dans l'ordre de la Légion d'honneur a mis en joie tous les lettrés, a bien voulu écrire à notre Rédacteur en Chef, Jean-Daniel Maublanc, la très belle lettre que nous sommes heureux de publier ci-après:...." See also:

1077. Parrot, Louis: "Danseuses," <u>La Revue littéraire et artis-</u>

tique, 20e année, no. 8 (octobre 1926), pp. 2-3. ⌐VRY Pr. 292 in 4¬

A poem dedicated "A Paul Valéry" which Parrot reprinted in Cornemuse de l'orage ⌐1176¬. The Revue littéraire et artistique mistakenly printed the poet's name as Perrot.

1078. Maurevert, Georges: "Pour les chauffeurs contre les chauffards--une belle lettre de M. Paul Valéry," L'Eclaireur de Nice et du sud-est, Nice, 2 octobre 1926, ⌐M¬. ⌐VRY Ms. 747¬

Maurevert gives an elegant chapeau to P.V.'s reply to this rather stupid "enquête."

1079. Anon.: "A Genève," Les Nouvelles littéraires, 5e année, no. 207 (2 octobre 1926), p. 4. ⌐VRY Ms. 993, I, 139¬

Announces a lecture by P.V. in Geneva. Another such announcement appeared in this column on 16 December, in which P.V. was called "le plus beau poète de notre temps."

1080. Anon.: "M. Paul Valéry et les jeunes," Comoedia, 8 octobre 1926, ⌐M¬. ⌐VRY Ms. 912¬

The writer reviews the October number of the Revue littéraire et artistique, in which P.V. figured prominently, and reprints P.V.'s letter to J.-D. Maublanc ⌐1076¬.

1081. Jaloux, Edmond: "L'Esprit des livres," Les Nouvelles littéraires, 5e année, no. 209 (16 octobre 1926), p. 3. ⌐VRY Ms. 993, I, 139¬

Jaloux cites P.V.'s poems as representative of one trend in contemporary French letters. He supposes that by comparing them with the Thomas version of Tristan... or even with Gargantua he can "démêler l'énorme chemin parcouru par l'esprit français depuis ses origines à l'heure actuelle." A questionable notion.

1082. Lefèvre, Frédéric: "Une Heure avec M. Joseph Caillaux," Les Nouvelles littéraires, 5e année, no. 109 (16 octobre 1926), pp. 1-2. ⌐VRY Ms. 993, I, 140¬

M. Caillaux praises what he calls P.V.'s "essais idéologiques."

₍1085₎

"Je suis d'accord avec l'auteur de Variété, surtout quand il voit dans l'établissement des Soviets, auxquels, par ailleurs, il rend justice, une poussée du monde et de la pensée asiatiques.
C'est un écrivain qui voit loin et qui est préoccupé, comme je le suis moi-même, du salut de l'Europe."
P.V. was certainly not "préoccupé du salut de l'Europe." (Cf. ₍705₎.) Caillaux considers P.V. a continuator of Mallarmé in poetry. Mallarmé was Caillaux's own professor of English at Condorcet.

1083. Anon.: "Fin du Congrès de la fédération des unions intellectuelles," ₍Le Temps?₎, 21 ou 22 octobre 1926, ₍M₎. ₍VRY Ms. 993, I, 134₎

"Dans l'assemblée générale de clôture, M. Paul Valéry, de l'Académie française, parla sur le rôle des intellectuels dans l'organisation de l'Europe."

1084. Levinson, André: "Paul Valéry, philosophe de la danse," Les Nouvelles littéraires, 5e année, no. 210 (23 octobre 1926), pp. 1, 5. ₍VRY Ms. 993, I, 141-42₎

Levinson presents P.V.'s "L'Ame et la danse" in terms of choreography, noting that "depuis les Divagations ₍de Mallarmé₎, le fait chorégraphique n'a pas été cerné d'aussi près." He compares the dialogue with Mallarmé's studies entitled "Crayonné au théâtre" and points out that P.V. did not need to leave his armchair to find the material for his dialogue.
"Une curieuse confidence du maître me mit sur la trace des références qui lui servirent. C'est tout bonnement un jeu de photographies qui donnent, pour divers pas de danse, le tracé de la trajectoire de certains points du corps de la danseuse, particulièrement de la tête et des pieds ou de la main.... Le procédé du professeur Soret qui prit ces épreuves au Théâtre de Genève est basé sur les recherches si fécondes que le docteur Marey, inventeur de la 'chronophotographie', entreprit pour analyser la locomotion des hommes et des animaux" (p. 5).
Levinson's claim has not been sufficiently considered by the numerous critics of this important dialogue. Reprinted in ₍1166₎.

1085. Thibaudet, Albert: "Le Courrier de Paris--les lettres," L'Europe nouvelle, 9e année, no. 454 (23 octobre 1926), p. 1474.

"Il y a un commerce et une mode des autographes qui, depuis la vente Lang, ont fait un formidable bond. Valéry y figure en Royal

Dutch, depuis les vingt mille francs ⌐is this the same manuscript reported sold for 7,430 francs in L'Europe nouvelle for 12 June?¬ qu'a atteints son manuscrit de la Jeune Parque. Il en arrive, disait-il, à ne plus oser écrire une lettre tant soit peu intime, de peur de la retrouver le lendemain chez un marchand. Je lis dans le catalogue Gallimard: 'Valéry (Paul), lettre autographe signée à Paul Fort. Jolie lettre dans laquelle Valéry fait une intéressante critique d'un volume de Ballades: 200 francs.'"

In Thibaudet's view such a traffic is perfectly normal in the world of letters, however much one may deplore it.

1086. Anon.: "Dessins de littérateurs," Les Nouvelles littéraires, 5e année, no. 211 (30 octobre 1926), p. 2. ⌐VRY Ms. 993, I, 143¬

Mentions P.V.'s "eaux-fortes...qui illustreront une précieuse édition du Cimetière marin.

Mais ce que personne ne savait et qui fait le plus grand honneur au grand écrivain, c'est que cette édition est d'avance consacrée par lui à une dette de reconnaissance envers un ami disparu."

The edition in question consisted of only 95 copies and was published by Ronald Davis ("achevé d'imprimer le 30 novembre 1926"). It is unfortunate that Les Nouvelles littéraires did not identify the mysterious "ami disparu."

1087. Anon.: "En souscription: Les Cahiers Valéry," Les Nouvelles littéraires, 5e année, no. 211 (30 octobre 1926), p. 7. ⌐VRY Ms. 993, I, 143¬

"Les Cahiers Valéry" in question are a collection of volumes devoted to criticism of P.V.'s work. The collection was planned for publication by the Editions de la Tour d'Ivoire. Levinson's Paul Valéry et la philosophie de la danse ⌐sic¬ is announced for 20 November. It appeared in 1927 ⌐1166¬. (Hytier in Pléiade, II, 1648, gives the date as 1926.) Announced as "en préparation" are: Paul Souday, La Pensée de Paul Valéry; R.-P. Gillet, O.P., Paul Valéry et la métaphysique; and H. Massis, Paul Valéry et sa pensée. Several more volumes were announced for 1927-28: by Louis Artus, H. Bremond, Maurice Brillant, Paul Valéry et la pensée grecque; B. Crémieux, Paul Valéry et le retour à l'élémentaire; Ernst-Robert Curtius, Joseph Delteil, L. Fabre, E. Jaloux, Léon Janit, Valery Larbaud, André Lebey, Quand il était inconnu; Frédéric Lefèvre, Nouveaux Essais d'exégèse; J. Maritain, M. Martin du Gard, A. Maurois, Charles Maurras, F. de Miomandre, J. Prévost, H. Rambaud, R. M. Rilke, Gaston Riou, Le Dépaysement de M. Teste; J. Soulairol, A. Thibaudet, Léon Treich.

Very few of these essays were ever published, although one can find the names of most of the prospective authors elsewhere in the bibliography. Lebey's appeared as an article [1119]. Souday's book was published by Kra [1189]. Massis published his essay in Le Roseau d'or [884]. Gillet's book became no. 2 of "Les Cahiers Valéry" [1149]. I have found no trace of the other proposed "cahiers," either at the Bibliothèque Nationale or in the Valeryanum.

1088. [Chabaneix, Philippe]: [Catalogue de la] Bouquinerie Philippe Chabaneix, novembre 1926, [M]. [VRY Ms. 993, I, 145]

Of the works by P.V. remaining from the June catalogue [996], only the original edition of La Jeune Parque on "vergé d'Arches" had augmented in price: from 470 to 480 francs.

1089. Thibaudet, Albert: "Réflexions sur la littérature--épilogue à la Poésie de Stéphane Mallarmé," NRF, XXVII, no. 158 (novembre 1926), 553-61.

"On attend le mouvement d'art nouveau, l'inévitable mouvement d'après-guerre, le 1830 de ce 1815, on retient son strapontin pour une bataille d'Hernani. Et il se trouve que brusquement occupent une place centrale quatre gloires à retardement, Proust, Valéry, Gide, Claudel. Proust ne figure ici que comme le compagnon d'âge, dont l'influence s'exerce, comme la leur, sur une génération qui n'est pas la sienne. Mais Valéry, Gide et Claudel sont en somme des symbolistes" (p. 557).
A banal fact of literary history transposed by the brilliant style of Thibaudet. This article, like Arland's [1090], appeared in a special number of the NRF dedicated to Mallarmé. The Chronique des lettres françaises, IV, 1926, 734, cited Thibaudet's excellent formula.

1090. Arland, Marcel: "Les Revues," NRF, XXVII, no. 158 (novembre 1926), 642.

Arland cites Mme de Noailles on P.V. in [1067]. He chose the passage in which she declared her preference for P.V. over Mallarmé.

1091. Gaultier, Jules de: "Qu'il n'y a pas de poésie pure," Mercure de France, CXCI, no. 681 (1er novembre 1926), 513-45.

This important article concerns P.V. only by implication, assuming him to be among: "...les noms d'autres poètes, nos contemporains, qui, dans le sillage de Mallarmé surtout, ont développé les mêmes tendances." P.V. is not otherwise named. This is one of the rare article which clarified the debate over "poésie pure." Some of Gaultier's notions on the subject seem to be very close to P.V.'s own.

1092. Anon.: "Le Courrier de Paris--informations littéraires," L'Europe nouvelle, 9e année, no. 456 (6 novembre 1926), pp. 1532-33.

"Définitions d'après l'abbé Brémond: 'Paul Souday ou le martyr de la Poésie-raison.' 'Paul Valéry ou le poète malgré lui.'"
These formulae originated in ⊏719⊐ and ⊏752⊐ respectively.

1093. Lefèvre, Frédéric: "Une Heure avec M. Emile Meyerson," Les Nouvelles littéraires, 5e année, no. 212 (6 novembre 1926), pp. 1, 4. ⊏VRY Ms. 993, I, 143⊐

"--Valéry est un grand poète, nous dit le philosophe, et je voudrais être plus jeune pour apprendre par coeur certains de ses poèmes. Aurore, entre autres, qui est pour moi un rare exemple de poème philosophique, à la fois profondément poétique et très juste de ton comme philosophie."
Note the term "ton," which is close to P.V.'s own assertion that he had used only some philosophical color in his poetry. Meyerson added that his friend P. Souday had introduced him to P.V.'s work.

1094. Garnier, A.-P.: "Les Thèmes poétiques--la mort dans la poésie," La Muse française, V, no. 9 (10 novembre 1926), 649-64.

As one of his last examples of this theme in French poetry Garnier cites the fifteenth strophe of Le Cimetière marin, which certainly suits his subject admirably.

1095. Bauër, Gérard: "En marge d'une préface," L'Echo de Pari 11 novembre 1926, ⊏M⊐. ⊏VRY Ms. 994, II, 32⊐

P.V.'s preface to Lucien Leuwen appeared in vol. I of Stendhal's Oeuvres complètes published in 1926 by Champion; then in Commerce, XI, printemps 1927, before being published separately. Bauër is enthusiastic:
"Il ⊏P.V.⊐ y montre beaucoup de pénétration, nulle injustice, et cette clarté de vues, qui fait penser au lecteur: 'Comme cela est vrai, comme il est pris de son sujet, comme il l'entoure sans l'indi-

sposer!' ... Ici, nous voyons Stendhal au naturel par le jeu de l'intelligence compréhensive. C'est un spectacle bien agréable."
Later reviews of P.V.'s preface pointed out that many Stendhaliens would be unhappy with P.V.'s treatment of their idol. They were.

    1096. Souday, Paul: "Les Livres," Le Temps, 11 novembre 1926, p. 3.

Souday has serious reservations about Montfort's Vingt-cinq ans de littérature française [595]. He objects to the cut-off date of 1920 because of the effect it had on P. Aeschimann's treatment of P.V. "La même fatalité ne lui permet de parler que de La Jeune Parque (1917) et de deux ou trois pièces de Valéry parues à part, et juste à temps, en 1920..., mais l'oblige à ignorer Charmes (1922) et à être beaucoup plus court sur Valéry qu'il ne conviendrait, voire tout à fait insuffisant. Ne pouvant l'affilier au naturisme, il se venge en le traitant de surréaliste. Je remarque qu'il ne sera rien dit de Valéry prosateur au chapitre des essayistes, ni dans aucun autre chapitre, sous prétexte qu'Eupalinos et Variété ont paru après 1920." Souday is perfectly justified in noting that P.V. had published significant prose works well before 1920. Souday is wrong, however, in criticizing Aeschimann's comment on P.V. and the surrealists.

    1097. Lauret, René: "Paul Valéry à Berlin," Les Nouvelles littéraires, 5e année, no. 213 (13 novembre 1926), p. 1. [VRY Ms. 993, I, 158]

Dateline: "Berlin, 7 novembre." The article concerns two recent speeches by P.V. in Berlin: one, on "Les Intellectuels et la politique," the other, delivered to the P.E.N. Club, on "souvenirs de sa vie littéraire." P.V.'s reception in Germany is described as enthusiastic. Lauret complains that, despite the many "articles laudatifs et généralement exacts" which greeted P.V. in Germany, Germans are inclined to discuss P.V.--particularly as poet--without having understood him. This trait is not exclusively German by any means. Noted by Talvart, Fiche..., 7e année, 1928, no. 16. In the same number, page 6, under the heading "A Tunis," appeared an announcement that P.V. had accepted "en principe" to give a lecture in Tunis during the 1926-27 season. This engagement was subsequently postponed for several years.

    1098. [Anon.]: "Courrier des lettres," Candide, 18 novembre 1926, [M]. [VRY Ms. 993, I, 144]

"M. Louis Bertrand sera reçu par l'Académie le 25 novembre, le duc de la Force en février 1927 et M. Paul Valéry en mars."
   This was only one of many such erroneous announcements of the date of P.V.'s reception at the Academy, which finally took place on 23 June.

   1099.   Souday, Paul: "Les Livres," Le Temps, 18 novembre 1926, p. 3.

   Souday reviews Bremond's Prière et poésie and La Poésie pure. He mentions P.V. only as the object of the ire of R. de Souza "⌐qui⌐ éreinte à tour de bras Valéry, que M. Bremond se targue d'admirer." Souza and Bremond did in fact contradict one another concerning P.V. in La Poésie pure ⌐851⌐.

   1100.   ⌐Anon.⌐: "Paul Valéry conte des souvenirs littéraires," Gazette de Lausanne, 19 novembre 1926, ⌐M⌐. ⌐VRY Ms. 993, I, 110⌐

   A review of a lecture by P.V. the previous Wednesday "à l'Aula de Rumine" in which P.V. is said to have related "des souvenirs illustrant ses relations avec des écrivains notoires et des peintres verveux." The compte rendu is entirely descriptive.

   1101.   Anon.: "Billet du dimanche--à un snob," La Nation, 20 novembre 1926, p. 1. ⌐VRY Ms. 993, I, 155⌐

   La Nation is the "Organe de Louis Marin," according to a note in Monod's hand and the "Bulletin de la fédération républicaine de France" according to the newspaper itself. The chauvinistic nationalism of La Nation prompted an insidious attack on P.V.'s recent trip to Berlin.
   Stupid.

   1102.   Charensol: "Les 'Vingt à trente ans'--Jean Prévost," Les Nouvelles littéraires, 5e année, no. 214 (20 novembre 1926), p. 2.

   Prévost's statement places him among the few authentic disciples of P.V. His reviews in the already defunct Navire d'argent confirm this impression. "J'aime beaucoup Valéry et aussi Alain, Duhamel, Schlumberger, Romains. Cependant, je me méfie des contemporains. Seul est vrai ce qui subsiste quand la mode est passée. ... Pour moi, la création artistique n'est qu'un moyen pour arriver à plus d'exactitude. ... C'est ainsi que dans <u>Tentative de Solitude</u> et dans <u>Brûlude de la Prière</u>, qui va paraître, je me suis servi de la méthode de Paul Valéry dans <u>La Soirée avec M. Teste</u>. Je considère, d'ailleurs, cet essai comme une expérience idéale pour aider à préciser la position d'un problème."

1103. Lalou, René: "Le Courrier des lettres," <u>Le Progrès de Lyon</u>, 20 novembre 1926, ⌐M¬. ⌐VRY Ms. 993, I, 185¬

Lalou stresses the international reputation of Baudelaire in reviewing P.V.'s preface to the Payot edition of <u>Les Fleurs du Mal</u>.

1104. ⌐Anon.¬: "Une Japonaise femme de lettres," <u>Le Figaro</u>, no. 325 (21 novembre 1926), p. 2. ⌐VRY 499 10/11 in 12¬

An article devoted to Kikou Yamata whose <u>Sur des lèvres japonaises</u> P.V. had prefacé in 1924. "Elle fait aussi des vers et elle a débuté aux soirées du Divan, sous les auspices de Paul Valéry."

1105. P.⌐aul¬ S.⌐ouday¬: "Les Amis de Pascal," <u>Le Temps</u>, 22 novembre 1926, p. 1.

Souday once again uses P.V. as a cudgel against Pascal and his "amis."

1106. Mathiex, Paul: "Echos--la quotidienne," <u>La Presse</u>, 92e année, nouvelle série, no. 4299 (marid 23 novembre 1926), p. 2.

P.V.'s preface to <u>Les Fleurs du Mal</u> is "substantielle et pénétrante." Mathiex cites P.V.'s text.

1107. Charvet, Louis: "Paul Valéry," <u>Revue des jeunes</u> (25 novembre 1926), ⌐X¬.

Noted by Talvart, <u>Fiche</u>..., 7e année, 1928, no. 16. Unfortunately, no such article exists in the <u>Revue des jeunes</u> for November or December 1926. This may have been an error for ⌐1491¬.

1108. ⌐Anon.¬: "La Société J.-K. Huysmans," <u>L'Oeuvre</u>, 26 novembre 1926, ⌐M¬. ⌐VRY Ms. 993, I, 144¬

P.V. is named as a founding member of the Society.

1109. Y.ᴄYvesᴐ G.ᴄandonᴐ: "Reconnaissance à Rilke," <u>Vient de
paraître</u>, décembre 1926, ᴄMᴐ. ᴄVRY Ms. 993, I, 155ᴐ

Gandon gives a bad review of the special number of <u>Les Cahiers
du mois</u> honoring Rilke; he takes special pains to attack P.V. in a
gratuitous manner: "Rainer Maria Rilke traduisit en allemand les poèmes
de M. Paul Valéry, roi du logogriphe, dont l'imagination d'agrégé de
grammaire réussit le miracle de conférer la rigidité cadavérique aux
souples Muses mallarméennes. (En tête de ce <u>Cahier du Mois</u> ᴄ1047ᴐ consacré à Rilke, on trouve une prose de M. Paul Valéry, du plus haïssable
narcissisme, où les fausses grâces d'un langage poli comme un fer de
lance sentent l'huile à faire peur.)"

1110. Souza, Robert de: "Une Lettre de M....," <u>Le Temps</u>, 26
novembre 1926, p. 1. ᴄVRY Ms. 993, I, 144ᴐ

An open letter to Souday in protest against Souday's review of
<u>La Poésie pure</u> in ᴄ1099ᴐ. "Je me suis efforcé seulement de distinguer
chez Poe et Baudelaire l'intellectualisme de leur <u>poétique</u>, qui ne s'ac
corde pas avec la conception mystique, nettement affirmé théoriquement
et pratiquement, de leur <u>poésie</u>. J'ai montré ensuite chez Mallarmé,--
chez Valéry surtout, les conséquences graves de cette dualité et de
la prédominance d'une poétique intellectualiste:--le retour au didactisme, l'art poétique de Poe rejoignant celui de Boileau.
Que ce divorce achèverait de ruiner les conquêtes lyriques du
dix-neuvième siècle, et avec elles la poésie, les derniers poèmes de
Valéry et de Maurras sont là pour le prouver si l'on n'y prenait garde.
See:

1111. P.ᴄaulᴐ S.ᴄoudayᴐ: "Une Lettre de M. Robert de Souza,"
<u>Le Temps</u>, 26 novembre 1926, p. 1. ᴄVRY Ms. 993, I, 144ᴐ

"M. Robert de Souza ferait bien de se relire."

1112. Martin du Gard, Maurice: "Poésie et prière," <u>Les Nouvelles littéraires</u>, 5e année, no. 215 (27 novembre 1926), pp. 1, 6. ᴄVRY
Ms. 993, I, 145ᴐ

Of P.V.'s election to the French Academy Martin du Gard states,
quite accurately: "Ils ᴄthe Academiciansᴐ commettaient donc, sans le
savoir, sur la poésie pure, le beau contresens, diaboliquement imaginé
par M. Bremond pour les besoins de sa cause, de la cause de M. Valéry;
car...il n'y a pas de poète moins pur que Paul Valéry, théoricien de

la poésie pure. Non qu'il mette au premier plan de ses préoccupations le sacrifice, le travail, qui ne sont pas absolument ennemis de la poésie pure, en dépit de M. Bremond..., mais notre grand Valéry est didactique, cérébral, éloquent; il étouffe volontairement émotions sentimentales et lyrisme sous l'appareil géométrique et parnassien. L'obscurité dont on le décore n'est pas du fait de 'l'ineffable' selon Bremond, c'est sa rhétorique intérieure qui la féconde, ce qui ne me semble point si péjoratif...."

Martin du Gard's treatment of P.V. as cerebral and didactic is entirely off base and overlooks completely the recent articles which had underlined the sensual element in his work. Reprinted in ⌐1170¬.

1113. Beau de Loménie, Emmanuel: "La Poésie pure de M. Bremond," <u>Les Nouveaux Essais critiques</u>, 1ère année, no. 5 (décembre 1926), pp. 3-14.

A substantial article opposing Bremond's theories as he reprinted them in <u>La Poésie pure</u>. Beau de Loménie invoked P.V. only twice, however, noting that "M. Brémond récusera Maurras qui, pour lui, représente avec Paul Valéry, le théoricien de cette poésie-raison qu'il déteste."

1114. Ribemont-Dessaignes, G.: "Chronique--la saison des bains de ciel," <u>La Révolution surréaliste</u>, 2e année, no. 8 (1er décembre 1926), pp. 23-26.

"Comme dit Paul Valéry--en parlant de poésie--cela se sent." This allusion appears suddenly in an article which has nothing to do with poetry, or with P.V.

1115. Bauër, Gérard: "Baudelaire et M. Paul Valéry," <u>L'Echo de Paris</u>, 2 décembre 1926, ⌐M¬. ⌐VRY Ms. 993, I, 148¬

Bauër finds P.V.'s preface to <u>Les Fleurs du Mal</u> of great interest but he expresses several reservations. He opposes P.V.'s view that Poe's poetic theory was decisive in forming Baudelaire's art; he likewise objects to P.V.'s claim that Baudelaire's greatest glory may be in the influence he has exercised over subsequent French poetry. This, according to Bauër, is for the literary historians, not the poets, to decide. Finally, Bauër queries whether P.V.'s reflections on the function of the poet, valuable as they are, may not be inadequate to explain the art of a less voluntary poet than himself. In short, Bauër has raised the question whether "Situation de Baudelaire" should not

rather be read as a "Situation de Valéry" with respect to Baudelaire.
A résumé appeared in Chronique des lettres françaises, V, 1927, 229-30. Noted by Talvart in Fiche..., 7e année, 1928, no. 16.

1116. G. R.: "A Zurich," Les Nouvelles littéraires, 5e année, no. 216 (4 décembre 1926), p. 6.

"Le 8 novembre, sous les auspices du Lezezirkel Hottingen, M. Paul Valéry a donné à l'Aula de l'Université une conférence très applaudie. Les amis de la poésie étaient accourus en foule pour entendre le poète magnifique du Cimetière marin."
On 7 November P.V. had been in Berlin. See ꜖1097꜖.

1117. Poizat, Alfred: "Vagabondages autour de deux livres d'Henri Bremond," Le Correspondant, CCCV, nouvelle série, CCLXIX (10 décembre 1926), 730-41.

Poizat does not mention P.V. directly in this continuation of his neo-classical crusade. He attempts to find as many points of contact as possible between his own theories and Bremond's. However, in the same volume, the number for 25 October contains this obvious allusion to P.V.:
"Notre poésie lyrique, après un siècle entier, apparaît épuisée. Depuis Mallarmé, elle tourne, avec les plus grands, à la poésie chinoise. Encore un signe de fin de civilisation" (p. 209).

1118. Anon.: "Le Courrier de Paris--informations littéraires," L'Europe nouvelle, 9e année, no. 461 (11 décembre 1926), p. 1693.

Mentions P.V.'s inclusion in the Kra Anthologie de la nouvelle prose française ꜖846꜖.

1119. Lebey, André: "Quand il était inconnu...," Les Nouvelles littéraires, 5e année, no. 217 (11 décembre 1926), p. 5. ꜖VRY Ms. 993, I, 149-51꜖

Lebey recalls the article he published in L'Eclair on 19 May 1922 ꜖219꜖, calling for official recognition of P.V.'s accomplishments. Now that his wish has been amply fulfilled Lebey is troubled.
"J'ai peur, maintenant, qu'on ne gaspille Paul Valéry et qu'il ne s'y prête lui-même, malgré sa volonté intérieure. ... Il nous doit mieux, désormais, que ses conférences et ses constantes suggestions. ...

Paul Valéry, pour me résumer, nous doit toute son oeuvre."
P.V. himself recognized that his very success hindered his work and would continue to do so until the end of his life. There was considerable lack of foresight on Lebey's part not to have realized that this would be the case.

1120. Charensol: "Les 'Vingt à trente ans'--René Crevel," Les Nouvelles littéraires, 5e année, no. 218 (18 décembre 1926), p. 5.

Crevel to Charensol: "...J'aime beaucoup cette pensée de Paul Valéry: 'L'espoir n'est que la méfiance de l'être à l'égard des prévisions de son esprit'." See Charensol's interview with J. Prévost in ₎1102₍.

1121. ₎Anon.₍: "Les Obsèques de Jean Richepin," Candide, 23 décembre 1926, ₎M₍. ₎VRY Ms. 993, I, 152₍

"Les différents ministres s'étaient fait représenter par des envoyés gonflés d'importance. M. Albert Sarraut plus modeste s'assit dans le fond de l'église où M. Paul Valéry vint le rejoindre et échangea avec lui une conversation animée."

1122. Souday, Paul: "Les Livres," Le Temps, 23 décembre 1926, p. 3.

In a review of Si le grain ne meurt Souday notes: "N'est-ce pas Louÿs, également ami de jeunesse de Paul Valéry, qu'il avait rencontré à Montpellier dans un congrès d'étudiants, qui le décida à sortir de sa longue retraite et à écrire la Jeune Parque?" Souday should have written "publier" rather than "écrire" La Jeune Parque. Reprinted in ₎1188₍.

1123. E. R.: "A Lausanne," Les Nouvelles littéraires, 5e année, no. 219 (25 décembre 1926), p. 6. ₎VRY Ms. 993, I, 152₍

Reports on a series of lectures given recently in Lausanne, including one by P.V.: "Valéry, très fatigué d'une grande tournée en Allemagne et en Suisse, a évoqué des souvenirs: ses débuts avec Pierre Louÿs, son amitié pour Claude Monet." Substantially the same material P.V. had used in previous lectures. This is certainly the same lecture reviewed in ₎1100₍.

1124. Anon.: "Revue des revues," Les Nouvelles littéraires, 5e année, no. 219 (25 décembre 1926), p. 7. ⌐VRY Ms. 999, I, 152⌐

A reprint of one of P.V.'s "Rêves" which had been published in the Revue de France.

1125. Anon.: "Librairie René Férault...," Les Nouvelles littéraires, 5e année, no. 219 (25 décembre 1926), p. 8. ⌐VRY Ms. 993, I, 153⌐

Férault offers several original editions of works by P.V., and La Jeune Parque illustrated by Daragnès at 1,800 fr.

1126. Anon.: "Librairie James Guérin...," Les Nouvelles littéraires, 1926, ⌐M⌐. ⌐VRY Ms. 993, I, 145⌐

Guérin advertises for sale La Jeune Parque illustrated by Daragnès on "Japon" for 5,500 fr. In the same column appeared an advertisement in which R. Férault repeated his above offer. He did not specify the "grand papier" in question.

1127. Anon.: "Librairie Dauptain...," Les Nouvelles littéraires, ⌐1926⌐, ⌐M⌐. ⌐VRY Ms. 993, I, 189⌐

"Achat au plus haut prix, aux cours de l'Hôtel des Ventes, de tous les ouvrages de Paul Valéry. Librairie Dauptain, 125, rue d'Alésia⌐,⌐ Paris. (Il est répondu à toute offre.)"
On the same page of Monod's collection appears another advertisement in which Dauptain offers 150 fr. for La Jeune Parque, 1917; 40 fr. for Le Cimetière marin (no date); 120 fr. for the original edition of Charmes; he also offers to buy "tous autres ouvrages ou autographes de Paul Valéry."

1128. Anon.: ⌐advertisement⌐, Le Temps, décembre 1926, ⌐M⌐. ⌐VRY Ms. 993, I, 147⌐

The Revue de France announces for 1926 "des poésies de...Paul Valéry." There was no doubt more anticipation than assurance in this announcement.
In December 1925 ⌐781⌐ the Revue de Paris had similarly announced for publication P.V.'s "Dialogue sur les choses divines," which never did appear.

1129. Ed.⌐mond⌐ P.⌐ilon⌐: "Paul Valéry--Rhumbs," ⌐Le Divan ?⌐, 1926, pp. 417-18. ⌐VRY Ms. 993, I, 147⌐

A very favorable review. Pilon suggests, however, that the section on artistic creation ("J'entre dans mon bureau où quelque affaire m'appelle"), which he judges "un peu dionysiaque," may be in contradiction with P.V.'s "sévère 'possession de soi'." (Monod identified the reviewer as Pilon.)

1130. Vaudoyer, Jean-Louis: ⌐title lacking⌐, Les Nouvelles littéraires, 1926, ⌐M⌐. ⌐VRY Ms. 993, I, 109⌐

"La poésie de Paul Valéry est stratéfiée, comme les agates, le ciel et les terrines. Les vers des grandes pièces de Lamartine ne se superposent pas; ils se répandent, les premiers poussant les autres avec une lenteur sûre d'elle...."
It is not entirely clear what Vaudoyer intended in this comparison, read out of context. (I was personally unable to find this article in Les Nouvelles littéraires for 1926, but it may have escaped me.)

1131. ⌐Anon.⌐: "Sur une dédicace latine...," ⌐Paris-Soir ?⌐, 1926, ⌐M⌐. ⌐VRY Ms. 993, I, 95⌐

"Sur une dédicace latine.--On nous demande de tourner en bon français les deux vers latins que nous avons donnés hier et que M. Jean Giraudoux a servis à M. Paul Valéry en guise de dédicace sur un exemplaire de Bella: Giraudoux disait donc à Paul Valéry que//pugnante Musa,/Victorem feciati victum, leonemque lepus.//Le distique n'est peut-être pas très régulier; mais quoi! nous ne vivons pas, grâce à Dieu, au temps des Césars. En voici, néanmoins, une traduction que ne signerait certes pas M. Théodore Decalandre ⌐a creation of Tristan Derème⌐, mais qui tire au moins la chose au clair: Salut, ô Valéry, qui, Muse aidant, sut faire,/De Victor un vaincu et de Léon un lièvre.
On comprend du reste que l'équivoque ici joue sur les prénoms des deux Bérard, dont l'un signifie 'lion' et l'autre 'victorieux', ce qui ne les a pas empêchés d'être battus tous deux, au dernier tournoi académique, par ce poète au prénom modeste qu'est Paul Valéry."
The allusion to Decalandre probably indicates that Derème was the author of this note.

1132. J., André: in "Une Enquête sur les préférences du lecteur américain," ⌐author unknown⌐, ⌐Le Figaro?⌐, ⌐1926?⌐, ⌐M⌐. ⌐VRY

Ms. 993, I, 140 bis₋

This clipping is a puzzle. It probably come from Le Figaro, since Les Alguazils had an article in the same number. Monod gave no indication of the date, however.

André J. is identified in the "enquête" as "un jeune professeur de Lawrenceville" and a friend of the unknown author. André J. reports the opinions of his acquaintances on contemporary French letters: "M. T. W. W..., auteur dramatique, n'a pas trente ans. Il s'est beaucoup promené dans le monde. Rome et Paris lui ont donné un peu de l'expérience latine.//'...Quel écrivain que votre Villon! Mais j'aime beaucoup vos modernes: Paul Valéry, surtout; ₍and Gide, and Proust₎.'" Might T. W. W. not be Thornton Wilder, who was born in 1897? His middle name, however, is Niven.

1133. Llona, Victor: ₍title, place and date of publication unknown: 1926?₎, ₍M₎. ₍VRY Ms. 993, I, 140 bis₎

This article poses a problem similar to the preceding one. It concerns the influence of French writers on American letters. The following passage is by an American cited by Llona:
"Assimilé depuis longtemps par notre élite, Anatole France touche déjà à la masse. Ni Barrès ni M. Charles Maurras n'ont encore pénétré chez nous. M. Paul Valéry commence à influencer sérieusement nos jeunes."
A very interesting opinion, one whose source ought to have been revealed. (Only the place of this clipping in Monod's collection leads me to believe it dates from 1926.)

1927

1134. Benda, Julien: La Trahison des clercs. P., Grasset, 1927. 306 p.

In his only allusion to P.V. Benda writes: "Il ne me semble pas non plus que M. Paul Valéry soit précisément une intelligence-glaive" (p. 181), as opposed to an "intelligence-miroir." Thus, Benda confers upon P.V. the title of "vrai clerc." In ₍576₎ Benda had also considered P.V. favorably. It was only in 1945, with La France byzantine, that Benda recognized his error and cast P.V. out among the "mauvais clercs."

1135. Billy, André: La Littérature française contemporaine--

poésie, roman, idées. P., A. Colin, 1927. 212 p. Coll. Armand Colin "Section de Langues et Littératures--no. 95."

"Les poèmes de Paul Valéry reflètent son désir d'absolu, son refus des joies ordinaires. Paul Valéry croit à la vanité de tout effort humain (cf. Le Cimetière marin, qui est un chef d'oeuvre)" (p. 57).
This statement is unjustified and, I suspect, unjustifiable. Billy merely repeats the myth of P.V.-Teste the disdainful intellectualist. Elsewhere he compares P.V. to Malherbe ("petit-fils de Malherbe"), Racine ("l'harmonie et la pureté de sa langue"), Baudelaire ("dont il a repris la théorie des correspondances, en l'amplifiant"), and to Mallarmé, on account of his "hermétisme" ("la rançon de ses efforts vers une transparence de pensée interdite à l'animal humain"). "Par contre, sa prose mérite une approbation sans réserve" (p. 58). Billy paraphrases P. Lièvre's Paul Valéry ₍407₎. (See his review of Lièvre's book in ₍452₎.)

1136. Bonnefon, D. et Charles Bonnefon: Les Ecrivains modernes de la France.... P., A. Fayard, 1927. 715 p.

"Dans l'isolement, dédaigneux du succès, Valéry a sculpté son idéal de beauté pure qui, détestant la pornographie va jusqu'à combattre la sensibilité" (p. 496).
At first glance the stupidity of this statement defies analysis. At second glance one may recognize a distortion of the following quotation from B. Faÿ's Panorama... ₍583₎: "Lui ₍P.V.₎ qui déclarait à Gide: 'La sentimentalité et la pornographie sont soeurs jumelles, je les déteste...'" (p. 176).
Several other critics picked up the phrase, destroying its original meaning which is not clear in Faÿ's truncated quotation. Mondor restored its context in Précocité de Valéry, page 11. P.V. had added:
"Mais leur spectre peut être beau, toujours beau. Leur spectre c'est-à-dire leur invisible présence--courbant les fleurs, disposant les étoiles, et ordonnant la cadence des vagues sur la mer."
This is an excellent example of critical incompetence; a complete misinterpretation of P.V. through distortion of his own words.

1137. Bouvier, Emile: Initiation à la littérature d'aujourd'hui. P., Renaissance du Livre, 1927. 217 p.

Bouvier reduces the debate over "poésie pure" to its lowest common denominator of incomprehension. "En gros, théoriciens ou praticiens, Paul Souday, l'abbé Bremond, Paul Valéry, Maurice ₍sic₎ de

Souza, Paul Claudel, s'accordent pour admettre que les mots, abstraction faite de leur sens habituel, prennent, lorsqu'on les agence suivant des lois encore secrètes, une valeur nouvelle et déterminent une satisfaction intime d'une qualité spéciale, qu'il est impossible de confondre avec le plaisir de comprendre, de sympathiser, d'apprécier la justesse ou l'ingéniosité des expressions" (p. 67).

In one sentence Bouvier erases all the contradictions and brings the antagonists to agreement. He also treats P.V.'s relations with Dada. Bouvier notes that "Un certain nombre des collaborateurs ⸢de Littérature⸣ de la première heure s'évadèrent, ou furent expulsés avec pertes et fracas, lorsque leurs livres eurent connu les gros tirages. ... Ce fut le cas, naturellement, de Paul Valéry, et encore de Paul Morand..." (p. 105).

P.V.'s break with Dada was neither an "évasion" nor an "expulsion" and the term "gros tirages" is scarcely applicable in his case.

1138. Brunschvicg, Léon: Le Progrès de la conscience dans la philosophie occidentale. P., Alcan, ⸢1927⸣. 2 vols.

Brunschvicg closes volume I on a quotation from Variété: "M. Paul Valéry a dit de la conscience pure, 'il ne peut en être deux'" (p. 344).

P.V. once claimed that Brunschvicg "me cite dans tous ses livres.... J'ai beau me défendre d'être philosophe!" (Pléiade, I, 51)

1139. Chamberlain, B. H.: Les Rimes impérissables--Huit siècles de poésie française. P., Payot, 1927. 762 p.

Chamberlain makes only this insignificant comment considering P.V. as a distinguished mathematician: "Ce poète, qui est en même temps un mathématicien distingué, rappelle à quelques égards Stéphane Mallarmé. Comme lui il a peu écrit, et ce qu'il a écrit demande à être goûté à loisir" (p. 696). Chamberlain included "Cantique des colonnes" and "La Ceinture" in his anthology. On 2 November G. Téry attacked Chamberlain in L'Oeuvre ⸢1711⸣ for having included P.V. at all, and made some pointed remarks concerning "Cantique des colonnes."

1140. Champion, Pierre: Marcel Schwob et son temps. P., Grasset, 1927. 294 p.

Champion published two lettres P.V. had written to Schwob; the first, dated September 1894, announces P.V.'s dedication of L'Introduction à la méthode de Léonard de Vinci to Schwob; the second, from April

1896, was written during P.V.'s second trip to England. Champion introduces the letters with this comment: "Mais aujourd'hui, c'est à M. Paul Valéry que nous pensons surtout, quand nous associons les noms de Schwob et de Meredith" (pp. 130-31). P.V. published his own letter to Champion concerning the book in <u>Lettres à quelques-uns</u>, p. 156. Léon Treich mentioned P.V. in his review of Champion's book in <u>Les Nouvelles littéraires</u> for 19 February.

1141. Charpentier, John: <u>Le Symbolisme</u>.... P., Les Arts et le livre, 1927. 319 p. Coll. "XIXe Siècle--19."

Charpentier does not include P.V. in his "florilège des meilleurs écrivains du symbolisme," evidently considering him a post-symbolist. He does cite P.V.'s preface to <u>Connaissance de la déesse</u> and <u>Fragments sur Mallarmé</u>.

1142. Clauzel, Raymond: <u>Trois Introductions à Paul Valéry</u>. La Rochelle, Charles Millon (Editions Rupilla), 1927. 116 p. Coll. "Dilecta." [VRY 725 in 12]

With the exceptions listed below Clauzel's book is a reprint of [221], [229], and [302]. He has added: a) a twenty-page preface on his own critical method; b) three sub-titles: "L'Esprit pur," "Eupalinos ou le corps de l'esprit," and "Versificateur connu, poète inouï"; c) a note, pages 102-4, in which he cites P.V. in [862] concerning those critics who have compared him to Malherbe and J.-B. Rousseau. Clauzel felt that P.V.'s remarks were intended for him alone. He persisted in maintaining that there is "une similitude de forme, de mouvement, de structure" between P.V.'s poetry and Rousseau's, although he denied having claimed any influence of Rousseau on P.V. (Reviewed in [1951].)

1143. Daniel-Rops, Henry: <u>Notre Inquiétude</u>. P., Perrin, 1927. 297 p.

Daniel-Rops considers P.V. in "Positions devant l'inquiétude: II. De Benda à Valéry," pages 201-11. His essay pushed the myth of P.V. the nihilist to the limit. For Daniel-Rops P.V. exemplifies the type of reaction to speculative nihilism which manifests itself in "la transsubstantiation de la vie en art." He sees P.V.'s Leonardo as attempting to bridge the abyss of Nothingness with machines of his own invention. He systematically interprets every note of suffering or anguish--in <u>Le Serpent</u> or <u>La Jeune Parque</u>, for instance--as an authentic statement of P.V.'s own situation. By reading considerable pathos into P.V.'s work Daniel-Rops is able to conclude that P.V. is a hero of the triumph of art. This heroism does not, for the Catholic Daniel-Rops, make P.V.'s bridge over the abyss any more stable. In fact P.V. appears as representative of contemporary man's anguish. This essay is subject to the same criticisms as the Du Bos article of 1920 ⊏123⊐.

1144. Deffoux, Léon: "Petit Historique de la Société J.-K. Huysmans," in Souvenir de J.-K. Huysmans, by Bremond, P.V. et al. P., Le Divan, 1927. 96 p. ⊏VRY 401 in 12⊐

Deffoux mentions that P.V. was in 1926 a charter member of the society.

1145. Derème, Tristan: En rêvant à P.-J. Toulet. P., Le Divan, 1927. 154 p.

Derème cites the second quatrain of "Ode secrète" to demonstrate P.V.'s abuse of past participle agreement: "N'avait la victoire fêté!"

1146. Du Bos, Charles: Approximations, 2e série. P., Crès, 1927. 239 p. Coll. "Essais et critique."

"Remarques sur les dialogues de Paul Valéry," pages 49-58, is reprinted from ⊏215⊐. Du Bos published it a third time in ⊏1226⊐. In Approximations he added a three-page introduction to the text of May 1922.

1147. Fernandat, René: Paul Valéry--essai. Saint-Félicien-en-Vivarais, Au pigeonnier; P., Maison du livre français, 1927. 152 p. (Only 687 copies printed.) ⊏VRY 628 in 12⊐

"Eupalinos," pages 21-38 is a reprint of Fernandat's contribution to ⊏972⊐. "Le Cimetière marin," pages 81-94, had been published as a "plaquette": ⊏584⊐.
The main fault of this book is that Fernandat never comes to grips with P.V. Whether he is treating M. Teste or La Jeune Parque he insists upon discoursing on as many philosophers as come to mind. The result is disastrous, particularly in his treatment of P.V.'s poems, which in each case he reduces to a prose commentary.
See ⊏1365⊐, ⊏1624⊐ and ⊏1661⊐ for reviews of Fernandat's essay.

⌐1151⌐

1148. Gérardot, Gaston: Le Lys noir. P., Librairie de France, 1927. 99 p.

The following is intended as an amusing pastiche of lines six and five (in that order) of "Narcisse parle": "Sur un distique de Paul Valéry. ... //Les êtres qui sont morts de votre jalousie/Tremblent encor dans la tristesse du miroir;/Mais l'heure va finir de cette frénésie:/La voix des sources change et me parle du soir.//Où vous plaît-il que vous mène ma fantaisie?/Prenez l'étendard bleu; je prends le glaive noir./Vous ne regardez plus du côté de l'Asie./Un grand calme m'écoute, où j'écoute l'espoir." Pure nonsense.

1149. Gillet, R. P. ⌐Marie Stanislas⌐, O. P.: Paul Valéry et la métaphysique. P., La Tour d'ivoire, 1927. 111 p. Coll. "Les Cahiers Valéry--II." ⌐VRY 630 in 8⌐

This is an expanded version of the article Gillet published on 15 February in the Revue universelle under the title "Paul Valéry et la pensée pure" ⌐1237⌐. It is subject to the same criticisms. For P.V.'s reply to Gillet, who was Maître Général des Frères Prêcheurs (Dominicans), see Pléiade, II, 1493-96. G. Guy-Grand wrote a good review of Gillet's book in ⌐1648⌐.

1150. Hanotaux, Gabriel: Réponse au discours de M. Paul Valéry (16 Juin 1927). P., Librairie Plon, 1927. 58 p. ⌐VRY 98 in 12⌐

The date--16 Juin--is of course in error. The "achevé d'imprimer" of this volume is 4 July. For Hanotaux's text see: ⌐1422⌐. See also:

------------------: ⌐Another edition⌐. P., Firmin-Didot, 1927. (Also printed in July.)

1151. Hommage des écrivains étrangers à Paul Valéry. Bussum, Stols, 1927. 242 p. (1115 copies printed, including "grands papiers.") ⌐VRY 284 in 4⌐

See the individual entries below for contributions in French. Other contributions to this important volume were: P. C. Boutens, "Het Wonder," a poem in Dutch dedicated to P.V.; Emilio Cecchi, "Conversazioni con Paul Valéry"; Jorge Guillén, "Las Granadas" ("Les Grenades" in Spanish); Juan Ramón Jiménez, "6 Rosas con Silencio," a letter sent to P.V. in 1924; Antonio Marichalar, "Sima: Introducción al método de M. Teste"; R. M. Rilke, "Tante Berthe" (a German translation, published posthumously); and T. Sturge Moore, a letter to P.V. followed by a poem, "The Fount," dedicated to P.V. Three texts by P.V. were also included: a photocopy of his reply to Jiménez; "Le Sylphe," accompanying an illustration by Adolfo Wildt; and "Le Bois amical," accompanying an illustration by J. Franken P. Zn. Other iconographic items include a portrait by the Javanese prince, Raden Mas Jodjana, dedicated to the author of L'Ame et la danse; plus two photographs and a drawing of P.V.

Curtius, Ernst Robert: "Paul Valéry, poète de la métamorphose," Henri Jourdan, trans., in ⊏1151⊐, pp. 19-30.

Curtius' article is remarkable in that he had grasped, on the basis of P.V.'s works published before 1928, the notion of "esprit" in P.V.'s thought which Mrs. Robinson formulated in much greater detail in L'Analyse de l'esprit dans les Cahiers de Valéry, 1963.
"Transformation, métamorphose--tel est le schème fondamental que l'on trouve dans l'art de Paul Valéry. Dans les Mathématiques, il n'apparaît que comme un processus d'abstractions et de substitutions, mais chez Valéry, nous le retrouvons dans tous les domaines de l'esprit. Ce n'est rien de moins qu'une théorie de la transformation universelle" (p. 27).
On pages 31-33 Curtius published a German translation of "Au platane." This article had previously appeared in German in the Europaïsche Revue, Leipzig, for November 1925.

Forst de Battaglia, Otto: "Paul Valéry et la littérature polonaise," in ⊏1151⊐, pp. 207-12.

Forst de Battaglia mentions several Polish translations of P.V.'s works and adds that in Poland P.V.'s prose has not had as great an impact as his poetry. On P.V. and Poland, see also: ⊏643⊐.

Hellens, Franz: "Comme à la source," in ⊏1151⊐, pp. 85-93.

This contribution is of a very personal nature. Hellens explains how P.V.'s "Au sujet d'Eurêka" brought him to rediscover Poe. He relates that P.V.'s lecture on "poésie pure" in Brussels (February 1923) was the first direct contact with P.V. for his Belgian admirers. Hellens calls P.V. "...aujourd'hui le représentant le plus illustre...de la littérature française" (p. 87).

Kayser, Rudolf: "Paul Valéry," Henri Jourdan, trans., in ᴄ1151ᴐ, pp. 35-49.

The text is printed in German and French, the translation beginning at page 43. Kayser considers P.V. in terms similar to those employed by Curtius. "C'est, par delà le tumulte humain, une Weltanschauung qui se développe en poésie, et une poésie qui se développe en Weltanschauung. On trouverait difficilement de nos jours une oeuvre plus personnelle, plus dominée, plus soustraite au hasard, que celle de Paul Valéry. Et pourtant elle se réalise objectivement en formes plastiques, et selon une méthode toute positive. C'est en cela surtout qu'elle a sur son époque une influence féconde, quoique indirecte, et en tout point comparable à celle de Stefan George en Allemagne."

Prampolini, Giacomo: "Témoignage," in ᴄ1151ᴐ, pp. 135-48.

Prampolini seems to have translated his "Témoignage" into French himself; the French text begins at page 143. His contribution consists of personal impressions taken from his readings of P.V.'s works and offered as only provisional judgements.

Reynold, Gonzague de, comte: "Eupalinos et le barbare," in ᴄ1151ᴐ, pp. 215-20.

In these lyrical pages praising P.V., Eupalinos represents P.V. himself, and the barbarian, the author (and, in what seems to me very bad taste, his countrymen). Reynold is Swiss. His contribution is of no critical value.

Rychner, Max: "Notes sur Edmond Teste," in ᴄ1151ᴐ, pp. 221-35.

Seven good pages on Teste. Rychner's French translation follows his German original, beginning at page 229. On pages 236-42 Rychner published his German translation of "Teste's" Log-Book.

Stols, A. A. M.: "A Monsieur Paul Valéry," in ᴄ1151ᴐ, pp. 5-6.

Stols, the editor and publisher of the volume, states here the purpose of this distinguished group of foreign writers in composing a book in honor of P.V. His own contribution to the volume was a Dutch translation of La Soirée avec M. Teste, pp. 163-84.

Valkhoff, P.: "Paul Valéry," in [1151], pp. 185-92.

Valkhoff intends to demonstrate "l'étroite cohésion qui existe entre l'oeuvre en prose de Valéry et ses poèmes." This concept is by no means original, and Valkhoff offers nothing new. In his opinion Eupalinos "...devrait être lu et expliqué dans tous les lycées du monde comme modèle d'une prose française chargée de pensée et pourtant cristalline."

Vriesland, Victor E. van: "Le Verbe dans la poésie de Paul Valéry," in [1151], pp. 193-203.

The French translation, apparently by the author himself, begins at page 200, following the Dutch original. Vriesland adequately sums up the value of this volume: "La poésie de Valéry réclame notre témoignage et notre réponse, quelles que soient leurs insuffisances. C'est parce qu'elle rompt les incidences personnelles de l'émotion au profit d'une idéologie plus générale que la diversité des hommages ici réunis peut suggérer sinon son essence du moins son effet" (p. 200).

Woestijne, Karel van de: "Approximations," in [1151], pp. 95-98.

K. Van de Woestijne makes an excellent observation on what the critic's approach to P.V. should be: "...il ne faut pas chercher dans le poète ce qu'il peut bien nous offrir de nouveau en tant qu'idées ou associations d'idées (ou de sentiments et ce qui s'ensuit). Il faut voir en quoi il renouvelle les éternelles matières par ses propres moyens sensoriels et rythmiques, en sa divagation [...conscience d'un rythme sous l'envoûtement plus ou moins sensible de l'image], en ses vers. Soit: divagation sensorielle et rythmique, sous la chiquenaude de l'inspiration" (p. 98).

Zifferer, Paul: "Le Symbole," in [1151], pp. 69-82.

Zifferer makes an astonishing statement concerning H. von Hofmannsthal. He quotes from his compatriot, claiming the passage cited to be a "description exacte de 'la Jeune Parque' de Valéry, pressentie trait par trait..." (p. 80). I personally do not see the resemblance. Zifferer's text is also printed in German; the French translation begins at page 77.

  1152. Jaloux, Edmond: <u>Rainer Maria Rilke</u>. P., Emile-Paul Frères, 1927. 108 p.

  "Sur la mort de Rainer Maria Rilke" had originally appeared in ₋1208₋.

  1153. Kastner, L. E., ed.: <u>The French Poets of the Twentieth Century</u>. London, Toronto, J. M. Dent, 1927. 282 p. ₋VRY 10 in 12₋

  In his introduction to P.V. Kastner quotes L. Fabre, "his disciple," in French and paraphrases Thibaudet in English. Selections: "Palme," "Le Vin perdu," "L'Abeille."

  1154. Labrousse, Paul: <u>La Poésie symboliste</u>. Fort-de-France (Martinique), Pinaud, 1927. 138 p.

  Only the first forty pages concern "La Poésie symboliste." Labrousse wrote this essay in February 1919, which explains why P.V. is mentioned only in a note. "On sait quelle renommée il a depuis lors ₋1917₋ acquise."

  1155. Lacretelle, Jacques de: <u>Aparté</u>. P., nrf, 1927. 221 p.

  Pages 109-16 of "Journal de Colère" are reprinted from ₋900₋.

  1156. Lalo, Charles: <u>Notions d'esthétique</u>, 2e éd. P., Alcan, 1927. 107 p.

  Lalo does not mention P.V. in the text but in his bibliography, under "Esthétique littéraire," he lists as important works <u>Variété</u> and <u>Eupalinos</u>.... It would seem that Lalo discovered P.V. between 1925 and 1927, since the first edition of his book did not mention P.V. at all.

  1157. Lalou, René: "Monsieur Teste et Paul Valéry," in <u>M. Teste</u>, by P. Valéry. P., L'Intelligence, 1927. xv+147 p. (Only 1,230 copies printed.) ₋VRY 190 in 8 & VRY 189^2 in 8₋

  This edition contains the entire Teste cycle to Date: Préface

de l'auteur; La Soirée avec Monsieur Teste; Lettre d'un ami; Lettre de Mme Emilie Teste; Extraits du Log-Book de Monsieur Teste. The "achevé d'imprimer" is dated 5 March. Another edition of the Teste cycle was published by Gallimard later in the year without Lalou's essay on P.V.
Lalou uses the myth of P.V.-Teste in a very clever fashion. He imagines Teste's replies to an interviewer who is interested in the relationship P.V.-Teste. Teste is made to say:

"Avez-vous observé sa démarche? Lorsqu'il me peignit d'abord, il apportait le plus grand soin à nous différencier. Dans les récents écrits où il m'a fait l'honneur de parler de moi, perce un désir de nous rapprocher; ne me prête-t-il pas plusieurs petits traits qui appartiennent à son intimité? Réconciliés ou non, n'oubliez jamais, s'il vous plaît, que nul des deux n'a encore dit son dernier mot sur l'autre."

Lalou was quite right in stressing P.V.'s growing complacence with the myth, an attitude he appears to have deliberately assumed, and one which often misled critics less well informed than Lalou. In other parts of his essay Lalou attributes certain of P.V.'s published aphorisms to Teste, thereby risking further confusion. On pages 121-47 he included a "Bio-bibliographie des oeuvres de Paul Valéry" in which he attempted to list under the date of their original publication all of P.V.'s works which had appeared before December 1926.

1158. Lalou, René: <u>Vers une alchimie lyrique--Sainte-Beuve, Aloysius Bertrand, Gérard de Nerval, Baudelaire, avec un florilège de ces auteurs</u>. P., Les Arts et les livres, 1927. 262 p. Coll. "XIXe Siècle."

Lalou mentions P.V. once in passing.

1159. Larbaud, Valery: <u>Caderno</u>. P., Au sans-pareil, 1927. 112 p.

See ⌐1160⌐.

1160. Larbaud, Valery: <u>Jaune Bleu Blanc</u>. P., nrf, 1927. 286 p.

Section XIV, "Lettre de Lisbonne à un groupe d'amis," contains a meditation on the importance of the nude, the attentive study of the female form. Larbaud considers that the subject of <u>La Jeune Parque</u> is "l'expression parfaite de la nudité féminine." P.V.'s only rival in this domaine, according to Larbaud, is the Italian Marino. Larbaud developed in greater detail these notions on <u>La Jeune Parque</u> in <u>Le Capitole</u> for 15 April 1926 ⌐972⌐. He reprinted "Lettre de Lisbonne" in

Caderno ⌐1159⌐.

1161. Larbaud, Valery: <u>Notes sur Antoine Héroët et Jean de Lingendes</u>. P., Lapina, 1927. 137 p. Coll. "Les Images du temps--2."

In his essay on Héroët, Larbaud mentions P.V. three times: twice with reference to <u>La Jeune Parque</u>; once with reference to his essay on Stendhal. Larbaud compares P.V.'s poem with Héroët's <u>La Complainte d'une dame</u> and with Boccaccio's <u>La Fiammetta</u>. He does not develop the comparison.

1162. Léautaud, Paul et Adolphe Van Bever: <u>Poètes d'aujourd-'hui</u>, II. P., Mercure de France, 1927. 392 p. (2e édition augmentée.) ⌐VRY 8 in 12⌐

Léautaud's "notice" on P.V. perpetuated the error giving his date of birth as "30 octobre 1872." See ⌐748⌐. Léautaud's notion of Valéry criticism had not evolved since 1908; he still listed as "à consulter" only Souchon's article of 1897 and Gilbert de Voisins's book published in 1905.

1163. Lefèvre, Frédéric: <u>Une Heure avec...</u>, IV. P., nrf, 1927. 281 p. Coll. "Les Documents bleus--33."

Lefèvre reprints his interview with Souday ⌐710⌐ and his comments to Bernanos ⌐974⌐. In an interview published on 9 January 1926 ⌐896⌐ Francis de Miomandre declared that the French writers most widely read by the élite in Latin America were Proust, Claudel and P.V.

1164. Lefèvre, Frédéric: "Une Nouvelle Psychologie du langage," <u>Le Roseau d'or</u>, XX (⌐exact date unknown⌐ 1927), 1-82 (Quatrième numéro de Chroniques.) ⌐VRY 857 in 12⌐

Lefèvre's essay treats the linguistic theories of R. P. Marcel Jousse, S. J. He mentions P.V. several times, notably in this passage (p. 63): "Chose curieuse, Mallarmé et Valéry, nous dit Marcel Jousse, ont pressenti et ressenti un peu de ces lois du Style manuel ⌐which Jousse propounds⌐. De là, la hantise qu'ils ont eue, tous les deux, des problèmes de la danse ou, plus exactement, de l'expression silencieuse du Réel <u>par le corps tout entier</u>." In a similar article published in <u>Les Cahiers d'Occident</u> ⌐1620⌐ Lefèvre related P.V. to Jousse's <u>Etudes de psychologie linguistique</u>. Jousse published a volume under this title in 1925 (P., Beauchesne, 241 p. "Archives de philosophie--II, 4."). It contains no mention of P.V. however. If Jousse published another book on the subject around 1927, it is not listed in the catalogues of the Bibliothèque Nationale.

1165. Levinson, André: <u>Croisières</u>. P., La Renaissance, 1927. 278 p. ⌐VRY 471 in 12¬

Levinson mentions Rilke's translations of P.V. in "La Royauté de Stéfan George," page 260. P.V. prefaced this volume.

1166. Levinson, André: <u>Paul Valéry philosophe de la danse</u>. P., A la tour d'ivoire, 1927. 47 p. "Les Cahiers Valéry--1."

This essay first appeared in ⌐1084¬. Levinson made some additions to the original text of <u>Les Nouvelles littéraires</u> without changing the substance of his argument. Reviewed in ⌐1261¬, ⌐1297¬, ⌐1365¬ and ⌐1624¬.

1167. Louÿs, Pierre: <u>Poësies</u>. P., Crès, 1927. 156 p.

Another edition of ⌐865¬. Reviewed in ⌐1703¬ and ⌐1952¬.

1168. Maritain, Jacques: "Frontières de la poésie," <u>Le Roseau d'or</u>, XIV (⌐exact date unknown¬ 1927), 1-56 (Troisième numéro de Chroniques.) ⌐VRY 870 in 12¬

Maritain mentions P.V. in a prediction of the future of poetry: "Ces temps sont passés et bien passés, l'art ne peut plus revenir à l'ignorance de soi, abandonner les gains faits par la conscience. S'il arrive à trouver un nouvel équilibre spirituel, ce sera au contraire, je pense m'accorder ici avec Valéry, en se connaissant <u>encore mieux</u>." See:

1169. Maritain, Jacques: <u>Art et scolastique</u>, nouvelle édition revue et augmentée. P., Rouard, 1927. 354 p.

"Frontières de la poésie," pages 143-87, is reprinted from ⌐1168¬. Maritain quotes or mentions P.V. several times elsewhere in his text.

[1173]   349

1170. Martin du Gard, Maurice: <u>De Sainte-Beuve à Fénelon:
Henri Bremond</u>. P., Kra, 1927. 231 p.

   Chapter XI, "Poésie et prière," pages 196-217 is reprinted from
[1112].

1171. Michiels, Charles: <u>Dialogues d'Europe et de Justin</u>.
Ostende, Bruges, Editions de la Flandre littéraire, 1927. 28 p. XIIIe
cahier de la Flandre littéraire. [VRY 654 in 8]

   These dialogues were inspired by P.V.'s "La Crise de l'esprit,"
as Michiels explains in his "Avant-propos." For his part, Michiels rejects P.V.'s pessimistic conclusions regarding the future of Europe.
"Et c'est pourquoi, au lieu de nommer Hamlet, comme l'a fait M. Valéry,
j'ai donné le nom d'Europe à cette personnification de l'intellect de
notre continent."

1172. [Milhau, Marguerite]: <u>Vente de très beaux manuscrits
autographes</u>... P., Milhau, [1927]. [VRY Ms. 596]

   The sale was to take place on 21 and 22 February. Item 68:
   "Lettre autographe signée F. Nietzche [sic], 4 pages, avec un
dessin à l'encre rouge représentant le Nietzche [sic] Archiv Hotel
(1906)."
   This letter is described as a "Lettre écrite en imitation d'accent allemand; une des plus curieuses pièces du Maître" (p. 26). A
photocopy of the first page is printed here.

1173. Mornet, Daniel: <u>Histoire de la littérature et de la
pensée françaises contemporaines (1870-1925)</u>. P., Larousse, 1927.
263 p.

   Mornet's presentation of P.V., pages 112-14, reveals a serious
lack of comprehension. Mornet seems to have confused P.V.-Teste with
a P.V.-Mallarmé of his own making.
   "La poésie de P. Valéry est donc, plus encore que celle de Mallarmé, un lyrisme métaphysique. Elle est un effort pour nous mettre en
contact non plus avec les émotions d'un homme, ce néant qu'est un homme,
mais avec l'âme d'un monde, conçu comme un jeu subtil et pourtant strict
d'idées transcendantes. Il est encore difficile de dire quel sera l'avenir de cette tentative. Il se peut qu'il n'en reste presque rien.
Mais on a le droit de croire au génie de Valéry [a generous concession].
Même pour ceux qui ne voient dans cet effort qu'une défaite glorieuse,

des vers et des strophes surgissent constamment de l'oeuvre obscure avec le signe de l'éternelle beauté. On ne peut pas nier l'influence actuelle et profonde du poète. Assurément ce ne sera jamais la poésie que d'une élite très étroite."

1174. Noulet, Emilie: <u>Paul Valéry</u>. P., Mercure de France, 1927. 45 p. ⌐VRY 661 in 8¬

This is a "tirage à part" of ⌐1364¬.

1175. Noulet, E.⌐milie¬: <u>Paul Valéry</u>. Bruxelles, L'Oiseau bleu, 1927. 88 p. ⌐VRY 662 in 8¬

Pages 5-60 are identical to ⌐1174¬. Pages 61-78, "Paul Valéry et la philosophie," is not properly speaking a reprint although much of the material had appeared in <u>Le Flambeau</u> for June ⌐1353¬. Here Mme Noulet omitted some harsh comments on Thibaudet's <u>Paul Valéry</u> and on Lefèvre's <u>Entretiens</u>.... She also omitted completely the paragraph in which she had affirmed that P.V. must have read Bergson's <u>Essai sur les données immédiates de la conscience</u>. Mme Noulet concluded much more modestly:
"Enfin, j'ai recueilli, du poète lui-même, l'affirmation répétée qu'à l'heure actuelle, il n'avait pas lu l''Essai sur les Données immédiates de la Conscience'. Alors, on se trouve devant le mystère de la rencontre des grands esprits." She added in a note: "Au moment où ce volume est sous presse, une réflexion continuée me prouve combien ces esprits sont proches et distants. Certes, ils ont touché les mêmes erreurs des philosophies et se sont butés contre le même problème central, celui de la conscience. Mais aujourd'hui c'est leur différence surtout qui m'apparaît. Différence si importante qu'elle provoque des développements infinis. Sans m'expliquer ici, j'indiquerai seulement que l'attitude de Valéry tendrait à créer en nous une impersonnalisation superhumaine (ou spécifiquement humain) et que l'attitude de Bergson tend à retrouver en nous une originalité personnelle et animale."
Mme Noulet's intellectual integrity in this thorny matter is admirable. "Essai d'analyse," pp. 79-87, is probably the section of her book which is least interesting today. She analyzes "Intérieur" and "La Ceinture," offering her judgements as only provisional.

1176. Parrot, Louis: <u>Cornemuse de l'orage</u>. Tours, Editions du panier fleuri, 1927. 59 p. ⌐VRY 913 in 12¬

"Danseuses," a poem dedicated to P.V., had first appeared in

⸢1077⸣. Jean Lebrau in a letter-preface, page 5, refers to P.V. as "un académicien fort savamment épris de danse et de cadence."

1177. Poizat, Alfred: <u>La Poésie contemporaine de Mallarmé à M. Paul Valéry</u>. Monaco, Imprimerie de Monaco, 1927. 35 p. (Only 100 copies printed.) ⸢VRY 683 in 8⸣

This is the text of a lecture Poizat gave in Monaco on 10 January, sponsored by the Société de Conférences. He evoked the extraordinary curve of P.V.'s career culminating in his election to the French Academy:
"La campagne qui porta à la couronne ce noble, élégant et haut esprit, auquel convient si bien le nom de solitaire, car à la dureté du diamant il en joint le pur éclat et la propriété de resplendir dans les ténèbres, cette campagne, dis-je, vigoureusement conçue et menée par quelques-uns, eut toutes les allures d'un heureux complot" (p. 7).
Like many other contemporary critics Poizat saw P.V.'s election as a sign that "...on voulait continuer à considérer la poésie comme un art très savant, très haut et réservé seulement à quelques rares esprits."
In his conclusion Poizat dropped the veil required by the circumstances of his lecture and revealed that in his opinion the trait (which he believes P.V. inherited from Mallarmé) "⸢de⸣ se séparer de la masse et travailler pour une élite...," is a sure sign of Alexandrian decadence. (Cf. ⸢49⸣.) Poizat's speech was, I think, a preview of Vandérem's attack in the November number of the <u>Revue de France</u> ⸢1707⸣.

1178. Poucel, Victor: "Observations autour de Paul Valéry," <u>Le Roseau d'or</u>, XIV (⸢exact date unknown⸣ 1927), 213-52. (Troisième numéro de Chroniques.) ⸢VRY 870 in 12⸣

Poucel begins his essay in the style of a "conte philosophique" in which he presents P.V. as having originally been a pure, disembodied spirit who is now attempting to reconquer his lost purity. Poucel successfully maintains the distance necessary for the reader not to take his statements literally. He shares some of the theological concepts of H. Massis ⸢972⸣ and R. P. Gillet ⸢1237⸣, but the light irony of his style keeps them from interfering with his appreciation of P.V.'s poetry.
In his discussion of <u>La Jeune Parque</u> Poucel ridicules Lefèvre, calling his exegesis "le commentaire authentique." He demonstrates the real difficulties of interpreting the poem without being forced to abandon the struggle.
"Et, je le sais encore, l'obscurité n'est pas seulement l'at-

tribut du désordre, elle est inhérente à tout ordre nouveau, à toute organisation."

Poucel praises <u>Charmes</u> with unrestrained enthusiasm. His essay is very well written.

1179. Pourtalès, Guy de: <u>La Vie de Franz Liszt</u>. P., nrf, 1927. 283 p. Coll. "Vies des hommes illustres--no. 1."

There are only slight changes from the 1925 edition ⌐597⌐, which was in-16 and had 303 pages. The new edition is in-8. In a prospectus for this edition ⌐VRY Ms. 994, II, 5⌐ one reads:
"A l'intention des lecteurs d'<u>Eupalinos</u>, nous détachons de <u>La Vie de Franz Liszt</u> le passage suivant, qui contient un fragment de lettre où s'affirme une curieuse parenté entre la pensée du grand musicien et celle de Paul Valéry: ⌐Pourtales' text begins at⌐ '...Cologne n'est pas loin. On visite deux fois sa cathédrale toujours inachevée ...' ⌐the text of Liszt's letter ends at⌐ 'Moi aussi, j'apporterai pour l'achèvement du dôme mon denier d'artiste."

I can detect no similarity to anything by P.V. in this quotation.

1180. Praviel, Armand: <u>Du romantisme à la prière</u>. ⌐P.⌐, Perrin, 1927. 253 p.

After 252 pages without a mention of P.V., Praviel concludes: "...Maintenant, pour être complet, au jugement de quelques-uns ⌐but not himself⌐, il me resterait à parler de M. Paul Valéry. Mais cela, comme dirait Rudyard Kipling, c'est une autre histoire."

1181. Renard, Jules: <u>Journal</u>, II. P., Bernouard, 1927.

Bernouard had previously published the <u>Journal inédit</u> as volume XII of Renard's <u>Oeuvres complètes</u>, 1926 ⌐874⌐. There is no change in this edition, which was reviewed in ⌐1802⌐.

1182. Rilke, Rainer Maria: <u>Les Roses</u>. Bussum, Stols, 1927. 37 p. (Only 330 copies printed.) ⌐VRY 476 in 8⌐

Stols wrote in his introduction, pages 3-4:
"Une préface aux 'Roses' n'aurait peut-être pas déplu au poëte, et c'est pourquoi je suis reconnaissant à Monsieur Paul Valéry qui a bien voulu joindre à ce suprême recueil quelques mots qui lui furent naguère inspirés par le souvenir de sa visite à Muzot ⌐Rilke's home in

Switzerland⌐, et qui ont je ne sais quel accent d'adieux au cher et grand artiste, si prématurément enlevé aux Lettres et à notre affection. Son esprit restera vivant parmi nous."

1183. Rilke, Rainer Maria: <u>Six Lettres à A. A. M. Stols</u>. Maestricht, Stols, 1927. 16 p. (Only 99 copies printed.) ⌐VRY 693 in 8⌐

These letters span the year from 24 December 1925 to 5 December 1926. Rilke mentions P.V. in all but the second. All six were written from the Sanatorium Val-Mont at Glion s/Territet (Vaud). The last letter is particularly touching: "Cher Monsieur,//ma maladie aggravée depuis une quinzaine, est entrée dans une phase si misérablement douloureuse que je peux à peine vous écrire ces deux lignes: excusez-moi!// Dans ces conditions il m'est out à fait impossible de faire le moindre article sur Valéry en vue de cette publication préparée en son honneur ⌐<u>Hommage des écrivains étrangers</u>...⌐. Par contre je vous prie de disposer de ma traduction de 'Tante Berthe'."
Rilke died on 29 December. His translation of "Tante Berthe" opened the <u>Hommage</u>... ⌐1151⌐, preceded by a few lines in Rilke's honor.

1184. Riou, Gaston: <u>La Naissance de l'amour et autres essais</u>. P., Editions Baudinière, 1927. 238+32 p. Coll. "Bibliothèque du lettré --11." ⌐VRY 929 in 12⌐

Riou's "Vingt-huit pages de Paul Valéry," pages 175-83, is entirely based on abbé Bremond's identification P.V.-Teste-"mystique sans Dieu." Addressing himself directly to Mme Teste, Riou writes:
"Ne seriez-vous pas, tout simplement, M. Teste, se jugeant luimême? M. Teste, avouant le caractère statique de sa doctrine, confessant la tristesse de classer toujours, et de se sentir, par rapport à l'Universel Contenant, simple chose classée? M. Teste, se faisant fabuliste pour rendre sensible au vulgaire les mouvements de son intellectualité sans espérance et comme sa vie intérieure de strict contemplateur? ... M. Teste, s'affublant en femme pour soliloquer sur un prétendu mari supérieur, mais en fait soliloquant sur Dieu?...
Je tiens ces vingt-huit pages de <u>La Lettre à un Ami</u> pour le chef d'oeuvre de Paul Valéry" (p. 182).
Sub-title: "P.V. returned to the fold, or, the Gospel accordint to abbé Bremond, with exegesis by Gaston Riou."

1185. Segond, Joseph Louis: <u>L'Esthétique de sentiment</u>. P., Boivin, 1927. 154 p.

Includes reprints of ⊏977⊐ and ⊏1020⊐. Segond further compounds his errors with regard to P.V. by stressing the element of intellectualism which he sees as killing inspiration in P.V.'s work. In fact, he confuses what he calls "le principe positif d'inspiration" with enthusiasm and the ineffable. Segond seems to have learned little from the "poésie pure" debate.

1186. Sertillanges, R. P. Antonin D., O. P.: Somme théologique, La Création, St. Thomas d'Aquin. P., Ed. de la Revue des jeunes, Desclée & Cie., 1927. 296 p. ⊏VRY 677 in 12⊐

The "Nihil Obstat" was accorded by M. S. Gillet, another Dominican, who in turn cited Sertillanges on P.V. in Paul Valéry et la métaphysique ⊏1149⊐. Sertillanges devotes three pages of an appendix to a refutation of an argument P.V. had formulated in "Au sujet d'Eurêka." He writes:
"...en ce qui concerne Paul Valéry je crois que c'est le cas-- on part, pour raisonner, d'une philosophie particulière, qu'il y aurait bien de la naïveté à trouver si évidente, qu'on se croie en droit d'appeler naïfs ceux qui n'y adhèrent point. Notre auteur se refuse même à envisager l'idée de cette totalisation des choses qui pose le problème de leur origine commune, l'idée d'un ensemble qui soit véritablement tout, bref, l'idée d'univers. C'est là pour lui une pseudo-idée, qui, à l'analyse, 'se décompose'. ... Au vrai, Paul Valéry parle de l'univers comme nous parlons de Dieu. Il le fait Dieu." (p. 248)
It is interesting that Sertillanges felt he needed to refute P.V. Presumably he considered that P.V.'s "Au sujet d'Eurêka" could prove dangerous. For P.V.'s reply to Sertillanges, see Lettres à quelques-uns, pages 172-73.

1187. ⊏Simonson, Raoul⊐: ⊏Catalogue⊐. Bruxelles, Simonson, 1927. ⊏VRY Ms. 994, II, 88 bis⊐

On pages 45-49 Simonson lists for sale forty-six editions of works by P.V.

1188. Souday, Paul: André Gide. P., Kra, 1927. 125 p. Coll. "Les Documentaires."

P.V. is mentioned on pages 76-77; 102-4; 116. See the entries for the original printings of these articles: ⊏303⊐, ⊏928⊐ and ⊏1122⊐. In a review of Incidences, 1924 (the original of which I have not seen), Souday quotes Gide on P.V.: "Conscience et lucidité...de l'artiste"

(p. 82).

1189. Souday, Paul: <u>Paul Valéry</u>. P., Kra, 1927. 145 p. Coll. "Les Documentaires." ⌐VRY 584 in 8¬

Souday's book on P.V. is composed of seventeen chapters, each of which is a reprinted article. Refer to the original printing in each case: I. "La Jeune Parque" ⌐88¬; II. "Introduction à la méthode de Léonard de Vinci" ⌐139¬; III. "Adonis" ⌐159¬; IV. "Le Cimetière marin" ⌐184¬; V. "Charmes" ⌐235¬; VI. "Eupalinos--La Soirée avec M. Teste" ⌐299¬; VII. "Variété" ⌐506¬; VIII. "Fragments sur Mallarmé-- Situation de Baudelaire" ⌐618¬; IX. "Rhumbs" ⌐992¬; X. "Le Serpent" ⌐1207¬; XI. "Analecta--Paroles de circonstance" ⌐1258¬; XII. "La Poésie et la pensée de Paul Valéry" ⌐972¬; XIII. "A l'Académie" ⌐758¬; XIV. "Paul Valéry et la critique--Entretiens avec Paul Valéry par Frédéric Lefèvre" ⌐908¬; XV. "Sully Prudhomme et Valéry" ⌐1043¬; XVI. "Une Traduction" ⌐737¬; XVII. "Autre Soirée avec M. Teste" ⌐1315¬.

All but chapters XII and XVII appeared in <u>Le Temps</u>. The reader is struck by two salient features of Souday's collected articles: the critic's growing loyalty toward P.V. (resulting in a proportional decrease in negative criticism), and the polemical value of the articles written from 1925 to 1927. Oddly enough, most of Souday's comments which can be said to have contributed to the campaign of P.V.'s election to the Academy appeared in articles which have no place in this volume.

1190. Souday, Paul: "Voltaire démiurge," in <u>Mémoires</u>, Voltaire. P., Emile Hazan, 1927. Pp. I-XXX.

"Goethe, Gibbon, Byron, Stendhal, Victor Hugo, Henri Heine, Flaubert, Renan, Nietzsche, Anatole France, Paul Valéry, voilà quelques-uns de ceux sur qui l'influence intellectuelle de Voltaire s'est le plus puissamment exercée" (p. XXX). I expect Souday would have had considerable difficulty in proving the influence of Voltaire on P.V. Unfortunately, Souday had a tendency to assume that all his heroes shared a common inspiration. (Cited by L. Treich in ⌐1498¬.)

1191. Anon.: <u>Aux amis des Cahiers verts</u>. P., Grasset, ⌐1927¬. 4 p. ⌐VRY Ms. 994, II, 4 bis¬

An advertisement announcing <u>Lettre à Madame X...</u> by P.V., to be published in this collection. Monod included with this announcement a "Bulletin de souscription" which offers to subscribers of the first ten "Cahiers verts" a free copy of P.V.'s "inédit.... Premier volume de la collection Les Amis des Cahiers verts." P.V.'s definitive title was Lettre à Madame C... ⌐Croiza⌐, and the volume did appear as number one of this collection.

1192. Anon.: "L'Education du sens poétique--résumé de la conférence faite par M. Paul Valéry...," Actualités pédagogiques et morales, 5e série (⌐exact date unknown⌐ 1927), pp. 1-8. Coll. "Bibliothèque des éducateurs." (Nathan, publisher.) ⌐VRY 376 in 12⌐

P.V. gave this lecture at the Sorbonne on 27 September 1926. He related his own unhappy experience with the "teaching" of poetry and insisted that poetry must be presented for its own sake and not as a pretext for a lesson in grammar or logic. (Cf. ⌐1073⌐.) In the terms of the résumé: "Le premier souci de l'enseignement doit être de créer le désir d'être enseigné. ... La première condition pour faire comprendre et goûter la poésie, c'est de bien dire les vers."
I suspect the text of this résumé is a stenographic copy of P.V.'s lecture, insofar as the résumé claims to report P.V.'s own words. (Mentioned by Hytier in Pléiade, I, 1796.)

1193. Thiers, A.: "Editorial," Le Caractère, Bulletin de la société d'études du caractère humain, no. 4 ⌐1927⌐, ⌐M⌐. ⌐VRY Ms. 1001, IX, 22⌐

Thiers quotes several passages from P.V.'s letter-preface to J. Royère's Mallarmé. He writes: "Le style, le verbe de M. Paul Valéry réalisent la pensée pure dans la poésie pure...." Pure nonsense. See ⌐914⌐.

1194. Mondadon, Louis de: "Chronique des lettres--à propos de la poésie pure," Etudes, 64e année, CXC, no. 4 (janvier-février-mars 1927), 481-93.

Etudes is a Jesuit review to which abbé Bremond often contributed. Mondadon calls the debate over "poésie pure" a "vieille querelle" which he dates from Houdar de La Motte (1715). So much for the historical context. Mondadon casts P.V. into the outer darkness with this dogmatic judgement:
"Que si, comme le voulait Platon, 'le délire...source des plus grands biens...l'emporte en beauté sur la sagesse, et la don qui vient de Dieu sur l'art qui vient des hommes', nous devons conclure qu'il faut attendre l'heure de Dieu, qu'à vouloir la devancer et, au nom de

la raison, feindre le délire, on aboutira ou à quelque ridicule <u>Ode sur la prise de Namur</u> ou, avec M. Paul Valéry, disciple en ce point de Jean-Baptiste Rousseau, à des strophes massives, uniformes, dont, selon la juste remarque de M. de Souza, 'les vers en battants de cloche lancés par une énorme rhétorique' fatiguent l'oreille et causent 'une véritable souffrance à ceux que n'absorbe pas la seule attention mentale'" (p. 488).
<u>Ipse dixit</u> Mondadon. P.V. had a far better press among the Dominicans (Gillet) than among the Jesuits.

1195. F.[ernand] V.[andérem]: "Deux Originales de M. Paul Valéry," <u>Bulletin du bibliophile</u>, janvier 1927, [M]. [V]RY Ms. 993, I, 157.

Dr. Paul Chioselli of Redeyef, Tunisia, had raised a question concerning the original edition of P.V.'s <u>De la diction des vers</u>. Vandérem replied: "Pour trancher ce cas épineux, ce qui m'a semblé le plus simple, c'était de le soumettre à M. Paul Valéry.//Il résulte de sa réponse://1° Qu'en principe le tirage Stols ne devait paraître que hors commerce et après le tirage Chamontin.//2° Que par suite d'un malentendu, la mise en vente du tirage Stols a devancé celle du tirage Chamontin.//3° Que fidèle au premier accord, M. Paul Valéry considère comme édition originale de la <u>Diction des vers</u>, l'édition Chamontin, du reste la seule complète puisque le tirage Stols ne reproduisait qu'une partie de cette étude, parue dans le <u>Supplément littéraire</u> du <u>Figaro</u>. ..."
The conclusion seems clear, and I can only refer the reader interested in further detail to the bibliography of P.V.'s works soon to be published in Paris by Blaizot.

1196. Fagus: "La Littérature," <u>Le Divan</u>, 19e année, no. 125 (janvier 1927), pp. 38-39.

Fagus reviews Bremond's <u>La Poésie pure</u> and <u>Prière et poésie</u>, both of which he considers favorably. Fagus writes of P.V.: "voire le prosaïsme de Paul Valéry pour qui 'poésie pure' c'est la poésie chimiquement pure, telle l'eau distillée." The formula is clever, but false. (Cf. his contribution to Bremond's "Eclaircissement" [822].)

1197. Monnier, Adrienne: "L'Exposition Paul-Emile Bécat," <u>NRF</u>, XXVIII, no. 160 (janvier 1927), 128-30.

Mlle Monnier mentions that Bécat's portrait of P.V. is among those on exhibit through 25 January at the Maison des Amis des Livres (of which she was proprietress).

1198. Anon.: "Le Courrier de Paris--informations littéraires," L'Europe nouvelle, 10e année, no. 464 (1er janvier 1927), pp. 12-13.

Notes the new edition of Le Serpent, "Un des plus beaux poèmes de Paul Valéry," with lithographs by Jean Marchand. The reviewer cites P.V.'s preface in praise of Marchand.

1199. Fontainas, André: "Les Poèmes," Mercure de France, CXCIII (1er janvier 1927), 140-41.

In a review of H. Charpentier's Odes Fontainas makes an insignificant comment in praise of P.V. In the same number C.-H. Hirsch opened his column "Les Revues" with a review of Claudel's "Le Poëte et le Shamisen" in Commerce for autumn 1926. He quotes long passages from Claudel's text.

1200. CENTRAL 32-65: "A Paris et ailleurs...," Les Nouvelles littéraires, 6e année, no. 220 (1er janvier 1927), p. 2.

This is an anecdote related by Tristan Bernard which concerns a dinner given by the critic Alfred Kerr in Berlin. "L'auteur des Mémoires d'un jeune homme [Bernard] était assis face à M. Paul Valéry. Les deux écrivains se regardaient avec beaucoup de sympathie. Ils étaient, l'un pour l'autre toute douceur et toute complaisance.// Lorsqu'on en fut à l'heure des toasts, M. Kerr se leva et prononça le discours d'usage et dans un bel élan oratoire://Messieurs, quand on voit l'harmonie qui règne ici entre deux confrères, qui sont deux hommes de lettres, comment pourrait-on ne pas croire un jour au véritable rapprochement franco-allemand.//--C'est vrai, murmura Tristan Bernard ému, qui peut le plus, peut le moins."

1201. Martin du Gard, Maurice: "La Mort de Rainer Maria Rilke," Les Nouvelles littéraires, 6e année, no. 220 (1er janvier 1927), p. 1.

Martin du Gard declares that it was P.V. who informed him of Rilke's death on 29 December. He writes of Rilke: "Ses dernières oeuvres, de plus en plus dépouillées de chair, attentives aux seuls éléments intellectuels, le prédisposaient à traduire Paul Valéry."

[1206]

Les Nouvelles littéraires devoted the number of 8 January to Rilke.

1202. F.[rancis] de M.[iomandre]: "A Paris et ailleurs...--étrennes idéales," Les Nouvelles littéraires, 6e année, no. 220 (1er janvier 1927), p. 1. [VRY Ms. 993, I, 156]

Miomandre claims (somewhat extravagantly) that abbé Chacornac, translator of the Ennéades "écrit tout à fait comme Paul Valéry. ... Mais j'ai toujours dit que Valéry était le dernier des Alexandrins, quelque chose comme un amalgame de Plotin et de Callimaque. Un bon mélange...."
Many critics were happy to apply the adjective Alexandrian to P.V., but their intention was not to praise him.

1203. Anon.: "Revue des revues," Les Nouvelles littéraires, 6e année, no. 220 (1er janvier 1927), p. 8.

Cites H. Bidou's article [1204]. In this same number an advertisement on page 4 invited readers to subscribe to the NRF "...à laquelle collaborent régulièrement André Gide et Paul Valéry." [VRY Ms. 993, I, 156]

1204. Bidou, Henry: "Parmi les livres," Revue de Paris, XXXIV, no. 1 (1er janvier 1927), 187-97. [VRY Ms. 994, II, 54 bis]

On pages 191-94 Bidou wrote a generally uninteresting review of the Eos edition of Le Serpent, the first review Bidou had ever given P.V. in his column. The following judgement, however, is excellent; it was quoted in [1203]: "Je m'émerveille que M. Paul Valéry ait pu servir de prétexte à un débat sur la poésie pure: car ses vers sont surchargés de sens, et ce qui fait leur plus sûre beauté, c'est qu'ils suggèrent en quelques syllabes rythmées ce qu'une page de prose n'expliquera pas."

1205. Wilmotte, Maurice: "Poètes et poésie," Revue franco-belge, 73 année, nouvelle série, no. 1 (1er janvier 1927), pp. 1-9.

Wilmotte follows Thibaudet in placing P.V. among "les poètes qui sont poètes parce qu'ils savent faire des vers." Cited in [1218].

1206. Souday, Paul: "Petite Revue de fin d'année littéraire,"

Candide, 6 janvier 1927, ⌐M¬. ⌐VRY Ms. 993, I, 158¬

"M. Paul Valéry, grand poète et profond essayiste, n'a donné ⌐en 1926¬ que des volumes de pensées, Rhumbs et le Cahier B. ⌐sic¬, plus des Entretiens recueillis par M. Frédéric Lefèvre, et quelques plaquettes ou préfaces, notamment pour les Lettres persanes et pour les Fleurs du mal. Tout cela est plein d'idées et de suggestions sur lesquelles on pourrait méditer et discuter à perte de vue."

Souday also takes this occasion to proclaim total victory over abbé Bremond (whom he calls an "auteur gai") in their jousts in the lists of "poésie pure."

1207. Souday, Paul: "Les Livres," Le Temps, 6 janvier 1927, p. 3. ⌐VRY Ms. 993, I, 157¬

Souday qualifies the Eos edition of Le Serpent "un chef d'oeuvre." He cites the appropriate passage in ⌐1204¬ and comments, relative to "sensibilité philosophique": "Et il y a une poésie intellectuelle, qui est la suprême cime du premier des arts. Paul Valéry en est de nos jours un magnifique exemple...." Souday was determined to present P.V. as an intellectualist and poet-philosopher. He reprinted this article in ⌐1189¬.

1208. Jaloux, Edmond: "L'Esprit des livres--Rainer Maria Rilke," Les Nouvelles littéraires, 6e année, no. 221 (8 janvier 1927), p. 5.

Jaloux quotes from P.V.'s contribution to the Cahiers du mois for August 1926 ⌐1047¬ concerning the loneliness of Rilke's home in the Valais. Reprinted in ⌐1152¬.

1209. ⌐Anon.¬: "Lettres & arts--le Valérysme," Cri de Paris, 9 janvier 1927, ⌐M¬. ⌐VRY Ms. 993, I, 156¬

An article critical of the "Cahiers Paul Valéry." (Cf. ⌐1087¬.)
"L'idée l'amuserait ⌐P.V.¬ infiniment si elle ne lui causait une double inquiétude: son oeuvre est donc bien obscure, ou bien peu connue, qu'il soit utile de l'expliquer ainsi, et ne le traite-t-on pas déjà comme un mort?"

The journalist had an unnecessarily low opinion of the value of criticism. He also related that a wealthy admirer of P.V. had commissioned a young man to pay 1,500 francs for a manuscript copy of one of P.V.'s published sonnets. A similar anecdote was printed in ⌐1216¬.

1210. Fontainas, André: "De monsieur l'abbé Bremond et de la catharsis," La Muse française, VI, no. 1 (10 janvier 1927), 5-11.

Fontainas notes that: "Paul Valéry, un jour, eut la malencontreuse idée d'user de cette locution: la Poésie pure. Elle frappa M. Bremond à ce point qu'il en fit le sujet de sa thèse" (p. 7). "Prétexte" would be preferable to "sujet" in describing P.V.'s use of the expression with relation to Bremond's famous speech. Fontainas does not give an accurate account of the beginnings of the long debate. See ᴄ717ᴐ.

On another point entirely Fontainas remarks justifiably that even in Le Cimetière marin, "un des poèmes français les plus rapprochés de la perfection," a certain number of weaker lines set off the extraordinary beauty of the whole.

1211. Guéguen, Pierre: "Chronique de poésie--mots sonnants et sens sonore," Europe, XIII, no. 49 (15 janvier 1927), 102-8.

A favorable review of Bremond's La Poésie pure and Prière et poésie. Guéguen cites P.V.'s preface to Connaissance de la déesse, recognizing that for P.V. "poésie pure" is an unattainable absolute. He sides with Bremond nevertheless.

1212. ᴄAnon.ᴐ: "Les Conférences--M. Piachaud chez les 'Larmartiniens'," Journal de Genève, 98e année, no. 14 (samedi 15 janvier 1927), p. 4. ᴄVRY Ms. 993, I, 158ᴐ.

R.-L. Piachaud had recently exhibited his poetic prejudices before the society of Larmartiniens in Geneva. According to the reviewer, "...ᴄilᴐ a présenté une sorte de défense de la Poésie: remontant jusqu'à Mallarmé il a montré dans l'auteur de l'Après-midi d'un Faune le père de cette 'poésie-musique' qui prétend aujourd'hui remplacer la vraie poésie où l'intelligence et le sentiment s'équilibrent harmonieusement. ... Mais, c'est à M. Valéry que le conférencier s'en est pris particulièrement: il a voué aux gémonies sa poésie, où la qualité essentielle du génie français fait défaut." This essential quality is, according to Piachaud and Rivarol, clarity.

1213. Lefèvre, Frédéric: "Une Heure avec M. Paul Valéry," Les Nouvelles littéraires, 6e année, no. 222 (15 janvier 1927), pp. 1-2. ᴄVRY Ms. 993, I, 159-60ᴐ

This "entretien" concerns P.V.'s opinions on the "livre comme objet" to anticipate on a term popularized by M. Butor. Lefèvre suggests an interesting parallel between P.V.'s "Le Serpent" and J. Wahl's recent study of Parmenides, the common denominator being the problem of unity or oneness.

1214. ₵Anon.₃: ₵booksellers' advertisements₃, <u>Les Nouvelles littéraires</u>, 6e année, no. 222 (15 janvier 1927), p. 8.

E. Loewy offers several volumes by P.V., including the reproduction of the manuscript of <u>Cahier B. 1910</u> at 575 francs.

1215. ₵Anon.₃: "Les Livres nouveaux," <u>La Petite Illustration</u>, no. 317, Roman: no. 141 (15 janvier 1927), p. 122.

The reviewer of Bremond's <u>La Poésie pure</u> notes that R. de Souza objects to Bremond's qualifying P.V. "poète malgré lui."

1216. ₵Anon.₃: "Le Valérysme," <u>Cri de Paris</u>, 16 janvier 1927, ₵M₃. ₵VRY Ms. 993, I, 156₃

"Nous avons signalé le prix qu'attachent certains amateurs au moindre autographe de M. Paul Valéry. Un de ses amis lui disait récemment:
   --Ecrivez-moi un petit mot pour me donner rendez-vous.
   Mais, bien vite, il ajouta, avec peut-être un peu d'ironie:
   --Au fait, vous pourriez m'envoyer votre lettre contre remboursement de deux cents francs. Ce serait naturel. Autrement, vous y perdriez."
The convenience of such anecdotes is that the journalist need not verify them. It is significant, however, that in 1927 the general public was quite ready to believe any such tale concerning P.V.

1217. Rilke, Rainer Maria: in "Herinneringen aan Rilke," by A. A. M. Stols, <u>De Telegraaf</u>, Amsterdam, 16 janvier 1927, ₵M₃. ₵VRY Ms. 993, I, 161₃

The article is in Dutch, but Stols published here certain of Rilke's letters which later appeared under the title <u>Six Lettres à A. A. M. Stols</u> ₵1183₃. In a letter written in July 1926 Rilke had greeted Stols "toujours sous le même grand signe de Paul Valéry."

1218. Liégeois, J.: "Causerie littéraire--Débat sur la poésie,"

Neptune, Anvers, 16 janvier 1927, [M]. [VRY Ms. 993, I, 166]

Liégeois discusses the "poésie pure" debate, mentioning P.V. only incidentally. "[Valéry] exprime musicalement les pensées. Le savant les exprime logiquement." Insignificant.

1219. [Anon.]: [title lacking], L'Intransigeant, 18 janvier 1927, [M]. [VRY Ms. 993, I, 156]

Reprints the text of P.V.'s description of Zurbaran's "Sainte Alexandrine." The article was first published under the pseudonym M. Doris in Chimère in 1892 [23]. This reprint of part of the "Glose sur quelques peintures" was not mentioned by Hytier in Pléiade, II, 1581.

1220. Souday, Paul: "Les Livres," Le Temps, 20 janvier 1927, [M]. [VRY Ms. 993, I, 158]

In a review of Réflexions sur l'art du roman by Henri Massis, Souday attacks the notion that a chasm separates pre- from post-war French writers. "...Paul Valéry est un écrivain d'après-guerre, puisque la Jeune Parque est de 1917 et que ses principaux ouvrages sont tous postérieurs. Cependant il est tout grec et cartésien, c'est-à-dire absolument sur l'autre bord de l'abîme, si abîme il y a."
Souday was primarily opposed to the Catholic orthodoxy of Massis. See [1228].

1221. Central 32-65: "A Paris et ailleurs...," Les Nouvelles littéraires, 6e année, no. 223 (22 janvier 1927), p. 2.

P.V.'s portrait by Georges d'Espagnat was being exhibited in a Paris gallery.

1222. Souday, Paul: "Les Livres," Le Temps, 27 janvier 1927, p. 3. [VRY Ms. 993, I, 163]

"Lisez ou relisez la préface de Valéry," is Souday's advice to Stanislas Fumet, whose Notre Baudelaire had just been published. The allusion is of course to P.V.'s "Situation de Baudelaire."

1223. Clément-Janin: "Causerie bibliophilique," Les Nouvelles littéraires, 6e année, no. 224 (29 janvier 1927), p. 3. [VRY Ms. 993,

I, 163₃

Clément-Janin praises the edition of L'Ame et la danse illustrated by Edouard Léon.

1224. Jaloux, Edmond: "L'Esprit des livres," Les Nouvelles littéraires, 6e année, no. 224 (29 janvier 1927), p. 3. ₅VRY Ms. 993, I, 160₃

"C'est décidément de Hollande aujourd'hui que nous viennent les plus beaux livres. On sait quelle admirable édition de M. Paul Valéry fait M. Stols."
Jaloux refers, no doubt, to the volume of Analecta which Stols had published in August 1926.

1225. Souday, Paul: "Dialogues critiques. I. Autour de l'académie," Le Manuscrit autographe, 2e année, no. 7 (janvier-février 1927) pp. 102-8.

"M. Pierre.--L'Académie n'est pas insensible à l'opinion des lettrés, lorsque ceux-ci la manifestent nettement. Elle a élu Porto-Riche et Paul Valéry, sans intrigues ni compromissions.
M. Paul.--Oui, chez ceux-là, le caractère est égal au talent. Mais ce sont des exceptions astucieuses..." (p. 106).
Souday was certainly aware that P.V. owed his election more to a well-calculated publicity campaign and some clever manoeuvring than to "l'opinion des lettrés" in general.

1226. Du Bos, Charles: "Remarque sur les dialogues de Paul Valéry," Neue Schweizer Rundschau (Wissen und Leben), Nouvelle Revue suisse, Zürich, XX. Jahrgang, Band 32-33, Heft 2 (Februar 1927), 140-46.

This article was first published in ₅215₃, then reprinted in ₅1146₃. In this printing Du Bos added an allusion to the "Dialogue sur les choses divines" which was announced periodically but which P.V. never published.

1227. Bernard, R.₅obert₃: "Louis Aubert," La Revue musicale, 8e année, no. 4 (1er février 1927), pp. 1-7. ₅VRY Pr. 615 in 8₃

Bernard twice quotes from Rhumbs to illustrate a point. In

1927 Bernard wrote an arrangement of "La Fileuse" of which there exists a version for orchestra and one for piano. He later wrote a symphonic poem based on <u>Le Cimetière marin</u>, "Prélude au cimetière marin," which was published in <u>Musique et radio</u> for August 1942. A copy of the latter is in the Valeryanum: [VRY Pr. 184 in 4].

    1228. Souday, Paul: "Avant-guerre et après-guerre ou l'abîme de M. Henri Massis," <u>Candide</u>, 3 février 1927, [M]. [VRY Ms. 993, I, 168]

    For the background of this article, see [1220]. Here Souday concedes that P.V.'s thought "avait dès [1896] trouvé ses bases." Perhaps, but a reading of the "Note et digression" (1919) appended to the "Introduction à la méthode de Léonard de Vinci" (1895) reveals very important changes in P.V.'s thought during this period. Souday was, in fact, on firmer ground than he realized in calling P.V. a post-war writer.

Cited in <u>Chronique des lettres françaises</u>, V, no. 26 (March-April 1927), 239-40.

    1229. Souday, Paul: "Les Livres," <u>Le Temps</u>, 3 février 1927, p. 3. [VRY Ms. 993, I, 163]

    Souday disagrees with Edouard Maynial's judgement (in <u>Précis de littérature française</u>...) that P.V.'s thought has had a greater influence than his art. Neither position is clear, but if Maynial had in mind the influence of <u>La Soirée avec Monsieur Teste</u> he was probably nearer the truth than Souday. Maynial's statement in [867] indicates he was thinking of Teste.

    1230. [Anon.]: "La Vie des lettres," <u>Le Soir</u>, 4 février 1927, [M]. [VRY Ms. 993, I, 166]

    Announces that P.V. will illustrate with his own drawings a de luxe edition of <u>Rhumbs</u>. On the basis of P.V.'s title "Tante Berthe" the writer adds that P.V. is "le neveu de Berthe Morisot."

    1231. Patin, Jacques: "Le Carnet du bouquiniste--L'Ame et la danse," <u>Le Figaro</u>, <u>supplément littéraire</u>, nouvelle série, no. 409 (samedi 5 février 1927), p. 3.

    Patin reviews the Javal et Bourdeaux edition of <u>L'Ame et la danse</u>. "C'est, en effet, un véritable joyau de bibliophilie...."

Noted by H. Talvart in Fiche..., 7e année, 1928, no. 16.

1232. Guilac, H.⌐enri⌐: "Candidature--Express," Les Nouvelles littéraires, 6e année, no. 225 (5 février 1927), p. 8. ⌐VRY Ms. 993, I, 166⌐

This cartoon supposes that Tristan Bernard will dispense with the formal visits required of him as a candidate for the French Academy. He is seen telephoning P.V.

1233. ⌐Anon.⌐: "Un Centenaire," Cri de Paris, 7 février 1926, ⌐M⌐. ⌐VRY Ms. 993, I, 80⌐

The writer considers that Brillat-Savarin's reputation, like P.V.'s is a hoax. "...qu'on ne nous fasse pas la plaisanterie de découvrir la Physiologie du goût et de nous présenter Brillat-Savarin comme un génie méconnu. M. Paul Valéry nous suffit."

1234. Anon.: ⌐bookseller's advertisement⌐, ⌐unnamed periodical⌐, ⌐1927⌐, p. 483. ⌐VRY Ms. 993, I, 164⌐

"Editions de la Nouvelle Revue Française... Mise en vente du 10 février ⌐1927 added in Monod's hand⌐: Paul Valéry⌐,⌐ Charmes."
The full-page advertisement indicates the proposed "tirage" with prices.

1235. F.⌐rédéric⌐ L.⌐efèvre⌐: "Quelques livres de Paul Valéry, Les Nouvelles littéraires, 6e année, no. 226 (12 février 1927), p. 3.

Two columns of interest to bibliophiles. F. L. points out the distinctive features of several new editions by P.V.

1236. Spire, André: "Robert de Souza et la poésie pure," Europe, XIII, no. 50 (15 février 1927), 178-97.

Spire enthusiastically supports Souza's position in the "poésie pure" debate. See ⌐851⌐ and ⌐925⌐. According to Spire, P.V. "n'est qu'un Mallarmé moins hermétique, plus sage et plus heureux" (p. 180).
A résumé appeared in the Chronique des lettres françaises, V (1927), 389-91.

1237. Gillet, ⌐R. P.¬ M.⌐arie¬ S.⌐tanislas¬, ⌐O. P.¬: "Paul Valéry et la pensée pure," La Revue universelle, XXVIII, no. 22 (15 février 1927), 424-42. ⌐VRY Pr. 620 in 8¬

Not to be outdone by a Jesuit (Bremond was of course no longer a member of the order), the Dominican Gillet adopts Bremond's contributions to the myth and adds his own commentary. P.V. is both a nihilist (as is Bergson) and a "mystique sans Dieu." There is hope, however, that one day he will return to the fold.
"Est-il téméraire de croire qu'un jour...Paul Valéry songera enfin à l'homme tout court, à ses besoins innés de vérité et de vie? c'est le secret de Dieu! Mais je reste persuadé que ce jour-là--s'il ne tardait pas trop--son génie s'épanouirait en plénitude; que sa poésie y gagnerait en éclat, et sa pensée en profondeur" (p. 433).
One might term this type of criticism pious persuasion. Gillet cites H. Massis in ⌐884¬ and V. Poucel in ⌐1178¬; both articles were written from a neo-Thomist point of view. Gillet published an expanded version of this essay as ⌐1149¬.

1238. Anon.: ⌐caption to "Portrait de Paul Valéry"¬, Comoedia, 19 février 1927, ⌐M¬. ⌐VRY Ms. 993, I, 170¬

Below P.V.'s portrait by J.-E. Blanche appears this statement:
"Ajoutons qu'il est inexact que M. Paul Valéry, qui sera vraisemblablement reçu à l'Académie française dans les premiers jours du mois d'avril, songe à intervenir dans la discussion sur le contrôle des tirages d'éditions, comme on l'avait annoncé."
I know of no other allusion to any such "intervention."

1239. Botrot, Jean: "M. Paul Valéry ne veut pas qu'on vende aux enchères sa correspondance," Le Journal, 19 février 1927, ⌐M¬. ⌐VRY Ms. 993, I, 170¬

Botrot relates that letters from P.V. to André Fontainas had been proposed for sale at the Hôtel Drouot. Due to P.V.'s energetic protest the dealer who had the letters in his possession agreed not to sell. Botrot had apparently seen the letters, one of which was written in a "charabia franco-tudesque." From the brief sentence quoted here it appears that this is one of the Quatre Lettres de Paul Valéry au sujet de Nietzsche published by the Cahiers de la quinzaine in 1927 and in the Harvard Library Bulletin in 1950. (Cf. ⌐1172¬.) Another letter, which Botrot prints in facsimile, contains these "vers de circonstance" which to my knowledge have never been noted elsewhere:
"Choeur de Pirates en style ancien

```
          --------------(sans prétention)
Troquons le Trocadéro/Contre la belle Otéro:/Ra⌐ ⌐ons la tour Eiffel/
Dans les poches de Mockel!/Gide passé Envelons le/Transférons le à
Saint Leu!/Houste! amis versez ⌐?⌐ a l'as!../Cachons nous!  C'est Fon-
tainas!/Le monstre!  Il avale et rit/Comme un simple Paul Ambroise (1
          (1) attrapé!"
```

This note indicates that P.V. did occasionally intervene in commerce which affected him personally. (Cf. ⌐1238⌐ and ⌐1008⌐.)

1240. Anon.: "A Paris et ailleurs...--L'Académie aux écrivains!" <u>Les Nouvelles littéraires</u>, 6e année, no. 227 (19 février 1927) p. 2. ⌐VRY Ms. 993, I, 167⌐

"Grand branle-bas chez les Quarante, non seulement parce que dans quelques semaines M. Paul Valéry sera reçu par M. Gabriel Hanotaux mais surtout parce qu'on commence à s'occuper sérieusement de la succession de René Boylesve et de celle de Jean Richepin."

On the same page appeared an anonymous note entitled "Frédéri Lefèvre en Hollande." Lefèvre was scheduled to lecture on P.V. in The Hague on 28 February. Another anonymous note on page 6 mentions the plan of the Association Amicale des Anciens Elèves du Collège de Cette to offer P.V. "une bibliothèque dont un des panneaux porterait une allégorie purement cettoise: le dauphin qui figure dans les armes de la ville."

Lefèvre might have taken as his motto: <u>Valerii</u> <u>nihil</u> <u>a</u> <u>me</u> <u>alienum</u> <u>puto</u>.

1241. ⌐Anon.⌐: "L'Hommage des Cettois à Paul Valéry," ⌐unknown newspaper⌐ ⌐février 1927⌐, ⌐M⌐. ⌐VRY Ms. 993, I, 171⌐

Almost identical to the anonymous note on page 6 of ⌐1240⌐.

1242. Tahon, Maurice: "Courrier des lettres," <u>L'Avenir</u>, 10e année, no. 3268 (22 février 1927), p. 2.

Tahon reviews the new edition of <u>Charmes</u>. He approves of the literary snobism which had created a market for luxurious editions of P.V.'s works, adding that it is an excellent thing that the ordinary reader as well as the bibliophile may now purchase P.V.'s poems. In his opinion the principal forces behind the "vaste mouvement valéryste" were B. Faÿ, Souday and Lefèvre. He fails to mention Thibaudet, Jaloux and others.

1243. Faÿ, Bernard: "Réflexions sur la critique," L'Avenir du Plateau Central, 22 février 1927, ₅x₃.

Faÿ cites P.V.'s "Au sujet d'Adonis" as an excellent example of "critique créatrice." This article was reviewed in the Chronique des lettres françaises, V (1927), 376-77.

1244. Anon.: "Echos," Journal de Genève, 98e année, no. 52 (mardi 22 février 1927), p. 2. ₅VRY Ms. 993, I, 166₃

"M. Paul Valéry a terminé l'éloge d'Anatole France, qu'il doit prononcer à l'Académie Française en venant prendre séance. Mais la date de cette réception n'est pas encore fixée."
Not only was the date not yet set, P.V. had not written his "Discours de remerciement" according to subsequent reports.

1245. Anon.: "Paul Valéry s'est opposé à la vente de ses autographes," Le Quotidien, 24 février 1927, ₅M₃. ₅VRY Ms. 993, I, 170₃

Corroborates J. Botrot's comments in ₅1239₃.

1246. Guilac, Henri: "Littérature et publicité," Les Nouvelles littéraires, 6e année, no. 228 (26 février 1927), p. 8. ₅VRY Ms. 993, I, 171₃

Guilac's theme is innovation in literary publicity. He comments on P.V.'s practice of writing both his personal letters and his works at the typewriter:
"Et en lisant certaines 'nouveautés' récentes, peut-être trouverons-nous ... le modèle de machine sur lequel l'auteur de Rhumbs va désormais 'taper' ses autographes qui seront très certainement plus recherchés encore que ses fameux manuscrits."
Guilac alludes no doubt to the recent publicity given P.V.'s opposition to the sale of his personal correspondence.

1247. Anon.: "A Genève," Les Nouvelles littéraires, 6e année, no. 228 (26 février 1927), p. 6.

This note, under the sub-title "Chez les lamartiniens romands," reports on the talk R.-L. Piachaud had given in January. See ₅1212₃.

1248. Anon.: "Académie française," Le Temps, 26 février 1927, ⌐M┐. ⌐VRY Ms. 993, I, 166┐

The date of P.V.'s reception has not yet been decided. Cf. ⌐1244┐.

1249. Fierens, Paul: "Causerie artistique: 'Trente années de lutte pour l'art'," Journal des débats, 1er mars 1927, p. 3.

An insignificant review of ⌐866┐. Fierens mentions P.V.

1250. ⌐Anon.┐: "Belles-Lettres--Paul Valéry et Paul Fort à l'Université du Caméléon," Comoedia, 2 mars 1927, ⌐M┐. ⌐VRY Ms. 993, I, 172 bis┐

Reviews P.V.'s speech in honor of Paul Fort delivered at Alexandre Mercereau's "Université" on 1 March. This writer cites the same passage as does Charles de Saint-Cyr in ⌐1252┐.

1251. Souday, Paul: ⌐title lacking┐, Candide, 3 mars 1927, ⌐M┐. ⌐VRY Ms. 993, I, 172┐

"...énumérant les 'écrivains de classe' qui sont par hasard entrés à l'Académie dès leur première candidature, M. Vandérem cite: Bourget, Loti, Lemaître, Robert de Flers, François de Curel, même M. l'Abbé Bremond, mais non Paul Valéry, et cette omission est bien significative."
Perhaps Souday knew something of Vandérem's plans. This omission of P.V.'s name is the first positive indication of Vandérem's real feelings toward P.V. See ⌐1707┐.

1252. Saint-Cyr, Charles de: "Au caméléon dont la clôture est imminente Paul Valéry célèbre Paul Fort," La Semaine à Paris, 7e année, no. 249 (4-11 mars 1927), p. 3. ⌐VRY Ms. 993, I, 172┐

Saint-Cyr quotes a paragraph of P.V.'s speech, which he calls a "magnifique éloge" revealing "la sûreté de son goût et...la noblesse de son caractère!"

1253. Prévost, Jean: "Spinoza à la Sorbonne," Les Nouvelles littéraires, 6e année, no. 229 (5 mars 1927), p. 1. ⌐VRY Ms. 993, I,

[169₃]

On 26 February P.V. had addressed celebrations at the Sorbonne in honor of Spinoza. P.V. presided over the ceremonies and read a letter from Bergson, who was unable to attend.

"L'allocution, trop modeste et trop brève à notre gré, qu'il prononça l'autre jour, toucha quelques mots d'abord de la métaphysique, en tant qu'elle affirme pouvoir acquérir des connaissances, ou qu'elle tend à devenir un groupe d'hypothèses. Porter ce que l'on sait dans ce que l'on ne sait pas, tel fut le résumé, quelque peu pessimiste, que Valéry donna de cette méthode."

According to Prévost, P.V. had prefaced his remarks with a characteristic statement: "On ne m'a sans doute appelé ici que pour dire des hérésies."

C. Bouglé in L'Oeuvre for 7 March alludes to another article by Prévost on this subject. If it exists, I have not seen it.

1254. Anon.: "Paul Valéry en Provence," La Vie montpelliéraine et régionale, Montpellier, 34e année, no. 1693 (samedi 5 mars 1927), p. 11.

"Le nouvel Immortel, qui sera reçu le 28 avril [sic] sous la Coupole par M. Gabriel Hanotaux, est parti pour la Provence où il compte achever l'éloge de son prédécesseur Anatole France qu'il prononcera, ce jour-là, à l'Académie Française."

According to G. Avril on 17 April [1311₃], P.V. had not yet written one line of his speech on that date.

1255. Bouglé, C.: "Spinoza en Sorbonne," L'Oeuvre, 7 mars 1927, [M₃]. [VRY Ms. 993, I, 169₃]

An interesting article concerning the student reaction to P.V.'s speech of 26 February. (Cf. [1253₃].)

"Lorsque Paul Valéry, qui avait accepté de présider, a protesté contre quiconque essaie d'exalter la sensibilité au détriment de l'intelligence, nos étudiants lui ont fait une ovation qui le consacrait prince-poète des philosophes. Ils semblaient vouloir profiter de l'occasion pour le remercier de l'exemple qu'il leur donne en faisant effort non seulement pour sentir mais pour comprendre le plus de choses possible."

1256. [Barat, Victor]: [title unknown], Le Travail, Toulouse, [exact date unknown], [x]. in [VRY Ms. 993, I, 176₃]

"Celui-ci ⌐P.V.⌐--rapporte Barat--regrettait un jour, devant Lucien Fabre, 'que notre poésie ignorât tout l'épique et le pathétiqu de l'intellect.' Et il ajoutait: 'Notre poésie, depuis cent ans, a montré de si riches ressources et une puissance si rare de renouvellement que l'avenir lui donnera, peut-être <u>assez vite</u>, quelques-unes de ces oeuvres de grand style et d'une noble sévérité qui dominent le sensible et l'intelligible.'"

Although the anecdote is of uncertain origin, the thought is definitely P.V.'s. (Cf. Pléiade, I, 1201.) Barat was quoted by:

1257. Orion: "Encore la poésie pure," <u>L'Action française</u>, 10 mars 1927, ⌐M⌐. ⌐VRY Ms. 993, I, 176⌐

"Dans le dédale ⌐de la poésie pure⌐ dont nous venons de donner le schéma (mais fidèle) trois hommes, à la fois poètes et critiqu peuvent nous guider: Moréas, Maurras, Paul Valéry. Henri Brémond s'y est perdu." Orion attributes to P.V. his own view that: "...la poési pure--libérée de ses divagations--peut refluer, pour ainsi dire, sur tous les genres poétiques injustement et bêtement sacrifiés--épopée, lyrisme civique et tragique, voire didactique--et leur apporter cette chaleur, cette 'incandescence', ce 'radium', où, après tout, les poèt de tous les temps ont aspiré. C'est aussi le voeu de Paul Valéry."

Orion cited Barat to support his allegation, which would make of P.V. a literary <u>Camelot du roi</u>.

1258. Souday, Paul: "Les Livres," <u>Le Temps</u>, 10 mars 1927, p. 3. ⌐VRY Ms. 993, I, 173 & VRY 19² in 8⌐

Souday reviews <u>Analecta</u> (Stols), <u>M. Teste</u> (Société des médeci bibliophiles), and <u>Petit Recueil de paroles de circonstance</u> (Coll. "P sir de bibliophile"). He manages to criticize Bremond and to state t P.V. is an atheist. The latter claim is made by way of criticism of Gillet's article ⌐1237⌐. Souday reprinted this article in ⌐1189⌐. M tioned in:

1259. ⌐Anon.⌐: "Démission," <u>Comoedia</u>, 12 mars 1927, ⌐M⌐. ⌐VR Ms. 993, I, 175⌐

Souday had concluded his <u>feuilleton</u> with: "J'ai donné ma démission de membre de l'Association de la critique littéraire." This writer comments: "Formulée ainsi, comme une conclusion à l'une des plus belles pages de critique qu'il ait peut-être écrites, cette démission de notre éminent confrère prend une importance que l'Associat appréciera."

1260. Supervielle, Jules: in "Jules Supervielle, homme de la pampa, poète et romancier," by Charensol, Les Nouvelles littéraires, 6e année, no. 230 (12 mars 1927), p. 2. ⌐VRY Ms. 993, I, 167⌐

Supervielle is quoted as saying: "...Paul Valéry m'a dit un jour: 'Vous aussi, vous vous mettez à faire des romans... Je crois que jamais je ne pourrais écrire La Baronne fit avancer sa voiture...'."
Did P.V. actually have such a conversation with Supervielle, or is this merely the latest metamorphosis of "La marquise sortit à cinq heures" made famous by Breton in ⌐396⌐?

1261. Aristide: "Sur Monsieur Paul Valéry, par différents auteurs," Aux ecoutes..., 13 mars 1927, ⌐M⌐. ⌐VRY Ms. 993, I, 175⌐

Aristide reviews Porché's Paul Valéry et la poésie pure ⌐870⌐ and Levinson's Paul Valéry philosophe de la danse ⌐1166⌐. Of the former he writes: "Son livre est un décorticage laudatif, mais technique et confraternel, et qui n'est pas sans importance. L'admiration que montre M. Porché ne l'empêche pas de parler de préciosité, voire de burlesque. Mais la poésie pure, il semble bien que M. Porché ait eu pour dessin de montrer que ce n'est pas dans la 'sensibilité intellectuelle' de Valéry qu'il faut la chercher."
This is a manifest distortion of Porché's intention. Aristide concludes: "Ainsi tout est clair: pizzicati et pirouettes sur la pointe." This is also false. Levinson's essay on L'Ame et la danse leaves no such impression.

1262. Lubin, Georges: "Paul Valéry," Journal du département de l'Indre, ⌐Châteauroux⌐, 13 mars 1927, ⌐M⌐. ⌐VRY Ms. 993, I, 174-75⌐

A very important article containing the best analysis of P.V.'s career to date. Lubin makes an initial distinction between "célébrité" and "gloire."
"J'appelle célébrité le fait d'être connu du grand public, c'est-à-dire de la masse des lecteurs. J'appelle gloire le fait d'avoir une place de choix dans l'admiration des lettrés, ou plus justement, d'un certain nombre de lettrés, car l'unanimité ne se fait presque jamais sur ces questions."
He further notes: "Tandis que la gloire se mérite, la célébrité peut s'acquérir par divers moyens qui relèvent de ce que M. Fernand Divoire a excellemment appelé la stratégie littéraire...."

As for P.V.: "Sa gloire s'est fondée solidement, depuis les temps héroïques de la <u>Conque</u> et du <u>Centaure</u>. Quant à sa célébrité, elle a suivi une courbe singulière. Peut-on même parler de courbe? Elle se rapprocherait bien plutôt de la verticale. Le grand public en effet a appris le nom de Paul Valéry en même temps que son élection à l'Académie, ou presque. Ce poète s'est élevé, aux yeux de la foule, comme une fusée qui va prendre sa place dans les étoiles dès qu'elle a jailli du néant.
    Mais autant cette gloire est bien assise, inébranlable, autant cette célébrité paraît chancelante. Elle a surpris par trop d'imprévu; elle fut trop subite pour ne pas prêter à la méfiance. L'engouement de la foule est rétractile. Et cela est d'autant plus aisé à comprendre que la foule ne connaît pas les oeuvres de M. Paul Valéry; par un sentiment assez naturel, 'elle demande à voir' avant de se prononcer. Or, c'est difficile, l'auteur étant avare de ses productions: il ne les lance dans le public qu'à tirage limité: les exemplaires en sont chers, vite souscrits, vite épuisés. Et l'on assiste à ce paradoxe: la poésie d'un indiscutable grand poète n'est guère connue que d'un très petit nombre de personnes. Je sais que c'est à dessein, M. Paul Valéry a bien voulu m'en ⌐laisser¬ added in Monod's hand⌐ faire la confidence: 'Des raisons qui lui paraissent impérieuses l'engagent à ne point multiplier les exemplaires de ses ouvrages'."
    An ⌐x¬ is added here by Monod who wrote at the bottom of the clipping: "lettre de J.-P. Monod à l'auteur (voir les articles suivants du même auteur)."
    ..."Aussi conçoit-on que la célébrité reste sur ses gardes, et rechigne. Elle proteste même, et, dans son ignorance, formule des accusations: 'Paul Valéry? une mode! un snobisme!' et se venge ainsi du dédain qu'on a pour elle. Car, visiblement, M. Paul Valéry la dédaigne. Heureux homme à qui la gloire suffit! car c'est là, je pense, 'la raison impérieuse' qui l'anime: plutôt que de courir le risque de l'incompréhension d'une multitude dont l'opinion est pour lui secondaire, il préfère n'être connu que des 'happy few', de quelques heureux, en petit nombre. Il a raison, et il a tort. Il a raison parce que sa poésie, trop riche et trop profonde, paraîtra toujours obscure à ceux qui ont des yeux et qui ne voient point. Il a tort--et c'est à un point de vue égoïste que je me place--parce que ceux qui pourraient le comprendre ne sont pas forcément ceux qui peuvent se procurer ses oeuvres (la réciproque serait vraie). Il y a des intellectuels qui ne sont pas riches, hélas! (que dis-je? Il n'y a presque pas d'intellectuels qui soient riches) et qui pourtant mériteraient une place dans le petit nombre des élus."
    Lubin is right on all counts. What he did not know is that it was precisely those "happy few" who had known P.V.'s work in the 1890's who brought about his celebrity in 1925. (Cf. H. Mondor,

Entretien au bord du fleuve, 1947, p. 51; and Propos familiers de Paul Valéry, 1957, pp. 23-25.) Lubin's article continues in ₍1267₎, ₍1274₎, ₍1299₎ and concludes in ₍1320₎.

1263. Daudet, Léon: "'Joco et Lori'," L'Action française, 14 mars 1927, ₍M₎. ₍VRY Ms. 993, I, 194₎

The title of the article is also the title of an allegorical novel by J. Bainville which Daudet reviews here. In the course of his review he makes the following remark:
"Je lisais l'autre matin avec étonnement, sous la plume de Paul Valéry, les lignes philonéistes que voici et qui montrent à quel point les erreurs flottantes de la politique peuvent obscurcir l'esprit d'un sceptique. Valéry a l'air de croire qu'il y a quelque changement dans l'ordre où l'on peut observer historiquement les événements: ₍Daudet quotes three paragraphs from "Notes sur la grandeur et la décadence de l'Europe," in the Revue des vivants for March.₎"
The comment is obviously motivated by political considerations, as is Bainville's novel. Daudet seems to consider P.V.'s remarks dangerous, given his present influence: "Le bavardage philosophique des gens sérieux et des savants n'est pas moins irritant, et il est plus dangereux, que celui attribué aux concierges."

1264. Fagus: "Le Sacré Délire," Les Marges, 24e année, no. 153 (15 mars 1927), 184-89.

"Ainsi, quoiqu'en assure un poète de l'Académie ₍P.V.₎, le vers initial ne nous est pas fourni par 'les dieux', à charge pour nous de lui adapter des rallonges au moyen de remplissages ingénieux. En ce qui me concerne du moins: mais en quoi différerais-je des confrères, ceux du moins qui ne sont pas académiques?" (p. 189) There seems to be a contradiction, however, in the statement that: "Parfois cependant l'inspiration nous surprend-elle en foudre." Fagus relates the circumstances surrounding his composition of a poem directly after praying at Notre Dame de Paris, thereby sealing his fidelity to Bremond's theory of "poésie pure." (Cf. his contribution to one of Bremond's "Eclaircissements": ₍822₎.)

1265. Daudet, Léon: ₍title lacking₎, L'Action française, 17 mars 1927, ₍M₎. ₍VRY Ms. 993, I, 194₎

Merely restates Daudet's criticisms formulated in ₍1263₎.

1266. Anon.: "L'Influence d'Edgar Allan Poe sur la France," Le Figaro, 102e année, no. 79 (dimanche 20 mars 1927), p. 5.

A compte rendu of an article by C. P. Cambiaire in The Romanic Review. Cambiaire had cited P.V. among those French writers influenced by Poe. This article was itself reviewed in the Chronique des lettres françaises ⌐1342⌐.

1267. Lubin, Georges: "Paul Valéry--II," Journal du département de l'Indre, ⌐Châteauroux⌐, 20 mars 1927, ⌐M⌐. ⌐VRY Ms. 993, I, 190-91⌐

Lubin continues his defense of P.V. begun one week earlier ⌐1262⌐. Here he attacks those who claim that "M. Paul Valéry est un auteur obscur." "Ce sont les taupes dont je parlais l'autre jour. Et encore les taupes ont-elles raison d'affirmer qu'il fait nuit: c'est vrai pour elles."
Lubin argues quite correctly that understanding P.V. is a matter of conscious activity.

1268. Henriot, Emile: "Courrier littéraire--la renaissance de Maurice Scève," Le Temps, 22 mars 1927, p. 3.

"En fait, par le resserrement du trait, la plénitude du vers et la densité minérale de l'image, l'art singulier de Maurice Scève devance mystérieusement et rejoint à travers trois siècles Baudelaire, Mallarmé et parfois M. Paul Valéry (qui l'admire)."
The Chronique des lettres françaises, V (1927), 508-9 printed a résumé of this article. It probably represents the first comparison of P.V. with Scève.

1269. Daudet, Léon: ⌐title lacking⌐, L'Action française, 25 mars 1927, ⌐M⌐. ⌐VRY Ms. 993, I, 195⌐

"Quant au premier point ⌐1° si un ... rapprochement intellectuel de peuple à peuple... est possible, notamment avec l'intelligence et la culture allemandes⌐, je ferai observer à ceux qui, comme Paul Valéry, semble incliner vers une telle opinion--à travers mille circonlocutions--qu'il n'y a pas et qu'il n'y a jamais eu de rapprochement intellectuel de peuple à peuple."
Compare Daudet's statements in ⌐1263⌐ and ⌐1313⌐. See also ⌐1271⌐.

1270. Le Secrétaire Perpétuel: ₍"Echo satirique" (Monod)₎, Le Charivari, 26 mars 1927, ₍M₎. ₍VRY Ms. 993, I, 175₎

Asked what he would do if he could spend 10,000 francs an hour for two hours," P.V." is made to reply in a meaningless and pedantic jargon. An anonymous article in the same number is entitled "Dictionnaire pour l'usage externe." The writer supposes that P.V. had been delegated by the "Fédération des Unions Intellectuelles" to explain the French words most likely to cause misunderstanding across linguistic frontiers. The most dangerous word is said to be "Paix."
"Et le mot le plus pacifique et qui, une fois du moins, évita un conflit sanglant parce qu'il avait été lancé à temps, c'est celui de Cambronne. M. Paul Valéry, de l'Académie francaise, proposera sans doute d'inscrire ces cinq lettres d'or sur le fronton du temple de la Paix."

1271. P. H.: "Revue des revues," Les Nouvelles littéraires, 5e année, no. 232 (26 mars 1927), p. 6. ₍VRY Ms. 993, I, 176₎

Under the heading "Le rapprochement franco-allemand" appears a long passage from P.V.'s "Notes sur la grandeur et la décadence de l'Europe." "Paul Valéry traite plutôt de l'Europe en général que de la France et de l'Allemagne, mais de cette suite de notes se dégage une volonté très nette de rapprochement intellectuel puisque à chaque ligne le président du Pen Club fait grief à l'Europe de n'avoir pas songé à s'unir au lieu de se déchirer." This appears to be a reply to Daudet's recent attacks on P.V.

1272. E. P.₍errin₎: "Au Caméléon," La Vie montpelliéraine et régionale, Montpellier, 34e année, no. 1696 (samedi 26 mars 1927), p. 12.

These are notes relating to P.V. and the "Université Alexandre Mercereau." P.V. is said to have presided over a recent lecture by Léon Uhl, "Vers un théâtre national." On another occasion some of P.V.'s poems were recited by M. Ernest Fornairon, who spoke on "Saveur méridionale."

1273. Guil₍l₎ot de Saix: "Deux Ecrivains à la mode--Marcel Proust et Paul Valéry," La Meuse littéraire, 26-27 mars 1927, ₍These indications and the text itself are on a typed sheet in Monod's collection.₎ ₍VRY Ms. 993, I, 189₎

"Marcel Proust et Paul Valéry...sont deux 'précieux' modernes. Il ne faut attacher à ce mot aucun sens péjoratif, car Proust et Valéry se montrent vraiment, dans l'histoire de notre littérature, comme deux précieux maîtres dans l'art d'enfermer dans la magie des phrases les plus subtiles essences de la pensée."
   The remainder of the article is a favorable commentary on the Hommage à Paul Valéry [972] published in 1926 by Le Capitole. The term "préciosité" was to become more and more frequently linked with P.V.'s name, although the term seems never to have been adequately defined in this sense.

   1274. Lubin, Georges: "Paul Valéry--III," Journal du département de l'Indre, [Châteauroux], 27 mars 1927, [M]. [VRY Ms. 993, I, 190]

   On the problem of inspiration Lubin proves to be more Valéryan than Valéry. He objects: "Il n'y a pas, en poésie, de don des Dieux, même pour le point de départ. Tout n'est pas conscient, mais rien n'e extérieur." Like Fagus [1264], Lubin seems to have taken the notion o the "gods" too literally. They are probably much closer to agreement than Lubin here realizes.

   1275. Crémieux, Benjamin: "Les Livres--de la poésie et de quelques poètes," Les Annales politiques et littéraires, no. 2283 (30 mars 1927), pp. 331-32.

   Crémieux calls P.V. and Mallarmé "les aboutissants extrêmes de la tradition poétique classique," a statement which calls to mind the notion of Racinian musicality. But in the same sentence Crémieux appears to contradict himself, unless he means that French poetry is in fact characterized by "un hermétisme ou...un quasi-hermétisme [?] obter à force de subtiles recherches verbales, rythmiques, musicales, métaphysiques."
   All in all, a very confused statement.

   1276. Masson, Georges-Armand: "La Faune littéraire," Les Annales politiques et littéraires, no. 2283 (30 mars 1927), pp. 341-43.

   Masson notes that even popular writers at the peak of their careers do not enjoy the celebrity of other "entertainers." He concludes that, in terms of sheer celebrity, "Il faut dix mille [Paul Valéry] pour un Harold Lloyd." The statement is meaningless.
   In the same number Pierre Brisson announced [VRY Ms. 993, I,

₍1279₎   379

1944₎ that P.V.'s "Comment je revins à la poésie" would appear in the
number for 15 April.

   1277. Anon.: "Le Mouvement des lettres," Chronique des lettres
françaises, V, no. 26 (mars-avril 1927), 199-200.

   Beneath the title "Paul Valéry et Zurbaran" the Chronique reprints P.V.'s review of Zurbaran's painting entitled Sainte Alexandrine
which was in a Montpellier museum. See ₍1219₎.

   1278. Louÿs, Pierre: "Rentrée dans l'art (Journal inédit),"
Le Manuscrit autographe, 2e année, no. 8 (mars-avril 1927), pp. 1-21.

   The following valuable remarks were published posthumously and
in facsimile by J. Royère's excellent review: "Mardi 22 juillet 90//...//
   Je suis content. J'ai reçu avant-hier la première lettre de Bérard; et ce matin la cinq ou sixième de Valéry, avec un magnifique sonnet: le jeune prêtre. Quel talent il a, celui-là; c'est un vrai. S'il
continue, il arrivera plus loin qu'aucun de ceux que j'ai vus aujourd-
'hui" (p. 8).
   ... "Jeudi 16 octobre 90//Mallarmé est un homme charmant.
Il m'avait écrit d'arriver 'un peu avant tout le monde', parce
que j'avais à lui parler, lui disais-je. C'était le sonnet de Valéry
que je voulais montrer. Mais personne n'est venu et nous avant ₍sic₎
causé près d'une heure et demie sans être dérangés. ... Les éloges
qu'il a faits du sonnet de Valéry, les critiques qu'il a formulées sur
ma quinzaine "O gloire, ô nuit des eaux!" tout cela était très justement dit" (p. 16).
   This is a truly precious example of the rare friendship which
Louÿs and P.V. shared. Les Nouvelles littéraires reprinted the second
of the above passages in ₍1310₎ as the first paragraph of "Mallarmé et
André Gide par Pierre Louys."

   1279. Thibaudet, Albert: "Lettre à Paul Valéry," Le Manuscrit
autographe, 2e année, no. 8 (mars-avril 1927), pp. 44-49.

   This is a particularly important document on the relationship
between Thibaudet and P.V. His letter was intended for publication
here in facsimile. Thibaudet first distinguishes between his admiration for P.V. and Souday's.
   "Souday vous aime beaucoup, autant sans doute que je vous aime
moi-même, et il a raison, nous avons raison. Et son amour a sur le
mien cette supériorité: qu'il vous aime contre quelqu'un ₍...contre le

mysticisme, le belphégorisme, le bergsonisme, le brémondisme, la poésie pure et même la poésie impure...⊐. En critique c'est bien là une supériorité. La critique à la balance, voilà l'ordre féminin, la critique au glaive voilà l'ordre mâle" (p. 44).

High praise indeed for one critic to offer another. Thibaudet later makes a revealing admission:

"Moi aussi je vous aime contre quelqu'un. Je ne vous aime même que contre quelqu'un. Seulement ce quelqu'un c'est moi-même. ... Mystique, philosophie, poésie, je ne les sens point, je ne les définis point comme autre chose que cette communication avec le dedans, avec une vis à tergo. C'est mon monde, et je suis trop vieux pour en changer. Mais je suis bien content que ce ne soit pas le vôtre" (p. 47).

See Souday's reaction to this open letter in ⊏1344⊐.

1280. Crémieux, Benjamin: "La Grenouille et les Trois-Nourrices," Feuillets occitans, III, nouvelle série, 1er feuillet (avril 1927) 5-9.

"Alibert pourrait être de Cette comme Valéry et Valéry de Marseille ou de Narbonne." Doubtless. See Crémieux's article "Vues hérétiques sur l'Occitanie," ⊏1537⊐, in which he attempts to prove that P.V. is an "Albigeois sans le savoir." This new element of the myth had the advantage of being totally unexpected.

1281. ⊏Name illegible⊐: "Une Préface de Paul Valéry," Les Nouveaux Essais critiques, avril 1927, ⊏M⊐. ⊏VRY Ms. 993, I, 197⊐

A very unfavorable review of P.V.'s preface to Lucien Leuwen. The reviewer comments on the texts he cites: "Nous soumettons ces lignes révélatrices aux admirateurs de M. Paul Valéry. Ce refus de l'émotion, ce dessein avoué de tout ramener à la méthode, à l'intellect, a quelque chose de monstreux. We murder to dissect, nous assassinons pour disséquer, s'écriait Wodsworth ⊏sic⊐ à l'aube du romantisme anglais. M. Paul Valéry commet chaque jour cet assassinat."

This is undoubtedly the first comparison of P.V. with Wordsworth

1282. Sandre, Thierry: "Les Lettres," Revue des vivants, avril 1927, ⊏M⊐. ⊏VRY Ms. 993, I, 193⊐

This valuable article should be compared with that of G. Lubin on 13 March ⊏1262⊐. Their statements concerning P.V. and the snobs corroborate one another.

"Ce poète est très loin de la foule, très loin aussi de la plus grande part de ce qui s'appelle l'élite,--car, s'il y a plus de cent lecteurs en France capables de comprendre pleinement l'oeuvre de Paul Valéry (et je lui en demande pardon), je consens qu'on me pende. Il n'y a pourtant pas d'écrivain français vivant dont on parle davantage. ... Notons, pour qui la précision sera nécessaire, que la valeur du poète n'est pas en cause ici. A qui en douterait, je pourrais prouver que, vers 1910, quand nous étions fort peu nombreux à connaître seulement son nom, j'ai fait, de ma plus belle écriture, un recueil de tous les poèmes que Paul Valéry avait publiés avant son long silence; et j'ajouterais qu'en recevant de notre pauvre grand ami un exemplaire de la Jeune Parque, je fus l'un des premiers à savoir que Pierre Louys sollicita de M. Paul Souday, pour le poème inconnu, tout un feuilleton du Temps."

1283. Arland, Marcel: "Les Revues," NRF, XXVIII, no. 163 (1er avril 1927), 562-63.

Arland quotes nearly a full page of P.V.'s "Notes sur la grandeur et la décadence de l'Europe" in the second number of the Revue des vivants. His only comment: "Paul Valéry y dit grand mal de l'histoire."

1284. Gourmont, Jean de: "Littérature," Mercure de France, CXCV (1er avril 1927), 155.

In a review of J. Boulenger's Entretien avec Frédéric Lefèvre ᴄ849ᴐ, J. de Gourmont makes an interesting comment on the problem of the authenticity of Lefèvre's Entretiens avec Paul Valéry ᴄ862ᴐ.

"Il faut bien comprendre aussi que, si la plupart des textes de ces entretiens sont fabriqués par les auteurs interviewés, c'est que ces écrivains pensent que personne ne saurait mieux qu'eux-mêmes donner au public un sentiment exact de leur génie. C'est fausser un peu--complètement même--le genre, et je voudrais que M. Lefèvre, sous sa propre responsabilité, nous donne seulement ce que lui-même a saisi de la personnalité d'un écrivain à travers une vraie conversation d'une heure."

I suspect that Lefèvre's Entretiens are more valuable to us in their present form than they would have been had he followed Gourmont's advice.

1285. Thibaudet, Albert: "Le Courrier de Paris--les lettres," L'Europe nouvelle, 10e année, no. 477 (2 avril 1927), pp. 484-85.

Thibaudet's article is entitled "Poètes: Mme de Noailles,

Fernand Fleuret, et quelques autres." He comments: "Laissons de côté
Paul Valéry, qui n'écrira plus de vers, mais qui en réédite dans tous
les formats et à tous les prix." As for the "poésie pure" debate,
Thibaudet writes:
"Au lieu de prendre parti pour tel ou tel poète, on a pris
parti pour telle ou telle idée de la poésie. Ce que la poésie perdait, la philosophie et la critique le gagnaient. Mauvais signe."

1286. Levaillant, Maurice: "Lectures françaises (quelques revues)," Le Figaro, supplément littéraire, 2 avril 1927, ⸤M⸥. ⸤VRY Ms. 993, I, 184-85⸥

Levaillant comments on P.V.'s article on Mallarmé in the Revue de Paris for 1 April. (This is the "Lettre sur Mallarmé" which prefaced J. Royère's Mallarmé.) Levaillant writes: "Car il ne paraît pas possible de mieux justifier les prestiges du mystère que l'auteur de Charmes, lorsqu'il se penche avec une vénération inquiète sur les vers d'Hérodiade ou de l'Après-midi d'un faune."

1287. Thibaudet, Albert: "Anatole France devant Valéry," Les Nouvelles littéraires, 6e année, no. 233 (2 avril 1927), p. 1. ⸤VRY Ms. 993, I, 183-84⸥

Thibaudet mentions the bad relations which had existed between A. France and Mallarmé, but he does not allude specifically to the "Affaire du Parnasse." He points out that P.V.'s speech at the Academy must take into account France's treatment of Mallarmé. Although he practically predicts the content of P.V.'s "discours de remerciement," this article was generally neglected by the critics of P.V.'s famous speech.
Talvart erroneously dated this article 7 April in his Fiche..., 7e année, 1928, no. 16.

1288. Anon.: "Revue des revues," Les Nouvelles littéraires, 6e année, no. 233 (2 avril 1927), p. 8. ⸤VRY Ms. 993, I, 184 & VRY Ms. 999, VII, 208⸥

Quotes from P.V.'s "Lettre sur Mallarmé" in the Revue de Paris.

1289. Montigny, Jean de: "Philosophie politique," La Renaissance politique, littéraire, artistique, 2 avril 1927, ⸤M⸥. ⸤VRY Ms. 993, I, 188⸥

M. de Montigny, a "Député de la Sarthe," heartily approves of P.V.'s "Notes sur la grandeur et la décadence de l'Europe."
"M. Paul Valéry ne prononce point le nom de la Société des Nations, mais ses notes, qu'il l'ait souhaité ou non, constituent en faveur de celle-ci le plus irréfutable plaidoyer, et démontrent qu'elle est la seule chance de salut qui reste à l'Europe."
Compare L. Daudet's reaction to P.V.'s "Notes..." in ₍1263₎.

1290. ₍Anon.₎: "Le Costume académique," Cri de Paris, 3 avril 1927, ₍M₎. ₍VRY Ms. 993, I, 186₎

"Le costume dans lequel M. Paul Valéry sera reçu à l'Académie française promet d'être du dernier galant. ... L'accueil qui l'attend est d'un intérêt primordial. Car la question du costume académique est à l'ordre du jour."
The rest of the article is written in the same burlesque style.

1291. Bach, S.: "Les Avenues de l'esprit--deux heures avec Paul Valéry," La Petite Gironde, ₍Bordeaux₎, no. 19,989 (3 avril 1927), p. 1. ₍VRY Ms. 993, I, 186-87 & VRY Ms. 748₎

There is little in this interview that one cannot find in Lefèvre's Entretiens avec Paul Valéry. One statement attributed to P.V. is worth retaining:
"--Je suis d'une autre génération, hélas! que celle de nos jeunes romanciers catholiques, et ne donne pas davantage dans le panneu germanique, slave ou scandinave de 'l'inconscient'. Je crois qu'il faut se garder, en musique comme en littérature et en poésie, de ces idoles indistinctes et de ces ombres que l'on prend trop aisément pour des sortes de divinités intérieures, et qui ne sont peut-être que l'obscure conscience de nos activités organiques. Il n'a sans doute jamais été réalisé de création plus haute et plus belle que l'esprit, l'esprit tout court, tel que l'entendaient Descartes et Spinoza."
Les Nouvelles littéraires reprinted this paragraph on 23 July.

1292. ₍Anon.₎: "Les Beaux Livres--un Stendhal de M. Paul Valéry," Gazette de Lausanne, 4 avril 1927, ₍M₎. ₍VRY Ms. 993, I, 196₎

A review of P.V.'s Essai sur Stendhal published in Geneva by Kundig. The writer demonstrates an excellent grasp of P.V.'s critical method: "Chez un écrivain, c'est moins son oeuvre que les procédés mentaux qui lui ont permis de l'écrire qui l'attirent. Et il distingue si nettement ce mécanisme d'autrui qu'il le peut décrire dans une langue inimitable, à la fois cristal et acier.//Ainsi son Stendhal."

1293. Les Méridiens: "Cahiers Valéry," Paris-Midi, 4 avril 1927, ₍M₎. ₍VRY Ms. 993, I, 185₎

Announces A. Levinson's Paul Valéry philosophe de la danse ₍1166₎:
"C'est un joli livret, une étude subtile et un guide précieux dans ce 'dédale sans issue inondé de lumière' qu'est tout écrit de Paul Valéry."
The writers list other volumes to be published in the collection "Les Cahiers Valéry." (Cf. ₍1087₎.)

1294. ₍Anon.₎: "Eupalinos ou l'égoutier," Aux écoutes, 9 avril 1927, ₍M₎. ₍VRY Ms. 993, I, 186₎

The following is reported as a statement P.V. made to Paul Souday after a day at the Bibliothèque Nationale.
"Je suis bien embêté, lui dit M. Paul Valéry qui aime à parler argot, je suis empoisonné, c'est le cas de le dire. Vous souvenez-vous, cher ami, que pour un de mes essais j'avais choisi le nom d'un architecte grec, Eupalinos. C'était un nom sonore, mais j'ignorais quels travaux avait commis cet architexte. Eh bien, mon cher, il est célèbre pour avoir construit des égouts et uniquement des égouts. Pourvu que Doumic, qui ne m'aime pas, n'apprenne pas ce détail. Il serait capable de demander à Hanotaux de lâcher quelque plaisanterie dans son discours de réception...."
The anecdote smacks of the apocryphal. Moreover, The Encyclopaedia Britannica, 11th ed., vol. IX, 891, gave the following description of P.V.'s architect:
"EUPALINUS, of Megara, a Greek architect, who constructed for the tyrant Polycrates of Samos a remarkable tunnel to bring water to the city, passing under a hill. This aqueduct still exists, and is one of the most remarkable constructions in Greece (see AQUEDUCT: Greek)."

1295. Petitot, Paul: "Les Fleurs du Mal," L'Etincelle, ₍Valenciennes?₎, 9 avril 1927, ₍M₎. ₍VRY Ms. 994, II, 2₎

M. Petitot praises P.V.'s essay, "Situation de Baudelaire," which prefaced the Payot edition of Les Fleurs du Mal. (Monod was unsure where this newspaper was published.)

1296. Central 32-65: "A Paris et ailleurs--les manuscrits," Les Nouvelles littéraires, 6e année, no. 234 (9 avril 1927), p. 2. ⌐VRY Ms. 993, I, 191⌐

This note states that the Chambre des Députés may soon discuss the question of the ownership of manuscripts.
"Deux écrivains éminents ne viennent-ils pas d'être contraints à racheter des manuscrits signés de leurs noms qui allaient passer en vente publique? Et quels manuscrits! Les Croix de Bois de Ronald Dorgelès et les lettres de Paul Valéry adressées à Henri Albert à propos de son ouvrage sur Nietzsche...."
This appears to be the same incident related by J. Botrot in ⌐1239⌐.

1297. Charensol: "La Critique des livres--essais," Les Nouvelles littéraires, 6e année, no. 234 (9 avril 1927), p. 3. ⌐VRY Ms. 993, I, 191-92⌐

Charensol reviews Levinson's Paul Valéry philosophe de la danse. He finds Levinson's exegesis unnecessary, for, in his view, "...chez M. Valéry, le thème est ce qui compte le moins, car la pensée tire son aliment de sa propre substance et néglige presque complètement...la réalité objective." This is the point of view adopted by most critics of P.V.'s essays, but it does not constitute a refutation of Levinson's argument.

1298. Hazard, Paul: "Une Heure avec Frédéric Lefèvre," Les Nouvelles littéraires, 6e année, no. 234 (9 avril 1927), p. 1. ⌐VRY Ms. 993, I, 191⌐

Paul Hazard awards his stamp of approval to F. Lefèvre's interviewing technique and methods, which had come under heavy fire from J. Boulenger and A. Rouveyre in 1926. On 29 November 1924 Lefèvre had called M. Hazard "l'inventeur de la littérature comparée." In this article Hazard returns the compliment, praising highly the Entretiens avec Paul Valéry.

1299. Lubin, Georges: "Paul Valéry--IV," Journal du département de l'Indre, ⌐Châteauroux⌐, 10 avril 1927, ⌐M⌐. ⌐VRY Ms.993, I, 198⌐

Lubin gives the explication of "Les Grenades" which he had promised on 20 March. He relies heavily on phonetics and the play of alliteration for his interpretation, which is satisfactory and resembles many others. He cites P.V.'s "Lettre sur Mallarmé" and recommends it to his readers. He concluded this series of articles in ⌐1320⌐.

1300. Anon.: "Paul Valéry," <u>L'Eclair</u>, Montpellier, 46e année, no. 18,048 (mardi 12 avril 1927), p. 3. ⌐VRY Ms. 993, I, 187⌐

A brief article describing P.V.'s Academic sword. The writer adds that in a book entitled <u>Volontés de l'art moderne</u> P.V. "...est loué d'avoir opposé à l'arbitraire romantique du surréalisme la réaction et la contrainte d'un art discipliné et rigoureux." It is of course pure anachronism to regard P.V. or his work as reacting against surrealism.

1301. Rousseaux, André: "Un Quart d'heure avec M. Edouard Champion," <u>Candide</u>, 14 avril 1927, ⌐M⌐. ⌐VRY Ms. 993, I, 192⌐

Contains nothing of value. M. Champion comments on the rapidity with which P.V. composed his "Notes sur la grandeur et la décadence de l'Europe." Champion published the essay as a separate volume in 1927.

1302. Souday, Paul: "Les Livres," <u>Le Temps</u>, 14 avril 1927, p. 3. ⌐VRY Ms. 993, I, 187⌐

Souday reviews the edition of the Teste cycle published by G. Rigal and prefaced by R. Lalou ⌐1157⌐.
"Je vous ai souvent parlé de ce personnage destiné à devenir proverbial ⌐Souday might have written: <u>mythique</u>⌐, comme type d'intellectualisme absolu et d'idéalisme radicalement dédaigneux des réalisations. Sans doute il n'est que virtuellement réel: dans la pratique, l'horreur de s'exprimer et de produire n'est que provisoire ou exceptionnelle chez les hommes vraiment supérieurs, comme le prouve l'exemple de Paul Valéry, qui a été lui-même M. Teste, mais seulement pendant une période de sa vie, et non pas jusqu'au bout, heureusement! Son héros, c'est une limite géométrique. ... Edgar Poë eût envié M. Teste à Paul Valéry."
Souday is clearly trying to set the record straight, to eliminate elements of the myth of P.V.-Teste from his considerations. On other occasions, however, and usually in an attempt to combat a "heretical" interpretation of P.V.'s work, Souday had used the myth freely and had contributed to its spread.

1303. Crémieux, Benjamin: "Les Livres," <u>Les Annales</u>, LXXXVIII, no. 2284 (15 avril 1927), 385. ⸢VRY Pr. 4 in 4⸥

Crémieux quotes from P.V.'s "Lettre sur Mallarmé." The passage concerns the influence of one writer on another.

1304. Les Annalistes: "Le Courrier littéraire," Les Annales, LXXXVIII, no. 2284 (15 avril 1927), 387. ⸢VRY Pr. 4 in 4⸥

The Annalistes quote P.V. indirectly to the effect that: "La T.S.F. tuera la littérature."

1305. Huisman, Georges: ⸢article sur Rapprochement franco-allemand⸥, L'Ere nouvelle, 15 avril 1927, ⸢M⸥. ⸢VRY Ms. 993, I, 176⸥

Huisman quotes from "Notes sur la grandeur et la décadence de l'Europe." He adds: "A la paix-expédient, forcément provisoire, il faut substituer la paix solide qui serait conclue entre les pensées françaises et allemandes ou mieux, comme nous le conseille cet académicien pacifiste ⸢P.V.⸥, entre les arrière-pensées!" P.V.'s essay, doubtless because of his current popularity, had a considerable impact on critical opinion in France.

1306. Hirsch, Charles-Henry: "Les Revues," Mercure de France, CXCV (15 avril 1927), 455.

The Revue des vivants for March had printed a number of articles on the general topic "Le Rapprochement franco-allemand," one of which was P.V.'s "Notes...". Hirsch considers that "Une brève et lapidaire phrase de M. Paul Valéry résume en somme l'opinion générale://'La paix est une victoire virtuelle, muette, continue, des forces possibles contre les convoitises probables.'//Et c'est encore lui, le poète, qui montre le plus de clairvoyance, disant: 'Rien n'a été plus ruiné par la dernière guerre que la prévention de prévoir.'"

1307. Vandérem, Fernand: "Les Lettres et la vie," Revue de France, VII, no. 2 (15 avril 1927), 731-52.

Vandérem's criticism of Mme de Noailles's L'Honneur de souffrir includes this astonishing statement: "Sa poésie tourne de plus en plus à la psychologie. ... Et ses sombres et sobres atours reflètent à la fois le deuil et comme un arrière-souci de M. Paul Valéry" (p. 750).

If Vandérem means to imply that one can find an influence of P.V. on Mme de Noailles, this is surely one of the most improbable claims he ever made.

1308. Daudet, Léon: "Les Plaisirs du confusionnisme—à propos de Paul Valéry," L'Action française, 16 avril 1927, ᴄMᴐ. ᴄVRY Ms. 993, I, 195ᴐ

Daudet gives his reasons for his recent attacks on P.V. They were directed principally against P.V.'s anti-historicism and specifically against the "Notes sur la grandeur et la décadence de l'Europe," which Daudet considered as aimed to "discréditer le terme de nationalisme, issu de celui de nation, comme vide de contenu." Daudet calls the "Notes..." "le bobard à la mode" and capable of convincing only "un sot ou un Boche." He terms P.V. "le cher garçon, devenu académicien." The criticism is quite violent; proof, no doubt, that P.V. had struck a blow against some of the most cherished ideas of L'Action française. Daudet concludes: "J'aime mieux Valéry poète que Valéry penseur. Et vous?..." See ᴄ1313ᴐ.

1309. ᴄLevaillant, Mauriceᴐ: "Lectures françaises (quelques revues)," Le Figaro, supplément littéraire, 16 avril 1927, ᴄMᴐ. ᴄVRY Ms. 993, I, 193ᴐ

A favorable commentary on P.V.'s "Stendhal: A propos de Lucien Leuwen," which had appeared in the Revue bleue for 2 April.

1310. Louÿs, Pierre: "Mallarmé et André Gide," Les Nouvelles littéraires, 6e année, no. 235 (16 avril 1927), p. 1. ᴄVRY Ms. 993, I, 192ᴐ

A reprint of ᴄ1278ᴐ.

1311. Avril, Georges: "Le Poète sur la colline," L'Eclaireur de Nice et du sud-est, Nice, 17 avril 1927, ᴄMᴐ. ᴄVRY Ms. 993, I, 200-1ᴐ

Five columns of anecdotes concerning a luncheon at the home of Gabriel Hanotaux at which P.V. and the journalist were present. P.V. reportedly affirmed that "de ce discours ᴄde remerciement à l'Académieᴐ, rien n'existe." In the course of conversation P.V. is also said to have remarked, on hearing the name of Anatole France: "Qui donc vient de prononcer le nom de France? Vous? Ah! merci, madame. Je n'aurais pas

commencé les hostilités."
   Certain comments related by M. Avril indicate that in 1927 P.V. and Hanotaux had already conceived the idea of the Centre Universitaire Méditerranéen de Nice.

   1312. Royère, Jean: in "Courrier des lettres," Les Alguazils, Le Figaro, 102e année, no. 109 (mardi 19 avril 1927), p. 4.

   Royère writes concerning P.V.'s preface to his own book on Mallarmé.
   "La lettre-préface sur Mallarmé, de Paul Valéry, est une page magistrale et à coup sûr un chef-d'oeuvre de ce grand écrivain. Il y étudie Mallarmé sous l'angle individuel, cherchant surtout à définir l'influence que Mallarmé eut sur la formation de son esprit à lui Valéry. C'est une étude sur Valéry par Valéry, à l'occasion de Mallarmé. Je me réjouis que mon livre lui en ait fourni l'occasion, car c'est une page supérieure. C'est le Discours de la Méthode de Paul Valéry."
   Royère is quite right in his analysis of P.V.'s brief essay on Mallarmé. His comments could be extended to cover all of P.V.'s essays on other writers, particularly Baudelaire and Stendhal.
   Reprinted in Chronique des lettres françaises, V, no. 27.

   1313. Daudet, Léon: [title lacking], L'Action française, 20 avril 1927, [M]. [VRY Ms. 993, I, 195]

   "Nous sommes loin des molles considérations 'européennes' de Valéry, trop visiblement inspirées par le déplorable vasouillage [sic] de Locarno et des locarniens.... La pensée, d'ailleurs subtile, de Valéry se meut dans ces régions de l'alternative où chacun peut trouver à boire et à manger, et qui prêtent trop aisément au confusionnisme mental." (Cf. [1308].)

   1314. Avril, Georges: "Entretien avec Paul Valéry," Gazette de Monaco, 20 avril 1927, [M]. [VRY Ms. 994, II, 1]

   Avril relates some of the same anecdotes as on 17 April, but omits the more interesting ones. See [1311].

   1315. Souday, Paul: "Autre Soirée avec M. Teste," Candide, 21 avril 1927, [M]. [VRY Ms. 993, I, 197]

This is Souday's second review of the Teste cycle published by G. Rigal ˹1157˼. (Cf. ˹1302˼.) He adds here an amusing "biography" of Teste, concluding: "C'est un avant-goût de l'absolu, auquel aspire M. Teste, que sa propre pensée importune sans doute comme trop consciente, trop réelle encore, et dans lequel s'intégrera un jour la pensée définitivement pure." Reprinted as the final chapter of <u>Paul Valéry</u> ˹1189˼.

1316. Anon.: "A Paris et ailleurs...," <u>Les Nouvelles littéraires</u>, 6e année, no. 236 (23 avril 1927), p. 2.

It seems that a friend of the writer, passing through one of the larger cities in southern France in which Valery Larbaud had just completed a successful speaking engagement, heard the rector of the university declare: "Nous avons assisté à un véritable régal littéraire. M. Paul Valery-Larbaud a fait l'autre jour une conférence exquise...//<u>Et nunc ˹reges, intelligite;˼ erudimini ˹, qui judicatis terram˼</u>!" This paragraph was aptly entitle "Les deux Valéry." The Latin quotation is borrowed from Bossuet who used it as the text of his funeral oration for Henriette d'Angleterre.

1317. Daniel-Rops, ˹Henry˼: "Défense de l'histoire," <u>Aux écoutes</u>..., 24 avril 1927, ˹M˼. ˹VRY Ms. 993, I, 199˼

Daniel-Rops supports P.V.'s "Notes sur la grandeur et la décadence de l'Europe." He states that "...les arguments de M. Paul Valéry sont irréfutables, il faut l'avouer. Il est vrai qu'elle ˹l'histoire˼ engendre de faux souvenirs, qu'elle fait rêver les peuples, qu'elle les conduit au délire des grandeurs ou de la persécution. Pourtant, en revanche, que de charmes!" Daniel-Rops is quick to point out that his defense of history's charms (his example is Frederick II's rewriting German history) is purely nostalgic and is not to be taken seriously. His article may be considered a refutation of L. Daudet's recent attacks on P.V.'s "Notes...".

1318. Liégeois, J.: "Causerie littéraire--Analecta ex mss. Pauli Valerii," <u>Neptune</u>, Anvers, 24 avril 1927, ˹M˼. ˹VRY Ms. 994, II, 2˼

A sensitive review of P.V.'s <u>Analecta</u>, of which Liégeois writes: "...ce sont des aubes qui font deviner de très belles matinées lumineuses quoique cependant, un brouillard tamise toujours l'idée-clarté de ce penseur poète, philosophe et essayiste. En un mot, de cet esprit supérieur de notre siècle."

1319. Taillis, Hélène du: "Autour de deux fauteuils--les qualités du parfait candidat," L'Oeuvre, 24 avril 1927, ⌐M⌐. ⌐VRY Ms. 993, I, 187⌐

Mme du Taillis claims that if no successor has yet been elected to the chair of R. Boylesve at the Academy, the reason is that P.V. has procrastinated in completing his "discours de remerciement."

1320. Lubin, Georges: "Paul Valéry--IV (fin)," Journal du département de l'Indre, ⌐Châteauroux⌐, 27 avril 1927, ⌐M⌐. ⌐VRY Ms. 993, I, 198⌐

This is the last of a series of five articles devoted to P.V. Lubin makes an interesting comparison between the line "Fait rêver une âme que j'eus" in "Les Grenades" and "Je suis né plusieurs, et je suis mort un seul" in Eupalinos.... His final paragraph on the "poésie pure" debate falls far short of his brilliant analysis on P.V.'s career in ⌐1262⌐.

1321. Derème, Tristan: "De l'origine des grands hommes...," Le Gaulois, 29 avril 1927, ⌐M⌐. ⌐VRY Ms. 993, I, 201⌐

This article contains a complete explanation of the quatrain P.V. wrote for Derème when questioned by the latter about his date of birth. This minor difficulty arose because the Van Bever & Léautaud anthology had given P.V.'s year of birth as 1872. Derème writes:
"Vous ai-je dit que j'avais adressé ce billet au Parnasse, où des facteurs ailés portent encore les lettres aux souriantes déesses qui errent parmi les abeilles ensoleillées://Ce baume, accorde-moi, Muse, que tu distilles,/Et m'arrache aux doutes cuisants:/Comme Homère se plut à naître dans sept villes,/Valéry naquit en deux ans...//Et vous ai-je dit qu'un pneumatique m'apportait aussitôt la réponse du poète, et je vis bien à cette rapidité qu'il ne cesse de communiquer avec ces déesses://Tristan, votre coeur est de bronze!/Je compte plus de jours que de bien ⌐sic⌐ je n'acquis/Depuis le jour où je naquis:/ Trente octobre soixante et onze."
"Bien" is surely a misprint for "biens," the reading given in other printings of the quatrain. See ⌐748⌐.

1322. Anon.: "Académie française," Le Temps, 29 avril 1927,

⸢M⸥. ⸢VRY Ms. 6295⸥

The date of P.V.'s reception at the Academy is set for 16 or, at the latest, 23 June. The latter date proved correct.

1323. Anon.: "Courrier des lettres--Paul Valéry à l'Académie," L'Avenir, 30 avril 1927, ⸢M⸥. ⸢VRY Ms. 5953⸥7.

Reprints P.V.'s "Pour la nuit" from Lectures pour tous for 1 May. P.V.'s "Remerciement à l'électeur," written in 1919, is reprinted from ⸢786⸥.

1324. Anon.: "Ça et là," Le Figaro, 30 avril 1927, ⸢M⸥. ⸢VRY Ms. 994, II, 2⸥

"Le samedi 30 avril, à 9 heures, au cercle du Luxembourg, 61, rue Madame, conférence de Maurice Rouzaud: 'Introduction à l'Oeuvre de Paul Valéry'."

1325. Anon.: "M. Paul Valéry sera reçu le 16 juin sous la Coupole," Le Matin, 30 avril 1927, ⸢M⸥. ⸢VRY Ms. 6295⸥

See ⸢1322⸥.

1326. Guilac, H.⸢enri⸥: "La Faune littéraire--de divers appareils enregistreurs," Les Annales, LXXXVIII, no. 2285 (1er mai 1927), 449-50. ⸢VRY Ms. 994, II, 4⸥

Guilac's cartoons accompany an article by G.-A. Masson concerning literary reporting. A cartoon without a caption represents P.V. dictating to Frédéric Lefèvre, who is busily taking notes. A caption would have been superfluous since both men were familiar figures in 1927. The allusion to the Entretiens avec Paul Valéry is obvious.

1327. Jean, René: ⸢title lacking⸥, Comoedia, 3 mai 1927, ⸢M⸥. ⸢VRY Ms. 994, II, 5⸥

René Jean praises a bust of P.V. done by Henri Vallette.

1328. Hermant, Abel: "La Vie à Paris--la plume, la faucille et le marteau," Le Temps, 6 mai 1927, ⌐M¬. ⌐VRY Ms. 994, II, 5⌐

Hermant reflects on P.V.'s statement: "On pense naturellement à supprimer l'homme qui gêne comme on pense à écarter une mouche; à se gratter immédiatement au point cuisant." Hermant concludes: "...le prolétariat intellectuel manquerait de conséquence, si, pour établir sa dictature, il hésitait à retrancher du nombre des vivants tous les intellectuels bourgeois." One might note in passing that P.V. was treated no more harshly in L'Humanité than in L'Action française.

1329. Anon.: "Pour les sourds-muets," Le Temps, 6 mai 1927, ⌐M¬. ⌐VRY Ms. 994, II, 4⌐

This note concerns a charity ball for the benefit of deaf mutes for which P.V. had promised a "brochure que l'imprimeur Coulouma s'est spontanément offert d'imprimer à l'occasion du bal que Voix et Lumière donne le 31 mai à l'Union interalliée...."

1330. Martin du Gard, Maurice: "La Comtesse de Noailles-- l'honneur de souffrir," Les Nouvelles littéraires, 6e année, no. 238 (7 mai 1927), p. 1.

Martin du Gard imagines the defense of a doctoral thesis on Mme de Noailles in the year 2000 during which one member of the examining committee might say: "'La Pythie n'est pas mon fort', gémit un rationaliste qui aime les calembours presque autant que Paul Valéry." The imaginary thesis is accepted despite this minor objection.

1331. Dauzats, Ch.⌐arles¬: "Académie française," Le Figaro, 12 mai 1927, ⌐M¬. ⌐VRY Ms. 629⌐

"La réception sous la Coupole de M. Paul Valéry par M. Gabriel Hanotaux a été fixée hier irrévocablement au jeudi 23 juin."

1332. P.⌐aul¬ S.⌐ouday¬: "Notes sur Huysmans," Le Temps, 16 mai 1927, p. 1.

Souday mentions that P.V. contributed to the recent special number of Le Divan devoted to Huysmans.

1333. Treich, Léon: "L'Abbé Trublet et l'Académie française," Candide, 19 mai 1927, ⌐M⌐. ⌐VRY Ms. 629₅⌐

"Quel rapport entre l'abbé Trublet ⌐at first the protégé, then the bitter enemy of Voltaire⌐, M. Abel Hermant et M. Paul Valéry? Oh! bien lointain! Comme M. Abel Hermant, l'abbé Trublet dut se présenter une dizaine de fois à l'Académie avant d'y être élu; comme M. Paul Valéry, il mit quelque mauvaise grâce à faire son discours et, le faisant enfin, il trouva encore le moyen de bouder son prédécesseur en n'en parlant point."

This is the second accurate prediction of what P.V. would do in his "Discours de remerciement." See Thibaudet in ⌐1287⌐.

1334. Souday, Paul: "Les Livres," Le Temps, 19 mai 1927, p. 3.

Souday announces a study of Descartes by P.V. He must have had in mind the "Fragment d'un Descartes" and "Le Retour de Hollande" which were both reprinted in Maîtres et amis in 1927.

1335. Dauzats, Ch.⌐arles⌐: "Académie française," Le Figaro, 20 mai 1927, ⌐M⌐. ⌐VRY Ms. 629₅⌐

"M. Gabriel Hanotaux tient le discours de réception de M. Paul Valéry, et il écrit sa réponse au successeur d'Anatole France. L'Académie de siégera pas jeudi prochain, jour de l'Ascension; mais, le jeudi suivant, elle nommera une commission qui entendra, en première lecture, le 16 juin, les deux harangues que nous applaudirons le 23 sous la Coupole."

1336. Anon.: "Nécrologie," Les Nouvelles littéraires, 6e année, no. 240 (21 mai 1927), p. 2. ⌐VRY Ms. 994, II, 5⌐

"La mère de M. Paul Valéry vient de mourir à Montpellier."

1337. Anon.: ⌐Nécrologie⌐, Le Temps, 21 mai 1927, ⌐M⌐. ⌐VRY Ms. 994, II, 5⌐

"On nous prie d'annoncer la mort de Mme Valéry de Grassi, décédée à Montpellier le 17 mai, dans sa 95e année. Elle était la mère de M. Jules Valéry, doyen honoraire de la faculté de droit de Montpellier, et de M. Paul Valéry, de l'Académie française."

Mme Rouart-Valéry gives the date of P.V.'s mother's death as 18 May.

1338. Anon.: ⌐réclame pour le Comité Séquana¬, L'Illustration, 28 mai 1927, ⌐M¬. ⌐VRY Ms. 994, II, 4¬

P.V. is included in a composite photograph of the Comité Séquana. See Vautel's article berating the committee in ⌐957¬. (If Monod's identification of this advertisement is correct, it must have been printed on a paper cover which disappeared in binding.)

1339. Martiin ⌐sic¬ du Gard, Maurice: "Opinions et portraits--Fernand Vandérem," Les Nouvelles littéraires, 6e année, no. 241 (28 mai 1927), p. 1.

This article contains an allusion to the important role P.V. played in establishing Vandérem as an influential critic, first at the Revue de Paris, then at the Revue de France.

1340. Thibaudet, Albert: "En revenant d'Espagne--le phénomène gongorin," Les Nouvelles littéraires, 6e année, no. 241 (28 mai 1927), p. 1. ⌐VRY Ms. 994, II, 9¬

Thibaudet cites P.V. on the "rigueur des refus" in Mallarmé's poetry, and adds: "Valéry définit ici le genre qui lui est commun avec Mallarmé. Mais ce genre leur est commun avec Gongora et aussi avec l'auteur de l'Alexandra ⌐Lycophron¬, cette Jeune Parque de l'antiquité." Thibaudet's article demonstrates that comparison of an author with Góngora does not necessarily imply an adverse criticism of the author. Defenders of "la clarté française" frequently used precisely this method to convict P.V. of the heresy of "hermétisme." An excellent article. See:

1341. P.⌐aul¬ S.⌐ouday¬: "A propos de Gongora," Le Temps, 30 mai 1927, p. 1.

"M. Albert Thibaudet, dans un intéressant article des Nouvelles littéraires, compare Gongora, Lycophron, Mallarmé et Valéry. Les analogies ne doivent pas nous dissimuler les différences certaines. ... C'est non seulement par la forme et l'usage de l'ellipse, mais par l'imprévu des rapprochements et la force de la pensée que Mallarmé et Valéry paraissent hermétiques. 'La clef du lycophronisme est dans la mémoire, celle du mallarmisme et du valérysme dans l'intelligence, dit M. Desrousseaux. L'Alexandrin est obscur en surface, les deux autres en profondeur.' Ajoutons que Gongora l'est par scintillement. L'avantage demeure à nos deux contemporains."

Souday's article, despite a note of chauvinism in the last lin⌐ is a valuable commentary on Thibaudet's ⌐1340⌐. I have never seen the study by M. Desrousseaux cited by Souday.

1342. Anon.: "L'Influence d'Edgar Allan Poë sur la France," Chronique des lettres françaises, V, no. 27 (mai-juin 1927), 328.

This is a compte rendu of a compte rendu. The original articl⌐ on Poe's influence in France had been published by C. P. Cambiaire in The Romanic Review. It had been reviewed in ⌐1266⌐. P.V. is quite naturally mentioned as an important contemporary French writer influenced by Poe.

1343. Royère Jean: "Nos numéros spéciaux. Baudelaire," Le Manuscrit autographe, 2e année, no. 9 (mai-juin 1927), pp. 1-3.

"...Baudelaire est un génie quintessentiel, français et humain par excellence, que sa connaissance du coeur, sa clairvoyance dans le domaine moral, tient du miracle, que, frémissant de sensibilité, il est pourtant le poète qui a rétabli l'intelligence dans la poésie, qui lui a rendu sa place prépondérante, et c'est à ce titre surtout que Mallarmé et Paul Valéry sont ses disciples, qu'il est l'esprit le plus équilibré, le plus sagace, le plus exact et le plus puissant des temps modernes et qu'enfin sa poésie est un art suprême, strict, intégral et absolu" (p. 3).

If one compares Royère's statement with P.V.'s in Situation de Baudelaire one discovers that there was considerable divergence in their respective points of view on Baudelaire.

1344. Souday, Paul: "Dialogues critiques," Le Manuscrit autographe, 2e année, no. 9 (mai-juin 1927), pp. 135-40.

Souday replies to Thibaudet's "Lettre à Paul Valéry" in ⌐1279⌐ He points out that Thibaudet wields the sword of criticism as well as anyone, particularly when it is necessary to defend Bergson against the infidels. Souday concludes that "...on ne peut aimer pleinement Valéry, l'intellectualisme fait poète, que contre l'incohérence décadente, l'ignorance infatuée, le mysticisme fluidique ⌐Bremond is of course intended⌐, l'hystérie et--puisque Thibaudet a prononcé le nom--

contre le bergsonisme, qui a été lui-même tant aimé et exploité contre l'intelligence" (p. 139). "Il faut donc aimer ce héros contre les monstres qu'il a vaincus" (p. 140). It is perfectly evident here why Souday was often so willing to use the myth of P.V.-Teste against this menagerie of "bêtes noires." The sincere admiration in these lines is quite extraordinary, and fully corroborates Thibaudet's thesis.

1345. Ravà, Adolfo: "Descartes, Spinoza et la pensée italienne," <u>Bulletin de l'association française de philosophie</u>, XXVII, nos. 2-3 (juin 1927), 36-54. [VRY Pr. 12 in 8]

At the beginning of his communication Prof. Ravà expressed his "vive reconnaissance à la <u>Société française de Philosophie</u> qui a bien voulu [l']inviter à cette séance solennelle [commémoration du deux cent cinquantième anniversaire de la mort de Spinoza--26 février 1927], où dans un milieu merveilleusement riche en souvenirs, et sous la présidence d'un esprit aussi élevé que celui de M. Paul Valéry, on vise à faire dresser devant nos âmes l'image de Spinoza...."
M. Xavier Léon similarly thanked P.V. for presiding over the session. On pages 25-26 one reads a paraphrase of P.V.'s introductory remarks.

1346. Clément-Janin: "L'Amour des livres--Paul Valéry et la bibliophilie," <u>Candide</u>, juin 1927, [M]. [VRY Ms. 994, II, 6]

Clément-Janin describes the circumstances in which two editions of <u>De la diction des vers</u> were published almost simultaneously, raising the question which was the original. His explanation agrees in substance with Vandérem's [1195]. Clément-Janin also relates an anecdote concerning a young Swede who came to Paris to study P.V.'s work and was forced to return home empty-handed, since he could not afford to buy the books he needed. (This anecdote was repeated by A. Bellessort in the <u>Journal des débats</u> for 29 June.) See also:

1347. Clément-Janin: "Doit-on lire les beaux livres?" <u>Candide</u>, juin 1927, [M]. [VRY Ms.994, II, 6]

Commenting on the practice of bibliophiles who do not cut the pages of their original editions, Clément-Janin queries how they are to know "...si l'une des conditions des hauts prix, la pureté du texte, est respectée?" A very good question. He points out that even the edition of <u>L'Ame et la danse</u> published by Le Livre contemporain contained "une [faute] monumentale. La voici://'Qu'il est pur, qu'il est

gracieux, ce petit temple rose et rond qu'elles composent maintenant, et qui <u>tournent</u> ⸢his italics⸣ lentement comme la nuit.' (p. 27)."
    The comments on P.V. and the bibliophiles are all warranted and are made with no ill intent. Similar facts were related with considerable venom by some critics after October 1927.

        1348. Proust, Marcel: ⸢Marcel Proust à Léon-Paul Fargue⸣, <u>Les Feuilles libres</u>, 8e année, nos. 45-46 (juin 1927), pp. 17-18. ⸢VRY <u>Pr.</u> 193 in 8⸣

    This letter from Proust to Fargue was written in 1921 in reply to a volume of poems by Henry J.-M. Levet which Fargue had sent to Proust. Fargue and Valery Larbaud had prefaced the volume with a "Socratic" dialogue. Proust wrote: "...Vos contemporains qui ont le plus de talent (J'excepterai, je crois, Paul Valéry) croient qu'on ne peut écrire un dialogue platonicien sans dire à tout instant 'Mais ô Socrate', 'Sont-ce des choses que tu as prétendues, très cher Phèdre' et il y a de l'ombre au bord d'une rivière" (p. 17).
    As insignificant as his mention of P.V. may be, it demonstrates that Proust had a better knowledge of P.V.'s work than P.V. had of Proust's. P.V. was also mentioned in this "Hommage à Léon-Paul Fargue" by André Beucler, René Guilleré, F. Vandérem, Florent Schmitt, Roger Vitrac, Pierre de Lanux, Luc Durtain and Mario Puccini.

        1349. Anon.: ⸢title lacking⸣, <u>Lectures pour tous</u>, juin 1927, ⸢M⸣. ⸢VRY Ms. 6295⸣

    "Voici le grand mois académique. D'abord la réception de Paul Valéry, le 16 juin." Some journalists were still reporting the wrong date. See ⸢1335⸣.

        1350. Saurat, Denis: "Balzac et les idées," <u>Marsyas</u>, Le Caïlar (Gard), juin 1927, ⸢M⸣. ⸢VRY Ms. 994, II, 10⸣

    Saurat compares Balzac with P.V., Pascal and Proust. He concludes: "...Balzac en sait plus sur les idées que Pascal ou Proust ou Paul Valéry." For clearer statements of Saurat's opinion of P.V. see ⸢645⸣ and ⸢651⸣.

        1351. Planhol, René de: ⸢title unknown⸣, <u>La Nouvelle lanterne</u>, ⸢juin (?) 1927⸣ ⸢X⸣.

Quoted in ₍1373₎, q.v.

1352. Thibaudet, Albert: "Réflexions sur la littérature--le quartier des philosophes," NRF, XXVIII, no. 165 (juin 1927), 797-804.

Thibaudet considers P.V. as critic.
"J'imagine qu'une critique de philosophe rajeunirait ainsi notre intelligence de la littérature en pensant des mondes là où la critique classique pensait des ouvriers d'art qui travaillent comme le démiurge du Timée sur les modèles éternels des genres, et où la critique de XIXe siècle a pensé des hommes qui vivent en société. Nous possédons d'ailleurs un échantillon non approximatif, mais paradoxalement intégral, de cette critique. C'est le Léonard de Valéry. De Léonard Valéry a ôté délibérément tout ce qui était le Léonard homme pour ne retenir que ce qui faisait le Léonard monde. L'influence de Valéry sur les poètes est assez visible. J'aperçois déjà une influence de M. Teste sur les romanciers. Une influence du Léonard sur nos jeunes critiques philosophes ne pourrait-elle être raisonnablement souhaitée? En tout cas ils ne perdront rien à le lire une fois de plus" (pp. 801-2).
Thibaudet's suggestion has been followed. Of course his own Paul Valéry ₍276₎ was already a step in this direction. It was Maurice Bémol, however, who first attempted a systematic "critique valéryenne." (See his La Méthode critique de Paul Valéry, nouveau tirage, 1960.)

1353. Noulet, E. ₍milie₎: "Paul Valéry et la philosophie," Le Flambeau, Bruxelles, 10e année, no. 6 (1er juin 1927), pp. 195-208. ₍VRY Pr. 472 in 8₎

In both the "Table des matières" and the "Table des auteurs" the author's name is incorrectly given as Eugénie Noulet. The greater part of this article concerns the influence of Bergson on P.V. Mme Noulet chooses to ignore P.V.'s statement, published by Lefèvre ₍862₎, that he was unfamiliar with Bergson's work. She also wonders why, in his Paul Valéry, Thibaudet did not mention the possible influence of the Essai sur les données immédiates de la conscience, 1889. Mme Noulet points out a number of interesting similarities between P.V.'s published work and Bergson's thought, but in no case does she provide proof that P.V. took his notions from Bergson. She none the less concludes: "Mais il est hors de doute qu'il ₍P.V.₎ ait lu et retenu l'Essai sur les Données immédiates de la Conscience. Ce livre a été pour lui une excitation merveilleuse où il a puisé à ₍la₎ fois des suggestions nouvelles, des modes d'expression inconnus et des formes originales" (p. 207). It must be stated to Mme Noulet's credit that when she reprinted this article in her Paul Valéry ⸤1175⸥ she deleted completely this unfounded conclusion.

In comparing P.V.'s "MOI pur" with Bergson's real or free self Mme Noulet was hampered by the fact that she used as her source on the "MOI pur" the "Note et digressions" of 1919. As Mrs. J. Robinson has pointed out (L'Analyse de la conscience dans les Cahiers de Valéry, Corti, 1963), P.V.'s notion of the "MOI pur" was not perfected until 1920 at the earliest. The original "Note et digressions" is quite misleading in this respect. Mrs. Robinson proves, I believe, that in its final version as expressed in the Cahiers P.V.'s concept of the "MOI pur" bears little resemblance to Bergson's notion.

See also ⸤1364⸥, an article far more important than this one.

1354. Vandérem, Fernand: "Les Lettres et la vie," Revue de France, VII, no. 3 (1er juin 1927), 546-64.

Vandérem suggests that P.V. is responsible for a renewed interest in "maximes" among Paris publishing houses. "Ajoutez comme propulseur à ce succès celui des carnets intimes, que sous le titre de Rhumbs, M. Paul Valéry a livrés à l'impression et qui contiennent, parmi des remarques d'une forme toujours distinguée, un certain nombre de remarques neuves. Et vous comprendrez qu'il n'en fallait pas plus pour attirer vers le genre nos grands éditeurs" (p. 548).

1355. Souday, Paul: "Les Livres," Le Temps, 2 juin 1927, p. 3

In a review of Défense de l'occident by Henri Massis, Souday gives as P.V.'s opinion that the West will not succumb to the East since it is scientifically and technically superior.

1356. Lefèvre, Frédéric: "Une Heure avec André Maurois," Les Nouvelles littéraires, 6e année, no. 242 (4 juin 1927), pp. 1-2. ⸤VRY Ms. 994, II, 11⸥

Lefèvre claims that, with the possible exception of his preface to Les Lettres persanes, P.V.'s preface to Lucien Leuwen is his most substantial work. Maurois is said to have a great admiration for the "naturel" in P.V.'s essay on Stendhal. This is the usual sort of comment on P.V. which Lefèvre regularly worked into his "interviews."

1357. Charles, Gilbert: "Maurras, critique des poètes," La Muse française, VI, no. 6 (10 juin 1927), 428-35. ⸤VRY Pr. 102 in 72⸥

G. Charles comments favorably on Maurras' criticism of P.V. "Ainsi M. Maurras fait-il remarquer que M. Paul Valéry finit par 'recouvrer une grande partie de ce que Mallarmé nous a retranché'" (p. 432). See also:

1358. Farges, Abel: "Echos et notes," La Muse française, VI, no. 6 (10 juin 1927), 461. [VRY Pr. 102 in 12]

Under the heading "L'Hommage de Paul Valéry" Farges explains that P.V. had not contributed an article to this special number in honor of Maurras because he had received the request too late to prepare a contribution. Farges prints a few lines of P.V.'s letter, written in Provence:
"Jamais site plus propre à écrire sur Maurras. Je déplore de ne pouvoir pas composer la page que vous désirez. On n'écrit une page sur Maurras qu'à la manière d'un sonnet."
Farges interprets this regret as "un véritable et précieux hommage."

1359. Maurras, Charles: "Entretiens sur la poésie d'aujourd'hui. Propos de Charles Maurras provoqués et notés par René Lalou," La Muse française, VI, no. 6 (10 juin 1927), 332-45. [VRY Pr. 102 in 12]

In the opinion of Maurras P.V. occupies a central position in the current evolution of French poetry, a place usually denied him by his contemporaries in spite of his recognized genius. This judgement is of course due in part to Maurras' own clearly defined notion of what constitutes the normal development of French poetry, as the following paragraph demonstrates:
"--Je l'avouerai très rondement, Mallarmé a pu supprimer les disparates baudelairiennes; mais à quel prix! Une poésie qui ne nous laisse rien, où les mots divorcent d'avec leur sens, où l'ordre logique cède à un jeu de chatoiement verbal pour l'esprit et pour l'oeil, à peu près comme des étoffes assorties chez une marchande. Certes, plus de transition pesante, plus de lenteur; mais aussi, plus rien! Valéry qui sait ce qu'il fait, a vu à fond cette misère. Aussi quel important progrès sur son maître! La signification est rétablie, l'ordre logique est rétabli; son chant raconte, peint, raisonne. Seulement avec des beautés nouvelles, le risque de la disparate revient; c'est le risque de fusion inégale des matériaux confrontés. Après tout, c'est le risque vital, qui n'a jamais fait reculer les maîtres. Ils l'ont mesuré, bravé, surmonté. Valéry fait comme eux: il est sur la grande route royale" (p. 342).

Note how Maurras' approach differs from that of J. Royère in ⊏1343⊐, although both were considering the work of the same three poets. In La Muse française it was customary, if not de rigueur, to praise P.V. to the detriment of Mallarmé. It is significant also that Maurras held in common with P. Lièvre and A. Droin many suppositions concerning the nature of French poetry, yet he praised what they derided. Maurras read sympathetically and exercised his judgement critically, whereas Lièvre and Droin preferred invective.

1360. Lefèvre, Frédéric: "Une Heure avec M. Georges Clemenceau," Les Nouvelles littéraires, 6e année, no. 243 (11 juin 1927), pp. 1, 4. ⊏VRY Ms. 994, II, 11⊐

The former Président du Conseil held a somewhat lower opinion of P.V. than did Maurras, if indeed this quip can be considered an opinion. Clemenceau replies to Lefèvre's question: "--Et Valéry?" "--Valéry, Valéry?...Je ne connais pas...." Noël Sabord cited Clemenceau's reply in ⊏1386⊐.

1361. Anon.: "Académie française," Le Temps, 11 juin 1927, ⊏M⊐. ⊏VRY Ms. 629₅⊐

At the most recent meeting of the Academy P.V.'s "Discours de remerciement" had been read by a committee delegated for that purpose.

1362. Souday, Paul: "Le Courrier littéraire--auteurs difficiles," Les Annales, LXXXVIII, no. 2288 (15 juin 1927), 603. ⊏VRY Ms. 629₅⊐

Souday writes that P.V.'s election to the Academy "...a fait un extrême plaisir à tous les amateurs de poésie et d'idées...mais il faut avouer qu'elle a surpris ou même scandalisé bien des gens. Nous réentendrons dans les derniers jours de ce mois leur antienne...." G. Lubin had explained on 13 March the reasons for the reaction Souday predicts. The full-scale attack actually began somewhat later than he expected.

1363. Anon.: "Prééminence de Paris," Comoedia, 15 juin 1927, ⊏M⊐. ⊏VRY Ms. 914⊐

Cites P.V.'s preface to Hurlimann's La France, architecture et paysage.

Critiques

Vous critiquez ce que j'ai dit

Mais il n'y a pas une seule phrase dans votre critique qui réponde à aucune de mes propositions.

Vous ne refaites pas mes raisonnements.

Vous qualifiez. Vous me qualifiez. Vous qualifiez mon travail.

~~Vous faites le geste de~~

Ce que vous faites est moralement analogue au geste de jeter, souiller, brûler un objet

Ce n'est point le détruire par ordre ~~Vous~~ et par des pensées.

mais par vos réactions, dont il en est d'inavouables.

— Mais vous ne voyez donc pas que ce n'est rien faire c'est ce ne qu'ait à mettre une, si impuissant devant les meilleurs.

Car les meilleurs lisent la mauvaise humeur et la faiblesse incontinente — qui qualifie et fait des épithètes sous soi.

Il ne faut pas attaquer de conclusions. Marque d'insuffisance. C'est aux prémisses et aux combinaisons qu'il faut s'en prendre.

Les critiques ou les amateurs de mes vers n'ont pas soupçonné que j'assujettis ma poésie à des conditions, et que ces conditions cachées m'interdisent ou bien des effets qu'on me reproche de ne pas trouver et ~~m'imposent des difficultés~~ m'obligent aussi d'imposer au lecteur des difficultés

See ⸢1657⸥

15 juin.
Hier. ma lecture du discours à la Commission et admission à la séance.
chaleur. Je vais au foot. — Canapé rencontré.
Henri Robert. — Besnard
Barthou me déclare va zig l'ordre d'arrestation de Doria
Bertrand gentil. m'abreuve — me dit un petit chef d'œuvre
Courhon me fait [?] cruauté ! pour qu'on ne songe à Moscou
Barthou me fais enlever amour quasi-maternelle
Ensuite introduction séance
Ail fin de Joffre qui finit par me gêner de ce fiscalité.
Bergson.

See c1368

Nmarch 18 7!.
Curieuse visite de Mll Noulet.
Reproches qu'elle me fait [?] de me laisser dévorer par les choses du monde
Récit du monde de jeune fille qui a eu lieu à Pontjuy.

See c1364

1364. Noulet, Emilie: "Paul Valéry," Mercure de France, CXCVI (15 juin 1927), 513-51. ⌐VRY Pr. 391 in 12⌐

An article of capital importance. Mme Noulet was the first critic to consider systematically P.V.'s preoccupation with the workings of the human mind. She then proceeded to demonstrate the presence of this preoccupation throughout P.V.'s works, L'Introduction à la méthode de Léonard de Vinci, La Soirée avec Monsieur Teste, the dialogues and Analecta. The same approach seems occasionally to have led Mme Noulet to speak of the "subject" of a poem--as she does in La Jeune Parque--and to adopt excessive rigidity in her interpretation. When considering Charmes Mme Noulet stressed the thematic unity of the volume, which she traced to P.V.'s preoccupation with the mind. "La courbe que dessine la suite de ces poèmes se trace donc aisément. Charmes apparaît comme l'histoire du poème, ou l'histoire de l'énergie créatrice dès le moment où elle se lève jusqu'à celui où elle épanouit sa 'profusion'. Cette courbe s'apparente à la ligne générale de la pensée valéryenne en ce qu'elle rend conscient un travail obscur" (p. 544). J. R. Lawler has discussed the merits of Mme Noulet's view of the "architecture" of Charmes in Lecture de Valéry, P.U.F., 1963. Reprinted in ⌐1174⌐ and ⌐1175⌐.

1365. Souday, Paul: "Les Livres," Le Temps, 16 juin 1927, p. 3. ⌐VRY Ms. 994, II, 12-13 & VRY Ms. 629₅⌐

Souday devotes three-quarters of his weekly column to reviews of books by and about P.V.: P.V.'s Quatre Lettres au sujet de Nietzsche, F. Porché's Paul Valéry et la poésie pure ⌐870⌐, and the recent books by A. Levinson ⌐1766⌐ and R. Fernandat ⌐1147⌐. Souday writes of Fernandat's Paul Valéry--essai: "Certaines hérésies de son auteur affligent naturellement M. l'abbé Fernandat. Je compatis à sa peine, et n'y vois pas de remède." Those readers familiar with Souday's religious views could not have missed the malice in this statement.

1366. Anon.: "Académie française--les prix littéraires," L'Action française, 17 juin 1927, ⌐M⌐. ⌐VRY Ms. 629₅⌐

Le Temps for 18 June ⌐1372⌐ gave identical information.

1367. Valbelle, Roger: ⌐title unknown⌐, Excelsior, ⌐1927⌐, ⌐X⌐.

Quoted in an anonymous article in the Journal des débats:

1368. Anon.: "M. Paul Valéry et Anatole France," Journal des débats, 17 juin 1927, ₅M₃. ₅VRY Ms. 629₅₃

P.V. is said to have replied to R. Valbelle concerning his "Discours de remerciement":
"J'ai cependant voulu faire un portrait psychologique d'Anatole France ₅d'₃après un tableau de la littérature telle que je l'ai vue vers 1890, 91, 92, avec la lutte entre ses diverses écoles. C'est à cette époque que je l'entrevois, alors qu'il apporte, avec sa tournure d'esprit et sa grande culture, les éléments de la littérature classique du dix-huitième siècle et du dix-septième. Sur les esprits de ma génération, il n'a pas eu toute l'influence qu'il a prise ensuite, et il a été assez sévère pour quelques écrivains qui marchaient à la tête du multiple mouvement littéraire et pour les jeunes gens qui les suivaient."
This subtle allusion to the "Affaire du Parnasse" went completely unnoticed in the discussion which surrounded P.V.'s "discours." It is of course Mallarmé whom P.V. had in mind but chose not to name in this statement.

1369. Anon.: "Les Grands Prix de l'Académie française," L'Oeuvre, 17 juin 1927, ₅M₃. ₅VRY Ms. 629₅₃

A note identical to ₅1372₃.

1370. Beaufils, Edouard: "Paul Valéry et ses confrères au ministère de la guerre," Le Figaro, supplément littéraire, 18, 25 juin et 2 juillet 1927, ₅M₃. ₅VRY Ms. 994, II, 18-22 & VRY Ms. 629₅₃

On 28 June Beaufils mentions P.V. only in the first paragraph. He relates P.V.'s career at the War Ministry on 25 June and on 2 July he concludes his series with this rather maudlin plea:
"...souvenez-vous pieusement, et non sans quelque regret, de vos camarades d'autrefois, non pas seulement de ceux qui font des livres, mais encore et surtout des autres qui, beaucoup plus nombreux, savent à peine qu'il y a un autre métier que le leur...."
P.V.'s name was certainly placed in the title merely to attract readers. The series is much more interesting in terms of the other writers mentioned. A. Farges reviewed the first two installments in ₅1358₃; H. Talvart listed the series in Fiche, 7e année, 1928, no. 16.

1371. Brousson, Jean-Jacques: "L'Académie et les journalistes," Les Nouvelles littéraires, 6e année, no. 244 (18 juin 1927), p. 3.

₍VRY Ms. 629₅₎

"L'intronisation de M. Paul Valéry, dans l'immortalité, sera sensationnelle. Déjà, le poète fait cent francs sur le marché des 'têtes à huile'. Et pour peu que la girouette de la Coupole s'obstine à annoncer la pluie, il atteindra aisément le double. Les 'têtes à huile', vous le savez, ce sont ces gagne-petit, ces citoyens de bonne volonté, qui ne font aucun métier, et qui les pratiquent tous. ... Ils font la queue pour les snobs, aux portes immortelles de la chapelle Mazarine, les jours de grandes absoutes." Reprinted in ₍1482₎.

1372. Anon.: "Académie française," Le Temps, 18 juin 1927, p. 2. ₍VRY Ms. 629₅₎

"M. Paul Valéry, élu en remplacement de M. Anatole France, et qui sera reçu jeudi prochain, donne lecture devant la commission, constituée à cet effet la semaine dernière, de son discours de réception, et M. Gabriel Hanotaux de sa préponse ₍sic₎ après quoi le récipiendaire 'est admis aux honneurs de la séance'. ...
MM. Georges Lecomte, Albert Besnard, Louis Bertrand et le duc de La Force--les quatre derniers 'reçus'--sont invités à constituer la délégation, en habit, chargée d'assister à la réception de M. Paul Valéry. (Ce dernier a choisi pour l'assister en qualité de parrains MM. Jules Cambon et Henri de Régnier.)"
This same message was printed by several other Paris newspapers.

1373. Anon.: ₍title lacking₎, L'Intransigeant, 20 juin 1927, ₍M₎. ₍VRY Ms. 994, II, 4₎

R. de Planhol is said to have written in La Nouvelle Lanterne:
"Paul Valéry: versificateur intelligent et parcimonieux..., un des fruits les plus rares du snobisme contemporain...."
P. Souday replied in the columns of Les Annales for 15 June ₍1362₎:
"Vous ne comprenez pas Valéry, ni Mallarmé, ni Claudel? C'est convenu. On n'aurait pas osé vous le dire, mais puisque vous tenez à nous le faire savoir, on vous en donne acte.
Où vous abusez, c'est lorsque vous en concluez qu'il est impossible de les comprendre."
Typical Souday.

1374. Anon.: "M. Paul Valéry sera reçu jeudi sous la coupole,"

Excelsior, 21 juin 1927, ⌐M⌐. ⌐VRY Ms. 629₅⌐

    Excelsior prints a photograph of P.V. in his "habit d'Académicien" with this explanation: "C'est après-demain jeudi, on le sait, que sera reçu, sous la Coupole, M. Paul Valéry, qui fut élu, au cours du mois de novembre 1925, au fauteuil d'Anatole France."

    1375. Truc, Gonzague: "Paul Valéry et sa philosophie mécanique," Comoedia, 22 juin 1927, ⌐M⌐. ⌐VRY Ms. 629₅⌐

    Truc's brief article must have been read with great interest since it was frequently quoted by other critics and appears in several bibliographies. Truc wishes to portray P.V. as an uncompromising mechanist, a perfect "intellectuel" (a term which for religious reasons he opposes to "spirituel"). He comments aptly on a favorite argument used by R. Fernandat ⌐1147⌐: "Je ne crois pas, en effet, que M. Paul Valéry...ait éprouvé si intensément l'angoisse de ne pas savoir et ait tenté de s'en délivrer en fixant l'histoire mouvante de l'At⌐h⌐ikté. Il poursuit, et non sans une sérénité un peu froide, cette étude de la mobilité ou de la combinaison des apparences qu'il avait commencée avec Léonard de Vinci; il passe, à son tour⌐,⌐ aux réalisations. ...//M. Paul Valéry reste 'intellectuel' et limité par son intelligence aiguë. Il use d'une langue d'un métal pur et précieux: encore une fois, c'est un grand homme. C'est aussi un homme moderne. Il subordonne l'inconnu au connu, le mystère à la science. Il se trompe, plus finement que Renan et comme Renan. Il estime que l'Etre premier et dernier n'est pas encore, et peu à peu s'élève, selon la perfection des techniques. Ni platonicien, ni même alexandrin et plutôt...cartésien...."
    Truc appears to have combined the myths of P.V.-Teste and P.V.-"mystique sans Dieu" in order to demonstrate the superiority of the "spirituel" over the "intellectuel." He shares a common intention--demonstration of the religious void in P.V.'s work--with Bremond, Daniel-Rops, Fernandat, Gillet and Sertillanges.

    1376. López-Picó, J. M.: ⌐a quotation from Entre la critique e l'idéal⌐, Le Soir, 22 juin 1927, ⌐M⌐. ⌐VRY Ms. 629₅⌐

    López-Picó was a Catalan critic whose comments on P.V. had originally appeared in Entre la crítica e l'ideal, Barcelona, La Revista, 1923. Le Soir cites the same passage as L. Treich in ⌐476⌐. This lyrical commentary on L'Introduction à la méthode de Léonard de Vinci corresponds to page 39 of the Catalan original. (I have been unable to find a French translation of the book.) Le Soir also printed a bio-bibliography of P.V. and quoted approvingly from P. Lièvre's

Paul Valéry ⌐407⌐.

1377. ⌐Anon.⌐: "Choses académiques," ⌐unidentified clipping, apparently prior to 23 June⌐, ⌐M⌐. ⌐VRY Ms. 629₅⌐

"'Est-ce une tradition qui s'en va?' demande M. André Billy en nous apprenant que plusieurs Immortels, et non des moindres, ne seront jamais loués sous la Coupole. ... Mais nous ne pouvons croire que MM. de Porto-Riche et Paul Valéry prendront séance sans parler de leurs prédécesseurs."
It would appear that A. Billy knew in advance that P.V. had no intention of praising A. France.

1378. Tuc, Pierre: "Sur Paul Valéry," L'Action française, 23 juin 1927, ⌐M⌐. ⌐VRY Ms. 629₅⌐

"Et Gérard d'Houville évoque ⌐1382⌐ les temps lointains d'une académie 'drolatique', l'Académie des canaques, dont elle était, avec Paul Valéry et qui avait Marcel Proust comme secrétaire perpétuel...."
Heredia's daughter did not clarify what role, if any, P.V. played in this Academy. See her open letter in Le Figaro.

1379. J.-A. L.: "Cette Après-midi l'Académie recevra Paul Valéry," L'Avenir, 23 juin 1927, ⌐M⌐. ⌐VRY Ms. 629₅⌐

"Le bon M. Doumic, le courtois M. Régnier ⌐the secretary of the Academy; not H. de Régnier⌐ peuvent se frotter les mains; ils ont placé sans peine M. Paul Valéry à tant de lecteurs, au moins tant d'admirateurs...trois fois plus de cartes qu'ils ne sauraient mettre sous le sourire d'Elisabeth, même en les serrant, même en disposant des places de la famille (M. Paul Valéry est, chacun sait ça, célibataire). Non, il n'y a pas de place pour tout le monde."
P.V.'s family must have appreciated the news that he was a bachelor. J.-A. L. related the same anecdote concerning the "têtes d'huile" as did J.-J. Brousson in ⌐1371⌐. According to J.-A. L. the "têtes d'huile" (Brousson preferred to write "têtes à huile") have sold places in line at the entrance to the "chapelle Mazarine" since the time of Richelieu. The price of a place in line had risen from 100 francs on 18 June to 150 on the evening of 22 June, and promised to soar before the doors opened for the ceremony during which P.V. was to be seated.

1380. Bauër, Gérard: "M. Paul Valéry au fauteuil d'Anatole France," L'Echo de Paris, 23 juin 1927, ⌐M⌐. ⌐VRY Ms. 629₅⌐

Bauër compares the clarity of A. France's work with the density of P.V.'s. He foresees the possibility that P.V.'s speech may be "frigide dans sa loyauté." Noted by Talvart, Fiche..., 7e année, 1928, no. 16.

1381. Mauclair, Camille: "Mallarmé et Valéry," L'Eclaireur de Nice et du sud-est, Nice, 23 juin 1927, ⌐M⌐. ⌐VRY Ms. 629₅⌐

Mauclair offers a sensitive interpretation of the real significance of P.V.'s election to the Academy. One may suppose that P.V. had something like this in mind as he rose to address the Academy:
"⌐Mallarmé⌐ est mort incompris, sans Académie, sans le moindre bout de ruban, dans la gêne, avec tous les plus sots échotiers à ses trousses, consolé seulement par la fidélité d'une élite alors aussi injuriée que lui-même...."
Mauclair points out that the literary atmosphere had changed greatly in France during the almost twenty-nine years since Mallarmé's death.
"Valéry sait tout cela. Valéry ne dépend de son maître que par l'affection. Il ne l'a pas imité. Il a apporté tout autre chose. Mais il a hérité de son attitude morale et de sa méthode, et le temps a travaillé en sa faveur. Le stoïcisme du maître mort a préparé le triomphe du successeur. Valéry à l'Académie, c'est un peu Mallarmé vengé."

1382. Gérard d'Houville: "Chronique du Figaro--lettre à Paul Valéry," Le Figaro, 23 juin 1927, ⌐M⌐. ⌐VRY Ms. 629₅⌐

Mme Gérard d'Houville's critical judgements of P.V. are mediocre, but her recollections of P.V.'s association with her father, Heredia, are of interest. According to her, Heredia "...un des premiers, ... pressentit votre gloire et, lorsque vous publiâtes vos jeunes vers dans la Conque...il fut d'emblée subjugué par vous. Et, de sa belle voix, si sonore et si large, il récitait, ravi, votre Fileuse...."
Gérard d'Houville did not state, as P. Tuc implied ⌐1378⌐, that P.V. had been a member of her mock Academy. Her exact statement was in the form of a query:
"Valéry, vous souvenez-vous de l'Académie des Canaques? Je la fondai avec Marcel Proust qui m'en nomma Reine. Je la fondai irrévé-

[1385]

rencieusement quand José Maria de Heredia se présenta à l'Académie française. Nous étions jeunes et un peu fous, comme il sied. ... Marcel Proust, de cette Académie était, si j'ose dire, une sorte de secrétaire perpétuel. Il combinait les statuts, organisait les séances, improvisait de brèves et drôlatiques harangues."

1383. Gonzague Frick, Louis de: [title lacking], La Griffe, 23 juin 1927, [M]. [V]RY Ms. 629[5]

A malicious comment on P.V.'s reception at the Academy. Gonzague Frick mentions "les sollicitations ornées des sourires les plus appliqués des plus jolies mondaines génuflectant devant la gloire irradiante du nouvel immortel." P.V.'s reception was without a doubt one of the social events of the season.

1384. Guérin, Daniel: "Paul Valéry," La Griffe, 23 juin 1927, [M]. [V]RY Ms. 629[5]

"Le succès de M. Paul Valéry, j'en demande pardon à mon ami Jean-Michel Renaitour, qui dans ce journal même a pris la position contraire, me semble l'honneur de notre temps." (Cf. Renaitour's comments in [493].) Guérin's analysis of P.V.'s work indicates that he understood P.V. less than he admired him. His comments on P.V.'s influence, however, are interesting:
"La leçon de M. Paul Valéry a provoqué chez certains d'entre nous une véritable crise de conscience, dont l'influence persiste. Nous savons que volontairement ou involontairement les plus grands esprits en ont subi l'atteinte. ... Les derniers vers de Mme de Noailles, malgré qu'elle s'en défende, ont été écrits sous le signe de M. Teste."
Vandérem had made a similar claim about P.V. and Mme de Noailles in [1307]. Neither he nor Guérin made an effort to prove their claims. What is significant here is that Guérin places P.V.'s influence "sous le signe de M. Teste."

1385. Anon.: "L'Académie française reçoit aujourd'hui M. Paul Valéry," Paris matinal, 23 juin 1927, [M]. [V]RY Ms. 629[5]

"C'est aujourd'hui, à 3 heures de l'après-midi, que l'Académie Française reçoit en séance publique M. Paul Valéry, élu au fauteuil d'Anatole France."
The ceremony was scheduled for one o'clock, not three. The rest of this article is bio-bibliographical.

1386. Sabord, Noël: "L'Habit vert--M. Paul Valéry est reçu cet après-midi à l'Académie française," <u>Paris-Midi</u>, 23 juin 1927, ⸢M⸣. ⸢VRY Ms. 629₅⸣

More on P.V. and the snobs: "Pour être reçu dans le meilleur monde et bien marier votre fille, il vous suffira de dire: 'J'étais à la réception de M. Paul Valéry.'"

1387. Anon.: "La Réception de M. Paul Valéry," <u>L'Action française</u>, 24 juin 1927, ⸢M⸣. ⸢VRY Ms. 629₅⸣

A <u>compte</u> <u>rendu</u> of the reception including several quotations from P.V.'s speech. The writer of this article obviously approved of P.V.'s treatment of A. France, at least insofar as he understood it.

1388. J.-A. L.: "M. Paul Valéry a été reçu hier par M. Gabriel Hanotaux," <u>L'Avenir</u>, 24 juin 1927, ⸢M⸣. ⸢VRY Ms. 629₅⸣

J.-A. L. found P.V.'s speech difficult to hear, but he apparently heard enough to praise it. "D'ardents applaudissements (un jeune prêtre, au premier rang de la tribune est, se montrait particulièrement enthousiaste) prolongèrent longuement le discours de M. Paul Valéry...." Following this article <u>L'Avenir</u> printed extensive passages of both P.V.'s and Hanotaux's speeches.

1389. S. R.: "Quand l'Académie française reçoit M. Paul Valéry, humaniste," <u>Comoedia</u>, 24 juin 1927, ⸢M⸣. ⸢VRY Ms. 629₅⸣

S. R. gives a detailed description of P.V.'s reception. He quotes from both speeches. In the same number of <u>Comoedia</u> there appeared a text by P.V. entitled "Liens secrets du scepticisme et de l'art classique." Under the circumstances the title immediately calls to mind the art of Anatole France.

1390. Anon.: "Académie française--réception de M. Paul Valéry," <u>La Croix</u>, 24 juin 1927, ⸢M⸣. ⸢VRY Ms. 629₅⸣

The author appears not to have grasped the intent of P.V.'s "Discours de remerciement."

1391. Anon.: "A l'Académie française--M. Paul Valéry est reçu sous la Coupole," <u>Dépêche de Toulouse</u>, 24 juin 1927, ⌐M¬. ⌐VRY Ms. 629₅¬

A <u>compte rendu</u> containing long quotations from P.V.'s speech.

1392. Savarit, C.-M. "A l'Académie française--M. Paul Valéry a été reçu par M. Gabriel Hanotaux," <u>L'Echo de Paris</u>, 24 juin 1927, ⌐M¬. ⌐VRY Ms. 629₅¬

A rather banal <u>compte rendu</u>.

1393. Lafont, Aimé: "Paul Valéry--poète méditerranéen," <u>L'Eclair</u>, Montpellier, 46e année, no. 18,120 (vendredi 24 juin 1927), p. 1. ⌐VRY Ms. 629₅¬

Given the limited space at his disposal, two brief columns, Lafont treats his subject well. He cites both B. Crémieux and V. Larbaud, who had devoted several articles to P.V.'s Mediterranean heritage. Unlike Larbaud, Lafont chooses to stress the intellectual side of P.V.'s work:
"La poésie de Valéry est intellectuelle. On peut même dire que, depuis Lucrèce et Dante, il est le plus grand poète de la connaissance qui ait paru sur les bords de la Méditerranée."
On the same page <u>L'Eclair</u> printed a photograph of P.V. in his "habit d'Académicien." (<u>This</u> is the photograph by Manuel which was frequently printed in the press.) On page 2 appeared long quotations from P.V.'s speech and Hanotaux's reply.

1394. L. L.: "M. Paul Valéry reçu à l'Académie française," <u>Ere nouvelle</u>, 24 juin 1927, ⌐M¬. ⌐VRY Ms. 629₅¬

L. L. appears to have been aware of the hostilities hidden beneath P.V.'s polite but cold treatment of Anatole France. P.V. "...succédait à Anatole France dont la coutume, plus peut-être que le goût ni surtout la sympathie personnelle, lui imposait l'éloge reconnaissant."

1395. Vuillermoz, Emile: "A l'Académie française--la réception sous la Coupole de M. Paul Valéry," <u>Excelsior</u>, 24 juin 1927, p. 1. ⌐VRY Ms. 629₅¬

Vuillermoz felt the malice in P.V.'s "Discours de remerciement" and was unhappy about it.

"Le nouvel académicien n'ignore pas cependant qu'il est ici le représentant attitré du modernisme, l'ambassadeur des lettres de la jeune France. ... Il est le député des écrivains de la génération d'après-guerre. Il tient à ce titre. Il sépare nettement sa cause de celle de ses aînés et il a adopté résolument le procédé de rajeunissement le plus efficace et le plus à la mode aujourd'hui: parler légèrement et irrévérencieusement d'Anatole France."

This quotation is ample demonstration that Vuillermoz was totally ignorant of the nature of P.V.'s quarrel with A. France. He has in fact confused two very different literary generations. It is clear that Vuillermoz identified P.V.'s attitude with that of Breton and the other surrealists. He apparently knew nothing of the "Affaire du Parnasse."

1396. Dauzats, Ch.[arles]: "M. Paul Valéry a pris séance hier à l'Académie," Le Figaro, 24 juin 1927, pp. 1-2. [VRY Ms. 629₅]

A long article composed largely of quotations from P.V.'s and Hanotaux's speeches. "A consulter" according to H. Talvart in Fiche..., 7e année, 1928, no. 16.

1397. Olive-Villard: "La Potinière--Paul Valéry et Anatole France," La France de Bordeaux, 24 (?) juin 1927, [M]. [VRY Ms. 629₅]

Olive-Villard is a staunch defender of "la clarté française" and is not about to forgive P.V. his shoddy treatment of A. France.

"Qu'on ne l'ait donc pas enterré selon les formes, sous la Coupole, il s'en serait facilement consolé. Son âme si claire, si limpide, si harmonieusement française, se serait même très probablement réjouie de ne pas passer par les mains d'un fossoyeur tel que celui que la conjuration de l'obscurité, du snobisme et de la sottise lui a donné."

1398. Dubreuil, Adrien: "A l'Académie française--M. Gabriel Hanotaux reçoit M. Paul Valéry," Le Gaulois, 24 juin 1927, [M]. [VRY Ms. 629₅]

Consists largely of quotations from the two speeches. See:

1399. Lécuyer, Raymond: "La Réception de M. Paul Valéry," Le Gaulois, 24 juin 1927, [M]. [VRY Ms. 629₅]

Lécuyer notes that P.V. had omitted France's name from his

"Discours de remerciement" but he does not demonstrate that he knew why P.V. had done so: "...aussi bien est-ce la première fois que dans l'enceinte académique est exécuté cet amusant et singulier tour de passe-passe. ... Il y a là une innovation trop piquante pour qu'on ne s'attarde pas un peu à la signaler. ... Vraiment Anatole France, hier, pour la seconde fois, fut enterré." Noted by Talvart, Fiche..., 7e année, 1928, no. 16.

1400. Radon, Emile: "Successeur d'Anatole France à l'Académie M. Paul Valéry y a été reçu hier par M. Gabriel Hanotaux," L'Homme libre, 24 juin 1927, [M]. [VRY Ms. 629₅]

In apparent innocence Radon wrote of P.V.'s "Discours de remerciement": "Ce fut, en réalité, une magnifique page d'histoire littéraire, et l'assistance particulièrement brillante qui se pressait sur les bancs apprécia le vrai régal qui lui était offert."

1401. Anon.: "L'Académie reçoit Valéry, 'auteur difficile'," L'Humanité, 24 juin 1927, [M]. [VRY Ms. 629₅]

Certainly one of the most amusing and entertaining reviews of P.V.'s reception. L'Humanité cites Clemenceau's phlegmatic comment on P.V. [1360], and rather begrudgingly accords considerable merit to P.V.:
"Il y remplace Anatole France, et quoi que nous pensions de Valéry, écrivain bourgeois, il n'en reste pas moins que l'auteur de 'La soirée avec M. Teste' possède une vigueur philosophique et une originalité...que sont bien loin de pouvoir comprendre MM. Baudrillart, Joffre ou Hanotaux."
Perhaps someone should attempt to trace the influence of Teste on the P.C.F.

1402. Anon.: "La Réception de M. Paul Valéry à l'Académie française," L'Information financière, 24 juin 1927, [M]. [VRY Ms. 629₅]

Cites a passage of the "Discours de remerciement" in which P.V. spoke of the "illusion délicieuse de la clarté" in France's work. There is no critical comment.

1403. Vieuille, René: "M. Paul Valéry est reçu à l'Académie française," L'Intransigeant, 24 juin 1927, [M]. [VRY Ms. 629₅]

An intelligent résumé of the two speeches. Vieuille relates that Heredia had intended to propose P.V. for a post in Hanotaux's cabinet when the latter was Minister of Foreign Affairs. This, like the project that P.V. become Brunetière's secretary, never materialized. Vieuille reflects that it was all for the best, for had P.V. assumed a diplomatic post he would surely not have been in 1927 a member of the French Academy.

1404. Waleffe, Maurice de: "M. Paul Valéry est reçu à l'Académie par M. Gabriel Hanotaux," Le Journal, 24 juin 1927, [M]. [VRY Ms. 629₅]

Waleffe published a rather different article in Paris-Midi the following day [1441]. Here he quotes:
"Paul Valéry n'était pas un inconnu pour les jeunes revues littéraires, mais il l'était prodigieusement pour l'académique Revue des Deux-Mondes, qui n'avait jamais imprimé son nom avant son élection. Cet incognito m'a paru subsister hier parmi les gens de mon âge qui entraient sous la coupole...."
If Souday saw this article, he most certainly applauded it.

1405. Hanotaux, Gabriel: "Réponse [au discours de Paul Valéry]," Journal des débats, 24 juin 1927, pp. 4-5.

See Le Temps [1422], which also printed the integral text of Hanotaux's speech. The same number of the Débats contained a brief note describing the procedure of the ceremonies on 23 June.

1406. Kemp, Robert: "Paul Valéry est reçu aujourd'hui à l'Académie," La Liberté, 24 juin 1927, [M]. [VRY Ms. 629₅]

Kemp's article is exceptionally good. He cites a letter P.V. had written him:
"La littérature a été pour moi un mode d'activité que j'ai pris, que j'ai laissé, que j'ai repris, selon les circonstances extérieures; mais toujours comme exercice, ou expérience, ou nécessité. Jamais comme objet essentiel de mon esprit. C'est le travail qui m'intéresse en elle, et la qualité de ce travail. Mais non le résultat. Les analyses, les tâtonnements qu'il exige, les artifices, les combinaisons qu'il suggère, voilà mon bénéfice net quand j'écris, mon acquisition véritable. C'est vous dire que je ne puis être excessivement ému par les contestations dont mes ouvrages sont l'objet. Ils ne sont que les structures mortes qu'un être vivant a créées et qu'il

a habitées pendant quelque temps."

P.V.'s statement resembles many others he made both publicly and privately. What seems extraordinary at the present time is that many critics insisted that P.V.'s attitude was mere pose, a particularly disdainful form of conceit.

1407. Anon.: "M. Paul Valéry a pris hier séance à l'Académie française," Le Matin, 24 juin 1927, ₅M₃. ₅VRY Ms. 629₅₃

Of no particular interest.

1408. Taillis, Hélène du: "M. Paul Valéry, héritier du fauteuil d'Anatole France, est reçu par M. Hanotaux," L'Oeuvre, 24 juin 1927, ₅M₃. ₅VRY Ms. 629₅₃

Mme du Taillis always wrote as though she had a score to even with P.V., and his "Discours de remerciement" gave her another excellent opportunity. She is at least as hard on P.V. here as he himself had been on Anatole France the preceding day.

1409. Anon.: "Carnet des lettres--l'académie des canaques," ₅L'Oeuvre, 24 juin 1927₃, ₅M₃. ₅VRY Ms. 629₅₃

An echo of Gérard d'Houville's open letter to P.V. ₅1382₃.

1410. Laubreaux, Alain: "M. Paul Valéry admis au fauteuil d'Anatole France est reçu sous la Coupole par M. Gabriel Hanotaux," Paris matinal, 24 juin 1927, ₅M₃. ₅VRY Ms. 629₅₃

A very good article which describes P.V.'s reception in minute detail. Laubreaux quotes several passages from P.V.'s speech.

1411. Anon.: "M. Paul Valéry est reçu cet après-midi sous la coupole par M. Hanotaux," Paris-Soir, 24 juin 1927, ₅M₃. ₅VRY Ms. 629₅₃

The writer calls P.V.'s speech "ce discours subtil, raffiné, mais que les admirateurs de France n'approuveront peut-être pas sans réserves."
A marvelous exercise in understatement.

1412. Anon.: "Paul Valéry a été reçu sous la Coupole," La

Patrie, 24 juin 1927, ⌐M⌐. ⌐VRY Ms. 629₅⌐

    A drawing of P.V. by J. Prunière accompanied this article. The writer quoted Clemenceau's reply to Lefèvre in ⌐1360⌐. On page 4 La Patrie printed a brief compte rendu entitled "Réception à l'Académie--le discours de M. Paul Valéry." Two paragraphs of P.V.'s text are cited.
    Identical articles, plus the Prunière drawing, appeared in La Presse the same day.

    1413. Anon.: "A l'Académie française--réception de M. Paul Valéry," Le Petit Dauphinois, ⌐Grenoble⌐, 24 juin 1927, ⌐M⌐. ⌐VRY Ms. 629₅⌐

    Undistinguished.

    1414. P. L.: "M. Paul Valéry est reçu par M. Gabriel Hanotaux," Le Petit Journal, 24 juin 1927, ⌐M⌐. ⌐VRY Ms. 629₅⌐

    P. L. quotes from both P.V.'s and Hanotaux's speeches.

    1415. Anon.: "Parmi les Immortels--M. Paul Valéry a pris séance à l'Académie française," Le Petit Méridional, ⌐Marseille⌐, 24 juin 1927, p. 1. ⌐VRY Ms. 629₅⌐

    "Le nouvel académicien a rappelé, dans son discours, comment le symbolisme vit le jour et a rendu un juste hommage à son illustre prédécesseur Anatole France."
    This writer either missed the point, or he had written the article before P.V. delivered his speech.

    1416. Anon.: "M. Paul Valéry reçu sous la Coupole par M. Gabriel Hanotaux," Le Petit Parisien, 24 juin 1927, ⌐M⌐. ⌐VRY Ms. 629₅⌐

    "...loué...."

    1417. Anon.: "M. Paul Valéry a été reçu hier à l'Académie française par M. Hanotaux," Le Peuple, 24 juin 1927, ⌐M⌐. ⌐VRY Ms. 629₅⌐

    "...éloge...."

1418. Anon.: "M. Paul Valéry reçu sous la Coupole fait l'éloge d'Anatole France," Le Quotidien, 24 juin 1927, ⌐M¬. ⌐VRY Ms. 629₅¬

Undistinguished.

1419. Maldidier, Marthe: "L'Académie française accueille M. Paul Valéry," Le Rappel, 24 juin 1927, ⌐M¬. ⌐VRY Ms. 629₅¬

"Ce matin, en lisant le compte rendu de la réception d'hier sous la Coupole, quelques millions de Français ne manqueront pas de tiquer, tout comme le vieux Tigre ⌐Clemenceau in Les Nouvelles littéraires for 11 June¬://--Valéry?...kekseksa?//'Ça, nous a dit M. Gabriel Hanotaux, c'est un poète, un grand poète, et--pour un peu--le seul poète de notre génération.'"
On the same page appeared selections from both P.V.'s and Hanotaux's speeches beneath the title "La Cérémonie sous la Coupole." Le Rappel at least made a serious effort to acquaint its readers with the mysterious new member of the Academy.

1420. Anon.: "Sous la Coupole--M. Hanotaux reçoit M. Paul Valéry," Le Soir, 24 juin 1927, ⌐M¬. ⌐VRY Ms. 629₅¬

Contains a biographical sketch of P.V. and selections from both speeches.

1421. Dorsenne, Jean: ⌐in a publisher's advertisement¬, Le Temps, 24 juin 1927, p. 7. ⌐VRY Ms. 629₅¬

According to the advertisement the following was originally printed in L'Art vivant:
"Ces pages sont présentées avec un goût parfait, sous une couverture rappelant l'aspect des vieux portulans. On ne peut dire cette fois que le dessinateur trahit l'écrivain. Pour beaucoup, le talent d'acquafortiste de Paul Valéry sera une révélation, et ce beau livre deviendra une rareté."
The advertisement publicizes the new printing of Rhumbs by Editions Excelsior.

1422. Hanotaux, Gabriel: "Réponse de M....," Le Temps, 24 juin 1927, pp. 4-5. ⌐VRY Ms. 629₅¬

Hanotaux's was not an enviable task; although the text of his

speech, printed here in toto, proves his good intentions, it proves as
well that Hanotaux was quite incapable of understanding P.V. Beginning
with the now famous "Monsieur, Vous êtes un auteur difficile," Hanotaux stumbles on, groping for that clarity which--as every Academician
knows--a great French author must possess. After strangely misquoting
the title of "la Conversation [sic] avec M. Teste," he returns to his
theme: "Teste est dur à lire, monsieur, et cette touchante Emilie,
elle-même, n'est pas des plus faciles." In conclusion Hanotaux calls
P.V. "...le poète des musiques inentendues, l'écrivain impeccable et
secret, le philosophe aux clartés profondes."

      1423. P.[aul] S.[ouday]: "Autres Rhumbs," Le Temps, 24 juin
1927, p. 1. [VRY Ms. 629$_5$]

"La réception académique de M. Paul Valéry prendra fin à l'heure
où paraîtront ces lignes. Mais voici un nouvel ouvrage dont M. Gabriel
Hanotaux ne parlera probablement pas, car il est sorti hier soir, et
l'on aura tout juste le temps de le lire avant de se rendre à l'Institut."
      After considering the passages on irony in Autres Rhumbs, Sou-
day concludes with the suggestion that they constitute "l'apologie im-
plicite pour l'ironiste Anatole France." P.V.'s speech slighting France
appeared on pages 3-4 of this number, an irony unforeseen by Souday.

      1424. Anon.: "Académie française--réception de M. Paul Valéry,"
Le Temps, 24 juin 1927, p. 8. [VRY Ms. 629$_5$]

"L'Académie française a reçu cet après-midi, avec le cérémonial
d'usage, M. Paul Valéry, élu membre de la Compagnie, en remplacement de
M. Anatole France.
      A 14 heures, le récipiendaire, portant l'uniforme d'académicien,
a fait son entrée dans la salle des séances entre ses deux parrains: M.
Jules Cambon et M. Henri de Régnier.
      La parole lui a été aussitôt donnée pour 'la lecture de son rem-
erciement.' M. Gabriel Hanotaux, chargé de répondre au nom de l'Académie
et qui, au bureau, occupait la place de directeur entre M. Henri-Robert,
chancelier, et M. René Doumic, secrétaire perpétuel, a lu ensuite son
discours."
      This account of the proceedings appeared in several newspapers.
It seems to be a press release from the Academy.

      1425. Anon.: "Un Nouvel Immortel--M. Paul Valéry est reçu à
l'Académie française," La Victoire, 24 juin 1927, [M]. [VRY Ms. 629$_5$]

A brief note with a photograph of P.V. in ceremonial uniform.

1426. Ottavi, Octave: "Sous la Coupole--M. Gabriel Hanotaux a reçu M. Paul Valéry," La Volonté, 24 juin 1927, [M]. [VRY Ms. 629₅]

Ottavi sincerely admired P.V.'s "discours de remerciement":
"Un mot encore: Anatole France aurait savouré complètement le morceau d'anthologie lu hier sous la Coupole et des hauteurs où il doit trôner il a dû recevoir avec gratitude cette péroraison...."
It would indeed be to France's credit if he were able to savor the treatment he received in P.V.'s speech.

1427. Hanotaux, Gabriel: "Réponse de M....," La Croix, 25 juin 1927, p. 4. [VRY Ms. 629₅]

"Nous extrayons de la réponse de M. Gabriel Hanotaux tout ce qui a trait à la vie et à l'oeuvre de M. Paul Valéry." See [1422].

1428. Anon.: "Autour d'un fauteuil," Cri de Paris, 25 juin 1927, [M]. [VRY Ms. 629₅]

The author relates the circumstances of P.V.'s one meeting with A. France on 3 January 1923. He states that it was Natalie Clifford Barney who introduced the two men. P.V. himself wrote that they had an interesting conversation about Racine.

1429. Anon.: "Mélancolie," Cri de Paris, 25 juin 1927, [M]. [VRY Ms. 994, II, 5]

After 24 June anecdotes of varying degrees of verisimilitude were the favorite means of profiting from P.V.'s current notoriety. This one was reprinted verbatim, with the variant "Effets" for "Effet" in the last line, in [1464].
"Le statuaire Paul Niclause voulait faire le buste de M. Paul Valéry.
--Vous n'y arriverez pas, lui dit le poète. Des artistes ont essayé bien des fois. Ma physionomie est trop mobile. Cela n'a jamais rien donné.
M. Niclause y parvint tout de même. Il réussit à fixer la physionomie de son modèle dans la matière inerte.
M. Valéry regarda son buste avec un plaisir mélangé de mélancolie.
Effet de l'âge, murmura-t-il."

1430. Ponsot, Georges: "La Politique--une recrue inattendue," Ere nouvelle, 25 juin 1927, ⸤M⸥. ⸤VRY Ms. 629₅⸥

P.V.'s "discours de remerciement" is given as a model of "éreintement" from which politicians could profit. A certain Henri de Kerillis had, according to Ponsot, written a political article hostile to Pierre-Etienne Flandrin. Ponsot offers this good counsel: "Henri de Kerillis, nourrissez votre esprit de la substantielle nourriture cachée sous la Préface d'Euréka. De la suite de M. Valéry soyez. Imitez son exemple. Vous donnez dans la trivialité. Vous prenez à partie Pierre-Etienne Flandrin. Vous écrivez son nom et ses prénoms. M. Paul Valéry a-t-il prononcé celui d'Anatole France dans son discours à l'Académie? Non point. Il ne fit pas à l'auteur de la Révolte des Anges, dont il devait, suivant la règle, vanter les mérites, l'honneur de citer même son prénom. Mieux, il ne désigna aucun de ses ouvrages. Voilà le bien parler, Henri de Kerillis. Voilà la charmante tradition de la vieille France."

1431. Gillouin, René: "Le Courrier de Paris--les lettres," L'Europe nouvelle, 10e année, no. 489 (25 juin 1927), pp. 839-40. ⸤VRY Ms. 994, II, 14 bis & VRY Ms. 629₅⸥

In "Paul Valéry à l'Académie française" Gillouin states that P.V. "...aura eu la bonne fortune, imprévue et surprenante, d'ouvrir, le premier et jusqu'ici le seul, l'accès de la métaphysique à la poésie française" (p. 839). A dubious judgement which, for that matter, Thibaudet had made much more eloquently in 1923. Concerning "poésie pure" Gillouin refers his readers to his own Esquisses littéraires et morales ⸤858⸥. He is on firm ground, however, when he concludes: "...c'est dans la recherche de la poésie même par les voies d'une technique de plus en plus précise et de plus en plus sûre que Valéry a poursuivi l'essence de la poésie, et si l'éternelle Galatée continue à fuir parmi les saules, du moins, l'a-t-il approchée de plus près qu'il n'avait été donné avant lui à aucun mortel" (p. 840). Quoted by F. Baumal in L'Europe centrale ⸤1515⸥.

1432. Anon.: "M. Paul Valéry à l'Académie française," L'Illustration, 85e année, no. 4399 (25 juin 1927), p. 654. ⸤VRY Pr. 179 in 4⸥

The article is unimportant but lists the following "pour s'engager sur la voie valérienne": Lefèvre's Entretiens avec Paul Valéry; Souday's article in Le Temps for 16 June; Levinson's Paul Valéry philosophe de la danse; F. Porché's Paul Valéry et la poésie pure; and Fernandat's Paul Valéry, essai.

J. Hytier (Pléiade, II, 1672) dates the article 26 June and attributes it to Albéric Cahuet.

1433. Anon.: "Nos Echos--on dit que...," L'Intransigeant, 25 juin 1927, [M]. [VRY Ms. 629$_5$]

Contains only a few anecdotes concerning P.V.'s reception at the French Academy.

1434. Narsy, Raoul: "Réception de M. Paul Valéry à l'Académie française," Journal des débats, 25 juin 1927, p. 1. [VRY Ms. 629$_5$]

Narsy apparently missed the significance of P.V.'s speech. His article is largely a paraphrase of P.V. and Hanotaux.

1435. Hanotaux, Gabriel: "Réponse au discours de réception à l'Académie française de Paul Valéry," Journal Officiel, 25 juin 1927, [M]. [VRY Ms. 629$_5$]

This is the official government printing of the integral text of Hanotaux's speech, which had already appeared in the Journal des débats and in Le Temps for 24 June; selected passages had been printed by many other newspapers on 24-25 June.

1436. Anon.: [title lacking], Le Matin, Anvers, 25 juin 1927, [M]. [VRY Ms. 629$_5$]

A compte rendu of P.V.'s reception in which the writer mentions the passage of his speech in which P.V. pointed out the importance of Mme de Caillavet for A. France's career.

1437. Central 32-65: "A Paris et ailleurs...," Les Nouvelles littéraires, 6e année, no. 245 (25 juin 1927), p. 2.

Two anecdotes concerning P.V. The first is the already well-known account of the composition of L'Introduction à la méthode de Léonard de Vinci: L. Daudet's introducing P.V. to Mme Adam led to the publication of P.V.'s essay in La Nouvelle Revue. (Cf. [198].)

The second anecdote appears to be printed for the first time here. According to "Central 32-65," when P.V. decided in the 90's to give away his personal library he gave his copy of Baudelaire (presumably Les Fleurs du Mal) to a Russian student named Kessel, the father of Joseph Kessel, who was already a winner of the "Prix du Roman" and is now a member of the French Academy.

1438. Martin du Gard, Maurice: "Paul Valéry à l'Académie," Les Nouvelles littéraires, 6e année, no. 245 (25 juin 1927), p. 1. ⌐VRY Ms. 629₅¬

Martin du Gard explains why, in his opinion, P.V. was elected to the Academy: "...et que signifie ce nom de Valéry si ce n'est un grand air de sobriété française, une perfection perdue, et la plus cruelle réaction contre le phénomène littéraire incarné par Rostand, Claudel, Mme de Noailles, je veux dire: une apologétique du vague."
Even the readers of Les Nouvelles littéraires probably realized that this was a very personal opinion. It is doubtful whether very many members of the Academy voted for P.V. on these grounds. It is indeed curious to see P.V.'s name publicly opposed to those of Claudel and Mme de Noailles, with both of whom P.V. maintained cordial personal relations, sometimes to the chargin of their more zealous partisans. (Cf. ⌐180¬.)

1439. Anon.: "Paul Valéry collaborateur des Nouvelles littéraires," Les Nouvelles littéraires, 6e année, no. 245 (25 juin 1927), p. 2. ⌐VRY Ms. 994, II, 8¬

"En dehors des études sur son oeuvre et des interviews de M. Paul Valéry, les Nouvelles Littéraires ont eu fréquemment l'occasion de publier des articles du poète de Charmes.
Nos lecteurs nous sauront gré de leur rappeler à quelle date ont paru les principaux articles de l'éminent écrivain que l'Académie vient de recevoir:
Stéphane Mallarmé, le 13 octobre 1923; Sur la tombe de Pierre Louys, 13 juin 1925; Huysmans, 2 janvier 1926; Le Souvenir de René Boylesve, 23 janvier 1926; Lucien Loewen ⌐sic¬ de Stendhal, 5 mars 1927."
In the same number, page 9 ⌐VRY Ms. 994, II, 88 bis¬, appeared an advertisement for the publisher Bertrand Guégan with the heading "En souscription... Paul Valéry: Poésie"; the volume was scheduled to appear on 15 September. Another advertisement appeared for J. Royère's Mallarmé prefaced by P.V.
All these notices are tainted with commercialism.

1440. Sabord, Noël: "Les Lettres--le mien et le tien," Paris-

Midi, 25 juin 1927, ⌐M¬. ⌐VRY Ms. 629₅¬

Sabord comments on France's well-known practice of "borrowing" liberally from other writers: "Et M. Paul Valéry qui, comme tous les récipiendaires, a tenu à épuiser en son discours ⌐de remerciement¬ ses dernières malices, désigne en euphémisme délicieux cet art 'de combiner les héritages'." The term was indeed well chosen.

1441. Waleffe, Maurice de: "Les Ecrivains difficiles--de Stéphane Mallarmé à Paul Valéry," Paris-Midi, 25 juin 1927, ⌐M¬. ⌐VRY Ms. 629₅¬

Waleffe recalls the era of Mallarmé, whom he visited at his apartment in the rue de Rome, and the influence Mallarmé had on the literary élite of the day.
"On m'affirme que Paul Valéry bouleverse pareillement la sensibilité de la jeunesse d'aujourd'hui. Hélas! ma sensibilité s'est artério-sclérosée, car elle n'est pas bouleversée. Je n'appartiens donc plus à l'élite."
No one forced him to say so....

1442. Gervaise, Bernard: "Eteignoirs," Paris Soir, 25 juin 1927, ⌐M¬. ⌐VRY Ms. 629₅¬

B. Gervaise makes the same mistake as E. Vuillermoz in ⌐1395¬. He explains P.V.'s omission of France's name in his "discours de remerciement" in terms of the surrealist point of view on France.
"En déposant la moindre fleur de rhétorique sur la tombe de son prédécesseur, M. Paul Valéry eût risqué de se compromettre aux yeux des jeunes générations littéraires. Car il est devenu singulièrement compromettant, aujourd'hui, d'admirer Monsieur Bergeret, classé de façon définitive au rang des pompiers, des vieilles barbes et des faux grands hommes."

1443. Dyssord, Jacques: "Entre nous," La Patrie, 25 juin 1927, ⌐M¬. ⌐VRY Ms. 629₅¬

Dyssord's comments take the form of an imaginary dialogue in which P.V. does not receive very kind treatment. Abbé Bremond, however, comes in for some even harsher words.
"M. l'abbé Bremond parle d'autant mieux de la poésie pure qu'il n'est pas poète.
--Comme un aveugle parle des couleurs."

1444. Martinet, Edouard: "Variations sur un article de Paul Valéry," Revue hebdomadaire, XXXVI, no. 6 (25 juin 1927), 396-406. ⸢VRY Pr. 459 in 12 & VRY Ms. 994, II, 58-60⸣

Martinet's article is quite different from the current reflections on P.V.'s reception at the Academy. Martinet uses as a springboard to his own ideas P.V.'s essay "La Crise de l'esprit" in Variété and the letter on the same subject published by the Revue de France for 15 June 1925. Martinet concerns himself with the problem of the individual whose bent runs counter to the norms of his society. In conclusion Martinet notes:
"Hommes de génie, ou hommes très intelligents, il n'en reste pas moins, s'il faut en croire M. Paul Valéry, qu'on ne peut guère justifier leur subsistance 'que par des phrases'. Quelles sont-elles? Il serait désirable que M. Paul Valéry nous les précise. L'histoire des arts et des sciences y gagnerait un bien curieux chapitre, qu'on pourrait intituler: 'La légende du génie!'" (p. 406).
Noted by Talvart, Fiche..., 7e année, 1928, no. 16.

1445. Souday, Paul: "Académie française--réception de M. Paul Valéry," Le Temps, 25 juin 1927, p. 3. ⸢VRY Ms. 629₅⸣

Souday's two long columns were written in an attempt to defend P.V.'s "discours de remerciement" against the criticisms which were already appearing on all sides.
"Des bruits divers couraient depuis longtemps. On racontait que M. Paul Valéry 'éreinterait' Anatole France. ... Des ennemis avérés de M. Bergeret, qui auraient dû s'en réjouir, criaient d'avance au scandale, étant aussi et tout naturellement ceux de Valéry; car il y a malgré tout une solidarité entre tous les hommes éminents, et les sots le leur font bien voir. ...
Eh bien, non! Paul Valéry n'a pas 'éreinté' Anatole France. ... Il ne l'a pas nommé sans doute, mais il l'a désigné par des formules courtoises.... Après la séance, j'ai demandé à Valéry quelle avait été son idée. Il m'a répondu: 'Une idée de poème à forme fixe'. L'auditoire savait bien qui était le 'Prince' de cet envoi de ballades, et Valéry avait trouvé amusant l'exercice de varier les périphrases."
P.V.'s explanation and Souday's casuistry notwithstanding, P.V.'s "discours de remerciement" will be remembered as an "éreintement" and a singularly successful one.

1446. Bricon, Etienne: "Semaine très parisienne," Le Gaulois, 26 juin 1927, ⸢M⸣. ⸢VRY Ms. 629₅⸣

A very gossipy account of P.V.'s career and his recent reception at the French Academy. Worthless.

1447. Barbusse, Henri: ⌜title lacking⌝, L'Humanité, 26 juin 1927, ⌜M⌝. ⌜VRY Ms. 994, II, 8⌝

Barbusse objects, doubtless for ideological reasons, to the current worry that perhaps the East is about to devour the West.
"M. Paul Valéry a repris l'affaire dans un article qui eut grand succès parmi la clientèle d'élite de ce poète, et qui se terminait par cette conclusion, menaçante de la part d'un prophète si écouté: 'L'Europe deviendra-t-elle ce qu'elle est en réalité, c'est-à-dire un petit cap du continent asiatique?'"
Barbusse quite obviously wanted to allay any fears of a Red peril. At the other extreme of French political thought, L. Daudet had attacked P.V. on 16 April as too "Européen."

1448. Prist, Paul: "La Vie à Paris--une grande séance académique," L'Indépendance belge, ⌜Bruxelles⌝, 26 juin 1927, ⌜M⌝. ⌜VRY Ms. 629₅⌝

"Grande séance, mais un peu mélancolique, parce que, peut-être, d'un académicien trop froid. Et puis aussi parce que l'assistance n'était pas telle peut-être que l'illustre poète eût surtout désiré."
Prist adds:
"La vraie gloire d'un poète, sa vraie immortalité est-ce donc de revêtir l'habit à palmes d'or? Est-ce d'avoir son nom livré au vent qui passe? Est-ce de poser, en pied, pour sa propre statue? Non, c'est de vivre dans l'édition populaire--entendez ce mot par opposition à l'édition de luxe. Et cette gloire-là, hélas! M. Paul Valéry ne la possède pas encore."
This is one of the stupidest accounts that appeared on P.V.'s reception. Compare G. Lubin's treatment of the same problem in ⌜1262⌝.

1449. Duvernois, Henri: "Paris--sous la Coupole," L'Information, 26 juin 1927, ⌜M⌝. ⌜VRY Ms. 629₅⌝

H. Duvernois pleads for a special section to be reserved for journalists at receptions like P.V.'s. In the same number one could read in an anonymous article:
"En ce moment où le romantisme est à la mode⌜?⌝, la séance de l'Académie, hier, fut au contraire une manifestation en faveur du classicisme. M. Paul Valéry y était reçu en remplacement d'Anatole

France; le récipiendaire comme M. Hanotaux qui lui répondait, parlèrent beaucoup d'humanisme et de Racine. Notons qu'aucun des maréchaux académiciens n'assistait à la réception et que M. Paul Valéry, très élégant, était habillé par Jeanne Lenvin ⌐sic¬."

This is the only allusion I have seen to the supposed absence of Foch, Joffre and Lyautey on 23 June. The reader was probably supposed to infer that the Marshals disapproved of the reception. Mere gossip.

1450. Bauër, Gérard: "Lettre de Paris," <u>La Petite Gironde</u>, ⌐Bordeaux¬, 26 juin 1927, ⌐M¬. ⌐VRY Ms. 629₅¬

G. Bauër considers P.V.'s reception as a significant contribution to "une 'grand semaine' ⌐mondaine¬." Bauër's article may well have appeared elsewhere, but Monod apparently overlooked any other printing of it.

1451. Muret, Maurice: "La Vie à Paris--M. Paul Valéry à l'Académie française," <u>Gazette</u> <u>de</u> <u>Lausanne</u>, 27 juin 1927, ⌐M¬. ⌐VRY Ms. 629₅

Muret liked both P.V.'s and Hanotaux's speeches, but he failed to note P.V.'s omission of Anatole France's name. He claimed that: "Le génie de M. Paul Valéry est plutôt viril, mais il reste acquis que sa consécration aura été l'oeuvre des femmes." M. Muret probably underestimated the importance of the press in P.V.'s election to the Academy that certain <u>salons</u> contributed to his successful candidacy is, however incontestable.

1452. Anon.: "Paul Valéry et Anatole France," <u>Journal</u> <u>de</u> <u>Liège</u> 27 juin 1927, ⌐M¬. ⌐VRY Ms. 629₅¬

"M. Paul Valéry, qui occupe à l'Académie française le fauteuil d'Anatole France, a, dans son discours inaugural, magistralement évoqué l'oeuvre de son prédécesseur.
De son discours, extrayons les lignes qui suivent. ..."
The selections are taken from the part of P.V.'s speech which deals directly with A. France.

1453. Anon.: "L'Idéal républicain," <u>Le Temps</u>, 27 juin 1927, p. 1.

A rare comparison of P.V. with Chateaubriand:

[1456]   427

"M. Paul Valéry parlait, l'autre jour, à l'Académie, de l'atmosphère irrespirable où s'étiolent les 'sociétés matérielles' qui voudraient vivre uniquement d'intérêts calculés, de lucres offerts, d'appétits tour à tour excités et satisfaits. Il est intéressant de noter que, par une coïncidence digne de remarque, Chateaubriand s'est servi à peu près des mêmes termes dans le fameux chapitre De la morale des intérêts matériels, qu'il a écrit après avoir assisté, lui aussi, à la curée des places, de 'toutes les places'."

1454. Anon.: "Les Echos," Comoedia, 28 juin 1927, [M]. [VRY Ms. 994, II, 6]

"Autographe.//M. Paul Valéry n'entend point, très justement, que l'on fasse commerce de ses lettres.//Ses autographes n'en sont pas moins en cours.//Quai de Conti, à la devanture de la librairie Ch... est exposé un autographe du nouvel académicien. On y lit://'La littérature est pleine de gens qui ne savent que dire, mais qui sont forts de leur besoin d'écrire.'//Cette critique de la littérature intégrale sous la plume de M. Paul Valéry n'est-elle pas de nature à déconcerter bien des disciples du maître?"
    The quotation should certainly have astonished no one already familiar with P.V.'s rather frequent statements on the subject.

1455. Lefranc, Jean: "Un 'auteur difficile' et un 'poète de l'intelligence'--l'académicien Paul Valéry," Tribune de Genève, 28 juin 1927, [M]. [VRY Ms. 629₅]

    M. Lefranc considers in some detail the power literary salons may have over the career of a writer. He quotes Barrès and Renan in this respect. Although he recognizes that P.V.'s sudden fame owes a good deal to extra-literary considerations he is quick to add that if one may judge by the opinions of poets and "écrivains graves" then P.V.'s fame is certainly justified by their praise of him.

1456. Anon.: "L'Académie, enfin, a reçu un écrivain," Le Canard enchaîné, 29 juin 1927, [M]. [VRY Ms. 629₅]

    Anyone familiar with the caustic humor of the Canard could appreciate the value of such praise as this:
    "Pour une fois l'Académie française a consenti à agréer un écrivain, un penseur qui est un penseur: Paul Valéry a été reçu jeudi dernier.
    Nul plus que lui n'était digne de recueillir la succession du

maître Anatole France, dont il se rapproche à tant d'égards et par le côté lumineux de son oeuvre. Malgré les éloges qu'en a faits le ridicule M. Frédéric Lefèvre, nombreux sont les lecteurs des oeuvres de Valéry. De son dernier volume ⸢Autres Rhumbs⸥, paru tout récemment en librairie, détachons ces quelques 'remarques' qui suffiront à donner une idée de son talent aigu, profond et subtil à ceux qui ne le connaissent point...."

1457. Bellessort, André: "La Vie littéraire--M. Paul Valéry," Journal des débats, 29 juin 1927, p. 3. ⸢VRY Ms. 994, II, 13-14⸥

Bellessort devotes an entire feuilleton to P.V. His introductory paragraphs stress P.V.'s prestige, both in France and abroad. Bellessort's critical judgements, however, draw from elements of the myth which had long since been discredited (which is not to say that they had become any less common).

"...l'impression que me laissent aussi bien ses oeuvres de 1895 que celles d'aujourd'hui...est l'impression d'un écrivain fragmentaire. ... J'ignore si, comme son personnage M. Teste, il a tué la marionnette, c'est-à-dire la sensibilité, mais son intellectualisme absolu, ou qui veut l'être, transforme tout ce qu'il fait en un jeu d'esprit brillant et froid et un peu vain. ... L'obscurité de M. Valéry ne vient que de sa préciosité métaphysique."

Like Droin and Lièvre, who had used these same arguments, Bellessort claims to prefer P.V.'s prose to his verse. Fernandat's Paul Valéry, essai ⸢1147⸥ he calls a dithyramb. H. Talvart listed this article as "à consulter" in Fiche..., 7e année, 1928, no. 16.

1458. Fouchardière, Georges de la: "Hors d'oeuvre," L'Oeuvre, 29 juin 1927, ⸢M⸥. ⸢VRY Ms. 629₅⸥

Fouchardière recalls his school days as a pupil of R. Doumic:
"René Doumic savait déjà qu'il serait académicien, car il était né secrétaire perpétuel de l'Académie. Mais il ne se doutait pas qu'il recevrait sous la Coupole, aujourd'hui, M. Paul Valéry..., demain M. Paul Claudel..., après-demain, M. Jean Giraudoux."
Fouchardière considered this list ridiculous, which goes a long way toward demonstrating the value of his criticism.

1459. Loewel, Pierre: "La Vie littéraire," L'Avenir, 30 juin 1927, ⸢M⸥. ⸢VRY Ms. 629₅⸥

Loewel states, as Souday had done on 25 June, that well in

advance of his reception at the Academy journalists had known that P.V.'s "discours de remerciement" would praise Mallarmé, albeit indirectly, and not A. France. His interpretation of the speech is good:

"Si M. Paul Valéry a tancé son 'illustre prédécesseur' de n'avoir manifesté à l'égard du symbolisme qu'une médiocre compréhension et s'il a tracé avec beaucoup de finesse les Cahiers Généraux des petites écoles littéraires[s], de ces groupes, de ces cénacles 'témoignant d'une vitalité océanique dans les profondeurs de la littérature imminente' et qu'Anatole France avait tort de mépriser, il a eu garde de témoigner de l'irritant dédain qu'on lui prêtait insidieusement. ... Il a dans une forme d'oraison funèbre à la Bossuet, dressé un catafalque, non sur le cercueil, mais sur le sarcophage du défunt. C'est là toute la nuance."

Loewel was also the first critic I have read who commented on P.V.'s allusion to the Dreyfus Affair. Loewel's criticism is well taken:

"...c'est peut-être ce qui caractérise le mieux l'état d'esprit qu'on discerne dans le discours de M. Valéry, comme dans la réponse de M. Hanotaux, et qui paraît trahir on ne sait quelle gêne à l'égard de cet Anatole France, très grand écrivain sans doute, mais, si j'ose tout vous dire, d'un esprit bien néfaste...."

1460. Brousson, Jean-Jacques: "En marge d'un discours académique," <u>Candide</u>, 30 juin 1927, p. 3. [VRY Ms. 629₅]

Brousson claims to have seen a manuscript of P.V.'s speech which was quite illegible but contained marginal notes in the hand of another member of the Academy, whom Brousson does not identify, counseling P.V. to give the traditional "discours de remerciement" regardless of his distaste for A. France. Brousson prints the notes supposedly written by the mysterious colleague of P.V. They are amusing but of no particular value. Moreover, the entire incident appears to be apocryphal.

1461. Rousseaux, André: "Un Quart d'heure avec M. Paul Valéry," <u>Candide</u>, 30 juin 1927, p. 3. [VRY Ms. 629₅]

This is a very valuable interview. P.V. stated quite frankly that his recent success had already had a harmful effect on his work, a result many of his best friends had feared.

"...je commence à craindre que ce débordement de sollicitude à mon égard me fasse gâcher ce que j'aurais pu produire encore. Je me disperse en préfaces, en recueils hâtivement composés. Telles notes que je laisse publier dans la forme où je les ai jetées sur le papier, que n'en aurais-je pas tiré peut-être, si j'avais disposé de temps, de recueillement? Je ne voudrais pas paraître jouer le rôle ridicule du monsieur qui se plaint d'être trop comblé. Tout de même je regrette parfois le temps où personne ne parlait de moi et où je travaillais en silence."

P.V. also clarified the reasons for his quarrel with A. France. This statement should have removed any ambiguity which persisted in the minds of some critics:

"Je n'ai rencontré Anatole France qu'une seule fois. Je ne puis donc pas dire que je l'ai connu personnellement. D'ailleurs, dans le passé, Anatole France n'a pas toujours été très tendre pour les jeunes de mon temps et pour leurs maîtres. Je ne sais pas si je me trompe, mais je crois que c'est lui qui a empêché que L'Aprés-midi d'un Faune fût publiée dans le Parnasse ₅contemporain₃."

H. Mondor has treated the question of P.V., A. France and Mallarmé in L'Affaire du Parnasse, 1951, pp. 25-26. L'Echo de la presse, Nîmes, reprinted this article in toto on 3 July. A résumé appeared under the title "Confidences de M. Paul Valéry" in Chronique des lettres françaises, V (1927), 497.

1462. Le Sénateur Pococurante: "Les Lettres chez la concierge, Candide, 30 juin 1927, ₅M₃. ₅VRY Ms. 994, II, 15 & VRY Ms. 629₅₃

This article was obviously intended to amuse rather than to inform, and it succeeds admirably. The journalist refers to P.V.'s speech as "L'éreintement qu'on attendait":

"C'était aussi joliment dit que finement écrit, et quand ce fut fini, M. Valéry souriait de toutes ses dents, joyeux comme un chat qui a déchiré une dentelle." M. Hanotaux "avait l'air d'un proviseur de province qui fait un discours de distribution de prix....

M. Valéry n'écouta guère M. Hanotaux lui parler de la Jeune Parque. Pendant ce temps, armé de son monocle, il cherchait à reconnaître les personnes de l'assistance. Quand il n'y parvenait pas, il se penchait vers M. Henri de Régnier pour se renseigner, et c'était alors le monocle de M. de Régnier qui se mettait à fouiller la salle. Cependant que M. Hanotaux continuait avec conscience d'analyser des strophes obscures.

M. l'abbé Brémond s'amusait comme une petite folle. ...

A la sortie, une dame s'écriait:

--Je n'ai pas très bien compris tout ce qu'a dit Valéry. Mais c'était bien beau!"

Should anyone care to verify the authenticity of this or other descriptions of the proceedings, there is a film of the ceremony in the Valeryanum. An ugly drawing of P.V. by Tono Salazar accompanied this article.

1463. Anon.: "Ruines," Candide, 30 juin 1927, ₅M₃. ₅VRY Ms.

⌐1466⌐

6295⌐

It is ironic that in the same number with the two preceding articles Candide should have printed: "M. Paul Valéry a dignement loué son prédécesseur sous la Coupole, Anatole France."

1464. Anon.: "L'académicien ne se trouve pas assez vert," La Presse--La Patrie, 30 juin 1927, ⌐M⌐. ⌐VRY Ms. 994, II, 5⌐

Reprinted from ⌐1429⌐.

1465. Souday, Paul: "Les Livres," Le Temps, 30 juin 1927, p. 3. ⌐VRY Ms. 994, II, 16-17 & VRY 4817 in 8⌐

Souday centers his comptes rendus around P.V. and Mallarmé. Writing of P.V.'s preface to Royère's Mallarmé, Souday claims: "C'est un morceau des plus curieux, et d'une haute ironie philosophique, où Valéry montre comment son admiration ardente pour Mallarmé et l'influence qu'il s'enorgueillit d'en avoir reçue l'ont conduit à prendre la position précisément contraire." According to Souday, "Le fluide de l'abbé Bremond existerait, et il ne tiendrait qu'à Valéry d'obtenir la communication, qu'il n'en voudrait à aucun prix."
This extremely rationalist interpretation of P.V.'s view(s) on inspiration is patently false, as W. N. Ince has demonstrated in The Poetic Theory of Paul Valéry (Leicester University Press, 1961). This was probably the weakest point in Souday's criticism of P.V.

1466. Dartigue, Henry: ⌐title lacking⌐, Revue de christianisme social, juillet 1927, p. 690. ⌐VRY Ms. 994, II, 30⌐

"Paul Valéry nous a fait connaître la poésie imaginative; son oeuvre est le dernier terme de notre évolution poétique. Elle exige un peu d'attention et d'effort; elle n'est accessible comme la musique qu'à celui qui la conquiert au prix de quelque peine; mais son obscurité même, ses formes nuageuses, ses allittérations ⌐sic⌐, ses tours ou expressions manquant de netteté n'ont d'autre cause que le souci de 'musicaliser', si j'ose dire, l'oeuvre d'art, ou de la rapprocher de la musique. De même pour Paul Claudel."
M. Dartigue seems to have taken literally some of P.V.'s statements concerning symbolism and music. The final comparison with Claudel reveals a serious misunderstanding of P.V.'s art.

1467. Souday, Paul: "Bêtise et génie," Les Annales, no. 2289 (1er juillet 1927), p. 15. ⸢VRY Pr. 156 in 4 & VRY Ms. 629₅⸣

"Dans la Soirée avec M. Teste, Paul Valéry a peint un original de la plus rare puissance intellectuelle qui s'enferme dans la méditation solitaire et dédaigne les réalisations. Certains en concluent que les écrivains, artistes et savants sont tous des imbéciles, l'individu vraiment supérieur se reconnaissant à ce signe qu'il ne produit rien."

Souday of course concludes that such an opinion is wrongheaded, but he appears to be whipping a dead horse.

1468. Vandérem, Fernand: "La Réception académique de M. Paul Valéry," Les Annales, no. 2289 (1er juillet 1927), pp. 5-6. ⸢VRY Pr. 156 in 4 & VRY Ms. 629₅⸣

Vandérem's article is dated "Jeudi 23 Juin 1927." He states clearly that it was the "Affaire du Parnasse" which prompted P.V.'s attitude in his "discours de remerciement." Still more important is the fact that all the arguments Vandérem would use in his attack on P.V. five months later are implicit here.

"Car sur cette séance dont je sors, pas l'ombre de doute, pas trente-six mots pour la résumer: ç'a été successivement, dans les deux discours, le sabotage en règle d'Anatole France."

1469. Miomandre, Francis de: "Papiers intimes ou les autographes de M. Paul Valéry," La Meuse, Liège, 1er juillet 1927, ⸢M⸣. ⸢VRY Ms. 994, II, 6-7⸣

This article is manifestly inspired by an admiration of long standing. Miomandre reprints from Les Cahiers de la quinzaine part of a letter in which P.V. stated that the law should forbid the sale of private correspondence. Miomandre wholeheartedly agrees; he concludes:

"Si nous aimions vraiment Valéry, nous nous contenterions d'étudier sa pensée en approfondissant 'La Jeune Parque' ou 'Eupalinos', et non pas en recherchant, comme des maniaques, les moindres bouts de papier sur lesquels il a griffoné deux ou trois lignes pour s'amuser."

1470. Bidou, Henry: "Réception de M. Paul Valéry à l'Académie Française," Revue des deux mondes, 97e année, 7e période, XL

[1473] (1er juillet 1927), 227-29. ⌐VRY Pr. 608 in 8 & VRY Ms. 629₅⌐

With the exception of a squib which Doumic had printed on an inside cover of the review at the time of P.V.'s election (and which subsequently disappeared from the collection in the binding process), this is the first article the Revue des deux mondes carried on P.V. It is characteristic of the low esteem in which P.V. was held by this most academic of French reviews. Having noted that no reception at the Academy had ever been so widely hailed, Bidou added, with considerable justification:

"On eût dit un pèlerinage à un sanctuaire fermé, et dont nul ne savait quel saint il contenait. C'était vraiment l'hommage à la poésie pure."

His comments on P.V. and A. France are nothing short of ludicrous:

"Il serait aisé de montrer que France, si clair en apparence, est un écrivain beaucoup plus hermétique que M. Paul Valéry...."

"A consulter," according to Talvart's Fiche..., 7e année, 1928, no. 16.

1471. A. C.: "Paul Valéry, Gabriel Hanotaux et Anatole France," Télégramme de Toulouse, 1er juillet 1927, ⌐M⌐. ⌐VRY Ms. 629₅⌐

A long but unimpressive account of the proceedings on 23 June. The author by no means approved of P.V.'s "discours de remerciement."

1472. M. X., aristarque: "Parlons de tout," Tribune de Genève, 1er juillet 1927, ⌐M⌐. ⌐VRY Ms. 629₅⌐

This writer also contributed the anonymous article to L'Observateur européen, if one may judge by the fact that the first two paragraphs of the two articles are practically identical. M. X. calls P.V.'s "discours de remerciement" "le coup de pied de l'âne," since he considers P.V. to have been unjustifiably harsh on A. France. He completely misses the point, however, when he assumes that P.V. treated France shabbily because France had had a nonconformist attitude toward the Academy.

1473. Anon.: "Académie française--réception de M. Paul Valéry, successeur d'Anatole France," Documentation catholique, 9e année, XVIII, no. 388 (2 juillet 1927), 5-22.

Reprints the text of P.V.'s "Discours de remerciement" with

subtitles added by the editors of the review. Noted by Talvart, <u>Fiche</u> ..., 7e année, 1928, no. 16.

1474. Le Semainier: "Courrier de Paris--l'éloquence et le sport," <u>L'Illustration</u>, 85e année, no. 4400 (samedi 2 juillet 1927), p. 22. ⌐<u>VRY</u> Ms. 629₅¬

P.V.'s reception of 23 June is seen as a sporting event for snobs. On such occasions, according to L'Illustration, the slights the members of the Academy inflict on their "collègues en immortalité" are the main attraction.

1475. Bever, Jean: "La Réception de M. Paul Valéry à l'Académie," <u>Le Monde illustré</u>, 2 juillet 1927, ⌐M¬. ⌐VRY Ms. 629₅¬

The author of the article was a consummate name-dropper. He managed to mention, in one column, Heraclitus, Aristotle, Erasmus and Raymond de Sebonde. P.V.'s reception seems to have been merely a pretext to demonstrate the erudition of M. Bever.

1476. Central 32-65: "A Paris et ailleurs--potins académiques," <u>Les Nouvelles littéraires</u>, 6e année, no. 246 (2 juillet 1927), p. 2. ⌐<u>VRY</u> Ms. 629₅¬

The content of the article is true to its title.

1477. Anon.: "La Presse à l'Académie," <u>L'Observateur européen</u> 2 juillet 1927, ⌐M¬. ⌐VRY Ms. 629₅¬

"A l'art de se faire difficilement comprendre, M. Paul Valéry joint l'art de suggérer qu'il reste encore quelque chose à comprendre. Bien que poète hermétique, M. Paul Valéry est très couru et sa réception à l'Académie a fait recette." (Cf. ⌐1472¬.)

1478. Reboux, Paul: "Le Portrait du jour--Paul Valéry," <u>Paris Soir</u>, 2 juillet 1927, ⌐M¬. ⌐VRY Ms. 629₅¬

Reboux's article is in the style of Clément Vautel (i.e., he adopts the point of view of the "man in the street"). Here he attributes his petty judgements to "l'Opinion publique":
"Peut-être est-ce aussi la gloire universelle d'Anatole France

qui vous gêne. Vous portez en vous l'esprit de ces petites revues,
de ces chapelles littéraires que vous chérissez, où vous assurez que
s'élabore l'avenir, et où se distille surtout le poison de la médisance et de l'envie. En ces milieux-là, on consent qu'un écrivain
imparfait soit honoré démesurément par quelques zélateurs. Mais
on ne tolère pas la lumineuse renommée.
    Oui, c'est de là que vient, j'en suis sûr, cette visible
hostilité contre votre prédécesseur. Je ne vous la reproche pas.
Le contraire eût été une faute contre la nature. Inintelligible,
inconnu du grand public, vous êtes, monsieur, comme le symbole de ces
stériles officines littéraires."

    1479. Dyssord, Jacques: "Entre nous," La Patrie, 2 juillet
1927, ₅M₃. ₅VRY Ms. 994, II, 15₃

    Dyssord is pleased at the election of Abel Hermant to the
Academy. His remarks take the form of a dialogue in which P.V. does
not fare well at all:
    "--En tout cas, je souhaite qu'à l'encontre de Paul Valéry
cet immortel-ci parle pour nous dire quelque chose. Cela nous changera de l'abstracteur de quintessence qui se para des plumes--et de
la plume--de paon plein de modestie que fut Mallarmé.
    --En tenant de tels propos, vous risquez de vous faire lapider
par les précieux et les précieuses de notre temps.
    --Qu'importe! Si vous saviez le plaisir qu'on a à soulager
son coeur et son esprit quand le snobisme est roi...."
    The "risk" was negligible and Dyssord's satisfaction quite
cheaply obtained. An identical article appeared in La Presse ₅VRY
Ms. 629₅₃

    1480. ₅Valjean, Pierre₃: "Echos de partout," La Semaine littéraire, Genève, 2 juillet 1927, ₅M₃. ₅VRY Ms. 629₅₃

    This echo is largely a quotation from that part of P.V.'s
speech which treats the state of French letters in 1890. Valjean
notes:
    "La réception de M. Paul Valéry restera sans doute le grand
événement littéraire de la saison à Paris."

    1481. Pioch, Georges: "La Vie qui passe ou qui s'attarde,"
La Volonté, 2 juillet 1927, ₅M₃. ₅VRY Ms. 629₅₃

    Another belated review of P.V.'s speech. M. Pioch takes a

very parochial view of the occasion:

"Je relève avec joie, dans son éloge réticent et vrai, une allusion à l'évolution qui conduisit Anatole France dans le peuple, et l'y arrêta...."

1482. Anon.: "Pourquoi Paul Valéry n'est pas romancier," La Meuse, Liège, 3 juillet 1927, ₍M₎. ₍VRY Ms. 994, II, 25₎

La Meuse quotes from P.V.'s preface to M. Courtois-Suffit's Le Promeneur sympathique. There is no commentary. (Cf. ₍766₎.)

The same number carried an anonymous article entitled "Valéry et Boylesve," which consisted of passages of P.V.'s "discours de remerciement" concerning René Boylesve and letters in pre-war France. ₍VRY Ms. 629₅₎

1483. Candide: "Doit-on le dire?" Candide, 7 juillet 1927, ₍M₎. ₍VRY Ms. 629₅₎

Candide applies passages of P.V.'s "discours de remerciement" to current difficulties of intellectuals, in particular professors.

1484. Anon.: "Autour d'un pseudonym," Candide, 7 juillet 1927 ₍M₎. ₍VRY Ms. 629₅₎

In his "discours de remerciement" P.V. had stated that A. France had taken his pseudonym from the name of his country. As this note points out, P.V. was in error. A. France had, in a manner of speaking, inherited the name France from his father, François-Noël Thibault, who was known to everyone as M. France.

1485. Anon.: "Les Débuts de M. Paul Valéry," La France de l'est, Mulhouse, 8 juillet 1927, ₍M₎. ₍VRY Ms. 994, II, 26₎

The article relates two anecdotes: P.V.'s first meeting with P. Louÿs in Montpellier; and P.V. "faillit être le secrétaire de Brunetière."

1486. Pelham: ₍title lacking₎, L'Indépendance belge, Bruxelles 9 juillet 1927, ₍M₎. ₍VRY Ms. 629₅₎

According to Pelham, P.V. had been requested to omit from the

⸢1490⸣

reading of his "discours de remerciement" on 23 June the passage relative to Mme A. de Caillavet's influence on A. France's career. P.V. is supposed to have acquiesced, although the passage in question was not cut from printed versions of P.V.'s text. Le Matin of Antwerp also mentioned this part of the speech on 25 June, but the writer probably found it in Le Temps or one of the other newspapers which printed the texts of the speeches on 24 June. Although it would be difficult to corroborate Pelham's claim except through another witness, no one seems to have contradicted him.

1487. Martin du Gard, Maurice: "Léon-Paul Fargue," Les Nouvelles littéraires, 6e année, no. 247 (9 juillet 1927), pp. 1-2.

Martin du Gard imagines the objections of a reader at being subjected to an article on another member of the literary élite. "Encore l'élite! dira le ronchonneur, ah! je vous attendais! Depuis l'élection de M. Valéry, le snobisme n'a plus rien à se mettre sous la dent, pas le moindre petit four."
Martin du Gard seems to feel, and rightly so, that the charge of snobism still weighs heavily on P.V.'s election to the Academy. In the course of his article he cites P.V.'s contribution to the recent number of Les Feuilles libres devoted to Fargue.

1488. Anon.: "Cinq à sept," L'Observateur européen, 9 juillet 1927, ⸢M⸣. ⸢VRY Ms. 629₅⸣

Two anecdotes hostile to P.V. and relative to his reception at the Academy on 23 June. This newspaper had already attacked P.V. on 2 July. See ⸢1477⸣.

1489. See, Henri: "Une Réception académique--Anatole France et M. Paul Valéry," Le Progrès civique, no. 412 (9 juillet 1927), pp. 998-99.

The article is favorable to P.V., but M. See seems to have remained quite ignorant of the real issues involved in P.V.'s "discours de remerciement."

1490. Gillouin, René: "Paul Valéry," La Semaine littéraire, Genève, 35e année, no. 1749 (9 juillet 1927), pp. 325-28. ⸢VRY Pr. 221^2 in 4 & VRY Ms. 994, II, 22 bis⸣

Gillouin merely cribs from Thibaudet's Paul Valéry ₋276₋, although he does acknowledge his source. Gillouin fears that P.V.'s poetry may be the "dernier surgeon du rameau symboliste" and not "destiné à proviguer à son tour." (Cf. Lièvre, Paul Valéry, ₋407₋, p. 7.)

1491. Charvet, Louis: "Paul Valéry et sa méthode," Revue des jeunes, organe de pensée catholique et française d'information et d'action, 17e année, no. 11 (10 juillet 1927), pp. 43-47. ₋VRY Pr. 454 in 12₋

Charvet states that P.V. does, indeed, have a method; but he does not tell his readers what it is:
"Nul doute que, lorsque l'esprit d'époque qui travaille à digérer et intégrer les découvertes aura assimilé Valéry, on n'arrive à reconnaître que l'essentiel de son apport tient à une méthode dont on déterminera les directions, les insertions, les carrefours...."
Les Nouvelles littéraires mentioned this article on 30 July and Talvart noted it in Fiche..., 7e année, 1928, no. 16.

1492. Redier, Antoine: "Le Discours de Paul Valéry," La Revue française, 22e année, no. 28 (10 juillet 1927), pp. 27-28. ₋VRY Pr. 211 in 4 & VRY Ms. 629₅₋

A rather superficial article in praise of P.V.'s speech of 23 June before the Academy.

1493. P.₋aul₋ S.₋ouday₋: "Une 'vague de crétinisme'," Le Temps, 11 juillet 1927, p. 1.

Souday is of the opinion, which he forces P.V. to share, that the cinema will have a harmful effect on the general level of culture. He cites P.V.'s Propos sur l'intelligence to support this point of view

1494. Anon.: "Un Livre," L'Impartial français, 12 juillet 1927 ₋M₋. ₋VRY Ms. 629₅₋

The book being reviewed is Michel Corday's Anatole France. The reviewer adds this comment on P.V.
"Dans son récent discours académique, M. Paul Valéry a pu difficilement cacher qu'il n'aimait pas Anatole France, on a remarqué qu'il n'avait pas prononcé une seule fois son nom, il a pu laisser croire qu'il n'avait lu qu'assez distraitement ses oeuvres, puisqu'il n'y fait

aucune allusion, mais, il faut lui en savoir gré, il a tenté d'apprécier équitablement son génie, en le bien situant dans l'évolution littéraire et en le mettant hors pair, et il faut lui savoir gré aussi de n'avoir rien dit qui pût diminuer l'homme, et d'avoir bien voulu écarter, de quelques paroles dédaigneuses et hautaines la nuée des amis fielleux qui, au lendemain de sa mort 'nous instruisirent de ce qu'il a fait de périssable.' ..."
This may be the longest single sentence written about P.V.

1495. Le Secrétaire Perpétuel: "Le Nouvelliste infidèle," Le Charivari, 13 juillet 1927, [M]. [V]RY Ms. 994, II, 24[]

To the question "Pensez-vous que le nouveau mode d'expression que constitue l'émission par T.S.F. puisse exercer une influence sur la littérature; et, si oui, en quel sens?" P.V. is supposed to have replied:
"L'avenir est aux rhumbs. Et on pillera les miens!"
The journalist adds: "Les voilà bien, les pirates du rhumb's!" (The allusion is to Victor Llona's novel Les Pirates du whisky, Baudinière, 1925.) Thus, in the space of two days P.V. is made to appear both anti-cinema and anti-radio. (Cf. [1493].)

1496. Ed.[ouard] J.[ulia]: "M. André Gide au Congo," Le Temps, 13 juillet 1927, p. 1.

This article is critical of the political overtones of Gide's Voyage au Congo. The writer is less than honest in quoting P.V. in such a manner as to make him appear critical of Gide's intentions and methods:
"La sincérité n'excuse pas le défaut de critique et il y a, nous dit justement Paul Valéry 'une sorte d'abus de la vérité dont il n'est rien de plus trompeur que les parcelles'."
P.V.'s statement is particularly applicable to truncated quotations of this sort.

1497. Tallet, Gabriel: "Sur le discours de réception de Paul Valéry," Courrier de la république, 14 juillet 1927, [M]. [V]RY Ms. 6295[]

M. Tallet, unlike the majority of critics, viewed P.V.'s speech from the angle of literary history. His comments are most interesting.
"Sur la fortune de l'oeuvre qui a obtenu la gloire la plus éminente, la gloire populaire, Paul Valéry a dit--ou je me trompe fort-- les choses que leur vigoureux bon sens semble bien devoir rendre défini-

tives."
Forty years have passed since these lines were written, usually long enough for the Purgatory of a great writer, and time seems to be on the side of P.V. and M. Tallet.

1498. Treich, Léon: "Courte Visite à Paul Souday," <u>Candide</u>, 14 juillet 1927, ⌐M⌐. ⌐VRY Ms. 994, II, 23⌐

Treich mentions P.V. several times because of Souday's long campaign on his behalf.

1499. Mortier, Alfred: "La Poésie pure," <u>La Griffe</u>, 14 juille 1927, ⌐M⌐. ⌐VRY Ms. 994, II, 25⌐

Mortier reviews abbé Bremond's <u>La Poésie pure</u> and <u>Prière et poésie</u>. He is quite critical of Bremond and apparently neutral toward P.V.

1500. Anon.: "Les Pommes du voisin," <u>La Lanterne</u>, 14 juillet 1927, ⌐M⌐. ⌐VRY Ms. 994, II, 14⌐

This anecdote concerns a lecture P.V. was scheduled to give in Strasbourg, and is said to have been related by the gentleman in charg of the series. Its authenticity is questionable.

"La semaine dernière, M. Paul Valéry devait prononcer lui aussi une conférence. Il arriva pâle et la mine défaite. Il demanda qu'on le conduisît aussitôt à sa chambre. Il se coucha, refusa de man ger et un quart d'heure avant l'heure fixée, descendit:

--Je suis très mal portant, dit-il. Je n'ai pas eu le temps de penser à ma conférence. Je ne peux vraiment pas rassembler mes idées. Je ne sais même pas le titre de ma conférence... Tenez, allez me chercher un de mes livres, n'importe lequel! Et puis, donnez-moi un coupe-papier.

Et M. Paul Valéry monta sur l'estrade et ânonna pendant un quart d'heure quinze pages d'<u>Eupalinos</u>.

--Alors, vous comprenez, termina l'organisateur, maintenant je surveille mes conférences...."

1501. P. H.: "Pour le musée du Louvre--un nouvel Apollon," <u>La Patrie</u>, 14 juillet 1927, ⌐M⌐. ⌐VRY Ms. 994, II, 17⌐

P. H. describes a bronze Apollo recently discovered in the

Creuse region and currently on display at the Louvre.
"Il a l'air de danser avec une grâce exquise! Son corps gracieux et fin semble doué d'un mouvement qui eût inspiré à M. Paul Valéry ou à son porte-parole: Eupalinos, une des plus belles pages."
Eupalinos can scarcely be called a "porte-parole" since he never appears in person in the dialogue between Socrates and Phaedrus.

1502. P.[ierre] D.[emagny]: "Paul Valéry à l'Académie française (23 juin 1927)," Politique, 15 juillet 1927, pp. 669-70. [VRY Ms. 629₅]

P. D., whom Monod identified without being entirely sure of his attribution, considers P.V.'s political essays to be quite in keeping with the ideas of Politique. "La pensée de Valéry doit nous solliciter. Faisons-lui un accueil digne d'elle et de nous."

1503. Artus, Louis: "Réception de Paul Valéry," Revue de France, VII, no. 4 (15 juillet 1927), 369-71. [VRY Ms. 629₅]

A courteous, urbane, and totally insignificant account of P.V.'s reception of 23 June.

1504. Jaloux, Edmond: "Paul Valéry à l'Académie française," Revue de Paris, XXXIV, no. 4 (15 juillet 1927), 433-44. [VRY Pr. 356 in 8 & VRY Ms. 629₅]

In general a very solid article. Jaloux stresses the thematic unity of P.V.'s work:
"Une investigation anxieuse [un unfortunate choice of adjective] et incessante des secrets les plus subtils de l'esprit, ainsi que la recherche des méthodes qui rendraient constamment possible et opérante cette investigation" (p. 435).
It is to Jaloux's credit that he refused to identify P.V.'s poetics with Poe's, particularly with respect to "poésie pure." He was right in distinguishing between them, of course. However, in 1927, most critics grouped P.V. with Mallarmé and Poe, either to praise or disparage the lot of them. Jaloux also makes a useful distinction between P.V.'s "classicisme" and currently popular neo-classicism.
Les Nouvelles littéraires cited this article [1530]; G. de la Fouchardière quoted Jaloux in [1599] for the purpose of ridiculing both Jaloux and P.V.

1505. Giraud, Victor, "Revue littéraire--la poésie de Racine,"

Revue des deux mondes, 97e année, 7e période, XL (15 juillet 1927), 454-65.

In a review of G. Truc's Jean Racine Giraud comments that P.V. has made an important contribution to Racine studies.

1506. Montel, François: "L'Hermétisme," Le Figaro, supplément littéraire, 16 juillet 1927, ⸢M⸥. ⸢VRY Ms. 994, II, 29-30 & VRY 481₆ in 8⸥

Montel makes a good statement regarding P.V.'s position on obscurity in poetry and in literature generally.
"Scepticisme de France, résignation de Mallarmé ⸢the weakest point in his comparison⸥, il devait appartenir à M. Paul Valéry de les transformer et d'élever au rang d'un système de philosophie positif ce qui jusqu'alors n'était qu'une négation. ... Le lecteur doit être amené à s'attacher plus au chemin parcouru par la pensée pour aboutir à sa création, qu'à cette création elle-même...."
Montel has grasped P.V.'s notion of successful poetry as the overcoming of obstacles which the poet sometimes creates himself. The reader, like the poet, must participate in this activity.

1507. Mouriès, Jacques: "Revue littéraire--Paul Valéry et Anatole France," Manuel général de l'instruction primaire, 94e année, no. 43 (16 juillet 1927), p. 794. ⸢VRY Ms. 629₅⸥

M. Mouriès refused to admit any ill intent in P.V.'s omitting France's name from his "discours de remerciement" although the contrary had already been amply demonstrated. Mouriès also noted, doubtless to attract his readers to the new Academician, that P.V. had, on occasion, said flattering things about school teachers.

1508. Anon.: "Informations," Les Nouvelles littéraires, 6e année, no. 248 (16 juillet 1927), p. 5. ⸢VRY Ms. 994, II, 22⸥

"Nous sommes heureux d'annoncer le mariage de la fille de Paul Valéry, Mlle Agathe Valéry, avec M. Paul Rouart. La cérémonie religieuse a lieu aujourd'hui samedi, à l'église de Jaziers."
The marriage took place in Juziers, not Jaziers.

1509. Lamandé, André: "Portraits d'écrivains--Henri Brémond," Revue bleue, 65e année, no. 14 (16 juillet 1927), pp. 429-32.

"L'on se rappelle ce jour d'automne où ⌐les idées de M. Henri Brémond sur la poésie⌐ furent offertes, sous la Coupole, à un auditoire de choix, lors de la séance annuelle publique de l'Institut. Le ciel était de grisaille. Les esprits reflétaient la couleur du ciel. Mais voilà que M. Henri Brémond dressa le lumineux portique sous lequel M. Paul Valéry devait passer: aussitôt tout s'éclaira, s'allégea, et l'on applaudit devant tant d'érudition, de malice et de bonne grâce."
This is not the recollection most critics had of Bremond's famous speech of 24 October 1925.

1510. Anon.: "Sur Paul Valéry," Horizon de Dinant, 18 juillet 1927, ⌐M⌐. ⌐VRY Ms. 994, II, 26⌐

"Il faut certes quelques efforts pour pouvoir le comprendre mais on en est tout de même récompensé."
This is the best of the article.

1511. Ponsot, Georges: ⌐title unknown⌐, L'Ere nouvelle, 19 juillet 1927, ⌐x⌐.

Cited in ⌐1516⌐, q.v.

1512. Alain (Emile Chartier, dit): "Propos d'Alain--XXVI," Libres Propos, nouvelle série, no. 5 (20 juillet 1927), pp. 169-70. ⌐VRY Pr. 382 in 12⌐

The entire "propos" is devoted to P.V. "Valéry est notre Lucrèce," writes Alain. His comments on P.V.'s prestige among the young are of particular interest since Alain himself, as a highly esteemed pedagogue, was in an excellent position to judge. Having cited two lines of Le Cimetière marin (VIII, 5 and XX, 1), Alain continues:
"Il me plaît d'enfermer ces vers dans ma prose. Ainsi coupés d'eux-mêmes ils chantent encore. Toute la jeunesse les sait. Comme la jeunesse des anciens âges, elle se prend à ces énigmes. Tout recommence; et Zénon d'Elée lance une fois de plus sa flèche immobile. Quelque Platon récite et puis se tait. Ces poèmes feront infiniment plus, pour la renaissance de l'homme, que toute la Sorbonne. Nos vaudevillistes repentis, fort attentifs aux effets, se mettent à quatre pour essayer de comprendre, ce qui est un grand signe...."
Alain recognizes that P.V.'s official consecration will exact a high price from an artist who needs time and calm to create: "...je

sais ce que nous coûte à tous une conversation élégante ou un dîner de cérémonie."
　　　　In the "Chronologie du mois," (p. 190), P. du Mazet listed "23 Juin.--Discours de Paul Valéry à l'Académie française."
　　　　On pages 209-10 appeared selections from "Notes sur la grandeur et la décadence de l'Europe," reprinted from the Revue des vivants for March.

　　　　1513. Gandillac, Maurice de: "Rigueur de la poésie," Les Cahiers d'Occident, no. 8 ("achevé d'imprimer...le vingt-et-un juillet" 1927), pp. 150-66.

　　　　Gandillac compares classical prosody to "vers libre" and in particular to Claudel's verse in order to "demonstrate" the superiority of the former. P.V. is thus opposed to Claudel for the purposes of the demonstration. "Paul Valéry, mieux que tout autre, a défini cette sorte de poésie dont la précision est presque mathématique" (p. 155). In his conclusion, "De la forme et de la matière," pages 162-66, Gandillac explicates selected passages of Le Cimetière marin. Once again P.V. has been chosen to defend the theories of neo-classicism.

　　　　1514. Dorsenne, Jean: "Au jour le jour--Anatole France et Jean Racine," Journal des débats, 22 juillet 1927, p. 1.

　　　　Dorsenne terms P.V.'s omission of France's name from his "discours de remerciement": "coquetterie." Insignificant.

　　　　1515. Baumal, Francis: "Paul Valéry et le journalisme," L'Europe centrale, Prague, 1ère année, no. 42 (23 juillet 1927), p. 856. ⸤VRY Ms. 994, II, 53⸥

　　　　Baumal evokes P.V.'s past as "le secrétaire intime de l'un des anciens directeurs de l'Agence Havas, ...M. Lebey." He cites R. Gillouin in ⸤1431⸥ and an article by H. Béraud in Les Annales politiques et littéraires. His comments on P.V.'s poetry are commonplace.

　　　　1516. Anon.: "Revue des revues et revue de la presse," Les Nouvelles littéraires, 6e année, no. 249 (23 juillet 1927), ⸤M⸥. ⸤VRY Ms. 994, II, 24⸥

　　　　Georges Ponsot is said to have written in L'Ere nouvelle for

19 July:
"P.-J. de Béranger était un poète, non pas comme M. Valéry puisqu'il avait grand respect de la langue française."
The reviewer objects strenuously:
"Libre à cet excellent M. Ponsot de trouver que M. Valéry n'est pas poète, mais qu'il n'a pas le respect de la langue française, c'est une autre histoire."

1517. P.⌜aul⌝ S.⌜ouday⌝: "Le Style et la République," <u>Le Temps</u>, 25 juillet 1927, p. 1. ⌜VRY Ms. 994, II, 17⌝

"MM. ⌜Marius-Ary⌝ Leblond racontent ⌜in the <u>Dépêche de Toulouse</u>⌝ qu'un journal colonial a découvert une quantité de fautes dans le discours de réception de Paul Valéry! Cette feuille tropicale l'eût sans doute préféré en sabir ou en petit nègre."
Souday was not one to take such charges lightly. It appears that the "journal colonial" in question was the <u>Dépêche coloniale</u> for 29 July. See ⌜1546⌝.

1518. Lagarde, Pierre: "La Faillite du coeur? Non... ... Faillite de l'intelligence! Oui!" <u>Comoedia</u>, 27 juillet 1927, ⌜M⌝. ⌜VRY Ms. 994, II, 30 bis⌝

The title is a succinct résumé of Souday's comments in reply to Lagarde's survey of opinions on "la faillite du coeur," i.e., sentiment, in French letters. Souday said nothing here that he had not already stated many times before in the columns of <u>Le Temps</u>. P.V. appears, of course, as a thoroughgoing intellectualist. P.V. himself replied to Lagarde on 29 July.

1519. Anon.: "Courrier littéraire et spectaculaire," <u>La Griffe</u>, 28 juillet 1927, ⌜M⌝. ⌜VRY Ms. 994, II, 17⌝

This journalist falsely deduces from P.V.'s omission of Mallarmé's name in his "discours de remerciement" that "...M. Paul Valéry fit preuve d'ingratitude à l'endroit du merveilleux évocateur d'<u>Hérodiade</u>." He further claims that: "On sait que M. Paul Valéry est l'homme le plus glorieux ⌜i.e., vaniteux⌝ de la France." Gratuitous nonsense.

1520. C. B.: "L'Homme de la pensée et la société," <u>La Nation belge</u>, Bruxelles, 28 juillet 1927, ⌜M⌝. ⌜VRY Ms. 629₅⌝

A remarkably lucid article. C. B. had been fully sympathetic to P.V.'s "discours de remerciement":
"M. Paul Valéry a loué son illustre prédécesseur comme il méritait de l'être. Mais, pour cela, devait-il abdiquer ses idéaux à lui? Anatole France était fort dur pour ces hermétistes qui en appellent au lecteur pour les aider à désenganguer des diamants au lieu de leur présenter une coupe de cristal. Et M. Paul Valéry avait bien le droit de griffer un peu le cristal tout en faisant résonner la coupe."

His comments on P.V.'s financial operations go straight to the heart of the problem without the usual meaningless recriminations.
"Il ⸢P.V.⸣ pourrait avoir cinq mille lecteurs. C'est trop peu pour faire vivre un écrivain. Il a dû se contenter d'en avoir deux ou trois cents dont il n'est pas bien sûr qu'ils lisent ses livres ce qui les obligerait d'en couper les pages. A cette condition la société moderne permet encore à un esprit de la qualité de M. Paul Valéry de vivre parmi elle. ..."

One should compare this analysis with that of J. Galtier-Boissière in ⸢1841⸣.

1521. Taillis, Hélène du: "Devant l'Institut de France--l'Académie à l'écran," L'Oeuvre, 28 juillet 1927, ⸢M⸣. ⸢VRY Ms. 994, II, 23⸣.

Mme du Taillis relates the shooting of a film on the steps of the Institut.
"On filmait la 'sortie' d'une réception sous la Coupole, et la scène devint d'un grotesque achevé lorsqu'on vit cinq académiciens 'parfaitement imités' entrer 'en scène'. Il y avait un faux Henri-Robert, un faux Gustave Charpentier, un faux Rebelliau, un faux Valéry et, dans un taxi, un faux Robert de Flers, appuyant sur un gant beurre frais une tête pensive."

Mme du Taillis was quite indignant at such a mockery of the Academy. Her attitude seems rather primitive in the present day.

1522. Souday, Paul: "Les Livres," Le Temps, 28 juillet 1927, p. 3. ⸢VRY Ms. 994, II, 27 and VRY 25^2 in 4⸣.

Souday reviews the following editions of works by P.V.: La Jeune Parque (nrf), Charmes (nrf), Le Cimetière marin (La Centaine), Durtal... (M. Sénac, à l'enseigne de la Jeune Parque), Propos sur l'intelligence (à l'enseigne de la Porte Etroite), Variété (Claude Aveline). He makes one comment in passing which is ample proof of the sincere admiration which prompted Souday's long publicity campaign for P.V.

"Je n'aurai pas complètement perdu ma vie, ayant été l'admirateur et l'ami de Moréas dans ma jeunesse, et de Valéry dans mon âge mûr."

1523. Lagarde, Pierre: "Sibylline réponse de Paul Valéry," Comoedia, 29 juillet 1927, ⌐M¬. ⌐VRY Ms. 994, II, 31 & VRY Ms. 915 & VRY Ms. 629₅⌐

Souday's reply to the same question concerning a "faillite du coeur" in literature had appeared in ⌐1518¬. P.V.'s reply was quite predictable:
"Une phrase ou un vers qui ne contiennent aucun des mots qui désignent le coeur ou les choses du coeur peuvent communiquer une émotion extraordinaire. Une phrase ou un vers entièrement ordonnés à émouvoir peuvent laisser le lecteur parfaitement froid et insensible. En général, en ce qui me concerne en tant que lecteur, la littérature qui vise au coeur me refroidit instantanément. D'ailleurs, je n'aime pas que l'on me donne ce que je dois fournir...."
All but the last sentence was printed in italics. Judging by his title, one must assume that P. Lagarde did not understand this perfectly clear statement.

1524. Mille, Pierre: ⌐title unknown¬, La Dépêche coloniale, 29 juillet 1927 ⌐X¬.

See ⌐1546¬.

1525. Demasy, Paul: "Gargouilles--l'homme de France est de terre," L'Intransigeant, 29 juillet 1927, ⌐M¬. ⌐VRY Ms. 629₅⌐

The gargoyles in question are the Oriental monsters, either real or imaginary, which many contemporary writers felt were soon to devour Western civilization. Demasy claims that P.V. represents an exemplary French reaction to this danger.
"Ce Français, Valéry, qui vient d'entrer à l'Académie, il sait aussi bien et mieux que personne en quoi consiste le danger. Il a défini la crise de l'Europe. Va-t-il pour cela, quitter son occupation, sortir sur la place, se ruer dans les gazettes, se risquer au style prophétique? Que non pas. En lui-même, il se sent préservé. Il déteste les images et l'imagination."
For two very different appreciations of P.V.'s "Notes sur la grandeur et la décadence de l'Europe," see L'Action française for 16 April ⌐1308¬ and L'Humanité for 26 June ⌐1447¬.

1526. P.₌aul₃ S.₌ouday₃: "Questions de grammaire," Le Temps, 29 juillet 1927, p. 1. ₌VRY Ms. 994, II, 28 & VRY Ms. 999, VII, 167 bis₃

With this article Souday touched off a minor dispute which P.V. ended by a rare personal intervention. André Thérive had actually begun the affair in a letter to Souday in which he stated: "Dans la Jeune Parque Valéry compte tiède pour trois syllabes. C'est affreux. ..." Of course Souday felt obliged to champion P.V.'s cause and in so doing he made some false claims. See:

1527. Clédat, Léon: "Paul Souday dogmatise," Revue de philologie française, XXXIX, 1er fascicule (1927), 168.

"Autre chose. Pour glorifier l'"impeccable' Paul Valéry d'avoir fait tiède de trois sillabes dans la Jeune Parque P. S., dans le Temps du 29 juillet, assure que le poète, 'un peu en avance sur l'usage', est 'en accord avec le génie de la langue', attendu que 'le mouvement de la langue française va contre la diphtongaison'. Rien n'est plus faus."
("sillabes and "faus" are spellings peculiar to Clédat's review.
P.V.'s reply, "Les Droits du poète sur la langue," appeared in this review, volume XL, 1er fascicule (1928) and can be consulted in Pléaide, II, 1262-65. In his introduction to the letter J. Hytier gives the background and the conclusion of the dispute (Pléiade, II, 1571).

1528. Cahuet, Albéric: "Les Livres et les écrivains," L'Illustration, 85e année, no. 4404 (samedi 30 juillet 1927), p. 116. ₌VRY Ms. 994, II, 29₃

A long review of Autres Rhumbs entitled "Pensées, propos et rêves de M. Paul Valéry." Cahuet is quite critical of P.V. generally and of this work in particular:
"M. Paul Valéry se plaît à surprendre et par dilettantisme d'art, peut-être, plus que par le désir, comme on le pourrait croire, de prendre une attitude ou de se faire une originalité."
The charge is both unfounded and unfair. Dilettantism is a particularly inappropriate term to apply to P.V.

1529. Guilac, H.₌enri₃: "Projets de vacances," Les Nouvelles littéraires, 6e année, no. 250 (30 juillet 1927), p. 8. ₌VRY Ms. 999, VII, 196 & Ms. 629₅₃

⟦1533⟧

In this cartoon Guilac pokes fun at Louis Bertrand and P.V. as well as Souday, P. Morand and Josephine Baker.
"--Moi, j'irai à Saint-Valéry-sur-Somme, m'a confié dans un baillement M. Louis Bertrand, plongé dans la lecture du discours d'entrée à l'Académie de Paul Valéry....
--Moi, m'a dit Paul Valéry, j'irai en quelque endroit de ce pays au nom de mon éminent prédécesseur à l'Académie Française, et je lirai ses oeuvres délicieusement."
P.V.'s "discours de remerciement" remained very much in the news throughout the month of July.

1530. Anon.: "Revue des revues," Les Nouvelles littéraires, 63 année, no. 250 (30 juillet 1927), p. 8. ⟦VRY Ms. 994, I, 189⟧

Recommends several articles on P.V.: F. Baumal in ⟦1515⟧, L. Charvet in ⟦1491⟧, and Edmond Jaloux in ⟦1504⟧.

1531. Souday, Paul: "Marcel Proust, André Gide et Paul Valéry," Le Figaro, ⟦exact date unknown⟧ 1927, ⟦M⟧. ⟦VRY Ms. 993, I, 132⟧

Le Figaro gave Souday some advance publicity by publishing a selection from his Paul Valéry just before its publication date. The passage chosen came from chapter III, "Adonis," which had originally appeared in Le Temps for 31 January 1921.

1532. Truc, Gonzague: "La Critique de M. Paul Souday," ⟦Le Figaro ?⟧, ⟦date unknown⟧, ⟦M⟧. ⟦VRY Ms. 994, II, 98⟧

Truc is generally favorable toward Souday's Paul Valéry since he feels critic and author are well suited to one another. His comments on P.V. merely repeat his article in Comoedia ⟦1375⟧.
J. P. Monod identified this article as having appeared in Le Figaro in September. If Le Figaro did publish it, I am reasonably sure that it was not in September.

1533. Aveline, Claude: "Les Livres," Chronique des lettres françaises, V, no. 28 (juillet-août 1927), 563-64.

In a review of Souday's critical trilogy Aveline claims that his Paul Valéry is "le mieux construit, le plus intéressant, le plus profond. Le meilleur livre est toujours celui qu'inspira le respect."

1534. Les Treize: ₍"Le Nom par allusion"₎, in <u>Chronique des lettres françaises</u>, V, no. 28 (juillet-août 1927), 479.

Les Treize had written in <u>L'Intransigeant</u> at some time after 23 June, concerning P.V.'s omission of A. France's name:
"Pudeur? Piété antique, qui s'effraie de rappeler le nom même d'un mort? se demanda Mlle Simone Ratel. Ou bien amour du secret, de l'allusion, du détour délicat?"
The <u>Chronique</u> has no comment.

1535. Anon.: "Le Mouvement des lettres--réception académique," <u>Chronique des lettres françaises</u>, V, no. 28 (juillet-août 1927), 473-76.

Reprints three pages of P.V.'s "discours très applaudi."

1536. Anon.: "Chronique des revues--actualités littéraires: lettre de Paul Valéry sur Mallarmé," <u>Chronique des lettres françaises</u>, V, no. 28 (juillet-août 1927), 485-88.

The letter in question is P.V.'s preface to Royère's <u>Mallarmé</u>, first published in the <u>Revue de Paris</u> for 1 April. As was customary for the <u>Chronique</u> there are long quotations with only descriptive fillers linking them; no critical commentary.

1537. Crémieux, Benjamin: "Vues hérétiques sur l'Occitanie," <u>Feuillets occitans</u>, III, nouvelle série, 4e feuillet (juillet-août 1927), 109-12.

Crémeiux sees P.V. as an authentic descendant of the troubadours.
"Il m'est arrivé souvent de me demander quel aurait pu être le développement de la poésie française méridionale si la croisade contre les Albigeois n'avait pas soumis les terres d'Oc aux rois de l'Ile-de-France et toujours je me répondais que la poésie populaire, nationaliste et romantique du Félibrige languedocien n'en n'aurait ₍sic₎ certainement pas été l'aboutissant. C'est une poésie aristocratique et philosophique qu'aurait, sans aucun doute, continué à produire la civilisation albigeoise... De nos jours, Paul Valéry a renoué, par delà notre XVIe siècle et les grands Italiens, avec la poésie occitane, et non pas les faiseurs de chansonnettes ou de fragments épiques romantico-parnassiens."

⌐1540⌐

J.-P. Régis and A. Pestour published angry replies to this article in Oc for 1 October and 1 November, respectively.

1538. Thibaudet, Albert: "Lettre à Léon-Paul Fargue," Le Manuscrit autographe, 2e année, no. 10 (juillet-août 1927), pp. 22-24.

An open letter dated "Barcelone, 15 mai 1927."
"La révolution littéraire du temps de guerre a été faite, en somme, par quatre types de ta génération, de notre génération, nos aînés de peu, qui, en quatre langages différents, avaient réalisé le mot de Degas! Valéry, Claudel, Gide et Proust. Quatre tard venus, quatre émigrés revenus avec des nouvelles d'autres mondes, de leur monde. Valéry demeuré dans les jeux silencieux à la Léonard. ..." (p. 93)
The "mot de Degas" to which Thibaudet alludes is the following: "Que voulez-vous, maître, il faut bien arriver!
--De mon temps, monsieur, on n'arrivait pas!"
This terse comment admirably fits the P.V. of 1913-1920.

1539. Vandérem, Fernand: ⌐title lacking⌐, Bulletin du bibliophile, août 1927, ⌐M⌐. ⌐VRY Ms. 994, II, 86⌐

Writing of the Paris-Guide in which Hugo's poem "Paris" first appeared, Vandérem comments: "...Paris par Victor Hugo, magnifique poème en prose d'un pacifisme peut-être un peu optimiste et prématuré, mais si débordant de trouvailles, d'images si décisives et justes que tout récemment, dans un éloge de la capitale, M. Paul Valéry les a reprises d'instinct et presque trait pour trait."

1540. Thibaudet, Albert: "Réflexions sur la littérature--la rareté et le dehors," NRF, XXIX, no. 167 (août 1927), 235-43. ⌐VRY Pr. 151 in 12⌐

"Mallarmé, homme rare, déclarait se défier des 'états de rareté sanctionnés par le dehors'." Thibaudet applies Mallarmé's sound judgement to the case of P.V., whose election to the Academy is a prime example of the tremendous change in literary mores in France since Mallarmé's day.
"Le dehors sanctionne aujourd'hui les états de rareté comme s'il n'avait fait que cela toute sa vie."
Thibaudet adds that in his opinion abbé Bremond's strategically timed speech on "poésie pure" contributed greatly to P.V.'s election. Although he does not say so here, Thibaudet was aware of the danger for

P.V. inherent in such sudden celebrity (cf. ⌐1262⌐). The attacks against P.V. which began on a large scale in October came as no surprise to Thibaudet; indeed, it was he who first spoke of a "Thermidorian" reaction.

1541. Fontana, Paul: "Paul Valéry chez les Corses de Paris," U Fucone, Bastia, 2e année, no. 3 (août 1927), pp. 51-53. ⌐VRY Ms. 598⌐

Fontana writes of a "soirée de gala" held by the Corsicans in Paris on 29 January. P.V. presided. The writer Lorenzi de Bradi praised P.V. in a speech, calling him "le plus noble des poètes français contemporains." P.V. also made a speech concerning his Corsican ancestry. At the end of this article U Fucone printed the "Acte de naissance de Barthélemy Valérj, père de l'Académicien." On page 53 a brief note, apparently taken from Le Petit Marseillais for 3 February, also discussed the gala.

1542. Prévost, Ernest: "Les Lettres--le coeur ne se porte plus," La Victoire, ⌐day missing⌐ août 1927, ⌐M⌐. ⌐VRY Ms. 994, II, 92⌐

Prévost attacks Souday's and P.V.'s replies to P. Lagarde's survey on "la faillite du coeur" (27 and 29 July). "Valéryste acharné, M. Paul Souday ne jure, lui aussi, que par l'intelligence et il craint beaucoup plus pour elle que pour le coeur...." Sentimental drivel.

1543. E. D.: "L'Originalité artistique," La Libre Belgique, Bruxelles, 1er août 1927, ⌐M⌐. ⌐VRY Ms. 629₅⌐

"Paul Valéry, l'autre semaine, dans son discours de réception à l'Académie, a, spirituellement⌐,⌐ marqué un des fétichismes de l'heure. ... On veut avant tout aujourd'hui et presque exclusivement du neuf. On fait de la nouveauté la qualité maîtresse, presque unique de l'artiste. Et l'on veut ce don inné, au foncier et au formel."
P.V. doubtless agreed. It is not clear, however, whether E. D. intended to enroll P.V. as a neo-classicist, which he most certainly was not.

1544. Dorsenne, Jean: "Les Beaux Livres," Revue de France, VII, no. 4 (1er août 1927), 565-67.

Dorsenne was writing for bibliophiles; consequently his review of <u>Autres Rhumbs</u> stresses the elegance of the book much more than its content.

1545. Bidou, Henry: "Parmi les livres," <u>Revue de Paris</u>, XXXIV, no. 4 (1er août 1927), 692-701. ₅VRY Ms. 994, II, 56₃

Bidou quotes several passages from <u>Autres Rhumbs</u>, notably from the "poésies brutes." He comments quite aptly: "La grâce de ces vers échappe en se jouant à toutes les analyses; elle se rit du critique, comme un sylphe se moque d'un naturaliste à filet vert."

1546. M. G.: "Pierre Mille serait-il contre Paul Valéry," <u>La Vie</u>, 16e année, no. 15 (1er et 15 août 1927), pp. 31-32.

M. G. comments on an article by P. Mille in the <u>Dépêche coloniale</u> for 29 July in which the latter had listed the errors he had found in P.V.'s "discours de remerciement." M. G. concludes that "remis à leur place...ces archaïsmes contribuent à faire l'atmosphère et l'âme d'une très belle Oraison littéraire." Marius-Ary Leblond and Paul Souday had already contributed their opinions. See ₅1517₃. M. G. was right in terming P.V.'s peculiarities of style archaisms rather than errors, as P. Mille had so presumptuously done.

1547. Mauclair, Camille: "Hommes et choses--littérature sans coeur," <u>Dépêche de Toulouse</u>, 2 août 1927, ₅M₃. ₅VRY Ms. 994, II, 36₃

"Depuis sa <u>Soirée avec Monsieur Teste</u>, vieille de trente ans, jusqu'à ses écrits d'hier, Valéry l'adamantin a toujours soutenu que les plus vrais et les plus profonds intellectuels étaient relégués dans l'ombre des célèbres, parce qu'ils n'avaient pas daigné s'occuper de la publicité de leur gloire, c'est-à-dire de ce que l'auteur de <u>La Jeune Parque</u> appelle, d'une expression terrible, 'le pourboire public'. Mais pour avoir expliqué ici cette idée qui fut toujours mienne, je me suis fait, comme on dit, ramasser, et par un 'valéryen' encore! Car ils ne comprennent pas toujours le maître qu'ils vantent, et il s'y résigne."

In comparing Mauclair's remarks on P.V. to Thibaudet's on Mallarmé, one sees how close P.V. had remained to the symbolist notion of the poet's disdain for success. Even at the height of his public celebrity P.V. never abandoned this proud principle, and his aloofness positively infuriated many critics who chose to interpret it as scorn.

1548. Anon.: "Anatoliana," L'Impartial français, 2 août 1927, ⌐M¬. ⌐VRY Ms. 629₅¬

The writer accuses P.V. of a lack of taste in his treatment of A. France. "Il s'en est tiré en peignant un grand Paul Valéry et un petit Anatole France." This is of course not true. Whatever else one may say of P.V.'s "discours de remerciement," P.V.'s reaction to A. France was as tasteful as it was understandable.

1549. Plaz, Albert: "Etude sur le symbolisme d'après Paul Valéry," Le Bien public, Gand, 3 août 1927, ⌐M¬. ⌐VRY Ms. 994, II, 38¬

This is a rather vague article on symbolism whose point of departure is the chapter "Symbolisme" in Lefèvre's Entretiens avec Paul Valéry. He cites P.V. in support of his theory that symbolism issued from Kantian subjectivism. Of no particular value.

1550. Anon.: "Entre confrères," La Croix, 5 août 1927, ⌐M¬. ⌐VRY Ms. 994, II, 24¬

P.V. is supposed to have said, on seeing displayed in a bookseller's window "un ouvrage à gros tirage, d'un heureux confrère, et qui portait sur la bande l'inscription suivante: 'Edition originale sur papier alfa'": "--Originale, soit, mais pour alpha, non. Bêta conviendrait mieux."

P.V. might well have made such a comment, but the notion of jealousy which this journalist wishes to convey is perfectly gratuitous.

1551. P.⌐aul¬ S.⌐ouday¬: "Le Centenaire du mormonisme," Le Temps, 5 août 1927, p. 1.

This commentary on Mormonism is quite in the manner of Voltaire, whom Souday greatly admired. Having related Joseph Smith's revelation and his discovery of the gold tablets and diamond eye-glasses with which to decipher them, Souday writes:

"'Seul avec diamants extrêmes', comme dit à peu près l'auteur de la Jeune Parque. Mais moins gracieux que cette poétique héroïne, Joseph Smith découvrit les tables de la loi à l'endroit indiqué, les lut à l'aide des précieuses besicles, les transcrivit et les publia. Mais par malchance il oublia, on ne ait où, les tablettes d'or où était gravé le texte original, auquel on n'a donc jamais pu comparer sa transcription."

It is line two of La Jeune Parque from which Souday took his pun.

1552. Yocarinis, N.: "Promenades indiscrètes--le musée Valéry," Les Nouvelles littéraires, 6e année, no. 251 (6 août 1927), p. 1. ⸢VRY Ms. 994, II, 42⸣

The museum of which Yocarinis writes is the collection, or Valeryanum, built by M. Julien P. Monod and kept in his apartment at 16 Boulevard Raspail in Paris. Yocarinis calls it a "temple où l'on n'adore qu'un seul dieu." According to him, "Les Américains se l'arrachaient à coups de dollars. Le franc a eu, à l'insu de tous, une seconde victoire." Yocarinis queries, in closing, whether the collection will ever be open to the public. It is, of course, and due to the generosity of an American institution, the Bollingen Foundation. How this came to pass is related by MM. Jackson Mathews and François Chapon in their preface to the catalogue of the exhibit which officially opened the collection: Paul Valéry--Pré-Teste (3-23 décembre 1966).

The article contains an interesting variant of "L'Ébauche d'un serpent." See G. de la Fouchardière's squib in ⸢1557⸣.

1553. Dumas, André: "La Poésie contemporaine," La Petite Illustration, no. 344, Poésies no. 1 (6 août 1927), ⸢cover⸣. ⸢VRY Pr. 289 in 4⸣

A long paragraph introducing P.V.'s work to the readers of La Petite Illustration which in this number published "Intérieur," "Poésie," and "Le Rameur." A. Dumas cribs his comments from other critics. Noted by Talvart, Fiche..., 7e année, 1928, no. 16.

1554. Anon.: "Le Moi est haïssable," La Presse--La Patrie, 7 août 1927, ⸢M⸣. ⸢VRY Ms. 994, II, 25⸣

An anecdote which claims to report P.V.'s statement on Stendhal, supposedly made in a lecture in the Montpellier region "il y a quelques années." (P.V. had spoken in Montpellier and Nîmes in late January 1924.) The following is given as a direct quotation:
"Stendhal s'est attaché comme un confident à sa propre personne; il ne peut entrer nulle part avec celui-là qui le suit...mais Moi...."
The anecdote is obviously intended to portray P.V. as the supreme egotist.

1555. Brunet, Gabriel: "Chronique littéraire," La Lanterne, 8 août 1927, ⌐M⌐. ⌐VRY Ms. 994, II, 79⌐

    Brunet has an original explanation for P.V.'s omission of the name of A. France from his "discours de remerciement": "Il a simplement appliqué à Anatole France le procédé cher à Mallarmé qui recommandait de ne pas désigner directement et formellement l'objet dont on voudrait parler." Thus, P.V.'s address becomes an eminently symbolist text. Brunet demonstrates that he understood, and approved, P.V.'s criticisms of A. France. His review is generally good.

    1556. Brunet, Gabriel: "Chronique littéraire," Le Rappel, 8 août 1927, ⌐M⌐. ⌐VRY Ms. 629₅⌐

    Identical to the above.

    1557. Fouchardière, G.⌐eorges⌐ de la: "Hors d'oeuvre--sur les cimes," L'Oeuvre, 11 août 1927, ⌐M⌐. ⌐VRY Ms. 994, II, 44⌐

    A parody of the article Yocarinis published in ⌐1552⌐. One can easily judge the level of criticism from this passage:
    "M. Paul Valéry n'est pas un grand homme incompris, dans le sen⌐ inexact qu'on attache d'ordinaire à ce mot. Car M. Paul Valéry est à l'Académie, où l'ont conduit son prestigieux mépris de la syntaxe et sa très sûre inconscience de la valeur des mots. M. Paul Valéry n'est pas un grand homme incompris; c'est un grand homme incompréhensible."
    One should keep in mind that M. de la Fouchardière was one of the most widely read journalists of the day. He concludes with an equally inappropriate pun on "le Mont Valéryen." See ⌐1573⌐.

    1558. Souday, Paul: "Les Livres," Le Temps, 11 août 1927, p. 3

    In a review of R. M. Rilke's Histoires du bon Dieu, translated by Maurice Betz, Souday mentions that Rilke had translated into German Maurice de Guérin, Gide and P.V.

    1559. Géniaux, Charles: "La Raison et le sentiment en art," Dépêche de Toulouse, 12 août 1927, ⌐M⌐. ⌐VRY Ms. 994, II, 55⌐

    Géniaux uses abbé Bremond's interpretation of the "ménage Teste" (in ⌐797⌐) to prove that intelligence or reason and feeling must coexist in great art. Thus, "...M. Paul Valéry, lui-même, pour qui poésie pure se confond avec intelligence pure, n'aurait pas écrit Le

Cimetière marin s'il ne sacrifiait pas, avec une pudeur hautaine, il est vrai, au sentiment."

 1560. Rouveyre, André: "Théâtre--une comédie au Palais Mazarin," Mercure de France, CXVIII, no. 700 (15 août 1927), 162-64. [VRY Ms. 629₅]

 What is extraordinary about this article is not the baseness of the attack--Rouveyre specialized in this style--but the fact that the Mercure de France printed it. Reviewing P.V.'s reception at the Academy under "Théâtre" was a stroke of genius; the rest is merely a foretaste of Rouveyre's attack in Le Crapouillot for November [1697]. Character assassination is the only term for such statements as these:
"En dehors de la veulerie de caractère de M. P. Valéry, de sa démarche de courtisan auprès des publicitaires, et de flatteur muscadin dans les salons qui font les réputations passagères du jour, son oeuvre demande prétentieusement un effort qui n'est pas payé."
 This article raised echoes as far away as La Prensa in Buenos Aires.

 1561. Dorsenne, Jean: "Les Beaux Livres," Revue de France, VII, no. 4 (15 août 1927), 768-72.

 P.V.'s preface to J. Royère's Mallarmé is "scintillante de clartés."

 1562. Thibaudet, Albert: "André Gide," Revue de Paris, 34e année, IV, (15 août 1927), 743-75. [VRY Pr. 556 in 8]

 Thibaudet states that Philoctète, Saül, Le Roi Candaule are treatises on solitude which put, in Gidian terms, the problem of La Soirée avec Monsieur Teste. Certain letters published in the Gide-Valéry Correspondance tend to confirm this judgement. A résumé of Thibaudet's article appeared in Chronique des lettres françaises, V (1927), 683-86.

 1563. Anon.: "Echos--trois études de M. Paul Souday," Journal de Genève, 98e année, no. 223 (mardi 16 août 1927), p. 2. [VRY Ms. 994, II, 28]

 An uninteresting review of Souday's Paul Valéry.

1564. Cahuet, Albéric: "Les Livres et les écrivains," L'Illustration, 85e année, no. 4407 (samedi 20 août 1927), p. 176.

In a review of M. Martin du Gard's Henri Bremond (de Sainte-Beuve à Fénelon), Cahuet writes, somewhat naïvely for 1927:
"Mais comme il a raison de noter qu'il n'y a pas de poètes [sic] répondant moins aux exigences de la poésie pure que le théoricien même de la poésie pure, M. Paul Valéry...."
Cahuet apparently learned little from all the nonsense that had been printed during the heat of the debate over "poésie pure." (Cf. [1170].)

1565. Betz, Maurice: "Rilke et Edmond Jaloux," Les Nouvelles littéraires, 6e année, no. 253 (20 août 1927), p. 1. [VRY Ms. 994, II, 38]

Betz claims that the last work Rilke completed before his death was a translation of P.V.'s Eupalinos. (Cf. [1183].)

1566. Clément-Janin: "Causerie bibliophilique," Les Nouvelles littéraires, 6e année, no. 253 (20 août 1927), p. 8. [VRY Ms. 994, II, 37-38]

Clément-Janin likes the edition of the "cycle Teste" published by Crès in the collection "L'Intelligence." (Cf. [1157].) He has special praise for the volumes Huysmans and Durtal published by Marcel Sénac "A la Jeune Parque." "Ce sont des volumes où la typographie joue le rôle principal et pour lesquels Marcel Sénac a cherché 'l'accord subtil' entre l'esprit du texte et celui de la fonte qui l'extériorise. Nous ne pouvons que le louer d'une préoccupation si rare." Neither the volumes in question, nor these lines, were intended for the ordinary reader.

1567. Girard, George: "Voyages et découvertes dans les bibliothèques--la Nationale," Les Nouvelles littéraires, 6e année, no. 253 (20 août 1927), p. 4. [VRY Ms. 994, II, 37]

Girard complains that the Bibliothèque Nationale concentrates too much on the purchase of personal papers and manuscripts of ancient writers at the expense of the moderns. "C'est très bien d'admirer Bède le Vénérable, ce serait aussi bien et d'un aussi bon placement pour l'avenir que d'acquérir du Paul Valéry... Connaissez pas?" Fortunately

Julien P. Monod already had this problem well in hand.

  1568. Yocarinis, N.: "Revue des revues--une interview de Paul Valéry," Les Nouvelles littéraires, 6e année, no. 253 (20 août 1927), p. 8. ⌐VRY Ms. 994, II, 37 & ⌐VRY Ms. 999, VII, 208 & VRY Ms. 663¬

  This is a French translation of an article published in the Athens daily, Proia, for which Yocarinis was Paris correspondent. He published several articles in Greek on P.V. Here Yocarinis made the common blunder of asking about: "Cette obscurité d'hermétisme recherchée de vos poèmes..." to which P.V. replied immediately: "--Pardon! Il n'y a rien de recherché. L'obscurité résulte du nombre de conditions que je m'impose."

  1569. Anon.: "A Paris et ailleurs--Valéry et les femmes," Les Nouvelles littéraires, 6e année, no. 253 (20 août 1927), p. 2. ⌐VRY Ms. 994, II, 38¬

  This anecdote quite intentionally identifies P.V. with M. Teste.
  "En dépit de son Emilie, M. Teste aime assez à se moquer des femmes.
  On présente un jour Paul Valéry à une romancière de talent doublée d'une femme du monde. Celle-ci se confond en politesses:
  --Enchantée, maître... J'admire tant vos oeuvres...
  --Vraiment, réplique le poète, avec un flamboiement impertinent du monocle. Vous les comprenez donc?
  Et tourné vers son introducteur:
  --Qui vous disait que les femmes n'étaient pas intelligentes?
  La romancière n'a pas pardonné."

  1570. Pulliqn ⌐sic¬, T.: "Valéryanisme," La Croix, 21 août 1927, ⌐M¬. ⌐VRY Ms. 994, II, 39¬

  "Pulliqn" is a type-setter's error for Pullion, according to Monod. Pullion's article is an excellent example of how common sense and good will, exasperated by P.V.'s apparently inexplicable success, frequently turned on him. Pullion queries:
  "Les hommes moyens n'ont le droit de se poser qu'une question: étant donné que l'art est long et la vie courte, c'est-à-dire que la lecture des grands maîtres incontestés et clairs exige un immense labeur, faut-il sacrifier à M. P. Valéry des instants précieux? Convient-il d'engager les dames à célébrer M. Valéry comme elles glorifi-

aient M. Bergson? A Dieu ne plaise que je me permette de résoudre un aussi intéressant problème!"
Given a bit more frustration or a more combative temperament, the normal result would be the sort of indignant campaign G. Téry began on 19 October. Only the proper spark was needed to kindle the fires of reaction.

1571. Anon.: "La Romancière et M. Valéry," L'Intransigeant, 21 août 1927, ᵣMᵤ. ᵣVRY Ms. 994, II, 38ᵤ

Reprinted from ᵣ1569ᵤ.

1572. Omessa, Charles: "En passant...une mauvaise idée," La Liberté, 21 août 1927, ᵣMᵤ. ᵣVRY Ms. 994, II, 39ᵤ

M. Omessa suggests that when, some fifty years hence, a statue of P.V. would doubtless appear in Paris, the statue should bear the following inscription:
"Poète mystificateur, qui tint cette gageure de se faire élire de l'Académie pour n'avoir jamais su écrire en français."

1573. Fouchardière, G.ᵣeorgesᵤ de la: "Hors d'oeuvre," L'Oeuvre, 21 août 1927, ᵣMᵤ. ᵣVRY Ms. 994, II, 45ᵤ

"A propos d'un article sur le Musée Valéryen ᵣ1552ᵤ, je reçois une lettre fort spirituelle de notre confrère Yocarinis, qui nous révéla ce 'temple où l'on n'adore qu'un seul dieu'... A ma grande joie, l'ironie de Yocarinis, imperceptible dans un papier que tout le monde avait pris au sérieux (même et surtout M. Paul Valéry), devient flagrante dans sa correspondance... Nous invitons donc notre confrère à la prochaine inauguration du Mont Valéryen ᵣcf. L'Oeuvre for 11 Augustᵤ."
In a letter to J. P. Monod on 27 August Yocarinis denied having admitted an intended irony in his original article, adding that if Monod wished it he would insist that L'Oeuvre publish the text of his letter to G. de la Fouchardière. In the meantime Monod had vented his spleen in an anonymous letter to Fouchardière, the text of which he included among his clippings ᵣVRY Ms. 994, II, 44 bisᵤ. The indignation of the collector and friend clearly dominated the sense of propriety of the staid banker.
"15 Aout 1927//Mon vieux Bouif ᵣthe hero of Fouchardière's novelsᵤ---y a pas à dire: c'est la gloire! Etre monté en fourchette à hors d'oeuvre, pour un conservateur mariné dans la valeryanate ᵣan expression Fouchardière had used on 11 Augustᵤ, être l'objet de la

commisération ⌈sic⌉ du Bouif au banc d'Oeuvre, ça serait flatteur pour les gens qui aiment la publicité. Mais je n'ai vraiment pas de veine: un journaliste hellène à qui j'ai voulu être agréable et à qui je recommande la discrétion--me livre à peu près nu en proie au pecus ˣ ⌈x j'exagère de moitié!⌉, et notamment à un autre journaliste, qui me charrie parce que les bouteilles dont il s'agit ⌈kept by Monod because P.V. had written on the labels⌉ sont vides! Tout ça n'a pas grande importance, mais il me semble que je dois au Bouif une ou deux observations: le dit pecus les prendra a priori ou a posteriori, à son gré. D'abord, <u>Mont Valéryen</u>.....voyons, voyons, il faudrait trouver mieux, parce que, comme <u>trait</u> final, c'est un peu émoussé. Et puis quelque chose de plus rigolot: pendant que les benédictins de Ligugé s'offraient doucement la physionomie de Paul Valéry avec deux amateurs de pinard, je dis <u>précisément en meme temps</u>, d'autres benédictins, obtenaient sa visite sollicitée depuis longtemps, lui faisaient grand accueil et passaient plusieurs jours avec lui en conversation ⌈dont j'ignore si le pinard a été le principal sujet (word crossed out)⌉. ⌈Two illegible words above the line.⌉ Enfin, si j'avais le plaisir de rencontrer le Bouif, je lui dirais que je l'ai souvent lu..., et que j'ai cependant lu aussi Paul Valéry, si ⌈illegible word⌉ que ça puisse lui paraître! Et le Bouif de cujus devrait être très reconnaissant au susdit P.V. de ne pas lui faire concurrence dans son genre, comme ça tout le monde est content--Ah! le petit ingrat!
    Ça ne fait rien, je ne lui en veux pas de m'avoir publiquement charrié--à condition que, maintenant, on me f.... la paix. J'aime à évoquer la figure du vieux curé à soutane verdie de l'autre jour. Et, comme j'avais trouvé que, vraiment, le Bouif était un peu serré avec ses dix francs, je me permets d'enjoindre dix autres à faire suivre.
    Le conservateur mariné/dans la Valeryanate/confus d'être obligé de/rester anonyme."
    (Monod omitted accents in spelling "Aout," "commiseration," "meme," and "benédictins.") His reference to Benedictine monks is an allusion to Fouchardière's article of 11 August in which he stated that some Benedictine monks in Ligugé had told him and Maurice Garçon ("deux amateurs de pinard" in Monod's letter) that P.V.'s works were worthless. Mme Rouart-Valéry confirms that P.V. visited a Benedictine monastery, in Solesmes, not in Ligugé, during August 1927. The journalist had fabricated the entire story, just as he had lied about the intention of Yocarinis' article.

1574. M. M.: "Chronique bibliographique," <u>Le Temps</u>, 21 août 1927, p. 3. ⌈VRY Ms. 994, II, 34 & VRY 584³ in 8⌉

An insignificant review of Souday's <u>Paul Valéry</u> designed to please M. M.'s fellow critic on <u>Le Temps</u>.

1575. Albalat, Antoine: "Revue des livres," Journal des débats, 22 août 1927, p. 3.

Like M. M. above, Albalat chose the easy way out:
"M. Paul Souday me semble avoir dit tout ce qu'on peut dire de plus raisonnable sur Valéry. J'accepte, pour ma part, ses louanges et ses réserves comme la vérité même."

1576. Anon.: "M. Paul Valéry a pris séance à l'Académie," Le Courrier de la Plata, Buenos Aires, 23 août 1927, ⸤M⸥. ⸤VRY Ms. 629₅⸥

Le Courrier de la Plata was exactly two months behind Paris in printing this news. The lateness was no doubt due to the slow surface communications which held up the arrival of the Paris newspapers. See Souday's article for 4 September ⸤1597⸥.

1577. Les Treize: "Pour et contre M. Paul Valéry," L'Intransigeant, 24 août 1927, ⸤M⸥. ⸤VRY Ms. 994, II, 54⸥

Les Treize follow up the dispute which P. Mille had begun in ⸤1524⸥ concerning the propriety of certain words and expressions in P.V.'s "discours de remerciement." (See also ⸤1517⸥ and ⸤1546⸥.) According to Les Treize, these are the passages to which P. Mille objected:
"Des groupes s'absorbaient, témoignant d'une vitalité océanique dans les profondeurs d'une littérature imminente... la forêt dont les ricanements persiflaient les puissances du jour... Son esprit le défendait d'être dissipé aux divertissements du monde... Comment veut-on qu'il fit?... On murmure qu'il dut ses vertus actives qui n'étaient point dans sa nature, à une présence qui veilla sur son travail, qui animait son esprit, et qui obtint de lui qu'il tirât de lui les trésors qu'il eût ignorés qu'il possédât ou qu'il eût négligés ..."
Les Treize add M. G.'s comments in ⸤1546⸥ which defend P.V.'s style.

1578. Viollis, Andrée: "Leurs Vacances--celles de M. Paul Valéry," Le Petit Parisien, 52e année, no. 18,439 (24 août 1927), pp. 1-2. ⸤VRY Ms. 994, II, 52 & VRY Ms. 749⸥

Mme Viollis writes of P.V.'s trip to England in 1894 and especially of his meeting G. Meredith, Henley, Beardsley and the group of The Yellow Book. (P.V. was to visit England again in October 1927.)

Mme Viollis remarks: "Et c'est lui qui ne cesse de me presser de questions rapides, serrées, méthodiques sur l'Angleterre, le journalisme, la Russie surtout, qui semble prendre une place considérable dans ses méditations."

1579. P. H.: "A travers les lettres--Paul Valéry," La Presse-- La Patrie, 25 août 1927, ⌐M⌐. ⌐VRY Ms. 994, II, 54⌐

A favorable review of Souday's Paul Valéry. P. H. takes a jab at Alfred Droin, one of P.V.'s most hostile critics, in passing. He writes of the final line of Le Cimetière marin "...qui eut la bonne fortune de faire rire un critique--M. Alfred Droin--assez étranger, je crois, aux choses de la mer et de la poésie." This same line caused P.V. more trouble later in the year. See ⌐1657⌐.

1580. Dauzats, Ch.⌐arles⌐: "Académie française," ⌐Le Figaro⌐, ⌐date unknown⌐, ⌐M⌐. ⌐VRY Ms. 994, II, 27⌐

P.V. is named as having participated in the discussion of the admission of "modistes," "modèles," "modernisme" and "moeurs" to the eighth edition of the dictionary of the French Academy.

1581. Dauzats, Ch.⌐arles⌐: "Académie française," Le Figaro, 102e année, no. 238 (vendredi 26 août 1927), p. 2.

Dauzats mentions P.V. as one of five members of the Academy's dictionary committee who discussed the status of the expression "ne... rien moins que." The group had some difficulty in deciding the question and concluded that "il est bon d'éviter cette façon de parler, à cause de l'équivoque qu'elle entraîne."

1582. Chausse, Paul: "Deux formes de la pensée négative au XXme siècle--Paul Valéry et Marcel Proust," Cahiers du Sud, Marseille, 13e année, no. 93 (août-septembre 1927), pp. 109-15. ⌐VRY Ms. 994, II, 86 bis & VRY Pr. 323 in 12⌐

Chausse was ill advised in using the term nihilism in writing of P.V., but several of his remarks are very suggestive. The following, for instance, seems to anticipate Sartre's L'Etre et le néant by sixteen years.

"Et voici où nous touchons à la partie constructive de Valéry: nous n'avons aucune réalité, nous devons tout créer, mais c'est juste-

ment par l'acte de la négation que nous arrivons à nous construire. ...
C'est ce refus indéfini d'étre quoi que ce soit qui nous créera. C'est
par cet acte journalier de non affirmation que nous nous affirmerons."
        Both the idea and the terms used agree, it would seem, with
Sartre's distinction between the In-itself and the For-itself. His
closing remarks, insofar as they apply to P.V., appear entirely accurate:
        "Valéry et Proust, ces deux types d'esprits négatifs, nous indiquent déjà la tendance des esprits contemporains: une recherche de
plus en plus tenace de la certitude."

    1583. Curtius, Ernst Robert: "Paul Valéry," M. Wilmotte, trans.
Revue franco-belge, 7e année, nouvelle série, nos. 8-9 (août-septembre
1927), pp. 459-70.

        This essay appeared originally in Französischer Geist im neuen
Europa, 1925. This is the first of two parts, the second appearing in
the November issue. The essay is of excellent quality, but adds little
to what Curtius wrote of P.V. in his contribution to the Hommage des
écrivains étrangers à Paul Valéry ⌐1151¬.

    1584. Ripert, Emile: "Notes sur quelques poètes contemporains,"
The French Quarterly, Manchester, IX, no. 3 (September 1927), 165-72.
⌐VRY Pr. 476 in 8¬

        There was considerable confusion in M. Ripert's remarks on P.V.
First, he felt that P.V.'s election to the Academy was in itself an act
of revenge against A. France; yet he seemed unaware of the "Affaire du
Parnasse." He called P.V.'s reception of 23 June "le triomphe de ce
qu'on a appelé la poésie pure," without making any distinction between
P.V.'s and Bremond's understanding of the term. (He goes on to call
Bremond the "grand aumônier de la poésie pure....") Ripert did recognize, however, that P.V.'s triumph was in fact a belated triumph for
Mallarmé, regretting that P.V. did not mention his master by name in
the "discours de remerciement."

    1585. Guirand, F.⌐élix¬: "Académie française," Larousse mensuel, VII, no. 247 (septembre 1927), 505-06. ⌐VRY Pr. 181 in 4 & VRY
Ms. 629₅¬

        In this article, the first in the Larousse mensuel for September, Guirand related P.V.'s election to the Academy on 19 November 1925
(including the results of the four rounds of voting); he described P.V.'

reception of 23 June, and analysed P.V.'s and Hanotaux's speeches. He did not mention the "Affaire du Parnasse" but did recognize an "intention espiègle" in P.V.'s "discours de remerciement."
    The last item in this number was "Valéry (Paul-Ambroise)," pages 527-28, also written by Guirand. His four columns of bio-bibliography are quite solid. He concluded: "Ecrivain fragmentaire, a-t-on dit de lui. Soit; acceptons ce qualificatif, à condition de n'y attacher aucune intention dénigrante. Le Pascal des Pensées fut aussi un écrivain fragmentaire." Given P.V.'s feelings about the Pensées this comparison takes on an unintended irony.

    1586. Saurat, Denis: "Emile Ripert," Marsyas, Le Caïlar (Gard), septembre 1927, ₍M₎. ₍VRY Ms. 994, II, 57₎

    "Il paraît...que j'ai une fois dit qu'il n'y avait pas de poètes en France. ... C'est en lisant Paul Valéry qu'on a l'impression que la poésie est morte en France--et qu'il est le seul arbre qui reste, un peu desséché déjà par le soleil du désert qui s'avance, et pas bien loin lui-même de la mort."
    Saurat was never particularly kind to P.V., and these characteristic remarks were by way of a preface to his article on an apparently authentic contemporary poet, Emile Ripert. The timing of this article is extraordinarily coincidental. See ₍1584₎.

    1587. Thibaudet, Albert: "Notes," NRF, XXIX, no. 168 (septembre 1927), 393. ₍VRY Ms. 994, II, 86₎

    With a few reservations, Thibaudet gives a very favorable review of R. Fernandat's Paul Valéry--essai ₍1147₎. Fernandat's book is, however, noticeably inferior to Thibaudet's ₍276₎. Fernandat had personally sent a copy to Thibaudet with a polite, respectful letter. (Book and letter are now in the collection of Prof. W. T. Bandy.) Did Thibaudet not merely wish to avoid appearing ungrateful?

    1588. Anon.: "Vient de paraître," NRF, XXIX, no. 168 (septembre 1927), 566, 579. ₍VRY Ms. 994, II, 88₎

    On page 566 there is an announcement of publication of P.V.'s Discours de réception à l'Académie française. Another, on page 579, announces new editions of La Jeune Parque, Monsieur Teste, and Album de vers anciens. Poësie is listed as "En souscription" to be published in October. All were published by Gallimard.

1589. Creyssel, Paul: "Remarques sur Paul Valéry," La Revue
fédéraliste, P., Lyon, Bordeaux, 10e année, no. 101 (septembre 1927),
pp. 603-10. ⌐VRY Ms. 1001, IX, 79 & VRY Pr. 457 in 12¬

Creyssel's comments on P.V.'s work are generally sensitive
and accurate. Of P.V.'s poetry he writes:
"Valéry rend l'abstrait sensible. De là le plaisir immédiat
et durable, le profit que nous dispensent les Charmes sans lasser
jamais ni décevoir nos retours."
Creyssel, like many other critics of the period, had been
struck by P.V.'s comments on the contemporary scene.
"Plutôt que le testament de l'humanisme, l'oeuvre de Valéry
mérite d'être tenue pour le bréviaire de l'esprit occidental."
See also Creyssel's article of 2 December ⌐1865¬.

1590. Godmé, J.-P.: "Visages de l'Europe," La Revue fédéraliste, P., Lyon, Bordeaux, 10e année, no. 101 (septembre 1927), pp.
623-30. ⌐VRY Pr. 457 in 12¬

M. Godmé was not as wholeheartedly enthusiastic about "La
Crise de l'esprit" as was M. Creyssel. In short, he felt that P.V.
had properly diagnosed the illness of present-day Europe but had
failed to propose a cure. One may object that this was not P.V.'s
role.

1591. Aveline, Claude: "Une Préface de Paul Valéry," ⌐title
lacking¬, ⌐unnamed review¬, ⌐septembre 1927¬, ⌐M¬. ⌐VRY 4469 in 12¬

"Je signale aux bibliophiles qui 'collectionnent' les moindres fragments de M. Paul Valéry, une lettre-préface de celui-ci,
parue en 1923, et qui n'est pas mentionnée dans l'excellente bibliographie, dressée par MM. Davis et Simonson, de l'oeuvre du grand
écrivain. Elle précède un recueil de poèmes de Melle ⌐sic¬ Diane de
Cuttoli, L'Enchantement multiple."

1592. Thibaudet, Albert: "La Critique des livres--Paul Souday et ses contemporains," Candide, 1er septembre 1927, ⌐M¬. ⌐VRY Ms.
994, II, 57¬

Thibaudet concedes an important point to Souday on P.V. and
Bergson. "Valéry a raison de ne pas se sentir bergsonien, lui sur
qui les livres de Bergson n'ont eu aucune influence. La communauté
de position entre Valéry et Bergson consiste en ceci: que tous deux

éprouvent l'intelligence comme le lieu des techniques... Un abîme, dit Valéry de Léonard, le ferait penser à un pont. Je tiendrai Valéry pour quasi-bergsonien si l'intelligence se définit pour lui: ce qui, devant l'abîme, nous fait penser au pont."
    The distinction is a subtle one and not without merit, although once the question of direct influence has been disposed of, why mention Bergson at all in this respect? (Cf. E. Noulet in ⸢1175⸥.)

    1593. Alaire, Edouard: "Pages libres--Valéry liturge," <u>Foi et Vie</u>, 30e année, nos. 15-17 (1er septembre 1927), pp. 830-41 (<u>1er octobre 1927</u>), pp. 902-29 (16 octobre 1927), 958-68. ⸢VRY Pr. 365 (1, 2, 3) in 12⸥

    After the efforts of the neo-Thomists of <u>Le Roseau d'or</u>, after several Dominican and Jesuit fathers, a Calvinist attempts to prove that P.V. is in his camp. Alaire finds in P.V. the essence of the religious attitude.
    "M. Paul Valéry, ce grec sur lequel repose tant d'espoir, est sans doute un homme très religieux. ... Si d'être religieux consiste à reconnaître l'existence du 'numen', du mystère toujours sur le point de se livrer et toujours se dérobant, de cette présence ou de cette qualité qui nous interdit de prendre la vie pour vaine, mais oblige notre voix à prendre une modulation sacrée, M. Paul Valéry l'est sans conteste."
    Alaire interprets as evidence of religious austerity P.V.'s statement: "Je rejetais non seulement les Lettres, mais encore la Philosophie presque tout entière, parmi ces Choses Vagues et les Choses Impures auxquelles je me refusais de tout mon coeur...."
    He quotes long passages from <u>Eupalinos</u>... and from <u>L'Ame et la danse</u>, systematically interpreting comments on art as fraught with theological significance. In concluding the second installment of this long essay Alaire quotes the last six lines of "La Fausse Morte," finding in them an apology for the resurrection of the body. "La forme déforme," wrote Alaire (p. 909); zeal can as well.

    1594. Finot, Louis-Jean: "De quelques ouvrages," <u>La Revue mondiale</u>, 1er septembre 1927, ⸢M⸥. ⸢VRY Ms. 994, II, 86⸥

    A dithyrambic review of Souday's critical trilogy. Worthless.

    1595. P.⸢aul⸥ S.⸢ouday⸥: "La Saison des lettres," <u>Le Temps</u>, 2 septembre 1927, p. 1.

Souday denies that the current popularity of outdoor sports has a bad effect on letters, as Vandérem and Vautel have claimed. "Car les admirateurs de Bergson ou de Meyerson, de Valéry... pour ne citer que quelques exemples, ne hantent guère la quinzaine de Deauville, ne jouent pas beaucoup au polo et taillent rarement à banque ouverte." One wonders why Souday thought the question significant enough to merit an article on page one.

1596. Anon.: "[advertisement for] Arts et métiers graphiques," Les Nouvelles littéraires, 6e année, no. 255 (3 septembre 1927), p. 5. [VRY Ms. 994, II, 88 bis]

Reprints the "sommaire" from the cover of the first number of this review in which P.V.'s "Les Deux Vertus d'un livre" appeared. The advertisement was repeated in the same position on 10 September. Les Nouvelles littéraires also ran an advertisement for the nrf editions of Variété and Eupalinos... [VRY Ms. 994, II, 94]

1597. Souday, Paul: "Réception de M. Paul Valéry," Le Courrier de la Plata, Buenos Aires, 4 septembre 1927, [M]. [VRY Ms. 629₅]

The text is identical to that of Souday's article in Le Temps for 25 June [1445]. Souday also published accounts of P.V.'s reception in The New York Times (17 July) and La Nacion, Madrid (18 September).

1598. Anon.: "La Boîte aux lettres," Cyrano, 4 septembre 1927, [M]. [VRY Ms. 629₅]

Mentions that P.V.'s uniform had been designed by Lanvin.

1599. Fouchardière, G.[eorges] de la: "Hors d'oeuvre--sur échantillon," L'Oeuvre, 4 septembre 1927, [M]. [VRY Ms. 994, II, 47]

Fouchardière quotes E. Jaloux in [1504]; he makes his usual inane comments. Fouchardière quotes an admirer of P.V. who had written him concerning bibliophilism: "Et vous, mangez-vous dans votre vieille faïence?" This remark was repeated by:

1600. Olive-Villard: "La Potinière," La France de Bordeaux, 10 septembre 1927, [M]. [VRY Ms. 994, II, 97]

[1604]

Olive-Villard finds in Lamartine, Banville and Tristan Derème the finest examples of French poetry. The following comments are intended to be ironic:
"L'école moderne hermétique, dont l'académicien Paul Valéry est le dieu, et le critique Paul Souday est le prophète, voit les choses d'une autre façon. Il lui importe peu qu'on sache ses productions par coeur. Son ambition n'est pas si vulgaire. Elle ne veut être comprise (c'est son originalité) qu'après une étude profonde, à la façon, à peu près, d'un théorème. Mais la géométrie c'est la géométrie, et la poésie c'est une autre affaire."

1601. Geiger, André: "Sète," L'Illustration, 85e année, no. 4410 (10 septembre 1927), pp. 249-52. [VRY Pr. 310 in 4]

Geiger quotes passages of Le Cimetière marin and paraphrases P.V.'s description of Sète.

1602. Anon.: "Revue des revues," Les Nouvelles littéraires, 6e année, no. 256 (10 septembre 1927), p. 6. [VRY Ms. 994, II, 72 & VRY Ms. 629₅]

Contains long quotations from Guirand's articles in [1585]. The reviewer praises Guirand for having taken much of his material from Lefèvre's Entretiens avec Paul Valéry.

1603. Humbourg, Pierre: "A travers les lettres--le roman," La Presse, 11 septembre 1927, [M]. [VRY Ms. 994, II, 72]

Humbourg quotes from memory a statement by André Maurois which he uses to support his own favorable opinion of the unity of P.V.'s work.

1604. Brunet, Gabriel: "Chronique littéraire," Le Rappel, 12 septembre 1927, [M]. [VRY Ms. 994, II, 81]

Brunet makes this judicious remark in his review of Souday's Paul Valéry: "J'aurais beaucoup à dire sur les appréciations portées par M. Paul Souday sur M. Paul Valéry. Notons simplement que le critique du Temps admet comme légitime l'existence de deux poésies fort différentes: l'une pour l'Agora, l'autre pour les Mystères d'Eleusis. Heureux M. Valéry qui, par un privilège unique, marche vivant dans sa gloire entouré de plus d'explications, de commentaires et de gloses que les poètes endormis depuis des siècles dans les parchemins desséchés!"

Before the end of the year Brunet was to learn that P.V.'s unique situation was perhaps not quite as enviable as he had thought.

1605. Larock, Victor: "Paul Valéry ou la poésie de l'intelligence," Le Journal de Liège, 13 septembre 1927, ⌐M⌐. ⌐VRY Ms. 994, II, 99⌐

Larock combats the charges of obscurity which had been made against P.V. His is the best possible weapon: a sound understanding of P.V.'s poetry. He notes, giving examples from La Jeune Parque, that the possibility of diverse interpretations is by no means proof of obscurity in a poem. He sums up his thesis in this passage:

"Ni Vigny, ni le prolixe Lamartine, ni surtout le poncif Sully-Prud'homme ⌐sic⌐, dont on fait les représentants de notre poésie philosophique ne préparent à saisir l'accent de la poésie valéryenne. Mallarmé mis à part, il n'y a guère que Beaudelaire ⌐sic⌐, le plus intelligent et le plus émouvant des lyriques français, chez qui l'on puisse reconnaître parfois une inspiration ou une cadence analogues à celles de la Jeune Parque ou du Cimetière Marin."

1606. Crémieux, Benjamin: "Les Livres--l'année stendhalienne," Les Annales, no. 1194 (15 septembre 1927), pp. 271-72. ⌐VRY Ms. 994, II, 72 bis⌐

Crémieux remarked, as had many Stendhaliens before him, that P.V.'s preface to Lucien Leuwen was not entirely in praise of Stendhal. Crémeiux's merit lies in his going to the root of the problem.

"On pense bien que M. Paul Valéry n'a pas abaissé le débat, il l'a haussé jusqu'à le transformer en une sorte d'examen de conscience personnel, d'où ressort l'antinomie irréductible du tempérament de Stendhal et de celui de M. Paul Valéry."

Crémieux underscores one of the essential differences between Stendhal's art and P.V.'s. "Et tandis que c'est l'être, l'action, la réalisation qui est l'idéal stendhalien, celui de M. Valéry est tout potentiel."

1607. Halda, Bernard du: "Les Idées--le point de vue de M. Paul Souday," Gazette française, 15 septembre 1927, ⌐M⌐. ⌐VRY Ms. 994, II, 80-81⌐

A rather harsh review of Souday's critical trilogy. B. du

Halda makes some good points. He recognizes, first of all, the nature of Souday's attraction to P.V.

"Nous découvrons [sous sa plume alerte le célèbre passage de l'Introduction à la Méthode de Léonard de Vinci où M. Paul Valéry condamne Pascal en termes extrêmement sévères...] la raison première de l'admiration de M. Souday: Valéry est éminemment cartésien."

"Cartésien" is doubtless too narrow a term to adequately describe P.V., but it certainly corresponds to the notion Souday had of him. B. du Halda insists, and rightly, that it is not for his criticism of Pascal that P.V.'s name will enter the pages of literary history.

1608. Chambertrand, Gilbert de: "Représailles académiques," Le Nouvelliste de Pointe à Pitre, Guadeloupe, 15 septembre 1927, [M]. [VRY Ms. 629]

From his excellent vantage point in Pointe à Pitre M. de Chambertrand claims anyone can see that P.V. is out of step with the literary trends of the times: he is just the opposite of the "bon Maître" Anatole France.

"Pour comprendre cette attitude [P.V.'s omission of France's name from his "discours de remerciement"], il faut savoir que M. Paul Valéry, poète symboliste, est un de ces auteurs dits 'difficiles', attardé en notre époque où l'art tend plus que jamais vers l'équilibre et la clarté et y prolongeant sans grâce le procédé archaïque [not defined] qu'illustrèrent, aux jours périmés d'un naturalisme excédant, Mallarmé, Charles Morice, Viélé-Griffin et Cie. M. Paul Valéry a presque l'anachronisme d'un monstre préhistorique."

Chambertrand's fatuous tone renders his judgement positively burlesque.

1609. Fontainas, André: "De Mallarmé à Valéry," Revue de France, VII, no. 5 (15 septembre 1927), 327-44. [VRY Pr. 581 in 8 & VRY Ms. 999, VII, 213 bis]

"Les pages qui suivent sont extraites de cahiers de notes prises au jour le jour." These notes are dated 1894-1918 and are an impressive testimony of an enduring friendship. Fontainas concluded his article with a letter in which P.V. states his reaction on reading these notes from his youth. P.V. reprinted his letter in Lettres à quelques-uns and the entire article, plus Fontainas' contribution to [215], was reprinted as a plaquette in 1928.

Abel Farges cited part of P.V.'s letter relative to La Jeune Parque in La Muse française, volume V for 1927. The Journal des débats cited Fontainas' article in September in an article entitled "L'Homme le plus étonnant..." ⊏VRY Ms. 994, II, 79⊐

1610. Mauricet et Pierre Varenne: "La Française moyenne," La Musique des Annales, no. 66 (supplément aux Annales politiques et littéraires, no. 2294) (15 septembre 1927), p. 1. ⊏VRY Ms. 994, II, 87⊐

"La Française moyenne" is a music-hall operetta. In the opening scene "La Femme de chambre" reminds "La Femme à la page" of her schedule for the evening:
"N'oubliez pas, mademoiselle, que, ce soir, vous avez trois rendez-vous urgents. (Consultant un calepin) A six heures moins le quart, votre manucure papou... A six heures moins trois, une séance de cinéma surréaliste. A six heures neuf, une causerie littéraire de Mme Aurel traitant de l'influence de Paul Valéry sur le café-concert et les revues de music-hall."
Any commentary would be superfluous.

1611. Anon.: "Arts et Métiers graphiques," Le Figaro, supplément littéraire, nouvelle série, no. 441 (samedi 17 septembre 1927), p. 6.

Announces P.V.'s "Les Deux Vertus d'un livre" which appeared in the first number of Arts et Métiers graphiques for 15 September.

1612. Jaloux, Edmond: "L'Esprit des livres," Les Nouvelles littéraires, 6e année, no. 257 (17 septembre 1927), p. 3. ⊏VRY 584[13] in 8 &VRY Ms. 994, II, 82-83⊐

A review of Souday's Paul Valéry:
"Mais c'est à M. Paul Valéry que M. Paul Souday réserve sa plus grande admiration. Et les lettrés ne peuvent que lui être entièrement reconnaissants de la chaleur et de l'intelligence avec lesquelles il a découvert, défendu, imposé l'auteur d'Eupalinos et de la Jeune Parque. Je ne dirai pas que M. Souday n'absorbe pas un peu M. Valéry et ne nous donne pas un Paul Valéry légèrement transformé à son profit; un Paul Valéry, en tout cas, bien différent de celui que nous présente le R. P. Gillet. Les critiques futurs seront fort surpris, j'imagine, des différentes positions que nous aurons attribuées à M. Paul Valéry, d'autant plus que sa figure, avec le temps, deviendra moins complexe et que des coins qui nous échappent encore en seront brusquement révélés."
The verbs découvrir, défendre and imposer admirably describe

Souday's long campaign in P.V.'s favor. Jaloux is equally right in pointing out Souday's portrait of P.V. as very different from Gillet's. His comments on the problems of future critics are most judicious.

   1613. P.⌐ierre¬ B.⌐risson¬: "Gide, Proust et Valéry," Le Temps, 17 septembre 1927, p. 1. ⌐VRY Ms. 994, II, 81¬

  Brisson, whom Souday positively identified on 22 September, stresses the persuasive element in Souday's Paul Valéry.
  "M. Paul Valéry a eu le juste et rare privilège d'inspirer dès le premier instant une admiration guerrière au critique le plus redouté de la République des lettres. Ce fut une adhésion d'abord chaleureuse, puis véhémente: un coup de foudre prolongé. M. Souday au début du livre reconnaît chez l'auteur de la Jeune Parque un des poètes les plus éminents de la littérature actuelle. Les oeuvres se succèdent et l'enthousiasme s'accélère jusqu'au triomphe final de l'élection académique enregistrée par M. Souday avec une satisfaction victorieuse. Il est de fait que la vigueur soutenue de ses commentaires et l'offensive sans cesse renaissante de ses louanges ont fortement contribué à étendre la renommée de l'auteur d'Eupalinos et à rapprocher son oeuvre du grand public."
  Accurate in every detail.

   1614. Severac, J.-B.: "Les Livres--Marcel Proust, André Gide, Paul Valéry," Le Populaire, 23 septembre 1927, ⌐M¬. ⌐VRY Ms. 994, II, 85¬

  Like Jaloux and Brisson, Severac appreciates Souday's efforts to present P.V. to the public.

   1615. Poizat, Alfred: "⌐Réponse à une enquête sur¬ Le Romantisme et la jeunesse d'aujourd'hui," Le Figaro, supplément littéraire, nouvelle série, no. 442 (samedi 24 septembre 1927), p. 6.

  Names P.V. as one of the "principales autorités de la jeunesse, en poésie." Poizat was obliged to recognize P.V.'s influence despite the fact that he was not particularly fond of P.V. as poet. (Cf. ⌐1177¬.)

   1616. Anon.: "Librairie centrale de Bâle," Les Nouvelles littéraires, 6e année, no. 258 (24 septembre 1927), p. 7. ⌐VRY Ms. 994, II, 88 bis¬

An advertisement intended for bibliophiles. Twenty-five editions of works by P.V. are offered for sale. La Jeune Parque illustrated by Daragnès on "papier d'Arches" is offered for 1,200 francs. Also listed are copies on "grands papiers" of P. Lièvre's Paul Valéry ⌐407¬; Valery Larbaud's Paul Valéry et la Méditerranée ⌐861¬; and Lefèvre's Entretiens avec Paul Valéry ⌐862¬.

1617. Hervieu, Marcel: "Marcel Proust, André Gide, Paul Valéry par Paul Souday," Le Courrier de la république, 25 septembre 1927, ⌐M¬. ⌐VRY Ms. 994, II, 96-97.

Hervieu manages to review Souday's Paul Valéry without ever discussing P.V. He seems to have grasped only this: "Paul Valéry! La poésie pure! Tout ce que n'aime pas M. Clément Vautel."

1618. ⌐Anon.¬: "Les Livres qu'il faut lire," Notre Carnet, Lyon, 25 septembre 1927, ⌐M¬. ⌐VRY Ms. 994, II, 96¬

A wrong-headed review of Fernandat's Paul Valéry ⌐1147¬. The reviewer seems determined to praise his fellow Lyonnais regardless of the results. Thus, he quotes abbé Bremond on mysticism, attempting to make P.V. out a mystic, P. Souday notwithstanding: "ce mot ⌐mysticisme¬, dépouillé de tout sens confessionel, ne signifie autre chose que conscience lyrique." He is forced to conclude that "l'intuition...lui a dicté ses plus beaux vers...."
Adrienne Monnier had similarly defined P.V. as a mystic in ⌐980¬.

1619. Gérardot, Gaston: "La Poésie--Fernand Mazade," Les Cahiers d'Occident, no. 10 ("achévé d'imprimer...le vingt-six septembre" 1927), pp. 169-80.

P.V. is mentioned as a member of the "nouvelle Pléiade française," as was Mazade. Gérardot cites P.V. against Banville: "Banville n'admettait pas l'inversion des termes. Mais Paul Valéry ⌐and Mallarmé before him¬ vient, avec autorité, de contredire Banville."

1620. Lefèvre, Frédéric: "Marcel Jousse--une nouvelle psychologie du langage," Les Cahiers d'Occident, no. 10 ("achévé d'imprimer... le vingt-six septembre" 1927), pp. 3-116.

A monograph devoted to the series of Etudes de psychologie

linguistique by Marcel Jousse, S. J. Lefèvre cites P.V. on several
occasions. He reprints the following passage "conformément à la loi
physiologique signalée par Marcel Jousse [(que) nos expressions spon-
tanément allitérées sont allitérées sur les syllabes intensifiées...]":
"Sur le Jardin se risque et rôde.../La splendeur de l'azur aiguise/
Cette guivre qui me déguise.../Les plus purs s'y penchent les pires.../
C'est là mon fort, c'est là mon fin..." (p. 86).
(Cf. Lefèvre's article on Jousse in Le Roseau d'or [1164].)

1621. Régnier, Henri de: "La Vie littéraire," Le Figaro, 102e
année, no. 270 (27 septembre 1927), p. 2. [VRY Ms. 994, II, 84-85]

In his review of Souday's Paul Valéry Régnier stresses the
"classical" or traditional elements in P.V.'s poetry. As for obscurity, "L'hermétisme de ses écrits n'a pas une cause formelle; elle pro-
vient du jeu elliptique de la pensée, de la disjonction des idées ou
de l'imprévu de leurs rapports." Régnier also comments favorably on
P.V.'s preface to Royère's Mallarmé. Talvart listed this article in
Fiche..., 7e année, 1928, no. 16.

1622. Pelha[m]: [title lacking], L'Indépendance belge,
Bruxelles, 27 septembre 1927, [M]. [VRY Ms. 994, II, 94]

An uninspired article based on P.V.'s "Les Deux Vertus d'un
livre."

1623. Anon.: "Gazette académique," L'Oeuvre, 30 septembre
1927, [M]. [VRY Ms. 994, II, 83]

"L'Académie Française a renouvelé son bureau pour le dernier
trimestre de l'année. M. Georges Lecomte devient directeur et M. Paul
Valéry chancelier."

1624. H.[enri] M.[artineau]: [title lacking], Le Divan, septembre-octobre 1927, [M]. [VRY Ms. 994, II, 91]

Martineau reviews Fernandat's Paul Valéry--essai, regretting
only that Fernandat did not sum up his ideas on P.V. in a proper conclusion. In a review of Porché's Paul Valéry et la poésie pure [870],
Martineau states that he does not wish to revive the quarrel over
"poésie pure." Martineau also lists a title by Porché, Paul Valéry,
presumably published in 1927, although no such book seems to have

existed. No other critic alluded to it, and the Bibliothèque Nationale has been unable to find a trace of any such title.

1625. Varlet, Théo: "Mallarmé," Le Manuscrit autographe, 2e année, no. 11 (septembre-octobre 1927), pp. 109-14.

Varlet reviews Royère's Mallarmé, alluding once to "...la préface de M. Paul Valéry qui le complète si heureusement."

1626. Souday, Paul: "Allons-nous vers le crétinisme? ₍réponse à une enquête₎," Les Marges, 24e année, XXXIX, nos. 159-160 (septembre-octobre 1927), 64-66.

A reprint of ₍1493₎.

1627. ₍unidentified clipping₎, ₍octobre? 1927₎, ₍M₎. ₍VRY Ms. 994, II, 120₎

An echo of P.V.'s speech at the Institut Français in London in October 1927. Sir Edmund Gosse is said to have placed P.V. "au tout premier rang des poètes contemporains."

1628. Gaillard, André: "Henri Brémond, par Maurice Martin du Gard," Cahiers du Sud, Marseille, 13e année, no. 94 (octobre 1927), ₍M₎. ₍VRY Ms. 994, II, 87₎

Gaillard approves of Martin du Gard's regrettable description of P.V. as "didactique, cérébral, éloquent." Thus, he is able to conclude "...qu'il n'y a pas de poète moins pur que Paul Valéry." This last note is pure Bremond.

1629. Vinchon, Jean: ₍Charles Foix₎, Aesculape, no. 10 (octobre 1927), p. 241. ₍VRY Pr. 229 in 4 & VRY Ms. 994, II, 34₎

In memory of Charles Foix, recently deceased, Aesculape printed P.V.'s "Lettre à Charles Foix."

1630. Hain, Georges: "Définitions," Les Nouveaux Essais critiques, octobre 1927, ₍M₎. ₍VRY Ms. 999, VII, 154 bis₎

⌐1635¬   477

"Paul Valéry: un grand commerçant, sinon un grand poète."
This theme was to become more common after Galtier-Boissière's article in <u>Le Crapouillot</u> for December ⌐1841¬.

1631. Curtius, Ernst Robert: "Paul Valéry," <u>Revue franco-belge</u>, 7e année, nouvelle série, no. 10 (octobre 1927), ⌐M¬.

This is a continuation of ⌐1583¬, <u>q.v.</u>

1632. Les Alguazils: "Prix littéraires," <u>Le Figaro, supplément littéraire</u>, nouvelle série, no. 443 (samedi 1er octobre 1927), p. 4.

The same announcement appeared in the <u>Mercure de France</u> ⌐1635¬.

1633. Gourmont, Jean de: "Littérature," <u>Mercure de France</u>, 38e année, CXCIX, no. 703 (1er octobre 1927), 141-42.

This review of the Payot edition of <u>Les Fleurs du Mal</u> is entirely devoted to P.V.'s preface. J. de Gourmont cites P.V.'s observation that Baudelaire's eloquence "...garde et développe presque toujours une ligne mélodique admirablement pure et une sonorité parfaitement tenue qui la distinguent de toute prose." He adds: "Et c'est aussi une très juste définition de la poésie de M. Paul Valéry, dont le timbre est pur" (p. 142).
At last, a valid use of the word "pur" in a critical article.

1634. Souza, Robert de: "Revue de la quinzaine--poétique," <u>Mercure de France</u>, 38e année, CXCIX, no. 703 (1er octobre 1927), 194-204. ⌐VRY Ms. 999, VII, 210 bis¬

Maurras had written (in ⌐1359¬): "il ⌐P.V.¬ est sur la grande route royale." Souza remarks maliciously: "Oui, la route aux pavés, hélas!" He continues: "S'entêter à ne pas distinguer la logique du <u>poème</u> de la logique du <u>discours</u> à laquelle Valéry est revenue ⌐sic¬, et qui désespérait tous ceux qui parmi nos classiques eurent la prescience de la poésie véritable, est une monstrueuse gageure!" Souza customarily used this same harsh tone when writing of P.V., whose poetics he had combatted for some years.

1635. Anon.: "Echos," <u>Mercure de France</u>, 38e année, CXCIX, no. 703 (1er octobre 1927), 249.

Prints the names and addresses of the jury for the Prix Jean Moréas. P.V. was a member of the jury. Announcement repeated in ⌐1640⌐.

1636. Martin du Gard, Maurice: "Opinions et portraits--M. Paul Souday," Les Nouvelles littéraires, 6e année, no. 259 (1er octobre 1927), pp. 1-2. ⌐VRY 584₁₄ in 8 & VRY Ms. 994, II, 83⌐

Writing about Souday's Paul Valéry, Martin du Gard calls P.V. "...le type de l'humaniste moderne; pas de meilleur anti-mystique, pas de plus anti-belphégorien, il a redonné à l'intelligence sa primauté, au langage une nouvelle rigueur." Compare A. Gaillard in ⌐1628⌐.

1637. Régis, Jean-Paul: "Hérétique ou ignorant," Oc, Toulouse, 1er octobre 1927, ⌐M⌐. ⌐VRY Ms. 999, VII, 156 bis⌐

Régis prints an indignant reply to B. Crémieux's speculations on the poetic tradition of the South of France.
"Qu'il aime le lyrisme fatigué de M. Valéry, amalgame curieux du divin Mallarmé et des poètes didactiques du XVIIIe siècle, là n'est pas la question.//L'académicien Valéry représente la tradition occitane au même titre que le pindarique La Tailhède qui ne la représente du tout, bien qu'il soit d'origine quercynoise." (Continued in ⌐1706⌐.)

1637 a. Naville, Pierre: "Mieux et moins bien," La Révolution surréaliste, nos. 9-10 (1er octobre 1927), pp. 54-61.

One allusion to "Paul Valéry--à quand son prochain roman?..."

1638. Maublanc, Jean-Daniel: "Chronique littéraire--réponse à M. Robert Valançay," La Tribune libre de la région ouest, Asnières, 1er octobre 1927, ⌐M⌐. ⌐VRY Ms. 994, II, 90⌐

"Je sais nombre de mes confrères qui ne peuvent entreprendre la lecture d'un poème de mon sympathique Paul Valéry (mon ami Ernest Prévost, par exemple...), sans se sentir pris d'un irrésistible sommeil. Cela empêche-t-il, cher Monsieur, l'auteur de La Jeune Parque d'être le plus grand génie poétique de notre époque?" Apparently not. See ⌐1647⌐.

1639. G. H. T.: "Chronique des ventes," <u>Plaisir de bibliophile</u>, 3e année, no. 11 (été [after 1 October] 1927), pp. 232-37.

Early in October the library of M. H.-M. Petiet was sold at the Hôtel Drouot. "Une importante réunion d'ouvrages de Paul Valéry a permis de constater la faveur constante que les amateurs témoignent pour les livres du grand écrivain." G. H. T. gives descriptions and prices paid for sixteen different volumes by P.V. sold at this auction.

1640. Anon.: "Le Prix Moréas," <u>Candide</u>, 6 octobre 1927, [M]. [VRY Ms. 994, II, 83]

P.V. was to be a member of the jury; see [1934].

1641. Anon.: "Le Plus Précieux de nos poètes," <u>Le Parlement et l'opinion</u>, 7 octobre 1927, [M]. [VRY Ms. 994, II, 95]

P.V. and the bibliophiles; anecdote related in [1346] and [1457].

1642. P.[aul] S.[ouday]: "Crétinisme," <u>Le Temps</u>, 7 octobre 1927, p. 1. [VRY Ms. 994, II, 134]

To read P.V. one needs a good classical education....

1643. Anon.: "Les Ames en peines," <u>Aux écoutes</u>..., 8 octobre 1927, [M]. [VRY Ms. 999, VII, 121]

P.V. is named as one of the writers whose social habits will be disrupted by the temporary closing of Mme Jacques Bousquet's <u>salon</u>.

1644. Anon.: "Le Courrier de Paris--informations littéraires," <u>L'Europe nouvelle</u>, 10e année, no. 504 (8 octobre 1927), p. 1337.

Quotes a passage on bibliophilism from "Les Deux Vertus d'un livre," which P.V. had contributed to the first number of <u>Arts et Métiers graphiques</u> (15 September). The reviewer claims that in quoting from Stendhal's <u>Rome</u>, <u>Naples et Florence</u> P.V. distorted the meaning of a paragraph.

1645. Guilac, H.₍enri₎: "Les Lettres et l'auto," Les Nouvelles littéraires, 6e année, no. 260 (8 octobre 1927), p. 8. ₍VRY Ms. 994, II, 86₎

The section of this cartoon devoted to P. Souday portrays the critic with three boxes labelled Paul Claudel, Paul Valéry, Proust. The caption reads "...car tout le monde n'a pas comme M. Souday la chance de rattraper le Temps perdu...." The allusion is of course to Souday's critical trilogy, but the Claudel box would have been more aptly labelled André Gide.

1646. Jaloux, Edmond: "L'Esprit des livres," Les Nouvelles littéraires, 6e année, no. 260 (8 octobre 1927), p. 3. ₍VRY Ms. 994, II, 93-94₎

Jaloux devotes his weekly column to a review of P.V.'s texts concerning M. Teste published by nrf. Jaloux claims to be able to trace "une ascendance directe très nette" for M. Teste. This genealogy includes Maine de Biran, Condillac, Charles Bonnet, Destutt de Tracy, Cabanis, Barthez. Jaloux argues his point quite convincingly, without claiming any influence of these thinkers on P.V.

1647. Valançay, Robert: "Chronique littéraire--pour clore une polémique," La Tribune libre de la région ouest, Asnières, 8 octobre 1927, ₍M₎. ₍VRY Ms. 994, II, 90₎

A reply to J.-D. Maublanc's article ₍1638₎.
"Certes, cher Monsieur, j'aime Valéry autant que vous pouvez l'admirer, et pour vous le prouver, je vous confierai qu'il m'advint, il y a quelque quatre ans, de dissiper une journée entière pour me procurer Charmes, à une époque où ce volume était épuisé ou presque.
A Valéry, cependant, je préfère le Poète des Poètes, le maître même de notre académicien: Stéphane Mallarmé; et le plus grand reproche que je me permets d'adresser à l'auteur de la Jeune Parque est de subir par trop l'influence de ce souverain du vers."
On 22 October ₍1670₎ M. Maublanc pointed out how unjust is this paradoxical criticism.

1648. Guy-Grand, Georges: "Le Livre du jour," Le Quotidien, 10 octobre 1927, ₍M₎. ₍VRY Ms. 994, II, 95₎

R. P. Gillet's Paul Valéry et la métaphysique is the book of the day. Guy-Grand makes these amusing but accurate comments about

P.V. and his Catholic critics:
"Paul Valéry est aimé des dieux. Ce contempteur de Pascal, cet ennemi de la philosophie, de la métaphysique, et de Dieu même-- en qui il ne voit que des idées vagues et anthropomorphiques, ou des 'trombones'!--ce poète qui ne veut être qu'artiste, sacré 'prince de l'esprit' par M. Paul Souday, connaît cette ironique fortune d'être adoré par ceux qu'il brûle--et de quel encens! M. l'abbé Brémond fut à l'Académie son plus chaleureux patron, La Revue critique l'a fêté, et voici que le R. P. Gillet, en une luxueuse plaquette, lui dédie un aimable sermon. En vérité, il faut que l'auteur d'Eupalinos ait un nihilisme bien assuré, s'il résiste à tant de sourires."

Guy-Grand recognizes in Gillet's book an attempt to prove that P.V. is a "métaphysicien et...croyant qui s'ignore." It is noteworthy that for his part Guy-Grand, adopting one element of the myth, assumes that P.V. is a nihilist.

1649. P.ᵣaulᵤ S.ᵣoudayᵤ: "Quelques oracles de Claudel," Le Temps, 10 octobre 1927, p. 1.

Souday mentions P.V. once in this rather violent commentary on Claudel's famous line from the "Magnificat": "Ne me perdez avec les Voltaire...." Souday's long-standing dislike for Claudel can be traced directly to a conflict of ideologies.

1650. Marsan, Eugène: "Feuilleton littéraire--danse et classicisme," Comoedia, 11 octobre 1927, ᵣM.ᵤ. ᵣVRY Ms. 994, II, 100ᵤ

Marsan mentions P.V. only in passing. He is concerned with classical dance and A. Levinson's treatment of it in Paul Valéry philosophe de la danse. Quoted in ᵣ1653ᵤ.

1651. Cougnard, Jules: "Les Livres--éditions d'art," Journal de Genève, 98e année, no. 278 (mardi 11 octobre 1927), p. 2. ᵣVRY Ms. 994, II, 28ᵤ

Cougnard describes an edition of P.V.'s Un Essai sur Stendhal published by the Lausanne bibliophile Mermod. Only 90 copies were printed according to Cougnard, who signed Cd.

1652. ᵣPlanhol, René de?ᵤ: "Les Malfaiteurs intellectuels," La Nouvelle Lanterne, 11 octobre 1927, pp. 25-26. ᵣVRY Ms. 994, II, 174 bisᵤ

Monod's clipping is unsigned, but R. de Planhol was "rédacteur-propriétaire-gérant" of La Nouvelle Lanterne and had criticized P.V. in this newspaper before. Here his attack on F. Lefèvre resembles Rouveyre's in Vient de paraître ₍922₎.

"C'est ainsi que Frédéric Lefèvre s'associe à toutes les réclames tapageuses et renchérit sur tous les snobismes. Après avoir déprécié longtemps Paul Valéry ₍one would like to know precisely when and where₎, il s'est rallié à l'auteur de Charmes dont il s'est institué le thuriféraire, parce qu'il avait inventé la petite combine fructueuse des Entretiens avec Paul Valéry. Il ne sert pas les auteurs qu'il aime, les oeuvres qui l'enthousiasment. Il flaire seulement la mode et la vente, pour que ses articles soient assurés d'être profitables. Tel est le secret des Une heure avec...."

Lefèvre is accused of being anti-French and pro-European. The writer praises L. Daudet's frequent attacks on "pro-European" literary figures. The tendentious nature of this article casts considerable doubt on the arguments it presents.

1653. Tuc, Pierre: "Sur le classicisme," L'Action française, 12 octobre 1927, ₍M₎. ₍VRY Ms. 994, II, 92₎

Tuc enrolls P.V. in the ranks of the neo-classicists. He cites E. Marsan's article ₍1650₎, concluding "...ce classicisme de principe a fini par tout influencer: l'oeuvre magistrale d'un Valéry comme la délicieuse promesse d'un Radiguet...."

1654. Souday, Paul: "Les Livres," Le Temps, 13 octobre 1927, p. 3.

Souday analyses J. de Lacretelle's notion of "poésie pure" in Aparté ₍1155₎. "M. Jacques de Lacretelle me paraît mal interpréter aussi ce que M. Bremond appelle la poésie-musique, sans l'accepter davantage. Valéry, que M. de Lacretelle nomme à ce propos, conçoit cette poésie-musique à partir de l'élément intellectuel, comme un choix, un raffinement, une sublimation qui en dégage l'essence, mais qui n'en fait point table rase et n'exige pas le sacrifizio dell'intelletto."

1655. ₍Anon.₎: "Femmes d'aujourd'hui--Mme Julliette Adam," La Française, 15 octobre 1927, ₍M₎. ₍VRY Ms. 999, VII, 128 bis₎

Mme Adam, age ninety-one, is quoted as saying: "Tous ceux que j'ai aidés, ne me séparent pas aujourd'hui de leurs débuts littéraires, pas un ne m'a oubliée. ... Car aucun de 'mes fils' n'en fit preuve ₍d'in

gratitude₃ envers moi. Et même ce petit qui est récemment entré à
l'Académie, Paul Valéry, m'a rappelé dernièrement qu'au moment où la
'Nouvelle Revue' allait disparaître, il était venu m'apporter ses premiers vers." The recollection is touching but inaccurate. P.V. had already published his "premiers vers" elsewhere when he submitted his
"Introduction à la méthode de Léonard de Vinci" for publication in the
Nouvelle Revue.

1656. Anon.: "Erreur n'est pas compte," La Parole, 18 octobre
1927, ₍M₎. ₍VRY Ms. 994, II, 87₎

"M. Paul Valéry, de l'Académie française, a dû, pour raisons de
santé, se faire remplacer par M. Louis Bertrand, aux cérémonies en l'honneur des écrivains morts à la guerre."
This note had previously been published in Comoedia.

1657. Téry, Gustave: "Sur une image--les focs qui picorent,"
L'Oeuvre, no. 4401 (mercredi 19 octobre 1927), p. 1. ₍VRY Ms. 751 &
VRY Ms. 994, II, 112-13₎

In the bibliography of his Essai d'explication du 'Cimetière
marin', 1933, Gustave Cohen called this article "...le signal d'une
longue et parfois violente polémique dans divers journaux et revues
de France et de l'étranger" (p. 108). Thibaudet referred to it as a
Thermidorian Reaction and J. P. Monod called it "L'Offensive anti-
Valéryenne." The polemic which began immediately after the publication
of this article was the result of cumulative anger, frustration and
incomprehension at P.V.'s success, symbolized by his entry into the
Academy. Several lucid observers had predicted just such a reaction
on the part of a usually well-intentioned public led by those who bore
long-standing grudges against P.V. The polemic was to rage through
the last days of 1927 and die out in the first weeks of 1928. Significantly, all the elements of P.V.'s myth were called upon, this
time to damn him.

Gustave Téry's sincere indignation represented a very dangerous current of anti-P.V. opinion. He was so convinced of the incom-
prehensibility of Le Cimetière marin that he adopted a mocking tone
even in his attempt to explain one of the central images. His initial
mistake was in taking "toit" in line one to be an actual roof:

"Il s'agit donc d'un toit comme nous avons coutume d'en voir,
avec des pigeons; un peu plus loin, le poète lui-même nous avertit que
cette toiture a 'mille tuiles'.

Alors, qu'est-ce que les focs viennent faire là-dedans, ou là-
dessus? Qu'est-ce que c'est que ces bateaux qui se promènent sur les

toits? Comment les 'vagues' peuvent-elles 'rompre' le 'toit tranquille'? Cyclone? Raz de marée?
Pourtant, tout le long du poème, le temps a l'air magnifique, et rien ne laisse prévoir un cataclysme."
In order to prove to his readers that the image in question is thoroughly ridiculous Téry printed Le Cimetière marin on page 4 of this number. On page 1, next to the masthead, appeared this headline: "Après 'les Affranchis' la Comédie-Française va représenter Eupalinos."
On 21 October in Le Temps ⸤1666⸥ Souday, whom Téry had accused of being as obscure as P.V., replied: "M. Gustave Téry, directeur de L'Oeuvre, est un esprit des plus cultivés, ancien normalien, agrégé des lettres, et l'un des meilleurs écrivains du journalisme actuel. Mais, radical en politique, il reste en littérature, comme son ami Jules Lemaître et comme Sainte-Beuve, l'homme des coteaux modérés."

1658. Bauër, Gérard: "Unité et diversité de la France," L'Echo de Paris, 20 octobre 1927, ⸤M⸥. ⸤VRY Ms. 994, II, 101⸥

Bauër praises P.V.'s preface to M. Hurlimann's La France, Architecture et Paysages.

1659. Anon.: "Leur Esprit," L'Echo de la presse, 20 octobre 1927, ⸤M⸥. ⸤VRY Ms. 999, VII, 132⸥

An echo from Aux écoutes... attributes the following to P.V.: "Il f... la guigne, ce petit-là!" Shocking.

1660. Trèvesle: "Sans fil," Eclaireur de l'est, ⸤Mulhouse?⸥, 20 octobre 1927, ⸤M⸥. ⸤VRY Ms. 999, VII, 159⸥

This first recorded reaction to Téry's article is unequivocally favorable.

1661. ⸤Lalou, René?⸥ "Le Courrier des lettres," Le Progrès de Lyon, 20 octobre 1927, ⸤p. 2.⸥ ⸤VRY 628 in 12⸥

A review of Fernandat's Paul Valéry--essai containing these excellent comments:
"De même, je ne crois pas qu'il faille invoquer Bergson ou Hegel pour expliquer ce que Valéry doit aux philosophes d'Elée: Valéry est essentiellement un Méditerranéen jusque dans son pessimisme tranchant. Les notions philosophiques de Fernandat rappellent ici les

passages où César Franck évoquait les démons: peut-être ne se les représente-t-il pas dans toute leur exigeante âpreté et les localise-t-il un peu arbitrairement."

 1662. Souday, Paul: "Les Livres," Le Temps, 20 octobre 1927, p. 3. ⌐VRY Ms. 999, VII, 183-84⌐

 Souday reviews three books by R. Lalou: Défense de l'homme ⌐860⌐; Trois Manifestes d'Edgar Poe and Vers une alchimie lyrique ⌐1158⌐. The greater part of the review concerns "L'idée de poésie pure en France" in Defense de l'homme. Souday adds nothing to his already well-defined view of the subject. Abbé Bremond comes in for his share of harsh criticism.

 1663. Lord Durein: "M. Ad. Noël à l'Académie française," Las Noticias, Barcelona, 21 octobre 1927, ⌐M⌐. ⌐VRY Ms. 999, VII, 155⌐

 Lord Durein ridicules receptions at the French Academy. He imagines that a journalist, M. Noël, is being received by the Academy and, contrary to custom, Abel Hermant speaks first, putting the entire audience to sleep with the exception of M. Louis Barthou. Barthou insists that P.V. take the place of Hermant who is doing a rather bad job. When P.V. replies that he has nothing prepared, Barthou retorts: "Vous n'avez jamais rien préparé...ce n'est pas à votre âge que vous commencerez."

 1664. Fouchardière, G.⌐eorges⌐ de la: "Hors d'oeuvre," L'Oeuvre, 21 octobre 1927, ⌐M⌐. ⌐VRY Ms. 994, II, 115⌐

 Fouchardière makes a slip which reveals that he had not read Le Cimetière marin and had probably not read very carefully his colleague's article of 19 October. He writes of a "'Toit' ondulant sous lequel pourraient 'picorer des phoques', suivant la prestigieuse image de M. Paul Valéry...." Fouchardière repeated this ridiculous comment in ⌐1667⌐, proving his incompetence to criticize P.V.

 1665. Anon.: "De qui?" L'Oeuvre, 21 octobre 1927, ⌐M⌐. ⌐VRY Ms. 994, II, 114-15⌐

 This anecdote is similar in tone to Fouchardière's article:
"Lorsque M. Paul Valéry fut élu à l'Académie Française, un lecteur de l'Oeuvre, colonel en retraite, nous écrivit pour s'étonner.

Et il donna à son étonnement cette forme ingénument militaire: 'Comment le maréchal Foch a-t-il pu voter pour un poète aussi peu clair?'
En vérité, nous ne le savons pas. Et nous ne savons pas non plus le nom de l'auteur de ce quatrain qui alliait sans méchanceté le nom du maréchal partisan de Valéry au souvenir d'un des vers les plus beaux (il paraît) du <u>Cimetière marin</u>: 'Désormais la Coupole où sont, comme des rocs,/Les talents les plus chers aux foules éblouies,/Entendra des chansons jusqu'alors inouïes/Et bonnes pour les toits où picorent des fochs.'
Ce n'est peut-être pas très clair non plus, mais on comprend à peu près."

1666. P.[aul] S.[ouday]: "Réponse à M. Gustave Téry," <u>Le Temps</u>, 21 octobre 1927, p. 1. [VRY Ms. 994, II, 114]

Souday justifies P.V.'s "toit" image beyond any doubt; he had already done so on two previous occasions, when the poem appeared in 1920 and again on 28 July 1927. After this, one would expect the opposition to concede the point. Souday writes:
"Il suffit que le vent se lève pour que les vagues rompent la face unie du toit marin, pour que les bateaux tanguent et que les focs picorent. Libre à M. Téry de ne pas trouver l'image charmante, mais elle est incontestablement juste."
M. Téry, however, had only begun to fight...

1667. Fouchardière, G.[eorges] de la: "Hors d'oeuvre," <u>L'Oeuvre</u>, 22 octobre 1927, [M]. [VRY Ms. 994, II, 114]

Fouchardière replies to Souday with a very personal attack:
"Mais je n'ai pas encore été atteint d'une crise de snobisme littéraire semblable à celle qui vint sur le tard à M. Paul Souday et qui détermina une étonnante conversion... Car il n'est pas d'écrivains plus différents par le tempérament et le génie que M. Paul Valéry et M. Paul Souday. Ils sont, pour ainsi dire, les deux Paul opposés de la littérature, équidistants du juste Equateur, et séparés par des abîmes et des immensités.
Tout ça, voyez-vous, c'est la faute à Baudelaire!"
Fouchardière alludes to Souday's well-known opinion that Baudelaire had been overrated. According to Fouchardière, when Souday realized that he looked a bit silly attacking Baudelaire, he decided to "discover" someone really incompréhensible: P.V. This assessment of Souday's campaign on behalf of P.V. is dishonest and totally false.

1668. Téry, Gustave: "Phébus et rébus," <u>L'Oeuvre</u>, 22 octobre 1927, ⌐M⌐. ⌐VRY Ms. 994, II, 115⌐

Téry's article is a rather pedantic exercise in diction. He concludes that P.V. should have written "picoter" instead of "picorer." Not a word, however, about the "toit." Téry seems to have been somewhat embarrassed by the clarity of Souday's explanation of the image in ⌐1666⌐.

1669. Anon.: "Conférences de littérature française," <u>Progrès de l'Oise</u>, ⌐Beauvais?⌐, 22 octobre 1927, ⌐M⌐. ⌐VRY Ms. 999, VII, 126 bis⌐

"Les personnes qui désirent suivre le cours de M. J. Trabusco sur <u>la littérature française du Romantisme à Paul Valéry</u> sont priés de s'inscrire avant le vendredi 28 octobre."

1670. Maublanc, Jean-Daniel: "Chronique littéraire--la polémique n'est pas close," <u>La Tribune libre de la région ouest</u>, Asnières, 22 octobre 1927, ⌐M⌐. ⌐VRY Ms. 994, II, 90 & VRY Ms. 999, VII, 161 bis⌐

Maublanc continues his public quarrel with M. Valançay, who had written in reply to Maublanc in ⌐1647⌐.
"A le lire, on pourrait supposer qu'Apollinaire a plus fait pour la poésie française que Paul Valéry et que la poésie intellectuelle de ce dernier n'a qu'une influence relative et sans lendemain. ...
L'influence de Valéry, mais elle fait tache d'huile, mon cher ami! Ce qui la fait lente, mais sûre, c'est qu'elle n'atteind⌐sic⌐ à ce jour que les esprits supérieurs et les lettrés de choix. Le suc oléagineux du dadaïsme et des écoles parallèles a gagné les masses primaires, parce que cette poésie facile et inconsciente était à la portée de tout le monde. Mais sa grande dilution a fait sa perte. ... Valéry est un rocher éternel, toutes les écoles modernes, avec leurs manifestes bruyants, ne sont déjà plus que fumée...."
However admirable M. Maublanc's devotion to P.V. may be, he was wrong in opposing him to Apollinaire in this manner. Certainly Apollinaire has influenced French poetry more than P.V. has since 1927.

1671. Albin, Pierre: "Galimatias," <u>Petit Havre</u>, 23 octobre 1927, ⌐M⌐. ⌐VRY Ms. 999, VII, 158 bis⌐

488 ₍1672₎

An echo of the first exchange in the Téry-Souday debate over Le Cimetière marin. Albin sides with Téry.

1672. Fouchardière, G. ₍eorges₎ de la: "Choses et autres--en marge du 'Parménide'," Le Populaire du centre, Limoges, 23 octobre 1927, ₍M₎. ₍VRY Ms. 999, VII, 160₎

A reprint of ₍1667₎.

1673. Anon.: ₍title and place of publication unknown₎, 23 octobre 1927, ₍M₎. ₍VRY Ms. 999, VII, 153₎

On P.V.'s recent trip to England John Galsworthy introduced him to the "club franco-anglais" as "essentiellement Français."

1674. Spectator: "Des gens et des choses--succès," Dépêche de Constantine, Algérie, 25 octobre 1927, ₍M₎. ₍VRY Ms. 994, II, 122₎

A rapid review of P.V.'s rise to fame. The journalist concludes:
"Sans doute y a-t-il du snobisme dans ce cas et on peut même se demander si en quelque façon le succès ne risque pas d'être préjudiciable à Paul Valéry...."
See P.V.'s own statement to A. Rousseaux in ₍1461₎.

1675. Anon.: ₍title lacking₎, L'Humanité, 26 octobre 1927, ₍M₎. ₍VRY Ms. 994, II, 114₎

"--Paul Valéry fut sacré grand poète et membre de l'Académie. Cela était admis sans discussion, car Valéry n'intéresse personne ou un cercle assez restreint de petits bourgeois. Gustave Téry s'est avisé de commencer une offensive d'ailleurs maladroite. Attendons. Ça nous permettra peut-être d'assister à quelques scandales."
The prognostic, at least, was entirely accurate. L'Humanité had written more favorably of P.V. on 24 June ₍1401₎.

1676. Valère: "Le Signet de Valère--d'un 'foc' qui 'picore'," Petit Provençal, Marseille, 26 octobre 1927, ₍M₎. ₍VRY Ms. 999, VII, 160₎

After conceding that "...bien qu'il fût en possession de tous les éléments d'une image ingénieuse," M. Paul Valéry a manqué son effet," Valère concludes that Téry's insistance on the etymology of "picorer" on 22 October was quite petty.

1677. Souday, Paul: "Les Antipoètes," Candide, 27 octobre 1927, ⌐M⌐. ⌐VRY Ms. 994, II, 116⌐

Souday's article is of a general nature until the closing paragraph, where he replies to Téry's recent attack ⌐1668⌐. Noting that Téry insists on interpreting the "toit" image literally, Souday comments:
"Mais un croissant de lune n'est pas non plus une faucille, et les étoiles ne sont pas des épis de blé bien qu'au Cimetière marin M. Téry oppose avec éloges Booz endormi ⌐1657⌐. Les métaphores ne portent jamais que sur des analogies: s'il y avait identité absolue, la comparaison n'aurait plus de raison d'être."
Precisely; what is extraordinary is that a serious critic should be obliged to say so.

1678. Téry, Gustave: "Le 'picoteux'," L'Oeuvre, 28 octobre 1927, ⌐M⌐. ⌐VRY Ms. 994, II, 116⌐

Téry informs his readers that a "picoteux" is "une barque de pêche, avec deux mâts et un foc." He also quotes a letter from a reader who supported P.V.'s choice of the verb "picoter." Téry is obliged to admit that the image is not as ridiculous as he had so pompously proclaimed on 22 October. The quarrel, however, had already gone beyond the stage of quibbling over words. The first shot had been fired and many others were already planning their attacks.

1679. Thibaudet, Albert: "Le Courrier de Paris--les lettres," L'Europe nouvelle, 10e année, no. 507 (29 octobre 1927), p. 1438. ⌐VRY Ms. 994, II, 103⌐

Thibaudet cites P.V.'s contribution to the survey on Bossuet in Le Bien public of Dijon.
"Valéry est peut-être le seul à avoir admiré Bossuet pour de pures raisons de forme, et à avoir déclaré que ces raisons en valaient bien d'autres, valaient mieux que d'autres" (p. 1438).

1680. Anon.: "Brièvement," La Lumière, 29 octobre 1927, ⌐M⌐. ⌐VRY Ms. 994, II, 115 & VRY Ms. 999, VII, 159 bis⌐

This echo of the first exchange between Téry and Souday leads one to believe that here again, as in the "poésie pure" debate, one will witness much more personal prejudice than rational argument.

"Gustave Téry vient de rompre avec la tradition et, en un brillant article, il a montré qu'un des passages les plus célèbres du Cimetière marin était en tout point incompréhensible. M. Paul Souday, champion ordinaire de Valéry, a répliqué qu'il comprenait. Il n'a pas convaincu grand monde."

1681. Guibert, A.: "A Cambridge," Les Nouvelles littéraires, 6e année, no. 263 (29 octobre 1927), p. 7. ⸢VRY Ms. 994, II, 121⸣

Another echo of P.V.'s trip to England. P.V. had spoken at Cambridge.

"Le magnifique poète de Charmes avait choisi de traiter de 'L'inspiration poétique', non point celle que la foule croit nécessaire ⸢et⸣ suffisante à la création du poème, mais celle qui s'accompagne d'efforts sans nombre, d'un travail minutieux d'épuration et d'élimination, d'une technique enfin."

1682. Thibaudet, Albert: "Le IVme Congrès des unions intellectuelles," Les Nouvelles littéraires, 6e année, no. 263 (29 octobre 1927), p. 1. ⸢VRY Ms. 994, II, 94⸣

Thibaudet writes of P.V.'s contribution to the Congress:
"A Vienne, Paul Valéry avait traité un point de vue français ⸢du rôle de l'intellectuel dans les sociétés européennes⸣, ou plutôt le point de vue d'un Français."
Thibaudet himself addressed such a Congress in Frankfurt.

1683. Anon.: "Académie française," Le Temps, 29 octobre 1927, p. 4.

"Le secrétaire perpétuel, M. Doumic, donne lecture d'une lettre invitant l'Académie à se faire représenter, le 10 novembre prochain, à l'inauguration d'un buste de Verhaeren, édifié dans le square Saint-Séverin. Cette invitation est acceptée et M. Paul Valéry est délégué par ses confrères."
There were numerous echoes in the press after 10 November relating P.V.'s participation in the ceremonies.

1684. Anon.: "M. Paul Valéry est délégué à l'inauguration du buste de Paul Verhaeren," L'Express, ⌐29 ou 30 octobre 1927⌐, ⌐M⌐. ⌐VRY 56₃₄ in 4⌐

Again in the text of the article L'Express refers to "Paul Verhaeren...le célèbre poète belge." See ⌐1683⌐.

1685. Méric, Victor: "En passant--dans la boutique littéraire," Cyrano, 30 octobre 1927, p. 26. ⌐VRY Ms. 994, II, 102⌐

"Une grande discussion se poursuit, depuis plusieurs jours, au sujet de M. Paul Valéry qui, dans des vers désormais fameux, a eu l'idée originale d'assimiler un navire à une poule et le fait picorer dans la mer."
Méric stupidly assumes that Téry's original attack was justified, although the latter in ⌐1678⌐ had admitted the propriety of the image. Méric comments disdainfully on "l'abus des métaphores" and concludes with the familiar plea for clarity.

1686. N. N.: "La Vie à Péra," Milliet, Istanbul, 30 octobre 1927, ⌐M⌐. ⌐VRY Ms. 994, II, 91⌐

Maurice Dekobra, author of sentimental "romans d'aventures," had recently visited the fashionable foreign quarter of Istanbul. N. N. comments ironically:
"Par bonheur, Stamboul a d'autres quartiers où le nom de M. Maurice Dekobra ne pénétrera pas, parce que la place est déjà prise par des intrigants que je viens de nommer: Jean Giraudoux, André Gide, Paul Valéry. La vraie littérature, le vrai intellectualisme, la vraie culture sont, dans notre pays, l'apanage des seuls Turcs. C'est pourquoi il nous paraît bon que M. Dekobra triomphe à Péra."

1687. Anon.: "Gazette académique," L'Oeuvre, 30 octobre 1927, ⌐M⌐. ⌐VRY Ms. 994, II, 94⌐

Confirms the announcement in Le Temps ⌐1683⌐.

1688. Anon.: "Les Livres nouveaux," La Revue française, 22e année (30 octobre 1927), ⌐M⌐. ⌐VRY 584₁₀ in 8⌐

A rather good review of Souday's Paul Valéry.
"Peut-être même serait-il ⌐P.V.⌐ un peu trop enclin à dépriser la part de l'enthousiasme et de l'inspiration; mais on en avait telle-

ment surfait la valeur, en la proclamant suffisante et unique, qu'il n'est pas mauvais de réagir contre ce préjugé mortel, même avec un peu d'excès, qui, du reste, n'apparaît que dans les enseignements de M. Paul Valéry, non dans ses poèmes. Ce grand partisan de l'art réfléchi, rationnel et constructif, a cependant l'imagination la plus fraîche, la plus nerveuse sensitivité, et dans la savante organisation de telles ruches, son miel garde tout le parfum des fleurs."

It is quite true that critics had taken literally certain of P.V.'s statements disparaging inspiration without comparing them with his own poetic practice. W. N. Ince has demonstrated this in The Poetic Theory of Paul Valéry, Leicester, 1961.

1689. Téry, Gustave: "Une Farce académique," L'Oeuvre, 31 octobre 1927, [M]. [VRY Ms. 994, II, 117]

Téry returns to the fray after a silence of three days. The farce is of course P.V.'s election to the French Academy. According to Téry, P.V. threatens to corrupt French letters with anti-French, i.e., unclear, literature. "Par malheur, ces échantillons [de littérature antifrançaise] ne sont pas rares. M. Valéry 'fait école'. Et ici c'est la faute grave de l'Académie française." Téry admits at one point that "ce qui nous fâche ou nous rebute dans les poèmes de M. Valéry, c'est que nous n'y comprenons goutte." After a few sarcastic remarks intended for Souday, Téry concludes by stating that Gallimard is seeking payment for the privilege of quoting Le Cimetière marin in L'Oeuvre for 19 October.

1690. Anon.: [title lacking], La Rampe, 31 octobre 1927, [M]. [VRY Ms. 994, II, 140 bis]

"M. Ernest Prévost, critique, ose dire ce qu'il pense:
'Qu'on me pardonne, écrit-il, de ne pas admirer sans restrictions les écrivains à la mode: si je trouve à Francis Jammes de l'enfantillage; à Claudel, de l'obscurité; à Paul Valéry, son indigence des dons du coeur; à Marcel Proust, son commérage; à l'abbé Brémond, l'abus des digressions....'
Allez-y M. Prévost, allez-y!"
Unfortunately, daring to speak one's mind is valuable only in proportion to the quality of one's judgement, and Ernest Prévost seems not to have excelled in that faculty. See also:

1691. Maublanc, Jean-Daniel: "Paul Valéry, à propos de

'Charmes'," Le Rouge et le noir, no. 4 (octobre-novembre 1927), pp. 555-61. ⌐VRY Pr. 623 in 8¬

M. Maublanc had also read E. Prévost and his comments are excellent. He refutes Prévost effectively in his own terms. Maublanc points out the importance of the sensual element in P.V.'s poems in order to disprove the theory of Prévost "qui critique trop souvent dans La Victoire celui qu'il appelle le négateur du coeur et dont la langue, malgré de prestigieuses réussites se réduirait à 'une sorte de comprimé sauvage, fort en substance, comme on le prétend, mais tout à fait dépourvu de sens et de charmes!' ... Les poètes ne sont rien sans leurs oeuvres et l'émotion qui se dégage de leurs oeuvres dépend plutôt du lecteur que de l'auteur. Je connais certains poètes dits de coeur (pas vous, Prévost) dont les vers ne m'émurent jamais. Je connais certains poèmes de Valéry qui me touchent infiniment et dégagent en moi de très réelles émotions."

In the midst of a generalized attack against P.V. Maublanc proved to be an ardent defender of his poet: "Je ne me lasserai pas de le redire: Paul Valéry est, à l'heure actuelle, notre seul génie poétique." (Cf. ⌐1670¬ in which M. Maublanc proved himself somewhat fanatical in this respect.)

1692. Daudet, Léon: "Un Nouveau Polémiste," L'Action française, ⌐exact date lacking¬ novembre 1927, ⌐M¬. ⌐VRY Ms. 999, VII, 122 bis¬

Daudet's attack on Lefèvre's Entretiens avec Paul Valéry contains something new. (In the following quotation Uneuravec refers to Lefèvre's Entretiens..., "Sulfate" is Souday, and "rhombes" is a distortion of P.V.'s Rhumbs.)

"Figurez-vous que j'ai repris le Uneuravec concernant Valéry ⌐à toi Sulfate!¬, que je n'avais pas coupé, Dieu me pardonne, et qui gisait dans le cimetière marin de ma bibliothèque, derrière mes 'rhombes', je veux dire derrière mes lombes. Eh bien! si c'est Frédéric Uneuravec qui a écrit ça, c'est qu'il a du dédoublement de la personnalité."

Whereas J. Boulenger (in ⌐849¬) had merely intimated that P.V. may have written the Entretiens avec Paul Valéry, Daudet makes a direct accusation. Concerning attribution of authorship of this volume, see also H. Talvart's note on ⌐817¬.

1693. Anon.: "Les Lettres et les arts," Bulletin de l'Association France-Grande Bretagne, novembre 1927, ⌐M¬. ⌐VRY Ms. 999, VII, 154 bis¬

"M. Paul Valéry a été reçu récemment à Londres par l'Anglo-French Luncheon Club. M. John Galsworthy, le célèbre romancier, lui a souhaité la bienvenue: 'Vous êtes, lui a-t-il dit dans son discours, essentiellement Français, tellement Français que si vous veniez en Angleterre sous le nom de John Smith, et si vous vous exprimiez en anglais, les gens vous suivraient très probablement en criant: Vive la France!'"
   An abbreviated version of this anecdote appeared on 23 Octobre in ⌐1673⌐.

1694. Espezel, Pierre d': "Bulletin de souscription ⌐prospectus⌐," Les Cahiers de la république des lettres, des sciences & des arts, novembre 1927, 4 p. ⌐VRY Ms. 993, I, 98 bis⌐

   This is a publicity pamphlet which lists the numbers of the review which have already appeared, beginning with: "No. 1. Les rapports du public avec les artistes, Valéry ou Boileau?"

1695. Anon.: "Le Sens moderne," Conferencia, ⌐novembre⌐ 1927, ⌐M⌐. ⌐VRY Ms. 994, II, 111⌐

   An announcement of the series of talks to be given by P.V. and Hélène Vacaresco at the Université des Annales. The dates and titles of their talks are listed beneath the general heading "Le Sens moderne":
   "C'est un voyage à travers les idées et les sentiments qui révolutionnent aujourd'hui la pensée humaine. La première étape: chez les poètes, et d'abord chez celui qui a dit: 'O ma mère Intelligence!' ⌐in "Poésie"⌐. M. Paul Valéry disputera avec Hélène Vacaresco sur la connaissance, l'émotion, l'intelligence, les poètes modernes et les beaux vers. Suffit-il de sentir? Faut-il savoir? Vaut-il mieux être artiste ou philosophe?..."
   The inanity of these questions is typical of Conferencia and of these lectures generally. Echoes of the various lectures in the series appeared through the month of December.

1696. Anon.: "Vient de paraître," Bulletin de l'office de livres du Crapouillot, novembre 1927, ⌐M⌐. ⌐VRY Ms. 994, II, 120 bis⌐

   In addition to the following article this publicity sheet announces to appear in the December issue of Le Crapouillot: "Le Génie commercial de M. Paul Valéry," by J. Galtier-Boissière ⌐1841⌐.

Toute discussion se réduit à donner à l'adversaire la couleur d'un sot ou la figure d'une canaille.

Les attaques ne détachent de nous que ceux dont nous devons nous féliciter qu'ils s'en écartent — soit qu'ils soient faits pour nous ignorer, soit qu'ils soient tels que nous ne pourrions souhaiter d'être incertains à leur sujet.

Le comble de la vulgarité me semble être de se servir d'arguments qui ne valent que pour un public — c. à. d. pour un spectateur ou auditeur réglé nécessairement au plus sot et formé de toutes les conventions des effets intérieurs — et qui ne résistent pas à un homme froid et seul.

Mais ce qui dure ne dure que par le consentement de ces derniers.

See c1697

des injures

Bon gré, mal gré il faut avaler - ravaler
ce qui sort de soi quand la provocation extérieure
nous atteint

Avant de se rendre maître de soi et de renvoyer
celui et les réponses qu'on y ferait donner malgré soi
— car le mal gît dans la riposte involontaire et non dans
l'atteinte — dans la valeur que nous donnons et non dans celle
que nous recevons (ne nous recevons de certains maux que de nous même
avant bien cette reprise de soi - il y a une période
d'oscillations entre demande et réponse, aux vibrations du choc –

Il s'agit de charger un enfant, un inconscient, un dément, un
machine l'être origine de ces
   de l'engober, de le relativiser –
   et de lui ôter la qualité d'égal –

Morale intime - On peut se permettre toutes les diversions, distractions
divertissements et même dissipations — qui laissent le champ libre
à peine achevés, quittés. Mais ce qu'il faut ou fuir ou contrarier
ce qui fait le fond - c'est ce qui s'amortit mal ou qui engendre
des résonances par relais ou par inertie jusqu'à supprimer les
libertés et s'agiter ~~hors de~~ une fois disparu.

Ce à quoi tu penses n'est pas essentiellement
distinct de toi qui penses
   il n'en est distinct que ... comme le point de la roue
qui porte sur le sol est distinct des autres points
   tu portes à chaque instant sur l'un de ces points et le ressens

1697. Rouveyre, André: "Discours d'expulsion de M. Paul Valéry à l'Académie française," Le Crapouillot, novembre 1927, pp. 21-26. ⸢VRY Pr. 164 in 4 & VRY Ms. 994, II, 122 bis⸣

Rouveyre's article marks the beginning of a new wave of assault against P.V. His article in the Mercure de France ⸢1560⸣ is mild compared to this one, which indicates that Rouveyre had taken advantage of the anti-P.V. offensive to launch a personal vendetta. Rouveyre dares insinuate that P.V. actually took advantage of the war to advance his own career. It is difficult to imagine baser slander.

"Comment ne verrait-on pas qu'un P. Valéry, secrètement industrieux, disciple, suiveur, assimilateur, et bien qu'essayant d'écrire mystérieusement, ne laisse pas d'être accessible à tout chercheur de devinettes ou amateur de 'mots croisés', comment ne verrait-on pas comme un P. Valéry se présenta astucieusement tout préparé ayant ingénieusement prévu le trouble intellectuel et moral qui devait suivre le grand massacre de toute cette génération où justement résidait la vigueur de la transition entre deux époques, se présenta, dis-je, astucieusement préparé à rafler les lauriers d'une période littéraire qui venait de s'écouler, dont les membres étaient devenus des Ombres et dont les fils venaient d'être broyés."

Perhaps the best refutation of Rouveyre was written by J. Pomier in Afrique for December ⸢1837⸣.

1698. Lièvre, Pierre: "Marcel Schwob," Le Divan, 19e année, no. 133 (novembre 1927), pp. 490-503.

"Dans la seule année 1896, son nom ⸢Schwob's⸣ fut inscrit sur la première page d'Ubu-Roi et sur celle de La Soirée avec M. Teste. Ce serait déjà un titre de gloire que d'avoir reçu de tels hommages.

Tous les regards convergeaient vers lui, comme si son intelligence fascinait, car il fut sans doute l'homme le plus intelligent de cette époque, ou tout au moins l'un des deux plus intelligents, M. Paul Valéry étant l'autre" (p. 491).

This is unexpected praise from the pen of the author of Paul Valéry ⸢407⸣. Had P. Lièvre become a "Valéryste malgré lui?"

1699. Crouzet, Guy: ⸢title lacking⸣, Grande Revue, novembre 1927, ⸢M⸣. ⸢VRY 56_{14} in 4⸣

Crouzet wrote, in anticipation of P.V.'s speech on Verhaeren scheduled for 10 November:

"A l'inauguration du buste de Verhaeren, l'Académie française est représentée par M. Paul Valéry; cela montre, de la part du bureau de 'la vénérable institution', un goût secret pour les contrastes: l'art de Verhaeren et celui de M. Valéry sont deux univers distincts, l'un à l'autre fermés, que seulement peut réunir l'éclectisme éclairé de ce qu'on appelait autrefois un 'amateur'. Nul doute cependant que l'auteur du Narcisse, celui qui va chercher l'inspiration auprès du coeur, aux sources du poème, ne réussisse avec honneur l'éloge du poèt des Villes Tentaculaires, chantre du progrès humain et des splendeurs de l'avenir. Lors de son discours de réception, M. Valéry s'est tiré d'un bien autre pas."

P.V. did not disappoint this expectation.

1700. ₅Auriant₃: "Chronique des moeurs--les mémoires des gra₎ des vedettes," Les Marges, novembre 1927, ₅M₃. ₅VRY Ms. 994, II₃

Auriant criticizes those who claim that cinema is an art form He is particularly harsh on A. Maurois who had written that "Charlot médite sur un film exactement comme M. Paul Valéry sur un poème." Auriant's comment: "C'est bien flatteur pour M. Valéry."

1701. Anon.: ₅advertisement₃, NRF, XXIX, no. 170 (novembre 1927), ₅M₃. ₅VRY Ms. 994, II, 89₃

R. Fernandat's Paul Valéry--essai is for sale "sur Japon" at 150 francs. The "éditions Lapina" advertise as "à paraître" a volume by P.V. entitled Cahier d'idées et d'impressions.

1702. Petit, Georges: "Les Livres," La Revue nouvelle, novem 1927, pp. 71-72. ₅VRY 584₄ in 8₃

Petit reviews Souday's recent books on Gide, Proust and P.V. Although he does not particularly care for Souday's criticism, he fin the Paul Valéry by far the best of the three, an opinion with which m critics agreed. On "poésie pure" he comments: "toute cette querelle assez vaine et menace de durer éternellement sans qu'elle soit jamais résolue."

1703. Bocquet, Léon: "Les Poésies de P. Louÿs," Vient de par ître, novembre 1927, ₅M₃. ₅VRY Ms. 994, II, 81₃

"Il est naturel qu'un livre placé sous l'invocation de M. Pau

Valéry, représentant officiel de la poésie pure, soit tout influencé par les théories du poète des Divagations."
See ⌐1167¬ and ⌐865¬.

1704. D. P.: "Littérature générale," Vient de paraître, novembre 1927, ⌐M¬. ⌐VRY 584$_{15}$ in 8 & VRY Ms. 994, II, 85¬

D. P. writes, in his review of Souday's Paul Valéry:
"Je ne suis en désaccord avec Souday que sur un point. Il écrit à la page 57 que Valéry est un grand poète. Non, Valéry n'est, comme il l'écrit à la page 29, qu'un poète de très haute et de très rare qualité."
The explanation of this inconsistency lies in the topical nature of Souday's book. His earlier judgement had appeared in Octobre 1921 ⌐184¬, the subsequent one in August 1924 ⌐506¬. During that time Souday's opinion of P.V. had changed from admiration to fervor. (Cf. ⌐1851¬.)

1705. Escholier, Raymond: "Le Beau Livre--trois manifestations, trois oeuvres," Vient de paraître, novembre 1927, pp. 969-72. ⌐VRY Pr. 15 in 4 & VRY Ms. 994, II, 123¬

Escholier reviews P.V.'s "Les Deux Vertus d'un livre" in Arts et Métiers graphiques for September. He chides P.V. for occasionally writing truisms, but hastens to add that his essay is written "en un style délicat et charmant."

1706. Pestour, A.: "Le Souvenir de Marius André," Oc, Toulouse, 1er novembre 1927, ⌐M¬. ⌐VRY Ms. 999, VII, 155 bis¬

This article is dedicated to the memory of M. André, who had written in praise of P.V. in La Minerve française for 15 July 1919. The following makes sense only when taken as a reply to B. Crémieux's article in Feuillets occitans ⌐1537¬. André is called "l'authentique, le pur représentant de la tradition occitane, le chantre inspiré de l'amour chevaleresque, l'héritier de nos troubadours et de leurs rayonnants disciples: Pétrarque et Dante, le Dante de la Vita nova ⌐sic¬. Lui, et non pas Paul Valéry, comme l'assure avec une aimable inconscience M. Benjamin Crémieux." See also J.-P. Régis in the October number of Oc ⌐1637¬.

1707. Vandérem, Fernand: "Les Lettres et la vie," Revue de

France, VII, no. 6 (1er novembre 1927), 153-64 (1er décembre 1927), 534-44; VIII, no. 1 (1er janvier 1928), 143-62. ⊏VRY Pr. 581-82 in 8⊐

This article in three parts, under the general title "De l'obscurité et de la clarté en littérature," extended the anti-P.V. offensive into 1928. Vandérem's contribution is important because, like Téry's, it articulated the feelings of many Frenchmen and reached a large public. Vandérem's title is certainly a reply to Thibaudet's "La Rareté et le dehors" in the NRF for August ⊏1540⊐, to which he refers explicitly. In January 1928 Vandérem stated why he joined the attack on P.V.

"C'est donc un peu après la réception académique de M. Paul Valéry que les premières réserves contre lui se sont dessinées. A cette réception, pour des raisons que j'ignore, mais parmi lesquelles ne serait pas impossible la griserie d'un succès aussi rapide que mérité, M. Paul Valéry avait prononcé un discours tout à fait dans la manière de Robespierre, où il prenait nettement position au-dessus de la masse de ses confrères, et où, tel l'Incorruptible, au nom d'on ne sai quelle supervertu poétique, sans désigner personne, il jetait hautemen le blâme ou le dédain sur toute une portion de la littérature actuelle (p. 161).

Vandérem would have his readers believe that his campaign agai P.V. is the result of the latter's hubris. Close inspection uncovers other, less honorable, motive. Vandérem wrote of Lièvre's Paul Valéry

"Si je ne vous ai pas parlé de ce volume, c'est que d'abord, p endroits, il accusait trop de prévention contre l'auteur de la Jeune Parque; ensuite parce qu'au moment où il parut (1924) il pouvait nuire à l'ascension de M. Paul Valéry, que je jugeais utile à la poésie" (1 January, p. 150).

Vandérem should have added that he found P.V.'s success useful to the advancement of his own career. He admitted as much in this column on 15 December 1925 ⊏815⊐. When one compares these statements it is inescapably clear that Vandérem's judgements on P.V. reflected only his assessment of the mood of the moment. In November 1927 it seemed opportune to attack with the pack. Thus, Vandérem's arguments against the "obscurisme" of Mallarmé and P.V. are a tissue of misrepresentation and voluntary distortion of the facts. (His underlining of selected passages of P.V.'s "discours de remerciement" is a case in point. Vandérem systematically chose descriptive passages and distort them in such a way that they appeared to make normative judgements.) His is a false and dishonest solution to a pseudo-problem.

Vandérem made every effort to turn the public's hostility towa P.V. to his own advantage. On 12 January 1928 in Candide he actually congratulated himself on the success of "his" campaign. On 9 Februar he attempted to use the issue to discredit his rival, Thibaudet.

1708. Anon.: "[Note to P.V.'s article] Sur l'enseignement," Revue de l'enseignement secondaire des jeunes filles, 1ère année, no. 3 (1er novembre 1927), pp. 37-38. [VRY Pr. 350 in 8]

"Nous avons demandé à M. Paul Valéry de vouloir bien expliquer à nos lecteurs cette fin de phrase, extraite de son Discours de Réception à l'Académie (23 juin 1927): '...L'éducation publique, laquelle heureusement en ce temps-là se gardait de nous enseigner à aimer.'
'Ces éclaircissements, répond M. Valéry, exigeraient bien des pages... Je puis toutefois vous résumer en deux mots ce que j'ai voulu dire. Une image assez grossière vous éclairera mon sentiment.'"
The exact quotation from P.V.'s speech can be found in Pléiade, I, 738.

1709. Noré, René: "Soyez francs," Le Canard enchaîné, 2 novembre, 1927, [M]. [VRY Ms. 994, II, 202]

Le Canard enchaîné claims to have begun an "enquête" to encourage frankness.
"Enfin, en réponse à notre enquête, M. Paul Valéry nous a envoyé une longue lettre commençant ainsi:
'Ce toit aux mille tuiles où marchent les colombes...' lettre que nous avons sans tarder remise entre les mains d'un de nos plus réputés traducteurs."
Le Cimetière marin had reached new heights of "popularity" in November 1927, largely due to the efforts of G. Téry.

1710. Grove, Wm.: [cartoon], L'Oeuvre, 2 novembre 1927, [M]. [VRY Ms. 994, II, 115]

Two gentlemen are sitting in a café, drinking. Says one to the other: "--Pff... Votre Zola, il n'aurait peut-être même pas su déchiffrer Valéry dans le texte...."
Grove was another member of the team of Le Canard enchaîné, as was, on occasion, H. Guilac.

1711. Téry, Gustave: "Remarques," L'Oeuvre, 2 novembre 1927, [M]. [VRY Ms. 994, II, 117-18]

Téry makes some personal comments on B. H. Chamberlain's Les Rimes impérissables [1139]. It appears that Téry understood "Cantique des colonnes" no better than he had Le Cimetière marin. Once again he accuses the French Academy of anti-French activity in electing P.V.

(Cf. ⌐1689⌐.) On 12 November Téry submitted the entire text of "Cantique des colonnes" to the scrutiny of his readers.

1712. Nitouche: "Grains de sel," La France de Bordeaux, 3 novembre 1927, ⌐M⌐. ⌐VRY Ms. 994, II, 122⌐

Nitouche relates Téry's first attacks on Le Cimetière marin and confidently declares Téry right.

1713. Gallo: "De-ci de-là--disputes littéraires," La Nation belge, Bruxelles, 3 novembre 1927, ⌐M⌐. ⌐VRY Ms. 999, VII, 157⌐

Gallo demonstrates with ease that Téry's attacks are ridiculous.

1714. Souday, Paul: "Les Livres," Le Temps, 3 novembre 1927, p. 3. ⌐VRY Ms. 999, VII, 185 bis⌐

Souday cites L'Ame et la danse in a review of J. G. Noverre's Lettres sur la danse et sur les ballets.

1715. Treich, Léon: "Courrier des lettres," L'Avenir, 10e année, no. 3523 (4 novembre 1927), p. 2.

Treich claims to be reviewing Souday's critical trilogy. Paul Valéry is mentioned in passing; the entire article is devoted to Marcel Proust. Nevertheless, H. Talvart listed this article as "à consulter" in Fiche..., 7e année, 1928, no. 16.

1716. Fierens, Paul: "Peinture," Journal des débats, 4 novembre 1927, ⌐M⌐. ⌐VRY Ms. 994, II, 106⌐

In an article concerning an exhibit of paintings Fierens mentions:

"Ouvré, médiocre portraitiste de Paul Valéry, se montre fort intelligent dans quelques 'tableaux de la Bourse'." The allusion is not further clarified.

1717. ⌐Photo Reportage Belge⌐: ⌐title lacking⌐, La Meuse, Liège, 4 novembre 1927, ⌐M⌐. ⌐VRY 56_{31} in 4⌐

A photo of P.V. is juxtaposed with a photo of Verhaeren's bust at Saint-Séverin, which was to be inaugurated on 10 November: "...ce monument...élevé à la mémoire d'un poète dont l'art fut on ne peut plus différent de celui de Paul Valéry; celui-ci pliant le plus subtil de sa pensée aux ressources de la langue; celui-là forçant la langue, au prix même d'étonnantes violences, à se plier à la rude fougue de son tempérament."

1718. Téry, Gustave: "Les Poètes de 'premier rang'," <u>L'Oeuvre</u>, novembre 1927, ⌐M¬. ⌐VRY Ms. 994, II, 118¬

Another attack on Chamberlain's <u>Les Rimes impérissables</u> ⌐1139¬. Téry disputes P.V.'s right to a place in the "premier rang."

1719. Cahuet, Albéric: "Les Livres et les écrivains," <u>L'Illustration</u>, 85e année, no. 4418 (samedi 5 novembre 1927), p. 508. ⌐VRY 84₈ in 8¬

Cahuet notes in his review of Souday's <u>Paul Valéry</u> that "il ⌐Souday¬ fut pour une bonne part dans la 'révélation' de M. Paul Valéry. Ah! par exemple, ce livre que notre ardent confrère consacre à l'oeuvre de M. Paul Valéry, c'est presque un livre d'amour!"
(Cf. Thibaudet in ⌐1279¬.)

1720. Anon.: "Le Tricentenaire de Bossuet," <u>L'Intransigeant</u>, novembre 1927, ⌐M¬. ⌐VRY Ms. 999, VII, 126 bis¬

A tercentennial mass was to be celebrated for Bossuet in the Église Saint-Roch.
"Invitée à se faire représenter à ce service, l'Académie française a délégué son bureau: MM. Lecomte, directeur, Valéry, chancelier, Doumic, secrétaire perpétuel--et son doyen d'élection, M. Paul Bourget."

1721. Omessa, Charles: "En passant--de l'Académie," <u>Liberté</u>, novembre 1927, ⌐M¬. ⌐VRY Ms. 994, II, 175¬

Omessa presents an imaginary dialogue with an American who protests that obscure writers like P.V. who are entitled to use the title "De l'Académie française" are causing a decline in the prestige of that venerable institution. Foreign readers despair, says he, when they discover that "De l'Académie française" is no longer a guarantee of a writer's clarity. This foolishness was reprinted in <u>La République</u> of

Istanbul on 13 November.

  1722. Anon.: "Information," Les Nouvelles littéraires, 6e année, no. 264 (5 novembre 1927), p. 7. ⌐VRY Ms. 994, II, 94¬

  Announces the publication of Levinson's Croisières prefaced by P.V.

  1723. P. L.: "Vers oubliés," Le Soir, 5 novembre 1927, ⌐M¬. ⌐VRY Ms. 994, II, 47¬

  Le Soir prints "Le Vin perdu" with the following commentary on Téry's campaign against P.V.
  "Ce poème est extrait de Charmes de M. Paul Valéry. On doit à ce poète bien d'autres plaisanteries; il a réussi récemment à susciter dans de grands journaux, une vive polémique autour de son talent: de belles phrases mais de sujet point.
  M. Paul Valéry est de l'Académie Française, ce qui lui assure une impunité quasi certaine: bien peu de personnes auront l'idée de feuilleter ses oeuvres.
  On peut bien les louer; il y suffit d'une assez forte dose de snobisme, mais les lire!..."
  Obviously Téry did not lack supporters.

  1724. ⌐name illegible¬: "Mimi Pinson fait ses études," La Vie parisienne, 5 novembre 1927, ⌐M¬. ⌐VRY Ms. 999, VII, 129 bis¬

  P.V.'s name appears in the caption of a series of cartoons: "La 'Rentrée' des Facultés au temps de Murger... ...et au temps de M. Paul Valéry." Insignificant.

  1725. Anon.: "A la gloire de Verhaeren," La Lanterne, 6 novembre 1927, ⌐M¬. ⌐VRY 56$_{28}$ in 4¬

  P.V. will represent the French Academy at Saint-Séverin on 10 November.

  1726. Sauvayre: "Simple Question," L'Oeuvre, 7 novembre 1927 ⌐M¬. ⌐VRY Ms. 994, II, 118¬

  Another cartoonist makes a cheap pun at P.V.'s expense:

[1730]

"--Ce M. Valéry, qu'est-ce qu'il a donc écrit?
--'Rhumbs'...
--Vous êtes souffrant?..."
Possibly G. Téry and Fouchardière laughed.

1727. Téry, Gustave: "Poésie pure," L'Oeuvre, 7 novembre 1927, [M]. [VRY Ms. 994, II, 118]

Téry replies to Souday's article "Les Antipoètes" [1677]. He recalls the Souday-Bremond debate of 1925-26:
"Bornons-nous à noter qu'en ce temps-là M. Bremond considérait aussi M. Souday comme un 'antipoète'.
On est toujours l'antipoète de quelqu'un."
No doubt.

1728. Les Treize: "Quatre exemplaires sur bois de sycomore," L'Intransigeant, 8 novembre 1927, [M]. [VRY 21_2 in 8]

"En 1921, Paul Valéry avait donné, pour la collection du 'Masque d'Or', une préface à l'Adonis de La Fontaine.
Un bibliophile, M. Charles Miguet, membre de la Société Huysmans, vient de rééditer cette préface sous le titre: Au sujet d'Adonis. Le tirage, sur placage de sycomore, a été limité à quatre exemplaires ('pour l'auteur et trois de ses amis')."
Miguet's copy, sold at auction on 6 May 1953, brought 126,000 fr. Monod's copy, now in the Valeryanum, is a very beautiful book.

1729. Omessa, Charles: "En passant--simplifions," Liberté, 8 novembre 1927, [M]. [VRY Ms. 994, II, 175]

This anecdote is a sequel to [1721]. A French exporter who had lived for some time in America had told Omessa that the French language was in danger internationally because of writers like P.V. and Mallarmé. He hastened to add that he had never read P.V. Typical.

1730. Anon.: [title lacking], Neptune, Anvers, 8 novembre 1927, [M]. [VRY 56_{30} in 4]

Reprints the photograph of P.V. from [1717].

1731. Anon.: "Cours et conférences," Le Temps, 8 novembre 1927, p. 4.

The Université des Annales announces a series of one hundred lectures to begin on 17 November.
"Vendredi ⌐18 Nov.¬ (série sens moderne): Souvenirs littéraires; les Précurseurs: Huysmans, Mallarmé et quelques autres, par M. Paul Valéry, de l'Académie française, et Mlle Hélène Vacaresco."
Cf. ⌐1695¬.

1732. Olive-Villard: "La Potinière--la baudruche dégonflée," La France de Bordeaux, 9 novembre 1927, ⌐M¬. ⌐VRY Ms. 999, VII, 159 & VRY Ms. 994, II, 125¬.

Olive-Villard eagerly proclaims that G. Téry has vanquished P.V. and his supporters.
"Mais voici qu'un journaliste, Gustave Téry, dépiaute la gloire valérienne, et montre son effroyable néant, au grand dam du pauvre Paul Souday."
P.V. is merely "un ridicule rimailleur." Why?
"La beauté poétique éclate aussi naturellement aux yeux des sincères que la beauté des fleurs. S'il faut la chercher un quart de seconde, c'est qu'elle n'existe pas. Et dans Paul Valéry, vous pouvez la chercher des siècles...."
Is it any wonder then that this critic's notion of the ideal poem is "Le Vase brisé"?

1733. Sabord, Noël: "Le Poète aux trois bustes--Emile Verhaeren," Paris-Midi, 9 novembre 1927, ⌐M¬. ⌐VRY 56_9 in 4¬.

P.V. will address the gathering at Saint-Séverin in honor of Verhaeren. Sabord feels he must add: "Mais M. Paul Valéry n'est point, même en poésie, le sectaire qu'on se figure."

1734. Candide: "Doit-on le dire?" Candide, 10 novembre 1927, ⌐M¬. ⌐VRY Ms. 994, II, 95¬.

Candide considers that most critics have concluded that P.V. inaugurated a new custom at the French Academy: "éreinter le défunt."
"On peut se venger avec élégance, à l'exemple de Paul Valéry. Car, en s'abstenant de nommer l'auteur de Thaïs, ce qu'on lui a tellement reproché, Paul Valéry restaurait tout simplement l'usage du grand siècle, qui était de ne parler du disparu que par allusion. Il

est vrai qu'en ce temps-là les discours ne duraient qu'un quart d'heure. Mais on ne manque jamais de passer pour révolutionnaire quand on relève une tradition."

The explanation is ingenious. P. Tuc reprinted it in ⌜1739⌝.

1735. Perichard, G.-L.: "On inaugure aujourd'hui... Emile Verhaeren homme d'honneur et poète de la vie," L'Homme libre, ⌜10 novembre⌝ 1927, ⌜M⌝. ⌜VRY 56$_{22}$ in 4⌝

This article reprints part of an otherwise unknown interview with P.V.: "Et, aussi, par quelle fantaisie, le fervent adepte du 'vers libre' sera-t-il célébré par M. Paul Valéry, académicien et prêtre orthodoxe de la 'poèsie pure'?
 --Le 'barbare' glorifié par le 'latin'!
 --Il est vrai que M. Valéry a déclaré à l'un de nos confrères de midi:
 'J'ai connu Verhaeren. Je le tiens pour un très grand poète, bien qu'il diffère beaucoup de moi. Son oeuvre, comme celle de Moréas, dans un ordre tout opposé, a été pour nous un apport, un enrichissement. Et d'où que vienne l'apport, il y a toujours intérêt pour une littérature à s'enrichir.'"

1736. Anon.: "Le Buste d'Emile Verhaeren," Journal des débats, ⌜10 novembre 1927⌝, ⌜M⌝. ⌜VRY 56$_{15}$ in 4⌝

"M. Paul Valéry, au nom de l'Académie française, rendit avec subtilité hommage au puissant poète des Villes tentaculaires et des Campagnes hallucinées."

1737. Anon.: "Le Buste d'Emile Verhaeren," ⌜place and exact date of publication unidentified⌝, ⌜M⌝. ⌜VRY 56$_{27}$ in 4⌝

Text identical to ⌜1736⌝.

1738. Anon.: "Manifestations franco-belges," Le Temps, 10 novembre 1927, p. 4.

There was to be a lecture on Charles de Coster and the legend of Til Eulenspiegel, "la première manifestation d'un comité 'Arts et Lettres' franco-belge, récemment fondé sous la double présidence de M. Paul Valéry, de l'Académie française, et de M. Jules Destrées, de l'Académie belge de langue et de littérature françaises."

1739. Tuc, Pierre: "Réceptions académiques," L'Action française, 11 novembre 1927, ⸏M⸎. ⸏VRY Ms. 999, VII, 210 bis⸎

Reprints Candide's comments in ⸏1734⸎.

1740. Anon.: "Le Buste du grand poète Emile Verhaeren a été inauguré hier," L'Avenir, ⸏11 novembre 1927⸎, pp. 1, 3. ⸏VRY 56_{25} in 4⸎

Cites three paragraphs of P.V.'s speech in honor of Verhaeren.

1741. Wahl, Lucien: "Plagiats, faux et mystifications," Ciné-magazine, 11 novembre 1927, ⸏M⸎. ⸏VRY Ms. 1001, IX, 202⸎

A series of "citations apocryphes" in which the "authors" supposedly comment on the cinematographic art. Lucien Wahl attributes to P.V.:
"Tel qu'un rideau de bronze. Avive le palais,
Un songe de métal, madrépore au relais."

1742. J. H.: "MM. Paul Valéry et Herriot célèbrent Emile Verhaeren 'Dante de la Belgique'," Comoedia, 11 novembre 1927, ⸏M⸎. ⸏VRY 56_8 in 4⸎

J. H. cites a paragraph of P.V.'s speech of 10 November.

1743. Anon.: "L'Inauguration du buste du poète Verhaeren dans le square de l'église Saint-Séverin," Excelsior, 11 novembre 1927, ⸏M⸎. ⸏VRY 56_{11} in 4⸎

Contains a paragraph of P.V.'s speech. A photograph of the ceremony printed above the article includes P.V.

1744. Humbourg, Pierre: "MM. Edouard Herriot et Carton de Wiart inaugurent un buste d'Emile Verhaeren," Paris matinal, ⸏11 novembre 1927⸎, ⸏M⸎. ⸏VRY 56_{32} in 4⸎

"M. Paul Valéry parla toujours d'une façon précise et haute. Il s'étonna que la France pût accueillir dans son génie deux talents aussi différents que Verhaeren et Jean Moréas. Il les opposa et montra combien Verhaeren détestait le ciel bleu, le soleil, et expliqua par

son amour des horizons industriels et des ciels gris toute sa poétique."
  Compare the statement attributed to P.V. by G.-L. Perichard in ⌐1735¬.

  1745. Dormoy, Pierre: "Inauguration du buste d'Emile Verhaeren," Le Populaire, ⌐11 novembre 1927¬, ⌐M¬. ⌐VRY 56$_{33}$ in 4¬

  "Certes, Valéry apporta et en quels termes! son tribut d'hommages au poète des Flamandes, des Flambeaux noirs, des Campagnes hallucinées et des Ailes rouges de la Guerre."
  Dormoy regrets, however, that the ceremony overlooked completely the socialist aspect of Verhaeren's life and work. This is of course explainable by the official nature of the ceremony.

  1746. Anon.: ⌐title lacking¬, Paris-phare, ⌐exact date lacking¬ 1927, ⌐M¬. ⌐VRY 56$_{35}$ in 4¬

  "On clame que le discours prononcé par Paul Valéry pour le monument Verhaeren a été vendu 6 sous. Est-ce la dernière ressource des gens qui ne peuvent même pas prendre le métro?"
  If this information is accurate, the price quoted was doubtless the lowest ever for any of P.V.'s works.

  1747. Anon.: "L'Hommage à Verhaeren," Le Petit Parisien, ⌐11 novembre 1927¬, ⌐M¬. ⌐VRY 56$_{23}$ in 4¬

  "L'Académie française avait, de son côté, délégué M. Paul Valéry qui vint, selon la tradition, en uniforme."

  1748. Anon.: "Le Buste du poète Verhaeren a été remis à la Ville de Paris," ⌐unidentified newspaper¬, ⌐11 novembre 1927¬, ⌐M¬. ⌐VRY 56$_{15}$ in 4¬

  "Devant les amis du poète eut lieu une brève cérémonie, au cours de laquelle on entendit...M. Paul Valéry délégué de l'Académie Française, qui, cette fois, consentit à prononcer le nom de celui qu'il célébrait..."
  Some journalists did not forgive P.V. easily for slighting A. France. Others did not forgive at all.

  1749. Anon.: "L'Oeuvre de Paul Valéry," Le Soir, Bruxelles,

11 novembre 1927, ₅M₋. ₅VRY Ms. 999, VII, 128 bis₋

"Le samedi 12 novembre, M. André Fontainas, homme de lettres à Paris, donnera, sous les auspices de la Ligue nationale pour la défense de la langue française, à la Maison du Livre, rue de la Madeleine, 46, une conférence sur le poète Paul Valéry, de l'Académie française."
November 1927 was decidedly a Belgian month for P.V. criticism.

1750. P.₅aul₋ S.₅ouday₋: "Une Lettre de M. Paul Claudel," <u>Le Temps</u>, 11 novembre 1927, p. 1. ₅VRY Ms. 994, II, 116 bis₋

On 10 October ₅1649₋ Souday had accused Claudel of disparaging P.V. and others. Claudel replied in an open letter printed on page one. In his remarks Souday once again mentioned P.V. in opposition to Claudel.

1751. Anon.: "Inauguration d'un buste de Verhaeren," <u>Le Temps</u>, 11 novembre 1927, p. 6. ₅VRY Ms. 994, II, 178 & VRY 56_{18} in 4₋

"M. Paul Valéry, en habit vert, représentait l'Académie française." <u>Le Temps</u> prints three paragraphs of P.V.'s speech from the notes of a journalist present at the ceremony.

1752. Dumont-Wilden, L.: "On a inauguré solennellement à Paris un buste de Verhaeren," <u>La Nation belge</u>, 12 novembre 1927, ₅M₋. ₅VRY 56_{13} in 4₋

A good <u>compte rendu</u> of P.V.'s speech.

1753. Central 32-65: "A Paris et ailleurs--femme de sport," <u>Les Nouvelles littéraires</u>, 6e année, no. 265 (12 novembre 1927), p. 2. ₅VRY Ms. 994, II, 95₋

If this ridiculous anecdote demonstrates anything, it is the commercial value of P.V.'s name in November 1927. The pretext mattered little. According to the journalist, P.V. was a passenger in an automobile driven by the impetuous wife of a colleague. An accident occurred and a policeman asked the lady her name:
"Paul Valéry ne sourcillait pas, son monocle n'était même pas tombé. Mais son confrère épongeait une sueur froide; il lui poussa le coude et lui dit tout bas://--La jeune Parque...."

1754. Pierrefeu, Jean de: "Valéry et son détracteur--les briseurs d'automatisme," Les Nouvelles littéraires, 6e année, no. 265 (12 novembre 1927), p. 1. ⌐VRY Ms. 994, II, 119¬

Pierrefeu's article is extraordinary in that only twenty-four days after G. Téry began his campaign against P.V. Pierrefeu placed the debate in its proper context.
"C'est toujours une grande joie pour le public de voir traiter de 'fumiste' un de ces auteurs 'difficiles' que leurs rares dévots portent aux nues. Le jeu ne date pas d'hier....
Mais, par bonheur pour M. Gustave Téry, l'Académie française a accueilli dans son sein M. Paul Valéry. Cette consécration d'une poésie déclarée hermétique et qui, au regard des traditionnels, fait encore figure d'hérésie, voire de mystification, a quelque chose de déconcertant quand on connaît l'esprit de l'illustre Compagnie.
M. Gustave Téry, sur ce thème, s'en donne à coeur joie de crier au scandale. Par des exemples, il met en valeur tout ce que la poésie de Paul Valéry a, selon lui, d'inintelligible et d'imparfait dans son ambitieuse bizarrerie. Sa bonne foi est certaine....
M. Gustave Téry n'admet point qu'il faille s'initier aux beaux vers par un méritoire effort. En quoi il se trompe."
Pierrefeu demonstrates that Hugo's beautiful "Cette faucille d'or dans le champ des étoiles," which Téry had invoked as "vértiablement poétique," has not always been considered so; that "pour un lettré du type Silvestre de Sacy, féru du XVIIe et du XVIIIe siècle, un monde d'absurdités se dressait dans son esprit à l'audition de pareils vers." (Cf. ⌐1677¬.) There are, moreover, excellent reasons for the "reactionary" attitude taken by certain critics at any period of literary history. Indeed, for P.V.'s hostile critics almost without exception, the culminating point in French poetry had been reached somewhere before 1857. Those who at least recognized Baudelaire still refused to recognize any value in the poetry of Mallarmé. Pierrefeu understands the dynamics of this situation.
"Tout poète de génie est un briseur d'habitudes, l'ennemi mortel de notre automatisme. C'est l'automatisme poétique modèle fin du XIXe siècle qui résiste en Gustave Téry."
Pierrefeu confesses that he had originally reacted negatively to Mallarmé, but that with time he has been forced to admit the poet's genius. He concludes:
"Vainement essayons-nous de résister à l'emprise de Paul Valéry, les chaînes se préparent anneau par anneau, qui doivent nous assujetir ⌐sic¬ à sa Muse. L'inconsciente Académie qui ne savait pas ce qu'elle faisait en élisant l'ennemi de sa paresse intellectuelle, aura bien mérité son pardon."
In other words, time will tell, and of course it has.

1755. ⌐Téry, Gustave⌐: "Rimes impérissables," L'Oeuvre, 12 novembre 1927, ⌐M⌐. ⌐VRY Ms. 994, II, 120⌐

On the very day of Pierrefeu's refutation of his arguments Téry submitted as evidence of P.V.'s inflated reputation and "pour la commodité et la clarté de la controverse" the integral text of "Cantique des colonnes." Although Téry's name does not appear here, it was obvious to his readers that this was a supplement to his article of 2 November.

1756. Le Calife Homard: "L'Oeuvre et M. Valéry," L'Ordre démocratique, La Rochelle, 12 novembre 1927, ⌐M⌐. ⌐VRY Ms. 994, II, 126⌐

This article, written in the manner of Les Lettres persanes, reflects the point of view Téry had expressed quite gravely on 31 October. The humor of the Oriental caliph makes this rendering much more interesting. He writes of Téry's original attack ⌐1657⌐:
"Elle ⌐L'Oeuvre⌐ a publié, en l'attribuant à un certain Valéry (Valet, ris), une pièce, dite de vers, qui débute ainsi: ⌐1st strophe of Le Cimetière marin⌐. ... C'est assez drôle, j'en conviens, mais ce qui l'est moins, c'est que L'Oeuvre donne à ce Monsieur Valéry le titre de membre de l'Académie française et cela je ne puis l'admettre et je trouve que le journal passe les bornes."
The caliph concludes with a promise to discover whether this mysterious M. Valéry is really a mythical character, as he suspects. See his article for 19 November ⌐1789⌐.

1757. Maublanc, Jean-Daniel: "Chronique littéraire," La Tribune libre de la région ouest, Asnières, 12 novembre 1927, ⌐M⌐. ⌐VRY Ms. 999, VII, 161 bis⌐

A further statement in Maublanc's quarrel with R. Valançay. (Cf. ⌐1670⌐.)
"Et c'est justement sur l'influence de Valéry que je compte pour balayer les derniers tenants anarchiques des écuries d'Augias. La raison revient chez nous, l'inconscient et l'irréalité perdent journellement du terrain."
Maublanc seems to be counting on P.V. to discredit surrealism, which, although he never names it, must be the anarchist group to which he alludes.

1758. Anon.: "L'Inauguration a eu lieu jeudi," La Meuse, Liège, 12-13 novembre 1927, ⌐M⌐. ⌐VRY 56_{17} in 4⌐

La Meuse cites P.V. on Verhaeren and the World War.

1759. Anon.: "Le 'Crapouillot', vaillante et libre revue," Gazette de Lausanne, 13 novembre 1927, ₅M₋. ₅VRY Ms. 999, VII, 158₋

The reviewer praises Rouveyre's attack on P.V. ₅1697₋.
"Il y a là des lignes définitives et un tri extrêmement serré des scories et des valeurs de l'oeuvre si diverse--qu'on ne saurait admirer en bloc--de ce Paul Valéry admiré de mille snobinettes qui ne l'ont jamais lu."

1760. Fouchardière, G.₅eorges₋ de la: "Hors d'oeuvre--la poésie de l'avenir," L'Oeuvre, 13 novembre 1927, ₅M₋. ₅VRY Ms. 994, II, 120₋

P.V. is an "entrepreneur de fumisterie." Fouchardière reprinted this in ₅1766₋.

1761. Humbourg, Pierre: "Les Lettres--offensive," La Patrie, 13 novembre 1927, ₅M₋. ₅VRY Ms. 1001, IX, 201₋

"Décidément, c'est une offensive. M. Gustave Téry ne s'en cache pas, il veut 'avoir' M. Paul Valéry."
Humbourg also mentions Pierrefeu's article ₅1754₋, the first echo of it in the press, but does not point out that Pierrefeu totally destroys Téry's arguments.

1762. Omessa, C.₅harles₋: "De l'Académie," La République, Istanbul, 13 novembre 1927, ₅M₋. ₅VRY Ms. 994, II, 128₋

Reprinted from ₅1721₋.

1763. Anon.: "Valéry et France ou 'Quarante ans après'," La Meuse, Liège, 14 novembre 1927, ₅M₋. ₅VRY Ms. 629₅₋

Reprints part of Vandérem's article of 1 November ₅1707₋.

1764. Téry, Gustave: "Remarques--poésie impure?" L'Oeuvre, 14 novembre 1927, ₅M₋. ₅VRY Ms. 994, II, 121₋

Téry here attacks those critics who have supported P.V., trying to discredit them as a "chapelle valérienne." This "chapelle" is responsible, claims Téry, for reducing all poetry to their notion of "poésie pure." "C'est à peu près ce qu'on nommait autrefois la poésie lyrique, et ce qu'on appelle aujourd'hui plus précisément les poèmes de M. Valéry. Le reste, tout le reste de la littérature ne serait que prose, plus ou moins prosaïque." Téry merely confirms Pierrefeu's analysis in ᴄ1754ᴐ.

1765. Anon.: "Les Livres," Le Phare, Nantes, 14 novembre 1927, ᴄMᴐ. ᴄVRY 5846 in 8ᴐ

A review of Souday's Paul Valéry, insignificant but for one mention of "l'hermétisme trop fréquent de Paul Valéry."

1766. Fouchardière, G.ᴄeorgesᴐ de la: "Choses et autres--la poésie de l'avenir," Le Populaire du centre, Limoges, 14 novembre 1927, ᴄMᴐ. ᴄVRY Ms. 999, VII, 162 bisᴐ

Reprinted from ᴄ1760ᴐ.

1767. Prévost, Ernest: ᴄtitle unknownᴐ, La Victoire, 14 novembre 1927, ᴄXᴐ.

Prévost's article, reprinted in the Chronique des lettres françaises, VI (1928), 15-16, is a report of the ceremonies in honor of Verhaeren on 10 November.
"Ni le philosophe, ni l'historien n'ont exprimé comme il le fallait l'effervescence d'âme, le bouillonnement intérieur de ce poète nostalgique, 'tumultueux' et sauvage."
Prévost uses a truncated quotation from P.V.'s speech to belittle P.V. Where the poet had expressed a very subtle hypothesis concerning the intellectual life of an artist, Prévost wrote:
"'Etre poète, a dit encore M. Valéry, c'est une longue et constante préparation à un état suprême'." (Cf. Pléiade, I, 760, 11. 1-9.)
Prévost then concluded, on the basis of his false quotation:
"Verhaeren n'a pas connu cette obsession sibylline, cette pygméenne élaboration...et, parce qu'il avait la poésie dans le sang, il a atteint, d'emblée, à 'l'état suprême'. Emile Verhaeren est un grand poète. M. Paul Valéry n'est qu'un grand artiste!"
Concerning Prévost's views on P.V., see J.-D. Maublanc in ᴄ1691ᴐ.

1768. Valmy-Baysse, J.: "Soyons prudents," Volonté, 14 novembre 1927, ⸤M⸥. ⸤VRY Ms. 994, II, 120 bis⸥

Valmy-Baysse is in agreement with Pierrefeu's masterful article of 12 November. He none the less finds a desperate heroism in Téry's determined attacks and adds: "Des milliers de lecteurs qui ignoraient M. Paul Valéry le connaissent maintenant, grâce à M. Gustave Téry." This is certainly true; but one might well ponder the probable connotations of "connaître" in these circumstances. What is indisputable is that Téry circulated Le Cimetière marin and "Cantique des colonnes" to a wider public than had ever known them previously. Given Téry's approach, however, it does not necessarily follow that more people understood or even appreciated P.V. after reading his poems in L'Oeuvre.

1769. Les Annalistes: "Ce que disent les critiques--les clairs et les obscurs," Les Annales, no. 2298 (15 novembre 1927), p. 478. ⸤VRY Ms. 994, II, 124⸥

The Annalistes quote liberally from Vandérem's article of 1 November. They claim that Vandérem "n'est suspect ni de passion ni de partialité." They were wrong.

1770. Souday, Paul: "Shelley et Valéry," Les Annales, 15 novembre 1927, ⸤M⸥. ⸤VRY Ms. 994, II, 124⸥

Souday claims that in French, as opposed to English, "les poètes parlent la langue de tout le monde depuis l'échec des tentatives savantes de Ronsard... Mallarmé et Valéry ne diffèrent pas sensiblement, à cet égard, de Malherbe et de Boileau."
If this were the case, then Mallarmé and P.V. would have failed miserably in their avowed attempt to create a specifically poetic discourse, distinct from everyday language. But Souday is very wrong here. Excessive zeal has led him astray.

1771. Jean-Bernard: "La Vie de Paris," La Liberté, ⸤place of publication?⸥, 15 novembre 1927, ⸤M⸥. ⸤VRY 56_{20} in 4⸥

Jean-Bernard claims that P.V. did not deliver his speech in honor of Verhaeren effectively.
"Me permettra-t-on d'avouer que le discours de M. Paul Valéry, très bien écrit, fut assez mal dit et n'obtint pas le succès qu'il méritait? On devrait bien organiser une classe de diction sous la Coupole!"

Reprinted in the Courrier du Pacifique of San Francisco ₎1855₎.

1772. Fouchardière, G.₎eorges₎ de la: "Hors d'oeuvre," L'Oeuvre, 15 novembre 1927, ₎M₎. ₎VRY Ms. 994, II, 121₎

An unidentified correspondent ojected to Fouchardière:
"Vous montrez Paul Valéry comme obscur: il n'est que relâché... Frappé d'inspirations fourmillantes, il croit trop, parce qu'elles l'ont une seconde incendié, qu'elles sont lumineuses. C'est tout l'opposé du subtil Mallarmé."
This description of P.V.'s method of composition is of course perfectly false. Reprinted in ₎1777₎.

1773. S. R.: "Chronique parisienne--inauguration du buste Verhaeren," La Parole, ₎place of publication?₎, 15 novembre 1927, ₎M₎. ₎VRY 56_{10} in 4₎

"Eh bien! Il faut reconnaître que nous n'avons pas été déçus. C'était bien un grand poète qui saluait l'un de ses pairs."

1774. Rousseaux, André: "Les Lettres--Monsieur Teste," La Revue universelle, XXXI, no. 16 (15 novembre 1927), 492-98.

Rousseaux reviews the new nrf edition of P.V.'s texts concerning M. Teste. He adopts the myth of P.V.-Teste, identifying Teste with P.V.'s notion of the "MOI pur" as he, Rousseaux, understands it. The result is disastrous when Rousseaux attempts to explain P.V.'s criticism of Stendhal (in his preface to Lucien Leuwen) to M. Teste. Rousseaux approves of E. Jaloux's comparison of Teste with Maine de Biran, Condillac and Destutt de Tracy.
Noted by Talvart, Fiche..., 7e année, 1928, no. 16.

1775. Anon.: ₎titles lacking₎, L'Intransigeant, 16 novembre 1927, ₎M₎. ₎VRY Ms. 999, VII, 126 bis₎

L'Intransigeant printed the following notes concerning P.V.:
"Depuis la mort de Robert de Flers, c'est M. Paul Valéry qui est le benjamin de l'Académie française, il n'a, en effet, que 56 ans."
"M. François Porché a fait le 9 novembre, à l'Université de Berlin, une conférence sur 'Paul Valéry et la poésie pure' qui a reçu l'accueil le plus flatteur. L'ambassadeur de France était présent."

⌐1780¬

1776. Anon.: "Aux cours Notre-Dame--'de Verlaine à Paul Valéry'," Journal de Rouen, 16 novembre 1927, ⌐M¬. ⌐VRY Ms. 999, VII, 128¬

The previous Monday M. Charles-Marie Des Granges had spoken in Rouen on French poetry from Verlaine to P.V.
"Parmi les poètes contemporains, le plus nommé ces derniers mois--non sans doute le plus lu car il est d'un accès difficile et il ne s'édite qu'à des tirages restreints et luxueux--est M. Paul Valéry ⌐chez lequel il loue surtout la qualité de la langue¬. Il se rattache évidemment aux symbolistes."
Des Granges's Histoire illustrée de la littérature française des origines à nos jours was very popular at the time and Des Granges was considered something of an authority. However, as late as the 13th printing of his work in 1933 Des Granges made only guarded comments about the lasting value of P.V.'s work.

1777. Fouchardière, G.⌐eorges¬ de la: "Choses et autres--sous le signe de la bonne foi," Le Populaire du centre, Limoges, 16 novembre 1927, ⌐M¬. ⌐VRY Ms. 999, VII, 162 bis-163¬

Reprinted from ⌐1772¬.

1778. Cacambo: ⌐title lacking¬, Candide, 17 novembre 1927, ⌐M¬. ⌐VRY Ms. 994, II, 123¬

According to Cacambo, P.V.'s expulsion from the Academy, decided by A. Rouveyre in ⌐1679¬, was "quelque peu brutale." Cacambo cites several passages for the edification of his readers.

1779. Anon.: "Le Souvenir de Verhaeren le poète national belge," La France de l'est, ⌐Mulhouse¬, 17 novembre 1927, ⌐M¬. ⌐VRY 56$_{24}$ in 4¬

Cites two paragraphs of P.V.'s speech in honor of Verhaeren.

1780. Valère: "Le Signet de Valère--oui ou non?" Le Petit Provençal, Marseille, 17 novembre 1927, ⌐M¬. ⌐VRY Ms. 994, II, 126-27 & VRY Ms. 999, VII, 159 bis¬

Valère comments on the initial skirmishes in the "offensive anti-valéryenne" between Téry and Souday. He states that Souday reasoned far more logically than did Téry, noting that on 31 October Téry had called P.V.'s work "littérature antifrançaise."

"La polémique tournait donc à l'invective. La logique des choses la condamnait à prendre cette tournure."

Valère insists that the real question is "de savoir si, parce qu'il n'aime pas l'art de M. Paul Valéry, M. Gustave Téry considère cet artiste comme un parfait idiot, sinon nuisible, du moins négligeable."

In conclusion he declares that he is waiting to learn "ce que M. Gustave Téry entend exactement par poète incompréhensible." Unfortunately, Valère seems not to have been aware of Pierrefeu's excellent article of 12 November.

1781. Anon.: "Paul Valéry jugé par Paul Souday," Courrier de la Plata, Buenos Aires, 18 novembre 1927, ⸢M⸣. ⸢VRY Ms. 999, VII, 158⸣

This article appears to be a compilation of Souday's views on P.V. taken from his Paul Valéry ⸢1189⸣. Both P.V. and Souday were well-known in Buenos Aires to judge by the intimate tone of the article. Souday contributed to this newspaper.

1782. Anon.: "Informations," ⸢Europe centrale?⸣, ⸢Prague⸣, ⸢novembre⸣ 1927, ⸢M⸣. ⸢VRY Ms. 999, VII, 150⸣

Announces the lecture which was reviewed in:

1783. Anon.: "La Vie à Prague," Europe centrale, Prague, 18 novembre 1927, ⸢M⸣. ⸢VRY Ms. 999, VII, 131⸣

François Porché had lectured on P.V. in Prague on 15 November. According to this reviewer the Czechoslovaks "...savent que Porché et Valéry représentent deux formes, aussi différentes que possibles ⸢sic⸣, de la Muse française. Ils se trouvèrent, il y a trois ans, violemment opposés l'un à l'autre par leurs amis, quand ils étaient concurrents au grand prix d'Académie qu'obtint Porché. Assez paradoxalement, Paul Valéry, poète de l'intelligence, avait reçu, en guise de consolation le Prix des Peintres, mais une plus belle compensation lui était réservée par un fauteuil académique. Petits dessous parisiens, et lointains, d'une conférence pragoise, qui ont bien leur intérêt."

P.V. seems to have had an enthusiastic following in Czechoslovakia. Le Cimetière marin was published in Czech in 1927; and both Les Nouvelles littéraires, in dispatches from Prague, and Europe centrale mentioned P.V. frequently.

1784. Lily: "Mon Violon," <u>Chantecler</u>, 19 novembre 1927, ₵M₃.
₵VRY Ms. 999, VII, 121₃

In an article offering advice to music students one reads:
"Un artiste doit être observateur, surtout s'il aspire un jour à créer. Rappelons cette phrase si vraie de Paul Valéry: 'Celui même qui veut écrire son rêve se doit d'être infiniment éveillé'."

1785. Anon.: "Ça et là," <u>Le Figaro</u>, 102e année, no. 323 (samedi 19 novembre 1927), p. 2.

An echo concerning the first in a series of three lectures on poetry given at the Université des Annales by P.V. and Hélène Vacaresco on 18 and 25 November and 2 December. In his first lecture P.V. discussed Mallarmé, Huysmans and Degas. This text was published by <u>Conferencia</u> on 20 March 1928. P.V. also included it in <u>Conférences</u> (1939), volume K of his Oeuvres. In the Pléiade edition of P.V.'s works (vol. I, 774-84) this lecture was entitled "Souvenirs littéraires."

1786. Boissière, Albert: "Un Thé à l'Ermitage," <u>Le Figaro</u>, ₵<u>supplément littéraire</u>₃, 19 novembre 1927, ₵M₃. ₵VRY Ms. 994, II, 49₃

Henri Mazel, director of <u>L'Ermitage</u> in 1895, held teas attended by both P.V. and Emmanuel Signoret. (See the latter's article on P.V. in 1894 ₵34₃.) Boissière concludes "...que le poète de la <u>Souffrance des Eaux</u> ₵Signoret₃ n'a rien à gagner au voisinage lunineux de Paul Valéry qui semble bien précisément, parmi les poètes morts jeunes du défunt symbolisme, le seul à survivre, dans sa jeune immortalité, aux suicidés par persuasion des thés de l'<u>Ermitage</u>."
Boissière's judgement is not a model of clarity.

1787. Castel, René: "L'Art de la lecture," <u>Journal des instituteurs</u>, 19 novembre 1927, ₵M₃. ₵VRY Pr. 15 in 4₃

"Le premier numéro d'une revue nouvelle, <u>Arts et Métiers graphiques</u>, s'ouvre sur une préface de M. Paul Valéry, de l'Académie française, où nous trouvons une définition à la fois psychologique et poétique de la lecture: ₵cites two paragraphs from P.V.'s text₃.
Nos apprentis lecteurs du cours préparatoire goûteraient peu, sans doute, cette prose ardue, mais leurs maîtres y trouveront un joli sujet de méditation."
P.V. found considerable support among members of the teaching

profession, to the chagrin of his more virulent critics.

    1788. Téry, Gustave: "La Stabilisation de la vie chère," L'Oeuvre, 19 novembre 1927, [M]. [VRY Ms. 994, II, 122]

    Téry compares P.V.'s poetry to a bad agricultural policy: "médiocre, paresseuse et funeste." Téry himself seemed to become more and more obsessed with P.V.

    1789. Le Calife Homard: "L'Oeuvre et M. Valéry--suite," L'Ordre démocratique, La Rochelle, 19 novembre 1927, [M]. [VRY Ms. 994, II, 126]

    The caliph continues his article begun in [1756], informing his readers that, to his astonishment, P.V. is indeed a member of the august French Academy and author of Le Cimetière marin. Inspired by P.V., the caliph has composed a poem entitled "La Mer en fleur" which he prints here. (The pastiche is composed of five quatrains of Alexandrines.) Any similarity to Le Cimetière marin escapes me.

    1790. Anon.: "Académie française," Le Temps, 19 novembre 1927, p. 2.

    "Le chancelier, M. Paul Valéry, fait hommage au nom de l'auteur, M. Georges Lecomte, d'un ouvrage consacré à la Vie amoureuse de Danton."
    Obviously membership in the French Academy entailed certain obligations which did not always suit P.V.'s temperament.

    1791. Ponsot, Georges: "La Politique--chacun à sa place," Ere nouvelle, 30 novembre 1927, [M]. [VRY Ms. 994, II, 120 bis]

    Ponsot's estimation of P.V.'s proper place is a poorly composed amalgam of Téry's articles: "M. Paul Valéry marche sur l'océan des cimetières parmi des becs et des focs qui picorent...." Ridiculous.

    1792. Lang, M.: "Art et curiosité," Le Journal, 20 novembre 1927, [M]. [VRY Ms. 994, II, 54]

    On 19 November at the Hôtel Drouot La Jeune Parque "sur japon (Emile-Paul 1925) illustré par Daragnès" brought 2,800 francs. H. Talvart estimated the retail value of this particular volume at 3,000

⟦1797⟧

francs in 1927, as against its cost at publication: 1,250 francs. (See Talvart, Fiche..., 7e année, 1928, no. 16, fiche 392.)

1793. Anon.: "Cours et conférences," Le Temps, 20 novembre 1927, ⟦M⟧. ⟦VRY Ms. 994, II, 51⟧

A brief echo of P.V.'s talk on Mallarmé, Degas and Huysmans at the Université des Annales on 18 November.

1794. Anon.: ⟦title lacking⟧, L'Indépendance belge, Bruxelles, 21 novembre 1927, ⟦M⟧. ⟦VRY Ms. 999, VII, 163⟧

A Belgian journalist, having learned that there was to be a lecture on P.V. in Brussels, protests indignantly:
"Les organisateurs veulent faire aimer la langue française? Ils vont à l'encontre de ce but en tentant de faire lire les oeuvres de Paul Valéry. Les Gide, les Proust, les Claudel, les Valéry--pour ne citer que ceux-là--sont des auteurs rébarbatifs. Laissons-les à l'admiration des snobs."
It would appear that Téry had his admirers in Belgium. (Cf. ⟦1749⟧.)

1795. Anon.: ⟦title lacking⟧, Liberté, 21 novembre 1927, ⟦M⟧. ⟦VRY Ms. 994, II, 175⟧

P.V. is named as a member of the "comité d'honneur...à la mémoire du compositeur Paul Lacombe (1837-1927)."

1796. Téry, Gustave: "Maintenant il ose...," L'Oeuvre, 21 novembre 1927, ⟦M⟧. ⟦VRY Ms. 994, II, 122⟧

Téry calls Charmes an "aberration esthétique." The attack is nothing short of scurrilous. Téry compares P.V.'s poetry with another aberration, homosexuality, the main target of his venom.

1797. Jean-Bernard: "Billet parisien," Journal de Caen, 22 novembre 1927, ⟦M⟧. ⟦VRY 56$_{29}$ in 4⟧

The text is identical to that published in the Courrier du Pacifique on 1 December ⟦1855⟧ and differs only slightly from that printed by <u>La Liberté</u> on 15 November ⌐1771¬.

1798. Yorrick: "Les Spectacles d'art libre--conférence Paul Creyssel," <u>Lyon républicain</u>, 50e année, no. 18012 (mercredi 23 novembre 1927), p. 5. ⌐VRY Ms. 1001, IX, 14¬

This is one of several enthusiastic reviews of Paul Creyssel's hour-long talk on P.V. in Lyon. Creyssel considered P.V.'s career to date, stressing the "cycle de M. Teste," P.V.'s long silence and his recent poetry "où il recherche toutes les contraintes pour connaître la liberté totale." In a postscript Yorrick notes that: "Après la conférence, Mlle Suzette Guillaud et M. Jean Montazel ont dit quelques poèmes de Valéry avec une simplicité intelligente." See Creyssel's own article on P.V. in this newspaper for 2 December ⌐1865¬.

1799. Fouchardière, G.⌐eorges¬ de la: "Hors d'oeuvre," <u>L'Oeuvre</u>, 23 novembre 1927, p. 2. ⌐VRY Ms. 994, II, 124 bis¬

Fouchardière cites a letter sent to him by Jules Pellerin "ancien candidat au Prix Goncourt, chauffeur de taxi." Pellerin evokes the thoughts of a young writer, seated in the Luxembourg Gardens, meditating on success:
"--Mais non, répliquait une seconde voix, écris de telle façon que personne ne te comprenne, et tu seras illustre comme Baruch, Ezéchiel et M. Paul Valéry."

1800. Anon.: "Les Rumeurs des lettres--indiscrétions," <u>La Rumeur</u>, 23 november 1927, ⌐M¬. ⌐VRY Ms. 999, VII, 154 bis¬

<u>La Rumeur</u> offers its readers this piece of gossip manifestly intended to discredit P.V. as an unscrupulous person.
"M. Paul Valéry, bien qu'académicien, se vend peu pour la raison bien simple qu'il a fort peu écrit.
Or, M. Paul Valéry a de gros besoins d'argent depuis qu'il est académicien. On ne sait pas pourquoi, d'ailleurs. Chez un libraire spécialisé dans la vente d'autographes, il a mandé ces jours-ci un de ses amis, qui tint à peu près ce discours à l'honnête commerçant:
'--Quand vous vendrez un Paul Valéry, offrez à votre client un autographe du maître, ce sera une prime, car vous l'abandonnerez pour le prix dérisoire de dix ou quinze francs en faisant remarquer que le manuscrit en vaut le double.'
Mais notre libraire, sans en entendre plus, décline l'offre en

disant: 'Votre psychologie est fausse, car, avec votre procédé, le livre et le manuscrit resteront dans mes rayons.'
Le messager a-t-il bien rapporté ces propos à son 'bon maître'?"
Compare Galtier-Boissière's article in Le Crapouillot ₍1841₎.

1801. Anon.: ₍title lacking₎, Candide, 24 novembre 1927, ₍M₎. ₍VRY Ms. 994, II, 123₎

An echo concerning the translation of P.V.'s poems into Malagasy by M. Rabearivelo. A. Fontainas had written of this translation in the Mercure de France. It was not listed among translations of P.V.'s works in Pléiade, II, 1635-47.

1802. Anon.: "Le Journal de Jules Renard," Le Journal, 24 novembre 1927, ₍M₎. ₍VRY Ms. 994, II, 54₎

A review of volume two of the separate publication of Renard's Journal (Bernouard) ₍1181₎. The reviewer cites the passage which mentions P.V. (Cf. ₍874₎.)

1803. Anon.: "Les Générales," Liberté, 24 novembre 1927, ₍M₎. ₍VRY Ms. 994, II, 173₎

P.V. was being satirized in "Va donc épurer! revue de C. A. Carpentier et Robert Dieudonné" at the Boîte à Fursy.
"Bien entendu, on y blague Paul Valéry. C'est la scie du jour! Robert Dieudonné, lui, ne comprendrait pas Valéry? Allons donc! Il fait la bête."
It was doubtless due to G. Téry's tireless efforts that P.V. had become, in little more than a month, "la scie du jour." See:

1804. Comtesse Riguidi ₍pseud. of R. Dieudonné₎: ₍title lacking₎, L'Oeuvre, 24 novembre 1927, ₍M₎. ₍VRY Ms. 994, II, 124₎

The co-author of Va donc épurer! even contributed to Téry's newspaper, assuming that Monod's attribution of this article to Dieudonné is accurate. His article concerns husbands who dictate hair styles to their wives. Dieudonné concludes on this note:
"S'ils aiment tant que cela les cheveux qu'ils laissent pousser les leurs. J'aimerais voir M. Paul Valéry avec des nattes et M. Pierre Wolff avec un gros chignon."

A drawing of P.V. in pigtails accompanies this article.

1805. Anon.: "Messieurs les bibliophiles, préparez vos banknotes!" Paris-Soir, 24 novembre 1927, ⌐M⌐. ⌐VRY Ms. 994, II, 131⌐

"Les spéculateurs de la librairie vont prochainement tenter un nouveau coup. Se rendant compte que la 'valeur Valéry' perd des points, ils veulent lui trouver une remplaçante, disent Aux Ecoutes. La 'valeur Gide', n'est pas, dit-on, un placement de père de famille. On est en train de lancer la 'valeur Léon-Paul Fargue'."
    This article seems to predict the double-barreled attack of J. Galtier-Boissière in Le Crapouillot for December 1927 and January 1928. (Cf., concerning the current fortunes of Fargue, M. Martin du Gard in ⌐1487⌐.)

1806. Anon.: ⌐title lacking⌐, La Presse--La Patrie, 24 novembre 1927, ⌐M⌐. ⌐VRY Ms. 994, II, 44⌐

"On annonce la création prochaine d'un musée Valéry qui contiendra des souvenirs relatifs à l'enfance du poète: brosses à dents, ongliers, épingles à cheveux, guignols, cahiers de classe, pipes, blagues à tabac...."
    This is an obvious parody of "Le Musée Valéry" by Yocarinis ⌐1552⌐.

1807. Souday, Paul: "Les Livres," Le Temps, 24 novembre 1927, p. 3. ⌐VRY Ms. 999, VII, 185⌐

"Mais je ne veux pas douter qu'il ⌐Barrès⌐ n'eût voté pour Valéry ⌐at the Academy⌐, malgré leur dissentiment sur Pascal."
A safe hypothesis, since it could never be tested.

1808. Frantel, Max: "A l'université des Annales--Baudelaire," Comoedia, 25 novembre 1927, ⌐M⌐. ⌐VRY Ms. 994, II, 51⌐

P.V. gave the second in a series of three lectures on 25 November. (Cf. ⌐1785⌐.) According to Frantel, P.V. neglected to mention Russia as one of the countries where Baudelaire's influence had been felt. Mlle Vacaresco quickly corrected him.
"Toutefois, pour se donner à la même minute subtilement

raison, il a soutenu que la Russie avait surtout connu l'art de Baudelaire par celui d'Edgar Poe. Et M. Paul Valéry a longuement établi un parallèle entre Poe et Baudelaire."

1809. Ponsot, Georges: "Une Vieillerie," <u>Ere nouvelle</u>, 25 novembre 1927, ₍M₎. ₍VRY Ms. 994, II, 120₎

"Demain, on dira: Et où sont les cheveux courts, le surréalisme, la poésie pure, et où sont les becs et les focs qui picorent? Demain M. Valéry écrira comme vous et moi, je veux dire, comme M. Jourdain qui connaissait sa langue."
Ponsot had already demonstrated his low esteem for P.V. in ₍1791₎.

1810. Devaux, André: "Les Livres--Paul Valéry et les anti-poètes," <u>L'Action syndicale et professionnelle des P.T.T.</u>, 26 novembre 1927, ₍M₎. ₍VRY Ms. 994, II, 140₎

An excellent defense of P.V. against the attacks made on him in L'Oeuvre. Devaux protests that "...ce qui nous inquiète ici, c'est que M. Téry et M. La Fouchardière aient 'découvert' Paul Valéry aussi tardivement, c'est aussi qu'ils soient l'un et l'autre d'une mauvaise foi évidente, c'est surtout qu'on divine sous leurs mots une offensive pas très propre." This last point is particularly well taken. Téry had begun using really repulsive tactics in ₍1796₎. Devaux also makes a general defense of the "obscurs" against the "clairs"; here he is reacting to Vandérem in ₍1707₎:
"La position occupée par M. Paul Valéry dans nos lettres est unique, elle est unique dans toute la littérature contemporaine. Paul Valéry n'appartient pas à la pensée française, mais à la pensée humaine dans le sens le plus large du mot. Exigera-t-on d'une pensée aussi complète, aussi profonde, aussi majestueuse, la soumission aisément consentie par M. G. Téry?"
As <u>Liberté</u> stated on 29 November and <u>La Lanterne</u> repeated on 7 December, the best reply to such attacks was the <u>Hommage des écrivains étrangers à Paul Valéry</u> ₍1151₎.

1811. Treich, Léon: "Les Collections," <u>L'Avenir</u>, 26 novembre 1927, ₍M₎. ₍VRY Ms. 994, II, 162 bis₎

Treich announces that P.V. plans to publish in the collection "Images du Temps" <u>Cahiers d'idées et d'impressions</u>. This title had been announced previously in ₍1701₎. <u>L'Avenir</u> reprinted three paragraphs of P.V.'s "Sur Bossuet" from Commerce.

1812. Anon.: "Un Poète qui a du courage," Annales coloniales, 26 novembre 1927, ⌐M¬. ⌐VRY Ms. 999, VII, 126 bis¬

"Un poète de Madagascar a traduit des vers de M. Paul Valéry en malgache. Il serait souhaitable, dit un de nos confrères, un rien rosse, que M. Paul Valéry fût également traduit en français."
It was only a matter of time until someone should take this suggestion seriously. In June 1933 Colonel Godchot published his "Essai de traduction en français du Cimetière marin" (L'Effort clartéiste). The Malagasy translation of P.V.'s poetry had been mentioned in ⌐1801¬.

1813. Anon.: "Le Courrier de Paris--informations littéraires," L'Europe nouvelle, 10e année, no. 511 (26 novembre 1927), pp. 1565-66.

A brief echo of P.V.'s speech on Baudelaire at the Université des Annales on 25 November. See ⌐1808¬.

1814. Mouquet, Jules: "Les Poètes des îles d'Hyères," Le Figaro, ⌐supplément littéraire¬, 26 novembre 1927, ⌐M¬. ⌐VRY Ms. 999, VII, 121 bis-122¬

Mouquet suspected that P.V. might have had in mind the "îles d'Hyères" when he wrote the passage in La Jeune Parque beginning: "Salut! divinités par la rose et le sel...." P.V. informed Mouquet to the contrary: "Je n'avais encore jamais vu les îles d'Hyères quand j'ai écrit,--sans m'y attendre, sur un banc de l'avenue Victor-Hugo,-- le Salut qui est dans La Jeune Parque. Ce ne fut pas un souvenir, mais une anticipation: car, dix ans plus tard, j'ai pu vivre l'oeil un peu sur Porquerolles ⌐one of the islands in question¬."
Mouquet notes that Antipater of Thessalonica "avait trouvé, en parlant des Sporades, la même image que M. Paul Valéry:
'Iles désertes, débris du continent, que la bruyante ceinture de la mer Egée entoure...' (Anthologie Palatine, IX, 421.)."
P.V. wrote in La Jeune Parque "Iles! dans la rumeur des ceintures de mer," and the similarity is indeed quite striking.

1815. A.-R. W.: "Souvenirs de poètes," La Française, 26 novembre 1927, ⌐M¬. ⌐VRY Ms. 994, II, 92¬

⌐1820┐

An insipid review of P.V.'s lecture of 18 November. (Cf. ⌐1785┐.)

1816. Salemson, Harold J.: "En Amérique," <u>Les Nouvelles litté-raires</u>, 6e année, no. 267 (26 novembre 1927), p. 7. ⌐VRY Ms. 994, II, 36┐

Mentions the publication of <u>Variety</u> in New York by Harcourt Brace. Salemson had himself contributed "Poetry of Paul Valéry" to <u>Poetry</u> in April 1926.

1817. Thuillier, Jehanne: "En Pologne," <u>Les Nouvelles litté-raires</u>, 6e année, no. 267 (26 novembre 1927), p. 7. ⌐VRY Ms. 994, II, 36┐

According to Thuillier, Jan Mieczyslawski, recently deceased, had translated P.V. "magnifiquement." Jan Mieczyslawski does not appear among the translators of P.V. in Pléiade, II, 1635-47.

1818. Anon.: "Revue des revues," <u>Les Nouvelles littéraires</u>, 6e année, no. 267 (26 novembre 1927), p. 8. ⌐VRY Ms. 999, VII, 153┐

Another reprint of P.V.'s "essai...sur Bossuet, que nous trouvons dans le numéro d'automne de <u>Commerce</u>."

1819. Anon.: ⌐title lacking┐, <u>Paris matinal</u>, 26 novembre 1927, ⌐M┐. ⌐VRY Ms. 1001, IX, 202┐

Identical to the squib in ⌐1812┐; only the "dit un de nos confrères" is lacking.

1820. Anon.: "Le Fauteuil de Robert de Flers," <u>La Rumeur</u>, 26 novembre 1927, ⌐M┐. ⌐VRY Ms. 999, VII, 126 bis┐

An anecdote concerning manoeuvres behind the scenes at the Academy.
"Pourquoi M. Louis Madelin, parlementaire sans éclat et historien sans talent, succédera-t-il à Robert de Flers?
Tout simplement par suite de l'accord secret qui est intervenu au printemps dernier entre la 'gauche' et la 'droite' de l'Académie.

Cette dernière a accepté de voter pour Abel Hermant, à la condition que MM. Marcel Prévost, Henri Brémond, Paul Valéry etc., voteraient la prochaine fois pour le candidat de M. Doumic, en l'occurrence, M. Louis Madelin!"

P.V. had already been called a "leftist" in Academic parlance in 1925.

1821. Anon.: "Un Procès-verbal," Le Figaro, 27 novembre 1927, ⟨M⟩. ⟨VRY Ms. 999, VII, 154⟩

P.V. is named as Montherlant's second in his proposed duel with Philippe Barrès, son of Maurice Barrès. The duel was never fought.

1822. Altman, Georges: ⟨title lacking⟩, L'Humanité, 27 novembre 1927, ⟨M⟩. ⟨VRY Ms. 1001, IX, 202⟩

Altman praises Rouveyre's article ⟨1697⟩, adding his own criticism of the Academy as an institution and mentioning P.V. only in passing. Altman's criticism was directed at the petite bourgeoisie in general, not at P.V. In fact, on 2 February 1928 Altman actually defended P.V. against Téry, whom he considered one of "les représentants caractéristiques de ce mesquin esprit petit bourgeois, hostile à tout 'changement' profond, dans l'art comme ailleurs, fermés, du haut de leur incompréhensive prétention, à la vie même qui est mouvement...." The political considerations behind Altman's remarks are easily discernible.

1823. Chauvet, Horace: "Chronique--les focs qui picorent," L'Indépendant, Perpignan, 27 novembre 1927, ⟨M⟩. ⟨VRY Ms. 999, VII, 160 bis-161⟩

Chauvet considers all sides of the recent offensive, weighing the opposing arguments with prudence. He concludes that whatever difficulties the contemporary reader may have with P.V.'s poetry, posterity will doubtless dispel the myth of obscurity as it has for V. Hugo. His reasoning resembles J. de Pierrefeu's in ⟨1754⟩. Chauvet recalls that Lièvre and Droin had previously led "une offensive de grande envergure" against P.V. which had even less chance of success than the current efforts of Téry, Fouchardière, Vandérem, Rouveyre and their supporters. Chauvet saw clearly why such a reaction should have occurred at precisely this time: "Il n'est pas douteux qu'on a fait autour de M. Paul Valéry une formidable réclame que le public ne comprend point parce que ses oeuvres lui sont inaccessibles. Cet excès de louanges devrait produire une violente réaction." It is to the credit of G. Lubin that he foresaw this reaction seven months before it occurred. (Cf. ⸢1262⸣.)

1824. Gras, Marcel: "Indulgence," La Patrie, 27 novembre 1927, ⸢M⸣. ⸢VRY Ms. 1001, IX, 201⸣

M. Gras cites some of the choicest insults from Rouveyre's article in Le Crapouillot. "C'est un point de vue; il en est d'autres qui peuvent se soutenir sans insultes.//M. Paul Valéry est-il un grand poète? Qui le saura jamais?" M. Gras was certainly too hasty in adopting a position of resignation which could only encourage P.V.'s detractors. (This article also appeared in La Presse the same day. ⸢VRY Ms. 994, II, 122 bis⸣)

1825. Anon.: "Cours et conférences," Le Temps, 27 novembre 1927, ⸢M⸣. ⸢VRY Ms. 994, II, 51⸣

A compte rendu of P.V.'s lecture of 25 November. (Cf. ⸢1808⸣.)
"Si Baudelaire, malgré son léger bagage littéraire....a été le plus représentatif des poètes français à l'étranger, c'est que, dédaignant le chemin tracé par les romantiques et les parnassiens, il s'est révélé le prophète de l'ère poétique moderne."

1826. Téry, Gustave: "Remarques--sommes-nous donc enragés?" L'Oeuvre, 28 novembre 1927, ⸢M⸣. ⸢VRY Ms. 994, II, 128⸣

"Je revendique timidement le droit de penser et même de dire que je ne goûte pas 'les focs qui picorent', sans être confondu avec un chien enragé."
Téry replies with the irony of feigned humility to:

1827. P.⸢aul⸣ S.⸢ouday⸣: "Les Antipoètes," Le Temps, 28 novembre 1927, p. 1. ⸢VRY Ms. 994, II, 127⸣

This is Souday's first allusion in Le Temps to an offensive against P.V. He had apparently decided that the attack showed no sign of ebbing and would require determined resistance. His tone is one of haughty disdain for P.V.'s critics.
"Ils sont en ce moment toute une bande à se déchaîner contre Valéry. On pourrait même parler d'une meute, car certains de ses ennemis ressemblent à des chiens enragés. ... Valéry a aujourd'hui la

gloire méritée de représenter éminemment la haute poésie: les positions élevées sont en vue et portent ombrage."

Souday was unwilling to go as far as Pierrefeu or Chauvet in admitting that there were perfectly understandable reasons for this violent reaction. He preferred to adopt the position that complainers were mere Philistines or hacks jealous of a great man's success. This reasoning was not entirely honest.

Since Le Temps for 28 November appeared on the afternoon of the 27th, G. Téry had time to insert a hasty reply to Souday in L'Oeuvre which appeared the following morning. This haste is further proof of the seriousness of the debate and the shortness of tempers on both sides

1828. [Stols, A. A. M.]: "Pour paraître," [unidentified newspaper clipping], [novembre] 1927, [M]. [VRY Ms. 1001, IX, 16]

"Pour paraître fin novembre: Hommage des écrivains étrangers à Paul Valéry." See:

1829. Anon.: "Nouvelles littéraires," Liberté, 29 novembre 1927, [M]. [VRY Ms. 994, II, 127]

This critic, like Souday, chose to take a long view of the current debate. "Il y a, en ce moment, en France, une petite campagne contre Paul Valéry... Elle n'a aucune importance. P. Valéry est un grand philosophe, un prosateur musclé et pur, un exquis poète. Loin de compromettre le renom de la langue française par son obscurité (?!!) et sa préciosité (!!...), l'oeuvre de Valéry fait le plus grand honneur à son pays. Laissons dire ceux qui ne comprennent pas, et qui, peut-être, n'ont pas lu..."

The Hommage des écrivains étrangers à Paul Valéry [1151] is termed "...la meilleur réponse" to P.V.'s critics.

1830. Anon.: "Académie de la Rochelle," Défense républicaine, [La Rochelle?], 30 novembre 1927, [M]. [VRY Ms. 999, VII, 151]

At the monthly meeting of the "Section littéraire des Belles-Lettres et Arts" on 21 November "M. Talvart a traité de la méthode poétique de Paul Valéry avec la lecture des poésies de l'auteur: 'Le Sylphe', 'Le Vin Perdu', 'Palme', et un fragment de 'Narcisse'."

From certain of his comments on P.V. in La Fiche bibliographique française, published at La Rochelle, one surmises that Talvart was less than enthusiastic about P.V. as poet and had little sympathy for his methods of publication.

1831. L'Expert: "La Bourse du livre," Paris-Midi, 30 novembre 1927, [M]. [VRY Ms. 993, I, 140 & VRY Ms. 994, II, 118 bis]

An up-to-date report on the market value of certain of P.V.'s works.

"Aux originales, Valéry, Proust et Jide [sic], subissent des fluctuations différentes. Tassement des Proust et des Valéry: de celui-ci, on note la bonne tenue de la première de Charmes, et surtout des éditions tirées à un tout petit nombre d'exemplaires. La délicieuse Etude sur le Rêve (tirée à quarante exemplaires, il y a deux ans, et dont la couverture est un joli pastiche de l'édition princeps d'Athalie) vaut 1.000 fr.; ce rarissime volume, à la vente Monnier, avait fait 700 fr.. L'originale de Au Crayon et au Hasard (100 exemplaires) est très recherchée vers 150 francs. Rhumbs, éd. ordinaire, 90 fr. Les éditions illustrées par l'auteur font toujours prime, ainsi que la remarquable Jeune Parque, interprétée par J. Daragnès. Par contre, quelques médiocres réimpressions 'de grand luxe' de l'Ame et la Danse et d'Eupalinos sont proposées à des prix inférieurs aux prix d'émission."

This "healthy market" was soon to change. See Galtier-Boissière in Le Crapouillot for December [1841].

1832. Martin du Gard, Maurice: "Les Lois de la vie et les règles littéraires (d'après la psychologie de M. Marcel Jousse)," Le Manuscrit autographe, 2e année, no. 12 (novembre-décembre 1927), pp. 101-9.

The work of the Jesuit M. Jousse had already attracted the attention of F. Lefèvre on more than one occasion. Like Lefèvre, Martin du Gard mentioned P.V. in an attempt to demonstrate the merit of the experimental psychology propounded by Jousse. Insignificant.

1833. Thibaudet, Albert: "Lettre à André Gide," Le Manuscrit autographe, 2e année, no. 12 (novembre-décembre 1927), pp. 112-16.

Thibaudet makes some interesting remarks on the differences which separate Gide's aesthetic from P.V.'s.

"Puisque nous parlons de dialogue, on vous ferait dialoguer fructueusement avec Valéry. Valéry n'est pas intéressé par les individus. Il possède un goût ou il est possédé par un goût extraordinaire des idées pures, des idées mères, que vous n'avez pas. Et puis il les conduit à l'extrémité opposée à tout théisme, et d'abord et surtout opposée au théisme social. Votre goût pour le roman, son horreur du roman sont séparés et équilibrés par le même fléau" (p. 116).

Such a dialogue did exist, and had existed for some time. The record of it is now available in the Gide-Valéry Correspondance, nrf, 1955.

1834. Maury, Paul: ₍title unknown₎, Signaux de France et de Belgique, Anvers, Paris (novembre-décembre 1927), ₍X₎.

I was unable to find this number of Signaux... in France, and the Bibliothèque Royale de Belgique (contacted through the Service Central des Prêts of the B.N.) could not find a copy in Brussels, Ghent, Liège, or Louvain. However, the Mercure de France for 15 January 1928 assures us that in this number Paul Maury took up P.V.'s defense against Téry. Maury wrote, according to C.-H. Hirsch:
"Toute notre génération sait par coeur le 'Cimetière marin' de Valéry, poème coulé dans un or sombre et lumineux, poème qui sonne comme le pas d'une danse grave dans l'ombre d'un sanctuaire."
Hirsch cited an entire page of Maury's article.

1835. Saint-Hilaire ₍pseud. of Jacques Bonzon₎: "Chronique--grandeur et décadence de Paul Valéry," L'Activité française et étrangère décembre 1927, ₍M₎. ₍VRY Ms. 994, II, 137₎.

Saint-Hilaire (identified by J. P. Monod) declares that P.V.'s celebrity is already on the down grade. He applauds Rouveyre's "philippique étourdissante" in Le Crapouillot for November and has special praise for the efforts of G. Téry. He cites Téry's article for 31 October. In his opinion by far the best weapon against P.V. was Mlle Noulet's article in the Mercure de France for 15 June. He cites selected passages which suffice, says he, to prove the error of Noulet's demonstration. (R. de Marmande cited the same passages in ₍1916₎.) Saint-Hilaire concludes:
"Rien de tel qu'une glose bien zélée pour juger d'un texte--et des commentaires d'un fanatique pour faire apparaître tout le ridicule d'une logomachie prétendu poétique. La décadence de Paul Valéry commença peut-être à l'imprudence de M. ₍sic₎ Noulet. ... Un vent de Fronde S'est levé ce midi./Je crois qu'il gronde/Contre le Valéry."

1836. Cornetz, V.: "Revue des revues," Afrique, Alger, décembre 1927, ₍M₎. ₍VRY Ms. 994, II, 118 bis₎.

Cornetz calls Rouveyre's "Discours d'expulsion de M. Paul Valéry à l'Académie française" ₍1697₎ a "chef d'oeuvre." He has the greatest admiration for Rouveyre's style of "éreintement." For a less naïve appreciation, see:

1837. Pomier, Jean: "Rouveyre contre Valéry," <u>Afrique</u>, Alger, décembre 1927, ▁M▁. ▁VRY Ms. 994, II, 118 bis▁

Pomier, who states that he personally does not like P.V.'s work, treats Rouveyre in the manner he deserves:
"La crapouillotade dernière de Rouveyre est d'une violence telle qu'elle se détruit elle-même. Chargée jusqu'à la gueule de méchenceté ▁sic▁ à chevrotines, elle pète sous le nez de qui veut la tirer. Tromblonnade de moutchou ▁sic▁. Pas autre chose. ... ▁Rouveyre▁ s'est conduit en apache, non en critique.
Mais Valéry ne s'en porte pas plus mal."
Pomier gives deserved praise to Pierrefeu's article ▁1754▁.

1838. Creyssel, Paul: "Extrait d'un plaidoyer--le voleur (simple document)," <u>Cahiers rhodaniens</u>, Lyon, no. 1 (décembre 1927), pp. 13-16. ▁VRY Pr. 5 in 12▁

Above the text of this very brief tale one reads: "Il me serait impossible d'écrire: 'la Marquise monta en voiture.'//Paul Valéry." This appears to be Creyssel's own version of the famous statement published by Breton in the <u>Manifeste du surréalisme</u>, 1924 ▁396▁.

1839. Vernier, Bernard: "Conférence de M. Paul Creyssel, sur Valéry," <u>Cahiers rhodaniens</u>, Lyon, no. 1 (décembre 1927), pp. 37-38. ▁VRY Pr. 5 in 12▁

Vernier's account of Creyssel's lecture on P.V. in Lyon on 19 November agrees with that of Yorrick in ▁1798▁. According to Vernier, the poems recited by Mlle Guillaud and M. Montazel were <u>Le Serpent</u> and <u>Le Cimetière marin</u>.
In this same number of the <u>Cahiers rhodaniens</u> P.V. published a "Lettre sur la méthode" which he had written to Victor Cambon in 1915.

1840. Anon.: "Le Crapouillot vient de faire paraître," <u>Bulletin de l'office de livres du Crapouillot</u>, décembre 1927, ▁M▁. ▁VRY Ms. 994, II, 135▁

"Un article de Polémique Sensationnelle 'Le génie Commercial de M. Paul Valéry' Par Jean Galtier-Boissière (avec une bibliographie complète et authentique des oeuvres de Valéry)." See:

⟨1841⟩

1841. Galtier-Boissière, Jean: "Le Génie commercial de M. Paul Valéry," Le Crapouillot, Noël 1927, pp. 33-41. ⟨VRY Pr. 165 in 4 & VRY Ms. 994, II, 136 bis⟩

It is important to note at the outset that, with the exception of his concluding paragraph, Galtier-Boissière considers P.V.'s work only from the point of view of bibliophilic speculation. His article is doubly interesting: it gave renewed impetus, and a new theme, to the anti-P.V. campaign; and it contains elements of truth which a serious critic cannot ignore. Galtier-Boissière's principal contention is that "M. Valéry a réalisé le miracle de la multiplication des ⟨éditions⟩ originales." He submits in evidence a substantial part of the Davis & Simonson bibliography of P.V.'s works, which was itself intended for bibliophiles. Galtier-Boissière accuses P.V. of having <u>used</u> bibliophilism to his own financial advantage through his methods of publication. That P.V. did take advantage of the willingness of wealthy bibliophiles to speculate on editions of his works is a matter of record. Galtier-Boissière argues:

"Une cote ⟨bibliophilique⟩ n'est authentique que lorsqu'un volume est assez apprécié par ses possesseurs pour qu'ils refusent d'en tirer argent. Ce n'est certes pas le cas de M. Valéry dont les éditions dans la proportion de dix sur treize, sont uniquement objet de spéculation. Demandez à dix amateurs qui possèdent l'originale 'Du côté de chez Swann' (Grasset, 1913) de vous la céder, ils vous répondront qu'ils préfèrent la garder; c'est ce qui fait la valeur authentique de cette édition comme de dix autres que je pourrais vous citer. Tandis que la majorité des détenteurs d'oeuvres de Valéry ne les ont point achetées parce qu'ils les apprécient mais dans l'unique idée de <u>les revendre à gros bénéfices</u>. Ajoutez que le marché du livre de luxe est tellement encombré de rééditions et d'originales plus que douteuses de M. Valéry, qu'il y a embouteillage, et que les colonnes de petites annonces pour bibliophiles fourmillent d''offres' de Valéry...à tous les prix."

Even granting the truth of all Galtier-Boissière's claims, it is difficult to see on the basis of what ethic P.V. can be condemned. It is true that the market **for** editions of P.V.'s works bears a striking resemblance to the market for shares of mining stock or any other object of financial speculation. But how can P.V. be blamed for this state of affairs? If Galtier-Boissière were consistent in his reasoning he would have to condemn not only bibliophilism but the entire capitalist system of investment. No, it is outrageous to condemn a writer for disposing of his product in the same manner as any other producer without calling into question the very system of production.

⟨1845⟩   533

Thus, Galtier-Boissière's conclusion is manifestly unjust to P.V. He imagines that a literary historian "brossera un pittoresque tableau de notre époque (qui, par plus d'un point, rappelle celle de Law) où toutes les valeurs étaient faussées, où une inflation désordonnée régnait dans tous les domaines, où une effrénée spéculation affolait toutes les classes de la société; sans doute établira-t-il un picaresque portrait du fameux académicien qui mit son talent en Société anonyme et devint le Dieu d'une certaine spéculation sur le papier imprimé, le suivra-t-il dans son apothéose et dans ses revers; et peut-être avec un peu d'imagination (il en faut aux historiens) fera-t-il du poète 'pur' de M. l'abbé Brémond, l'un de ces personnages hardis et inquiétants en qui se reflètent les hasards de l'après-guerre, je veux dire un des maîtres de la grande Inflation. M. Paul Valéry, tout comme un autre a crevé le plafond: il a fait du Franc-grand papier."

What one is forced to concede, and most of P.V.'s authentic admirers regretted, is that in order to live P.V. was forced to postpone as long as possible publishing his works in editions that the ordinary reader could afford. This alone explains, and in part justifies, the criticisms made by many who objected to the claims of greatness made for a writer whom they were unable to read because they could not obtain editions of his works.

1842. Roger-Marx, Claude: "S'illustrer soi-même," <u>Le Crapouillot</u>, Noël 1927, p. 42. ⟨VRY Pr. 165 in 4 & VRY Ms. 994, II, 136 bis⟩

"Valéry--dont certains croquis avaient servi à Daragnès dans la <u>Jeune Parque</u>--n'a-t-il pas enrichi d'eaux-fortes originales le <u>Cimetière Marin</u>?"
Roger-Marx considers this to be a current trend.

1843. Erlande, Albert: "Mélancolie de Silène," <u>Le Divan</u>, décembre 1927, ⟨M⟩. ⟨VRY Ms. 999, VII, 132⟩

A poem in Alexandrine verse dedicated "A Paul Valéry."

1844. H.⟨enri⟩ M.⟨artineau⟩: ⟨title lacking⟩, <u>Le Divan</u>, décembre 1927, ⟨M⟩. ⟨VRY 584$_7$ in 8⟩

Martineau writes of Souday's <u>Paul Valéry</u>: "Enfin sa mise en valeur de M. Paul Valéry emporte tous nos suffrages."

1845. Crouzet, Guy: "A travers la quinzaine--carnet des jeunes lettrés," Grande Revue, décembre 1927, pp. 161-63 ⸤VRY Ms. 994, II, 140 bis⸥

Crouzet has some particularly apt comments on J. de Pierrefeu's article ⸤1754⸥.

"Il est clair qu'il ⸤Pierrefeu⸥ doit avant tout sa remarquable compréhension à cette curiosité d'esprit, malheureusement assez peu répandue, qui permet en l'espèce à ceux qui en sont doués de ne pas considérer leur automatisme intellectuel comme la règle définitive de l'esprit humain. C'est là la véritable grâce; peu importe que l'on goûte ou que l'on ne goûte pas le Cimetière Marin ou telle autre oeuvre 'moderne'; l'essentiel est qu'on ne répudie pas la possibilité de leurs vertus, qu'on se tienne dans ce doute bienheureux de son propre entendement qui peut être le point le départ de tous les progrès individuels. Le reste sera donné par surcroît... Plutôt que de regarder le succès de M. Valéry comme une hallucination collective, mieux vaut admettre qu'une dixième Muse ne vous a pas visité..." This counsel was in fact too wise to be heeded...

1846. Fagus: "Quiquengrogne--à la manière de Bossuet et Tartampion," Les Marges, décembre 1927, pp. 277-79. ⸤VRY Ms. 994, II, 57⸥

Fagus comments irreverently on several "Immortels": "--Et, Paul Valéry?--J'éprouve l'infirmité de ne pouvoir blairer les vers de ce noble poète.--Et sa pensée?--Quand on parle de la pensée d'un poète... ...je soupçonne la pensée de M. Teste ⸤d'⸥être lapalissadesque, hélicoïdalement bien entendu, et avec des siècles de civilisation en plus ainsi qu'il sied."
Fagus had already registered his opposition to P.V. during the heat of the "poésie pure" debate. Only his identification of P.V. with M. Teste is of any real significance.

1847. Saurat, Denis: "Propos--Camille Mauclair," Les Marges, décembre 1927, pp. 255-60. ⸤VRY Ms. 994, II, 56 bis⸥

A review of a reprinting of Mauclair's Servitude et grandeur littéraires ⸤198⸥. Saurat writes:
"J'ajouterai même ici--puisque j'ai écrit contre Paul Valéry et que les lecteurs des Marges ne pourront m'accuser d'idolâtrer Valéry--que Paul Valéry me paraît un poète bien supérieur à Mallarmé."
This only proves the extremely low esteem in which Saurat held Mallarmé. He wrote in the same article: "...je mets Baudelaire bien au-dessous des grands romantiques, Vigny, Musset, Lamartine et Hugo."

⌐1851¬   535

What can one expect of such an inveterate neo-Romantic?

      1848. Bertaux, Félix: "Notes--la poésie," NRF, XXIX, no. 171 (décembre 1927), 857.

      A review of Supervielle's Oloron-Sainte-Marie. "L'originalité du lyrisme en France est que le sensible et l'intelligent ne s'y font point de sacrifices, mais sont l'un par l'autre excités à se dépasser. Si avant qu'il la porte, Paul Valéry reste dans la tradition." This is undoubtedly true and would explain why both neo-classicists and Dadaists at one time claimed P.V. as their own.

      1849. Anon.: "La Barbe!!!" Transition, décembre 1927, ⌐M¬. ⌐VRY Ms. 994, II, 185¬

      "La Barbe!!!" was the substance of Transition's commentary on P.V. In fact it is the only commentary in French, Transition being an English language review published in Paris.

      1850. Escholier, Raymond: ⌐title lakcing¬, Vient de paraître, décembre 1927, ⌐M¬. ⌐VRY Ms. 994, II, 123¬

      "Le Serpent", de Paul Valéry, illustré par Jean Marchand et Sonia Lewitska, est un démarquage assez scandaleux de la célèbre Jeune Parque, décorée par Daragnès pour Emile-Paul. Je ne félicite pas l'editeur de cette initiative."
Scandal: even the illustrators were plagiarizing one another.

      1851. Y.⌐ves¬ G.⌐andon?¬: "Littérature générale," Vient de paraître, décembre 1927, ⌐M¬. ⌐VRY Ms. 994, II, 85 & VRY Ms. 1001, IX, 17¬

      Taking exception to all other reviews I have seen of Souday's critical trilogy, Y. G. singles out Paul Valéry as the weakest of the three. This choice reflects Y. G.'s extreme distaste for P.V.
      "Dans les poèmes de Valéry, l'obscurité avouée de la forme dissimule plus d'une défaillance proprement formelle. On a bien le droit de penser, contrairement à M. Paul Souday, que malgré d'incontestables beautés de détail, le grand dessein de poésie intellectualiste de Valéry a partiellement avorté."
      Y. G. concludes with the commonplace comparison with J.-B.

Rousseau. See D. P. in Vient de paraître for November ⌐1704¬.

1852. Vinde, Victor: "Les Lettres scandinaves," Vient de paraître, décembre 1927, ⌐M¬. ⌐VRY Ms. 1001, IX, 21¬

The sub-title is "Le Scandale du Prix Nobel de littérature":
"M. Böök regnante le Prix Nobel sera toujours pour les idéalistes à son goût. C'est pourquoi Heinrich Mann qui a écrit Le Sujet ne l'aura jamais, ni Martin Anderson-Nexö ⌐sic¬, le puissant romancier danois qui a osé sympathiser avec les communistes et la Révolution russe, ni André Gide (pas assez bourgeois) ni Paul Valéry (trop subtil, trop hermétique) ni Maxime Gorki (trop moujik)...."
The Valeryanum contains a considerable correspondence concerning efforts to obtain the Nobel Prize for P.V. between 1919 and 1937, when he was defeated by Roger Martin du Gard.

1853. Anon.: ⌐title lacking¬, Vient de paraître, ⌐décembre¬ 1927, ⌐M¬. ⌐VRY 56_{37} in 4¬

An insignificant compte rendu of the ceremonies in honor of Verhaeren at Saint-Séverin on 10 November. P.V. is described as "... réticent et défendant secrètement le poète magnifiquement seul, contre les manifestations intempestives."

1854. Les Annalistes: "Les Clairs et les obscurs," Les Annales, no. 2299 (1er décember 1927), p. 530. ⌐VRY Ms. 994, II, 124¬

Despite J. de Pierrefeu's article of 12 November, which they cite, the Annalistes claim that "les valérystes n'ont, jusqu'ici, pas bougé" since Vandérem's first attack in the Revue de France. They note that Vandérem's "deuxième offensive" is in preparation. On 1 January 1928 in this column the Annalistes praised Vandérem's third assault, calling it a "remarquable étude-campagne sur la clarté et l'obscurité en littérature." They had missed the point completely.

1855. Jean-Bernard: "Courrier de Paris," Courrier du Pacifique, San Francisco, 1er décembre 1927, ⌐M¬. ⌐VRY 56_{21} in 4¬

Identical to ⌐1797¬ and very similar to ⌐1771¬.

1856. Patin, Jacques: "Le Dîner du Zodiac," Le Figaro, 102e

année, no. 335 (jeudi 1er décembre 1927), p. 2. ⸤VRY Ms. 1001, IX, 15⸥

Patin relates the proceedings at the previous evening's "Dîner du Zodiac" in honor of Tristan Derème's recent Le Zodiaque ou les étoiles sur Paris.
"Au dessert, M. Paul Valéry, qui présidait, ne prononça pas d'abord que quelques mots: 'Je ne prends pas la parole, dit-il, je la donne.'"
Patin quotes Derème's ballad commemorating the occasion. The text of Derème's ballad also appeared in La Muse française for 10 December.

1857. Anon.: "Petites et grandes nouvelles," Le Journal, 1er décembre 1927, ⸤M⸥. ⸤VRY Ms. 994, II, 54⸥

Mentions that P.V. is a member of the jury for the Prix Moréas. Several other newspapers had already made similar announcements.

1858. Anon.: ⸤title lacking⸥, Journal du Caire, Le Caire, 1er décembre 1927, ⸤M⸥. ⸤VRY Ms. 999, VII, 165 bis⸥

This is perhaps the first, last and only reference to "une école de Paul Valéry, ⸤qui⸥ écrit des poèmes qui condamnent le lecteur à la méningite, et l'auditeur (si par hasard on se plaît à les déclamer) à la folie douce, avec crises d'abêtissement." There is no mention made of the other members of said "école."

1859. Hirsch, Charles-Henry: "Revue de la quinzaine--les revues," Mercure de France, 38e année, CC, no. 707 (1er décembre 1927), 436. ⸤VRY Ms. 994, II, 201⸥

Hirsch refers his readers to Guy Lévis-Mano's "Jugements juvéniles sur M. Paul Valéry" in the fourth "cahier" of L'Arc-en-ciel. The only Arc-en-ciel on record at the Bibliothèque Nationale is a parish newsletter.

1860. Anon.: "Revue de la quinzaine--echos," Mercure de France, 38e année, CC, no. 707 (1er décembre 1927), 501-5.

A compte rendu of P.V.'s address at Saint-Séverin on 10 November. The Mercure de France quotes substantial passages of P.V.'s text without comment.

1861. Fouchardière, G. ⟨eorges⟩ de la: "Hors d'oeuvre," L'Oeuvre, 1er décembre 1927, ⟨M⟩. ⟨VRY Ms. 994, II, 127⟩

Fouchardière implies that P.V.'s style is Biblical, although this should certainly not be taken as a compliment, given the source.
"'Je vous remplacerai les années qu'ont dévorées les sauterelles' (Joël 2:25). C'est du bon Valéry; ces sauterelles qui dévorent des années sont proches des focs qui picorent les toits. Cela prouve que Valéry n'a point inventé le valérysme, florissant au temps de Baruch et d'Ezéchiel, et dont le chef d'oeuvre est l'Apocalypse."
This appears to be an attempt on the part of Fouchardière to vary his material. He had already used the final comparison in ⟨1799⟩.

1862. Fort, Paul: "Le Bohémien au poète," La Presse, 1er décembre 1927, ⟨M⟩. ⟨VRY Ms. 994, II, 86⟩

"A Paul Valéry.//Fixe ta demeure aux clous de quatre étoiles. Sonne du cor. Elève de petits ours. Agite sur un feu l'ail vert dans la poêle. Chante l'amour. Mais garde-toi de l'amour.//Hulule un cri d'extase au grand ciel livide, songeant: 'Le trapèze assure un beau trépas. Un soir, je n'aurai d'amour que pour le vide. Quand irai-je trouer la nue de mon pas?'//Les gypsies bleues verront ta mort dans les cartes, sur un tambour. Va donc graisser l'essieu de ta roulotte afin, Seigneur! qu'elle parte derrière le cheval poussif, vers les cieux.//Ne te laisse grignoter aux souvenirs, comme l'est aux vers le bois creux de ma hache. Mais si le bouc danse autour de toi, soupire et hume aux buissons la rose des jours lâches.//Sois libre en ne méprisant pas un chef dur, qui cogne et t'arrache l'oeil de sa ceinture. Il faut souffrir. La pipe en devient meilleure au solitaire, la nuit, dans l'herbe en fleur."
To my knowledge Fouchardière never communicated his opinion of this text, surely as "hermétique" as anything P.V. ever wrote.

1863. Vandérem, Fernand: "Les Lettres et la vie," Revue de France, VII, no. 6 (1er décembre 1927), 534-44.

A continuation of ⟨1707⟩, q.v.

1864. Souday, Paul: "Le Mouvement dramatique," Revue de Paris, no. 6 (1er décembre 1927), pp. 694-700. ⟨VRY 56$_5$ in 4⟩

Souday cites the examples of Verhaeren and Moréas from P.V.'s

⌐1868⌐

address of 10 November to demonstrate the universal appeal of the French language. Insignificant.

1865. Creyssel, Paul: "Musique et lettres," <u>Lyon républicain</u>, 50e année, no. 18021 (vendredi 2 décembre 1927), p. 3. ⌐VRY Ms. 999, VII, 128⌐

Creyssel makes some excellent observations on the nature of P.V.'s criticism: "Je pense...qu'un Utrillo devant Notre-Dame réagit exactement comme le critique Valéry devant l'Adonis et ⌐for de⌐ La Fontaine (voir: <u>Variété</u>). L'un aboutit à peindre et l'autre à tracer un écrit. Mais tous deux se placent en face d'une donnée et l'éprouvent, et l'étudient. Leurs sens en sont frappés, leur âme occupée, leur intelligence excitée à des analyses qui divisent l'objet pour en mieux éclairer la structure ou les parties. Dans cette 'acceptation', ou plutôt dans cette 'saisie' de la chose, tout leur être se trouve engagé. ..." See also:

1866. Anon.: "Conférence," <u>Notre Carnet</u>, Lyon, 2 décembre 1927, p. 11. ⌐VRY Ms. 999, VII, 132 bis & $\overline{\text{VRY Ms.}}$ 1001, IX, 15⌐

Another <u>compte rendu</u> of Paul Creyssel's lecture in Lyon on 19 November. The reviewer describes Creyssel as "avocat à la Cour." The lecture appears to have been of excellent quality. (Cf. ⌐1798⌐.)
"Me Paul Creyssel, visiblement épris de son auteur, s'est efforcé de le saisir suivant ses méthodes même, c'est-à-dire en l'éclairant de l'intérieur."
This lecture was apparently published as a "plaquette" but I have been able to find no trace of it.

1867. ⌐Grezac, Pierre⌐: "Quelques livres," <u>Le Parlement et l'opinion</u>, 2 décembre 1927, p. 21. ⌐VRY 584_{12} in 8⌐

An enthusiastic review of Souday's <u>Paul Valéry</u>: "...indispensable à celui qui, non préparé à de pareils exercices, se voudrait initier au génie--il paraît que le mot au gré de quelques-uns, n'est pas trop gros--de M. Paul Valéry."

1868. Daudet, Léon: "Où en est le roman français?" <u>L'Action française</u>, 3 décembre 1927, ⌐M⌐. ⌐VRY Ms. 999, VII, 123⌐

Daudet states a clear preference for Tristan Derème's <u>Zodiac</u>

over P.V.'s <u>Cimetière marin</u> "qui n'est d'ailleurs pas mal." This is probably as close as Daudet ever came to praise for P.V. He reminds his readers that it was he who introduced P.V., "un très gentil garçon," to Mme Adam, who published "L'Introduction à la méthode de Léonard de Vinci." Daudet's condescending tone is quite exasperating. His position in Valéry criticism could be expressed in terms of the ratio Daudet : Valéry :: Sainte-Beuve : Baudelaire.

  1869. Lagarde, Pierre: "La Poésie," <u>Comoedia</u>, 3 décembre 1927, [M]. [VRY Ms. 994, II, 51]

  Lagarde reviews P.V.'s lecture given at the Université des Annales on 2 December. "Chaque coup de scalpel, précis et méthodique, se traduisait par une phrase abstraite et concise...." (Cf. [1879].)

  1870. Chauveau, Paul: "Caractères--M. André Rouveyre ou l'écoeuré," <u>Les Nouvelles littéraires</u>, 6e année, no. 268 (3 décembre 1927), p. 1. [VRY Ms. 994, II, 133]

  Like J. de Pierrefeu three weeks earlier, Chauveau replies to Rouveyre with ridicule:
  "D'abord, M. Valéry est académicien, au prix habituel; visites dégradantes naturellement, relations futiles, évidemment. Qu'il ait été si longtemps obscur et qu'il soit si célèbre, cela est signe de médiocrité. M. Valéry porte monocle! Horreur! Il a maintenant de l'argent; abomination! Les femmes, dont je suis bien sûr qu'il pense ce qu'il veut, l'entourent et le flattent. Stupre! Honte et dégoût! Ah le vilain snob! Et croiriez-vous que son habit d'académicien vient de chez Lanvin! Comme dit M. Rouveyre 'cela situe un homme'. Evidemment! Il ne faut pas le contrarier; situons l'homme. Si M. Valéry avait acheté 'humblement chez Pingard (le secrétaire de l'Institut) le costume d'un confrère décédé à peu près de (sa) taille' et qu'il l'eût fait 'rafraîchir et ajuster' cela eût été d'un poète. Juste ciel! Ne peut-on aimer qu'un poète ait le goût, le désir et l'usage des choses justes et belles! Quelle considération pour la gêne et le malheur en M. Rouveyre!
  Ces reproches saugrenus et comiques illustrent à merveille la misanthropie gratuite et forcenée, le snobisme à rebours qui ornent M. Rouveyre."
  It would be difficult to do better than this.

  1871. Jehan le Pôvre Moyne: "André Maurois--retour d'Amérique,' <u>Les Nouvelles littéraires</u>, 6e année, no. 268 (3 décembre 1927), pp. 1-2.

⊏1873⊐

⊏VRY Ms. 999, VII, 127⊐

An interview with Maurois on board the Ile de France, Eastbound. Asked what were the subjects of his lectures at Harvard, Yale, Princeton and Columbia, Maurois replied: "--J'ai surtout parlé de Claudel, Proust et Valéry... Les Américains en sont très curieux."

1872. Anon.: "Procès-verbal," Les Nouvelles littéraires, 6e année, no. 268 (3 décembre 1927), p. 1. ⊏VRY Ms. 994, II, 133⊐

"M. Philippe Barrès ayant estimé que M. de Montherlant avait dépassé les droits du critique littéraire et qu'il avait porté atteinte au caractère moral de son père, dans un article paru le 26 novembre dans Les Nouvelles littéraires, lui en a demandé réparation."
Barrès had chosen as his seconds in the proposed duel M. Thierry de Martel and comte Pierre de Fleuriau. M. Martin du Gard and P.V. are named as Montherlant's seconds. Montherlant subsequently wrote to Barrès explaining that he had not intended to defame Maurice Barrès. The affair went no further.

1873. Thibaudet, Albert: "Thermidor," Les Nouvelles littéraires, 6e année, no. 268 (3 décembre 1927), p. 1. ⊏VRY Ms. 994, II, 132-33⊐

Referring to Vandérem's comparison of P.V. with Robespierre, Thibaudet terms the current campaign against P.V. the Thermidorian reaction. Thibaudet claims to have been forewarned of such a campaign since August; part of it at least appears to have been planned well in advance.
"Je me suis loué, avec tous les lettrés, avec M. Vandérem lui-même, de voir Valéry entrer à l'Académie. Et l'on ne contestera pas qu'au sens mallarméen l'Académie soit un dehors, et la poésie de Valéry une rareté ⊏cf. Thibaudet's definitions of these terms in NRF for August⊐. Alors j'ai rappelé à Valéry le mot de Mallarmé, et je lui ai dit: 'Attention! Si le dehors embrasse la rareté, tâchons qu'il ne l'étouffe pas, et il y est merveilleusement habile. Que dis-je l'étouffer? Il peut l'étrangler.' J'ai montré le drame de la vie de Valéry,-- de sa vie extérieure tout au moins. Et si l'Académie est, je le maintiens, la fleur de ce dehors, au-dessous de ce dehors il y a les feuilles, il y a les épines, ces épines qui viennent de piquer dans la Revue de France, dans l'Oeuvre, dans les canetons du samedi."
Thibaudet's conclusion demonstrates his taste, judgement and critical excellence.

"Qu'Anatole France ait dit non! à Mallarmé quand il était lecteur chez Lemerre et qu'il s'agissait de faire figurer ses poèmes dans le Parnasse; que Valéry ait modulé un non! à notre bon maître, qui en a vu bien d'autres, surtout depuis qu'il est mort, cela ne me choque pas du tout. Je dis oui à la clarté raphaélesque de France parce qu'elle est, en vers comme en prose, d'un grand prosateur. Je dis oui au clair-obscur léonardesque de Valéry parce qu'il est, en prose comme en vers[,] d'un grand poète. Et--je suis bien tranquille là-dessus--la postérité fera comme moi."

It was becoming increasingly clear that Téry and Vandérem, not to mention poor Fouchardière, were simply not of the same calibre as Thibaudet. On 28 March 1928 Thibaudet wrote in Les Nouvelles littéraires, entitling his article "Après l'affaire." Indeed, no new ideas were introduced to the debate over P.V. after December 1927.

1874. Fouchardière, G.[eorges] de la: "Hors d'oeuvre," L'Oeuvre, 3 décembre 1927, [M]. [VRY Ms. 994, II, 127]

Fouchardière objects to the French Academy's custom of not revealing who voted for whom in its elections to membership.
"Et quelle confusion pour la majorité responsable le jour où on pourrait montrer du doigt, à la sortie de l'Institut, les électeurs de M. Paul Valéry."
See Thibaudet above.

1875. Vautel, Clément: "Autour et alentour--internement de M. Paul Souday," Cyrano, 4 décembre 1927, [M]. [VRY Ms. 994, II, 129]

Vautel rises above his customary tone of petty bickering to contribute a very amusing article to the anti-P.V. offensive. He claims, entirely in jest, that Souday has become seriously deranged and has been locked up. Vautel's comments refer to Souday's article in Le Temps for 28 November [1827]. (Souday replied in [1890].)
"Les chiens enragés de M. Paul Souday, ce sont les réfractaires à la poésie--si poésie il y a--de M. Paul Valéry. ...
Passe encore de traiter ainsi, verbalement, les antivalérystes, mais dans le Temps, c'est de la folie furieuse."
Vautel's review of Souday's long campaign in P.V.'s favor is burlesque, but contains elements of truth already noted by Thibaudet:
"M. Paul Souday a d'abord parlé de M. Valéry et de sa poésie pure à de longs intervalles et en termes modérés quoique déjà fort élogieux. Puis, traitant l'auteur de Rhumbs de 'prince de l'esprit', il lui a consacré des articles de plus en plus nombreux et enthousia-

stes... Tel un amant qui dispute à un rival sa maîtresse, le critique du <u>Temps</u> déclara la guerre à l'abbé Brémond qui faisait profession d'aimer aussi les bouts rimés de M. Valéry: encore un peu et cette dispute finissait par un drame passionnel. M. Souday a, sans doute, vaincu dans ce tournoi dont une Chimène à moustaches était le prix, car il ne pouvait plus, à la fin, écrire trois lignes sur n'importe qui ou n'importe quoi sans y introduire le nom de son idole."

1876. Sauvenier, Justin: ⌐title lacking⌐, <u>Neptune</u>, Anvers, 4 décembre 1927, ⌐M⌐. ⌐VRY Ms. 994, II, 130 & VRY <u>Ms.</u> 999, VII, 158 bis⌐

Sauvenier's remarks on the offensive against P.V., and on Vandérem's articles in particular, are cogent.

"Certes, M. Valéry n'est pas lisible dans un train. Il n'a pas été en vain un fervent de Mallarmé. Mais il y a tant de grands auteurs qui furent obscurs et qui ne le sont plus ?⌐sic⌐ En tous cas, je trouve un indice de la supériorité de Valéry dans cette préoccupation intellectuelle dont il est l'objet. Il fait penser, c'est déjà un grand mérite, et son livre 'Variété' a même inspiré un Belge, M. Michiels, qui nous donne le résultat de sa méditation sous forme dialoguée."

See ⌐1171⌐.

1877. Marmande, R. de: "Hommage à Victor Hugo," <u>Le Peuple</u>, 4 décembre 1927, ⌐M⌐. ⌐VRY Ms. 999, VII, 210 bis⌐

According to Marmande, the French Academy had not delegated a representative to be present at ceremonies in honor of Hugo to be held on 16 December at the Trocadéro. Marmande's comments are gratuitous and malicious.

"M. Paul Valéry, qui affecta, dans son impolitesse de bourgeois qui se croit grand seigneur, de ne jamais donner son nom à l'illustre devancier dont il avait l'honneur de faire l'éloge, M. Paul Valéry, perdu dans le <u>Cimetière Marin</u>, n'ira pas frotter sa poésie 'difficile', ses rébus nombreux et son lyrisme abscons à la lumière ailée d'Olympio. Tant mieux."

His motivation appears to be more political than literary.

1878. Fouchardière, G.⌐eorges⌐ de la: "Choses et autres--à huis clos," <u>Le Populaire du centre</u>, Limoges, 4 décembre 1927, ⌐M⌐. ⌐VRY Ms. 994, II, 201⌐

A reprint of ₍1874₎.

1879. Anon.: "Cours et conférences," Le Temps, 4 décembre 1927, ₍M₎. ₍VRY Ms. 994, II, 51₎

A compte rendu of the last in a series of three lectures by P.V. and Hélène Vacaresco at the Université des Annales. P.V.'s lecture has been reprinted several times, most recently in Pléiade, I, 1361-78 with the title "Propos sur la poésie." P. Lagarde had reviewed it in ₍1869₎. On the same program Mlle Vacaresco had spoken in praise of P.V. and Mme Croiza had recited selections from "Fragments du Narcisse."

1880. Orion: "Figure de la France," L'Action française, 5 décembre 1927, ₍M₎. ₍VRY Ms. 1001, IX, 20 & VRY 351$_4$ in 4₎

Orion says of P.V.'s introduction to M. Hurlimann's La France, architecture et paysages: "En moins de vingt pages, il esquisse la géographie humaine de la France et l'on mesure à la lire tout ce que gagne une science lorsqu'un poète l'exprime." Orion's praise for P.V. was as consistent as was L. Daudet's disparagement of him.

1881. Treich, Léon: "L'Obscurisme," L'Intransigeant, 5 décembre 1927, ₍M₎. ₍VRY Ms. 999, VII, 159 bis₎

According to Treich, "l'obscurisme" was a neologism which Vandérem had invented for the purposes of his campaign against P.V.

1882. Bonnaud, Dominique: "Congrégation d'agrégés," La Rumeur, 5 décembre 1927, ₍M₎. ₍VRY Ms. 999, VII, 126₎

Bonnaud points out, in this poem on the French Academy, that only two poets are members of this august body: "On tolère encore un Régnier,/Voire un Valéry, chez la dame,/Mais l'on souhaite, au fond de l'âme,/Qu'il soit le dernier."

1883. Prévost, Ernest: "Les Lettres--les focs picorent-ils?" La Victoire, 5 décembre 1927, ₍M₎. ₍VRY Ms. 994, II, 125₎

Prévost condenses Téry's attacks on P.V. to date. He mentions

Souday's article for 21 October ⌐1666⌐ and Thibaudet's recent defense of P.V. ⌐1873⌐. His prejudice is evident, however, when he calls J. de Pierrefeu "un autre fanatique." What then is the nature of the campaign against P.V.?

"Il y a simplement une réaction de bons sens et du sens français, une révolte contre cette prétention qu'ont les zélateurs de M. Paul Valéry de le présenter au Monde, non comme un esprit éminemment subtil, un versificateur curieux, s'adonnant à de passionnants travaux d'alchimiste, mais comme le maître incontesté de notre poésie lyrique. Cela, en effet, je suis de l'avis de M. Gustave Téry, c'est 'une mystification'."

These "arguments" had been answered well in advance by Pierrefeu and Thibaudet. Prévost was still continuing in the same vein on 2 January 1928 in this newspaper. For hostile critics like him, Téry, Vautel and others, no amount of rational argument and explanation would ever suffice.

1884. Valmy-Baysse, J.: "Polémiques," La Volonté, 5 décembre 1927, ⌐M⌐. ⌐VRY Ms. 994, II, 126⌐

Valmy-Baysse, commenting on Thibaudet's recent article ⌐1873⌐, takes a rather detached view of the current polemic raging over P.V. He concludes that all such disputes are good for business, as it were.

"Que la poésie, et même la poésie pure, soit à la base de certains succès de librairie, voilà qui ne peut que nous réconforter.

Il est donc à souhaiter que des polémiques de ce genre s'organisent autour de la production poétique.

Les poètes ne pourront que s'en réjouir puisqu'ils seront d'autant plus connus qu'ils seront vilipendés."

By this standard P.V. was undoubtedly the most "popular" writer in France in December 1927. Unfortunately, this ingenious solution does not reply to the more pertinent arguments of critics like Galtier-Boissière who saw the basic financial injustice of the situation.

1885. Anon.: "Un Duel évité," Candide, 6 décembre 1927, ⌐M⌐. ⌐VRY Ms. 1001, IX, 20⌐

The proposed duel between Montherlant and Philippe Barrès never took place. P.V. is named here once again as one of Montherlant's seconds. (Cf. ⌐1872⌐.)

1886. T. R.: "La Politique--le discours de Saint-Pierre,"

Tribune de Genève, 6 décembre 1927, ⌐M⌐. ⌐VRY Ms. 999, VII, 163 bis⌐

The campaign against P.V. found echoes even in Swiss politics. The following comment refers to a recent political speech: "Car il y a des passages dans le discours de Saint-Pierre qui sont tout à fait inintelligibles; il semblerait que M. Paul Valéry eût été convié de participer à leur rédaction...."

1887. Les six quatre deux: "Lettres ou pas lettres," Le Canard enchaîné, 7 décembre 1927, ⌐M⌐. ⌐VRY Ms. 994, II, 201⌐

By now the debate over P.V. was so well known that Le Canard... could pun on the very names of the participants:
"De M. André Rouveyre, parce qu'il a médit de Paul Valéry, M. Paul Chauveau, dit dans les Nouvelles littéraires ⌐1870⌐ qu'il tuerait le soleil en plein midi.
Moralité:
Rouveyre la nuit."
The allusion is to P. Morand's Ouvert la nuit.

1888. Anon.: "Hommage à Paul Valéry," La Lanterne, 7 décembre 1927, ⌐M⌐. ⌐VRY Ms. 994, II, 128⌐

Identical to ⌐1829⌐.

1889. Daudet, Léon: "Un Drame au 'Temps'," L'Action française, 8 décembre 1927, ⌐M⌐. ⌐VRY Ms. 994, II, 134⌐

Daudet's title is an allusion to Vautel's article ⌐1875⌐. Daudet here adds his personal stamp to the campaign against P.V. Most of his article is devoted to a more than dubious "demonstration" of P.V.'s plagiarism of Mallarmé. He continued to attack P.V. at regular intervals as long as the campaign raged. On 15 January 1928 he added this very significant comment to the argument that P.V. was a sort of literary capitalist:
"Quant à l'entreprise de librairie de luxe, à laquelle correspond en somme le pavois, soudain et cocasse, de ce disciple subtil de Mallarmé, je ne saurais trop répéter que je l'approuve tout à fait. La librairie de luxe correspond à un mouvement profond, antidémocratique et antivulgaire, qui est dans le voeu général des nations civilisées."
Any arguments to the contrary Daudet dismissed as socialist,

and his views on that subject were well known. On 25 January, writing
from exile in Belgium, Daudet applauded Galtier-Boissière's exposé of
P.V. in December, thus contradicting his statements of 15 January.
Daudet was still attacking P.V. in February 1928, when the campaign had
already cooled down considerably.

1890. Souday, Paul: "Clartés sur 'l'obscurisme'," Candide, 8
décembre 1927, [M]. [VRY Ms. 994, II, 130-31]

Souday replies directly and pointedly to Vautel's article of
4 December [1875] concerning his use of the term "chiens enragés":
"Cette dernière métaphore ne visait ni M. Clément Vautel, ni
M. Fernand Vandérem, ni M. Gustave Téry: ai-je besoin de le dire? Mais
il a paru, sous d'autres signatures, ou anonymement, des échos d'une
noire perfidie et tel article d'une grossièreté inqualifiable, d'ailleurs rédigé en charabia, par un homme qui a peut-être su dessiner, mais
qui, assurément, ne sait pas écrire. Inutile de le nommer et de lui
répondre. Je voulais seulement indiquer à M. Clément Vautel que je
n'avais point parlé au hasard dans un accès de phobie verbale."
It would have been perfectly clear to those of his readers
who had followed the debate in the press that Souday meant Rouveyre's
article in Le Crapouillot for November [1697].

1891. Anon.: "Rencontres!...," D'Artagnan, 8 décembre 1927,
[M]. [VRY Ms. 999, VII, 150]

An anecdote concerning a recent dinner which the French president had given for new members of the French Academy. It seems that
the Academicians were driven to the Elysée Palace "dans les caisses
ornées du sablier funèbre!...//Si, après ce voyage, M. Paul Valéry ne
donne pas une suite au Cimetière marin...avec le landau des pompes
funèbres...c'est que l'esprit aura perdu de son immortalité."

1892. Daudet, Léon: "L'Effondrement des corps constitués--à
l'Académie," L'Action française, 9 décembre 1927, [M]. [VRY Ms. 999,
VII, 123 bis]

Daudet writes of the haste with which the Academy proceeded
"à l'élection de ce brave Valéry, alors qu'elle aurait repoussé avec
horreur le délicieux Mallarmé, dont Valéry n'est que le cimetière
marin. ... Sa renommée, faite surtout d'invidia et de déplacement critique, est une plaisanterie fort divertissante et dont il doit être le

premier à rire...." This last sentence applies particularly well to Daudet's own criticism of P.V.

1893. Pawlowski, G. de: "Lettre de Paris," La France de Bordeaux, 9 décembre 1927, [M]. [VRY Ms. 999, VII, 152]

Pawlowski cites a brief paragraph of P.V. which he had found in Le Temps. He comments ironically:
"Si je puis trouver un autre texte de M. Paul Valéry, je m'empresserai de vous le communiquer. Pour l'instant, c'est tout ce que j'ai pu trouver à lire de l'auteur célèbre vanté par le 'Temps'. C'est peu de chose, sans doute, que cette oeuvrette, mais la forme en est claire, quoi qu'on dise, le style précis, et l'on y trouve sans aucun doute, un large humanisme et un sens de l'évolution qui depuis les premiers âges du monde nous conduit, comme par la main, jusqu'aux temps commerciaux où nous vivons."
The last phrase is a parting shot at P.V.'s "génie commercial" recently "exposed" by J. Galtier-Boissière.

1894. Anon.: "A travers les revues," La Patrie, 9 décembre 1927, [M]. [VRY Ms. 1001, IX, 200]

Cites a passage from P.V.'s "Lettre sur Bossuet" in Commerce, "une belle méditation."

1895. Trévières, Pierre de: "L'Histoire et la mode," L'Art et la mode, 10 décembre 1927, [M]. [VRY Ms. 999, VII, 131 bis]

An article on current fashions containing an allusion to P.V.:
"Après avoir soupiré sur les incantations de Paul Valéry ou déchiffré le dernier posthume de Marcel Proust, elle [cette frêle jeune femme au corps mince, etc.], saute dans son auto, accourt au golf...."
Not a particularly high level of criticism, but one more indication that P.V.'s name, if not his work, was everywhere in December 1927.

1896. Anon.: [Des idées et des livres], Journal du Havre, 10 décembre 1927, [M]. [VRY 584$_5$ in 8]

An insignificant review of Souday's critical trilogy. The reviewer lumps together Proust, Gide and P.V. as "ces auteurs abscons."

1897. Derème, Tristan: "Toast à Paul Valéry," La Muse française, VI, no. 10 (10 décembre 1927), 693-94.

In the midst of these furious attacks on P.V. some of his colleagues demonstrated their support by asking him to preside over a banquet in honor of Derème. The banquet took place on 30 November. This "toast," a long and rather good poem, ends on the proper convivial note: "Et buvons à Paul Valéry." See:

1898. M. F.: "Le Dîner du Zodiac," La Muse française, VI, no. 10 (10 décembre 1927), 685-98. ⌐VRY Ms. 1001, IX, 16 bis⌐

This account of the evening's festivities relates several statements in praise of P.V. by Henri Martineau and Fortunat Strowski, who had never been a particularly ardent supporter of P.V. In the course of the evening Mme Marguerite Jules-Martin recited "Les Pas" and "La Dormeuse." Derème read the poem described above. J. Patin had written on the "Dîner du Zodiac" in ⌐1856⌐.

1899. Avesnes: "Chroniques et documents," Revue hebdomadaire, 10 décembre 1927, ⌐M⌐. ⌐VRY Ms. 1001, IX, 17-20⌐

A review of Notes sur la grandeur et la décadence de l'Europe which Avesnes had read on page proofs. He concludes that all is not yet lost for Europe.

1900. Daudet, Léon: "Glozel or not Glozel," L'Action française, 11 décembre 1927, ⌐M⌐. ⌐VRY Ms. 999, VII, 124⌐

Daudet attacks P.V., Souday and Lefèvre using his habitual tactics. He adds nothing new to the debate.

1901. Anon.: "L'Un et l'autre," La Banlieue, ⌐place of publication unknown⌐, 11 décembre 1927, ⌐M⌐. ⌐VRY Ms. 999, VII, 161 bis⌐

> P.V.'s name appears in this dialogue written in "populo":
> "L'Un.--T'es pas piqué? qui qu'c'est qui t'montre à jaspiner?
> L'Autre.--Môssieu Paul Valéry. ...
> L'Autre.--Acquetélouf? Quès aco? Où c'est que t'a été à l'école?
> L'Un.--Chez Môssieu Paul Claudel. ..."

1902. Anon.: "Déjeuner protocolaire," <u>Cri de Paris</u>, 11 décembre 1927, ⌐M¬. ⌐VRY Ms. 1001, IX, 15¬

P.V. was among six new members of the Academy received by President Doumergue in accordance with "une vieille tradition ⌐qui¬ veut que le chef de l'Etat, protecteur de l'Académie française, comme Richelieu, se fasse présenter les nouveaux Immortels après leur élection et les retienne ensuite à déjeuner." Concerning the more colorful circumstances of this dignified occasion, see ⌐1891¬.

1903. Montel, François: "Clair-Obscur," <u>La Presse</u>--<u>La Patrie</u>, 11 décembre 1927, ⌐M¬. ⌐VRY Ms. 994, II, 148 bis¬

Montel reviews briefly the anti-P.V. campaign to date and concludes:
"Mais, dès à présent, qu'il ⌐P.V.¬ ne m'en veuille pas de lui dire que je le trouve beaucoup plus compréhensible qu'on ne le prétend d'ordinaire."

1904. Anon.: ⌐title lacking¬, <u>Sur la Riviera</u>, ⌐Nice¬, 11 décembre 1927, ⌐M¬. ⌐VRY Ms. 999, VII, 153¬

The first of these two anecdotes merely speculates as to why "La cote Valéry est en baisse." The second relates the ceremonies at the "Dîner du Zodiac" (cf. ⌐1897¬, ⌐1898¬) and adds this irreverent commentary:
"Un confrère baptisa cette touchante soirée:
--'Agape à la gloire de la Logo-diarrhée, présidée par la Logo-constipation!'"

1905. Testis: "En marge de la politique," <u>Le Populaire</u>, Nantes, 13 décembre 1927, ⌐M¬. ⌐VRY Ms. 994, II, 136¬

Testis draws a parallel between P.V.'s current fortunes and an attack on Zola in 1876 by the poet Albert Delpit. Time proved Delpit wrong, but Testis feels that P.V. has been properly discredited.
"Ceci prouve, comme dit La Bruyère, que l'esprit de discernement est aussi rare que les diamants et que les perles. M. Valéry en fait aussi la cruelle expérience, mais en sens contraire. Le vent de la faveur l'a poussé d'abord à pleines voiles, tout lui a ri, son plus petit ouvrage était comblé d'éloges et de récompenses. Mais, lui aussi, l'attendait le rocher immobile que rien n'ébranle, où tout échoue. En

quinze jours, voici notre grand poète complètement démonétisé et les libraires soldent en hâte la Jeune Parque et le Serpent, dont ils demandaient, hier, pour des exemplaires non coupés, plusieurs billets de mille. Décidément, il vaut mieux être injurié par Albert Delpit que vanté par Frédéric Lefèvre."
 Testis, like many of his colleagues, mistook a temporary, and perfectly explainable, disfavor, for a permanent disgrace.

  1906. ⌐Dubosc?, R.¬: "A l'impression," Le Soir, 14 décembre 1927, ⌐M¬. ⌐VRY Ms. 994, II, 47¬

 A cartoon representing a printer's shop. The owner in despair says to his type-setter: "--Mais, malheureux! vous avez mélangé toutes les lignes!//--Bah! n'vous en faites pas! on prendra ça pour du Valéry."

  1907. Souday, Paul: "Clarté et obscurité," Les Annales, 15 décembre 1927, ⌐M¬. ⌐VRY Ms. 994, II, 124¬

 Souday merely restates one of his old themes: "Cette prétendue obscurité est vraiment une clarté supérieure, une lumière nouvelle ...." Given the state of critical opinion of P.V. at the time, the argument is unconvincing.

  1908. Anon.: "L'Offensive contre M. Paul Valéry...," Candide, 15 décembre 1927, ⌐M¬. ⌐VRY Ms. 994, II, 128¬

 Candide cites Daudet ⌐1889¬ and Souday ⌐1890¬ on P.V. In conclusion the writer echoes Galtier-Boissière in the December Crapouillot ⌐1841¬.
 "Mais fallait-il que M. Paul Valéry poussât le culte de la poésie pure jusqu'à ne pas tirer profit de la vogue de ses oeuvres?
 Ses livres ont été, par les soins d'un éditeur à qui ce profit n'était pas étranger ⌐Gallimard¬, l'une des valeurs en vedette du boom de la bibliophilie qui a suivi la guerre. Après le boom, le krach est prochain. Avis aux spéculateurs qui ont une position trop chargée en Cimetière marin...."
 While he regrets the speculation over P.V.'s works, this writer does not, like Galtier-Boissière, place the blame on P.V., but on Gallimard.

  1909. Hirsch, Charles-Henry: "Revue de la quinzaine--les

revues," <u>Mercure de France</u>, CC, no. 708 (15 décembre 1927), 665-67.

Hirsch has two comments of note. In his review of Lièvre's "Marcel Schwob" ⌐1698¬, Hirsch protests:

"...M. Paul Valéry demeure fidèle au symbolisme jusque dans ses plus récents ouvrages."

He also takes Rouveyre to task for "...une regrettable diatribe publiée par <u>Le Crapouillot</u> (novembre) où il calomnie, de toute évidence, M. Paul Valéry... Cela ne peut nuire qu'à M. Rouveyre."

In fact, very few reputable critics had praised Rouveyre's treatment of P.V. Hirsch himself must have regretted that Rouveyre had been able to attack P.V. on 15 August in the <u>Mercure</u>. With the exception of R. de Souza the writers of the <u>Mercure</u> had supported P.V. from the start almost to a man and his election to the Academy in 1925 was, in a sense, their victory as well as his.

1910. Vallaux, Camille: "Revue de la quinzaine--géographie," <u>Mercure de France</u>, CC, no. 708 (15 décembre 1927), 658-60. ⌐VRY Ms. 999, VII, 211 bis & VRY Ms. 1001, IX, 20 bis¬

A substantial review of P.V.'s preface to M. Hurlimann's <u>La France, architecture et paysages</u>. Vallaux notes: "Introduction à peu près exempte de toute banalité et de tout cliché, neuve et originale quand elle remet sur le chantier des notions communes, neuve par ses imprécisions et ses hésitations mêmes." (Cf. Orion in ⌐1880¬.)

1911. Montel, François: "Divertissement," <u>La Presse--La Patrie</u>, 15 décembre 1927, ⌐M¬. ⌐VRY Ms. 994, II, 135 & VRY <u>Ms. 1001, IX, 74 bis</u>¬

Montel seems to have experienced some difficulty in deciding just which side he was on in the debate over P.V.'s work. (Cf. his article for 11 December ⌐1903¬.) Here he begs the question of P.V.'s supposed "obscurité." P.V.'s opponents are right if his work does not appeal to them; his defenders are right if it does. "C'est le problème éternel du beau...."

1912. Clermont-Tonnerre, François de: "En marge de Paul Valéry," <u>Revue du siècle</u>, VI, no. 22 (15 décembre 1927), 299-302.

The article does not concern P.V. at all but uses as a starting point for a meditation on "le problème de l'Ordre" P.V.'s description of order as "...une immense entreprise antinaturelle...." Listed as "à

⌐1916⌐ 553

consulter" by Talvart in Fiche..., 7e année, 1928, no. 16.

1913. Erlande, Albert: "Ariane et Bacchus," Revue du siècle, VI, no. 22 (15 décembre 1927), 293-98.

A long poem in Alexandrines dedicated "A P. Valéry." Some poets were apparently not intimidated by Téry and Co. This was the second published poem Erlande had dedicated to P.V. in two weeks. See ⌐1843⌐.

1914. J. H.: "MM. Paul Valéry et Herriot célèbrent Emile Verhaeren 'Dante de la Belgique'," Courrier de la Plata, Buenos Ayres, 16 décembre 1927, ⌐M⌐. ⌐VRY 56_{12} in $4⌐$

Identical to ⌐1742⌐.

1915. ⌐Les Treize?⌐: "Paul Valéry en Tchécoslovaquie," L'Intransigeant, 16 décembre 1927, ⌐M⌐. ⌐VRY Ms. 1001, IX, 15⌐

An echo from L'Europe centrale states that Bohuslav Reynek had published 120 copies of a translation of "Palme" in Czech. An unnamed Czech diplomat was supposedly preparing a translation of La Jeune Parque. According to J. Hytier (Pléiade, II, 1640), Reynek published a Czech translation of Le Cimetière marin, illustrated with woodcuts by Mme Bechetoillowa, in 1927. Josef Palivec, according to the same source, published Mladá Parka in 1937.

1916. Marmande, R. de: "Le Cahier persan--le beau-parler," La Rumeur, 16 décembre 1927, ⌐M⌐. ⌐VRY Ms. 994, II, 131 & 192-93⌐

In one of his best efforts Marmande has written an amusing satire of P.V.'s critics in the manner of Les Lettres persanes. A young foreigner, Essor, seeks initiation into the arcane rites of contemporary poetry. His guide is the celebrated critic "l'homme à l'écaille," named for his glasses. This critic supposedly informed Essor:
"Le divin Valéry n'est pas un auteur obscur, mais un auteur difficile. Chacun de ses poèmes laisse transparaître l'idée de son existence. Pour moi, chaque vers s'est expliqué lorsque j'eus découvert l'économie du recueil. Une particularité typographique parfois mène à la trace. Le tout, enfin, pour celui qui déchiffre Valéry, est d'expliquer Valéry par Valéry. Y êtes-vous cette fois?--Pas encore,

mais j'avance.--D'autre part, comme Valéry est encore trop difficile pour expliquer Valéry par Valéry, il est indispensable qu'un scoliaste, ayant longuement pratiqué Valéry, explique à ceux qui veulent déchiffrer Valéry comment Valéry explique Valéry par Valéry.--Ah! monsieur, vous me comblez!--En 1972 ⌐sic¬, jeune étranger, le premier centenaire de la naissance de Valéry sera célébré par une édition critique et commentée de son oeuvre. Il faudra battre le rappel des scoliastes, les scolies étant une magnifique nécessité du Valérysme. A l'exemple des Thibaudet, des Fernandal ⌐sic¬, des Souday, des Noulet et de tant d'autres, parmi lesquels, humblement, je me compte, entrez, jeune étranger, dans l'enivrante carrière. Vous êtes à l'âge où toutes les ambitions sont autorisées. Peut-être qu'au seuil de la vieillesse, vous entrerez à votre tour dans l'infinie jouissance de violer l'une des énigmes qui composent la part d'indétermination et de légitime obscurité du Poète."

From the traces Marmande has left one may conclude that "l'homme à l'écaille" is Frédéric Lefèvre, already the favorite butt of many critics' irony. One central passage, however, is reprinted almost verbatim from Mlle Noulet's article of 15 June ⌐1364¬. Compare the above with her original:

"Chaque vers s'est expliqué pour moi lorsque j'eus découvert l'économie du recueil. Une particularité typographique me mena à la trace...."

Marmande was not the first critic, nor the last, to find this important article ridiculous.

1917. Anon.: ⌐title lacking¬, Le Soir, 16 décembre 1927, ⌐M¬. ⌐VRY Ms. 994, II, 186¬

Recommends "Le Génie commercial de M. Paul Valéry" ⌐1841¬.

1918. David, Maurice: "Les Attaques contre Paul Valéry ou un nouveau Thermidor," La Dépêche tunisienne, ⌐Tunis¬, 17 décembre 1927, ⌐M¬. ⌐VRY Ms. 994, II, 141 & VRY Ms. 999, VII, 162¬

M. David has an excellent grasp of the overall significance of the present attacks against P.V. He draws a parallel with the recent criticisms of A. France. The obvious difference is that France had the good fortune to die before the attacks began.

"Paul Valéry est encore de ce monde. C'est là vraiment la gloire. Il a de son vivant les honneurs de la Grande Cabale, comme Racine... Ceux qui n'ont jamais lu Valéry--c'est-à-dire ceux qui lisent Clément Vautel--doivent rester assez indifférents à la querelle.

⌐1921⌐

"... Les vrais amateurs de Valéry se soucient fort peu que Gustave Téry considère comme fausse l'image du 'toit tranquille où picoraient des focs', parce qu'ils savent bien que les voiles latines, triangulaires, lorsqu'elles piquent du nez, imitent exactement le bec de l'oiseau qui pointe vers le sol. Ils ont reconnu depuis longtemps la confusion qu'on feint d'établir entre les deux épithètes d''obscur' et de 'difficile'. L'Ebauche d'un Serpent est un poème dur à lire, mais parfaitement clair. Il suffit, comme dit Pascal, de vouloir tourner la tête...

En vérité, seuls les snobs sont à plaindre. Les Editions rares ou de luxe ont perdu le leur valeur. Faut-il vendre? demande-t-on anxieusement. Vendez, parbleu! et avec le produit de votre vente, achetez quelques centimètres carrés d'un tableau du douanier Rousseau. Il faut bien songer à faire rire nos descendants... Le chevalier Souday est vraiment bien bon de briser tant de lances pour protéger les plaques de bronze où sont gravés les vers de Valéry. Ces choses-là ne se brûlent pas. Que le plus grand des poètes français d'aujourd'hui, le divin auteur d'Eupalinos et de l'Ame et la Danse, se réjouisse de pouvoir assister enfin à la Purification du public!"

1919. Anon.: "L'Auteur magnifiquement imprimé," Le Gaulois, 17 décembre 1927, ⌐M⌐. ⌐VRY Ms. 1001, IX, 20⌐

Cites one paragraph of "Quelques réflexions de M. Paul Valéry, dans la revue Arts et Métiers graphiques ⌐no. 1 for September⌐...."

1920. L'Homme à la pipe en bois: "Coups de crayon, coups de plume," L'Horizon, Bruxelles, 17 décembre 1927, ⌐M⌐. ⌐VRY Ms. 999, VII, 158⌐

The reviewer calls Rouveyre's article in the November Crapouillot an extremely violent attack. He notes that P.V. has been defended by Souday in Candide and by Paul Chauveau in Les Nouvelles littéraires. This is already rather old news.

1921. Vautel, Clément: "Autour et alentour--désintoxication de M. Paul Souday," Cyrano, no. 183 (18 décembre 1927), pp. 7-8. ⌐VRY Ms. 994, II, 138-39.

A continuation of his article for 4 December ⌐1875⌐. Vautel puns on the nature of Souday's "illness." He mentions "la valéryte," "des stendhaloccoques virulents" and regrets that Souday will have to undergo an operation on his "proustate." "...c'est une maladie qui doit son nom à Marcel Proust." Vautel's readers were apparently so dense that he was obliged to explain his puns.

  1922. Fouchardière, G.⌐eorges¬ de la: "Hors d'oeuvre," <u>L'Oeuvre</u>, 18 décembre 1927, ⌐M¬. ⌐VRY Ms. 994, II, 135¬

  Fouchardière had recently been campaigning against the Masonic Order. He writes of a book written in Masonic jargon: "Dans l'ensemble, c'est plus facile à déchiffrer qu'un poème de M. Paul Valéry."

  1923. P.⌐aul¬ S.⌐ouday¬: "Au 'Crapouillot'," <u>Le Temps</u>, 19 décembre 1927, p. 1. ⌐VRY Ms. 994, II, 136¬

  In his reply to Galtier-Boissière's article ⌐1841¬, Souday implies that the critic was merely jealous of P.V.'s success.
  "Pauvres chicanes! Et c'est tout ce qu'on trouve contre Valéry! Rien ne démontre mieux la solidité de sa renommée."
  Souday chose not to reply directly to the more damaging aspects of Galtier-Boissière's attack. However, on 9 January 1928 in <u>Le Temps</u>, in an article entitled "Encore le Mécénat," Souday faced the problem squarely. Although he did not name P.V., preferring to use Mallarmé as his example, Souday's readers surely knew that P.V., and recent attacks on him, were his prime concern. Souday argued for the financial support of writers by the state in order to avoid the kind of tactics of publication which P.V. had been obliged to adopt. On 13 February Charles Delvert replied in <u>La Victoire</u>, siding with Vautel who had written that the writer must earn his living on the open market like any other citizen. As the debate began to drift away from P.V. it centered on the real problem: the status of the writer in a democratic society.
  Talvart listed Souday's article for 19 December in <u>Fiche</u>..., 7e année, 1928, no. 16.

  1924. C.: ⌐title lacking¬, <u>La Semaine à Paris</u>, 20 décembre 1927, ⌐M¬. ⌐VRY Ms. 1001, IX, 22¬

  A note in praise of R. Clauzel's <u>Trois Introductions à Paul Valéry</u> which C. calls "un livre...tout à la fois bon pour sa matière première et beau par la forme plastique que lui a donné son éditeur ⌐Charles Millon¬."

  1925. ⌐Guilac, Henri¬: "Comment ils passeront le réveillon," <u>Le Canard enchaîné</u>, 21 décembre 1927, ⌐M¬. ⌐VRY Ms. 994, II, 203¬

⌐1928¬ 557

A cartoon which reflects the identification P.V.-Teste: P.V. is shown slumped in a chair by a roaring fire, a copy of La Soirée avec M. Teste at his side. The caption reads: "M. Paul Valéry plongé dans la lecture de ses poèmes...." In another cartoon from the same number of the Canard ⌐VRY Ms. 994, II, 202¬ Guilac drew a number of distinguished people, including P.V., standing in line at the Lost and Found window at the Hôtel de Ville. The caption reads "Plusieurs douzaines de serviettes ont été perdues cette semaine." The text may not have been written by Guilac:
    "Le suivant, c'était M. Paul Valéry soi-même, qui venait s'enquérir d'un manuscrit disparu... Un manuscrit dont il cita le début: 'La bleue emphytéose halette ⌐sic¬, gymnosperme,/Vers le tunnel ailé que picorent des phoques...'
    Pour le coup, ça ne traîna pas.
    --Ah! c'est vous, le manuscrit? Ma parole, je commençais à me figurer qu'il allait me rester pour compte. Ça fait plus de trente personnes à qui j'ai essayé de le refiler. Enlevez: c'est deux francs de consigne."
    The influence of G. Téry's campaign is evident.

1926. ⌐Les six quatre deux¬: "Lettres ou pas lettres," Le Canard enchaîné, 21 décembre 1927, ⌐M¬. ⌐VRY Ms. 994, II, 201¬

Le Canard enchaîné wholeheartedly approved Galtier-Boissière's treatment of P.V.: "Le trop illustre académicien, présenté tel qu'il est, c'est-à-dire comme un mercanti de l'édition soi-disant originale et de l'édition de luxe, est remis de main de maître à la juste place qu'il doit occuper." This reaction was inevitable. In happier times the Canard had just as enthusiastically endorsed P.V.'s reception at the Academy. (Cf. ⌐1456¬.)

1927. Anon.: "Conseil municipal de Paris--inauguration du buste d'Emile Verhaeren," Bulletin municipal officiel, supplément (21 décembre 1927), pp. 5355-62. ⌐VRY 56_7 in 4¬

"L'Académie Française s'est fait représenter par M. Paul Valéry." The text of P.V.'s speech in honor of Verhaeren follows, pages 5359-61.

1928. Cacambo: "La Poésie pure et la bibliophilie," Candide, 22 décembre 1927, ⌐M¬. ⌐VRY Ms. 994, II, 134¬

Cacambo cites Souday's article for 19 December ⌐1923¬. Another article in the same number ⌐VRY Ms. 1001, IX, 21¬ expresses P.V.'s notion of the poem which is never really finished, only interrupted: "Pour son auteur, il n'y a pas de chef d'oeuvre. Chaque jour il se souvient de ce qu'il a oublié, de ce qu'il aurait mieux exprimé s'il s'y reprenait. C'est l'idée Valéryenne du Poème en cours."

1929. Anon.: "Polémique littéraire," Courrier du centre, Limoges, 22 décembre 1927, ⸤M⸥. ⸤VRY Ms. 999, VII, 158⸥

The journalist mentions most of the important exchanges in the current debate. He cites in particular Souday's prediction that Téry's descendents will find P.V.'s verse perfectly clear.
"C'est possible. Mais quand M. Valéry sera lu à livre ouvert, quand il ne sera plus hermétique, lorsqu'il aura perdu l'attrait du mystère, l'admirera-t-on comme l'admirent aujourd'hui ses dévots, qui ont la foi?"
The answer is, no doubt, that both Souday and Téry had exaggerated for the sake of their cause.

1930. Willy: "Monsieur Teste ou les propos inconsidérés," Gazette de Monaco, 22 décembre 1927, ⸤M⸥. ⸤VRY Ms. 999, VII, 156⸥

Willy comments on some of P.V.'s published aphorisms. "Sans le tenir pour un dieu, comme fait son prophète Paul Souday, je reconnais qu'elles ⸤ses pensées⸥ en valent la peine."

1931. Anon.: "Echos--l'auteur magnifiquement imprimé," Journal de Genève, 98e année, no. 350 (jeudi 22 décembre 1927), p. 2. ⸤in VRY Pr. 15 in 4⸥

This echo apparently originated in ⸤1919⸥. Reprinted in ⸤1936⸥.

1932. Anon.: "La Valéryte," Paris-Midi, 23 décembre 1927, ⸤M⸥. ⸤VRY 584$_2$ in 8⸥

"Elle est attribuée à M. Paul Souday par M. Clément Vautel qui la nomme 'valéryte' ou intoxication par la poésie de Valéry, et elle aurait nécessité l'envoi du critique dans certaine maison de santé baptisée Malmaison." See ⸤1921⸥.

1933. Anon.: "Le 'Crapouillot' du salon d'automne," La Presse

₍1937₎   559

indochinoise, Saïgon, 23 décembre 1927, ₍M₎. ₍VRY Ms. 999, VII, 162₎

Saigon was nearly two months behind on the literary news from Paris. La Presse indochinoise gives the following appreciation of Rouveyre's article in the November Crapouillot:
"Dans le numéro du Salon d'Automne il y a précisément un éreintement de Paul Valéry par Rouveyre qui remplira de joie tous ceux qui en ont par₍₎dessus la tête du bluff de Valéry."
This poor judgement cannot be attributed to the colonial mentality, since such excellent appreciations of the situation emanated from Algeria ₍1837₎ and Tunisia ₍1918₎.

1934. Anon.: "Le Prix Jean Moréas," Le Temps, 23 décembre 1927, p. 4.

The Moréas prize for poetry had been awarded, for the first time, to Guy-Charles Cros. P.V. was a member of the jury.

1935. Anon.: "A la société universelle du théâtre," Chantecler, 24 décembre 1927, ₍M₎. ₍VRY Ms. 999, VII, 121₎

An anecdote which concerns a banquet in Berlin at which P.V. and Tristan Bernard had been the guests of the German critic Alfred Kerr. It is related in terms almost identical to ₍1200₎. P.V. had visited Berlin in October 1926.

1936. Anon.: "L'Auteur magnifiquement imprimé," L'Etoile belge, Bruxelles, 24 décembre 1927, ₍M₎. ₍in VRY Pr. 15 in 4₎

Another echo of "Les Deux Vertus d'un livre" in Arts et Métiers graphiques, no. 1 for 15 September. Identical to ₍1919₎ and ₍1931₎.

1937. Anon.: "Brièvement," La Lumière, 24 décembre 1927, ₍M₎. ₍VRY Ms. 994, II, 134₎

An echo in praise of Galtier-Boissière's article ₍1841₎. In conclusion the writer adds: "Et à la Valéry-Bourse, l'édition originale Charmes, qui hier trouvait preneur à trois cents francs, est aujourd'hui offerte à cent. De quoi demain sera-t-il fait?" It is a fact that the value of many of P.V.'s rare and special editions had fallen off, particularly since the publication of the December Crapouillot. Other sources, less suspect of prejudice against P.V., confirm this trend.

1938. Anon.: "Dédicaces," Le Matin, Port au Prince, Haïti, 24 décembre 1927, ⌈M⌉. ⌈VRY Ms. 999, VII, 130 bis⌉

"Un jeune poète français d'avant-garde ⌈who is unfortunately not named here⌉ connu pour ses opinions extrémistes publia, il y a quelques temps chez un éditeur son premier recueil de poèmes. Si presque tous les exemplaires de presse de ce livre ne portent pas de dédicace de l'auteur, c'est, paraît-il, que l'éditeur a dû arracher les pages de garde afin de supprimer certaines dédicaces par trop audacieuses, comme "A Raymond, dit Poincarré' ou 'A Paul Valéry, sans aucune espèce d'hommage!'"
It would be interesting to be able to confirm this anecdote, if in fact it is accurate.

1939. Anon.: "Bibliophilie," La Nation belge, Bruxelles, 24 décembre 1927, ⌈M⌉. ⌈in VRY Pr. 15 in 4⌉

"Quelques réflexions de M. Paul Valéry, dans la revue Arts et Métiers graphiques ⌈September⌉: ⌈cites one paragraph⌉...//Voilà un style pour 'Hollande'.//La dernière édition de 'Charmes' de M. Paul Valéry ne coûte que 4,200 francs l'exemplaire."
This is at least the third reprint of a paragraph which originally appeared in ⌈1919⌉: rather good publicity for "Les Deux Vertus d'un livre."

1940. Lefèvre, Frédéric: "Une Heure avec Heinrich Mann," Les Nouvelles littéraires, 6e année, no. 271 (24 décembre 1927), pp. 1, 9. ⌈VRY Ms. 1001, IX, 20⌉

Heinrich Mann is supposed to have stated : "⌈P.V.⌉ me fut révélé aux journées de Pontigny par André Gide. Heures inoubliables que celles où l'auteur du Voyage d'Urien me commenta La Jeune Parque. Le prosateur d'Eupalinos, de Variété et de Monsieur Teste m'était déjà connu." Concerning Heinrich Mann, see ⌈1852⌉.

1941. Anon.: "Revue des revues--offensive contre Valéry," Les Nouvelles littéraires, 6e année, no. 271 (24 décembre 1927), p. 10. ⌈VRY Ms. 994, II, 136⌉

⌐1944¬

Les Nouvelles littéraires attempt to catalogue the exchanges in the anti-P.V. offensive. Only a few major articles are mentioned, and the debate is heavily slanted in P.V.'s favor, as one would expect. After citing a substantial part of Souday's article for 19 December, the reviewer adds:

"S'il s'agit réellement d'une offensive, elle ne peut que nous réjouir, car les véritables amis de Valéry auront l'occasion de se compter; sa gloire n'a besoin pour se soutenir ni des snobs, ni des pseudo-bibliophiles...."

1942. Souday, Paul: ⌐title lacking¬, Le Temps, 24 décembre 1927, ⌐M¬. ⌐VRY Ms. 1001, IX, 20¬

Souday restates his explanation of P.V.'s omission of A. France's name on 23 June as he addressed the Academy. This explanation was unconvincing when Souday first published it on 25 June, and it remained so on 24 December. Souday consciously distorts the facts when he claims here that the audience quite naturally understood P.V.'s supposed use of paraphrasis in his "Discours de remerciement." The general confusion among the critics on this point indicates to me that P.V.'s intentions were anything but clear to the average listener.

1943. Anon.: "A la société des poètes français," Le Temps, 24 décembre 1927, ⌐M¬. ⌐VRY Ms. 994, II, 136 & VRY Ms. 1001, IX, 15¬

P.V. had addressed the Society on the occasion of its twenty-fifth anniversary. He spoke directly after M. du Chaffault, Lamartine's grand-nephew.

"M. Paul Valéry reprit, dans une très délicate improvisation, l'idée du politique et du poète associés dans une même tâche: il indiqua comme mission du poète la sauvegarde de ce qui fut beau dans le passé sans rien sacrifier de ce que pourra être la beauté de l'avenir."

The very idea of asking P.V. to speak on the platform with Lamartine's grand-nephew was somewhat risky, particularly in the midst of the present campaign against P.V. If this compte rendu is accurate, P.V.'s speech must have been a masterful "tour de force."

1944. Olive-Villard: "L'Hommage de Bordeaux à Hugo," La France de Bordeaux, 25 décembre 1927, ⌐M¬. ⌐VRY Ms. 999, VII, 127 bis¬

Olive-Villard had noticed that Souday was a member of the "Comité d'honneur" responsible for erecting a plaque commemorating

Hugo's stay in Bordeaux in 1843.

"Est-ce possible? M. Souday, nous le savons bien, affiche une admiration profonde pour Victor Hugo; mais il est surtout connu pour le zèle qu'il déploie à propager la gloire poétique de M. Paul Valéry. Et ceci, pour tout esprit sain, est absolument incompatible avec cela."

One might well ask why....

1945. Anon.: ₍title lacking₎, <u>Le Rappel</u>, 25 décembre 1927, ₍M₎. ₍VRY Ms. 994, II, 136₎

An echo favorable to Galtier-Boissière's article in the December <u>Crapouillot</u>.

1946. Treich, Léon: "Le Mois prochain...," <u>L'Avenir</u>, 26 décembre 1927, ₍M₎. ₍VRY Ms. 994, II, 162₎

Writing of the poems French schoolboys traditionally wrote on St. Charlemagne's Day, Treich quips: "Qui les poètes de 1928 imiteront-ils? Paul Valéry?"

1947. Marmande, R. de: ₍title lacking₎, <u>La Rumeur</u>, 26 décembre 1927, ₍M₎. ₍VRY Ms. 999, VII, 158₎

Marmande also liked Galtier-Boissière's article:
"Voilà, esquissée, la morale à dégager de l'étourdissante carrière de M. Paul Valéry sous le double signe de la littérature et de la spéculation sur le papier imprimé."

1948. ₍Larivière, Pierre₎: "Parmi les livres," <u>Le Semeur</u>, Caen, 27 décembre 1927, ₍M₎. ₍VRY Ms. 999, VII, 155 bis₎

A substantial, but rather tardy, review of Lefèvre's <u>Entretiens avec Paul Valéry</u> ₍862₎. (Even Saigon was only two months behind on the news.) The reviewer finds in Lefèvre's book arguments against Téry and his colleague Fouchardière. He has some doubts, however, as to who was, properly speaking, the author of the book:
"Peut-être, au cours de ces 'entretiens' qu'il ne nous dit pas, est-ce Valéry lui-même qui lui expliqua l'intelligence de son texte. Je ne sais."

Of abbé Bremond he can only say: "il ne sait pas se taire."

1949. Anon.: "En déjeunant avec M. Silvain," <u>Paris-Midi</u>, 28 décembre 1927, ₍M₎. ₍VRY Ms. 1001, IX, 200₎

A ridiculous anecdote concerning P.V.'s laundress.

1950. Anon.: "M. Herriot chez les poètes," <u>Le Journal</u>, 29 décembre 1927, ₍M₎. ₍VRY Ms. 994, II, 54₎

This echo of P.V.'s address to the Société des poètes français confirms ₍1943₎.
"L'évocation de Lamartine, poète et politique, inspira à M. Paul Valéry une improvisation élégante et ingénieuse, précisément sur les rapports de la poésie et de la politique...."

1951. Albalat, Antoine: "Revue des livres," <u>Journal des débats</u>, 29 décembre 1927, p. 4. ₍VRY 725$_{4/5}$ in 12₎

A review of R. Clauzel's <u>Trois Introductions à Paul Valéry</u> ₍1142₎.
"Ces trois études philosophiques ont le mérite d'avoir été écrites il y a des années, et d'avoir justement annoncé la valeur et la signification que devait prendre le talent énigmatique et profond de Paul Valéry. Ces pages forment une sorte de symphonie, une symphonie d'abstractions, une tentative de critique mystique. Elles sont écrites avec une ferveur séduisante et un don d'imagination tout à fait à l'aise dans l'analyse des nuances et des idées."
Clauzel's book is marred, however, by his adoption of Du Bos' notion of P.V.-Teste-the-nihilist. Clauzel's strong dislike for neo-classicism made him unnecessarily suspicious of the form of <u>Charmes</u>.

1952. Souday, Paul: "Les Livres," <u>Le Temps</u>, 29 décembre 1927, ₍M₎. ₍VRY 866^2 in 12₎

A review of <u>Poësies</u> by P. Louÿs ₍1167₎. "Il ne lui a peut-être manqué, à lui, que l'esprit critique, la haute intellectualité, pour égaler son ami Valéry."

1953. Valmy-Baysse, J.: "Du commerce à la littérature," <u>Volonté</u>,

29 décembre 1927, ⌐M⌐. ⌐VRY Ms. 994, II, 120 bis⌐

A humorous allusion to publicity for "un tirage de luxe de M. Paul Valéry." Such editions were bound to attract sarcasm in December 1927, following Galtier-Boissière's attack ⌐1841⌐.

1954. Anon.: ⌐title lacking⌐, Le Mémorial de la Loire, St.-Etienne, 30 décembre 1927, p. 1. ⌐VRY 725$_{3/5}$ in 12⌐

Another review of Clauzel's book.
"Si l'on veut bien connaître Valéry, il faut, certes, le lire,- ce que négligent de faire beaucoup de ses admirateurs et la plupart de ses détracteurs."
This was becoming increasingly obvious.

1955. Daudet, Léon: "Glozel or not Glozel (suite)," L'Action française, 31 décembre 1927, ⌐M⌐. ⌐VRY Ms. 999, VII, 124 bis⌐

See the earlier installment ⌐1900⌐. Here Daudet insists particularly on "la mystification supérieure que constitue la renommée mondiale de Valéry-aux-focs picorants...." Even Daudet, whose attacks became more and more acrimonious, had to admit that P.V. did have an international reputation.

1956. Thiry, Marcel: "Une Bataille littéraire," La Gazette, Bruxelles, 31 décembre 1927, ⌐M⌐. ⌐VRY Ms. 994, II, 141 & VRY Ms. 999, VII, 164 bis-165⌐

Thiry reviews in military terms the principal encounters in the battle which had raged over P.V. since October. His analysis of the various positions taken is good, and his main argument closely resembles that used by J. de Pierrefeu--whom he does not mention--on 12 November. Thiry's real contribution lies in distinguishing between the attacks on P.V.'s literary merit, which he defends, and the more recent attacks on P.V.'s tactics of publication, which he questions.
"Il est bien établi que M. Valéry exploite à fond son capital poétique et qu'il tire du public tout ce qu'il peut en tirer. On peut se demander s'il n'y a pas là un certain abus de droit, et si le poète reste bien, au point de vue moral, le seul maître de ce qu'il a écrit, s'il n'est pas en conscience obligé de le livrer à la plus large publicité pour que le plus grand nombre puisse en profiter... Si vraiment M. Valéry est le grand poète qu'on dit, n'est-ce pas un crime que les intellectuels pauvres ne puissent lire ses vers, et que ceux-ci soient

renfermés jalousement dans les coffres-forts des bibliophiles? Et s'il ne l'est pas, n'y a-t-il pas là une duperie que l'on a raison de dénouer? Peut-être... Disons cependant que cette attitude de M. Valéry est très humaine et se comprend très bien, même si elle ne se justifie pas entièrement."
　　　M. Thiry appears quite confused by the situation. His confusion, at least, is more honest than the peremptory statements of other critics of P.V. (Cf. Galtier-Boissière's article ⌐1841¬ and the commentaries of L. Daudet ⌐1889¬ and P. Souday ⌐1923¬.) Scarcely any of the critics involved in this debate realized how deeply in their society the practices of publishers and bibliophiles were rooted.

　　　1957. Anon.: "Académie française," Journal des débats, 31 décembre 1927, ⌐M¬. ⌐VRY Ms. 994, II, 101¬

　　　P.V. had presided at a meeting of the Academy on 29 December.

　　　1958. Central 32-65: "A Paris et ailleurs...," Les Nouvelles littéraires, 6e année, no. 272 (samedi 31 décembre 1927), p. 2. ⌐VRY Ms. 1001, IX, 20¬

　　　"A une récente conférence du grand philosophe ⌐Léon Brunschvicg¬ ⌐à la Sorbonne¬, un étudiant, méchant mais spirituel, s'étant introduit dans la salle avant l'heure d'ouverture avait écrit les citations suivantes sur toute la largeur du tableau noir:
　　　'Il y a une belle partie de l'âme qui peut jouir sans comprendre et qui est grande chez moi.'
　　　Emilie Teste."
There followed a second quotation from Spinoza's Ethics.

　　　1959. Martin du Gard, Maurice: "Opinions et portraits--Albert Thibaudet," Les Nouvelles littéraires, 6e année, no. 272 (samedi 31 décembre 1927), pp. 1-2.

　　　One summer Martin du Gard had visited Thibaudet's retreat at Tournus. He describes the critic's library: "...c'est la tour du trésorier ⌐d'une ancienne abbaye¬ qui lui sert de bibliothèque et de bureau, non loin d'un cachot réservé au plus intelligent des adversaires de Valéry; c'est dire qu'il a des chances de rester vide!"

　　　1960. Ribadeau-Dumas, François: "Comment s'habillent-ils?"

Les Nouvelles littéraires, 6e année, no. 272 (samedi 31 décembre 1927), p. 2.

Ribadeau-Dumas alludes to P.V.'s L'Ame et la danse in an article on Francis de Miomandre.

1961. Anon.: "Revue des revues," Les Nouvelles littéraires, 6e année, no. 272 (samedi 31 décembre 1927), p. 8.

"...la lettre de Paul Valéry à Jules Cambon [1839] est extrêmement curieuse, elle montre une fois de plus que rien n'est étranger à ce grand exprit." The recipient was Victor, not Jules, Cambon (Pléiade, I, 1766).

1962. Anon.: "Primeur," Paris-Midi, 31 décembre 1927, [M]. [VRY Ms. 1001, IX, 200]

Announces for the next number of the NRF "une suite de onze poèmes en prose de Paul Valéry." Paris-Midi prints one of them, "La Jeune Mère," as advance publicity. These "Petits Textes" had been publiShed in 1923 (Pléiade, I, 1698).

1963. Anon.: [title lacking], Les Annales, [1927?], [M]. [VRY Ms. 994, II, 43]

From the context it is clear that this article concerned Monod himself. He either could not, or did not choose to, identify it further.
"C'est un bibliophile assez particulariste dans sa façon d'aimer les beaux ouvrages et qui possède dans sa bibliothèque pour trois ou quatre cent mille francs de livres, mais exclusivement de livres de M. Paul Valéry. Quand celui-ci, qui est d'ailleurs l'ami de son collectionneur, vient passer quelque temps chez lui à la campagne, son hôte entoure de soins son idole, et pousse la complaisance jusqu'à recopier lui-même, notamment, la correspondance de son illustre invité. Ne voulant pas que des manuscrits si précieux aillent à des fournisseurs ou autres indifférents, il expédie la copie et garde pour lui l'original."
Moreover, Monod made no marginal comments on this anecdote, although he sometimes did so. Only its place in this particular scrapbook indicates that this clipping dates from 1927.

1964. Crémieux, Benjamin: [unidentified clipping], 1927?, [M].

⌐VRY Ms. 993, I, 142 bis⌐

Crémieux's article concerns contemporary writers who resemble the ancients. "Pour Valéry est-il nécessaire d'insister sur son hellénisme spontané? Même en laissant de côté ses dialogues socratiques, la richesse de sa dialectique, la clarté vertigineuse de sa prose, la perfection diamantée de sa poésie, tout chez lui est grec, ou, si l'on préfère, méditerranéen." Crémieux claims that "le sens de l'élémentaire" and a "constant effort vers le beau" are signs of a classical aesthetic, and he places P.V. very high on this scale. This article resembles Crémieux's contribution to ⌐972⌐.

1965. Gouhier, Henri: "Les Livres de philosophie," ⌐Les Nouvelles littéraires⌐, ⌐exact date unknown⌐, ⌐M⌐. ⌐VRY Ms. 999, VII, 168-68 bis⌐

Since this is a review of R. P. Gillet's Paul Valéry et la métaphysique ⌐1149⌐, it is likely that it appeared during 1927. Alluding to P.V.'s article on Descartes in the NRF for 1 May 1925, Gouhier writes:
"...il y a aussi quelques mots sur Descartes qui nous font penser, avec le R. P. Gillet que le père de M. Teste n'est point dépourvu d'esprit métaphysique. ...
Mais les textes de Paul Valéry, ses attitudes, les notes intimes qu'il laisse publier de temps à autre sont loin de constituer un système aux lignes arrêtées, il y a même un certain manque d'unité qui choque le métaphysicien thomiste ⌐Gillet⌐ beaucoup plus que le poète, et le R. P. Gillet traite le cas Valéry en faisant l'inventaire des personnages qui habitent son esprit...."
This is quite true and intelligently stated.

1966. Guilac, Henri: ⌐unidentified cartoon⌐, ⌐1927?⌐, ⌐M⌐. ⌐VRY Ms. 999, VII, 188⌐

P.V. is represented seated at a table on which a gigantic manuscript is piled. He is writing furiously. Caption: "M. Paul Valéry tombera dans la polygraphie et écrira des romans de cinq mille lignes."

1967. Anon.: "Prix littéraires," ⌐unidentified clipping⌐, ⌐1927?⌐, ⌐M⌐. ⌐VRY Ms. 994, II, 34⌐

P.V. is named as a member of the "comité des émissions ⸢de⸥ la Compagnie française de Radiophonie" which had organized a series of contests with the aim of creating "une littérature et...une musique radiophoniques."

1968. Anon.: ⸢unidentified publisher's advertisement⸥, ⸢1927?⸥, ⸢M⸥. ⸢VRY 584₁₁ in 8⸥

An advertisement of P. Souday's critical trilogy: "Ouvrage en trois volumes ne se vendant pas séparément. ... Epuisé sur Hollande, Lafuma et vélin." To judge by the bulk of the reviews, Souday's <u>Paul Valéry</u> probably helped to sell <u>André Gide</u> and <u>Marcel Proust</u>.

1969. Anon.: "Occasions littéraires et éditions originales," ⸢unidentified clipping⸥, ⸢1927?⸥, ⸢M⸥. ⸢VRY Ms. 993, I, 196⸥

The Librairie de la G.A.C. offers the original edition of P.V.'s "Charles" ⸢sic⸥ on "Hollande" for 1,500 francs. Monod probably included this clipping only for the amusing error in title.

Index

Index

References are to bibliographical entries only. An underlined number following a proper name refers to a statement by someone. A number not underlined indicates a reference to the person, title or theme in that entry.

"A Alcide Blavet": 788, 819, 831

"Abeille, l'": 149, 151, 189, 215 (Boulenger), 241, 277, 381, 1153

Abry, Emile: <u>844</u>

A. C.: <u>1471</u>

Académie française (campaign for election to): 181, 327, 408, 537, 545, 562, 563, 588, 596, 608, 638, 649, 664, 684, 690, 696, 703, 707, 717, 720, 724, 725, 732, 737, c738-800 **passim** are reports of the election⌐, 752, 758, 763, 773, 793, 812, 887, 922, 999 (Saint-Prix), 1001, 1112, 1131, 1177, 1189, 1225, 1251, 1262, 1381, 1438, 1451, 1487, 1498, 1509, 1540, 1613, 1874, 1892

Adam, Mme Juliette-Edmond: 165, 198, 1437, <u>1655</u>, 1868

Adam, Paul: 498, 602

Adam, Mme Paul: 602

Aeschimann, Paul: <u>252</u>, <u>595</u>, 1096

aesthetics: 383, 433, 439, 449, 456, 615, 690, 717, 766, 928, 974, 977, 1012, 1020, 1061, 1156, 1185

Affaire du Parnasse, l': 763, 1287, 1368, 1395, 1461, 1468, 1584, 1873

A. G.: <u>256</u>

Aguettant, Louis: <u>349</u>, <u>845</u>, 972

Ahmed Chawky bey: 217

Aicard, Jean: 582, 805, 908, 931

"Air de Sémiramis": 212

Alain ⌐pseud. of Emile Chartier⌐: 305, 1102, <u>1512</u>

Alain-Fournier ⌐pseud. of Henri-Alain Fournier⌐: 875

Alaire, Edouard: <u>1593</u>

Alary, Fernand: 177, <u>215</u>

Albalat, Antoine: 1142, <u>1575</u>, <u>1951</u>

Albert, Henri: 38, 1296

Albigès, Dr.: 801, 811

Albin, Pierre: <u>1671</u>

Album de vers anciens: 146, 161, 168, 170, 203, 220, 250, 276, 302, 784, 881, 1588

Alguazils, Les [coll. pseud.]: 610, 759, <u>771</u>, <u>789</u>, 807, <u>917</u>, 1132, <u>1312</u>, <u>1632</u>

Alibert, F.-P.: 247, 275, 284, 297, 1280

Allard, Roger: <u>132</u>, <u>170</u>, <u>200</u>, 216

Altman, Georges: <u>1822</u>

"Amateur de poèmes l'": 66, 250

Ame et la danse l': 205, 215 (Du Bos), 232, 299, 300, 305, 306, 326, 349, 408, 421, 441, 537, 617, 633, 742, 780, 845, 867, 937, 996, 1084, 1151 (R. M. Jodjana), 1223, 1231, 1261, 1347, 1593, 1714, 1831, 1918, 1960

Amy, Pierre: <u>830</u>

Analecta: 759, 761, 796, 889, 891, 894, 902, 1062, 1189, 1224, 1258, 1318, 1364

Anderson-Nexös, Martin: 1852

André, Marius: <u>104</u>, 668, 1706

André-May, Pierre, <u>245</u>, <u>309</u>

Annalistes, Les [coll. pseud.]: <u>1769</u>, <u>1854</u>

"Anne": 55, 57, 262, 392, 702, 958

Annunzio, Gabriele d': 461, 678, 990, 1058

Antipater of Thessalonica: 1814

Apollinaire, Guillaume: 197, 237, 239, 301, 1670

Aquinas, Thomas, saint: 122, 551, 932, 1186

Aragon, Louis: <u>96</u>, <u>103</u>, <u>106</u>, <u>116</u>, 123, <u>163</u>, <u>237</u>, 239, <u>283</u>, <u>287</u>, 411, <u>435</u>, <u>540</u>, <u>847</u>, <u>872</u>, 997

"A Rainer Maria Rilke": 1036, 1047, 1051, 1109, 1182, 1208

Arbellot, Simon: <u>793</u>, <u>834</u>

Archambault, Paul: (see Maurice Brillant)

Aressy, Lucien: 261

"Arion": 21, 25

Aristide: <u>1261</u>

Aristotle: 1475

Arland, Marcel: 1089, <u>1090</u>, <u>1283</u>

Arnaud, Paul: <u>233</u>, <u>381</u>, 415

Artus, Louis: <u>215</u>, 1015, 1087, <u>1503</u>

attributions (to P.V.): 9, 597, 786, 791-792, 800, 831, 926, 1429, 1659, 1741, 1753, 1838 (see also "pastiches" and "petits vers")

Index 573

Aubert, Louis: 1227

Aubert-Connille, P.-L.: <u>721</u>

Aubès, Gabriel: <u>426</u>

Au crayon et au hasard: 1831

Audic, C.: <u>844</u>

Audisio, Gabriel: <u>631</u>

Aumont, Gérard: <u>942</u>, 954

"Au platane": 161, 848, 1151 (Curtius)

Aurel, Mme: 93, 637, 1610

Auriant: <u>1700</u>

Auric, Georges: 239

"Aurore": 250, 262, 1047 (Benoist-Méchin), 1093

Austin, Lloyd James: 168

"Au sujet d'Adonis": 159, 162, 200, 201, 294, 408, 416, 511, 534, 571, 684, 870, 873, 892, 1189, 1243, 1728

"Au sujet des Lettres persanes": 846, 1033, 1062-1063, 1066, 1206, 1356

"Au sujet de Stendhal - à propos de Leuwen": 1095, 1161, 1281, 1292, 1309, 1356, 1439, 1606, 1651, 1774

"Au sujet d'Eurêka": 309, 312, 506, 525, 534, 571, 704, 1151 (Hellens), 1186, 1430

"Auteur à ses amis, l'": 889

Autres Rhumbs: 1423, 1456, 1528, <u>1544</u>, <u>1545</u>

"Avant-propos à la connaissance de la déesse": 124, 127, 132, 133, 136, 137, 147, 156, 177, 189, 276, 294, 323, 379, 417, 571, 717, 718, 722, 729, 732, 814, 851, 860, 969, 998, 1141, 1211

Aveline, Claude: <u>686</u>, <u>1533</u>, <u>1591</u>

Avesnes: <u>1899</u>

Avril, Georges: <u>1311</u>, <u>1314</u>

A. Z.: <u>803</u>

Azaïs, Marcel: <u>171</u>, <u>185</u>, <u>249</u>, <u>391</u>, 414, <u>848</u>

Bach, S.: <u>1291</u>

"Baignée": 32, 54, 151

Bainville, Jacques: <u>991</u>, 1263

Baker, Josephine: 1529

Balzac, Honoré de: 1350

Bandy, W. T.: 1587

Banville, Théodore de: 292, 1600, 1619

Barat, Victor: <u>1256</u>, 1257

Barbusse, Henri: <u>650</u>, <u>1447</u>

Barney, Natalie Clifford: 237, 262, 1428

Barrès, Maurice: 35, 408, 551, 605, 1133, 1455, 1807, 1821, 1872

Barrès, Philippe: 1821, 1872, 1885

Barthez, Paul-Joseph: 1646

Barthou, Jean-Louis: 812, 1663

Baruch: 1799, 1861

Baudelaire, Charles: 72, 99, 115, 137, 144, 147, 168, 177, 180, 215, 253, 278, 292, 298, 300, 364, 415, 420, 426, 427, 428, 446, 461, 462, 466, 506, 516, 528, 618, 623, 667, 694, 717, 856, 859, 870, 871, 1103, 1110, 1115, 1135, 1158, 1189, 1222, 1268, 1295, 1312, 1343, 1359, 1437, 1605, 1633, 1667, 1754, 1808, 1825, 1847, 1868

Baudouin, Jean: 783

Baudrillart, Alfred, cardinal: 1401

Bauër, Gérard: 624, 985, 1095, 1115, 1380, 1450, 1658

Baumal, Francis: 1431, 1515, 1530

Beardsley, Aubrey Vincent: 1578

Beau de Loménie, Emmanuel: 1113

Beaufils, Edouard: 1370

Beaujard, Paul: 919

Beaunier, André: 813

Bécat, Paul Emile: 1197

Bechetoillowa, Mme: 1915

Beck, Christian: 48

Bede, the Venerable: 1567

Bédier, Joseph: 393, 480

Bellessort, André: 441, 470, 1346, 1457, 1641

"La Bello au bos que dor": 9

Beltrand, C.: 1045

Bémol, Maurice: 615, 653, 1352

Benda, Julien: 146, 576, 661, 849, 864, 935, 997, 1134, 1143

Benoist-Méchin, J.: 1047

Benoit, Pierre: 693

Benserade, Isaac de: 550, 876

Béranger, Pierre-Jean de: 1516

Bérard, Léon: 724, 750, 763, 793, 999, 1131, 1278

Bérard, Victor: 684, 724, 763, 1131, 1278

Béraud, Henri: 212, 213, 303, 307, 318, 319, 394, 1515

Berge, André: 705, 795

Berge, François: 705, 795

Bergson, Henri: 276, 356, 382, 384, 412, 477, 506, 537, 576, 615, 780, 888, 908, 962, 971, 1014, 1028, 1059, 1175, 1237, 1253, 1279, 1344, 1353, 1570, 1592, 1595, 1661

Berl, E.[mmanuel]: <u>305</u>, <u>358</u>

Bernanos, Georges: 974, 1163

Bernard: 811

Bernard, Jean-Marc: <u>62</u>, 67

Bernard L'Ermite: <u>19</u>

Bernard R.[obert]: <u>1227</u>

Bernard, Tristan [pseud. of Paul Bernard]: 1064, 1200, 1232, 1935

Berne-Joffroy, André: 347, 748

Berrichon, Paterne [pseud. of Pierre Dufour]: <u>71</u>, <u>77</u>, <u>78</u>

Bertaux, Félix: <u>1047</u>, <u>1848</u>

Bertin, Pierre: 262

Bertrand, Aloysius [pseud. of Louis Bertrand]: 1158

Bertrand, Louis: 738, 740, 754, 1098, 1372, 1529, 1656

Besnard, Albert: <u>321</u>, 1372

Betz, Maurice: 1558, <u>1565</u>

Beucler, André: 1348

Bever, Jean: <u>1475</u>

Bibes, Jacques: <u>997</u>

bibliophilism: 232, 283, 315, 526, 589, 602, 603, 617, 688, 761, 775, 796, 824, 852, 853, 880-882, 891, 898, 902, 912, 915, 923, 976, 986-987, 993, 996, 999 (Anon.), 1002-1003, 1008, 1010, 1013, 1034, 1085-1086, 1088, 1125-1127, 1172, 1187, 1191, 1195, 1209, 1216, 1223-1224, 1231, 1234-1235, 1239, 1242, 1245, 1262, 1285, 1296, 1346-1347, 1454, 1469, 1520, 1544, 1566, 1591, 1599, 1616, 1630, 1639, 1641, 1644, 1651, 1728, 1776, 1792, 1800, 1805, 1823, 1831, 1841, 1884, 1889, 1904, 1905, 1908, 1918, 1923, 1926, 1928, 1939, 1941, 1947, 1953, 1956, 1963, 1969

Bidou, Henry: 1203, <u>1204</u>, 1207, <u>1470</u>, <u>1545</u>

Billiau, Charles: <u>756</u>

Billy, André: 98, <u>279</u>, <u>380</u>, 385, <u>452</u>, 470, <u>667</u>, <u>824</u>, <u>1004</u>, <u>1135</u>, <u>1377</u>

Blanche, Jacques-Emile: <u>105</u>, <u>215</u>, <u>590</u>, <u>678</u>, 1238

Blavet, Alcide: <u>9</u>, 819, 831

Bloy, Léon: 23

Boccaccio, Giovanni: 1161

Bocquet, Léon: 67, <u>337</u>, 338, <u>948</u>, <u>1703</u>

Boileau-Despréaux, Nicolas: 395, 971, 975, 983, 1110, 1694, 1770

"Bois amical, le": 2, 28, 1151
(illustrated by J. Franken
P. Zn)

Boissard, Maurice: <u>498</u>

Boissière, Albert: <u>1786</u>

Boisson, A.: <u>829</u>

Bongnie, Emile de: <u>296</u>

Bonnard, Pierre: <u>321</u>

Bonnaud, Dominique: <u>1882</u>

Bonnefon, Charles: <u>1136</u>

Bonnefon, D.: <u>1136</u>

Bonnerot, Jean: <u>595</u>

Bonnet, Charles: 1646

Bonniot, E., Dr.: 111, 121

Bonzon, Jacques: 1364, <u>1835</u>

Böök: 1852

Bordeaux, Henry: <u>289</u>, <u>404</u>

Borel, Emile: <u>364</u>, <u>519</u>, <u>611</u>, 672, 805, <u>972</u>

Boschot, Adolphe: <u>577</u>

Bossanne: 4

Bossuet, Jacques-Bénigne: 1316, 1459, 1679, 1720, 1811, 1818, 1846, 1894

Botrot, Jean: <u>1034</u>, <u>1239</u>, 1245

Boudry, Robert: <u>550</u>

Bouglé, C.: 1253, <u>1255</u>

Bouhélier, Saint-Georges de: 37

Boulenger, Jacques: <u>137</u>, <u>149</u>, <u>162</u>, 172, 188, 189, 200, <u>215</u>, <u>243</u>, <u>330</u>, <u>463</u>, 537, 661, <u>729</u>, 826, <u>835</u>, <u>849</u>, 864, 922, <u>935</u>, 999, 1284, <u>1298</u>, 1692

Boulenger, Marcel: 137, <u>215</u>, <u>990</u>

Bourges, Elimir: 340

Bourget, Paul: 1251, 1720

Bousquet, Mme Jacques: 1643

Boutens, P. C.: 1151

Bouvier, Emile: <u>528</u>, <u>1137</u>

Boylesve, René ⌐pseud. of R. Tardivaux⌐: <u>405</u>, 406, <u>463</u>, 741, 909, 950, <u>972</u>, <u>1018</u>, 1240, 1319, 1439, 1482

Brach, Paul: 786

Bradi, Lorenzi de: <u>1541</u>

Braga, Dominique: <u>173</u>, <u>204</u>, <u>234</u>, 293, <u>355</u>, 389, <u>657</u>, <u>680</u>

Braunschvig, Marcel: <u>850</u>, 1028

Bremond Henri, abbé: 87, 120, 136, 147, 349, <u>395</u>, <u>546</u>, <u>578</u>, <u>591</u>, 668, 692, <u>699</u>, <u>716</u>, <u>717</u>, <u>718</u>, <u>719</u>, 720, 722, <u>723</u>, <u>727</u>, 729, 730, 731, <u>732</u>, 735, <u>744</u>, <u>752</u>, 765, 773, <u>776</u>, 793, <u>797</u>, <u>801</u>, 808, <u>810</u>, 812, 814, <u>815</u>, 821, 822, <u>826</u>, 827, 851, 855, 860, <u>862</u>, 870, <u>888</u>, <u>893</u>, <u>895</u>, 897, <u>899</u>, 904, <u>905</u>, 906, <u>907</u>, 908,

Index

919, 922, 925, 936, 948,
952, 969, 972, 977, 980,
986, 998, 999, 1033, 1057,
1067, 1087, 1092, 1099,
1112, 1113, 1117, 1137,
1170, 1184, 1194, 1196,
1206, 1210, 1211, 1215,
1236, 1237, 1251, 1258,
1279, 1344, 1375, 1443,
1462, 1465, 1499, 1509,
1559, 1564, 1584, 1618,
1628, 1648, 1654, 1662,
1690, 1727, 1820, 1841,
1875, 1948

Breton, André: 69, 83, 96,
97a, 106, 163, 206, 237,
238, 239, 240, 296a, 396,
397, 435, 540, 606, 653,
678, 872, 876, 997, 1260,
1395, 1838

Bricon, Etienne: 1446

Brillant, Maurice: 189, 952,
1069, 1087

Brillat-Savarin, Anthelme:
1233

Brisson, Pierre: 834, 1029,
1276, 1613, 1614

Brousson, Jean-Jacques: 1371,
1379, 1460

Brunet, Gabriel: 1555, 1556,
1604

Brunetière, Ferdinand: 1403,
1485

Brunschvicg, Léon: 1138, 1958

Buffet, Gabrielle: 163

Buffon, Georges-Louis Leclerc,
comte de: 1035

Bury, R. de: 903, 924

Butor, Michel: 1213

Byron, George Gordon, Lord: 1190

C.: 1924

Cabanis, Georges: 1646

Cabrillac, Henry: 286, 997

Cacambo: 1778, 1928

Cahier B. 1910: 625, 666, 671, 872,
885, 887, 1033, 1035, 1206, 1214

ɾCahiers d'idées et d'impressionsɔ:
1701, 1811

Cahuet, Albéric: 1432, 1528, 1564,
1719

Caillard, Maurice: 565, 566

Caillaux, Joseph: 1082

Caillavet, Mme Gaston Arman de:
1436, 1486

Calife Homard, Le: 1756, 1789

Callimachus: 1202

Cambiaire, C. P.: 1266, 1342

Cambon, Jules: 1372, 1424, 1961,

Cambon, Victor: 1839, 1961

Cambronne, Pierre: 1270

Camp, Jean: <u>1038</u>

Candide: <u>1483</u>, <u>1734</u>

Canqueteau, J.: <u>678</u>

Cantacuzène, Charles-Adolphe: 91, 789, 790, 840

"Cantique des colonnes": 102, 106, 156, 784, 848, 994, 1139, 1711, 1755, 1768

"Caractères de l'esprit européen": 507, 515, 997 (Cabrillac)

Carpentier, C. A.: 1803

Carré, J.-M.: 253

Carton de Wiart, Henry: 1744

cartoons: 545, 586, 608, 638, 646, 672, 720, 728, 944, 1057, 1064, 1232, 1246, 1326, 1529, 1645, 1710, 1726, 1804, 1906, 1925, 1966

Casanova, Santu: <u>886</u>

Cassou, Jean: <u>606</u>, <u>677</u>

Castagnou, André: 470, <u>527</u>, 564

Castel, René: <u>1787</u>

Catholic criticism: 122, 123, 168, 169, 180, 189, 202, 210, 215 (Ghéon, Mauriac), 370, 584, 692, 699, 752, 884, 932, 970, 972 (Massis), 1143, 1164, 1178, 1186, 1194, 1220, 1237, 1375, 1466, 1473, 1593, 1648

Cattaui, Héli-Georges: <u>217</u>

Causse, E.: 391, <u>414</u>

C. B.: <u>1520</u>

Cecchi, Emilio: 1151

"Ceinture, la": 218, 241, 1139, 1175

Central 32-65: <u>1200</u>, <u>1221</u>, <u>1296</u>, <u>1437</u>, <u>1476</u>, <u>1753</u>, <u>1958</u>

Cervantes Saavedra, Miguel de: 206

Chabaneix, Philippe: <u>996</u>, <u>1088</u>

Chacornac, abbé: 1202

Chaffault, M. du: 1943

Chalupt, René: <u>786</u>

Chamberlain, B. H.: <u>1139</u>, 1711, 1718

Chambertrand, Gilbert de: <u>1608</u>

Champion, Edouard: 575, 1301

Champion, Pierre: <u>1140</u>

Chantavoine, Henri: <u>6</u>, 8, 49, 715, 784

Chaplin, Charles: 1700

Chapon, François: 14, 1552

Charensol: <u>987</u>, <u>1102</u>, <u>1120</u>, <u>1260</u> <u>1297</u>

Index

Charles, Gilbert: <u>211</u>, <u>1357</u>

Charmes: 113, 142, 168, 194, <u>215</u> (Fabre, Mauriac, Vaudoyer), 220, 223, 231, 232, 233, 235, 241, 242, 245, 249, 250, 252, 253, 255, 276, 285, 302, 304, 316, 327, 349, 370, 489, 524, 537, 564, 615, 638, 651, 688, 763, 773, 784, 805, 848, 944, 971 (Marsan), 992, 1002, 1037, 1043, 1064, 1096, 1127, 1178, 1189, 1234, 1242, 1286, 1364, 1522, 1589, 1647, 1652, 1681, 1691, 1723, 1796, 1831, 1916, 1937, 1939, 1951, 1969

Charny, Maurice: <u>709</u>, 714, 715, 721, 733, <u>734</u>, 736, 838, <u>971</u>

Charpentier, Gustave: 1521

Charpentier, Henry: <u>56</u>, <u>73</u>, <u>166</u>, <u>389</u>, 434, 1199

Charpentier, John: 234, 322, <u>1141</u>

Charron, Pierre [coll. pseud.]: <u>398</u>, <u>579</u>

Chartier, Émile: (see Alain)

Charvet, Louis: 1107, <u>1491</u>, 1530

Chateaubriand, vicomte François-René de: 1453

Chateaubriant, Alphonse de: 327

Chatelain, U.-V.: <u>904</u>, 930

Chaumeix, André: <u>242</u>, <u>393</u>, 480, <u>524</u>

Chausse, Paul: <u>1582</u>

Chauveau, Paul: <u>1870</u>, 1887, 1920

Chauvet, Horace: <u>1823</u>, 1827

Chénier, André: 183, 236, 527, 981

Chennevière, Georges: 266, <u>273</u>, 416

Chioselli, Paul: 1195

Cimetière marin, le: 138, 161, 168, <u>184</u>, 189, 194, <u>215</u> (Mauriac), 241, 243, 349, 368, 392, 422, 584, 650, 655, 692, 747, 804, 817, 848, 849-850, 880, 1028, 1047 (Benoist-Méchin), 1086, 1094, 1127, 1147, 1189, 1210, 1227, 1512, 1513, 1522, 1579, 1601, 1605, 1657, 1664-1666, 1668, 1671, 1676-1678, 1680, 1685, 1689, 1711-1712, 1756, 1768, 1783, 1789, 1812, 1826, 1834, 1839, 1842, 1845, 1861, 1868, 1877, 1883, 1891, 1908, 1915, 1918, 1925, 1955

Claudel, Paul: 72, 99, 164, 175, 179, 180, 194, 260, 279, 301, 303, 314, 361, 370, 420, 464, 538, <u>591</u>, 593, <u>647</u>, 710, 762, 797, <u>836</u>, 912, <u>971</u>, 972, 980, 997, 1004, 1007, 1034, 1047, <u>1072</u>, 1073, 1089, 1137, 1163, <u>1199</u>, 1373, 1438, 1458, 1466, 1513, 1538, 1645, 1649, 1690, 1750, 1794, 1871, 1901

Clauzel, Raymond: <u>221</u>, 223, 228,

229, 231, 302, 304, 1142, 1924, 1951, 1954

Clédat, Léon: 1527

Clemenceau, Georges: 1360, 1401, 1412, 1419

Clément-Janin ⌐pseud. of Clément Janin⌐: 937, 1013, 1223, 1346, 1347, 1566, 1641

Clermont-Tonnerre, François de: 1912

Clouard, Henri: 399, 464

Cocteau, Jean: 100, 112, 190, 296a, 435, 580, 855, 962, 986

Cohen, Gustave: 1075, 1657

Colette, Gabrielle: 961, 962

collaboration between P.V. and F. Lefèvre (?): 226, 537, 661, 784, 817, 849, 922, 1284, 1326, 1692, 1948

commemorations and public functions (attended by P.V.): 253, 1121, 1656, 1683, 1684, 1699, 1717, 1720, 1733, 1735-1738, 1740, 1747, 1751, 1927

"Comment je revins à la poésie": 1276

committee assignments, conventions attended: 253, 636, 657, 670, 686, 712, 1682, 1790, 1795

composition (literary): 131, 159, 168, 190, 215 (Jaloux, Vaudoyer), 217, 234, 250, 251, 265, 276, 293, 389, 449, 478, 550, 591, 615, 656, 873, 905, 936, 1001, 1129, 1194, 1406, 1618, 1772, 1928 (see also: aesthetics, inspiration, prosody)

Comtesse Riguidi ⌐pseud. of R. Dieudonné⌐: 1804

Condillac, Etienne Bonnot de: 1646, 1774

"Conquête allemande, la": 44, 84, 85, 567, 611, 618

Conrad, Joseph: 607

Corday, Michel: 1494

Corneille, Pierre: 885

Cometz, V.: 1836

Coster, Charles de: 1738

Coster, Laurent: 548

Cougnard, Jules: 496, 1651

Coulisse, Jean de la: 915

Coulon, Marcel: 343

Courtois-Suffit, Maurice: 766, 808, 1482

Cousin, Charles: 124, 129

Crémieux, Benjamin: 480, 513, 514, 535, 733, 736, 828, 842, 972, 1038, 1072, 1087, 1275, 1280, 1303, 1393, 1537, 1606, 1637, 1706, 1964

Index

Crevel, René: <u>440</u>, 998, <u>1120</u>

Creyssel, Paul: <u>1589</u>, 1590, 1798, <u>1838</u>, <u>1839</u>, <u>1865</u>, 1866

"Crise de l'esprit, la": 107, 140, 256, 511, 519, 524, 525, 554, 569, 846, 972 (Massis), 997 (Cabrillac), 1171, 1444, 1447, 1590

"Crise de l'intelligence, la": 999 (Lichnérowicz)

"Crise des professions libérales, la": 681, 1444

Croce, Benedetto: 1061

Croiza, Mme: 1191, 1879

Cros, Guy-Charles: 1934

Crouzet, Guy: <u>1699</u>, <u>1845</u>

Crouzet, P.: <u>844</u>

Curel, François de: 638, 1251

Curtius, Ernst Robert: 1087, <u>1151</u>, <u>1583</u>, <u>1631</u>

Cuttoli, Diane de: 447, 1591

"cycle Teste": see individual titles

Czerefkow, Serge: <u>588</u>

Dada: 100, 102-104, 106, 110, 116, 123, 130-131, 163, 206, 215 (Vaudoyer), 227, 237-240, 248, 283, 287, 355, 392, 411, 440, 470, 537, 540, 595, 847, 997 (Soupault), 1137, 1670, 1848

Daniel-Rops, Henry: 123, 389, <u>576</u>, <u>997</u>, <u>1143</u>, <u>1317</u>, 1375

Dante Alighieri: 542, 1393, 1706, 1742, 1914

Daragnès, J.-P.: 785, 853, 949, 1125, 1126, 1616, 1792, 1831, 1842, 1850

Dartigue, Henry: <u>1466</u>

Daudet, Léon: 198, <u>581</u>, 817, <u>1263</u>, <u>1265</u>, <u>1269</u>, 1271, <u>1289</u>, <u>1308</u>, <u>1313</u>, <u>1317</u>, 1437, 1447, <u>1652</u>, <u>1692</u>, 1868, 1880, <u>1892</u>, <u>1900</u>, <u>1908</u>, <u>1955</u>, 1956

Dauzats, Charles: <u>744</u>, <u>794</u>, <u>1331</u>, <u>1335</u>, <u>1396</u>, <u>1580</u>, <u>1581</u>

David, Maurice: <u>1918</u>

Davis, Ronald: 589, <u>688</u>, 697, 737, 828, 843, <u>852</u>, <u>853</u>, <u>972</u>, 1591, 1841

Davray, Henry-D.: <u>44</u>, 85

Davray, Raoul: 52, <u>368</u>, <u>426</u>, <u>427</u>, 428, <u>438</u>, <u>442</u>, 528, <u>754</u>, 767, <u>768</u>, <u>770</u>, <u>800</u>, 820

Décaudin, Michel: 47, <u>62</u>, <u>83</u>

Decker, Henry W.: 717, 862

Decoudun, Guy: 169, <u>1075</u>

dedications (to P.V.): 2, 17-18, 20, 26-27, 51, 59, 66a, 69, 73, 75, 83, 94, 97a, 103, 126, 131,

150, 152, 215 (Dubech, Eon, Ghéon, Régnier, Vielé-Griffin), 225, 268, 271-272 (?), 311, 313, 403, 678 (Lebey), 799, 1060, 1074, 1077, 1131, 1176, 1843, 1862, 1897-1898, 1913, 1938

Deffoux, Léon: 1144

Degas ɾEdgar de Gas, ditɔ: 707, 714, 939, 1538, 1785, 1793

Dekobra, Maurice: 1686

Dalacour, André: 214

Delacroix, Eugène: 292

Delacroix, Henri: 1025

Delamarche, Léon: 315, 323

Delbeke, Dr. René: 890

Delcassé, Théophile: 327

Delille, Jacques, abbé: 399

Delpit, Albert: 1905

Delteil, Joseph: 591, 658, 1087

Delvert, Charles: 1923

Demagny, Pierre: 1502

Demasy, Paul: 1525

Denis, Maurice: 321

Derain, André: 238

Derème, Tristan: 246, 335, 345, 347, 434, 570, 626, 629, 679, 748, 854, 883, 973, 998, 1131, 1145, 1321, 1600, 1856, 1868, 1897, 1898

Derennes, Charles: 156, 434

Dermée, Paul: 383, 435

Descartes, René: 194, 609, 622, 656, 953, 978, 982, 997, 1291, 1334, 1345, 1375, 1607, 1965

Deschamps, Léon: 1

Des Gachons, Jacques: 909

Des Granges, Charles-Marie: 1776

Désorges, Pierre: 692

Desrousseaux: 1341

Desson, André: 473, 549, 631

Destrées, Jules: 1738

Destutt de Tracy, A.-L.-C.: 1646, 1774

Dethomas, Maxime: 321

"Deux Vertus d'un livre, les": 1596, 1611, 1622, 1644, 1705, 1787, 1919, 1936, 1939

Devaux, André: 1810

Devoluy, Pierre: (see Les Trois)

ɾ"Dialogue sur les choses divines"ɔ: 781, 880, 1128, 1226

didacticism: 633, 655, 685, 699, 1110, 1112, 1257, 1628, 1637

Index

Dieudonné, Robert: 1803, <u>1804</u>
  (see also Comtesse Riguidi)

"Discours de réception à
  l'Académie française":
  1150, 1244, 1287, 1311,
  1319, 1333, 1335, 1361,
  1368, 1372, 1377, (1379-
  1497 <u>passim</u>, see especially:
  1380, <u>1381</u>, 1389, 1394-
  1395, 1397, 1399, 1423,
  1430, 1445, 1459, 1460,
  1462, 1468, 1478), 1507,
  1514, 1517, 1519-1520,
  1529, 1534-1535, 1543,
  1546, 1548, 1555, 1577,
  1584, 1585, 1588, 1608,
  1707-1708, 1734, 1942 (see
  also L'Affaire du Parnasse)

"Discours sur Emile Verhaeren":
  1740, 1742-1746, 1748, 1751-
  1752, 1758, 1767, 1771, 1773,
  1779, 1853, 1860, 1864, 1914,
  1927

Divoire, Fernand: <u>187</u>, 324,
  1262

Dorgelès, Roland: 1296

Doris, M. ⌈pseud. of Paul
  Valéry⌋: 11, 19, 23, 1219,
  1277

"Dormeuse": 128, 141, 215
  (Fabre), 279, 330, 880,
  1898

Dormoy, Pierre: <u>1745</u>

Dornis, Jean ⌈pseud. of Mme
  Guillaume Beer⌋: <u>74</u>

Dorsenne, Jean: <u>821</u>, <u>1421</u>, <u>1514</u>,
  <u>1544</u>, <u>1561</u>

Doumergue, Gaston: 1902

Doumic, René: 40, 364, <u>778</u>, 805,
  908, 1294, 1379, <u>1424</u>, 1458,
  1470, 1683, 1820

Doyon, René-Louis: <u>148</u>, <u>157</u>, <u>160</u>,
  <u>164</u>, <u>167</u>, <u>209</u>, 227, <u>848</u>

D. P.: <u>1704</u>, 1851

Dreyfus, Alfred: 165, 1459

Drieu la Rochelle, Pierre: <u>163</u>

Droin, Alfred: <u>400</u>, 407, <u>470</u>, 479,
  484, 491, 493, 496, <u>499</u>, 500,
  503, 505, 506, 511, <u>523</u>, 527,
  529, 541, 557, <u>564</u>, 587, 614,
  615, 634, <u>675</u>, <u>780</u>, 1000, 1359,
  1457, 1579, <u>1823</u>

"Droits du poète sur la langue,
  les": 1527

Drouart, Raphaël: 937

Dubech, Lucien: <u>215</u>, 277, <u>582</u> (see
  also Orion)

Du Bos, Charles: <u>123</u>, 134, <u>191</u>, 215,
  221, 288, 797, <u>1143</u>, 1146, <u>1226</u>,
  1951

Dubosc (?), R.: <u>1906</u>

Dubreuil, Adrien: <u>1398</u>

Ducasse, Isidore: (see Lautréamont)

Duchesne-Guillemin, Jacques: 106

Ducoté, Edouard: 909

Duhamel, Georges: <u>101</u>, <u>113</u>, 1102

Dujardin, Edouard: <u>114</u>, 129, <u>487</u>, <u>998</u>, 1018

Dumas, André: <u>1553</u>

Dumont-Wilden, L.: 213, <u>1752</u>

Dumur, Louis: <u>253</u>

Dupuy, Jean: <u>809</u>, 907, 911, 916

Durtain, Luc: <u>388</u>, <u>421</u>, 1348

Durtal: 1522, 1566

Duvernois, Henri: <u>1449</u>

Dyssord, Jacques: <u>1443</u>, <u>1479</u>

"Ebauche d'un serpent": 168, 182, 194, 215 (Artus, Ghéon, Mauriac), 241, 279, 338, 644, 685, 699, 784, 1552, 1918 (see also <u>Le Serpent</u>)

"école romane, l'": 98, 145, 380, 385, 389, 399, 406, 434, 457, 502, 550 (see Moréas and neo-classicism)

E. D.: <u>1543</u>

"Edmond Teste: Extraits de son Log Book": 955, 963, 1151 (Rychner)

Eigeldinger, Marc: 69, 83

Einstein, Albert: 551

Eliot, Thomas Stearns: 648, 734

Eloy-Vincent, A.: <u>548</u>

Elskamp, Max: 50

Eluard, Paul: <u>163</u>, 435, <u>951</u>

Embiricos, Alexandre: <u>656</u>

Emile-Bayard, Jean: <u>401</u>

"Emily Teste: Lettre": 533, 612, 613, 618, 627, 673, 747, 765, 804, 841, 986, 1958

enquêtes (P.V.'s replies to): 110, 613, 663, 664, 681, 689, 734, 998, 1018, 1078, 1523, 1679

"Ensemble": 28

Éon, Francis: <u>215</u>

epigrams (concerning P.V.): 179, 398, 579, 629, 748, 855, 960, 1321, 1882

"Episode": 23, 28, 49 (see also "Fragment")

E. R.: <u>1123</u>

Erasmus, Desiderius: 1475

Erlande, Albert: <u>1843</u>, <u>1913</u>

Escholier, Raymond: <u>1705</u>, <u>1850</u>

Espagnat, Georges d': 81, 1221

Espezel, Pierre d': <u>971</u>, <u>1694</u>

Espiau, Marcel: 740, <u>741</u>, 1003, <u>1008</u>, 1011, 1034

Index

Esquerré, Marthe: <u>310</u>, <u>361</u>

"Eté": 16, 38, 41, 54, 72, 215 (Miomandre), 366

Etiemble, R.: 77, 106, 278, 343, 883

Etienne-Souriau: (see Souriau)

"Etude pour Narcisse": 328

"Etude pour Narcisse-II": 392

<u>Etude sur le rêve</u>: 1831

<u>Eupalinos ou l'architecte</u>: 215 (Du Bos), 221, 229, 232, 299, 300, 305, 306, 310, 326, 327, 349, 357, 364, 408, 421, 503, 513, 537, 549, 562, 602, 617, 618, 651, 684, 688, 691, 694, 742, 775, 780, 793, 824, 845, 867, 898, 923, 972 (Fernandat, Souday), 1003, 1021-1023, 1045, 1096, 1142, 1147, 1151 (Valkhoff), 1156, 1179, 1189, 1320, 1469, 1500, 1501, 1565, 1593, 1596, 1612, 1613, 1648, 1657, 1831, 1918, 1940

Eupalinus of Megara: 1294

<u>Evening with M. Teste, An</u>: see <u>La Soirée avec M. Teste</u>

Expert, L': <u>1831</u>

Eymieux, Paul: <u>954</u>

Ezekiel: 114, 1799, 1861

Fabre, Lucien: 124, 127, 133, 137, 143, 177, 178, <u>215</u>, <u>278</u>, 282, 309, 331, 351, <u>374</u>, <u>379</u>, 382, <u>384</u>, <u>386</u>, 417, 419, <u>465</u>, <u>510</u>, <u>582</u>, <u>780</u>, 888, 919, <u>929</u>, <u>1059</u>, 1087, 1153, 1256

Faguet, Emile: 400

Fagus ⌊pseud. of Georges Faillet⌉: <u>822</u>, <u>855</u>, 960, <u>1196</u>, <u>1264</u>, 1274, <u>1846</u>

Fainsilber: 1029

Faivre, Abel: <u>321</u>

Fanato: <u>4</u>, 9

Farges, Abel: <u>328</u>, <u>419</u>, 633, <u>641</u>, 817, <u>901</u>, <u>930</u>, <u>1358</u>, 1364, <u>1370</u>, 1609

Fargue, Léon-Paul: 70, 72, 102, <u>125</u>, 283, 510, 520, 785, 979, <u>1348</u>, 1487, 1538

Faure, Gabriel: 448

"Fausse Morte, la": 277, 587, 766, 1593

Favre, abbé: 7

Favre, Pierre: <u>280</u>, 281

Fay, Bernard: <u>481</u>, 486, <u>489</u>, <u>583</u>, <u>604</u>, 649, 700, 1136, <u>1242</u>, <u>1243</u>

"Féerie": 178

félibrige, le: 4, 7, 9, 1537

Féline, Pierre: <u>27</u>

Fénelon, F. de Salignac de La Mothe-: 126, 1112, 1170, 1564

Fernandat, René ⌐pseud. of abbé Louis Genet⌐: <u>584</u>, 692, 817, <u>972</u>, 1147, <u>1365</u>, 1375, 1432, <u>1457</u>, 1587, 1618, 1624, 1661, 1701, 1916

"Feu distinct, Un": 178

F. F.: <u>335</u>

Fierens, Paul: <u>326</u>, 866, <u>1249</u>, <u>1716</u>

"Fileuse, la": 16, 21, 54, 66, 94, 120, 155, 231, 273, 366, 454, 678 (Blanche), 1227, 1382

Finot, Louis-Jean: <u>1594</u>

Flament, Albert: <u>816</u>

Flandrin, Pierre-Etienne: 1430

Flaubert, Gustave: 36, 1190

Flers, Robert de: 663, 664, <u>676</u>, 1052, 1251, 1521, <u>1775</u>, 1820

Fleuret, Fernand: 1285

Fleuriau, Pierre de: 1872

Florian-Parmentier: <u>856</u>

Foch, Ferdinand, maréchal: 763, 793, 812, 1449, 1665

Foix, Charles: 1629

Fontainas, André: 57, <u>133</u>, <u>142</u>, <u>150</u>, 161, <u>186</u>, <u>215</u>, <u>250</u>, <u>374</u>, <u>628</u>, <u>642</u>, 734, <u>969</u>, <u>1002</u>, <u>1031</u>, 1199, <u>1210</u>, 1239, <u>1609</u>, 1749, <u>1801</u>

Fontaine, Arthur: 785

Fontana, Paul: <u>1541</u>

Forain, Jean-Louis: <u>321</u>

Force, duc de La: (see La Force)

Formont, Maxime: <u>655</u>

Fornairon, Ernest: 1272

Forot, Charles: <u>565</u>, 566

Forst de Battaglia, Otto: <u>1151</u>

Fort, Paul: <u>45</u>, <u>46</u>, <u>47</u>, 48, 64, <u>215</u>, 361, <u>857</u>, <u>882</u>, 1004, 1085, <u>1250</u>, 1252, <u>1862</u>

Fouchardière, G. de la: 971, <u>1458</u>, 1504, 1552, <u>1557</u>, <u>1573</u>, <u>1599</u>, 1664, 1665, <u>1667</u>, <u>1672</u>, <u>1726</u>, <u>1760</u>, 1766, <u>1772</u>, <u>1777</u>, 1799, <u>1810</u>, <u>1823</u>, <u>1861</u>, <u>1862</u>, <u>1873</u>, <u>1874</u>, <u>1878</u>, <u>1922</u>, 1948

Fourest, Georges: 164

Fourment, Gustave: 9, 764

Fournier, Henri-Alain: (see Alain-Fournier)

Fraenkel, T: <u>163</u>

"Fragment": 28, 54 (see also "Episode")

"Fragment d'un Descartes": 1334, 1965

Index

"Fragments de la jeune parque": 156, 392

"Fragments de cor du Narcisse": 108, 156, 174, 176, 194, 203, 215 (Mauriac), 262, 280, 293, 511, 587, 644, 709, 721, 733, 734, 787, 838, 848, 1830, 1879

"Fragments de Tante Berthe": 846

"Fragments sur Mallarmé": 618, 1141, 1189

France, Anatole: 542, 562, 649, 684, 708, 724, 763, 773, 793, 803, 831, 886, 903, 912, 1133, 1190, 1244, 1254, 1287, 1311, 1335, 1368, 1372, 1374, 1377, 1380, 1385, 1387, 1389, 1394, 1395, 1397, 1399, 1400, 1401, 1402, 1408, 1410, 1411, 1415, 1418, 1423, 1426, 1428, 1430, 1436, 1440, 1442, 1445, 1449, 1451, 1452, 1456, 1459, 1461, 1463, 1468, 1470, 1471, 1472, 1473, 1478, 1481, 1484, 1486, 1489, 1494, 1506, 1507, 1514, 1520, 1534, 1548, 1555, 1584, 1608, 1748, 1763, 1873, 1918, 1942

Franc-Nohain: 774

Franck, César: 1661

Frank, Waldo: 362

Frantel, Max: 1808, 1825

Frederick II: 1317

Frêne, Roger: 178

Freud, Sigmund: 551

Fumet, Stanislas: 164, 180, 647, 1222, 1438

Gaède, Édouard: 348, 352

Gagnebin, Marianne: 254, 255

Gaillard, André: 1628, 1636

Gallo: 1713

Galsworthy, John: 1673, 1693

Galtier-Boissière, Jean: 796, 1520, 1630, 1696, 1800, 1805, 1831, 1840, 1841, 1884, 1889, 1893, 1908, 1923, 1926, 1937, 1945, 1947, 1953, 1956

Gandillac, Maurice de: 1513

Gandon, Yves: 1109, 1851

Garçon, Maurice: 1573

Garnier, A.-P.: 227, 293, 328, 375, 1094

Gasquet, Joachim: 22, 128, 144, 153, 156, 177, 215, 246, 434, 668

Gaultier, Jules de: 653, 1091

Gauthier-Villars, Henry: 203

Gautier, Henri: 382, 384, 443, 448

Geiger, André: 1601

Géniaux, Charles: 1559

George, Stefan: 1058, 1151, 1165

Géraldy, Paul: 964

Gérardot, Gaston: 1148, 1619

Gérardy, Paul: 37

Germain, André: 262, 1058, 1069

Gervaise, Bernard: 1442

Gervex, Henri: 321

Ghéon, Henri: 168, 201, 210, 215, 218, 263, 699

Ghil, René: 264, 856

ghosts (non-existent or inaccurate references): 241, 322, 350, 568, 653, 836, 908, 1040, 1107, 1287, 1432, 1624, 1859 (?)

G. H. T.: 1639

Gibbon, Edward: 1190

Gide, André: 2, 6, 8, 17, 18, 20, 26, 28, 29, 30, 31, 33, 34, 37, 38, 42, 45, 50, 51, 67, 75, 88, 91, 118, 126, 179, 202, 206, 215, 224, 243, 260, 278, 282, 283, 290, 303, 307, 314, 362, 371, 373, 394, 402, 403, 467, 473, 491, 520, 547, 549, 551, 585, 592, 603, 605, 633, 637, 656, 678, 700, 912, 928, 972, 1047, 1048, 1056, 1089, 1122, 1132, 1136, 1188, 1203, 1239, 1278, 1310, 1496, 1531, 1538, 1558, 1562, 1613, 1614, 1617, 1645, 1686, 1702, 1794, 1805, 1831, 1833, 1852, 1896, 1940, 1968

Gilbert de Voisins, Auguste, comte: 63, 215, 1162

Gill, André ⌐pseud. of Paul Valéry¬: 14, 15

Gillet, R. P. Marie Stanislas, O. P.: 932, 972, 1087, 1149, 1178, 1186, 1194, 1237, 1258, 1375, 1612, 1648, 1965

Gillouin, René: 858, 899, 905, 1431, 1490, 1515

Gilson, Etienne: 609, 656

Girard, George: 1567

Giraud, Philippe: 780, 1059

Giraud, Victor: 1505

Giraudoux, Jean: 303, 314, 404, 408, 509, 950, 971, 1131, 1458, 1686

Giron, Roger: 750

"Glose sur quelques peintures": 23, 1219, 1277

Godchaux, Georges: 1021, 1022, 1023

Godchot, Colonel: 1812

Godmé, J.-P.: 1590

Goethe, Johann Wolfgang von: 1190

Gohin, Ferdinand: 375

Golberg, Mecislas: 128

Index   589

Goll, Ivan: <u>192</u>, 679

Góngora y Argote, Luis de: 135, 399, <u>470</u>, 876, 978, 1340, 1341

Gonzague Frick, Louis de: <u>1383</u>

Gorki, Maxime: 1058, 1852

Gosse, Sir Edmund: <u>1627</u>

Gosselin, Pierre: 350

Gouhier, Henri: <u>970</u>, 975, <u>1965</u>

Gourmont, Jean de: <u>288</u>, <u>497</u>, 1284, <u>1633</u>

Gourmont, Remy de: <u>53</u>

G. R.: <u>1116</u>

grand silence, le: 49, 54, 66, 87, 91, 104, 120, 146, 155, 189, 215 (Mauclair), 221, 277, 282, 337, 343, 376, 481, 690, 744, 1798

Gras, Marcel: <u>1824</u>

"Grenades, les": 124, 141, 203, 277, 537, 857, 997 (Bibes), 1299, 1320

Grezac, Pierre: <u>1867</u>

Grove, Wm: <u>1710</u>

Grume, Paul: <u>7</u>, 9

G.[uardia], G.[eorges] B.[runon]: <u>971</u>

Guéguen, Pierre: <u>482</u>, <u>1024</u>, 1055, <u>1211</u>

Guénot, H.: <u>885</u>

Guérin, Daniel: <u>1384</u>

Guérin, Maurice de: 1558

Guibert, A.: <u>1681</u>, 1693

Guigou, Paul: 25

Guilac, Henri: <u>545</u>, <u>586</u>, 608, <u>638</u>, <u>646</u>, <u>664</u>, <u>672</u>, <u>683</u>, <u>720</u>, <u>728</u>, <u>944</u>, <u>972</u>, <u>1057</u>, 1064, <u>1232</u>, <u>1246</u>, 1326, <u>1529</u>, <u>1645</u>, <u>1710</u>, <u>1925</u>, <u>1966</u>

Guillaud, Suzette: 1798, 1839

Guillén, Jorge: 1151

Guilleré, René: 1348

Guillot de Saix: <u>587</u>, <u>1273</u>

Guirand, F.[élix]: <u>1585</u>, 1602

Guy-Grand, Georges: <u>554</u>, 1149, <u>1648</u>

Guyot, Charly: <u>615</u>

Hain, Georges: <u>1000</u>, 1026, 1630

Halda, Bernard du: <u>1607</u>

Halévy, Daniel: 124, 125, <u>126</u>, 135, 173, 175, 180, 203, 384

Hanotaux, Gabriel: 327, 408, **1150**, 1240, 1254, 1294, 1311, 1331, 1335, 1372, 1388, 1392, 1393, 1396, 1398, 1400, 1401, 1403, 1404, <u>1405</u>, 1408, 1410, 1411, 1414, <u>1416</u>, 1417, 1419, 1420, 1422, 1423, 1424, 1426, <u>1427</u>, <u>1434</u>, <u>1435</u>, 1449, 1451, <u>1459</u>,

1462, 1471, 1585

Hardouin, R. P.: 347

Hardy, Thomas: 591

Harlaire, André: <u>287</u>, 549, <u>631</u>

Hauser: 314

Haussonville, comte d': 562, 649, 684, 724, 793

Hazard, Paul: <u>393</u>, 480, <u>563</u>, <u>591</u>, <u>1298</u>

Hébrard, Adrien: 518

Hegel, G. W. F.: 36, 216, 384, 400, 780, 1661

Heine, Heinrich: 1190

Heitz: <u>652</u>

"Hélène, la reine triste": 11, 52, 54

Hellens, Franz: 296, <u>1151</u>

Henley, William Ernest: 1578

Henriette-Marie de France: 1316

Henriot, Emile: <u>146</u>, 203, <u>346</u>, <u>1268</u>

Henri-Robert: 1424, 1521

Heraclitus: 1475

Heredia, J.-M. de: 340, 537, 558, 707, 1378, 1382, 1403

Hermant, Abel: <u>1328</u>, 1333, 1479, 1663, 1820

hermétisme: 6, 49, 68, 115, 153, 161, 168, 183, 215 (**Fabre**), 220, 230, 243, 251, 260, 289, 306, 329, 347, 356, 377, 390, 400, 411, 412, 441, 493, 497, 499, 532, 544, 582, 624, 628, 633, 640, 644, 690, 709, 814, 850, 880, 971 (**Thérive, Marsan**), 991, 1041, 1049, 1071, 1109, 1112, 1135, 1178, 1209, 1212, 1236, 1267, 1275, 1340-1341, 1373, 1397, 1422, 1466, 1470, 1477-1479, 1506, 1520, 1557, 1568, 1600, 1605, 1621, 1657, 1665, 1667, 1689, 1707, 1710, 1721, 1729, 1754-1756, 1765, 1769, 1780, 1799, 1810, 1823, 1829, 1851-1852, 1862, 1877, 1881, 1883, 1886, 1896, 1904, 1907, 1911, 1916, 1918, 1922, 1929, 1937

Héroët, Antoine: 1161

Hérold, A. Ferdinand: 38

Herriot, Edouard: 1742, 1744, 1914, 1950

Hervieu, Marcel: <u>1617</u>

Hirsch, Charles-Henry: <u>57</u>, <u>90</u>, <u>102</u>, 107, 109, 117, 118, <u>121</u>, <u>134</u>, 138, <u>144</u>, 176, 182, <u>207</u>, <u>218</u>, <u>225</u>, <u>507</u>, <u>532</u>, <u>627</u>, <u>903</u>, <u>963</u>, 973, <u>1066</u>, 1199, <u>1306</u>, 1834, <u>1859</u>, <u>1909</u>

Hofmannsthal, Hugo von: 1151

Homer: 748

"hommages" (by P.V.): 498, 711,

Index

909, 1036, 1250, 1252, 1332, 1358 (see also individual entries, eg. "Pierre Louÿs")

Homme à la pipe en bois, L': 1920

Houville, Gérard d' [pseud. of Marie de Heredia]: 1378, 1382, 1409

Huc, Philippe: (see Tristan Derème)

Hughes, Randolph W.: 836

Hugo, Victor: 215, 629, 888, 1190, 1539, 1754, 1823, 1847, 1877, 1944

Huisman, Georges: 1305

Humbert, Pierre: 1064

Humbourg, Pierre: 1603, 1744, 1761

Hurlimann, Martin: 1363, 1658, 1880, 1910

Huysmans: 1566

Huysmans, J. K.: 56, 707, 939, 1030, 1108, 1144, 1332, 1439, 1566, 1731, 1785, 1793

Hytier, Jean: 6, 8, 41, 165, 174, 205, 236, 260, 265, 266, 273, 281, 312, 359, 430, 533, 552, 748, 789, 819, 840, 852, 872, 1087, 1192, 1219, 1432, 1527, 1915

iconography: 215 (Blanche), 426, 438, 448, 548, 588, 742-743, 753, 779, 918, 958, 1052, 1151 (R. M. Jodjana, A. Wildt, J. F. P. Zn.), 1197, 1221, 1238, 1338, 1374, 1393, 1412, 1425, 1462, 1521, 1716, 1743 (see also: cartoons)

Idée fixe, l': 997 (Daniel-Rops)

"Il faut créer une bourse des valeurs littéraires...": 910

"Images de la France": 1363, 1658, 1880, 1910

"Impressions d'un voyageur": 683

Ince, W. N.: 1465, 1688

Ingres, Dominique: 215, 300

"Insinuant, l'": 241

inspiration: 139, 194, 276, 370, 407, 463, 525, 550, 645, 653, 822, 823, 873, 905, 936, 972 (Lefèvre), 997 (Bibes), 1048, 1129, 1151 (Woestijne), 1185, 1194, 1264, 1274, 1465, 1681, 1688 (see also: composition)

intellectualism: 139, 146, 170, 189, 215 (Fabre, Miomandre), 222, 234, 240, 242, 299, 323, 330, 338, 343, 353, 365, 383, 400, 407, 467, 481, 489, 521, 576, 592, 615, 653, 692, 710, 814, 860, 966, 972 (Larbaud, Massis), 997 (Vogüé), 1000, 1020, 1050, 1068, 1075, 1110, 1112-1113, 1134-1136, 1185, 1201, 1207, 1281, 1302, 1344, 1375, 1393, 1457, 1518, 1542, 1628, 1636, 1690-1691 (see also mysticism, sensuality)

"Intérieur": 245, 277, 1175, 1553

international reputation: 314, 465, 535, 547, 643, 648, 657, 674, 691, 737, 745, 753, 929, 942, 954, 967, 980, 988, 1014, 1032, 1065, 1083, 1097, 1123, 1151, 1240, 1376, 1457, 1583, 1627, 1673, 1681-1682, 1686, 1693, 1749, 1782-1783, 1794, 1801, 1812, 1817, 1819, 1915, 1955 (see also: lectures, committees)

interviews (uncollected): 741, 744, 1008, 1011, 1291, 1294 (probably apocryphal), 1311, 1314, 1368, 1445, 1461, 1568, 1578, 1735

"Introduction à la méthode de Léonard de Vinci": 35, 36, 40, 48, 59, 60, 70, 116, 122, 123, 128, 139, 165, 194, 198, 366, 408, 476, 501, 503, 525, 534, 537, 563, 633, 651, 690, 867, 996, 1189, 1228, 1352, 1364, 1376, 1437, 1607, 1655, 1868

J., André: 1132

Jacob, Hans: 547

Jacob, Max: 998

Jacobsen, Jens Peter: 1047

Jaloux, Edmond: 181, 215, 267, 536, 631, 639, 678, 945, 965, 1049, 1051, 1081, 1087, 1152, 1208, 1224, 1242, 1504, 1530, 1565, 1599, 1612, 1614, 1646, 1774

Jammes, Francis: 361, 652, 762, 879, 913, 938, 1071, 1690

Janin, Clément: (see Clément-Janin)

Janit, Léon: 1087

Jarry, Alfred: 69, 268, 866, 1698

J. C.: 1047

Jean, René: 1327

Jean-Bernard: 1771, 1797, 1855

Jeanneret: 383

Jehan le Pôvre Moyne: 1871

Jesus Christ: 163

Jeuge: 715

"Jeune Mère, la": 1962

Jeune Parque, la: 56, 87, 88, 89, 91, 93, 113, 120, 136, 151, 155, 170, 181, 203, 215 (Gide, Régnier), 233, 236, 237, 241, 243, 253, 276, 293, 316, 327, 465, 537, 592, 615, 633, 644, 661, 696, 741, 744, 784, 785, 830, 846, 853, 927, 949, 971 (Thérive), 972 (Larbaud), 999 (Anon.), 1003, 1008, 1010, 1029, 1072, 1085, 1088, 1096, 1122, 1125-1127, 1143, 1147, 1151 (Zifferer), 1160-1161, 1178, 1189, 1220, 1282, 1340, 1364, 1462, 1469, 1522, 1526-1527, 1547, 1551, 1588, 1605, 1609, 1612-1613, 1616, 1638, 1647, 1707, 1792, 1814, 1831, 1842, 1850, 1905, 1915, 1940

"Jeune Prêtre, le": 1, 3, 4, 1278

Index

J. H.: <u>1742</u>, <u>1914</u>

Jiménez, Juan Ramón: 1151

J. L.: <u>1032</u>

J. M.: <u>223</u>

J.-N. F.-B.: <u>786</u>, 1323

Jodjana, Raden Mas: 1151

Joffre, J.-J.-C., maréchal: 408, 763, 1401, 1449

Johannet, René: <u>385</u>, <u>887</u>

Jouanne, Pierre: <u>1044</u>

Jouhaux: 223

Jourdan, Henri: <u>1151</u>

Jousse, R. P. Marcel, S. J.: 1164, 1620, 1832

Jouvenel, Henry de: 569

Jules-Martin, Mme Marguerite: 1898

Julia, Édouard: <u>359</u>, <u>1496</u>

Kahn, Gustave: <u>58</u>, <u>81</u>, 155

Kant, Immanuel: 125, 126, 254, 780, 840, 1549

Kasterska, Marya: <u>643</u>

Kastner, L. E.: <u>1153</u>

Kayser, Rudolf: <u>1151</u>

Keats, John: 860

Kemp, Robert: <u>1406</u>

Kerillis, Henri de: <u>1430</u>

Kerr, Alfred: 1200, 1935

Kessel, Joseph: 1437

Kipling, Rudyard: 1180

Klossowski, Pierre: <u>926</u>

Kock, Paul de: 834

Kozlowski, C. J.: 643

L., J.-A.: <u>1379</u>, <u>1388</u>

Labrousse, Paul: <u>1154</u>

La Bruyère, Jean de: 1905

Lacombe, M.: <u>859</u>

Lacombe, Paul: 1795

Lacretelle, Jacques de: <u>673</u>, <u>900</u>, <u>1155</u>, 1654

Lafargue, Marc: <u>183</u>, <u>230</u>

Lafont, Aimé: 42, <u>193</u>, 426, <u>428</u>, 528, <u>767</u>, 800, <u>1393</u>

La Fontaine, Jean de: 159, 200, 201, 236, 242, 502, 511, 527, 981, 1865

La Force, Henri Nompar de Caumont, duc de: 649, 738, 740, 1098, 1372

Laforgue, Jules: 71, 385

Lagarde, Pierre: <u>1518</u>, <u>1523</u>, <u>1869</u>, 1879

Laharpe, Jean-François de: 400

Lalo, Charles: <u>1156</u>

Lalou, René: <u>194</u>, 208, <u>258</u>, 260, 286, 290, <u>300</u>, 313, <u>321</u>, 323, <u>338</u>, <u>353</u>, <u>363</u>, <u>365</u>, <u>366</u>, 407, <u>514</u>, <u>574</u>, <u>576</u>, <u>587</u>, <u>588</u>, 592, 631, <u>796</u>, 860, 972, <u>991</u>, 1019, <u>1103</u>, <u>1157</u>, <u>1158</u>, 1302, <u>1359</u>, <u>1661</u>, 1662

Lamandé, André: <u>505</u>, 529, 1040, <u>1509</u>

Lamartine, Alphonse de: 137, 493, 888, 905, 1130, 1212, 1247, 1600, 1605, 1847, 1943, 1950

Lamotte-Houdar, Antoine de: 1194

Lang, André: <u>196</u>

Lang, M.: 1085, <u>1792</u>

Lantoine, Albert: (see Les Trois)

Lanux, Pierre de: <u>140</u>, 1348

Lanvin, Jeanne: 1449, 1598, 1870

Laprade: <u>321</u>

Larbaud, Valery: 42, <u>72</u>, 179, 283, 520, 547, <u>589</u>, 640, 861, <u>972</u>, 1087, <u>1159</u>, <u>1160</u>, <u>1161</u>, 1316, <u>1348</u>, <u>1393</u>, <u>1616</u>

Lardanchet, Henri: <u>902</u>

Larivière, Pierre: <u>1948</u>

La Rochefoucauld, François, duc de: 978

Larock, Victor: <u>1605</u>

Lasserre, Pierre: 470, 649

Latour, Jean de: 123

Laubreaux, Alain: <u>1410</u>

Laurent, Ernest: <u>321</u>

Lauret, René: <u>1097</u>

Lautréamont, comte de [pseud. of Isidore Ducasse]: 540, 604, 605, 951

Lavaud, Guy: <u>111</u>, <u>118</u>, <u>823</u>, 832, 903

Law, John: 1841

Lawler, James R.: <u>106</u>, 142, 1364

Lazare, Bernard: <u>31</u>

Léautaud, Paul: 49, <u>54</u>, 60, 66, <u>68</u>, <u>91</u>, 215, 256, 277, 306, <u>678</u>, <u>1162</u>, 1321

Lebey, André: 38, <u>59</u>, 93, <u>94</u>, 120, 165, <u>195</u>, <u>215</u>, <u>219</u>, 250, <u>590</u>, <u>678</u>, 1087, <u>1119</u>

Lebey, Édouard: 1515

Leblond, Marius-Ary: 1517, 1546

Lebrau, Jean: <u>1176</u>

Lebreau, Jean: 308

Lebrun, Ponce-Denis Ecouchard: 570

Index

Le Cardonnel, Louis: 164

Lecomte, Georges: 1372, 1623, 1720, 1790

lectures (by P.V.): 251, 254, 255, 256, 257, 292, 296, 298, 323, 415, 418, 422, 423, 424, 425, 427, 428, 429, 430, 431, 432, 436, 437, 438, 442, 446, 450, 453, 459, 460, 461, 462, 466, 469, 471, 474, 483, 486, 519, 528, 548, 575, 619, 670, 705, 707, 939, 999 (Rivain), 1005-1007, 1046, 1065, 1073, 1079, 1083, 1097, 1100, 1119, 1123, 1192, 1250, 1252-1253, 1255, 1345, 1500, 1554, 1627, 1673, 1681-1682, 1695, 1731, 1785, 1808, 1813, 1815, 1825, 1869, 1879, 1943, 1950

Lécuyer, Raymond: 1399

Lefèvre, Frédéric: 123, 226, 289, 304, 314, 324, 370, 386, 404, 405, 441, 463, 479, 494, 535, 537, 538, 539, 543, 546, 548, 550, 551, 555, 559, 561, 562, 563, 576, 591, 596, 609, 621, 630, 644, 647, 650, 651, 656, 658, 661, 665, 668, 673, 684, 696, 699, 701, 703, 706, 707, 710, 713, 726, 732, 751, 752, 765, 770, 784, 787, 797, 801, 809, 817, 849, 862, 863, 864, 896, 897, 908, 922, 927, 930, 933, 934, 935, 941, 942, 943, 945, 946, 947, 954, 956, 966, 970, 972, 974, 982, 998, 999, 1001, 1014, 1016, 1024, 1031, 1036, 1038, 1044, 1055, 1059, 1067, 1069, 1082, 1087, 1093, 1163, 1164, 1175, 1178, 1189, 1206, 1213, 1235, 1240, 1242, 1284, 1298, 1326, 1353, 1356, 1360, 1432, 1456, 1549, 1602, 1616, 1620, 1652, 1692, 1832, 1900, 1905, 1916, 1940, 1948

Lefranc, Jean: 1455

Léger, Saintléger: (see Saint-John Perse)

Le Goffic, Charles: 98

Le Grix, François: 215

Leguay, Pierre: 541

Lemaître, Jules: 400, 1251, 1657

Léon, Édouard: 1223

Léon, Xavier: 1345

Le Révérend, Gaston: 414

Le Roy, Grégoire: 155

"Lettre": 517, 531, 532, 1184 (includes references to Lettre à un ami)

"Lettre à Charles Foix": 1629

⌐Lettre à Jean-Daniel Maublanc¬: 1076

⌐Lettre à La Gerbe du quartier latin¬: 158

Lettre à Madame C.: 1191

"Lettre sur la méthode": 1839, 1961

"Lettre sur Mallarmé...": 1193, 1286, 1288, 1299, 1303, 1312, 1465, 1536, 1561, 1621, 1625

Letty, Mme Junis: 988

Levaillant, Maurice: 1286, 1309

Levet, Henry J.-M.: 1348

Levinson, André: 616, 1084, 1087, 1165, 1166, 1261, 1293, 1297, 1365, 1432, 1650, 1722

Lévis-Mano, Guy: 1859

Lewitska, Sonia: 1850

Lhote, André: 971

Lichnerowicz, Jeanne: 308, 373, 472, 999

Liégeois, J.: 1218, 1318

Lièvre, Pierre: 269, 278, 360, 406, 407, 452, 470, 479, 490, 494, 495, 500, 503, 505, 506, 513, 523, 529, 541, 544, 570, 584, 587, 615, 633, 780, 793, 823, 966, 1030, 1135, 1359, 1376, 1457, 1490, 1616, 1698, 1707, 1823, 1909

Lily: 1784

Lingendes, Jean de: 1161

Liszt, Franz: 597, 1179

Littré, Emile: 407

"Livres": 315

L. L.: 1394

Llona, Victor: 1133, 1495

Lloyd, Harold: 1276

L. M.: 1073

Loewel, Pierre: 544, 623, 940, 964, 1459

Loewy, E.: 1214

Lombard, Jean: 14

López Picó, J. M.: 476, 1376

Lord Durein: 1663

Lorrain, Jean [pseud. of Paul Alexandre Martin Duval]: 52, 56 (see also Raitif de la Bretonne)

Loth, Léon de: 22

Loti, Pierre: 1251

Loubet, Joseph: 9

Louÿs Pierre: 1, 2, 20, 28, 29, 31, 33, 38, 54, 94, 95, 164, 215, 235, 373, 537, 565, 590, 600, 603, 677, 678, 682, 687, 695, 707, 712, 739, 768, 809, 865, 939, 968, 976, 985, 993, 999, 1008, 1122, 1123, 1167, 1278, 1282, 1310, 1439, 1485, 1703, 1952

Lubin, Georges: 617, 1262, 1267, 1274, 1282, 1299, 1320, 1362, 1448, 1540, 1823

Index

Lucretius: 337, 582, 1393, 1512

Luque: 9

Lyautey, L.-H.-G., maréchal: 812, 1449

Lycophron: 1340, 1341

Madelin, Louis: 1820

Maeterlinck, Maurice: 1047

Maffre de Baugé: <u>799</u>

Magallon, Xavier de: 156, 434, <u>814</u>

Maine de Biran, M.-F.-P.: 1646, 1774

Maistre, Joseph de: 292

Maldidier, Marthe: <u>1419</u>

Malebranche, Nicolas de: 347, 872

Malherbe, François de: 153, 177, 200, 232, 252, 324, 331, 360, 385, 393, 406, 502, 978, 1067, 1135, 1142, 1770

Mallarmé, Mme Camille: 967

Mallarmé, Stéphane: 30, 33, 34, 45, 49, 56, 61, 67, 69, 70, 76, 79, 82, 83, 86, 87, 90, 91, 97, 98, 99, 111, 114, 115, 118, 125, 126, 129, 144, 146, 147, 153, 168, 170, 177, 181, 189, 197, 198, 211, 215, 220, 234, 236, 242, 243, 252, 253, 255, 261, 276, 300, 317, 340, 349, 355, 357, 359, 366, 368, 369, 373, 380, 383, 385, 388, 389, 390, 398, 399, 411, 412, 414, 430, 437, 442, 457, 473, 493, 502, 510, 537, 550, 556, 577, 593, 598, 600, 618, 624, 628, 632, 633, 641, 647, 666, 667, 690, 707, 714, 717, 739, 776, 814, 823, 831, 848, 856, 859, 874, 876, 878, 888, 890, 903, 926, 932, 939, 981, 997, 1000, 1008, 1012, 1082, 1084, 1089, 1090, 1091, 1110, 1117, 1135, 1139, 1164, 1173, 1177, 1189, 1212, 1236, 1268, 1275, 1278, 1286, 1287, 1288, 1299, 1303, 1310, 1312, 1340, 1341, 1343, 1357, 1359, 1368, 1373, 1381, 1439, 1441, 1459, 1461, 1465, 1479, 1504, 1506, 1519, 1536, 1540, 1547, 1555, 1561, 1584, 1605, 1608, 1609, 1615, 1619, 1621, 1625, 1637, 1647, 1707, 1729, 1731, 1754, 1770, 1772, 1774, 1785, 1793, 1847, 1873, 1876, 1889, 1892, 1923

Mandin, Louis: <u>857</u>

Mann, Heinrich: 1852, <u>1940</u>

Manuel Frères, G.-L: 742, 958, 1393

"Manuscrit, le (l'invention prodigieuse de l'écriture)": 913-914, 917

Marchand, Jean: 1198, 1850

Mardrus, Dr. J.-Ch.-V.: <u>66a</u>, 217

Marès, Roland de: <u>634</u>

Marey, Etienne-Jules: 1084

de Mari: <u>447</u>

Marichalar, Antonio: <u>1047</u>, 1151

Marin, Louis: 1101

Marinetti, Filippo Tommaso: 238

Marino, Giambattista: 1160

Maritain, Jacques: <u>370</u>, <u>405</u>, 1087, <u>1168</u>, <u>1169</u>

Marlow, Georges: <u>298</u>

Marmande, R. de: 1364, 1835, <u>1877</u>, <u>1916</u>, <u>1947</u>

Marsan, Eugène: <u>457</u>, <u>971</u>, <u>1650</u>, 1653 (see also Orion)

Martel, Tancrède: 649

Martel, Thierry de: 1872

Martin-Chauffier, Louis: <u>376</u>

Martin du Gard, Maurice: 46, 408, 535, <u>540</u>, 572, 590, <u>674</u>, <u>678</u>, <u>828</u>, 1087, 1112, 1170, <u>1201</u>, <u>1330</u>, <u>1339</u>, <u>1438</u>, <u>1487</u>, <u>1564</u>, <u>1628</u>, <u>1636</u>, <u>1805</u>, <u>1832</u>, 1872, <u>1959</u>

Martin du Gard, Roger: 1852

Martineau, Henri: 227, 335, <u>1624</u>, <u>1844</u>, 1898

Martinet, Édouard: <u>1444</u>

Martino, Pierre: <u>593</u>, 595

Masque de Fer, Le: <u>755</u>, <u>760</u>

Massis, Henri: 202, <u>370</u>, <u>405</u>, 470, 491, <u>884</u>, <u>972</u>, 1087, 1178, 1220, 1228, <u>1237</u>, <u>1355</u>

Masson, Georges-Armand: <u>409</u>, 454, <u>1276</u>, 1326

Massot, Pierre de: <u>197</u>

mathematics: 49, 54, 66, 150, 189, 215 (Mockel), 256, 276, 359, 366, 370, 376, 383, 390, 393, 493, 524, 606, 632, 635, 874, 962, 972 (Souday), 1112, 1139, 1151 (Curtius), 1513

Mathews, Jackson: 1552

Mathiex, Paul: <u>1106</u>

Matisse, Henri: <u>321</u>

Maublanc, Jean-Daniel: <u>1076</u>, 1080, <u>1638</u>, 1647, <u>1670</u>, <u>1691</u>, <u>1757</u>, <u>1767</u>

Mauclair, Camille: 26, 36, 37, <u>198</u>, 212, <u>215</u>, 308, <u>373</u>, <u>594</u>, <u>596</u>, <u>676</u>, <u>690</u>, 774, <u>952</u>, <u>971</u>, <u>1381</u>, <u>1547</u>, <u>1847</u>

Mauge, Gilbert [pseud. of Edmée de la Rochefoucauld]: 1049

Maulnier, Thierry: (see Orion)

Maurevert, Georges: <u>1078</u>

Mauriac, François: <u>122</u>, <u>202</u>, <u>215</u>, <u>278</u>, <u>932</u>, 1070

Mauricet: <u>1610</u>

Index

Maurois, André: <u>933</u>, <u>982</u>, 1087, <u>1356</u>, 1603, <u>1700</u>, <u>1871</u>

Maurras, Charles: 4, 22, 23, <u>30</u>, 220, 230, 270, 278, <u>304</u>, <u>317</u>, <u>324</u>, <u>405</u>, <u>412</u>, 414, <u>434</u>, <u>445</u>, 447, <u>470</u>, 523, 621, 640, 675, 780, 803, 997, 1087, 1110, 1113, 1133, 1257, 1357, 1358, <u>1359</u>, 1634

Maury, Lucien: <u>371</u>

Maury, Paul: <u>1834</u>

Maus, Madeleine Octave: <u>866</u>, 1249

Maynial, Édouard: <u>867</u>, 1229

Mayr, W.: <u>222</u>, <u>522</u>

Mazade, Fernand: 156, 434, 1619

Mazel, Henri: <u>566</u>

Mazet, P. du: <u>1512</u>

Mediterraneanism: 448, 589, 650, 747, 767, 768, 788, 804, 861, 886, 907, 911, 916, 972 (Crémieux, Larbaud), 995, 1038, 1272, 1280, 1393, 1637, 1661, 1706, 1964

Meillet, A.: 559

Melchior-Bonnet, Christian: <u>648</u>

Mendès, Catulle: 49, <u>60</u>

Mérat, A.: 155

Mercereau, Alexandre: 360, 401, <u>868</u>, 1250, 1272

Mercier, Louis: 289, 566

Meredith, George: 537, 1140, 1578

Méric, Victor: <u>1685</u>

Méridiens, Les: <u>1293</u>

Merrill, Stuart: 30

Métérié, Alphonse: <u>960</u>

Meyerson, Émile: <u>1093</u>, 1595

M. G.: 1517, 1524, <u>1546</u>, 1577

Miaou: <u>429</u>, <u>443</u>, <u>769</u>

Michel, Alexandre-Gaspard: <u>73</u>, 178

Michiels, Charles: <u>1171</u>, 1876

Mieczyslawski, Jan: 1817

Miguet, Charles: 1728

Milhau, Marguerite: <u>1172</u>

Mille, Pierre: 727, 999, <u>1524</u>, 1546, 1577

Milosz, O.-V. de Lubicz: 704

Minulesco, Jean: 929

Miomandre, Francis de: <u>151</u>, <u>215</u>, <u>972</u>, <u>995</u>, 1087, 1163, <u>1202</u>, <u>1469</u>, 1960

Mistral, Frédéric: 9

Mithouard, Adrien: 866

M. M.: <u>1574</u>, 1575

Mockel, Albert: 40, <u>215</u>, 1239

Monda, Maurice: <u>976</u>, <u>1003</u>

Mondadon, Louis de: <u>1194</u>

Mondor, Henri: 1, 6, 91, 181, 1136, 1262, <u>1467</u>

Monet, Claude: 939, 1123

Monnier, Adrienne: 101, 125, 194, <u>271</u>, 309, 313, 589, 592, <u>637</u>, 640, 667, <u>785</u>, 926, 950, 964, 980, <u>986</u>, 987, 999, <u>1197</u>, 1618, 1831

Monod, Julien P.: 3, 80, 447, 496, 573, 574, <u>575</u>, 589, 592, 835, 836, 842, 937, 975, 1025, <u>1037</u>, 1061, 1101, 1127, <u>1129</u>, <u>1132</u>, 1133, 1191, 1234, <u>1262</u>, 1270, 1273, 1295, <u>1338</u>, <u>1450</u>, 1502, 1532, 1552, 1567, 1570, <u>1573</u>, 1652, <u>1657</u>, 1728, <u>1804</u>, 1835, 1963, 1969

M.⌐onsieur¬ Teste: <u>801</u>, 811, <u>947</u>

Montaigne, Michel Eyquem de: 1075

Montazel, Jean: 1798, 1839

Montel, François: <u>1506</u>, <u>1903</u>, <u>1911</u>

Montesquieu, Charles de Secondat, baron de: 1062, 1066

Montfort, Eugène: 111, 118, <u>595</u>, 1096,

Montherlant, Henry de: <u>169</u>, <u>278</u>, 1075, 1821, 1872, <u>1885</u>

Montigny, Jean de: <u>1289</u>

Monzie, Anatole de: 590, <u>678</u>

Moore, T. Sturge: 1151

Morand, Paul: 296a, 303, 1028, 1137, 1529, 1887

Moréas, Jean: 3, 30, 98, 145, 290, 380, 399, 452, 457, 502, 526, 1257, 1522, 1635, 1640, 1735, 1744, 1857, 1864, 1934

Moreau, Claude ⌐pseud. of P. Louÿs¬: 29

Morice, Charles: 1608

Morisot, Berthe: 1010, 1230

Mornet, Daniel: <u>1173</u>

Mortier, Alfred: <u>1499</u>

Mortier, P.: 755

Mouquet, Jules: <u>1814</u>

Mouriès, Jacques: <u>1507</u>

Muhlfeld, Mme Lucien: 545, 659, 922, 1001

Muret, Maurice: <u>1451</u>

Murger, Henri: 1724

M.⌐use¬ F.⌐rançaise¬: <u>246</u>, <u>1898</u>

Muselli, Vincent: 434, 849

Index   601

Musset, Alfred de: 1067, 1847

Mussolini, Benito: 461

M. X., aristarque: 1472

mysticism: 139, 147, 522, 592,
    699, 729, 765, 862, 900,
    972 (Massis), 980, 986,
    1000, 1237, 1279, 1344,
    1375, 1618, 1636, 1951

N. ⌐Thadée Natanson?¬: 22

Nadal, Octave: 14, 764

"Naissance de Vénus": 94

"Narcisse à la fontaine": see
    "Fragments de/du Narcisse"

"Narcisse parle": 5, 6, 34, 49,
    54, 56, 62, 66, 293, 603,
    ⌐643¬, 678 (Canqueteau),
    747, ⌐763¬, 787, 829, 830,
    908, 1148, 1699

Narcissism: 49, 56, 62, 87, 88,
    366, 592, 642, 715, 767, 784,
    799, 829, 830, 1109

Narsy, Raoul: 1434

naturisme: 37, 47, 49, 595,
    1096

Nau, John-Antoine ⌐pseud. of
    Eugène Torquey¬: 147

Naussanne, Henri de: 723

Naville, Pierre: 1637a

neo-classicism: 111, 153, 177,
    187, 214, 215 (Vaudoyer),
    227, 232, 236, 247, 252,
    258, 261, 266, 274, 275, 278,
    280, 281, 284, 287, 300, 302,
    304, 317, 324, 331, 337, 360,
    380, 383, 385, 393, 399, 400,
    406, 420, 470, 473, 484, 491,
    496, 499, 502, 527, 550, 570,
    593, 614, 634, 640, 652, 675,
    762, 823, 855, 857, 876, 901,
    997 (Cabrillac), 1067, 1110,
    1135, 1142, 1359, 1504, 1513,
    1543, 1621, 1653, 1848, 1951

neo-symbolism: 72, 87, 88, 147,
    211, 215 (Régnier, Vielé-
    Griffin), 247, 264, 300, 349,
    361, 373, 385, 411, 593, 667,
    1343

Nerval, Gérard de: 854, 1158

Niclause, Paul: 1429

Nietzsche, F. W.: 41, 645, 1172,
    1190, 1239, 1296

Nitouche: 1712

N. N.: 1686

Noailles, Anna-Elisabeth Brancovan,
    comtesse de: 156, 215, 277, 278,
    281, 406, 434, 463, 526, 689,
    762, 828, 901, 1004, 1067, 1090,
    1285, 1307, 1330, 1384, 1438

Noblet, Albert Maurice: 410

Noré, René: 1709

"Note et digressions": 122, 169,
    259, 276, 609, 1075, 1228, 1353
    (see "Introduction à la méthode
    de Léonard de Vinci")

"Note (Extrait d'une conférence...)":
    257

"Notes sur la grandeur et la décadence de l'Europe": 1263, 1271, 1283, 1289, 1301, 1305-1306, 1308, 1317, 1512, 1525, 1899

"Notules sur Léon-Paul Fargue": 1487

Noulet, Emilie: 1072, <u>1174</u>, <u>1175</u>, <u>1353</u>, 1364, <u>1592</u>, <u>1835</u>, <u>1916</u>

Noverre, J. G.: 1714

Nys, Raymond de: <u>748</u>, 883

Obstfelder: 1047

<u>Odes</u>: 142, 143, 153, 170, 232, 234, 315

"Ode secrète": 116, 1145

Olive-Villard: <u>1397</u>, <u>1600</u>, <u>1732</u>, <u>1944</u>

Omessa, Charles: <u>1572</u>, <u>1721</u>, <u>1729</u>, <u>1762</u>

Orion ₍coll. pseud. of Lucien Dubech, Eugène Marsan, (Thierry Maulnier?), Jacques Tournoël, Pierre Varillon₎: 712, <u>761</u>, 778, <u>805</u>, <u>818</u>, <u>825</u>, <u>826</u>, <u>832</u>, 934, <u>936</u>, <u>978</u>, <u>1257</u>, <u>1880</u>, 1910

"Orphée": 8

Osmont, Anne: <u>86</u>

Otéro, Catherine, <u>la belle</u>: 1239

Ottavi, Octave: <u>1426</u>

Ouvré: 1716

Ovid ₍Publius Ovidius Naso₎: 88

Ozenfant, ₍Charles₎: 383

₍"Pages inédites"₎: 15

Paillet, Léo: <u>596</u>

Palewski, J. P.: <u>631</u>

Palivec, Josef: 1915

"Palme": 104, 105, 153, 193, 215 (Eon, Mauriac), 227, 234, 262, 277, 389, 679, 848, 972 (Lefèvre), 1153, 1830, 1915

"Paradoxe sur l'architecte": 19, 34

Parnassianism: 220, 324, 389, 390, 445, 491, 892, 1112

Parrot, Louis: <u>1077</u>, <u>1176</u>

"Pas, les": 215 (Vaudoyer), 1898

Pascal, Blaise: 122, 139, 222, 259, 295, 320, 332, 333, 334, 342, 348, 352, 353, 473, 503, 522, 536, 622, 645, 654, 707, 825, 1000, 1070, 1074, 1105, 1350, 1585, 1607, 1648, 1807, 1918

Pasteur Vallery-Radot, Louis: 932

pastiches: 233, 409, 415, 454, 579, 588, 629, 1148, 1270, 1330, 1665, 1709, 1741, 1789, 1791, 1925

Pastoureau, H.: 69, 83

pataphysique: 69

Patin, Jacques: <u>943</u>, <u>1231</u>, <u>1856</u>, 1898

Paulhan, Jean: 131, 152, 828

Pawlowski, G. de: 1893

Pelham: 1486, 1622

Pellerin, Jean: 272

Pellerin, Jules: 1799

Perdican: 455

Péret, Benjamin: 163

Perichard, G.-L.: 1735, 1744

Périer, Gaston-Denys: 459

Périer, Odilon-Jean: 605

Perrin, Édouard: 430, 1272

Perrine, André de la: 906

Perroy: 158

Perse, Saint-John [pseud. of Alexis Saint-Léger Léger]: 72, 510, 964, 989

Pestour, A.: 1537, 1637, 1706

Petiet, H.-M.: 1639

Petit, Georges: 1702

Petit de Julleville, L.: 6

Petitot, Paul: 1295

Petit Recueil de paroles de circonstance: 1189, 1258

"petits vers": 630, 748, 785, 786, 789, 790, 819, 831, 840, 883, 979, 986-987, 1239, 1321, 1323

Petrarch (Francesco Petrarca): 1706

Peyras, Claude: 782, 790, 804

P. H.: 1271, 1501, 1579

Phidias: 52

philosophy: 36, 37, 122, 123, 126, 155, 216, 221, 243, 252, 254, 259, 276, 280, 305, 306, 352, 353, 366, 370, 376, 384, 389, 393, 399, 400, 412, 420, 459, 471, 481, 493, 497, 503, 537, 576, 582, 584, 592, 609, 655, 692, 699, 707, 780, 797, 862, 870, 933, 962, 972 (Rousseaux, Souday), 1000, 1025, 1093, 1138, 1143, 1147, 1149, 1173, 1175, 1186, 1213, 1237, 1253, 1255, 1258, 1275, 1279, 1285, 1353, 1375, 1401, 1422, 1431, 1457, 1512, 1549, 1582, 1592, 1607, 1646, 1648, 1661, 1774, 1829, 1951, 1965

Pia, Pascal: 712

Piachaud, R.-L.: 1212, 1247

Picard, Émile: 937

Picard, Gaston: 295, 638, 693

Picasso, Pablo: 321

Picq-Fevez, Louis: 959

"Pierre Louÿs": 600, 678, 687, 695, 712, 739, 968, 1439

Pierre, prince of Monaco: 446

Pierrefeu, Jean de: 488, 1016, 1754,

1755, 1761, 1764, 1768, 1780, 1823, 1827, 1837, 1845, 1854, 1870, 1883, 1956

Pierre-Quint, Léon: 966

Pilon, Edmond: <u>35</u>, <u>36</u>, <u>37</u>, 49, 60, 216, <u>1129</u>

Pindar: 175

Pingard: 1870

Pioch, Georges: <u>1481</u>

P. L.: <u>1414</u>, <u>1723</u>

Place, Joseph: <u>308</u>, 400, <u>472</u>, 505, 529

Planhol, René de: <u>1351</u>, <u>1373</u>, <u>1652</u>

Plato: 126, 193, 254, 383, 684, 694, 1194, 1375, 1512

Plaz, Albert: <u>1549</u>

Plessys, Maurice du: 399, 434

Plotinus: 1202

Poe, E. A.: 41, 147, 215, 274, 292, 368, 534, 594, 596, 690, 704, 717, 719, 730, 774, 859, 870, 871, 888, 927, 971, 1050, 1110, 1115, 1151, 1266, 1302, 1342, 1504, 1662, 1808

"Poésie": 1553, 1695

Poésie: 1588

poésie pure: 87, 132, 133, 136, 137, 147, 197, 276, 293, 298, 323, 346, 395, 499, 528, 537, 555, 556, 558, 578, 668, 680, 696, 716, 717, 718, 719, 720, 722, 723, 727, 728, 729, 730, 731, 732, 735, 744, 752, 765, 773, 776, 782, 797, 814, 815, 821, 822, 827, 851, 855, 859-860, 862, 870, 888, 890, 892-893, 895, 899-900, 904-908, 925, 927, 936, 948, 952, 967, 969, 972 (Lefèvre), 977, 991, 999 (Bremond, Lichnérowicz), 1020, 1057, 1091, 1099, 1110-1113, 1137, 1151 (Hellens), 1185, 1193-1194, 1196, 1204, 1206, 1210-1211, 1215, 1218, 1236, 1257, 1261, 1264, 1279, 1285, 1320, 1431, 1443, 1470, 1504, 1509, 1540, 1559, 1564, 1584, 1617, 1624, 1628, 1633, 1654, 1662, 1680, 1702, 1703, 1727, 1764, 1775, 1809, 1841, 1846, 1875, 1884, 1908, 1928

Poincaré, Henri: 254

Poincaré, Raymond: <u>1014</u>, 1017, 1938

Poizat, Alfred: <u>97</u>, <u>99</u>, 136, <u>390</u>, 411, <u>420</u>, <u>633</u>, 641, <u>1117</u>, <u>1177</u>, <u>1615</u>

politics: 44, 84, 85, 87, 101, 113, 140, 165, 400, 445, 461, 507, 519, 554, 569, 631, 705, 733, 736, 795, 1082, 1097, 1101, 1263, 1269, 1271, 1289, 1305-1306, 1313, 1328, 1355, 1360, 1401, 1403, 1430, 1447, 1459, 1502, 1525, 1589-1590, 1652, 1675, 1689, 1745, 1780, 1822, 1877, 1886, 1889, 1943, 1950

Polycrates of Samos: 1294

Pomès, Mathilde: 818

Index

Pomier, Jean: 1697, <u>1837</u>

Pompignan, J. Le Franc, marquis de: 275, 570, 823

Ponson du Terrail, Pierre-Alexis: 834

Ponsot, Georges: <u>1430</u>, <u>1511</u>, <u>1516</u>, <u>1791</u>, <u>1809</u>

Porché, François: <u>196</u>, 308, 387, 660, <u>870</u>, <u>871</u>, 1261, 1365, 1432, <u>1624</u>, 1775, 1783

Portail, Jean: <u>833</u>

Porto-Riche, Georges de: 708, 1225, 1377

Poucel, Victor: <u>1178</u>, 1237

Pouillot, Mathilde: <u>1064</u>

"Pour la nuit": 49, 553, 1323

Pourtalès, Guy de: <u>597</u>, <u>1179</u>

Prampolini, Giacomo: <u>1151</u>

Prat, René de: <u>704</u>

Praviel, Armand: <u>1180</u>

préciosité: 49, 66, 135, 166, 216, 280, 399, 400, 470, 529, 651, 721, 870, 876, 887, 1000, 1202, 1261, 1273, 1340-1341, 1457, 1641, 1829

prefaces (miscellaneous): 451, 602, 616, 659, 688, 697, 766, 771, 808, 839, 1182, 1482, 1591, 1722 (see also titles of individual prefaces and names of authors prefaced by P.V.)

Prévost, Jean: <u>534</u>, <u>665</u>, <u>666</u>, 671, 872, <u>927</u>, <u>950</u>, <u>965</u>, <u>981</u>, 999, <u>1068</u>, <u>1074</u>, 1087, <u>1102</u>, 1120, <u>1253</u>

Prévost, Marcel: 108, <u>591</u>, <u>644</u>, <u>681</u>, 1820

Prist, Paul: <u>1448</u>

prix littéraires: 164, 166, 167, 178, 180, 194, 209, 308, 321, 325, 327, 330, 336, 337, 339, 340, 364, 387, 398, 472, 477, 482, 574, 610, 660, 1635, 1640, 1857, 1934, 1967

Procope: <u>434</u>, <u>474</u>

"Propos sur la poésie": 1879

"Propos sur l'intelligence": 1493, 1522

prosody: 159, 162, 172, 190, 200, 201, 208, 230, 234, 266, 278, 284, 294, 302, 317, 324, 331, 366, 370, 400, 416, 456, 478, 851, 873, 1000-1001, 1619, 1634

Proust, Marcel: 126, 179, 260, 278, 282, 298, 314, 362, 402, 449, 504, 547, 551, 631, 661, 700, 962, 971, 1056, 1089, 1132, 1163, 1273, <u>1348</u>, 1350, 1378, 1382, 1531, <u>1538</u>, 1582, 1613, 1614, 1617, 1645, 1690, 1702, 1715, 1794, 1831, 1871, 1895, 1896, 1921, 1968

Prudhomme: (see Sully Prudhomme)

Prunière, J.: 1412

Puccini, Mario: 1348

"Puissance de choix de l'Europe": 631, 639

Pullion, T.: 1570

"Purs Drames": 24

Puy, Jean: 321

"Pythie, la": 142, 143, 178, 250, 279

Quarante-Cinq, Les ⌐coll. pseud.¬: 745

Quasi ⌐pseud. of Paul Fort¬: 46

Quatre Lettres au sujet de Nietzsche: 1239, 1365

"Quelques Mots": 94

Quillard, Pierre: 58

Rabearivelo: 1801

Rabelais, François: 1075

Racine, Jean: 126, 168, 183, 215, 236, 300, 473, 511, 721, 763, 876, 1135, 1275, 1428, 1449, 1505, 1514, 1918

Radiguet, Raymond: 998, 1653

Radon, Emile: 1400

Rageot, Gaston: 873

Raitif de la Bretonne ⌐pseud. of P. A. M. Duval¬: 52 (see also Jean Lorrain)

Rambaud, Henri: 220, 241, 244, 278, 279, 282, 317, 351, 371, 384, 934, 936, 946, 972, 1026, 1087

Rambosson, Yvanhoë: 868

"Rameur, le": 94, 1553

Randau, Robert: (see Les Trois)

Ratel, Simone: 1534

Ravà, Adolfo: 1345

Raymond, Marcel: 156, 380

Raynaud, Ernest: 115

Rebelliau: 1521

Reboux, Paul: 260, 961, 962, 1478

Redier, Antoine: 1492

Redonnel, Paul: 4, 9, 11, 14

Régionaleux, Le ⌐pseud. of de Mari?¬: 447

Régis, Jean-Paul: 1537, 1637, 1706

Régnier ⌐secretary of French Academy¬: 1379

Régnier, Henri de: 28, 38, 39, 164, 197, 215, 225, 340, 463, 526, 562, 598, 633, 652, 660, 664, 924, 944, 1047, 1372, 1379, 1424, 1462, 1621, 1882

Réjac, Pierre: 372

"Remerciement à l'électeur": 786, 1323

Index

Renaitour, Jean-Michel: 479, <u>493</u>, 494, 499, <u>599</u>, 1384

Renan, Ernest: 259, 291, 295, 1190, 1375, 1455

Renard, Jules: <u>874</u>, 1027, <u>1181</u>, 1802

Rency, Georges: <u>356</u>

Renouvier, Charles: 400

Retinger, J.-H.: <u>70</u>

"Retour de Hollande, le": 953, 997, 1062, 1334

Retté, Adolphe: <u>33</u>, 37, 45, <u>61</u>, 115

Reverdy, Pierre: 100, 435, 478

"Rêves": 1124

Revon, Maxime: <u>369</u>

Reynek, Bohuslav: 1915

Reynold, Gonzague de: <u>1151</u>

Rhumbs: <u>978</u>, 988, 992, 994-995, 1019, 1026-1027, 1037, 1049, 1129, 1189, 1206, 1227, 1230, 1354, 1421, 1721, 1831, 1875

Ribadeau-Dumas, François: <u>1960</u>

Ribemont-Dessaignes, G.: <u>163</u>, 1114

Ricard, Louis-Xavier de: 9

Richard, Elie: <u>551</u>

Richelieu, Arman-Jean du Plessys de: 1379, 1902

Richepin, François: 834

Richepin, Jean: 14, 1121, 1240

Rictus, Jehan: 164

Rigaut, Jacques: <u>163</u>

Rilke, Rainer Maria: 926, 1036, 1042, 1047, 1051, 1061, 1087, 1109, 1151, 1152, 1165, <u>1182</u>, <u>1183</u>, 1201, 1208, <u>1217</u>, <u>1558</u>, <u>1565</u>

Rimbaud, Arthur: 72, 77, 78, 106, 122, 146, 253, 343, 457, 537, 593, 707, 879

Rimestad, Christian: <u>1047</u>

Riou, Gaston: 1087, <u>1184</u>

Ripert, Emile: <u>1584</u>, 1586

Ripert, Mme Emile: 460

Rivain, Jean: <u>248</u>, <u>999</u>, 1006

Rivarol, Antoine de: 1212

Rivière, Jacques: 240, 245, 248, 254, 255, 296a, <u>433</u>, 440, 520, 587, <u>875</u>

Robertfrance, Jacques: <u>445</u>, <u>561</u>

Robespierre, Maximilien de: 1707, 1873

Robinson, Judith: 123, 276, 1151, 1353

Rodrigue, G.-M.: <u>292</u>

Roger-Marx, Claude: <u>1842</u>

Romains, Jules: 236, 260, 266, <u>273</u>, 303, 361, 362, 363, <u>389</u>, 416, 1061, 1102

romanticism (criticism of): 247, 281, 428, 680, 707, 1067, 1300, 1847

Romier, Lucien: 569

Ronsard, Pierre de: 104, 412, 418, 502, 527, 678, 1770

Rostand, Edmond: 805, 1438

Rouart, Louis: 932

Rouart, Paul: 1508

Rouart-Valéry, Agathe: 3, 122, 165, 223, 296, 461, 466, <u>672</u>, 793, 1337, 1508, 1573

Rouault, Georges: <u>321</u>

Roucau, Louis: 50

Rouchon, Ulysse: <u>783</u>

Rousseau, Henri ¿dit le Douanier₃: 1918

Rousseau, Jean-Baptiste: 111, 261, 324, 337, 385, 399, 502, 570, 855, 960, 1142, 1194, 1851

Rousseau, Jean-Jacques: 645

Rousseaux, André: <u>735</u>, 826, <u>972</u>, <u>1301</u>, <u>1461</u>, <u>1774</u>

Roussel, Raymond: 998

Roussel, X.-K.: <u>321</u>

Roustoubique: <u>23</u>, <u>24</u>

Rouveyre, André: <u>502</u>, <u>922</u>, <u>1001</u>, 1298, <u>1560</u>, <u>1652</u>, <u>1697</u>, <u>1759</u>, 1778, <u>1822</u>, 1823, <u>1824</u>, 1835, 1836, 1837, 1870, 1887, 1890, 1909, 1920, 1933

Roux, François de: <u>621</u>

Roux, Saint-Pol: 37

Rouzaud, Maurice: 1324

Royère, Jean: 56, 72, <u>87</u>, 88, 89, 118, <u>147</u>, 211, 411, <u>592</u>, 667, 668, <u>830</u>, 914, 1012, 1060, 1193, 1278, 1286, <u>1312</u>, <u>1343</u>, 1359, 1439, 1465, <u>1536</u>, <u>1561</u>, 1621, 1625

Rychner, Max: <u>1151</u>

S.: (see Henri Chantavoine)

Sabord, Noël: 1360, <u>1386</u>, <u>1440</u>, <u>1733</u>

Sacy, Isaac Sylvestre de: 1754

Sade, Donatien Alphonse François, marquis de: 163

Saint-Cyr, Charles de: 1250, <u>1252</u>

Sainte-Beuve, Charles-Augustin: 1112, 1158, 1170, 1564, 1657, 1868

Saint-Hilaire: (see Jacques Bonzon)

Saint-Jacques, Louis de: 45

Index

Saint-Prix, Pierre de: <u>773</u>, <u>999</u>

Salazar, Tono: 1462

Salemson, Harold J.: <u>1816</u>

salons: 262, 309, <u>545</u>, 572, 585, 592, 637, 659, 707, 785, 832, 922, 1001, 1058, 1451, 1455, 1486, 1560, 1643

Samain, Albert: 58, 711

Sandre, Thierry: 590, <u>600</u>, <u>1282</u>

Sanouillet, Michel: 296a

Sapho: 126

Sarraut, Albert: 1121

Sartre, Jean-Paul: 1582

Sartre, René: <u>721</u>

Sauges, Jean des: 788, <u>819</u>, <u>831</u>

Saurat, Denis: <u>645</u>, <u>651</u>, 999, <u>1350</u>, <u>1586</u>

Sauvage, Marcel: 550, 555, <u>872</u>, <u>876</u>, <u>1847</u>

Sauvayre: <u>1726</u>

Sauvenier, Justin: <u>1876</u>

Savarit, C.-M.: <u>1392</u>

Savigny, Bernard: <u>570</u>

Savitzky, Ludmila: 150, <u>628</u>

Scève, Maurice: 1268

Scheler, Lucien: <u>568</u>

Schelling, F. W. J.: 400

Schloezer, Boris de: <u>449</u>

Schlumberger, Jean: 1102

Schmitt, Florent: 1348

Schopenhauer, A.: 400

Schwob, Marcel: 45, 1140, 1698, 1909

Sebonde, Raymond de: 1475

Secrétaire Perpétuel, Le: <u>1270</u>, <u>1495</u>

Sédir: <u>631</u>

See, Henri: <u>1489</u>

Segond, Joseph Louis: <u>977</u>, <u>1020</u>, <u>1185</u>

Sem: <u>321</u>

Sénateur Pococurante, Le: <u>1462</u>

sensuality: 215 (Miomandre), 222, 229, 234, 242, 245, 323, 330, 338, 365, 513, 522, 592, 656, 842, 850, 860, 972 (Crémieux, Larbaud, Massis), 991, 1068, 1072-1073, 1112, 1114, 1691

Sereno, Pierre: <u>757</u>

<u>Serpent</u>, le: 216, 227, 232, 457, <u>648</u>, 1143, 1189, 1198, 1204, 1207, 1213, 1839, 1850, 1905

Sertillanges, R. P. Antonin D., O. P.: <u>1186</u>, 1375

Severac, J.-B.: <u>1614</u>

Seylaz, Louis: <u>274</u>

Seymour, Michel: <u>839</u>

Shelley, Percy Bysshe: 329, 1770

Siblik, Emmanuel: <u>691</u>

Signoret, Emmanuel: <u>34</u>, 37, 128, 1786

Simon, Lucien: <u>321</u>

Simonson, Raoul: <u>688</u>, 828, <u>852</u>, <u>972</u>, <u>1187</u>, <u>1591</u>, <u>1841</u>

"Situation de Baudelaire": 618, 623, 648, 871, 1063, 1103, 1106, 1115, 1189, 1206, 1222, 1295, 1343, 1633

Six quatre deux, Les: <u>1887</u>, 1926

Smith, Joseph: 1551

snobism: 231, 707, 823, 832, 903, 940, 964, 1001, 1058, 1101, 1242, 1262, 1282, 1290, 1371, 1373, 1383, 1386, 1397, 1474, 1479-1480, 1487, 1560, 1570, 1610, 1652, 1667, 1674, 1723, 1794, 1870, 1895, 1918, 1941

Socrates: 305, 310

<u>Soirée avec M. Teste, la</u>: 38, 60, <u>64</u>, <u>65</u>, <u>66a</u>, <u>68</u>, <u>106</u>, 116, 194, 215 (Fontainas, Jaloux), 221, 299, 392, 540, 552, 563, 609, 653, 665, 678 (Léautaud), 690, 697, 737, 801, 843, 867, 872, 874, 875, 885, 966, 986-987, 977 (Vogüé), 1029, 1102, 1147, 1151 (Rychner, Stols), 1189, 1229, 1258, 1302, 1315, 1352, 1364, <u>1401</u>, 1422, 1467, 1547, 1562, 1566, 1588, 1646, 1698, 1774, 1940

"Sonnet": 10

Soret: 1084

Souchon, Paul: 25, 34, 37, 47, <u>49</u>, 54, 60, <u>66</u>, 399, 668, 784, <u>880</u>, 1162

Souday, Paul: 56, 88, <u>127</u>, <u>139</u>, <u>145</u>, <u>159</u>, <u>184</u>, 200, <u>235</u>, <u>259</u>, <u>285</u>, <u>290</u>, <u>291</u>, 295, <u>297</u>, <u>299</u>, <u>303</u>, <u>307</u>, <u>320</u>, <u>327</u>, <u>329</u>, 330, <u>332</u>, 333, <u>334</u>, <u>341</u>, <u>342</u>, 343, <u>348</u>, 349, <u>351</u>, 352, <u>357</u>, 378, <u>379</u>, 384, <u>387</u>, 398, <u>447</u>, <u>467</u>, <u>503</u>, <u>506</u>, <u>509</u>, 517, 521, <u>526</u>, 538, <u>585</u>, <u>587</u>, <u>618</u>, <u>635</u>, <u>636</u>, <u>654</u>, 660, 663, <u>670</u>, <u>682</u>, <u>685</u>, 693, <u>694</u>, <u>698</u>, <u>699</u>, <u>700</u>, <u>708</u>, <u>710</u>, <u>718</u>, 719, <u>722</u>, <u>723</u>, 727, <u>728</u>, <u>730</u>, 731, <u>735</u>, 737, 745, <u>758</u>, 767, 773, 808, <u>813</u>, 820, <u>827</u>, <u>833</u>, 838, <u>850</u>, <u>862</u>, 864, 888, <u>907</u>, <u>908</u>, 913, 917, 920, 923, 928, <u>931</u>, <u>935</u>, <u>938</u>, 948, <u>972</u>, 992, <u>994</u>, 1009, 1017, 1028, <u>1033</u>, <u>1035</u>, <u>1039</u>, <u>1041</u>, <u>1042</u>, <u>1043</u>, <u>1050</u>, <u>1056</u>, 1057, <u>1061</u>, <u>1070</u>, <u>1071</u>, <u>1087</u>, 1092, 1093, <u>1096</u>, 1099, 1105, 1110, 1111, <u>1122</u>, <u>1137</u>, <u>1163</u>, 1188, <u>1189</u>,

Index

1190, 1206, 1207, 1220, 1222, 1225, 1228, 1229, 1242, 1251, 1258, 1259, 1279, 1282, 1294, 1302, 1315, 1332, 1334, 1341, 1344, 1355, 1362, 1365, 1373, 1404, 1423, 1432, 1445, 1459, 1465, 1467, 1493, 1498, 1517, 1518, 1522, 1523, 1526, 1527, 1529, 1531, 1532, 1533, 1542, 1546, 1551, 1558, 1563, 1574, 1575, 1576, 1579, 1592, 1594, 1595, 1597, 1600, 1604, 1607, 1612, 1613, 1614, 1617, 1618, 1621, 1626, 1636, 1642, 1645, 1648, 1649, 1654, 1657, 1662, 1666, 1667, 1668, 1671, 1677, 1680, 1688, 1689, 1692, 1702, 1704, 1714, 1715, 1719, 1727, 1732, 1750, 1765, 1770, 1780, 1781, 1807, 1827, 1829, 1844, 1851, 1864, 1867, 1875, 1883, 1890, 1896, 1900, 1907, 1908, 1916, 1918, 1920, 1921, 1923, 1928, 1929, 1930, 1932, 1941, 1942, 1944, 1952, 1956, 1968

Soulairol, Jean: 153, 932, 941, 1087

Soupault, Philippe: 163, 392, 997

Souriau, Etienne: 1061

"Souvenir de J.-K. Huysmans": 1332, 1439

"Souvenir [de René Boylesve]": 909, 950, 1439

"Souvenirs littéraires": 1785, 1793

Souza, Robert de: 38, 40, 41, 60, 65, 159, 172, 208, 294, 304, 324, 366, 416, 555, 556, 717, 732, 810, 851, 873, 925, 1020, 1067, 1099, 1110, 1111, 1137, 1194, 1215, 1236, 1634, 1909

Spectator: 1674

Spinoza, Baruch: 1253, 1255, 1291, 1345, 1958

Spire, André: 1236

S. R.: 1389, 1773

Staff, Leopold: 643

Stendhal: 292, 551, 694, 1095, 1161, 1190, 1281, 1292, 1309, 1312, 1439, 1554, 1606, 1644, 1651, 1774, 1921

"Stéphane Mallarmé": 1439

Stols, A. A. M.: 761, 889, 902, 1151, 1182, 1183, 1217, 1224, 1828

Stravinsky, Igor: 449

Strowski, Fortunat: 333, 334, 342, 348, 412, 503, 564, 653, 662, 1025, 1056, 1898

Suarès, André: 314, 967, 994

Sully-Prudhomme, Armand: 275, 280, 420, 1040, 1041, 1043, 1189, 1605

Supervielle, Jules: 1260, 1848

"Sur Bossuet": 1679, 1811, 1818, 1894

"Sur la diction des vers":
999 (Rivain), 1005-1006,
1195, 1346

"Sur la peinture": 846

"Sur l'ordre": 846 (see also
"Au sujet des Lettres persanes")

surrealism: 396, 435, 540, 593,
595, 606, 613, 632, 847, 872,
951, 989, 1096, 1300, 1395,
1442, 1757, 1809, 1637a (see
also Dada)

"Sylphe, le": 207, 241, 277,
1151 (illustrated by A.
Wildt), 1830

Tahon, Maurice: 1242

Tailhade, Laurent: 14

Tailhède, R. de la: 399, 1009,
1637

Taillis, Hélène du: 1319, 1408,
1521

Taine, Hippolyte: 165, 400, 407

Tallet, Gabriel: 1497

Talvart, Hector: 104, 122, 146,
161, 162, 170, 180, 181, 185,
201, 219, 221, 222, 226, 231,
241, 242, 248, 249, 252, 299,
300, 322, 323, 330, 340, 350,
372, 376, 385, 389, 506, 528,
537, 554, 568, 618, 633, 653,
661, 688, 737, 740, 751, 783,
784, 817, 823, 908, 918, 932,
934, 940, 970, 992, 1008,
1012, 1026, 1033, 1040, 1058,
1097, 1107, 1115, 1231, 1287,
1370, 1380, 1396, 1399, 1444,
1457, 1470, 1473, 1491, 1553,
1621, 1692, 1715, 1774, 1792,
1830, 1912, 1923

"Tante Berthe": 1183, 1230

Tautain, Gustave-Louis: 119

Téry, Gustave: 234, 971, 1139,
1570, 1657, 1660, 1666, 1668,
1671, 1675, 1676, 1677, 1678,
1680, 1685, 1689, 1707, 1709,
1711, 1712, 1713, 1718, 1723,
1726, 1727, 1732, 1754, 1755,
1756, 1761, 1764, 1768, 1780,
1788, 1791, 1794, 1796, 1803,
1804, 1810, 1822, 1823, 1826,
1827, 1834, 1835, 1873, 1883,
1890, 1913, 1918, 1925, 1929,
1948

Téry, Simone: 659

Teste, Edmond (identified with P.V.):
38, 43, 56, 96, 106, 116, 215
(Fontainas), 221, 240, 315, 392,
481, 533, 540, 576, 592, 609,
613, 653, 662, 692, 752, 760,
765, 784, 797, 801, 804, 862,
872, 874, 908, 919, 966, 972
(Souday), 986, 997 (Vogüé),
1135, 1157, 1173, 1184, 1302,
1344, 1375, 1384, 1457, 1559,
1569, 1774, 1846, 1925, 1930,
1951

Testis: 1905

Thérive, André: 243, 247, 275,
280, 614, 640, 667, 877, 892,
971, 1526

Thibaudet, Albert: 76, 82, 276,
316, 346, 356, 358, 367, 372,
375, 377, 381, 382, 384, 390,

Index 613

395, 400, 419, 470, 477, 491, 492, 493, 494, 497, 499, 500, 506, 511, 542, 591, 615, 619, 622, 632, 654, 668, 752, 823, 878, 880, 882, 888, 893, 894, 905, 908, 940, 966, 971, 1028, 1085, 1087, 1089, 1153, 1175, 1205, 1242, 1279, 1285, 1287, 1333, 1340, 1341, 1344, 1352, 1353, 1431, 1490, 1538, 1540, 1547, 1562, 1587, 1592, 1657, 1679, 1682, 1707, 1719, 1833, 1873, 1874, 1875, 1883, 1884, 1916, 1959

Thibault, François-Noël: 1484

Thiers, A.: 914, 1193

Thiry, Marcel: 1956

Thomas: 1081

Thomas Aquinas: (see Aquinas)

Thuillier, Jehanne: 1817

Tinan, Jean de: 38, 46, 165, 195, 215

Tisserand, Ernest: 714, 1041, 1042

Toulet, Paul-Jean: 301, 998, 1145

Tournoël, Jacques: (see Orion)

Touto-Obro, Lou: 9

Touzot, Charles: 674

T. R.: 1886

Trabusco, J.: 1669

Traz, Robert de: 251

Treich, Léon: 413, 454, 456, 457, 458, 468, 475, 476, 479, 493, 494, 571, 592, 637, 883, 1055, 1087, 1140, 1190, 1333, 1498, 1715, 1811, 1881, 1946

Treize, Les [coll. pseud.]: 417, 439, 451, 462, 466, 469, 484, 485, 490, 492, 508, 516, 518, 520, 525, 555, 556, 557, 558, 560, 860, 927, 1534, 1577, 1728, 1915

Trèvesle: 1660

Trévières, Pierre de: 1895

Trois, Les [pseud. of Pierre Devoluy, Albert Lantoine and Robert Randau]: 194, 592, 637, 653

Trublet, abbé: 1333

Truc, Gonzague: 776, 1375, 1505, 1532

T'serstevens: 307

Tuc, Pierre: 1378, 1382, 1653, 1734, 1739

Tundianu, B.: 929

Tyard, Pontus de: 418

Tzara, Tristan: 163, 239

T. W. W.: 1132

Uhl, Léon: 1272

uncollected texts (prose):
554, 565, 602, 856, 886, 909, 910, 913, 1015, 1029, 1061, 1076, 1080, 1140, 1151 (letter to J. R. Jiménez), 1172, 1198, 1368, 1406, 1523, 1708, 1814 (see also "petits vers," uncollected interviews, and miscellaneous prefaces)

Unruh, Fritz von: 674

Utrillo, Maurice: 1865

V.: 9

Vacaresco, Hélène: 1695, 1731, 1785, 1808, 1879

Vacquerie, Auguste: 629

Vaillant, Jean-Paul: 879

"Vaines Danseuses, les": 12

Vaissière, Robert de la: 277, 301, 458, 488

Valbelle, Roger: 1367, 1368

Valençay, Robert: 1638, 1647, 1670, 1757

Valère: 1676, 1780

Valerj, Barthélémy: 1541 (concerning original orthography of the name, see Pléiade, I, 11-12)

Valéry, Agathe: (see Rouart-Valéry)

Valeryanum: 1552, 1573, 1852

Valéry, Mme Fanny Grassi: 1337

Valéry, Jules: 801, 811, 1337

Valéry, Mme Paul: 94, 765

valérysme: 653, 662, 1209, 1216

Valette-Monbrun, M. de la: 825

Valjean, Pierre: 1480

Valkhoff, P.: 1151

Vallaux, Camille: 1910

Vallery-Radot: (see Pasteur Vallery-Radot)

Vallette, Alfred: 47

Vallette, Henri: 1327

Valmont, Jean ⌐pseud. of M. Sales¬: 437, 442

Valmy-Baysse, J.: 1768, 1884, 1953

"Valvins": 50, 54, 79, 430

Van Bever, Adolphe: 49, 54, 60, 66, 68, 91, 215, 256, 277, 306, 1162, 1321

Vandérem, Fernand: 136, 143, 178, 199, 208, 236, 284, 306, 331, 356, 377, 406, 413, 456, 478, 601, 651, 669, 815, 989, 1027, 1032, 1177, 1195, 1251, 1307, 1339, 1346, 1348, 1354, 1384, 1468, 1539, 1595, 1707, 1763, 1769, 1810, 1823, 1854, 1863, 1873, 1876, 1881, 1890

Van Dongen: 321

Van Dooren, Jean: 155

Index

Varenne, Pierre: <u>1610</u>

"Variation sur une pensée":
332, 333, 334, 342, 348,
352, 353, 378, 412, 522

<u>Variété</u>: 495, 501, 506, 508,
511, 518, 522, 524, 525,
529, 534, 536, 537, 544,
548, 554, 561, 562, 569,
571, 586, 610, 617, 630,
631, 638, 646, 684, 957,
1013, 1075, 1082, 1096,
1156, 1189, 1444, 1522,
1596, 1816, 1865, 1876,
1940

Varillon, Pierre: <u>244</u>, <u>278</u>,
279, 282, 317, <u>351</u>, <u>371</u>
(see also Orion)

Varlet, Théo: <u>1625</u>

Vaudoyer, Jean-Louis: 63,
<u>215</u>, <u>1130</u>

Vautel, Clément: 694, 728,
758, <u>957</u>, 971, 1338,
1478, <u>1595</u>, 1617, <u>1875</u>,
1883, 1889, 1890, <u>1918</u>,
<u>1921</u>, 1923, 1932

Vauvrecy, A.: <u>435</u>

V. B.: <u>228</u>

Vecchini: 886

Véran, Jules: <u>764</u>, <u>788</u>, <u>790</u>,
<u>798</u>

Vérane, Léon: 434

Verhaeren, Emile: <u>39</u>, 40, 45,
1683, 1684, 1699, 1717,
1725, 1733, 1735, 1736,
1737, 1740, 1742, 1743, 1744,
1745, 1746, 1747, 1748, 1751,
1752, 1758, 1767, 1771, 1773,
1779, 1853, 1864, 1914, 1927

Verhylle: 956

Verlaine, Paul: 3, 6, 9, 100, 253,
261, 364, 385, 870, 879, 1776

Vermeil, Edmond: <u>619</u>

Vernet, Claude Joseph (?): 52

Vernier, Bernard: <u>1839</u>

vers - libristes: 58, 505

Vielé-Griffin, Francis: 5, 8, <u>10</u>,
12, <u>13</u>, <u>16</u>, 24, 28, 29, <u>32</u>, <u>37</u>,
<u>83</u>, <u>164</u>, <u>215</u>, 1608

"Vierge incertaine": 5

Vieuille, René: <u>1403</u>

Vigny, Alfred de: 177, 215, 888,
1605, 1847

Villiers de l'Isle-Adam, Auguste,
comte de: 596

Villon, François: 1132

Vinchon, Jean: <u>1629</u>

Vinci, Leonardo da: 35, 36, 59,
116, 122, 126, 128, 139, 169,
191, 366, 453, 459, 460, 461,
471, 524, 542, 622, 654, 752,
780, 932, 972, 978, 1352, 1375,
1538, 1592

Vinde, Victor: <u>1852</u>

"Vin perdu, le": 192, 241, 277, 383,
880, 1153, 1723, 1830

"Viol": 1, 3, 4

Viollis, Andrée: 1578

Virgil: 126, 193, 715

Visan, Tancrède de: 558

Vitrac, Roger: 1348

Vlaminck, Maurice de: 321

V. M.: 444, 811

Vogüé, Arnaud de: 997

Vollard, Ambroise: 321, 398

Voltaire: 789, 957, 1190, 1333, 1551, 1649

Vriesland, Victor E. van: 1151

"Vue": 38, 366

Vuillard, Édouard: 321

Vuillermoz, Émile: 1395, 1442

W., A.-R.: 1815

Wagner, Wilhelm Richard: 27, 247, 292, 577

Wahl, Jean: 1213

Wahl, Lucien: 1741

Walch, G.: 66, 880

Waleffe, Maurice de: 1404, 1441

Walter, André ⌐pseud. of A. Gide⌐: 29

Walzer, Pierre-Olivier: 142

Wardle, Mark: 648

Waton, Pierre: 448

Watteau, Antoine: 715

Wilder, Thornton Niven: 1132

Wildt, Adolfo: 1151

Willy: 1930

Wilmotte, Maurice: 1205, 1583

Woestijne, Karel van de: 1151

Wolff, Pierre: 1804

Wordsworth, William: 1281

Wronski: 36

Yamata, Kikou: 451, 659, 1104

Yeats, William Butler: 1058

Yocarinis, N.: 1552, 1557, 1568, 1573, 1806

Yorrick: 1798, 1839

Young, Edward: 830

Yrrab, Géo: 438

Zay, Jean: 920

Zeno of Elea: 189, 1512

Zifferer, Paul: 1151

Zn, J. Franken P.: 1151

Zola, Émile: 24, 1710, 1905

Zurbaran, Francisco de: 1219, 1277

Zyromski, Ernest: <u>795</u>

Ref

Z
8924
A73
1973

JUN 23 1975

Z
8924
A73
1973